Veröffentlichungen
der Deutschen Akademie
für Sprache und Dichtung
71. Veröffentlichung

FRIEDRICH FIEDLER

AUS DER LITERATENWELT
Charakterzüge und Urteile

Tagebuch

Herausgegeben von
Konstantin Asadowski

WALLSTEIN VERLAG GÖTTINGEN

Die Deutsche Bibliothek – CIP- Einheitsaufnahme

Fiedler, Friedrich:
Aus der Literatenwelt : Charakterzüge und Urteile ; Tagebuch / Friedrich Fiedler.
Hrsg. von Konstantin Asadowski.– Göttingen : Wallstein-Verl. , 1996
(Veröffentlichungen der Deutschen Akademie für Sprache und Dichtung
Darmstadt ; Bd. 71)

ISBN 3-89244-183-9

NE: Deutsche Akademie für Sprache und Dichtung <Darmstadt>: Veröffentlichungen der Deutschen …

Redaktion: Michael Assmann

Erste Auflage 1996
© 1996 Wallstein Verlag, Göttingen
Vom Verlag gesetzt aus der Adobe Garamond
Umschlaggestaltung: Tuna Çiner
Druck und Verarbeitung: Hubert & Co, Göttingen
ISBN 3-89244-183-9

Inhalt

Friedrich Fiedler. April 1915.

»EIN RITTER
DER RUSSISCHEN LITERATUR«

Kulturgeschichte, zumal die russische, überrascht oft durch bittere Ungerechtigkeiten. Vornehmste Aufgabe der Nachwelt soll es sein, der Vergangenheit nachzugehen und sie zu berichtigen. Unverdient in Vergessenheit zu geraten, war und blieb bis zum heutigen Tag das übliche Los vieler Menschen in Rußland, die ihr Leben für die Kultur opferten. Dieses tragische Schicksal teilte auch Friedrich Fiedler.

Als faszinierende und in mancher Hinsicht außergewöhnliche Persönlichkeit genoß Fiedler zu seinen Lebzeiten sowohl in Rußland als auch in Deutschland ein nicht unbedeutendes Ansehen. Er war bekannt und stand im Briefwechsel mit herausragenden Schriftstellern und Gelehrten. Fast täglich kamen Besucher zu ihm, um seine einzigartige Sammlung zu bewundern. Man schrieb über ihn in Zeitungen und Journalen.

So war es am Anfang des Jahrhunderts. Dann änderte sich alles: eine neue Epoche brach an – genau einen Tag nach Fiedlers Tod. Die Februarrevolution des Jahres 1917 kam als ein mächtiger Einschnitt, als eine der Umwälzungen, die Rußland bis heute in Atem halten. Dem Februar folgte die Oktoberrevolution. Mit ihr verschwand der Name Fiedlers, eines achtenswerten Vertreters der russischen Intelligenzia, einfach aus dem Gedächtnis der neuen Generationen. Erst in jüngster Zeit findet man ihn wieder in einigen Darstellungen.

Traurig ist auch die Geschichte der Tagebücher Fiedlers, die er über dreißig Jahre lang tagtäglich fortführte. Wie durch ein Wunder unversehrt, lagen sie, ganz vergessen, lange in einem staatlichen Archiv vergraben. Sie wurden erst kürzlich in ihrer Gesamtheit durchgesehen und erscheinen nun endlich in gedruckter Form. Das Buch, das der Leser in Händen hält, ist somit eine Art Denkmal – reichhaltig und einmalig, voller Namen, Ereignisse und Fakten. Es erschließt eine riesige literarische Welt, mannigfach und widersprüchlich …

Aber alles der Reihe nach.

*

»Meine beiden Großväter waren französische Untertanen«, so berichtet Fiedler um das Jahr 1900 in einer seiner Autobiographien. »Als

Offiziere gerieten sie 1812 bei Moskau in Gefangenschaft, heirateten
deutsche Frauen und ließen sich für immer in Rußland nieder«.[1] Fiedlers Vater, ein Uhrmachermeister, war Mitglied der deutschen lutherischen Gemeinde in Jekaterinenstadt (Gouvernement Ssamara[2]); seine
Mutter, Alexandrina Bertha, geborene Boye, war gleichfalls lutherischen Glaubens.[3] Fiedler kam am 4. November 1859[4] in St. Petersburg
zur Welt und wurde auf den Namen Friedrich getauft (der volle Name
war Friedrich Ludwig Konrad Fiedler). Daneben trug er in Rußland
den Namen Fjodor Fjodorowitsch, der auch in offiziellen Dokumen-
ten stand. Seine Muttersprache war das Russische, und schon von
frühester Kindheit an erbaute er sich an russischer Literatur. In einem
Brief vom 3. Dezember 1903 an Pjotr Bykow erinnert sich Fiedler:
»Meine Mutter, die übrigens bis heute bei bester Gesundheit ist, legte
den Keim zu meiner Liebe der russischen Literatur. Sie erzählte mir,
dem Kinde, russische Märchen und sang mir russische Lieder. Bis zu
meinem achten Lebensjahr sprach ich kein einziges deutsches Wort«.[5]
In seiner Leidenschaft für die Literatur las Fiedler in seiner Jugend
gern und viel. Zeitgenossen entging seine auffallend breite Belesenheit
nicht.

Fiedler erhielt seine höhere Schulbildung am gymnasialen Zweig
der reformierten Gemeinden St. Petersburgs, den er bis zum Jahre

---

1 Handschriftenabteilung des Instituts für russische Literatur (Puschkin-Haus)
der Russischen Akademie der Wissenschaften (St. Petersburg) (im folgenden
IRLI), F[onds] 377, 1. Sammlung, Nr. 2844. — 2 Die Transliteration russischer
Namen richtet sich im gesamten vorliegenden Werk nach dem System, das Fiedler
selbst (übrigens nicht konsequent) verwendet hat und das im wesentlichen der
damals üblichen Schreibweise entspricht. Abweichungen in der Schreibung von
Eigennamen, die bei Fiedler im Laufe der Jahre vorgekommen sind, wurden
durch Vereinheitlichung bereinigt. — 3 Die Angaben stammen aus Fiedlers
Personalakte an der Universität; siehe Zentrales staatliches historisches Archiv von
St. Petersburg, F. 14, Op. 3, Nr. 20941. — 4 Alle angeführten Daten sind im
sogenannten »alten Stil«, das heißt dem bis 1918 in Rußland gültigen Julianischen
Kalender gegeben, der sich im 19. Jahrhundert um zwölf, im 20. Jahrhundert um
dreizehn Tage vom »neuen Stil«, dem im Westen gebräuchlichen Gregorianischen
Kalender, unterschied. Ausnahmen sind Tagebucheintragungen, die Fiedler im
Ausland geführt und im »neuen Stil« datiert hat, sowie die im Tagebuch zitierten
Briefe aus Deutschland (Näheres dazu siehe unten S. 39). — 5 Handschriften-
abteilung der Russischen Nationalbibliothek (St. Petersburg), F. 118, Nr. 881.

1879 besuchte. »Meine Knaben- und Jünglingsjahre«, so erinnerte er
sich später, »wurden vergiftet durch Mathematik. Außerdem wurde
im Gymnasium […] jede Art von literarischer Tätigkeit und selbständiger Beschäftigung mit Poesie streng verfolgt. Was mußte ich
doch alles für meinen geliebten Heine durchstehen! Wieviel Spott von
seiten der Lehrer mußte ich über mich ergehen lassen für mein
Streben ›dahin, dahin‹! Ich verlor freilich nicht den Mut und ging
weiter meinen eigenen Weg«.[1]

Gerade während seiner Gymnasialzeit begeisterte sich Fiedler zu-
nehmend für Übersetzungen russischer Poesie ins Deutsche und versuchte auch bereits, selbst zu publizieren. Sein literarisches Debüt gab
er schließlich am 31. August 1878, als seine Übersetzung von Lermontows ›Dankbarkeit‹ im deutschsprachigen ›St. Petersburger Herold‹
veröffentlicht wurde.[2] Nur ein paar Monate später erschien in eigener
Ausgabe ein Buch mit Gedichten in der Übersetzung Fiedlers, das er
freilich »nicht in den Verkauf geben« und später nicht unter seine literarischen Arbeiten gerechnet wissen wollte.[3]

Im Jahre 1879 immatrikulierte sich Fiedler an der historisch-philologischen Fakultät der Petersburger Universität. Getrieben von seiner
brennenden Liebe zur Literatur, gab er sich gänzlich deren Studium
hin. Eifrig besuchte er die Vorlesungen vieler damals berühmter
Professoren und Privatdozenten.[4] Hervorgehoben sei hier nur August
Viedert: durch seine Empfehlung wurde Fiedler in die Familie des
Pädagogen Wassilij Wodowosow eingeführt, dessen Sohn er in deutscher Sprache unterrichtete. Im Hause Wodowosows begann im
eigentlichen Sinne der Umgang Fiedlers mit russischen Schriftstellern
und Gelehrten. Hier lernte er beispielsweise Nikolaj Michailowskij
und Ssemjon Wengerow kennen.

---

1 IRLI, F. 377, 1. Sammlung, Nr. 2844. — 2 Feuilleton-Beilage des ›St. Petersburger Herold‹, Nr. 35 (31. August / 12. September 1878), S. 1. In der Zeitung
stand: »Übertragen von Friedrich Flieder« [sic!]. — 3 ›Dichtungen von Puschkin, Kryloff, Kolzoff und Lermontoff. Ins Deutsche übertragen von Friedrich
Fiedler‹. St. Petersburg 1879; siehe auch IRLI, F. 377, 1. Sammlung, Nr. 2844. —
4 Fiedler hörte u. a. bei W. W. Bauer, K. N. Bestushew-Rjumin, I. W. Jagić,
W. I. Lamanskij, G. I. Lapschin, O. F. Miller, I. P. Minajew, A. I. Neseljonow,
I. W. Pomjalowskij sowie bei Je. Je. Samyslowskij, I. I. Sresnewskij, F. F. Ssokolow, M. I. Ssuchomlinow, I. Je. Troitzkij und A. N. Wesselowskij.

Eine nicht unbedeutende Rolle spielte für Fiedler auch die Bekanntschaft mit dem jüngeren Bruder des bekannten Schriftstellers Wssewolod Garschin, Jewgenij Garschin, der gleichfalls ein Student an der
historisch-philologischen Fakultät war. Im Oktober 1883 stellte er
Fiedler seinem älteren Bruder vor, der seinerseits den jungen Mann in
den Dichterkreis um Jakow Polonskij einführte. Während der berühmten »Freitage« bei Polonskij konnte Fiedler viele namhafte russische Literaten sehen und ihren Erzählungen »aus den vergangenen
Zeiten« lauschen. Freilich vernachlässigte er in dieser Zeit auch nicht
seine übersetzerische Tätigkeit. Einzelne Tagebuchaufzeichnungen
berichten von Verbindungen zu angesehenen Übersetzern russischer
Literatur nicht nur in Rußland (August Viedert, Ludwig Osten), sondern auch in Deutschland (Friedrich Bodenstedt, Wilhelm Henckel).
Neben Gedichten übertrug Fiedler damals auch Prosa russischer
Autoren, so etwa Erzählungen Dostojewskijs (›Der Knabe bei Christo
zum Weihnachtsbaume‹) und Garschins (›Die rote Blume‹), die in
den Jahren 1882 und 1883 in der Zeitschrift ›Auf der Höhe‹ herauskamen.[1]

In das Jahr 1883 fällt auch der einzige große literarische Versuch
Fiedlers: ›Nero‹, ein Drama in Versen. Es wurde zwar in deutsch verfaßt, erschien aber nur in einer von Dmitrij Mansfeld angefertigten
russischen Version.[2] In der Folge verzichtete Fiedler darauf, eigene
Stücke zu schreiben. Stattdessen übersetzte er eine Zahl von russischen Dramen ins Deutsche, etwa Fonwisins ›Der Landjunker‹,
›Boris Godunow‹ von Puschkin, Gogols ›Revisor‹, ›Alt und jung‹
von I. Potapenko und andere. Die Begeisterung für das Theater
blieb Fiedler bis ans Ende seiner Tage erhalten. Er besuchte regelmäßig
die Premieren russischer und ausländischer Stücke auf den verschiedenen Petersburger Bühnen und ließ auch nie ein Gastspiel einer
fremden, vor allem einer deutschen Truppe aus (berühmte Ruß-

---

1 Vgl. die Tagebucheintragung vom 26. Februar 1895. — 2 ›Neron ili chleba i
srelistsch. Tragedija w 4-ch deistwijach. Ssotsch. F. Fidlera. Perewod i peredelka
dlja russkoj szeny D. A. Mansfelda‹ (Nero oder Brot und Spiele. Tragödie in 4
Akten von F. Fiedler. Übersetzung und Überarbeitung für die russische Bühne
von D. A. Mansfeld). Moskau 1884. Die Übersetzung war in Prosa. Fiedler em-
pörte sich des öfteren über diese Publikation, in der er eine Verletzung seiner
Autorenrechte sah.

landbesuche des Meininger Theaters u.a.). Wichtig waren auch seine Rezensionen neuer Stücke sowie seine Berichte über das Theaterleben im allgemeinen, die er regelmäßig im ›St. Petersburger Herold‹ veröffentlichte. Bereits um 1900 hatte Fiedler weit über hundert solcher Beiträge verfaßt.

Im Frühjahr 1884 legte Fiedler sein Universitätsexamen ab; im Herbst trat er eine Stelle als Deutschlehrer am Petersburger Mädchengymnasium der Fürstin Obolenskaja an. Später unterrichtete er am Gymnasium und an der Realschule von Jakow Gurewitsch, seit 1892 auch an der Lehranstalt von St. Katharina (»Katharinen-Stift«). Fast dreißig Jahre lang war Fiedler als Pädagoge tätig. Er brachte es dabei bis zum Staatsrat und wurde auf eigenen Wunsch im April 1913 pensioniert. Eine nicht unbedeutende Zahl später bekannter Persönlichkeiten verdankte ihm ihre ersten Deutschkenntnisse. In diesem Zusammenhang muß auch noch ein Lehrbuch der deutschen Grammatik erwähnt werden, das Fiedler verfaßt und veröffentlicht hat, das er aber später, »sich grämend ob der unnütz verschwendeten Zeit«, als ein bloßes Curiosum abtat.[1]

Die pädagogische Arbeit war für Fiedler im wesentlichen nichts anderes als Pflicht, ein unumgänglicher Broterwerb zur Unterstützung seiner Frau und seiner Tochter. Fiedlers eigentliche Berufung lag immer in der Literatur. Ihr galten seine Gedanken, auf sie verwendete er all seine schöpferische Energie. Und so ist denn auch sein Beitrag zur Literatur von viel größerer, ja hervorragender Bedeutung.

*

Von der ersten Begeisterung noch während der Schulzeit bis zum Ende seines Lebens ging Fiedler seiner Lieblingsbeschäftigung, der literarischen Übersetzung nach. Welchen Autoren schenkte er dabei seine Aufmerksamkeit? Zu nennen wären hier vor allem Schriftsteller »aus dem Volke«. Fiedler war seiner Gesinnung nach ein Narodnik oder Volkstümler, also Vertreter einer Geisteshaltung, die in der

---

1 ›Deutsche Grammatik für russische Lehranstalten von Fr. Fiedler‹. St. Petersburg 1890. Das Lehrbuch war in deutsch und russisch abgefaßt. Siehe IRLI, F. 377, 1. Sammlung, Nr. 2844.

zweiten Hälfte des letzten Jahrhunderts in liberal-demokratischen
Kreisen der russischen Gesellschaft weit verbreitet war. Er liebte das
russische Volk aufrichtig und bekundete besonderes Interesse an sogenannten »Ssamorodki«, also an Schriftstellern, die als Naturtalente
aus der Mitte des Volkes kamen. Seiner Tochter Margarita schenkte
er zum neunzehnten Geburtstag ein Album mit folgendem, an ein
Credo erinnerndes Geleitwort: »Ritchen, liebe die Literatur, liebe
sie allgemein, aber im besonderen liebe die von so viel Leid geprüfte
russische Literatur! Sie und nur sie befreit das vielmillionenfache
Volk von der unmenschlichen ewigen Versklavung des Geistes und
des Leibes«.[1]

Alexej Kolzow war der erste »Volksdichter«, durch dessen Werk sich
Fiedler hinreißen ließ. Er übertrug seine Gedichte und publizierte
sie 1885 bei Philipp Reclam in Leipzig in einem eigenen Bändchen,
das er Friedrich Bodenstedt widmete.[2] Gerade diese frühe Arbeit
brachte Fiedler verdiente Anerkennung. In der Freude über den Erfolg
veröffentlichte er einige Jahre später beim selben Verleger eine Sammlung mit Übersetzungen der Verse von Iwan Nikitin (1896). Dazwischen, in den Jahren 1893-1894, arbeitete er angestrengt an einer
Übertragung russischer Sagen, sogenannter Bylinen. Bis zum Frühjahr 1894 brachte er es dabei auf dreizehntausend Verse. Soweit
bekannt, erschien jedoch nur eine Byline im Druck.[3] In späteren
Jahren übersetzte Fiedler die Verse des Bauerndichters Spiridon
Droshshin, die aber nicht in Buchform, sondern nur im ›St. Petersburger Herold‹ 1902 herauskamen. Fiedlers Interesse an literarischen
Talenten aus dem Volke beförderte schließlich seine Annäherung an

1 Margarita Fiedlers Album für die Jahre 1906-1913 befindet sich im Staatlichen
Literaturmuseum (Moskau). — 2 ›Gedichte von Alexej Kolzow. Deutsch von
Friedrich Fiedler‹. Leipzig [1885]. — 3 In einem Brief vom 31. Dezember 1893 an
Wassilij Avenarius berichtet Fiedler über seine Arbeit an den Bylinen: »[...] stehe
ich täglich um 4 Uhr morgens (resp. nachts) auf und arbeite bis zur Dämmerung,
also ungefähr 12 Stunden. Außerdem möchte ich die ›Bylinen‹ zum Sommer fertig
haben, um das Manuskript mit ins Ausland zu nehmen, wo ich mir einem tüchtigen Verleger suchen will«. (IRLI, F. 1, Nr. 10255; Original in deutsch). Zur im
Druck erschienenen Byline siehe ›Priwet! Chudoshestwenno-nautschno-litera-
turnyj sbornik‹ (Zum Gruß! Künstlerisch-wissenschaftlich-literarischer Sammelband). St. Petersburg 1898, S. 49-50.

Maxim Gorkij sowie die Bekanntschaft mit Nikolaj Kljujew und Ssergej Jessenin.

Fiedlers literarische Leidenschaften beschränkten sich freilich nicht nur auf die »Volksdichter«. Ganz im Gegenteil. Sein Tätigkeitsfeld als Übersetzer war ungewöhnlich groß. Eigentlich galt sein Interesse der gesamten, das heißt der klassischen und der modernen russischen Literatur. So erschien bei Reclam um die Jahrhundertwende eine ganze Reihe kleinerer Ausgaben mit Werken russischer Dichter in der Übersetzung Fiedlers: Lermontow (1893), Alexej Tolstoj (1895), Puschkin (1897), Nekrassow (1902) und Tjutschew (1905). Gleichfalls von Fiedler ins Deutsche übertragen kamen die Dichtungen von Nadson (1898), Fofanow (1900), Maikow (1901), Feth (1903) und Polonskij (1904) in Einzelausgaben heraus. Mit den zuletztgenannten Dichtern war Fiedler zu der Zeit bereits persönlich bekannt. »Über 25 Jahre«, so zog 1903 Nikolaj Posnjakow Bilanz, »übersetzte [Fiedler] alle herausragenden russischen Dichter ins Deutsche (wobei er nur auf pseudoklassische Stümper des 18. Jahrhunderts verzichtete)«.[1] Die Zusammenarbeit Fiedlers mit Reclam vollendete sich 1907 mit der Veröffentlichung des Büchleins ›Russische Dichterinnen‹, das zwanzig Autorinnen vorstellte, die in ihrer Mehrzahl dem deutschen Publikum noch unbekannt waren. Hier sei noch angemerkt, daß all die genannten Ausgaben durch Vorworte Fiedlers eingeleitet wurden, die mit viel Sorgfalt und offensichtlicher Kenntnis der Sache abgefaßt waren und kurze Biographien der russischen Autoren enthielten.[2]

Im Jahre 1889 faßte Fiedler von ihm übersetzte Verse russischer Dichter zusammen und gab sie in einer Anthologie mit dem Titel ›Der russische Parnaß‹ heraus, die er Wilhelm Jensen widmete. Das Buch enthielt 183 Gedichte von 58 Autoren. Eine ganze Reihe von Besprechungen belegt das große Interesse, das diese Arbeit Fiedlers sowohl

---

1 Nikolaj Posnjakow: ›Drug russkoj literatury‹ (Ein Freund der russischen Literatur). In: ›Nowosti i Birshewaja gaseta‹, Nr. 241 (2. September 1903), S. 2. —
2 Über die Zusammenarbeit F. Fiedlers mit dem Reclam Verlag siehe: Eberhard Reissner: ›Die Universal-Bibliothek als Wegbereiter der russischen Literatur in Deutschland‹. In: ›Reclam. 125 Jahre Universal-Bibliothek 1867-1992‹. Verlags- und kulturgeschichtliche Aufsätze. Hrsg. von Dietrich Bode. Stuttgart 1992, S. 119-131.

in Deutschland als auch in Rußland erweckte, wo sie allgemein als ein neuer Erfolg des talentierten Übersetzers aufgenommen wurde. So verwundert es auch nicht, daß ›Der russische Parnaß‹ bereits 1901 eine zweite Auflage erfuhr.[1]

Gerne übersetzte Fiedler die Werke wenig bekannter russischer Poeten, auch solcher, die gerade erst die literarische Bühne betreten hatten. In seinem Hang zur Universalität war er offenbar bestrebt, dem deutschen Leser einen möglichst vollständigen Eindruck von der russischen Dichtkunst zu vermitteln. Einen bedeutenden Teil seiner Übersetzungen brachte er in der Rubrik »Zeitgenössische russische Dichter« des ›St. Petersburger Herold‹ unter. Diese Rubrik, die sich in den 1870er Jahren vor allem durch die Übersetzungen Ludwig von Ostens ausgezeichnet hatte, wurde von Fiedler fortgeführt und über viele Jahre lang tatkräftig geleitet. Sein eigentliches Ziel war aber die Herausgabe einer Anthologie mit dem Titel ›Russische Lyriker von den ältesten Zeiten bis zur jüngsten Gegenwart‹.[2] Einige Aufzeichnungen aus dem Tagebuch bezeugen Fiedlers erfolglose Versuche, einen Verleger für dieses Werk in Deutschland zu finden.

Fiedlers Bestreben, *alle* russischen Dichter zu übersetzen, mag den Vorwurf nach sich ziehen, er hätte wenig Wert auf Qualität gelegt, sei eine Art literarischer Nimmersatt gewesen. Dieser Vorwurf ist freilich

---

1 ›Der russische Parnaß. Anthologie russischer Lyriker von Friedrich Fiedler‹. Dresden / Leipzig 1889. Die Ansichten über die Übersetzungen Fiedlers stimmten nicht immer überein: »Die Genauigkeit seiner Übersetzungen ist verblüffend. Er übersetzt nicht nur Wort für Wort, sondern sogar das Versmaß des Originals«, bestätigte ein anonymer Autor (Jeronym Jassinskij) in der Zeitschrift ›Besseda‹ (1903), H. 4, S. 46. Ein anderer Kritiker, der sich auf Fiedlers Übertragungen von Lermontow und Kolzow bezog, meinte dagegen: »Seine Übersetzungen sind schlechter als die von Bodenstedt. Sein Deutsch wirkt irgendwie schwerfällig, kantig, antiquiert« (M. Talskij: ›Russkaja poesija w nemezkich perewodach‹ (Russische Poesie in deutschen Übersetzungen). In: ›Russkaja mysl‹ (1901), H. 11, S. 129). — 2 Der volle Titel lautete: ›Russische Lyriker von den ältesten Zeiten bis zur jüngsten Gegenwart. Eine Anthologie. Gesammelt, mit biographischen Notizen versehen und im Versmaß des Originals verdeutscht von Friedrich Fiedler‹. In diesem 600 Seiten umfassenden Buch waren 257 russische Dichter vertreten; vgl. dazu Heinz Pohrt: ›Friedrich Fiedler und die russische Literatur. Aus dem Leben und Wirken des Übersetzers 1878-1917‹. In: ›Zeitschrift für Slawistik‹, Bd. XV (1970), H. 5, S. 711.

nicht ganz gerechtfertigt. Fiedler war alles andere als ein gleichgültiger Übersetzungsprofi. Zu jedem der von ihm übersetzten Autoren hatte er seine eigene Beziehung. Allein die Tatsache, daß ein Mensch zur Zunft der Schriftsteller gehörte, wurde von Fiedler bereits als Beweis für dessen »Erwähltheit«, als Offenbarung des in ihm schlummernden »göttlichen Funkens« gesehen. Jeder beliebige »Schreibende« erschien ihm als ein höheres, von den »gewöhnlichen Sterblichen« abgesetztes Wesen und rief in ihm das Gefühl ungeteilten Entzückens hervor. Nur so ist es wohl zu erklären, daß er auch die Autoren übersetzen konnte, die ihm innerlich nicht besonders verwandt waren.

Der künstlerische Geschmack Fiedlers zeichnete sich, allgemein gesprochen, durch einen gewissen Konservatismus aus. Ein Verehrer der klassischen russischen Literatur, aufgewachsen mit den Versen Lermontows, mit der Prosa Turgenews, hatte Fiedler bisweilen Schwierigkeiten, das Talent eines literarischen Neuerers einzuschätzen. So stand er etwa eine Zeitlang Dostojewskij skeptisch gegenüber und erkannte Tschechow erst dann an, als er bereits allgemein angesehen war. Als Mitbegründer (und erster Vorsitzender) der »Slutschewskij-Abende«, eines Petersburger Zirkels, der vorwiegend aus literarischen Traditionalisten bestand, verhielt sich Fiedler, wie auch die Mehrheit der »Slutschewzen«, abwartend gegenüber den sogenannten »dekadenten« Schriftstellern, die sich dem Zirkel anzuschließen begannen und seine Sitzungen besuchten. Dies hielt ihn freilich nicht davon ab, engen Umgang mit Mereshkowskij, Fjodor Ssologub und Wjatscheslaw Iwanow zu pflegen sowie deren Poesie zu übersetzen. In Fiedlers Anthologie ›Russische Lyriker …‹ finden sich ihre Namen (wie auch die von Balmont, Brjussow, Block, Andrej Belyj, Achmatowa, Gumiljow u.a.) Seite an Seite mit den Namen von Dichtern einer ganz anderen, mitunter entgegengesetzten Orientierung, wie beispielsweise Bunin, Gorkij, Skitaletz, Droshshin, Ssewerjanin und Frug. Darüberhinaus treffen sich bei Fiedler nicht selten wohlbekannte Autoren mit solchen, deren Namen nur mit Mühe in Literaturgeschichten oder Enzyklopädien aufzustöbern sind.

Fiedler setzte seine Tätigkeit auch in den Jahren des Ersten Weltkrieges fort, als unter dem Druck der Ereignisse alle Beziehungen mit Deutschland endeten und der ›St. Petersburger Herold‹ im Dezember 1914 eingestellt werden mußte. In dieser ungünstigen Zeit fertigte er

seine beiden letzten Übersetzungen an, Puschkins ›Die Fontäne von
Bachtschissaraj‹ und ›Ruslan und Ljudmila‹.[1]

*

Mit der Mehrzahl der zeitgenössischen Autoren, die er ins Deutsche
übersetzte, war Fiedler persönlich bekannt, ja oft sogar befreundet. So
wie er die Literatur im allgemeinen und die russische Literatur im
besonderen vergötterte, so hegte er auch ein ungeteiltes, lebendiges
Interesse für jeden Schriftsteller, den er kennenlernen durfte, wie auch
für jedwedes Phänomen des literarischen Lebens. Regelmäßig und
voller Begeisterung nahm er an allen mehr oder weniger bedeutenden
Ereignissen der hauptstädtischen Literatur- und Theaterwelt teil.
Kaum einer Versammlung, kaum einem Bankett, Jubiläum oder Diner
blieb er fern. Daneben war er in praktisch allen damals in St. Petersburg bestehenden literarischen Vereinigungen aktiv. Im Februar 1889,
so berichtet sein Tagebuch, wurde er Mitglied der »Russischen
literarischen Gesellschaft«. In den Jahren 1906-1908 war er Sekretär
der »St. Petersburger literarischen Gesellschaft«. Bereits zu Beginn des
Jahrhunderts wurde er Mitglied der Verwaltung der »Unterstützungskasse der Schriftsteller und Gelehrten beim Literaturfonds«. Außerdem war er der Leiter und die Seele eines recht originellen Klubs mit
der Bezeichnung »Kameradschaftliche Diners«[2] – eine Fortsetzung der

---

1 Tatsächlich brachen alle Kontakte Fiedlers zu Deutschland mit Beginn des
Weltkrieges 1914 ab. Für ihn setzten damit schwere Zeiten ein. Erfaßt von anti-
deutscher Hysterie, wandten sich einige seiner Bekannten von dem »deutschen
Spion« ab, brachen den Umgang mit ihm ab, ja grüßten ihn nicht einmal mehr.
Seinem Ruf wurde in dieser Zeit großer Schaden zugefügt, von dem er sich bis
ans Lebensende nicht mehr erholte. Wenn er jemanden kennenlernte, fragte er
nun zunächst nach dem Verhältnis zu den Deutschen und zu der hurrapatrio-
tischen Propaganda der russischen Presse. Seine Tagebuchaufzeichnungen von
1914-1916 spiegeln diese seelische Tragödie ausführlich wider. Zu seiner Arbeit
während des Krieges vgl.: ›Iswestija Wolffa‹ (1916), H. 7/8, S. 97, wo es heißt:
»Der unermüdliche Übersetzer glaubt fest daran, daß mit Beendigung des Krieges
in Deutschland das Interesse für russische Literatur stark zunehmen und es un-
vermeidlich zu einer großen Nachfrage nach deutschen Übersetzungen der russischen Klassiker kommen wird«. — 2 Diese Diners hatten manchmal den
Beinamen »Fiedlersche«; siehe dazu Grigorij Starzew: ›Sametki dnja‹ (Tagesauf-

von Anton Tschechow gegründeten »Belletristendiners« – sowie einer der ständigen und führenden Teilnehmer der bereits genannten »Slutschewskij-Abende«.

Machte er die Bekanntschaft eines Literaten, so erachtete es Fiedler für unumgänglich, dieses Ereignis auch gebührend festzuhalten, zu »verewigen«. Sobald er in Gesellschaft auftrat, hielt er daher stets eines von mehreren kleinen Alben bereit, die er für verschiedene Anlässe angelegt hatte und die Titel trugen wie »Zu Gast«, »Im Restaurant«, »Bei mir«, »Unterwegs«, »Kameradschaftliche Diners«, »Gedenkfeiern« usw. Ein Album hieß »4. XI.« und war dem 4. November gewidmet, dem Tag, an dem sich »ganz Petersburg« (also »alle Schriftsteller«) in Fiedlers Wohnung versammelte, um ihm zum Geburtstag zu gratulieren. Die Gäste brachten dabei gewöhnlich »literarische« Geschenke mit wie etwa Autographen, Fotografien oder Bücher mit Widmungen.

»Der bekannte Poet und Übersetzer F. F. Fiedler ist ein eifriger Sammler speziell von Schriftsteller-Autogrammen«, so bemerkte 1916 Sigismund Librowitsch und fuhr fort:

»Er führt nicht nur ein Album, sondern einige dutzend. Wenn die Seiten des einen voll sind, beginnt er ein zweites, drittes und so weiter. Fiedler hat immer ein Album in der Tasche. Begegnet er irgend jemandem aus dem Kreise der Schriftsteller, sei es in einer Versammlung, im Theater, im Restaurant oder auch nur beim Spaziergang, so hält er sein Gegenüber ganz bestimmt dazu an, ihm irgendetwas ins Album zu schreiben. Zusätzlich merkt er sorgfältig an, wo, wann und unter welchen Umständen die Eintragung stattfand. Dank der allgemeinen Zuneigung, deren sich Fiedler in literarischen Kreisen erfreut, schlägt ihm selten ein Autor eine Bitte ab. Die Alben Fiedlers bilden somit eine eigenständige Abteilung seiner großen und wahrhaft wertvollen Sammlung literarischer Autogramme«.[1]

zeichnungen). In: ›Telegraf‹, Nr. 4 (27. Januar 1907), S. 3. Fiedler wird in diesem Aufsatz als ›ein bewundernswerter Mensch« bezeichnet: »Ein Deutscher, nicht Russe, aber so in die russische Literatur verliebt – gebe Gott, daß alle Russen sie so liebten. Ein Deutscher, der die Russen lehrt, die russische Literatur zu lieben, sie zu würdigen und zu schätzen. Er liebt sie mit der Liebe eines Fanatikers, liebt sie ganz und gar, so wie sie ist, mit all ihren Mängeln, all ihren Belanglosigkeiten«.

1 Lukian Ssilnyj [= Sigismund Librowitsch]: ›Koje-tschto ob albomach pissatelskich awtografow‹ (Einiges über Sammelalben mit Schriftstellerautographen). In:

Welche russischen Schriftsteller kannte Fiedler persönlich, mit wem
kam er öfter und mit wem am liebsten zusammen? Eine Antwort auf
diese Frage zu finden, fällt schwer, denn Fiedlers Bekanntenkreis um-
faßte beinahe die gesamte literarische Szene seiner Zeit. Dabei gilt es
zu bedenken, daß er erst Mitte der 1880er Jahre ins literarische Leben
eintrat, also zu einer Zeit, als so herausragende Autoren wie Turgenew,
Dostojewskij, Tjutschew und Alexej Tolstoj bereits verstorben waren.
Am Leben waren freilich noch so bekannte und achtbare Lyriker wie
Nadson, Maikow, Feth, Polonskij, Plestschejew und Slutschewskij, so
berühmte Prosaisten wie Garschin, Leskow, Korolenko und Uspenskij, und so einflußreiche Kritiker wie Michailowskij und Stassow.
Fiedler erlebte diese Generation russischer Literaten schon bewußt
mit und pflegte mit vielen von ihnen persönlichen Umgang. In den
80er und 90er Jahren machte dann eine neue Plejade talentierter russischer Schriftsteller von sich reden: Tschechow, Mamin-Ssibirjak,
Mereshkowskij, Gorkij, Bunin, und etwas später Leonid Andrejew
und Fjodor Ssologub. Zu ihnen hatte Fiedler ein näheres Verhältnis,
was vielleicht am fehlenden Altersunterschied lag. Was die wirklich
berühmten Autoren angeht, so war Fiedler eng nur mit Dmitrij
Mamin-Ssibirjak befreundet sowie später mit Alexander Kuprin. Zu
seinem engsten Freundeskreis gehörten sonst die seinerzeit durchaus
populären, heute freilich weitgehend vergessenen und nurmehr Lite-
raturhistorikern bekannten Michail Albow, Kasimir Baranzewitsch,
Ignatij Potapenko und Wassilij Nemirowitsch-Dantschenko.

    Unter den Großen der russischen Literatur seiner Zeit war es einzig
Lew Tolstoj, mit dem Fiedler nicht persönlich bekannt war. Trotz aller
Anstrengungen blieb es ihm versagt, den ständig in Moskau oder
Jasnaja Poljana lebenden Tolstoj zu treffen und sich mit ihm zu unter-

---

›Westnik literatury‹ (1916), H. 4, S. 97-98. Über Fiedler und seine Alben heißt es
in den Memoiren von Nikolaj Chodotow: »Seine zierliche Gestalt im tadellosen
alten Gehrock war Teil eines jeden literarischen Jubiläums, Diners oder Soupers.
Stets hatte er ein Album für Autogramme und Zeichnungen in der Tasche […].
Und welcher Literat, Wissenschaftler oder Künstler trug sich nicht darin ein. Da
gab es Verse, Denksprüche, Satiren, Karikaturen, Noten, Skizzen – alles war ihm
kostbar, kam ihm zupaß«. Siehe Nikolaj Chodotow: ›Bliskoje – daljokoje‹ (Nahes
und Fernes). Leningrad / Moskau 1962, S. 207.

halten. Dessenungeachtet taucht Tolstojs Name aber ziemlich häufig im Tagebuch auf.[1]

Fiedler war auch mit vielen deutschen Literaten bekannt. Er hatte die nicht ganz uneigennützige Gewohnheit, seine in Deutschland erschienenen Bücher an berühmte Persönlichkeiten des deutschen Kulturlebens zu versenden. Dabei verfolgte er ein doppeltes Ziel: zum einen war er an kompetenten Urteilen über sein Werk interessiert, zum anderen wollte er neue Autogramme für seine Sammlung erwerben. Darüber hinaus bemühte sich Fiedler, den brieflichen Umgang durch persönliche Bekanntschaften zu festigen, indem er des öfteren seine dienstfreie Zeit zu einer Reise ins Ausland nutzte. (Das Tagebuch enthält reiches Material zu diesen Reisen und seinen Gesprächen mit deutschen und anderen ausländischen Schriftstellern.) So erfuhr Fiedler im Laufe der Zeit auch weite internationale Anerkennung.[2]

Wenn sich Fiedler an Schriftsteller wandte, sei es in Rußland oder in Deutschland, so versuchte er stets, von ihnen auch Zeugnisse biographischer Natur zu bekommen. Darin glich er seinem Freunde Ssemjon Wengerow, einem Bibliographen und Historiker der russischen Literatur, der übrigens Fiedler dazu brachte, Beiträge über deutsche Literaten für die in Rußland hoch angesehene Enzyklopädie von Brockhaus und Jefron zu schreiben. Die Aufmerksamkeit, die Fiedler kleinen biographischen Details und den verschiedenen, mitunter auch recht privaten Seiten im Leben eines Schriftstellers schenkte, war typisch für seine Tätigkeit. Nicht zufällig versah er alle von ihm in Deutschland veröffentlichten Anthologien und Sammelwerke russischer Dichter mit biographischen Notizen. Aber auch das russische Publikum sollte eine bessere Vorstellung von seinen zeitgenössischen Schriftstellern erhalten. Zu diesem Zweck verteilte Fiedler im Jahre

---

1 Vgl. auch: ›Ein wenig Philosophie, Sophismen und Paradoxe anläßlich der religiös-philosophischen Schriften des Grafen L. N. Tolstoi‹ von I. Notowitsch. Nach der zweiten Auflage aus dem Russischen übersetzt von Friedrich Fiedler. Berlin 1887. — 2 Aus Anlaß des 25jährigen Jubiläums von Fiedlers literarischer Tätigkeit bemerkte eine der führenden St. Petersburger Zeitungen, daß seine »großen Verdienste […] von den besten Schriftstellern und Kritikern anerkannt werden, darunter Kuno Fischer, Max Nordau, Georg Brandes u.a.« In: ›St.-Peterburgskije wedomosti‹, Nr. 350 (22. Dezember 1903), S. 4.

1909 in Petersburger literarischen Kreisen selbstverfaßte Fragebögen. Die Antworten darauf, die 54 Autoren gaben, erschienen 1911 als Sammlung von Autobiographien.[1] Dieses Werk wurde sogleich berühmt und hat bis heute nichts von seiner Bedeutung eingebüßt.

*

Fiedlers liebstes Steckenpferd, in dem er den eigentlichen Sinn seines langjährigen Engagements für die heimatliche Literatur sah, war seine äußerst reichhaltige Sammlung, deren Anfänge bis in seine Zeit als Gymnasiast zurückreichten. Das Sammeln wurde für ihn mit den Jahren zu einer verzehrenden Leidenschaft. Was auch nur die geringste Beziehung zur Literatur hatte, wie etwa Porträts von Schriftstellern, ihre Briefe, Autogramme, Autographen, persönliche Dinge usw. – alles fand einen Platz in der relativ kleinen Vierzimmerwohnung Fiedlers, die sich allmählich in ein richtiges Literaturmuseum verwandelte. In den Memoiren von Ssergej Gorodetzkij findet man eine recht malerische Beschreibung dieses »Museums«:

[Fiedler] »lebte in einer gewöhnlichen Wohnung in der Nikolajewskaja Straße und fürchtete sein Leben lang ein Feuer, das seine Schätze hätte zerstören können. Alle Wände der vier Zimmer waren vollständig mit Büchern zugestellt und mit Fotografien voller Autogramme behängt. Überall waren unendlich viele Vitrinen, Kästen und Regale angebracht zur Aufbewahrung von Briefen, Handschriften und Fotografien. An einen Katalog erinnere ich mich nicht, aber wie es scheint gab es keinen wichtigen Schriftsteller, der nicht irgendwie bei Fiedler vertreten gewesen wäre. Seine Findigkeit im Aufspüren von Material war erstaunlich. Er forschte nach, bat flehentlich, tauschte ein, kaufte, ja man kann sagen – jagte nach Autographen. Literarische Lager, Tendenzen oder Zirkel existierten für ihn nicht; er liebte die Literatur so wie sie war und verstand es, mit viel Feingefühl ihrer Bahn zu folgen«.[2]

1 Friedrich Fiedler: ›Perwyje literaturnyje schagi. Awtobiografii ssowremennych russkich pissatelej‹ (Erste literarische Schritte. Autobiographien zeitgenössischer russischer Schriftsteller). Moskau 1911. — 2 Ssergej Gorodetzkij: ›Tri wenka‹ (Drei Kränze). In: ›Kawkaskoje slowo‹, Nr. 45 (2. Juli 1917), S. 3.

Ab etwa 1907 finden sich immer öfter Mitteilungen über Fiedlers
Museum in der russischen Presse. So berichtete z. B. die Moskauer
Zeitung ›Ranneje utro‹:

»Fiedlers Museum findet man in keinem Nachschlagewerk über
Petersburg. Und das ist auch verständlich, denn es ist eine private
Einrichtung. Die Bezeichnung ›Museum‹ ist freilich etwas übertrieben. Dennoch ist diese Sammlung ein in seiner Art bemerkenswertes Phänomen. Es ist bezeichnend, daß sie nicht auf Initiative eines
Russen, sondern eines Deutschen gegründet wurde. F. F. Fiedler ist
Deutscher. Aber es gibt wohl kaum einen Russen, der so wie er die russische Literatur liebt. Zunächst hat er sehr viel für ihre Verbreitung in
Deutschland getan. Die Werke einer ganzen Reihe russischer Schriftsteller wurden von ihm ins Deutsche übersetzt. Des weiteren – und
das ist das Wichtigste – wurde von ihm im Laufe vieler Jahre eine
bemerkenswerte Sammlung von Autographen, Porträts, Aussprüchen,
Tagebüchern und Manuskripten russischer Autoren zusammengetra-
gen. Diese Sammlung ist so reichhaltig, daß sie nicht ohne Grund als
Museum bezeichnet wird. Und wen gibt es hier auch nicht? … Hier
ist Michailowskij, Stschedrin, Nekrassow, Herzen, Turgenew, Dostojewskij, ganz zu schweigen von den heutigen Schriftstellern. […] Jeder
der schreibenden Zunft angehörende Besucher Fiedlers muß sich unverzüglich in ein besonderes, speziell für diesen Zweck vorgesehenes
Buch eintragen. Außerdem gibt es bei Fiedler noch ein Album, in dem
seine Gäste Denksprüche niederschreiben. Die Sammelleidenschaft
Fiedlers reicht dabei fast ans Kuriose. So sammelt er beispielsweise
auch die Stummel von Zigarren und Zigaretten, die von den einen
oder anderen Schriftstellern bei ihm geraucht wurden. […] Außer den
Manuskripten, Autographen, Briefen und Tagebüchern gibt es bei
Fiedler auch noch eine ganze Reihe ungeöffneter Briefe und Pakete
von verschiedenen Autoren, auf denen vermerkt ist: ›Erst nach meinem Tode öffnen‹«.[1]

---

1 Wlas [= Wlas Doroschewitsch]: ›K pissatelskoj wystawke‹ (Über eine literarische
Ausstellung). In: ›Ranneje utro‹, Nr. 201 (1. September 1910), S. 2.

Welche Kostbarkeiten beherbergte Fiedlers Museum? Zunächst ist
hier darstellendes Material zu nennen: Porträts, Fotografien und
Karikaturen von Schriftstellern sowie von ihnen angefertigte Zeichnungen. Bereits 1911 gab es einige zehntausend davon in Fiedlers
Sammlung, zum größten Teil nie veröffentlicht. Das meiste waren
Unikate. Ein Besucher meinte dazu: »Hier kann man äußerst kuriose
Fotos sehen – eine bekannte Dichterin in achtzehn dekadenten Ko-
stümen und Posen, einen seriösen Kritiker in der Verkleidung eines
furchteinflößenden Tscherkessen, eine Gruppe von Belletristen als
Tiroler Chor, einen jungen Belletristen in den Lumpen eines Vaga-
bunden usw.«[1]

In der Sammlung darstellender Materialien gab es eine spezielle Abteilung mit Postkarten, auf denen Schriftsteller abgebildet waren.
Fiedler trug diese Karten mit viel Sorgfalt in Rußland und auf seinen
Reisen im Ausland zusammen. Alexander Ismailow schrieb dazu: »In
Petersburg, Moskau, aber auch in Berlin, Wien, Stockholm, Rom,
Brüssel und Paris läuft er von einem Postkartenstand zum nächsten,
zum übernächsten und so weiter. Zur Zeit enthalten seine Alben über
5000 Postkarten, von denen 2000 auf russische Schriftsteller ent-
fallen«.[2]

In Fiedlers Museum befand sich gleichfalls eine große Zahl von
Autographen, darunter Originalmanuskripte von Schriftstellern, Entwürfe und Korrekturfahnen mit Anmerkungen der Autoren. Einiges
davon ist durchaus als historisch-literarische Rarität zu bezeichnen.
Aus den »Perlen« des Museums muß ein wiederholt auch in russischen
Zeitungen genanntes Originalmanuskript von Heinrich Heine hervorgehoben werden, das Fiedler von der Schwester des Dichters erhalten hatte.[3] Dann gab es da auch das Manuskript des zweiten Teils

---

1 Die Dichterin war Sinaida Hippius, der Kritiker Nikolaj Michailowskij, der
junge Belletrist Alexej Swirskij. Siehe M. L-in: ›Fidlerowskij musej russkich literatorow‹ (Das Fiedlersche Museum russischer Literaten). In: ›Ssolnze Rossii‹, Nr. 47
(87) (September 1911), S. 2-3 (mit Reproduktion des Fotos von Swirskij u.a.). —
2 A[lexander] I[smailow]: ›Literaturnyj musej F. F. Fidlera‹ (Das Literaturmuseum F. F. Fiedlers). In: ›Ogonjok‹, Nr. 23 (2. Juni 1912), [S. 7]. — 3 »Dieses
Manuskript betrachtet der begabte Übersetzer russischer Poesie als sein Heiligtum. Es hängt bei ihm in einem eigenen Rahmen an einer besonders augenfälligen
Stelle« - so schrieb der bis heute erste und einzige Verfasser einer Broschüre über

der ›Toten Seelen‹ mit eigenhändigen Korrekturen von Gogol, Strophen aus Nekrassows Poem »Wer lebt gut in Rußland?«, die nicht in den Text der damaligen Ausgaben aufgenommen worden waren, sowie Materialien von A. I. Herzen, ein unveröffentlichtes Poem (Autograph) von N. M. Karamsin und vieles mehr.

Durch eine noch größere Vielfalt und Reichhaltigkeit zeichnete sich Fiedlers Sammlung von Briefen aus. Im Jahre 1916 war sie bereits auf über 14.000 Einheiten angewachsen. Es versteht sich von selbst, daß nur ein unbedeutender Teil der Briefe an Fiedler selbst gerichtet war. Die meisten Briefe kamen in sein Museum als Gabe von anderen Adressaten, seinen »Spendern«, wie er sie nannte. Der freigebigste dieser »Spender« war offensichtlich Alexander Ismailow, der gemäß einer von Fiedler angefertigten Liste dem Museum am 1. Januar 1915 mehr als eineinhalbtausend Briefe übergab. Auf dieser Liste finden sich unter anderem Apollon Korinfskij mit 721 Briefen, Boris Lasarewskij mit 719, Nestor Kotljarewskij mit 164, Fjodor Ssologub mit 129, Alexander Kuprin mit 83 und Maxim Gorkij mit 48.[1] Daneben gab es bei Fiedler noch Briefe von Wassilij Shukowskij, Fürst Wjasemskij, den Brüdern Aksakow, Nikolaj Gogol, Wladimir Ssolowjow, Anton Tschechow und anderen. Viele dieser Briefe waren von großem allgemeinem Interesse, wie etwa der, den Kondratij Rylejew zwanzig Minuten vor seiner Hinrichtung verfaßt hatte; andere waren rein persönlicher Natur. Zu letzteren meinte Fiedler: »Da gibt es so viel Intimes. Wenn das jetzt alles auf einen Schlag veröffentlicht werden würde, käme es zu tiefen Brüchen in der gesamten russischen Literatur«.[2]

Etwas anders war es um die Briefe deutscher Autoren bestellt, die natürlich von Rußland aus viel schwerer aufzutreiben waren. Fiedler löste dieses Problem, indem er, wie gesagt, deutschen Literaten seine

---

Fiedler, Sigismund Librowitsch (›Fidlerowskij musej russkich literatorow‹ [Das Fiedlersche Museum russischer Literaten]. St. Petersburg [1906], S. 22).

1 Die Liste der »freigebigsten Spender von Schriftstellerbriefen an das Fiedlersche ›Literaturmuseum‹« ist erhalten in Fiedlers Briefen an Jeronym Jassinskij in der Handschriftenabteilung der Russischen Nationalbibliothek, F. 901, Op. 3, Nr. 881, Blatt 6, 12. Siehe auch Russisches staatliches Archiv für Literatur und Kunst (Moskau), F. 95, Op. 1, Nr. 1107; F. 518, Op. 3, Nr. 23 (besonders ausführlich). —
2 Pjotr Koshewnikow: ›Musej russkich literatorow‹ (Das Museum russischer Literaten). In: ›Rul‹, Nr. 266 (26. Dezember 1910), S. 2.

in Deutschland erschienenen Übersetzungen zukommen ließ und
damit einen ersten Kontakt knüpfte. Darüberhinaus wandte er sich
als Mitarbeiter der Enzyklopädie von Brockhaus und Jefron direkt
an deutsche Schriftsteller mit den unterschiedlichsten biographischen
Fragen. Auf diese Weise fanden zahlreiche Briefe herausragender und
weniger bekannter deutscher Schriftsteller, Kritiker, Übersetzer und
Verleger den Weg in sein Archiv. Zu nennen wären hier vor allem
Paul Heyse, Conrad Ferdinand Meyer, Friedrich Bodenstedt, Theodor
Fontane, Peter Altenberg, Bertha von Suttner sowie Heinrich und
Thomas Mann. Einige dieser Briefe kopierte Fiedler gelegentlich in
sein Tagebuch. Nach den Angaben von Oskar Grosberg, der Fiedler
kannte, befanden sich insgesamt 600 deutsche Briefe in der Samm-
lung.[1] Viel seltener waren dagegen Briefe von Autoren aus anderen
Ländern, wie etwa von Emile Zola oder Georg Brandes.

Eine eigene Abteilung des Museums bestand aus sogenannten
»Schriftstellerreliquien«. Da gab es z.B. die Pfeife, aus der Puschkin
geraucht hatte, das Stehpult Tschernyschewskijs, die Geldbörse
Tschechows, die Schreibfedern Gorkijs und Leonid Andrejews, die
Totenmaske Nietzsches und vieles andere mehr. Fiedler sammelte
daneben auch so kuriose »Andenken« wie für Jubiläen angefertigte
Konfektschachteln, Flaschenetiketten mit Abbildungen von Schrift-
stellern, Erdklumpen von Dichtergräbern oder Splitter von deren
Kreuzen sowie auch die schon erwähnten Stummel von Papirossy, die
der eine oder andere Literat geraucht hatte. Derartige Exponate wur-
den von so manchem Besucher belächelt, was freilich den Besitzer des
Museums nicht weiter störte.

Direkt im Anschluß an das Literaturmuseum befand sich in der
Wohnung Fiedlers eine riesige Bibliothek mit einigen tausend Bänden. Fast alle Bücher waren mit handschriftlichen Widmungen der
Autoren versehen. Die Petersburger Literaten wußten genau, daß sie
als Gäste Fiedlers, vor allem am Abend des 4. November, unbedingt
Ausgaben ihrer zuletzt erschienenen Verse, Erzählungen und Theater-
stücke mitzubringen hatten. Das Ausbleiben eines literarischen Ge-

---

1 Oskar Grosberg: ›Das Fiedlersche Museum‹. In: ›Deutsches Leben im alten St.
Petersburg. Ein Buch der Erinnerung‹. Hrsg. von Heinrich Pantenius und Oskar
Grosberg. Riga 1930, S. 81.

schenkes konnte den Gastgeber zutiefst betrüben. Wenn aber dennoch jemand mit leeren Händen erschien, so mußte er zumindest versprechen, sein Werk in der allernächsten Zukunft zu übersenden. Fiedler seinerseits ließ nicht locker, bis dieses Versprechen eingelöst war.[1] Sowie er ein Buch geschenkt bekam, bat er den Autor gewöhnlich darum, die seiner Ansicht nach gelungensten Stellen hervorzuheben. Viele Bücher versah er auch selbst mit Anmerkungen, Repliken oder sonstigen Kommentaren.

Als ein letztes Kuriosum des Museums müssen schließlich noch Unmengen von Heften und Mappen erwähnt werden, in die Fiedler Zeitungsausschnitte einklebte und ablegte. Dies waren vor allem Aufsätze, kurze Notizen und Mitteilungen aus der Welt der Literatur. Dieses reichhaltige und vor allem vom wissenschaftlichen Standpunkt aus äußerst wertvolle Material war nach russischen und ausländischen Schriftstellern sortiert. Wenn man einer Zeitungsmitteilung Glauben schenken will, so betrug Ende 1910 die Anzahl dieser Hefte 35.

Viele Zeitgenossen erkannten bereits die Einzigartigkeit von Fiedlers Museum, das in Rußland damals neu und ohnegleichen war. Alexander Ismailow meinte sogar: »Darauf kann man getrost wetten, daß eine andere derartige Sammlung mit einem so hohen Grad der Spezialisierung nicht nur in Rußland, sondern in der ganzen Welt ein zweites Mal nicht existiert«.[2] In einer einflußreichen russischen Zeitung hieß es dazu: »Sowohl die Menge als auch die Vielfalt seiner Sammlungsstücke machen das literarische Museum F. F. Fiedlers nach der Ansicht fachkundiger Sammler zum einzigen seiner Art auf der ganzen Welt. Dabei ist es bemerkenswert nicht nur als eine gut zusammengestellte Sammlung, sondern auch als reiche Quelle für literarhisto-

---

1 Der Journalist Edgar Mesching, der Fiedler besucht hatte, berichtete: »Nächst dieser Hauptsammlung beherbergt das Museum noch eine eigenartige Bibliothek, die aus den Dedikationsexemplaren besteht. Fiedler begeht nämlich alljährlich sein Geburtstagsfest mit einem Abendessen, zu dem sich das ganze literarische Petersburg einzustellen pflegt. Und es ist seit Jahren Tradition geworden, daß jeder Gast dem liebenswürdigen Herrn des Hauses als Geburtstagsgeschenk seine im Laufe des Jahres veröffentlichten Bücher überreicht. So hat sich mit der Zeit diese merkwürdige Bibliothek gebildet«. Siehe Edgar Mesching: ›Friedrich Fiedlers Literatur-Museum‹. In: ›Berliner Morgenpost‹, Nr. 28 (29. Januar 1913), (Unterhaltungsblatt). — 2 A.I[smailow], a.a.O., [S. 7].

rische Arbeiten«.[1] Über das traurige Schicksal dieser herausragenden, von einem einzigen Menschen zusammengetragenen und betreuten Sammlung wird weiter unten noch zu berichten sein.

*

Fiedlers Aufmerksamkeit galt nicht nur seiner Tätigkeit als Lehrer, seinen literarisch-gesellschaftlichen Interessen, seinen Übersetzungen und Briefwechseln oder seiner Sammlerleidenschaft. Nicht wegzudenken aus seinem täglichen Leben ist das Tagebuch, das er in deutscher Sprache seit seiner Studentenzeit über gut dreißig Jahre hinweg führte. Anfangs war dies freilich noch weniger ein Tagebuch als vielmehr eine lose Sammlung von Aufzeichnungen mit dem Titel ›Tägliche Notizen‹. Viele dieser »Notizen« übertrug er später in das eigentliche Tagebuch, das mit seinen mehreren tausend Seiten neben dem Museum durchaus als Fiedlers herausragender Beitrag zur russischen, in Teilen auch zur deutschen Kultur bezeichnet werden darf.

Fiedlers Tagebuch ist ein merkwürdiges und originelles Denkmal, so ganz anders als die bekannten Tagebücher von Schriftstellern, die bis heute das Interesse der Leser finden. Es hat ein eigenes Gesicht, einen ganz eigenen Stil und Charakter. Zuallererst ist es durchweg und ausschließlich Schriftstellern gewidmet, ihren Angelegenheiten und oft auch recht persönlichen Sorgen, ihren Ansichten und Äußerungen über Literatur, aber natürlich auch über den ein oder anderen Kollegen. Diese Eigenart drückt sich bereits im Titel des Tagebuches aus: ›Aus der Literatenwelt. *Charakterzüge und Urteile, gesammelt durch Fiedler*‹. Des weiteren ist in Fiedlers Tagebuchaufzeichnungen seine eigene Person absichtlich und beinahe vollkommen ausgeklammert. Über sich selbst, seine Arbeit, seine Sorgen und Gedanken berichtet er äußerst selten und auch nur sehr flüchtig. Er beschränkt sich auf kurze Informationen, die zum Verständnis einer Situation notwendig sind, wie etwa »War heut […]«, »Besuchte […]«, »Begegnete […]« usw. Schließlich ist Fiedlers Tagebuch einzigartig in seiner Darstellung kon-

---

1 ›Fidlerowskij musej russkich literatorow‹ (Das Fiedlersche Museum russischer Literaten). In: ›Birshewyje wedomosti‹, Nr. 15858 (12. Oktober 1916, Abendausgabe), S. 4.

kreter Details, in seiner Liebe zu gewöhnlichen und auf den ersten Blick unbedeutenden Fakten, Episoden und Ereignissen. In der Tat unterschied Fiedler nicht sehr genau zwischen »bedeutend« und »unbedeutend«, wenn es um »Literatenwelt« ging. Darin ist sein Tagebuch wirklich einmalig. Es enthält Informationen, die man aus keiner anderen Quelle erfahren kann: Wie war dieser oder jener Dichter gekleidet? Wie verhielt er sich in einer bestimmten Situation? Wie sah sein Arbeitszimmer aus? Wieviele Gläschen konnte er im Laufe eines Diners leeren? Was waren seine Neigungen und Vorlieben? Mit scharfer und durchdringender Beobachtung bemerkte Fiedler solche Feinheiten und notierte sie in sein Heft.

Wegen der soeben geschilderten Eigenheiten zeichnet sich Fiedlers Tagebuch durch eine gewisse Einseitigkeit, ja Unvollständigkeit aus. Das echte literarische Leben der Zeit mit all seinen Umschwüngen, den Gegensätzen zwischen Alt und Neu, den ideologischen Schlachten und der gesellschaftlichen Hochspannung sucht man darin vergebens. Dafür gibt es freilich etwas anderes: Porträts von Schriftstellern, den literarischen Alltag, die Atmosphäre jener Epoche. Dieser Umstand ist von besonderer Bedeutung, wenn man bedenkt, daß ebendiese Epoche damals ihrem Ende zuging. So gehören denn auch der Typ der von Fiedler beschriebenen russischen Intelligenzia und das ihn umgebende Milieu mit all seinen Einzelheiten und Gebräuchen längst der Geschichte an. Der Erkenntniswert seines Tagebuches ist daher trotz Fiedlers eigentümlichen Verständnisses von Literatur und der »Welt der Literaten« äußerst hoch.

Eine andere Besonderheit des Tagebuches ist seine Glaubwürdigkeit und Zuverlässigkeit. Mit großer Genauigkeit trug Fiedler das ein, was er erlebte, und zwar unverzüglich, also noch am gleichen Abend oder spätestens am nächsten Tag. Er selbst meinte dazu: »Ich bemühe mich, nur nackte Tatsachen zu geben, die ich nicht 5, 10, 15 oder 25 Stunden später aufschreibe, sondern bisweilen sogar nur wenige Minuten nach einem Treffen oder Gespräch mit einem Schriftsteller. Auf diese Weise können sich Flüchtigkeitsfehler gar nicht erst einschleichen«.[1]

---

1 ›Literaturnyje ssiluety. Is wospominanij F. F. Fidlera‹ (Literarische Silhouetten. Aus den Erinnerungen F. F. Fiedlers). In: ›Nowoje slowo‹, Nr. 1 (1914), S. 68.

Dennoch unterliefen auch Fiedler eine Reihe von Fehlern anderer
Art, freilich nicht aus Vergeßlichkeit oder mangelnder Präzision. Als
Autor des Tagebuchs beschränkte er sich bewußt auf die Rolle des
Chronisten, der sich nicht in die beschriebenen Ereignisse einmischt
(auch wenn er selbst daran teilgenommen hat). Nur ungern kommen-
tierte Fiedler seine Aufzeichnungen, und noch seltener bezweifelte
oder bewertete er, was er gehört hatte. Kam dies dennoch einmal vor,
wie etwa in seiner Unterhaltung mit A. Wolynskij (Tagebucheintrag
vom 30. Juli 1915), so vor allem mit der Absicht, eine sachliche Un-
genauigkeit in den Ausführungen des Gesprächspartners richtigzustel-
len. Dessen ungeachtet ist klar, daß auch ein sozusagen fehlerlos und
Wort für Wort niedergeschriebener Text bei genauerer Durchsicht sich
manchmal als falsch, lückenhaft und untergeschoben erweisen kann.
Besondere Vorsicht ist etwa angeraten, wo es um die »Freundschaft«
unter den Dichtern geht, die übereinander so oft böswillig und
voreingenommen und damit durchaus entstellend urteilten. Unter-
schiedlicher gesellschaftlicher Rang, schlechte oder gute persönliche
Beziehungen, Neid oder Verehrung, Ehrgeiz, Rivalität, Eifersucht und
einfach ganz normaler Klatsch – all diese für das literarische Milieu
typischen Eigenschaften prägten zuweilen auch die von Fiedler so em-
sig notierten »Charakterzüge« und »Urteile«. Trotz der Zuverlässigkeit
des Tagebuchs als »Quelle« sollte man daher nicht jeder darin geäußer-
ten Meinung Glauben schenken. Fiedlers Aufzeichnungen garantieren
lediglich die Authentizität, nicht unbedingt aber den Wahrheitsgehalt
der ihm zu Ohren gekommenen Worte.

Die Aufzeichnungen Fiedlers – und der Leser wird dies mit fort-
schreitender Lektüre feststellen – sind gewöhnlich nach einem
bestimmten Muster aufgebaut. Fast immer notiert Fiedler in aller
Ausführlichkeit die äußere Erscheinung eines Schriftstellers, seine
Wohnverhältnisse, sein Gebaren sowie die Besonderheiten seiner
Sprache. Stereotypisch waren auch meist die Fragen, die Fiedler beim
ersten Zusammentreffen mit einem Autor stellte: über die Anfänge
seiner literarischen Tätigkeit, über den Umfang seines Schaffens, über
Honorare, aber auch über die Beziehung des Autors zu seinen Werken,
wie etwa über seine Vorliebe für ein spezielles Buch. Am Ende des
Gesprächs bat Fiedler stets um ein signiertes Bild und eine hand-
schriftliche Eintragung ins Album. Sowie er von irgend jemandes Tod

erfuhr, merkte er sogleich im Tagebuch den Grad seiner Bekanntschaft mit dem Verstorbenen an, zitierte dessen Briefe und, soweit im Museum vorhanden, dessen Antworten auf einem biographischen Fragebogen. All diese formalen Gewohnheiten lassen trotz der Vielfalt und der großen Zahl der im Tagebuch auftretenden Personen die Aufzeichnungen Fiedlers mitunter monoton und einförmig erscheinen. Er selbst neigte übrigens nicht dazu, deren Bedeutung zu überschätzen, und unterstrich, daß sie »nur Momentaufnahmen, Skizzen, Entwürfe und Anekdoten, d.h. Material für zukünftige Biographien und Beurteilungen von Schriftstellern« enthielten.[1] Darin kann man ihm nur zustimmen.

Wenige aus Fiedlers Bekanntenkreis wußten von seinem literarischen Tagebuch; nur seinen engsten Freunden gestattete er von Zeit zu Zeit einen Blick in seine »blauen Hefte«. Ungeachtet dessen wurden sie bisweilen in der Presse erwähnt. So berichtete etwa Alexander Ismailow in der Zeitung ›Russkoje slowo‹:

»In diese Hefte, die man besser als Bücher bezeichnet, trägt Fiedler mit staunenswerter und rührender Aufmerksamkeit schon seit vielen Jahren alles ein, was er über noch lebende und bereits verstorbene russische Schriftsteller hört. [...] Einmal verbrachte ich einen herrlichen Abend mit dem Autor dieser höchst interessanten ›blauen Hefte‹ bei der Lektüre all dessen, was sich darin zu Nekrassow findet. Es ist durchaus noch nicht an der Zeit, über vieles davon, auch wenn es noch so interessant ist, zu berichten. Dies ist allenfalls Sache des Autors«.[2]

Die Zeitschrift ›Iswestija Wolffa‹ wies ihre Leser im Jahre 1911 ebenfalls auf die »blauen Hefte« Fiedlers hin, »in die er alles, was er über russische Schriftsteller sieht und hört, einträgt«. Unter Berufung auf Ismailow hieß es weiter, daß diese Hefte noch für 25 Jahre ein »Geheimnis für die Zeitgenossen« blieben.[3]

---

1 Ebenda. — 2 Alexander Ismailow: ›Prossypannyj bisser. (Neisdannyje stichi Nekrassowa)‹ (Verstreute Perlen. [Unveröffentlichte Verse Nekrassows]). In: ›Russkoje slowo‹, Nr. 27 (1. Februar 1908), S. 2. — 3 ›Ssinije tetradi Fidlera‹ (Fiedlers blaue Hefte). In: ›Iswestija Wolffa‹ (1911), H. 11, S. 173.

Am treffendsten beschrieb Wassilij Nemirowitsch-Dantschenko
Fiedlers Chronistentätigkeit:

»Mit der Akkuratesse eines mustergültigen Apothekers führte Fiedler
sein Tagebuch über Zusammenkünfte und Gespräche mit unserer literarischen Welt. Jeden Abend, vor dem Zubettgehen, schrieb er alles
auf, was ihm in der Unterhaltung mit uns als interessant oder auf den
Punkt gebracht erschien. Die Sprache dieser Chronik war Deutsch. Er
gedachte sie einst nach unserem Ableben zu veröffentlichen. [...]
Diese fast 25 Jahre umfassenden Tagebücher sind wahre Schätze für
eine Geschichte der russischen Literatur ›hinter den Kulissen‹. Da gibt
es nicht lediglich Aufzeichnungen über künstlerische oder kulturelle
Strömungen, sondern ganze Kapitel voller intimer Dinge, in denen
unsere kleine Welt so klar und bildhaft erscheint wie in keiner einzigen Monographie«.[1]

Selbstverständlich war sich Fiedler selbst auch seiner »Schätze« bewußt. In den letzten Jahren seines Lebens begann er nach und nach
Materialien aus seiner Sammlung sowie das Tagebuch zu verwerten.
So schrieb und veröffentlichte er etwa Erinnerungen an bekannte
russische Schriftsteller. Das erste Werk dieser Art hieß ›Stassowskaja
datscha‹ (›Stassows Sommersitz‹) und bezog sich auf Fiedlers Zusammenkünfte mit Wladimir Stassow.[2] Fünf Jahre später folgte eine Serie
unter dem Titel ›Literaturnyje ssiluety‹ (›Literarische Silhouetten‹)
mit Erinnerungen an Garschin, Nadson, Polonskij, A. Maikow, Feth,
A. Shemtschuschnikow, Plestschejew und Leskow.[3] In den Jahren 1914
und 1915 arbeitete Fiedler an einem Band mit Erinnerungen, die Mamin-Ssibirjak gewidmet waren, einer Hauptfigur aus dem Tagebuch

---

1 Wassilij Nemirowitsch-Dantschenko: ›Na kladbistschach. (Wospominanija)‹
(Auf den Friedhöfen [Erinnerungen]). Reval 1921, S. 101. — 2 ›Nesabwennomu
Wladimiru Wassiljewitschu Stassowu. Sbornik wospominanij‹ (Dem unver-
geßlichen Wladimir Wassiljewitsch Stassow. Erinnerungsband). St. Petersburg
[1908], S. 286-289. — 3 Diese biographischen Essays erschienen zunächst in der
Zeitung ›Birshewyje wedomosti‹, dann in ›Nowoje slowo‹, Nr. 1, 5, 6, 8 (1914).
Etwas später veröffentlichte Fiedler seine Erinnerungen an Konstantin Fofanow;
siehe ›Tscherty is shisni Fofanowa (Po moim literaturnym dnewnikam)‹ (Skizzen
aus dem Leben Fofanows [Nach meinen literarischen Tagebüchern]). In: ›Birshewyje wedomosti‹, Nr. 15565 (18. Mai 1916, Morgenausgabe), S. 2-3.

der 1890er Jahre. Vollendet in ihren Grundzügen, ist diese Arbeit mit ihren mehr als 300 Seiten nur als Manuskript erhalten.[1]

*

Mit den Jahren wurde Fiedler zu einer Berühmtheit in Rußland. Sein selbstaufopfernder, ja fanatischer »Dienst« an der russischen Literatur wurde mit großem Verständnis und bisweilen Bewunderung aufgenommen. Die Spenden an sein Museum fielen immer großzügiger aus; in den Jahren nach 1910 trafen sie buchstäblich aus allen Ecken Rußlands ein. Die Zeitgenossen waren voll des Lobes für Fiedler, den »Priester im Tempel der russischen Literatur« (wie er sich selbst nannte). »Ihr Anliegen, Fjodor Fjodorowitsch, ist eine große, *heilige* Sache«, schrieb ihm einmal Gleb Uspenskij.[2] »Ein Deutscher, wie es wenige gibt«,[3] »Ritter der russischen Literatur«[4] – derartige Äußerungen über Fiedler tauchten immer öfter in der russischen Presse auf. Häufig wurde auch Tschechow zitiert, der Fiedler einmal als »ein unverlöschliches Gotteslämpchen vor dem Bilde der russischen Literatur« bezeichnet hatte.[5] Erhalten sind außerdem einige Fiedler gewidmete Stegreifdichtungen in russischer und deutscher Sprache. Daraus ein Beispiel, das aus der Feder des scharfzüngigen Fjodor Tschernigowetz-Wischnewskij stammt und in Deutsch abgefaßt war:

> Er ist ein Deutscher – auch ein Dichter,
> Und er verdeutscht uns schön und gern,
> Doch russisch fühlt er, russisch spricht er,
> Und ist ein Russe insofern.[6]

---

1 Russisches staatliches Archiv für Literatur und Kunst, F. 518, Op. 3, Nr. 18. — 2 Zitiert nach den Aufzeichnungen Fiedlers im Tagebuch (IRLI, F. 649, Op. 1, Nr. 8, Blatt 131). — 3 Dies war der Titel eines Aufsatzes über Fiedler in der Zeitschrift ›Saduschewnoje slowo‹ (1909), H. 5, S. 1-2. — 4 Der Begriff stammt aus einem Essay des sibirischen Schriftstellers Georgij Wjatkin, der Fiedlers Museum im September 1913 besucht hatte; siehe dazu ›Ssibirskaja shisn‹, Nr. 237 (29. Oktober 1913), S. 3. — 5 Siehe die Tagebucheintragung vom 11. Februar 1895. — 6 Dr. A. F-n: ›Jubiläum von Friedrich Fiedler‹. In: ›St. Petersburger Herold‹, Nr. 354 (22. Dezember 1903), S. 3.

Die Presse der Zeit machte sich unterdessen Gedanken über das Schicksal der Fiedlerschen Sammlung. Man hielt sie für den Grundstock eines zukünftigen allrussischen Literaturmuseums. So schrieb etwa Grigorij Starzew über Fiedler: »Er legte den Grundstein für das Literaturmuseum, das es bei uns geben muß, wenn für die russische Gesellschaft die heimische Literatur nicht nur ein leerer Klang sein soll«.[1]

Fiedler selbst dachte natürlich auch über das zukünftige Los seines Museums nach. 1909 setzte er ein Testament auf, nach dem die Sammlung bei seinem Tode der Öffentlichen Bibliothek in St. Petersburg übergeben werden sollte. »Das gesamte umfangreiche Material«, so schrieb Alexander Ismailow, »geht mit dem Tode des Eigentümers in den Besitz der Kaiserlichen Öffentlichen Bibliothek über. Dieser Umstand zwingt die Kollegen, Fiedlers privates Unternehmen schon jetzt als eine gesellschaftliche Angelegenheit zu betrachten«.[2] Sollte die Öffentliche Bibliothek oder die Bibliothek der Akademie der Wissenschaften in St. Petersburg die Sammlung nicht annehmen, so sah Fiedler in seinem Testament vor, sie der Berliner Königlichen Bibliothek zu vermachen.

Alles kam jedoch anders. Der Ausbruch des Weltkrieges sowie offensichtlich noch andere Gründe veranlaßten Fiedler, sein Testament kurzfristig zu ändern, und zwar noch am Tag vor seinem Tode am 23. Februar 1917. Nach der neuen Verfügung bestand das Museum aus folgenden Abteilungen: 1) Briefe russischer und ausländischer Schriftsteller an Fiedler; 2) Briefe anderer Personen in Fiedlers Besitz; 3) Porträts russischer und ausländischer Schriftsteller; 4) Sammlung von Karikaturen russischer Schriftsteller; 5) Bibliographische Raritäten; 6) Bücher mit handschriftlichen Widmungen russischer und ausländischer Autoren; 7) Aufzeichnungen mit dem Titel ›Aus der Literatenwelt. Charakterzüge und Urteile‹; 8) Hefte mit eingeklebten Ausschnitten aus Zeitungen und Journalen; 9) Loseblattsammlung

1 ›Telegraf‹, Nr. 4 (27. Januar 1907), S. 3. — 2 A. I[smailow], a.a.O. Siehe auch Koshewnikow, a.a.O., S.2, wo es heißt: »F. F[iedler] hat bereits ein Testament abgefaßt, nach dem alles Material an die Öffentliche Bibliothek übergeht. 25 Jahre nach dem Tode des Besitzers wird es dann der Forschung zugänglich gemacht«.

mit Zeitungs- und Zeitschriftenausschnitten zur russischen und ausländischen Literatur; 10) Alben mit handschriftlichen Eintragungen
russischer und ausländischer Schriftsteller; 11) Alben mit Porträt-
postkarten von russischen und ausländischen Schriftstellern; 12) Verschiedene Erinnerungsstücke von Schriftstellern. Angesichts des »un-
geheueren ideellen Wertes« des Museums bat Fiedler seine Tochter
Margarita, die nun als einzige Erbin eingesetzt war, alles ihr mögliche
zu tun, damit das Museum in den Besitz der Kaiserlichen Akademie
der Wissenschaften oder der Öffentlichen Bibliothek überginge. Im
Falle einer Absage dieser beiden Institutionen hatte Margarita Fiedler
das Recht, »das Museum an Privatleute zu veräußern«. Als Testaments-
vollstrecker »speziell in der Angelegenheit des Museums« wurden
Ssemjon Wengerow und Alexander Ismailow bestimmt. Das neue
Testament wurde von Fiedler diktiert und von Iwan Bulatzel niedergeschrieben. Als Zeugen fungierten Kasimir Baranzewitsch, Andrej
Sarin und Alexander Ismailow.[1]

Tags darauf starb Fiedler. »Heute ist ein großer Verlust für die Literatur zu beklagen«, vermerkte Boris Lasarewskij in seinem Tagebuch,
»es starb Fjodor Fjodorowitsch Fiedler. Gewiß, eigentlich hieß er ja
Friedrich, aber für die russische Literatur hat er sehr, sehr viel getan,
mehr als irgendeiner von uns Russen. [...] Seine Schatzkammern
literarischer Reliquien sind unsagbar wertvoll – da gibt es Stückchen
der Seele und des ganz privaten Lebens von Schriftstellern, beginnend
mit Dostojewskij und endend in unseren heutigen unruhigen Zeiten.
[...] Wohin das wohl alles gerät? In die Akademie der Wissenschaften
oder die Öffentliche Bibliothek?«[2] Dieser Tagebucheintrag Lasarew-
skijs war übrigens eher eine Ausnahme, denn vor dem Hintergrund
der gerade losbrechenden Februarrevolution wurde der Tod Fiedlers so
gut wie gar nicht bemerkt. Zur Beerdigung des Mannes, in dessen
Haus sich einst »ganz Petersburg« zu versammeln pflegte, erschienen
nur wenige Trauergäste, was von Fiedlers Verwandten und engen
Freunden als eine große Ungerechtigkeit empfunden wurde. Auf eine
noch viel größere Ungerechtigkeit im Zusammenhang mit Fiedlers

---

1 Russisches staatliches Archiv für Literatur und Kunst, F. 518, Op. 4, Nr. 23,
Blatt 4-5. — 2 IRLI, F. 145, Op. 1, Nr. 11, Blatt 198.

vorzeitigem Tod wies in der Folge Wassilij Nemirowitsch-Dantschenko hin: »Ein bescheidenes, unbemerktes Ableben, aber wieviel Tragik liegt darin! Fiedler glaubte sein ganzes Leben lang an eine Zukunft Rußlands in Freiheit, betete für die herannahende Revolution, die alle Völker von den schändlichen Fesseln der Sklaverei befreien sollte – und schloß seine Augen für immer am Vorabend ihres großen Triumphes«.[1]

Über das wechselvolle Schicksal von Fiedlers Erbe während der revolutionären Erschütterungen des Jahres 1917 ist nur sehr wenig bekannt. Vor allem bleibt es unverständlich, weshalb die Öffentliche Bibliothek und die Bibliothek der Akademie der Wissenschaften Fiedlers Museum nicht übernahmen. Fest steht nur, daß Margarita Fiedler kurz vor der Oktoberrevolution den größten und wertvollsten Teil der Sammlung dem Petrograder Antiquar und Buchhändler Alexander Burzew verkaufte, der dafür eine bedeutende, durch Revolution und Inflation jedoch schon bald wertlose Summe bezahlte. Interessant ist in diesem Zusammenhang, daß Burzew ebenso wie Fiedler von der Gründung eines Museums russischer Kunst und Literatur in Petrograd träumte. Dieser Traum zerschlug sich jedoch schon sehr bald: nachdem Burzew in der Revolution seinen Immobilienbesitz und andere Reichtümer verloren hatte, sah er sich in den zwanziger Jahren genötigt, seine Sammlung zu verkaufen. In den dreißiger Jahren wurde er mit seiner Familie aus Leningrad verbannt.[2] Einige der von ihm erworbenen Materialien Fiedlers, darunter das Tagebuch und die meisten Alben, fanden ihren Weg ins Institut für russische Literatur (Puschkin-Haus), wo sie bis zum heutigen Tag aufbewahrt werden. Andere Fiedleriana befinden sich jetzt in staatlichen Archiven in Moskau.[3] Ein großer Teil des Museums ist jedoch nie wieder aufgetaucht.

1 Wassilij Nemirowitsch-Dantschenko, a.a.O., S. 110. — 2 Willi Petritzkij: ›Istorija odnogo sablushdenija. Peterburgskij bibliofil A. Je. Burzew (1863-1938)‹ (Geschichte eines Irrtums. Der Petersburger Bibliophile A. Je. Burzew [1863-1938]). In: ›Russkaja demokratitscheskaja kniga. Knishnoje delo Peterburga – Petrograda – Leningrada. Sbornik nautschnych trudow‹ (Das russische demokratische Buch. Das Buchwesen in Petersburg – Petrograd – Leningrad. Wissenschaftliche Schriften. Sammelband). Leningrad 1983, S. 62. — 3 Wladimir Bontsch-

Am 20. September 1924 schrieb der Dichter Apollon Korinfskij aus Leningrad an Spiridon Droshshin:

»Du fragst [in Deinem Brief] nach dem Museum des verstorbenen […] F. F. Fiedler? Seine Tochter Margarita (von der ich nicht weiß, wo sie *jetzt* ist, die ich freilich während der Revolution noch zwei Mal gesehen habe) *verkaufte* das ganze Museum an den Sammler Alexander Burzew. Der war *vor* der Revolution ein Millionär, danach freilich schlug er sich gerade so durch mit einem Bücherkiosk in dem riesigen Hause, das man ihm weggenommen hatte. Wo er jetzt steckt und was mit ihm geschah, weiß ich nicht. Anstatt der Öffentlichen Bibliothek vermachte unser Fritz in seinem Testament das Museum und alles andere seiner Tochter (sie verkaufte das Museum anscheinend für 30 tausend echte – nicht bolschewistische – Rubel, und zwar noch vor dem Oktober. Fiedler selbst hatte man am ersten Tag der Februarrevolution begraben). […] Unser lieber Freund, unser unvergeßlicher ›Deutscher‹ hat uns alle kurz vor seinem Tode überlistet, die wir unsere Scherflein zu seiner literarischen Schatzkiste beigetragen haben. Möge ihm Gott diese Sünde vergeben. Er liebte die Literatur so, wie sonst keiner; er war wahrhaftig ihr Liebhaber, treu bis zur Schwelle seines Grabes, das sich auf dem Wolkowo-Friedhof befindet, der jetzt zur Hälfte verwildert, verdreckt und geplündert ist …«[1]

Fiedlers Grab jedoch wurde durch die Bemühungen seiner Tochter Ende der fünfziger Jahre wiederhergestellt. Auch sein Name, der für fast ein halbes Jahrhundert vergessen war, ist für die Kulturgeschichte nicht verlorengegangen. In den sechziger Jahren gab es die ersten zaghaften Versuche, das Werk Fiedlers und sein Andenken in der Sowjetunion wieder auferstehen zu lassen. Zur gleichen Zeit fertigte

Brujewitsch, der Direktor des Literaturmuseums in Moskau, schrieb am 8. September 1933 an Margarita Fiedler: »Ein Teil von Fiedlers Archiv gelangte aus verschiedenen Quellen in unser Museum. Ich hätte freilich gerne alles vollständig beisammen«. Siehe Handschriftenabteilung der Russischen Staatsbibliothek (Moskau), F. 369, Karton 217, Nr. 44, Blatt 3. Die vom Literaturmuseum in den dreißiger Jahren erworbenen Materialien befinden sich jetzt im Russischen staatlichen Archiv für Literatur und Kunst.
1 IRLI, F. 101, Nr. 126, Blatt 29-32.

der ostdeutsche Forscher Heinz Pohrt eine umfangreiche Dissertation
über Fiedler an.[1]

*

Das Tagebuch Fiedlers, das hier zum ersten Mal auf deutsch erscheint,[2] besteht aus einzelnen Heften unterschiedlichen Umfangs
und umfaßt den Zeitraum vom 26. Februar 1888 bis zum Februar 1917
(die Aufzeichnungen der letzten Wochen sind als Bleistiftskizzen auf
losen Blättern erhalten). Da die von Fiedler gesammelten »Charakterzüge und Urteile« nicht vollständig, sondern nur in Auszügen vor-
gelegt werden konnten, bemühten wir uns besonders, Material zu
berücksichtigen, das in historischer und literarhistorischer Hinsicht
bedeutend ist. Es wurden zum Beispiel solche Aufzeichnungen
bevorzugt, in denen Fiedler von seinen Reisen ins Ausland oder von
seinen Zusammenkünften mit deutschen Schriftstellern berichtet,
ihre Einschriften in seine Alben oder Briefe zitiert, u.s.w.

Kürzungen wurden auch innerhalb einzelner Tagebucheintragun-
gen vorgenommen. So sind vor allem Ausschnitte weggelassen, die die
Lektüre mit nebensächlichen Details ungebührend belasten könnten.
Derartige Auslassungen sind durch [...] gekennzeichnet.

---

1 Rostislaw Danilewskij: ›Perewodtschik russkich poetow F. F. Fidler‹ (Der Übersetzer russischer Dichter F. F. Fiedler). In: ›Russkaja literatura‹ (1960), H. 3, S. 174-
177; Ssolomon Reisser: ›Is albomow Fidlera‹ (Aus Fiedlers Alben). In: ›Swesda‹
(1961), H. 2, S. 208-209; ›F. F. Fidler. Is dnewnika‹ (F. F. Fiedler. Aus dem Tagebuch). In: ›Mamin-Ssibirjak w wospominanijach ssowremennikow‹ (Mamin-
Ssibirjak in Erinnerungen der Zeitgenossen). Swerdlowsk 1962, S. 239-247; R. Ju.
Danilewskij: ›V. Ja. Brjussow i F. F. Fidler‹ (V. Ja. Brjussow und F. F. Fiedler).
In: ›Meshdunarodnyje swjasi russkoj literatury‹ (Internationale Beziehungen der
russischen Literatur). Moskau / Leningrad 1963, S. 411-416; Heinz Pohrt: ›Leben
und Wirken Friedrich Fiedlers als Übersetzer russischer Literatur‹. Diss. Berlin
1969. — 2 In russischer Sprache wurden von uns bereits einige Abschnitte aus
Fiedlers Tagebuch veröffentlicht. Dabei handelte es sich vor allem um Material
mit neuen Einblicken in Leben und Werk von Dostojewskij, Tschechow, Gorkij,
Gumiljow und anderer; siehe ›Nowyj mir‹ (1985), H. 8, S. 213-219; ›Leningradskaja
panorama. Literaturno-kritischeskij sbornik‹ (Das Panorama von Leningrad.
Literaturkritischer Sammelband). Leningrad 1988, S. 366-377; ›Literaturnoje
obosrenije‹ (1984), H. 8, S. 100-107; ›Russkaja literatura‹ (1988), H. 2, S. 171-186,
u.a.

Der Text des Tagebuches wurde für die Veröffentlichung behutsam vereinheitlicht und in manchem modernisiert. Von Fiedler verwendete Abkürzungen sind in der Regel ausgeschrieben (mit Ausnahme von solchen Fällen wie: bzw., z.B., usw., Rbl. u.ä.); das gilt meist auch für abgekürzte Eigennamen (Vornamen und Patronyme sind nur da ausgeschrieben worden, wo kein Familienname folgt). Wo ein Ausschreiben von Abkürzungen problematisch erschien, wurden nachgetragene Teile von Wörtern oder Namen in [ ] gesetzt. Das gleiche Zeichen markiert auch Konjekturen in Briefen oder Aufzeichnungen anderer Personen, die im Tagebuch angeführt werden, sowie alle Berichtigungen und Ergänzungen des Herausgebers.

Fehler oder Sprachbesonderheiten Fiedlers werden durch [sic!] hervorgehoben, wobei jedoch mehrere Russizismen, die in seinem Tagebuch vorkommen, ohne Erläuterungen bleiben (»das Gespräch [...] wollte nicht recht kleben«, »ich kam der erste«, »wir nannten uns einander«, »ging zu X an« u.ä.).

Rein orthographische Fehler und Ungenauigkeiten des Originals wurden stillschweigend korrigiert.

Fiedlers Angewohnheit, die Eigennamen (Namen von Schriftstellern, Orten usw.) zu unterstreichen (wohl der leichteren Auffindbarkeit im Text halber), wurde nicht übernommen.

Alle Kalenderangaben sind im alten russischen Stil (siehe S. 10, Anm. 4). Den im Ausland (teilweise auch in Finnland – damals ein Gebiet Rußlands) angefertigten Aufzeichnungen wird neben dem westlichen Datum (dort, wo Fiedler es selbst nicht gemacht hat) auch das russische in eckigen Klammern [ ] angegeben. Dasselbe gilt auch für einige Publikationen der im Tagebuch zitierten Briefe aus Westeuropa, die ausschließlich im Original (d.h. nach dem westlichen Kalender) datiert sind.

Zur Transliteration von russischen Namen siehe S. 10, Anm. 2.

Allen Ergänzungen und Erläuterungen am Fuße einer Seite, die von Fiedler selbst stammen (manchmal sind sie vom Autor mit »F.« oder »F. F.« gekennzeichnet), ist ein Sternchen vorangestellt. Übersetzungen von russischen Wörtern, Erläuterungen zu den für deutsche Leser wenig bekannten Begriffen und Ereignissen sowie alle übrigen vom Herausgeber als Fußnoten vorgenommen Anmerkungen sind mit einer Ziffer gekennzeichnet.

Angesichts des dokumentarischen Charakters des vorliegenden Bandes haben wir uns lediglich auf je ein Personen- und Sachregister beschränkt. Alles andere, was im gegebenen Fall zu einem äußerst umfangreichen »Anhang« führen könnte, mag Aufgabe anderer Literaturwissenschaftler sein, die Fiedlers Tagebuch hinfort gewiß nicht nur einmal zu Rate ziehen werden – die gigantische Arbeit des »russischen Deutschen«, der sein ganzes Leben der Annäherung beider Kulturen mutig und selbstlos gewidmet hat.

Konstantin Asadowski

(Übersetzung: Hubertus F. Jahn)

DANK

Für die begleitende Unterstützung bei der langjährigen Arbeit bringt der Herausgeber der Handschriftenabteilung und dem Museum des Institutes für russische Literatur der Russischen Akademie der Wissenschaften (Puschkin-Haus) in St. Petersburg sowie dem Russischen staatlichen Archiv für Literatur und Kunst in Moskau seinen aufrichtigen Dank entgegen.

FRIEDRICH FIEDLER

»Aus der Literatenwelt
Charakterzüge und Urteile«
Tagebuch

Von russischen Schriftstellern erfuhr ich, ein gewisser Ssergej Alexandrowitsch Berdjajew schreibe nicht nur russische Verse, sondern veröffentliche auch Übertragungen russischer Lyriker in deutschen Zeitschriften. Sehr erklärlich, daß ich Interesse für ihn faßte und den Wunsch nach seiner Bekanntschaft aussprach.

Diesen Montag nun kam zu mir ein Mann meines Alters, der sich als Berdjajew vorstellte und sagte, er habe soeben V. I. Bibikow und J. J. Jassinskij (Pseud. – Maxim Belinskij) begegnet, die ihm mitgeteilt hätten, ich wünschte seine Bekanntschaft zu machen; das sei ihm sehr gelegen gekommen, da auch er schon längst die Absicht hätte, mit mir bekannt zu werden.

Ich bat ihn in mein Kabinett. »Trinken Sie ein Glas Bier?« fragte ich. »O, mit Vergnügen!« lautete die Antwort. – Sein Äußeres machte auf mich den Eindruck einer recht problematischen Natur: ein rundes, glattrasiertes, echtes Schauspielergesicht voll Mienenspiels; ein grauer lottriger Sommeranzug; die vertikale Hosenspalte halb offen. Schon nach wenigen Worten merkten ich und Ljuba, daß wir einen bis zur Naivität freimütigen Menschen vor uns haben. Über seine Gedichte in russischer und deutscher Sprache, die er uns mit Blickebegleitung deklamierte, kann ich kein Urteil fällen, da ich Vorgelesenes und auch von mir laut Gelesenes nie mit voller Aufmerksamkeit verfolgen kann, es sei denn, daß ich es vorher gedruckt gelesen. – Anbei einige seiner Auslassungen über russische Schriftsteller:

»Die modernen russischen Dichter sind sämtlich in sich verliebt; jeder meint, nur das sei echtes Licht, das in sein Fenster scheint«.

»Fofanows Poesien sind strahlenheller Unsinn« (лучезарная чепуха).

»Nadsons Gedichte gewinnen den Leser durch ihre Herzlichkeit; doch nur dank den Ausfällen Burenins ist er zu solcher Berühmtheit gelangt«.

»Minskij ist ein Philosoph, weniger ein Dichter«.

»Plestschejew hat fades Einerlei geschrieben. Zudem ist der Alte rachsüchtig und tückisch (– darob berechtigtes Staunen unsrerseits –). Ja, er verfolgt mich und sucht, mir auf Schritt und Tritt zu schaden. Wenn er erfährt, daß irgend eine Redaktion mein Gedicht zum

Abdruck angenommen habe, so rennt er hin und beredet die Leute, es nicht zu drucken«.

»Man sollte es gar nicht glauben, daß Burenin nach seinen skandalsüchtigen Kritiken als Mensch gar falsch beurteilt wird. Er ist ein herzensguter Mensch, der den Armen viele Wohltaten erweist … Auf seinem Schreibtische habe ich neulich Ihren ›Kolzow‹ gesehn. Er gedenkt, über Sie als Übersetzer ein Feuilleton zu schreiben. Natürlich wird er die Gelegenheit benutzen, den jungen russischen Poeten rechts und links Peitschenhiebe zu versetzen«.

»Durch Hieron. Lorm (Landesmann) – Berdjajew hat mehrere Jahre in Deutschland verbracht und liebt alles, was deutsch heißt, – und den Grafen Buturlin habe ich erfahren, daß Bodenstedt sehr schlecht auf Ihre Übersetzungen zu sprechen ist: er behauptet, Sie beherrschten aus der Grammatik nicht einmal die Etymologie und wüßten nicht, die Nebensätze zu handhaben. Natürlich ist das nur elender Neid, und Lorm widersprach ihm eifrig … Und in der Tat: die meisten Ihrer Übertragungen sind einfach meisterhaft! Wie entzückend z.B. ist Nekrassows ›Mein Ende naht. Ein trauriges Vermächtnis …‹!«

SONNABEND, DEN 27. FEBRUAR 1888

Berdjajew hatte mich zu heute, seinem Jourfixtage, zu sich eingeladen. Zuvor ging ich zu A. v. Reinholdt an, mit dem ich mich ein Viertelstündchen über ein paar dunkle Stellen in Von-Wisins ›Der Landjunker‹ (›Nedorosl‹) beratschlagte, worauf er mir von seinem Bummelleben der letzten Tage erzählte. Er übersetzt Korolenkos ›Der blinde Musikus‹ … »Du weißt, daß ich Reclam einige meiner übersetzten Novellen anbot; jetzt schreibt er mir, er könne kein Honorar zahlen. Natürlich geb’ ich sie ihm nicht, denn ich gebe überhaupt nur dann, wenn mir gegeben wird«. –

Sodann fuhr ich zu Berdjajew – mit einem dunklen Vorgefühl. Ich klingele. »Die Herrschaften sind nicht zu Hause«. Verdutzt mach’ ich kehrtum. Auf dem Hofe begegnete mir Minskij, der gleichfalls zum Jourfix wollte. »Das sieht ihm ganz ähnlich!« rief er aus. Wir tranken ein Glas Bier. »Was ist das eigentlich für ein Mensch? Ich habe ihn nur ein Mal gesprochen, doch scheint er mir recht problematisch zu sein –« fragte ich … »Berdjajew? Der Mann ist sehr gutmütig, aber auch sehr unzuverlässig. In der Literatur hat er zu den verschiedensten Fahnen geschworen und hält sich heute an diese und morgen an jene Richtung. Sie erinnern sich doch seiner Ausfälle gegen Nadson – kurz nach dessen Tode – und seiner bald darauf folgenden öffentlichen bereuenden Selbstanklage?« ...»Gewiß. Und sagen Sie: Kann man seinen Worten Glauben schenken?« – »Nur mit der größten Vorsicht. Er lügt – nicht zu seinem Vorteil, doch zu seinem Vergnügen. Ganz unvorbereitet heckt seine Phantasie die abenteuerlichsten Geschichten aus, die er alsbald an den Mann bringt. Das nennt er lachend, wenn man ihn ertappt, Mystifizieren«. (Ich dachte in diesem Augenblick an Bodenstedts Urteil über mich). – »Wie kommt er denn darauf: einzuladen und dann abzusagen?« – »Das tut er nicht das erste Mal. Er hat wahrscheinlich kein Geld und verleugnet sich darum. Gewöhnlich nimmt er seine Gäste sehr fein auf: Pasteten, teure Weine ... Nun, und jetzt, heute, kann er's vermutlich nicht. Es pflegt bei ihm außerordentlich gemütlich zu sein. Kennen Sie seine Frau?« – »Nein«. – »Eine bestrickende Schönheit! Tichonow, Berdjajews Freund (Verfasser der Dramen ›Козырь‹[1], ›Байбак‹[2]; ich hab' ihn zwei Mal bei J. J. Jassinskij gesehn) hat sich in sie verliebt und Berdjajew eine Erklärung gemacht, woraufhin er natürlich das Haus nicht mehr besuchen konnte ... Kann der Mann im Trinken viel vertragen – es ist staunenswert«.

Minskij schenkte mir sein Drama ›Die Belagerung von Tultschin‹.

DEN 2. MÄRZ 1888

Gestern, Dienstag, war ich zum Jourfix bei Victor Petrowitsch Ostrogorskij. Als Pädagoge ist er angesehen, als Schriftsteller unbedeutend, als Mensch von allen geliebt und geachtet. Namentlich ist es die russische Jugend, deren idealem Sturm und Drang er die wärmsten Sympathien zollt und im Gespräche mit ihr selber zum Jüngling wird. Es ist etwas ungemein Frisches, Reines, Begeistertes, das aus seinem ganzen Wesen spricht und ein herzliches Echo weckt. Ganz ohne Stimme, singt er doch mit tiefem Ausdruck Béranger'sche Lieder. – Bei ihm sah

---

1 Der Trumpf (russ.). — 2 Eigentlich: Das Murmeltier (d.h. schläfriger, schwerfälliger Mensch; russ.).

ich u.a. den Lyriker Ssemjon Grigorjewitsch Frug. Seine Bekanntschaft machte ich vor Jahren in dem selig entschlafenen Puschkin-Verein. Er besuchte mich am 26. Februar 1886. Ich entnehme meinen
›Täglichen Notizen‹ die Aufzeichnungen von jenem Tage:

»Mit leiser, aber wohlschattierter Stimme deklamierte er mir einige
seiner Gedichte; ich werde auch ihn übersetzen. Er hat gar keine
Schule besucht, aber seine Dichtungen (und namentlich seitdem er
nicht mehr ausschließlich hebräische Tendenzthemata nimmt) verraten einen durchaus gebildeten Menschen. Erst mit dem 16ten Jahre
begann er russisch zu sprechen, und jetzt (er wurde, wie ich, im November sechsundzwanzig) beherrscht er diese Sprache geradezu meisterhaft. Gekleidet geht er beinah stutzerhaft, und dennoch ist er ein
echter und rechter Dichter«. Freilich muß ich heute, nachdem ich im
Sommer einen Band seiner Gedichte gelesen und zwei daraus übersetzt (›Das Leben und die Hoffnung‹ und ›Im Götzentempel‹), dieses
Urteil ein übereiltes und allzu günstiges nennen. – Ich beobachtete
ihn gestern und gewann den Eindruck, er sei ein freundlich lächeln-
der, im Grunde jedoch kalter Selbstsüchtling, der sich für keinen und
für nichts erwärmen kann. Von den Gedichten Fofanows meinte er:
»Das ist Dekorationspoesie«[1] (обстановочная поэзия), und von
Minskijs Stück ›Die Belagerung von Tultschin‹: »Es ist kein rechtes
Drama, weil die Handlung sich sprungweise entwickelt, weil das Zu-
fällige vorherrscht«.

DEN 22. MÄRZ 1888

Erfuhr, daß Wssewolod Garschin von einem schweren Schicksals-
schlag heimgesucht worden sei. Neun Monate lang litt er an bald
pessimistischem, bald vollkommen apathischem Tiefsinn, der an der
erfahrensten Psychiater Kunst scheiterte. (Diese Krankheit datiert
noch von der Zeit seines ersten Irrsinnanfalls her und kehrte alljährlich für einige Wochen, für zwei-drei Monate wieder; doch nie war sie
so langandauernd wie diesmal). Nun aber schwanden die düstern
Wolken seines Geistes, und ein längerer Aufenthalt im Kaukasus war
beschlossene Sache. Die Koffer waren alle schon gepackt; den näch-

1 Der erste Wortteil von Fiedler berichtigt: Ausstattungs-.

sten Tag sollte abgefahren werden. Es war am Sonnabend. Garschin
ging für kurze Zeit aus, um etwas zu besorgen. Plötzlich hören die
Seinigen Tumult auf der Treppe, öffnen die Tür, und – Garschin liegt
stöhnend und spricht zur Frau:»Noch bin ich nicht tot, habe nur das
Bein gebrochen«. Sofort wurde nach Prof. Reiher, dem bekannten
Chirurgen, geschickt, und dieser konstatierte einen Beinbruch an drei
Stellen nebst Knochenzersplitterung. Nur daß der Kranke plötzlich
gar keinen Schmerz empfand, machte ihn nachdenklich und ließ ihn
das Entstehen des Brandes befürchten. Der Arme wurde ins Hospital
geschafft, wo er alsbald in Besinnungslosigkeit verfiel, die nun gegen
dreißig Stunden andauert. Die Ärzte fürchten für sein Leben.

Solches erfuhr ich heute im Gymnasium der Fürstin Obolenskaja
von Personen, die dem Unglücklichen nahestehen (z.B. A. J. Gerdt).
Ich wollte jedoch noch Ausführlicheres erfahren und begab mich deshalb auf sein Quartier. […]

Wie ich mit ihm bekannt wurde?

Hier eine Notiz von *Sonntag, dem 9. Oktober 1883,* aus meinem
Tagebuche:

»Ebenfalls Spezialist bei Wesselowskij ist Eugen Garschin, der Bruder des berühmten Wsewolod Garschin. Am Freitag erzählte er mir,
daß sein Bruder eine neue Erzählung (›Die rote Blume‹) geschrieben,
die von vielen sein chef-d'œuvre genannt und am 15. Oktober in den
›Vaterländischen Annalen‹ erscheinen wird. ›Sollte ich sie nicht übersetzen?‹ fragte ich mich und zugleich ihn. – ›Woran liegt's denn?‹ entgegnete er. Gestern nun bekam ich von ihm einen Brief, in dem er u.a.
schreibt:

›Mein Bruder Wsewolod wird sich sehr freuen, Ihre Bekanntschaft
zu machen, und bittet Sie ganz ohne Umstände diesen Sonntag (den
9. Oktober) zu ihm zu kommen; bis 1 Uhr wird er auf Sie warten‹.

Um 11 Uhr fuhr ich hin. (Er wohnte damals: Peski, Ecke der Deg-
tjarnaja, Haus 20/37, Q. 10).

Er zählt nur 28 Jahre und hat ein auf den ersten Blick befremden-
des, allmählich aber gewinnendes, gedankenreiches, durchgeistigtes
Antlitz. Sein Umgang mit mir war ein kameradschaftlich zwangloser,
gemütvoller, schlicht bescheidener und aufrichtiger. Er schenkte mir
ein Exemplar seiner ›Erzählungen‹ (mit Einschrift) und ich ihm den
›Nero‹. Auch gab er mir das Manuskript ›Die rote Blume‹, die ich

übersetzen und Sacher-Masoch schicken werde. – Wir sprachen über die neueste russische Literatur, tranken Kaffee, rauchten und schieden mit dem gegenseitigen Versprechen, einander zu besuchen«.

Notiz vom 18. Oktober [1883]:

»Ich habe die Übersetzung von Garschins ›Die rote Blume‹ beendigt und war heute bei ihm.

Er war sehr freundlich und zutraulich, und meine Sympathie zu ihm ist gewachsen.

Ich las ihm die Übersetzung vor, und sie fand seinen vollen Beifall; er dankte mehrmals.

Seine Frau ist nicht häßlich – wenn auch nicht schön – jedenfalls aber interessant und scheint klug zu sein«.

DONNERSTAG, DEN 24. MÄRZ 1888

In der Nacht von gestern auf heute um 4 Uhr ist Wssewolod Garschin in der Blüte seiner Jahre gestorben. Ich erhielt die erschütternde Nachricht im Gymnasium und habe mit Mühe den Unterricht fortsetzen können.

Ich fahre im Zitieren aus meinem Tagebuche fort:

Den 1. Dezember 1883:

»Heute war ich mit Ropenberg bei W. Garschin (gestern war er auf kurze Zeit bei mir).

Er dient als Sekretär in einer Eisenbahngesellschaft und ist nur 3-4 Stunden täglich beschäftigt (damals befand sich das Komptoir am Alexandra-Theater).

Studiert hat er nicht, er war nur eine Zeit lang freier Zuhörer an unsrer Universität.

Wir kamen auf ›Die rote Blume‹ zu sprechen. ›Haben Sie ein ähnliches Beobachtungsobjekt gehabt?‹ fragte ich. ›Ja, ich selbst war mein Objekt‹. Ich verstand ihn nicht ganz und blickte ihn fragend an, er aber senkte den Kopf und sprach düster: ›Als ich 18 und 25 Jahre zählte, war ich wahnsinnig; man hat mich auskuriert … Wenn ich eine Zigarre rauchte, so leckte ich an der erkalteten Aschenmasse und sprach von Basen und Säuren, wie der Held in meiner Erzählung … Eines Tages gab es ein fürchterliches Gewitter; ich fürchtete, daß das ganze Haus zertrümmert würde und, um solches zu verhindern, öffnete ich

das Fenster und hielt einen Stock ans Dach – mein Zimmer befand
sich im obersten Stockwerke – damit mein Körper einen Blitzableiter
vertrete‹.

Er ist einfach, zutraulich und gemütvoll; mitunter jedoch schien es
mir (auch Hugo), als sei er von seiner Krankheit noch nicht ganz kuriert.

Er hat eher einen morgenländischen als russischen Typus; doch behauptet er, Vollblutrusse zu sein. Tataren und Juden haben ihn auf der
Straße in ihrem Idiom angeredet, im Glauben, vor sich einen Vertreter
der eigenen Nationalität zu haben.

Er hat eine eigentümliche Art des Sitzens. Bei mir (am 4. November; ich feierte meinen Geburtstag) bemerkte ich ihn auf dem Stuhl
hocken, d.h. er stand mit den Füßen auf dem Stuhl und hatte den
ganzen Körper niedergelassen, so daß es aussah, er sitze, habe aber
keine Beine. Heute kauerte er auch in der Ecke des breiten Diwans,
indem er die Beine untergeschlagen hatte«.

Montag, den 6. Februar 1884:
»Verbrachte den Abend bei Ws. Garschin. Las ihm meine Übersetzung seiner prächtigen Allegorie ›Attalea princeps‹ vor (die ich Bauer
für die ›Nordische Rundschau‹ schicken will), und er blieb sehr zufrieden«.

Den 11. Februar 1884 (Sonnabend):
»Fuhr gestern zu Ws. Garschin und ging mit ihm zu dem bekannten Schriftsteller Jakow Petrowitsch Polonskij. Unterwegs bekannte er
mir, daß er, mit Übereinstimmung des Psychiaters, jeden Tag den
neuen Ausbruch seiner alten und auskurierten Krankheit – des Wahnsinns – erwarte; er erzählte mir seine Beobachtungen der Symptome,
schilderte die Empfindungen seines mehr und mehr anwachsenden
Leidens, und mein Herz litt mit dem Armen«.

Den 5. März 1884 (Montag):
»Jourfix bei Ws. Garschin.
Sein Anlauf zum Wahnsinn hat glücklich die Krisis überstanden. Er
freute sich natürlich über meine Übersetzung der ›Attalea princeps‹
und war mir sehr dankbar, daß ich für weitere Übersetzung seiner Erzählungen (Dr. N. Baumbach) sorge«. –

Weitere Notizen finden sich in meinen Tagebüchern, glaub' ich,
nicht. –

Heute Abend war ich in der Totenkammer des Hospitals des »Roten Kreuzes«. Garschin liegt in süßem Schlummer und scheint ein mildes Traumbild zu sehen; seine Züge sind wie verklärt; keine Spur des Wahnsinns und der Leiden im Gesicht. Nie küß' ich Tote; ihn jedoch küßte ich auf die Stirn (soweit ich mich entsinnen kann, eine Leiche mit den Lippen berührt zu haben, ist es die zweite: die erste war vor sieben Jahren – Dostojewksij).

DEN 25. MÄRZ 1888

Die russischen Zeitungen haben zum Teil ganz falsche Berichte über Garschins Leben und Sterben gebracht; alles von mir hierselbst Gesagte ist authentisch richtig. –

Einige Reminiszenzen an den Verstorbenen.

Ich bin außerdem noch etwa fünfzehn Mal mit ihm zusammengekommen; ich besuchte ihn mit meiner Frau, er mich mit der seinigen. Auch einige Briefe von ihm besitz' ich, doch enthalten sie gar nichts Charakteristisches. – In seinem Behaben war er freundlich und sanft, zutraulich und zutrauenerweckend – doch nie herzlich; nie habe ich ihn lachen hören, immer nur lächeln sehn; niemals hörte oder sah ich von und an ihm einen Ausbruch der Freude oder des Schmerzes; nie ein Ausruf der Verwunderung, des Unwillens, des Entzückens – immer lauwarm. Ich entsinne mich nur weniger seiner Urteile über russische Schriftsteller. Minskijs Talent anerkannte er, doch er liebte ihn nicht sonderlich als Menschen; Nadson fand seine Anerkennung sowohl als Dichter, als auch als Mensch; über Slutschewskijs Gedichte aber spöttelte er, namentlich über die gekünstelte Sprache und gesuchte Form.

Im Märzheft 1884 der ›Nordischen Rundschau‹ erschien meine Übersetzung seiner ›Attalea princeps‹, das ich »ein allegorisches Märchen« nannte. Ich hielt und halte es für eine Allegorie, Garschin aber wollte gar keinen allegorischen Zweck beim Schreiben gehabt haben.

Kaum vor einem Jahre (am 4. Februar) wurde Garschins intimer Freund S. J. Nadson beerdigt. Ich und Ljuba waren direkt auf den Kirchhof gefahren, wo auch alsbald Garschin mit Plestschejew auf einem Fiaker ankamen. Beide sprangen sofort herab und traten zu uns.

Mit Garschin spazierte ich lange auf dem sogenannten »Literatenstei-
ge«, wobei wir die Gräber Belinskijs, Pissarews, Dobroljubows etc. betrachteten; hätte ich's damals ahnen können, daß man auch ihn nach
kaum einem Jahre hierher bringen würde! ... Später begann er mit seiner leisen und wenig ausdrucksvollen Stimme an dem frischgewölbten
Grabhügel ein Gedicht Polonskijs auf den Tod Nadsons aus dem Gedächtnis herzusagen, blieb jedoch etwa in der Mitte stecken und trat
ab. Als die Leiche gebracht wurde, standen wir, einander stützend, auf
einer eisernen Grabumzäumung. Als das junge Volk von den zahlreichen Kränzen Blumen und Blätter zur Erinnerung abriß, protestierte
er laut gegen eine solche »Barbarei«, aber es half nur wenig.

Seine liebste häusliche körperliche Beschäftigung war das Einbin-
den von Büchern, wozu er alle Instrumente besaß. Dieser Beschäftigung lag er oftmals auch dann ob, wenn er Besuch hatte: er hörte zu,
erzählte und nähte die einzelnen Bogen zusammen.

Auf dem Plestschejew-Jubiläum (am 15. Januar 1886) nahm er meine
Visitenkarte und belegte mit ihr an der Mittagstafel den Platz an
seiner Seite. Er war's auch, der den Einfall hatte, ich sollte ›Nur vorwärts!‹ deklamieren; er war's auch, der mich überredete, mir Mut
zusprach und sofort zu P. I. Weinberg trat und ihn das Fernere zu
arrangieren bat.

Am 10. April vorig. Jahres fuhr ich auf der Imperiale, als an der Ecke
der Litejnaja und des Newskij Garschin einstieg. Er war soeben von
seiner Kaukasus- und Krimreise zurückgekehrt, und ich freute mich
über sein sonnenverbranntes, gesundheitatmendes Gesicht. Er trug
etwas lose in Papier Gewickeltes in der Hand, das ein Kranz zu sein
schien. »Was haben Sie da?« fragte ich. »Ach, das sind Blätter vom
Puschkin-Baum in Gursuf ... Ich gedenke, sie heute Abend Polonskij
zu überreichen und dabei in Versen zu sagen, Puschkins Schatten sei
mir erschienen und habe mich geheißen, ihm, Polonskij, diesen Kranz
zu überreichen«. Am Abend sahen wir uns auf dem Jubiläum. Doch
Toast auf Toast, Rede auf Rede wurde gesprochen – Garschin machte
keine Anstalten. Als ich ihn nach dem Zögern befragte, sagte er:
»Nein, ich tu's nicht. Es ist doch eine Anmaßung: Puschkins Schatten
sei *mir* erschienen!« Und dabei blieb's.

Ich sah und sprach zum letzten Mal W. Garschin im Beginn des
November. Ich ging aus dem Gymnasium und traf ihn Ecke der Ita-

ljanskaja und Litejnaja (am Drogen-Geschäft) und prallte zurück: sein
Gesicht war ganz abgemagert und aschfarben, die Haltung gebeugt,
die Augen blickten düster und irr aus ihren Höhlen. Wir gingen
zusammen, und ich begleitete ihn bis zu seinem Hause (im unglück-
seligen Powarskoj-Pereulok). [...]

Ich besuchte ihn während der letzten neun Monate kein einziges
Mal, denn während seiner Krankheitsperiode durfte seine seelische
und geistige Ruhe durch keinerlei Besuche aus dem Gleichgewichte
gebracht werden. Das letzte Mal war ich bei ihm (er wohnte auf der
Perspektive,[1] Haus Benardaki Nr. 84, Q. 52) am 22. Mai 1887; ich
brachte ihm meine an diesen Tagen im ›Herold‹ erschienene Besprechung seiner Erzählungen in der Übersetzung Henckels. Wortlos,
doch mit einem dankbaren Blick seiner alle Frauen bezaubernden,
stets melancholischen Augen drückte er mir stark die Hand.

Vor einem Jahre machte er eifrige und allseitige Studien der petri-
schen Epoche: er beabsichtigte, einen Roman aus der Zeit Peters des
Großen zu schreiben. Die Malerei liebte und verstand er; die Musik
nicht.

In seiner Frau hatte er nicht nur eine innigliebende Gattin, sondern
auch überaus – dieses Wort müßte vielleicht gesperrt gedruckt werden
– sorgsame Krankenpflegerin. [...]

SONNABEND, DEN 26. MÄRZ 1888

Um 9 Uhr morgens wurde Ws. Garschin in Begleitung einer tausend-
köpfigen Menschenmenge aus der Totenkapelle in der Bronnitskaja
nach dem Wolkowo-Friedhof gebracht und zwar wurde der Sarg
den ganzen Weg über getragen. Wollte ich die in meinen »Täglichen
Notizen« und meinem Kopf fertig vorliegenden Charakteristiken derjenigen Schriftsteller, mit denen ich mich heute begrüßte, hier jetzt
anführen, – das Heft würde bis auf das letzte Blatt gefüllt werden.

Über dem Grabe sprach Anatolij Lehmann im Geiste des Grafen
Leo Tolstoj, den er des Charakterstudiums wegen zwei Mal in Moskau
besuchte; vor kurzem lag er (Lehmann) sehr schwer an einem Nerven-
fieber darnieder und wurde vom Vater Johann, dem Wundertäter aus

---

1 D. h. auf dem Newskij.

Kronstadt, besucht. Auch sprach Jeronym Jassinskij, d.h. er versuchte
zu sprechen, brachte es aber nicht über einige abgerissene, kaum hör-
bare, unbedeutende Phrasen – er war zu schmerzerregt. Am Donnerstag brachte ich ihm die Kunde vom Tode seines Freundes, und er war
aufs Tiefste erschüttert. Sodann verlas Minskij ein selbstverfaßtes
Gedicht, wobei er mehrfach innehielt, die Augen mit den Händen
verdeckte und schluchzte, was mir – und andern – ein falsches Spiel zu
sein dünkte; das Gedicht schloß mit den pathetischen Worten: »Nach
dem Tode Nadsons und Garschins müssen wir alle uns schämen, zu
leben!« – Das ist nun eine ganz haltlose Phrase, wie denn überhaupt
von dem Toten als Schriftsteller zu viel Aufhebens gemacht wurde:
man nannte ihn womöglich den Leitstern der Wahrheit, den Apostel
der Nächstenliebe u.s.w. Garschin mag ja, wie die Aufschrift auf einem der vielen Kränze meldete, ein »tadelloser Mensch« gewesen sein,
die russische Literatur mag in ihm – wie Prof. Ssergejewitsch sagte –
»ihre Hoffnungen zu Grabe tragen«, der Verstorbene war unstreitig
ein vielversprechendes Talent, doch ein Markstein in der Entwickelung der russischen Literatur war und ist er nun und nimmermehr.

Auf dem Kirchhof begrüßten wir uns mit J. P. Polonskij, der den
einen Arm auf eine Krücke, den andern auf einen Stock stützte, und
wechselten einige unbedeutende Worte mit ihm. »Er ist nicht mehr
so liebenswürdig, er zürnt dir, weil du zu ihm nicht gehst!« tadelte
mich Ljuba. Und in der Tat – er hat mich unzählige Male mit Bitten
und Vorwürfen aufgefordert, ihn zu besuchen, und ich war über ein
Jahr nicht bei ihm. Als ich auf seinem Jubiläum zu ihm trat, sagte er:
»Soll ich, kann ich Ihnen die Hand geben, da Sie, ungeachtet aller
meiner Bitten, mich nun schon seit zwei Monaten nicht besucht
haben? Oder wünschen Sie, daß ich, alter gebrechlicher Mann, zu
Ihnen komme? ... Doch nun drücke ich Ihre Hand, denn Sie haben
mich wenigstens an meinem Ehrentage besucht!«

SONNTAG, DEN 27. MÄRZ 1888

[...] Und nun ein Wort über den von Frug empfohlenen Wladimir
Ssolowjow, den einzigen namhaften Philosophen Rußlands.

Am 18. Februar 1882 findet sich in meinem Tagebuche nachfolgende
Notiz: »Von 3 [bis] 4 las der plötzlich so berühmt gewordene Philo-

soph Ssolowjow ›Philosophie der Geschichte‹. Die Aula war voll von
Studenten. Als er eintrat, erscholl von allen Seiten lebhafter Applaus.
Sein Gang ist gebückt, sein längliches, intelligentes, frappierendes Gesicht leichenblaß, sein Haar reich, pechschwarz und zurückgekämmt.
Er sieht wie Christus oder A. Daudet aus, und schon sein Äußeres erweckt fesselndes Interesse. Er sprach laut, deutlich und langsam. Sein
Vortrag bestand aus lauter Schlußbildungen ohne Prämissen. Seine
Ideen sind selbstbewußt, originell und stellenweise phantastisch, so
daß sich über manches mit ihm streiten ließe. Als er endigte, wurde
wieder sehr stark applaudiert, und mehrere Studenten begannen, ihm
zu opponieren; ich mußte aber nach Hause«.

MITTWOCH, DEN 30. MÄRZ 1888

Etwas über den Lyriker Ssergej Arkadjewitsch Andrejewskij. Seine Bekanntschaft machte ich am 18. April 1886 bei N. M. Minskij. Damals
nannte ich ihn in meinem Tagebuche ein »menschgewordenes Queck-
silber«. In der Tat: jede Fiber in ihm ist ein perpetuum mobile. Auch
machte er damals auf mich den Eindruck eines blasiert-arroganten
Menschen; er ist Advokat und sprach, als hielte er eine Rede. – Dann
sah und sprach ich ihn auf dem Polonskij-Jubiläum. Ich sagte ihm von
meiner Absicht, eine Anthologie russischer Lyriker herauszugeben,
und er meinte, er würde es sehr gern sehn, wenn ich Fragmente aus
seinem längeren Gedicht ›Die Finsternis‹ übersetzen würde; dieses sei
viel zu wenig von der Kritik berücksichtigt worden, es werde aber eine
Zeit kommen, wo man anfangen würde, die drin ausgesprochenen tiefen Gedanken eingehends zu beleuchten. Am 16. April schickte er mir
durch seine Tochter – meine Schülerin im Gymnasium – seine ›Gedichte‹ mit Einschrift und unterstrich diejenigen, die er für seine besten hält; es sind das z.B. ›Einsam stand ein Stern …‹; ›Madrigal‹; ›Der
Mai‹; ›Der Pygmäe‹; ›Dolorosa‹; ›Die Verlobten‹ u.a. Im Sommer las
ich sie alle und trug einen recht nüchternen und blassen Eindruck mit
fort. Anstandshalber übersetzte ich das erstgenannte Gedicht und ›Aus
lieben Zeilen …‹, die ich auch im ›Herold‹ am 17. September vor.
Jahres veröffentlichte. –
    Gestern Abend sprach ich ihn bei J. J. Jassinskij. Ich fragte ihn, wie
ihm meine Übersetzungen seiner Gedichte gefielen, und er sagte: »Sie

sind vorzüglich – doch in Ihrer Anthologie würden sie keine erschöpfende Vorstellung von mir als Dichter geben. Nehmen Sie doch ›Das Madrigal‹ und die ›Dolorosa‹!« ... Ich bat ihn um einige autobiographische Daten, und er rief aus: »Ach, diese Bitten sind schrecklich! Mir ist immer, als sollte mein Nekrolog geschrieben werden! Fragen Sie doch bei Wengerow... Und auch alle diese Jubiläen sind mir höchst peinlich: das ist ja ein Totenschmaus, der dem armen Jubilar ein memento mori zuruft!« ... Es waren dort recht viele Gäste (ich führte Reinholdt ein), u.a. die Novellenschriftsteller Baranzewitsch und Albow, mit denen ich flüchtig Bekanntschaft machte. Ein Herr las aus W. Garschins nachgelassenem fragmentarem Drama (es sollte ›Geld‹ betitelt werden) den IV. Akt vor,[1] aus dem alle den Schluß zogen, der Psychologie sei wenig Rechnung getragen. Anatolij Lehmann las aus dem von der geistlichen Zensur verbannten philosophischen Werke des Grafen Leo Tolstoj ›Das Leben‹ vor. Viele treffende Stellen, manche auch recht absurde, z.B. den Unglücklichen halte nur der eine Gedanke vom Selbstmorde zurück, sein Unglück sei verdiente Strafe. – Jassinskij selbst macht einen sonderbaren Eindruck: bei troglodytenhafter Gestalt spricht er leise wie ein Schwindsüchtiger; in seinen Werken spielt die Roheit eine große Rolle, im Leben aber ist er zart wie ein errötendes Mädchen. Er drückt mir jedesmal stark und lange die Hand; als ich ihm neulich meine Übersetzung seines Gedichts ›Der Walzer‹ brachte, umarmte er und küßte mich dankbar gerührt. – Das erste Mal sah ich ihn am *29. Dezember 1884.* Hier meine Notiz jenes Tages: »Maxim Belinskij las eine kurze Erzählung, die mir durch ihren hölzernen Realismus ohne Motive und Psychologie höchlichst mißfiel, während das Publikum applaudierte (ein – übrigens sehr gebildeter – Kutscher erzählt seine Liebesgeschichte). Er selbst gewährt zwar einen sympathischen, aber albernen Anblick: reckenhaft groß, der Kopf und das Gesicht stark und struppig schwarz behaart, eine Weste aus dem vorigen Säkulum, ein luderlich [sic!] sitzender Rock, ein gegen diesen Rock symmetrisch revoltierender Hemdkragen etc.« (Es war im nun seit Jahren selig entschlafenen Puschkin-Verein) ... Näher bekannt mit ihm wurde ich auf Nadsons Beerdigung. Er besuchte mich Ende vorigen Jahres und brachte mir ein paar seiner Bücher mit

---

1 Unvollendetes Drama von W. M. Garschin und N. A. Demtschinskij.

liebenswürdigster Einschrift; die Widmung auf seinem Portrait trägt
die Unterschrift: »Ein Verehrer seines Talents«. In diesem Jahre war ich
etwa 6 Mal bei ihm zum Jourfix. – Im Februar d. J. besuchte mich
Victor Bibikow (dessen Bekanntschaft ich bei Polonskij gemacht und
bei Fofanow erneuert hatte). Er brachte mir seine Werke ›Reine Liebe‹
und ›Das Duell‹; in letzterem steht die Widmung: »Dem idealen
Übersetzer russischer Dichter ...« ... Er erzählte mir von Jassinskij
(mit dem er innig befreundet und »auf Du« ist) [...]

Jourfix bei J. Jassinskij. Den Kritiker Arssenij Iwanowitsch Wwedenskij sah ich das erste Mal am 14. April 1884 bei W. R. Stschiglew und
verzeichnete damals in meinem Tagebuche, er habe »außerordentlich
interessante und geistvolle Züge«, was ich auch jetzt unterschreibe.
Seine Eigenart beim Sprechen ist dieselbe geblieben: ein orkanlauter
Ton wechselt urplötzlich mit einem zephyrleisen. Heute disputierte er
mit Leidenschaft über russische Schriftsteller und deren Kritiker, von
denen er nur Puschkin und Belinskij anerkannte, so daß ich ihm zu-
rief: »Sie sind ja der inkarnierte Puschkin'sche ›Geist des Zweifels, der
Verneinung‹!«[1] Doch stimmten meine Ansichten über Turgenew, wie
ich sie in meinem Buche, das noch immer seines Verlegers harrt, ausgesprochen, mit den seinigen überein; besonders einig waren wir über
die künstlerische Bedeutung von ›Am Vorabend‹ und ›Rudin‹. Als ich
meine Zweifel an der Genialität Puschkins aussprach, suchte er sie zu
vernichten, vermochte es jedoch nicht, da er zu neblich allgemein
sprach und fortwährend das Wort Belinskijs »Pathos« zitierte, was mir
eine Phrase aus Wolkenkuckucksheim dünkte. – Victor Bibikow setzte
mich in Erstaunen durch die unglaubliche Unmasse von Gedichten,
die er auswendig kennt; ja, ich wollte eine Wette eingehen, er würde,
sollte es darauf ankommen, in einem einzigen Monat die ganze Ma-
habharata (natürlich in russischen Versen) auslernen! »Ich habe diese
Gabe in letzter Zeit etwas vernachlässigt; früher, vor Jahren, kannte
ich den ganzen ›Onegin‹ auswendig ...« Sein Talent ist, nach ›Das

1 Zeile aus dem Gedicht ›Engel‹ (1827).

Duell‹ und ›Reine Liebe‹ beurteilt, unbestreitbar. Seine ›Erinnerungen an Ws. Garschin‹ enthalten manches Ungenaue.

SONNABEND, DEN 30. APRIL 1888

Feier der fünfzigjährigen schriftstellerischen Tätigkeit A. N. Maikows. Während des Festaktes saß ich neben Ssemjon Afanassjewitsch Wengerow. Die Russen besitzen keinen Kürschner'schen Literatur-Kalender und können ihn auch einigermaßen entbehren, solange Wengerow lebt: jegliche Personalnachricht, jede bibliographische Notiz kann auf der Stelle von ihm eingeholt werden – Wengerow ist allwissend! Seine Bekanntschaft machte ich am *30. März 1882* bei Wodowosows; hier eine Notiz aus meinem Tagebuche:

»Nach Hause fuhr ich mit Wengerow, der mir von Bodenstedt erzählte, dessen Bekanntschaft er kürzlich in Wien gemacht. Er war angehaucht und sagte u.a.: ›Mit meinem Tode stirbt hier die Kunde Rußlands ... Mich kennt in Deutschland jedes Kind! ... Meine amerikanische Reise glich einem Triumphzug. In Milwaukee kam ich um 11 Uhr nachts an, und mich erwartete eine Menschenmenge von 10.000 Köpfen! ... Für eine einzige Zeile bekomme ich hundert Gulden! ... Mein Buch über Amerika wird von der ganzen Welt gelesen werden! ...‹ Turgenew und L. Tolstoj nannte er Hanswürste«.

Auf dem Diner saß ich neben Wiskowatow, dem bekannten Lermontowforscher. »Ich habe einen neuen, den echten ›Dämon‹ entdeckt, der an künstlerischer Schönheit den andern hoch übertrifft; ich werde ihn in Moskau, in der neuen sechsbändigen Lermontowausgabe abdrucken«. – »Und wie verhält es sich mit den kleinen, epigrammatisch gehaltenen Gedichten Lermontows, die uns nur in der Bodenstedt'schen Übersetzung erhalten sind?« – »Das Original ist und konnte auch nicht aufgefunden worden, da auf meine eindringliche Bitte mir Bodenstedt schließlich schrieb, die Gedichte seien sein Eigentum und hätten als russische Verse überhaupt nicht existiert, nur eine mündliche Anregung habe er von Lermontow erhalten!!« ...

»Sagen Sie, Herr Professor, sind Sie ein Deutscher?« – »Ich ein Deutscher? Gott sei Dank, ich bin ein Russe!« – Gott sei Dank? Ich würde stolz darauf sein, ein echter Deutscher zu sein! Die oberflächlichste Kritik muß ja den Deutschen vor den Russen den Vorzug geben! Und Sie sind ja auch kein Vollblutrusse!« – »Allerdings steckt etwas germanisches Blut in mir, aber woraus schließen Sie das?« – »Der germanische Typus, wie er aus Ihrem Gesichtsschnitt, Ihren blauen Augen und blonden Haaren spricht, verrät ihre Abstammung«. – »Aber das ist doch ärgerlich! Und ich möchte so gern für einen Russen gehalten werden!« – diese Neigung ist mir eigentlich unerklärlich …

Seine Bekanntschaft machte ich am 28. Dezember 1884 bei der Fürstin Obolenskaja auf dem literarischen Abend; damals notierte ich mir: »Auch las der Professor der russischen Literatur in Dorpat – Wiskowatow (›Lermontows ›Kaufmann Kalaschnikow‹‹); sein Vortrag fand gar keinen Beifall, und auch ein längeres Gespräch zwischen ihm und mir hinterließ in mir gar keinen geistigen und seelischen Eindruck«.

Nach dem Diner sprach ich u.a. mit V. P. Burenin. Ich trat zu ihm: »Wir saßen gestern während der Aufführung Ihrer ›Agrippina‹ Stuhl an Stuhl«. – »Ja, und Sie haben sich Notizen gemacht«. – »Hm … Ich will über Ihr Stück mehreren deutschen Neronenverfassern [sic!] schreiben, so z.B. Wilbrandt, Herrig, Bunge, Weiser«. – »Wilbrandts Drama hab' ich leider nicht bekommen können, die andern aber hab' ich, wie Sie wohl bemerkt haben werden, etwas bestohlen«. – »Sie werden zugeben, daß der Stoff viel zu epischer Natur ist, um als Drama verarbeitet werden zu können. Das sah ich so recht als ich meinen ›Nero‹ schrieb«. – »Richtig, ich habe das Stück gelesen… Allerdings der Stoff widerstrebt der dramatischen Behandlung« … – »Sagen Sie, bitte, kennen Sie Berdjajew?« – »Ja«. – »So ist wenigstens das keine Lüge!« – »Ja, er ist ein Meister im Lügen!« – »Hat er Ihnen meinen ›Boris Godunow‹ gegeben?« – »Nein«. – »Er erzählte mir, Sie hätten die Absicht, ein kritisches Feuilleton meinen Übersetzungen zu widmen«. – »Das ist nicht der Fall, schon aus dem Grunde, weil ich mir in diesem Punkte kein Urteil anmaße … Sie würden mich jedoch sehr verbinden, wenn Sie mir Ihre Übersetzungen schickten«.

Des Ganzen Ordner war Graf Arssenij Arkadjewitsch Golenistschew-Kutusow. – »Ich möchte gern Ihre Meinung über meine Übersetzung Ihrer Gedichte erfahren«. – »Ihre Übersetzung meiner Gedichte?« – »Ja, die im ›Herold‹ erschienen waren«. – »Im ›Herold‹ erschienen?« – »Hat Ihnen denn Herr Jessen nicht davon gesprochen?« – »Kein Wort!« …

Das ist nun purer Neid von Jessen – anders kann ich's mir nicht erklären! Er ist nah bekannt mit dem Grafen, er bekommt den ›Herold‹,
er liest, wie er mir's mehrfach sagte, stets meine Übersetzungen, er verschaffte mir für meine ›Anthologie‹ authentisch richtige biographische
Daten über Golenistschew-Kutusow und – sagte ihm kein Wort vom
Vorhandensein der Übertragung.

Golenistschew-Kutusows flüchtige Bekanntschaft machte ich auf
seinem Jourfix bei Polonskij; es war das erste Mal, daß ich mich in einem ganzen Kreise von Schriftstellern befand, unter denen keiner in
mir einen geringeren Eindruck als »Dichter« hinterließ als gerade der
Graf mit seinem ausdruckslosen Gesicht und der unpoetischen Kör-
perfülle. – Nachdem ich auf dem Plestschejew-Jubiläum meine Übersetzung des ›Nur vorwärts!‹ deklamiert und der Beifallssturm sich gelegt hatte, trat Golenistschew-Kutusow auf mich zu und flüsterte:
»Wissen Sie, was man sich sagt: Ihre Übersetzung sei besser als das
Original!« – – – […]

DEN 9. MAI 1888

Heute führte mich ein Herr Weihausen bei Platon Alexandrowitsch
Kuskow ein. Ein kalter Hauch von Langeweile weht durch seine archi-
tektonisch altertümliche Wohnung, ein pedantisch kleinlicher Geist
spricht aus der ganzen Einrichtung. Sofort begann Kuskow über sich
selber zu sprechen; 16 Seiten seiner Übersetzung Shakespeare'scher
Sonette las er vor, tadelte die Übertragung Weinbergs und Bodenstedts
und lobte die eigene. Er schenkte mir seine Übersetzung des ›Otello‹
und seine nicht für den Verkauf bestimmte Gedichtsammlung; in bezug auf letztere sagte er: »Sollte sich jemand von Ihren Bekannten für
das Buch interessieren, so steht eine beliebige Anzahl von Exemplaren
zu Ihrer Verfügung«. Sodann wickelte er die Bücher in ein Couvert,
wie solche in Kanzleien gebraucht werden, und versiegelte es sorgfältig
– in jeder Geste ein russischer Beamter!

Auf dem Portrait, das die Gedichtsammlung schmückt, ist er viel
jünger, hübscher und ästhetischer als in Wirklichkeit. Das kleine be-
wegliche Männchen befindet sich ganz unter dem Pantoffel seiner
Frau – das schloß ich aus hundert Kleinigkeiten. Ich bekam von ihm
folgenden Rat: »Empfangen Sie möglichst wenig Besuch. Kommt je-

mand, so machen Sie Miene, als wollten Sie eben ausgehen. Die Leute kommen nur, um die Frau gegen den Mann aufzureizen, was ihnen auch stets gelingt«.

Während der Beerdigung Nadsons gab es einen Augenblick, der das zahlreich versammelte Publikum stutzig machte. An das noch offene Grab schwankte eine Jünglingsgestalt im leichten, abgeschabten Frühlingsüberzieher, auf dem Kopf einen abgenutzten Zylinder, unter welchem lange Stränge [sic!] schmutzig-gelben Haares hervorflatterten. »Nadson!« schrie er atemlos und mit wilden Armschwenkungen, »Ich habe dich geliebt! Ich wollte mit dir persönlich bekannt werden, doch nun bist du tot! – Nadson, ich habe dich geliebt!« Schrie's, taumelte zurück und verlor sich in der Menschenmenge, die bestürzt vor ihm auseinander prallte. »Wer ist denn dieser exzentrische Mensch?« fragte ich den neben mir stehenden Wssew. Garschin (wir hielten zusammen einen großen Porzellankranz). – »Der Lyriker Konstantin Michailowitsch Fofanow«. – »Kenn' ich gar nicht!« – »Nicht? O, er hat sich eine ganze Sekte von Anbetern seiner Muse gebildet!« – »Der sieht ja aber ganz wie ein Verrückter aus! Oder ist's poetischer Wahnsinn?« – »Er führt ein schauderhaftes Leben, von dem man sich haarsträubende Episoden erzählt«. [...]

Mein Kollege im Gymnasium, Zeichenlehrer K. N. Woronow, sah Fofanow jede Woche beim Maler I. J. Repin; er teilte ihm meinen Wunsch mit, ihn bei mir zu sehen behufs Unterredung über meine Übersetzungen seiner Gedichte. Eines Abends im Dezember vor. J. nun kam Fofanow. Die Unterhaltung wurde fast ausschließlich von mir geführt, da er nur Antworten gab und sonst schweigend auf meinen Kolzow stierte. (Auch sonst in Gesellschaft, z.B. bei Jassinskij, habe ich ihn nicht anders als stumm in der Diwanecke sitzen sehen). – »Ist Ihr Gedicht ›Wenn du, o Kindlein, zum Leben erscheinst ...‹ durchaus Original?« – »Hm, hm ...« – »Doch wohl nicht!« – »Der Gedanke ist einem morgenländischen Dichter entlehnt«. – »Irren Sie nicht? Uhland hat genau denselben Vierzeiler«. – »Ich kann nur mit Mühe deutsche Bücher lesen und verstehen und habe keinen Begriff von Uhland«. – »Und wie heißt der morgenländische Dichter?« – »Ich erinnere mich nicht«.

Wir tranken Bier. Ich brachte mein Portrait–Album, und er begann
aufmerksam zu blättern. Jedes Mädchenbildnis betrachtete er mit der
kühlsten Gleichgiltigkeit, ohne ihm nur eine sekundenlange Aufmerksamkeit zu schenken; doch jedes männliche Portrait, namentlich
bartlose Jünglinge, fesselte dauernd sein Interesse, er fragte nach dem
Namen und in seinen Augen glimmte ein wollüstiges Feuer.

  Am 17. Januar d. J. veröffentlichte ich im ›Herold‹ drei meiner
Übersetzungen seiner Gedichte und schickte ihm die N[ummer]. […]

DEN 30. SEPTEMBER 1888

[…] Endlich, nach zweijährigem Fortbleiben, besuchte ich heute J. P.
Polonskij, doch die Zeit war nicht gut gewählt: erstens war er nicht
zu Hause, und zweitens waren da keine Gäste, da die Freitage noch
nicht begonnen haben. Ich – vielmehr wir, denn Ljuba war auch mit –
mußten zum Tee bleiben und unterhielten uns mit Frau Josephine
Antonowna Polonskij […]

  Wssew. Garschin war es, der mich bei J. P. Polonskij am *10. Februar
1884* einführte. Anbei meine Notiz im Tagebuch von jenem Tage:
»Polonskij empfing mich sehr liebenswürdig, bedankte sich für meine
Übersetzung (›In taghellen Abgrund …‹ Ich hatte es am 7. Februar auf
Garschins Wunsch, der das Gedicht sehr schön fand, übersetzt, und er
hatte es Polonskij gegeben), die ihn sehr befriedigte, und stellte mich
den Anwesenden vor. Es waren da: der Maler-Schriftsteller Karasin
(ein schwindelnder Vielsprecher), die Poeten Minskij (Pseudonym für
Wilenkin; ein höchst unsympathischer Judenjunge) und Fürst Zertelew (ein sehr sympathischer Adonis). Anfangs fühlte ich mich
beengt und ungemütlich und spielte den stummen Beobachter, doch
Polonskij war sehr um mich herum, und ich redete frisch mit. Er erzählte mir ein Langes und Breites von seinen Dichterbekanntschaften:
Lermontow hat er nie gesehen, wohl aber Puschkin; er kannte Belinskij, Dobroljubow, Pissarew, Ap. Grigorjew, Nekrassow, Shukowskij,
Dostojewskij und besonders gut Turgenew. Sein schlichtes, wahres
und freundliches Wesen hat mich sehr angenehm berührt«.

  Notiz vom 25. Februar 1884:
»Gestern Jourfix bei Polonskij. U.a. waren dort: der Dichter Graf
Golenistschew-Kutusow und der Redakteur der ›Nedelja‹ Gaide-

burow. (Ersterer hat das Aussehen weder eines Grafen, noch eines
Dichters; doch macht er einen angenehmen Eindruck). Polonskij
stellte mich vor als den Vermittler russischer Poesie in Deutschland.
Meine beiden Übersetzungen (›Heimlich flüstern die Gebüsche …‹
und ›Da nahen schon die nächtigen Schatten …‹) wurden vorgelesen
und prächtig gefunden. Es war dort auch die scheinbar stark
exzentrische Frau des Dramatikers Awerkijew und die entzückende
Madame Dawydow (Frau des Violoncell-Professors). Gesprochen
wurde natürlich größtenteils von Schriftstellern. Ein Herr Christianowitsch erzählte folgendes: ›Ich hatte einen Hund, der so jung war, daß
er noch keine Zähne besaß. Pissemskij war eben aus dem Auslande
zurückgekehrt und besuchte mich. Das Hündchen bellte ihn an, er
sprang entsetzt auf den Diwan und rief atemlos: ›Diese verfluchten
Hunde! … Wie sicher hab' ich mich in Deutschland gefühlt! … Dort
laufen sie alle mit Maulkörben herum … In Rußland aber sind die
Maulkörbe nur für Schriftsteller bestimmt!‹« […]
   Notiz vom 10. März 1884:
   »Erst übersetzte ich ›Das Marmorherz‹ von Polonskij (in seinen
Gedichten herrscht zu sehr die Reflexion vor, und der Mangel an
Empfindung läßt im Leser keine Empfindung auftauchen) und begab
mich zu Polonskij, der mich mit einem freudigen ›Ah!‹ empfing.
Unbedingt Unsterbliche waren dort nicht. – ›Waren Sie beim Empfange Spielhagens zugegen?‹ fragte ich Karasin, worauf er entrüstet
ausrief: ›Ich sollte hingehen, sollte einen höchst mittelmäßigen
Schriftsteller, der unsrer Literatur nicht den geringsten Nutzen und sie
in keiner Hinsicht beeinflußt hat, empfangen? Einen fremdländischen Schriftsteller, der obendrein einer Nation angehört, die, wie
keine, den Russen verhaßt und schädlich ist? Niemals!‹ – ›Ein Schriftsteller ist aller Nationen Gemeingut!‹ begnügte ich mich zu erwidern
und brach mit dem Narren das Gespräch ab … Sehr angenehm aber
unterhielt ich mich mit Christianowitsch, der die meisten russischen
Dichter kannte und kennt und mit liebenswürdigster Zuvorkommenheit mir ihre Charakteristiken gab. Mit Gontscharow ist eine Unterhaltung unmöglich; entweder klagt er über seine Krankheit oder
spricht von seinen Romanen. Dostojewskij predigte stets Toleranz und
war der untoleranteste und neidischste Mensch von der Welt, der
keine anderen Götter neben sich duldete. […] ›Niemand ist auf seinen

Mitmenschen neidischer als der russische Schriftsteller!‹ schloß Christianowitsch«.

Notiz vom 28. April 1884:

»Bei Polonskij gewesen. Er empfing mich mit so herzlicher Freundlichkeit, ja Freude, daß ich ganz verlegen wurde. Es waren da u.a. die Schauspielerin M. G. Ssawina, die Klavierkonzertgeberin Ssipjagina und mein ›Freund‹ Leopold Bernstamm«. […]

Notiz vom 17. April 1886:

»Gestern war bei mir – J. P. Polonskij; er schenkte mir den zweiten Band seiner Werke. Vor allen Dingen nahm er mein Portrait-Album und war sehr erfreut, als er sich der M. E. delle Grazie gegenüber sitzen sah: ›Das hab’ ich mir doch nicht denken können, daß ich noch auf meine alten Tage mich beständig mit einem so schönen Mädchen küssen werde!‹ rief er aus. Sodann deklamierte er in der ihm eigenen, jede Silbe scharf markierenden Weise, sein langes Gedicht ›Bei Satanas‹, wobei er die kalte Hand mir bald aufs Knie und auf die Schulter legte und bald meine Rechte ergriff und jedesmal sichtlich glücklich war, wenn ich etwas lobte, wobei er instinktiv die lobenden Worte wiederholte. Von seinem Gedicht ›Зимний путь‹[1] erzählte er, daß Dostojewskij tief gerührt war, als er es auf der Heimreise aus Sibirien zum ersten Mal las. Turgenew war bezaubert von dem Gedicht ›Ein andrer Winter‹ und kannte es auswendig; ›das dumme Hänschen‹ im letzten Vers ist Polonskij selbst. In ›Der Müller‹ wollte er einen russischen Erlkönig schaffen; der Sohn ist die junge russische Generation, über welche der Aberglaube keine verderbende Macht mehr hat. In ›Der Traum des Heiden‹ ist der Heide – Polonskij, der da nicht wider seine Überzeugung verneinen will (in der Poesie) –, und daß die russische Kritik in diesen beiden Gedichten den Grundgedanken übersieht, läßt ihn die Existenz einer ernsten Kritik in Rußland negieren. ›Die Beerdigung meines Herzens‹ gefällt ihm nicht sonderlich, da Heine’scher Geist (Manier) drin steckt«.

Notiz vom 18. Oktober 1886:

»Bei Polonskij sahen wir (Ljuba und ich) Ws. Garschin, den Kritiker Strachow, N. N. Karasin, die Klaviervirtuosin Ssipjagina etc. Polonskij war die Zuvorkommenheit selbst; er führte uns beide in das Atelier

1 ›Winterweg‹ (russ.).

seiner Frau, zeigte und erklärte uns seine Bilder. Als ich sagte: ›Es ist
doch selten, daß in *einer* Person, wie in Ihnen, die Poesie und Maler-
kunst gleichzeitig einen gleichmäßig würdigen Vertreter findet‹,
antwortete er: ›Nein, Talent zum Zeichnen hatten ja auch Goethe,
Puschkin, Lermontow u.s.w., aber sie haben dieses Talent nicht weiter
ausgebildet, weil die Resultate ihres poetischen Schaffens sie befriedig-
ten; ich jedoch zweifelte an meinem Berufe als Schriftsteller und
begann die Malerei zu kultivieren, weil ich in ihr mein eigentliches
Element zu sehen glaubte – daher die relativ guten Gemälde, die ich
geschaffen‹ … Auf Ljubas Einwand, der Knabe in seiner Erzählung
›Die Statue des Frühlings‹ sei unnatürlich, entgegnete er: ›Ich glaube
nicht, denn dieser Knabe bin ich selber, und ich kann Sie versichern,
daß alles, was Sie und andre an ihm Unnatürliches finden, bei mir tatsächlich stattgefunden hatte. Jede Ritze in der Tapete hielt ich für die
Kontur meiner Zeichnung, und oft glaubte ich, wenn ich im Bette
lag, einen Menschenkopf zu meinen Füßen zu erblicken‹‹.

DEN 7. NOVEMBER 1888

Gestern, um 3 Uhr nachmittags, ist Ludwig v. Jessen (Osten) gestorben. Anbei einige Auszüge aus meinen ›Täglichen Notizen‹ über
meine Bekanntschaft mit ihm:

Vom 10. Oktober 1880:

»… Gesellius … gab mir den Rat, dem bekannten Übersetzer L. v.
Jessen (Osten) ein Exemplar meiner ›Dichtungen‹ mit einem Begleitschreiben zu schicken, und machte mir Hoffnung, daß besagter Herr
seiner Zugänglichkeit nach mir seine Meinung schreiben und Bekanntschaft mit mir anknüpfen werde«.

Am Tage darauf schrieb ich ihm:

»Sehr geehrter Herr!

Auf Herrn Gesellius' Rat hin nehme ich mir die Freiheit, Ihnen die
Erstlingsfrucht meiner Muse zu übersenden mit der dringenden Bitte
um Abgabe Ihrer schätzenswerten Meinung.

Schreiber dieses ist stud. phil. hierselbst und hegt eine glühende
Liebe zur Literatur.

Mein Hauptaugenmerk habe ich auf Kolzow gerichtet und mich
der Übersetzung dieses großen Volksdichters mit ganzem Fleiße hin-

gegeben. Das beiliegende Büchlein, welches nur versuchsweise gedruckt wurde und noch keinen Bücherladen erblickt hat, enthält nur
eine Geringzahl Gedichte besagten Schriftstellers; im Manuskripte
habe ich derer 67. Zudem, muß ich bemerken, hat das Gedruckte zur
Zeit eine wesentliche Verbesserung erhalten.

Die Professoren O. Miller und A. v. Viedert haben meine Arbeit
gelobt; es ist aber mein sehnlichster Wunsch, Ihre, des Dichters,
Ansicht darüber zu vernehmen.

Der Herr Redakteur machte mir Hoffnung, daß Sie, Ihrer Freundlichkeit nach, meiner Bitte Gehör schenken würden, und ich, meinerseits, erlaube mir, an Ihrer diesbezüglichen Güte keinen Zweifel zu
hegen, womit ich auch mit aller Hochachtung zeichne als

Ihr ergebener ...«

Auf diesen stellenweise kindisch-albernen Brief antwortete er mir
am *13. Oktober 1880.*

»Geehrter Herr Fiedler,

Genehmigen Sie meinen besten Dank für die Gabe, mit welcher Sie
mich erfreut, und für die gute Meinung, mit der Sie mich beehrt
haben.

Erlauben Sie mir nun aber, mich einer schriftlichen Antwort auf
Ihre Anfrage zu enthalten, und zwar aus dem Grunde, weil es mir an
der Zeit gebricht, ausführlich zu korrespondieren.

Statt dessen möchte ich Sie bitten, uns ohne jegliche Zeremonie
dieser Tage zur Mittagsstunde, fünf Uhr, besuchen und die Suppe mit
uns essen zu wollen. Da werde ich Ihnen mündlich gern Rede stehen
und eingehender besprechen können, was Ihnen zu hören beliebt.

Vielleicht haben Sie dann auch die Güte, uns die Козлов'schen
[sic!] Originaldichtungen zur Ansicht mitzubringen, da ich dieselben
nicht besitze.

Mit der angenehmen Erwartung, Ihre persönliche Bekanntschaft
zu machen, empfielt sich Ihnen angelegentlichst

Ihr ganz ergebener   L. Jessen«.

Vom Donnerstag, den *16. Oktober 1880:*

»Heute um ½ 5 war ich zum ersten Male bei L. v. Jessen. Wie mir
das Herz pupperte, als ich die Klingel zog! Dem Diener gab ich meine
Visitenkarte und wurde vorgelassen. Ein hoher, schlanker Herr von
50-55 Jahren, längliches Gesicht, gebogene Nase mit einer Brille und

freundlichen Mienen kam mir entgegen, drückte mir die Hand und
sprach: ›Ah, Herr Fiedler! Freut mich ungemein, Ihre werte Bekanntschaft zu machen. Treten Sie gefälligst näher!‹ Ich folgte ihm in sein
Kabinett, und wir nahmen Platz. Er fragte mich nach mir aus. Er
tadelte den Übersetzer A. Wald und noch mehr die erbärmliche lob-
hudelnde Kritik. Dann nahm er mein Exemplar vor und sprach –
(was? davon morgen!). Da kam Madame Jessen und bat uns zu Tisch.
Ich entschuldigte mich damit, daß ich bereits gegessen hätte, auf die
Moskauer Bahn müsse und mich noch zu fremd fühle. ›Ach, was!‹
rief Madame Jessen aus, ›Einmal muß doch Bekanntschaft gemacht
werden!‹ – ›Ja, ja! Kommen Sie nun!‹ sprach auch er. Nolens, volens
mußte ich folgen. Wir schritten durch den Saal. Als ich aber an die of-
fenstehende Tür des Speisezimmers trat, erblickte ich viele Menschen,
darunter mehrere junge Mädchen, und – pfeilschnell kehrte ich mich
um und war mit drei Schritten am Vorzimmer. Jessen folgte mir nach.
›Entschuldigen Sie mein pöbelhaftes Benehmen!‹ stammelte ich. Er
aber lächelte gewinnend und sagte: ›O bitte, das tut ja nichts! Ich
verstehe sehr gut Ihre Schüchternheit. Sie wird sich schon legen. Besuchen Sie mich bald wieder und auf längere Zeit!‹«

Vom 17. Oktober:
»Jessens Meinung von den ›Dichtungen‹?

Krylow gefällt ihm nicht: der russische Geist sei nicht wiedergegeben. Dann mißfallen ihm meine Wortbildungen, wie: unmutwild,
heiligwunderbar, willkommgrüßend, Wonnereigen, zaubermächtig,
Demutgebet, schreckzitternd, Hochgebot etc.

Kolzow kenne er gar nicht im Original. Er tadelte folgende Übergänge:

Wie hast du *von*

dem Ersten dich

Gott sei *mit*

dir

Umarmt hat *er*

Mich

Ist denn viel *dir*

Zeit entflohen

Ein Jahrhundert nach *dem*
Andern

Mein Glaube ist rein *wie*
Die Brunst des Gebetes

Das tiefe Gefühl *des*
Erkalteten Herzens   u.s.w.

Was Lermontow anbetrifft, so tadelte er die Reime: Gemüt – Lied,
zumal – Schall, Gebot – Gott. Das Wort ›Wohltat‹ und ›Blumenaltar‹
nannte er ›unpoetisch‹.

Kleinmütig fragte ich ihn darauf, ob es nicht am geratensten wäre,
meine Poetastereien ganz aufzugeben, worauf er mich ermunterte und
mir den Rat gab: ›Feilen Sie so viel als möglich und übereilen Sie sich
nicht mit der Veröffentlichung Kolzows. Ich schrieb den ›Dämon‹ in
Ihrem Alter (er ist am 27. April 1828 geboren) und druckte ihn erst
1876! Und er ist besser als der Bodenstedts!‹«

Vom 18. Oktober:

»Er fand die Übersetzungen (Kolzows, im Manuskript) gelungen
und des Druckes würdig. Ich solle das Buch Bodenstedt widmen; er
werde mich ihm, seinem Freunde, brieflich empfehlen. Auch versprach
er mir, die Kritik in der ›St. Petersburger Zeitung‹ zu schreiben …* In
meinem Leben habe ich keine so liebenswürdige und einfache Familie
gesehen wie Familie Jessen! … Er zeigte mir seine der Kaiserin gewid-
meten Krimlieder, die nur in zwei Exemplaren gedruckt wurden und
ihm Danksagungsschreiben und Geschenke von Ihrer verstorbenen
Majestät einbrachten. Er las mir einige seiner Übersetzungen aus
Nekrassow und Tolstoj vor, und ich finde sie ausgezeichnet. Er borgte
mir auch seine in Berlin erschienen Gedichte. In meinen Kolzow
schrieb er einige kleine Korrekturen, für welche ich ihm sehr dankbar
bin«.

Am 29. Oktober schrieb ich ihm u.a.:

»Ich habe meinen ganzen Kolzow ins Reine abgeschrieben und
bringe ihn heute zu Erickson, damit er ihn sofort nach Leipzig beför-
dere. Nur höchst wenige, unbedeutende Holprigkeiten sind stehen

* Ist nicht erfolgt. F[iedler] den 7. November 1888.

geblieben, die aber noch auf dem Korrekturbogen geebnet werden
können.

Ich werde sofort F. Bodenstedt mit der Bitte angehen, ihm die
Übersetzung widmen zu dürfen. Einige der relativ besten Übertragungen schicke ich ihm zur Probe. Erfüllt er meinen Wunsch, so werde
ich so frei sein, von Ihrer bewährten Güte Gebrauch zu machen: vielleicht werden Sie die Freundlichkeit haben, mich und meine Arbeit
Ihrem Freunde zu empfehlen und ihn zu ersuchen, in Kürze die Ein-
leitung zu schreiben … Oder vielleicht wird er so freundlich sein,
seinen Namen pro forma zur Herausgabe zu geben. ›Herausgegeben
von Friedrich Bodenstedt‹. Diese wenigen Worte wirken mehr als jede
Kritik. *Alles Übrige* ist des Verlegers Sache … Entschuldigen Sie …«
u.s.w.

Aus seiner Antwort hierauf vom *30. Oktober:*
»Fürs erste wäre ja wohl H. v. Bodenstedts Antwort auf Ihr Schreiben an ihn abzuwarten. Danach wird man wohl auch ungefähr schließen können, was später noch von seiner Seite zu gewärtigen wäre«.

Notiz vom 30. Oktober:
»Die Osten-Jessen'schen Gedichte gefallen mir wenig, um nicht zu
sagen gar nicht. Alles platt, allgemein und nichtssagend, trivial, groß-
sprecherisch und matt. Hübsch sind nur höchst wenige Gedichte aus
dem Persischen an Hildmeta (seine liebenswürdige Frau Mathilde)
und an Bodenstedt. Die Sprache beherrscht er bis zur Vollkommen-
heit. Goldschmidt hatte recht, als er mir sagte: ›Jessen ist im Auslande
zwar mehr bekannt als ich, aber – durch schlechte Gedichte!‹«.

Aus seinem Briefe vom *30. November:*
»Ich beeile mich Ihnen mitzuteilen, daß H. v. Bodenstedt in seinem
Briefe an mich vom 4. Dezember neuen Stils u.a. folgendes sagt: ›Von
Herrn Fiedler habe ich noch kein Lebenszeichen erhalten‹«.

Notiz vom 17. Dezember 1880:
»War bei Jessen. Er hat Bodenstedt haarklein alles von mir berichtet
und ihm meine Bitte um die Erlaubniserteilung zur Widmung mitge-
teilt. Er meint aber, daß Mirza-Schaffy schwerlich eine empfehlende
Vorrede schreiben werde, weil er sich vor kurzem verbrannt habe.
Nämlich: ein Moskowiter hatte die ›Lieder des Mirza-Schaffy‹ ins
Russische übersetzt, schickte dem Verfasser derselben einige Probe-
übertragungen und bat, ihm das Buch widmen zu dürfen. Bodenstedt

antwortete ihm brieflich, lobte die Übersetzungen und nahm die Widmung an. Der Übertrager hatte nun nichts Eiligeres zu tun, als im Vorwort Bodenstedts Anerkennungszeilen abzudrucken und – die Kritik riß das Werk herunter. Ergo war Mirza-Schaffy der Blamierte ...[1] Mirza=Jessen schilderte mit freudeblitzenden Augen die frohverlebten Tage mit seinem großen Dichterfreunde am Rhein, in Nieder-Walluf, und schilderte die Spaziergänge, während welcher der Prolog zum ›Nachlaß des Mirza-Schaffy‹ unter gemeinsamer Arbeit entstand ... Ich beichtete ihm meinen ›Verleger‹-Schwindel, und er meinte, daß ich mit der Herausgabe Kolzows bis zu den nächsten Weihnachten warten möge. Während dieser Jahresfrist solle ich unablässig feilen, denn nichts sei so gut, das nicht noch besser werden könne. Er erbot sich, das Manuskript Wort für Wort durchzustudieren und etwaige Verbesserungen vorzunehmen. Jedenfalls soll ich aber noch dieser Tage Bodenstedt einige Probeübersetzungen schicken und ihn mit der Widmungsbitte angehen«.

Das tat ich denn zum zweiten Male und konnte Jessen am 29. Dezember u.a. folgendes berichten:

»Eine höchst angenehme Überraschung und ein unersetzlich wertvolles Weihnachtsgeschenk wurde mir gestern zu Teil: ich bekam einen Brief vom Herrn von Bodenstedt. Zwar verbessert er einige Stellen, spricht aber doch Hoffnung aus, daß ihm die Widmung Freude bereiten werde.

Auch beeile ich mich Ihnen folgenden Wortlaut mitzuteilen: ›Bitte meinen Freund Jessen schönstens zu grüßen!‹«

Am 10. August 1881 erschien im ›Herold‹ meine Besprechung des Jessen'schen Buches (das ich mir gekauft hatte): ›Dichtungen von A. Tolstoi und Nekrassow‹. Tags darauf schrieb ich dem Verfasser:»Als Ihre Dichtungen von Tolstoi und Nekrassow erschienen, versprach der ›Herold‹ eine ausführliche Kritik zu liefern, ließ das Publikum aber bis jetzt vergebens warten. Da ergriff ich die Feder und verfaßte die Besprechung, die auch gestern erschien ... Sollte diese nicht ganz

---

1 Gemeint ist das Buch: ›Pesni Mirzy-Schaffy s prologom Fridricha Bodenstedta w perewode N. I. Eifert‹ (Die Lieder des Mirza-Schaffy mit dem Vorwort Friedrich Bodenstedts in der Übersetzung von N. I. Eifert). Moskau 1880.

Ihren Erwartungen entsprechen, so bitte ich Sie um gütige Nachsicht und um Verzeihung, daß ein Unberufener sich die Freiheit genommen, Ihr Werk zu kritisieren«.

Notiz vom 21. Oktober 1881:

Jessen besuchte mich – »nahm auf dem Sofa Platz und begann: ›Vor allen Dingen meinen herzlichsten Dank für die prächtige Kritik! Alle, die sie gelesen, haben sie gelobt … Das und etwas Wichtiges hatte ich Ihnen mitzuteilen, als ich Ihnen einen Brief schrieb und ihn in die Redaktion des ›Herold‹ mit der Bitte um die Weiterbeförderung schickte, da ich Ihre Adresse nicht finden konnte. Da ich lange Zeit keine Antwort erhielt, ging ich in den ›Herold‹ und nahm das Schreiben. Nach vielen Irrfahrten, wie z.B. zum Apotheker Fiedler und einem qui pro quo, schickte ich in die Universität, erfuhr Ihre Adresse und bin nun am Ziele meiner Wanderung. Ja, ich suchte Sie, wie ein verlorenes Kind seine Mutter‹.

Sein Brief datiert vom 26. September 1881 aus Peterhof und enthält u.a. folgendes: ›Empfangen Sie zunächst meinen durch allerlei Umstände verspäteten Dank für Ihre warme und eingehende Besprechung meiner Übersetzungen und Ihrer durchaus zutreffenden Kritik derselben. Ich konnte mich natürlich nur freuen, das Gute darin anerkannt zu sehen, und die strengen an mich gestellten Anforderungen nur als eine mir erwiesene Ehre ansehen. – Von einem ›Staatsrat Wald verlangt man weniger‹. (Im Briefe lag noch eine Aufforderung Sacher-Masochs zur Mitarbeiterschaft an ›Auf der Höhe‹, was Jessen ablehnt und mir den diesbez. Vorschlag macht)«. […]

Am 10. März 1883 schrieb ich: »Hochgeehrter Herr v. Jessen! – Die zahlreichen Beweise Ihres Interesses für meine literarischen Bestrebungen lassen mich hoffen, daß Sie auch jetzt die Gewogenheit haben werden, das beiliegende Heft, mein quasi-Drama ›Nero‹, Ihrer Aufmerksamkeit zu würdigen. Ich ersuche Sie, das Stück, sobald es Ihnen die Zeit erlauben wird, zu lesen und alle Worte, die einer Änderung bedürfen, zu unterstreichen… Wollten Sie, hochgeehrter Herr v. Jessen, die Güte haben, mich in Kenntnis zu setzen, an welchem Tage und um welche Stunde ich zu Ihnen kommen kann, um mich von Ihrer ›geneigten‹ Kritik belehren zu lassen! … Mein ›Kolzow‹ bei Sacher-Masoch ist noch nicht erschienen … Er versicherte Sie seiner vollen Hochachtung und Dankbarkeit«.

Am 15. März 1883 schrieb er: »Geehrter Herr Fiedler, wollen Sie sich vielleicht übermorgen, Donnerstag, gegen vier Uhr Nachmittag zu mir bemühen, um Ihr Manuskript, das ich mit viel Interesse durchgelesen, in Empfang zu nehmen? Mit bestem Gruße Ihr ergebenster L. Jessen«.

Um die angesagte Zeit war ich dort. Laut Notiz vom *17. März* sagte er:

»Das Buch hat mich außerordentlich interessiert und angesprochen; ich hab' es meiner Frau vorgelesen, und auch ihr hat es sehr gefallen ... Da ich ein Laie auf dem dramatischen Gebiet bin, so kann ich das Technische nicht beurteilen. Die Sprache ist würdig, fließend und fesselnd; nur einige Ausdrücke wünscht' ich verändert«. – »Was sagen Sie von Neros Charakteristik?« – »Sehr gelungen und konsequent bis zum Schluß durchgeführt; auch die übrigen Personen sind gewissenhaft charakterisiert«. – »Ist das Verhältnis zwischen Acte und Clarus psychologisch? Ich meine Actes Hingabe aus Mitleid?« – »Gewiß«. – »Ich glaube, das Motiv hierzu ist nicht psychologisch genug wahrscheinlich gemacht«. – »Ganz und gar nicht. Das Motiv ist durchgearbeitet und vollkommen psychologisch ... Haben Sie das Stück schon Fachmännern gezeigt?« – »Ja. Goldschmidt z.B.« – »Nu! ... Das ist eine literarische Molluske ohne Greiforgane!« – »Dann Petrick«. – »Ja, der versteht von der Sache was!« – »Welchen Rat geben Sie mir: soll ich auf dem dramatischen Gebiet fortfahren oder nicht?« – »Unbedingt, denn Sie haben viel Talent!« [...]

Notiz vom 21. Januar 1885:
»Besuchte L. v. Jessen, den ich eine ganze Ewigkeit nicht gesehen; er schien über mein Kommen recht erfreut. Ich schenkte ihm einen Kolzow in elegantem Einband mit der Einschrift: »Herrn Ludwig von Jessen, dem Pflegevater dieses Musenkindes, in Dankbarkeit und Hochachtung vom Übers[etzer]«. Er hat mir nämlich gegen 30 Gedichte durchgesehen und Verbesserungen vorgeschlagen, die ich teilweise auch akzeptierte d.h. behielt manches Wort bei, suchte jedoch jedesmal den Satz anders zu gestalten, so daß ich ihm eigentlich nur gewisse Fingerzeige verdanke (mehrfach passierte es, daß mir ein ganz gewöhnlicher Ausdruck auf den Lippen schwebte: jede Sekunde glaubte ich ihn aussprechen zu können und ärgerte mich oft stundenlang, daß ich nicht mit dem herausdrängenden Worte niederkam;

mehrfach spielte Jessen hierbei die Rolle des erlösenden Accoucheurs, und ich atmete erleichtert auf und hielt mit reinem Gewissen das Kind für mein eigenes Produkt). Im ganzen Kolzow werden sich höchstens zehn Zeilen finden, die ganz Jessen gehören; ich trug anfangs aus Ehrlichkeitsrücksichten Bedenken, sie zu akzeptieren, hieß aber mein Gewissen schweigen, als ich las, daß viele deutsche und russische Dichter solche unbedeutende Diebstähle (resp. freiwillige Geschenke) für ihr eigen Gut ausgaben ... Z.B. schlug er mir vor (S. 58) »Eines nur sinnt und sorget« zu sagen; die Übersetzung war eine entsprechende, aber dennoch wollte ich nicht wörtlich mir diese Zeilen aneignen und änderte sie in »Eins nur sorgt und sinnet« ... Jessen war es auch, der mir den Rat gab, das Buch seinem Freunde Bodenstedt zu widmen«.

Notiz vom 16. Dezember 1885:

»Das Lob, welches Jessen gezollt wird (im ›Istoritscheskij westnik‹, Mai 1885), freut mich aufrichtig, denn ich halte ihn für den gewandtesten Übersetzer aus dem Russischen, obgleich etwas Philiströses von ihm weht«.

Weiteres enthalten meine ›Täglichen Notizen‹ über Jessen nichts.

Am 30. März 1886 schickte er mir sein Buch ›Eine Dichtung von Graf A. Golenistschew-Kutusow‹ mit der Einschrift: »Dem Übersetzer Kolzows – der Übersetzer anderer russischer Dichter«.

Am 22. September 1887 schrieb er mir (ich fragte ihn nach der Adresse Golenistschew-Kutusows) u.a.: »Ich freue mich darauf, Ihre Übersetzungen dieses Autors zu lesen, dessen Sprache mir der Puschkin'schen am nächsten zu kommen scheint«. –

Das letzte Mal sah ich ihn auf dem Maikow-Jubiläum, wo wir zwar ein Spitzgläschen Englisch-Bittern miteinander tranken, aber sonst keine 15 Worte wechselten ... Er war – wenigstens mir gegenüber – ein guter, sanfter, liebenswürdiger und dienstfertiger Mensch, der mir manch guten Rat erteilte. Seine Aussprache war ein wenig schuschelnd [sic!], seine Manieren schlicht und umgänglich. Als Übersetzer ist er ungemein gewissenhaft und eben darum nur zu oft recht pedantisch und darum nicht frei-poetisch wirkend; er reproduzierte nur Form und Farbe der Blume, nicht aber deren Duft. Ich werde bestimmt Mittwoch, den 9., zur Beerdigung gehen – aus Dankbarkeit für seine nützlichen und stets bereitwilligst erteilten Ratschläge bezüglich Kolzows und ›Neros‹.

Gestern, Mittwoch, war ich zum Jourfix bei Alexander Michailowitsch Skabitschewskij (auf den Peski). Seine Bekanntschaft machte
ich, als ich noch Student war, bei Wodowosows, zu besuchen habe ich
ihn indes nur diesen Winter angefangen. Seine Abende tragen einen
Junggesellencharakter, heute jedoch war auch seine Frau, ein vier-
schrötiger Koloß, zugegen. Körperlich ist er das Phlegma selbst,
spricht aber so rasch und dermaßen leise, daß man ihn nur mit Mühe
versteht. Seine mündlichen Urteile klingen so sanft, als gäbe es im russischen Wörterbuche kein einziges Scheltwort; schriftlich jedoch fällt
er sie oft recht energisch. Ein namhaftes kritisches Talent fehlt ihm,
doch besitzt er eines, was den russischen Kritikern – namentlich den
Zeitgenossen – in bedenklicher Weise abgeht: Gerechtigkeit und Ehr-
lichkeit. Das sieht man aus seinem heutigen Feuilleton, wo er über
Schriftsteller urteilt, die ihm nahe stehen; das sieht man aus seiner in
der ersten Hälfte durchaus lobenden, in der zweiten durchaus tadeln-
den Besprechung meines ›Russischen Parnasses‹ (in den ›Nowosti‹
vom 18. Dezember 1888) … Gestern machte ich bei ihm Bekanntschaft mit Wladimir Ssergejewitsch Lichatschow, dem Tartuffe-Übersetzer, der mir sein eben erschienenes Buch ›20 Jahre‹ zu schicken
versprach. Er leidet an hochgradiger Nervosität … Auch sprach ich
Kasimir Stanislawowitsch Baranzewitsch. Seine flüchtige Bekanntschaft machte ich kurz nach Garschins Tode bei Jassinskij, sodann
sprach ich ihn neulich während der Tartuffe-Aufführung im Alexandra-Theater. Am 23. Dezember 1888 schickte er mir sein eben
erschienenes Buch ›Neue Erzählungen‹, von denen mir einige kleine
Kunstwerke zu sein scheinen; ich werde sie im ›Herold‹ rezensieren.
Ich sprach ihm meine Bewunderung über ›Des Nordwinds Tat‹ und
›Die Mäuse‹ aus, tadelte aber auch ›Der Beamte und das Pferd‹,
›Sie neckt‹ u.a. In der Nacht, es war 2 Uhr, spazierten wir noch lange
auf der menschenleeren dritten Straße der Peski, indem wir uns ununterbrochen gegenseitig von der Ecke bis zu seinem Hause (Nr. 4)
begleiteten. Er muß täglich um 6 Uhr morgens aufstehen, denn er
dient in der 1. Pferdeeisenbahngesellschaft, wo er, der Familienvater
von sechs Kindern, die Billete auszuteilen und sonstige Komptoir-
arbeiten bis 11 vormittags zu verrichten hat. Als ich ihm gegenüber

bedauerte, daß er sein entschiedenes Talent, das ich über dasjenige Anton Tschechows und Jassinskijs stelle, nicht an einem Roman versuche, sagte er: »Ich gedenke einen solchen zu schreiben. Er soll ›Der Herd‹ betitelt sein und den Gedanken durchführen, wie ein genial veranlagter Mensch durch seine von ihm heiß geliebte und ihn heiß liebende Familie tatenlos verkümmert« ... Wir schieden mit herzlichem Händedruck und dem Versprechen, uns gegenseitig zu besuchen. – – –

Heute, gegen 12, saß ich bei V. I. Bibikow, den ich aus tiefstem Schlafe weckte. Wir unterhielten uns, indem er im Bette lag und ich in einem Sessel saß. »Tschechow geht mit Riesenschritten vorwärts und hat Wl. Korolenko weit, weit überholt. Haben Sie seine ›Steppe‹ gelesen? Nicht? Lesen Sie, und Sie werden von Bewunderung zu diesem Meisterwerk erfüllt sein!« – »Was halten Sie von An. Lehmann? Nicht wahr, ein ganz talentloser Mensch?« – »Ebenso talentlos wie unsympathisch!« – »Er scheint mir ein Psychopath zu sein«. – »Das ist er auch«.

Von Bibikow ging ich zu Jassinskij, der eben damit beschäftigt war, seine Gedichtsammlung behufs einer neuen Auflage zum Druck vorzubereiten. Nach etwa zehn Minuten wollte ich aufbrechen, er aber ließ mich nicht fort und überredete mich, mit ihm zu mittagen. – »Zu meinem Erstaunen erfuhr ich, daß Sie in Petersburg sind. Sie wollten doch für die Feiertage nach Hause«, sagte ich. »Ich habe kein Haus!« antwortete er schmerzlich. »Wie befinden sich denn die Ihrigen?« – »Ich weiß es nicht: sie haben mir nicht einmal geschrieben!« seufzte er ... Aus Taktgefühl ließ ich das Thema fallen. [...] Wir begannen von Schriftstellern zu reden und kamen auf die Vielschreiberei zu sprechen. »Ich habe vielfach den Vorwurf hören müssen, ich sei zu fruchtbar. Der Vorwurf ist unbegründet: wenn man regelmäßig jeden Tag 3 bis 5 Stunden arbeitet, so kann man jährlich zwei Romane und mehrere Novellen schaffen. Ich bin zu fruchtbar! Was sagen Sie denn alsdann zu Michailow-Scheller, dessen Werke zur Zeit aus 55 starken Bänden bestehen? Er schreibt in der Tat so viel, daß es ihm Mühe macht, einen neuen Titel für seine Romane und Novellen zu finden! Ein Vielschreiber ist auch Wass. Iw. Nemirowitsch-Dantschenko, der beständig ganz Europa bereist, um neue Eindrücke zu gewinnen, sich in irgend einer menschenleeren Öde vergräbt und in zwei Wochen einen Roman fertig hat. Auch P. Boborykin ... wissen Sie, dem Armen ist ein Auge ausgeflossen, und auch das zweite läuft er Gefahr zu verlieren«. – »Ich sah heute bei Bibikow eine Zeichnung Repins: auch Gontscharow hat nur das linke Auge«. – »Bibikow ... Er besucht mich wieder, aber wir sind auf Sie: das alte Freundschaftsverhältnis kann nicht mehr erneuert werden ... Sie kennen doch Lehmann?« – »Den Psychopathen? Ja«. – »Mit dem hab' ich auch brechen müssen«. [...] Ich erzählte ihm einige meiner Garschin-Erinnerungen, er fand sie ungemein charakteristisch und riet mir dringend, sie zu veröffentlichen. »Tun Sie's in der ›Nowoje wremja‹, die Zeitung ist die am meisten gelesene in Rußland ... Ja, Burenin fühlt sich beleidigt, daß Sie keines seiner Gedichte in Ihren ›Parnaß‹ aufgenommen haben. Er auch hat die kühle Bulgakow'sche Besprechung Ihres Buches beeinflußt«. – »Ich sehe da das Lichatschow'sche Buch«. – »Andere begründen durch Herausgabe eines Buches ihren Ruf, Lichatschow hat ihn dadurch eingebüßt. Wie kann man solche Gedichte schreiben!« – Er las mir alsdann mehrere seiner neuen Gedichte, ich machte meine Anmerkungen, und er strich die Stellen an. Sein ›Der Ritter‹ (›Витязь‹), das er für eines seiner gelungensten Gedichte hält, mußte ich ein schwaches romantisches Produkt nennen. Den von mir übersetzten ›Walzer‹ widmete er mir ... Beim Kommen und Gehen begrüßte er mich durch einen Kuß, wobei ich Mühe hatte, durch seinen Urwald von Haaren die Lippen zu finden.

DEN 6. JANUAR 1889

Eine Reminiszenz an Ws. Garschin.

Es war eines Abends bei Polonskij. Wir standen an seinem Schreibtische, und Garschin sagte plötzlich: »Stellen Sie sich zwei brennende Kerzen vor – die eine ist groß, die andre – niedrig. Welche muß man auslöschen, damit beide gleiche Größe haben?« – »Die große!« antwortete ich schnell. – »Fast jeder fällt hier herein!« lächelte er ... Eines Tages, bei ihm, fragte er mich: »Kennen Sie einen Reim auf Amerika?« – »Walerika«. – »Was ist das?« – »Der Genetiv von Walerik«. – »Nein, einen im Nominativ«. – »Weiß nicht«. – »Isterika«.[1] – –

---

1 D.h. Hysterie (russ.).

Am 22. November, an meiner Tochter einjährigem Geburtstage,
war Jassinskij bei uns zu Mittag. Vorher hatte er folgenden Brief
geschickt: »Ihrer Exzellenz Margarita Fjodorowna Fiedler. – Liebe
Ritotschka! Ich gratuliere Ihnen zu Ihrem Geburtstage. Gleichzeitig
mache ich Ihnen folgenden Vorschlag: wollen Sie nicht einen meiner
Söhne – Maxim oder Jakow – heiraten? Beide sind sie reizende Jünglinge und dürsten danach, in die Ehe zu treten. Ihr J. Jassinskij«… Wir
sprachen über Fofanow. »Als wir zusammen in Kijew die Katakomben
in Augenschein nahmen, meinte Fofanow: ›Wer weiß, vielleicht steckt
noch Leben in diesen Toten?!‹«.

Diese Erzählung Jassinskijs kann ich durch folgendes bericht[ig]en.
Am 21. November, etwa um 11 Uhr vormittags, kam Fofanow zu mir
und saß bis gegen sechs: wir mittagten – wobei er keinen Tropfen
Schnaps trank – und leerten – aber nur en deux – darauf acht Flaschen
Bier. Er deklamierte mir und Ljuba eine Menge seiner Gedichte,
wobei ich meinte: »Sie sind ein vollkommenes Original unter den
russischen Lyrikern, denn Ihre Muse ist keine Russin, sondern eine
Deutsche an Seele und Leib«. … Sodann begannen wir zu philo-
sophieren, und Fofanow sprach die Ansicht aus, der Mensch sterbe
nicht plötzlich, sondern erst mit den Jahrzehnten, so daß ihn auch
im Grabe noch Leben erfülle und nur Fünkchen auf Fünkchen er-
lösche. – – –

Am 26. Dezember besuchte ich Weinberg, der in einer Familie ein
luxuriös möbliertes Zimmer mietet. Wir sprachen größtenteils nur
von meinem ›Russischen Parnaß‹. Er fand die Übersetzungen meisterhaft, besser als die Bodenstedts, nur tadelte er die Auswahl: »Von
Dershawin haben Sie die hohle pathetische, aus Haller übersetzte Ode
›Gott‹ genommen und ›Auf den Tod des Fürsten Mestscherskij‹ und
›Der Große‹ nicht. Puschkin hätte ganz fortbleiben müssen: er ist zu
groß für die übrige Gesellschaft; und wozu haben Sie den ›Talisman‹
übersetzt?! Nekrassow ist mit 8 Gedichten vertreten, während er es mit
18 hätte sein müssen; die mit bürgerlichen Motiven fehlen gänzlich!
Lermontow ist gut vertreten. Wozu aber haben Sie Kukolnik, Mersljakow, Krassow, Wass. Puschkin, Zyganow, Durow, Wodowosow übertragen? Ich bin da, und Wass. Kurotschkin fehlt! Auch Burenin hätten
Sie aufnehmen sollen … Nein, die Wahl ist eine mißlungene, und ich
werde darauf auch in meiner Besprechung hinweisen, natürlich nicht

in so scharfen Ausdrücken ...« Er führt schon seit Jahren ein Heft mit
Erinnerungen an russische Schriftsteller.

Am 3ten d. M. wurde ich durch Plestschejew in der Redaktion des
›Ssewernyj westnik‹ Pjotr Ossipowitsch Morosow vorgestellt. »Ich
habe schon lange Ihre Bekanntschaft zu machen gewünscht, um mich
für Ihre überaus wohlwollende Besprechung meines Kolzow in der
›Nedelja‹ zu bedanken«. – »Meine Rezension Ihres ›Parnasses‹ wird
ähnlich lauten ... Hier meine Adresse; ich werde mich sehr freuen,
Sie bei mir zu sehen«.

DEN 21. FEBRUAR 1889

Schon mehrfach war ich vor Monaten von russischen Schriftstellern
aufgefordert worden, dem »Russischen literarischen Verein« als Mitglied beizutreten. Endlich, zu Beginn dieses Monats, entschloß ich
mich, das diesbezügl. Gesuch um Aufnahme einzureichen, und am
13. Februar bin ich zum Mitglied gewählt worden. – Fofanow erzählte
mir am Freitag, dem 17ten (ich besuchte ihn), es habe kein einziger
eine schwarze Kugel für (resp. wider) mich gelegt.[1] Gleichzeitig mit
mir hätten sich ballotiert Berdjajew und A. Lehmann, doch beide
seien durchgefallen (Plestschejew habe sich von der Ehrenmitglied-
schaft losgesagt, wenn Berdjajew gewählt werden sollte, was übrigens
auch die andern nicht gewollt hätten [...]). Auch Minskij habe sich
vor etwa einem Jahre ballotieren lassen, doch ein Fiasko erlitten.

Um ¼ 9 war ich im Quartier der Gesellschaft (Gorochowaja 33).
Nach und nach erschienen: A. Maikow (sprach mir gegenüber seine
Befriedigung über meine Übersetzungen seiner Gedichte aus), Ticho-
now, Lichatschow (der Tartuffe-Übersetzer; erklärte sich ganz ein-
verstanden mit meiner im ›Herold‹ veröffentlichten Rezension seines
Buches ›20 Jahre‹), A. Lejkin, Fofanow, Fürst Golitzin-Murawlin,
Bibikow, Polonskij, Prof. Wagner (Kot Murlyka), Andrejewskij, Ja-
ssinskij u.a. ... Mereshkowskij las ein romantisches Drama, dessen
Stoff Calderons ›Leben ein Traum‹ entnommen ist. Hexameter wechseln mit Alexandrinern und fünffüßigen Jamben, nach Art Schlegels.

---

1 »Eine schwarze Kugel legen« heißt im Russischen bei geheimer Wahl gegen
jemanden stimmen.

Ungemein melodische Verse. Viel gedanklicher Inhalt, doch gar keine
Entwickelung der Charaktere und der Handlung. Durch und durch
lyrisch. Sehr viele Anachronismen … Vor jedem lag ein Bogen Papier
und ein Bleistift; ich schrieb mir diese Bemerkungen auf … Nach
Schluß der Deklamation, die ermüdend lange währte, so daß viele
sich »brieflich« miteinander unterhielten oder zeichneten, begann die
mündliche Kritik, die ich gleichfalls in Kürze nachschrieb. Lichatschow sagte: »Ein Gemisch von drei Elementen: dem phantastischen,
politischen und modern-polemischen; eine Menge Anachronismen.
Ihr Sehnsuchtsruf: ›Dein Köpfchen möcht' ich in die Hände nehmen‹
zweideutig« … Polonskij: »Furchtbar lyrisch. Zu lang. Alle Reden in
ein- und demselben Ton. Einzelne lyrische Partien ausgezeichnet«…
Andrejeweskij: »Der Eindruck ist: eine philosophische Konzeption
mit Faust'schen und Manfred'schen Grundtönen. Die ganze Philosophie ist allegorisch und nicht real. Tote Figuren, redende Allegorien.
Das abstrakte Element ermüdet den Zuhörer. Vermischter Stil. Der
gedankliche Inhalt tief und hervorragend; Poesie massenhaft verstreut.
Alle Personen Raisonneure« … Ap. Maikow: »Die Plötzlichkeit der
psychologischen Übergänge macht stutzig. Eine Sammlung lyrischer
Gedichte« … Jassinskij: »Eine Reihe glänzender lyrischer Gedichte,
die ein prächtiges Buch abgeben könnten. Doch durchaus kein
Drama«.

DEN 28. FEBRUAR 1889

Der gestrige literarische Abend der Gesellschaft war nur dürftig besucht; u.a. waren erschienen – Graf A. A. Golenistschew-Kutusow,
Mereshkowskij (der, wie immer, fast mit keinem sprach), Andrejewskij, Prof. Wagner, Fofanow, Jassinskij, Fürst Golitzin-Murawlin,
N. A. Lejkin, P. A. Kuskow. – Lichatschow las die beiden ersten Akte
seiner Übersetzung von Molières ›L'école des femmes‹. Nach kurzer
und unbedeutender Debatte, die besonders von dem Advokaten Fürsten Urussow getragen wurde, deklamierte Fofanow sein Gedicht:
›Die alte Musikantin‹, der Schauspieler W. N. Dawydow Manuels
›Die Teilung‹ (in Lichatschows Übertragung), Andrejewskij erging
sich [in] begeisterten Worten über den Lyriker Puschkin, schien bei
jeder Zeile physische Wollust zu empfinden und deklamierte einige

Gedichte; er nannte unsre Gesellschaft eine Gemeinde, die den Gott
Puschkin anbete, und verlangte als Abendsegen nach jeder Sitzung die
Verlesung eines Gedichts dieses allergenialsten Dichters. Zum Schluß
mußte ich auf allgemeinen Wunsch meine Übersetzung von ›Ich liebte
dich, vielleicht … ‹ [1] vortragen, was mir allseitigen Beifall durch Hand
und Mund einbrachte.

SONNABEND, DEN 18. MÄRZ 1889

Vorigen Sonntag besuchte mich Fofanow, doch konnten wir nur ein
paar Worte miteinander sprechen, da Personen zugegen waren, die für
Literatur ebensoviel Verständnis haben, wie, um ein russisches Sprich-
wort zu gebrauchen, ein Schwein für Apfelsinen hat. Das Gespräch
kam auf A. Lehmann, und Fofanow sagte: »Es ist sonderbar: er wird
fast von keinem geliebt und dennoch ist er ein sehr gutmütiger und
gutherziger Mensch! …«
    Gestern zum Jourfix bei Polonskij gewesen. Es waren dort etwa 50
Personen, darunter N. Leskow, I. J. Repin, die Ssipjagina, J. Gurewitsch etc. Als ich das Kabinett betrat, rief Polonskij aus: »Ah, unser
talentvoller Übersetzer! Erlauben Sie vorzustellen …« In diesem Augenblick erhob sich Afanassij Afanassjewitsch Feth-Schenschin, nahm
mich bei der Hand und sprach: »In der Tat, Sie sind ein Künstler!
Jedes Mal, wenn ich eine Ihrer Übersetzungen lese, finde ich nicht
Worte der Bewunderung …« Ich fühlte mich ungemein geniert, denn
er ließ während seiner langen Lobrede meine Hand nicht aus der seinen, beide standen wir, und alle ringsum sahen uns neugierig-stumm
an; endlich dankte ich ihm für seine warme Empfehlung beim ›Neuen
Kosmos‹ und solcherart zog ich mich aus der peinlichen Situation,
denn das Gespräch beschäftigte sich nun mit dem viel versprechenden
neuen Journal … Ich trat zu N. N. Karasin. »Wie steht Ihr Prozeß mit
Gesellius?« fragte ich. »Er muß gegen zweitausend Rubel zahlen«. –
»Aber er wird an den Senat appellieren«. – »Wenn er mit Hilfe so
verkäuflicher Seelen wie Urussow, Spassowitsch und Taganzew den
Prozeß gewinnt, so … (hier bekam sein Gesicht den Ausdruck einer
wilden Bestie, so daß ich unwillkürlich einen Schritt zurücktrat) … so

1 Bekanntes Gedicht A. Puschkins (1829).

bohr' ich ihm ein Messer in den Bauch, daß ihm die Kutteln hervor-
quellen … Sie staunen? Ja, unter diesem schwarzen Gesellschaftsrock
steckt ein wilder Asiate, der zum Tier wird, wenn man ihn reizt … Es
ist nicht das erste Mal, daß ich mich auf solche Art zur Wehr setze …
Gesellius soll sich vor mir hüten, wenn ihm sein Eingeweide lieb ist!
Auf ein paar Kaldaunen mehr oder weniger kommt es mir nicht an! …«
In diesem Augenblick trat Danilewskij hinzu und sagte: »Sie haben
also Hoffnung, den Prozeß zu gewinnen? Das wäre ja ausgezeichnet!
Auch ich habe mit Gesellius ein Hühnchen zu pflücken [sic!]. Im
Januar und Februar nämlich veröffentlichte der ›Herold‹ meinen
Roman ›Moskau in Flammen‹. – »Die Übersetzung ist doch aber eine
autorisierte!« – entgegnete ich. – »Keinesfalls«. – »In der Redaktion
sagte man mir, sie besäße Ihre eigenhändig geschriebene Autorisa-
tion«. – »Das ist nicht der Fall«. – »… Ja, man muß diesen frechen
deutschen Banditen Mores lehren!« rief Karasin aus. – »Hat denn die
Veröffentlichung der ›Stimme des Blutes‹ Ihre pekuniären Interessen
geschädigt?« fragte ich. – »Und noch wie! Hätte ich die Übersetzung
anfertigen lassen und sie als Buch verkauft, so würde mir das gegen
zweitausend Rubel eingebracht haben; und zur Zahlung dieser Summe
ist der Räuber vom Bezirksgericht verurteilt worden«. – »Sie können
doch nicht gewiß sein, daß der Verkauf des Buches sich so glänzend
gestaltet hätte?« – »Ja, ich bin dessen gewiß! Alle, buchstäblich alle
meine Romane und Novellen sind ins Deutsche, Französische und
Englische übersetzt, und jedes Buch fand und findet reißenden Absatz!« – – –

Heute um zwölf besuchte ich Feth (Hôtel d'Europe, Zimmer
Nr. 18) und brachte ihm den ›Russischen Parnaß‹. Er versprach, mir
einen Band seiner Gedichte aus Moskau zu schicken. Ich blieb nur ein
paar Augenblicke da, weil er Anstalten zur Abreise traf. […]

Heute Abend besuchte mich Ssemjon Afanassjewitsch Wengerow
und brachte mir die ersten fünfzehn Lieferungen seines ›Kritisch-
biographischen Lexikons‹ (Buchstaben A). – »Wann hoffen Sie diese
Riesenarbeit zum Schluß zu bringen?« fragte ich. – »Nach etwa 15
Jahren«. – »Das wird ja ein Brockhaus werden!« – »Allerdings, ich hab'
es sogar ausgerechnet«. – »Aber Sie haben doch Mitarbeiter für die
einzelnen Spezialfächer wie Medizin, Theologie, Pädagogik etc.? …« –
»Jetzt ja, doch den ganzen ersten Band hab' ich allein verfaßt. Über

manche Schriftsteller werden Sie nur fünf, ja manchmal nur drei
Zeilen finden, und dennoch habe ich alles lesen müssen, was er geschrieben«. – »Manche haben aber zehn dickleibige Bände verfaßt!« –
»Ich habe sie alle durchstudiert. Um das A fertigzustellen, habe ich
über zweitausend Bücher lesen müssen«.

Als ich ihm als Geheimnis von der Existenz dieses Heftes Mitteilung machte, lobte er sehr den Gedanken und versprach mir eine
Menge Anekdoten und Charakterzüge russischer Schriftsteller; von
sämtlichen Zeitgenossen besitzt er eigenhändig geschriebene Autobiographien.

DIENSTAG, DEN 21. MÄRZ 1889

Gestern – Vereinsabend der »Russischen literarischen Gesellschaft«.
Prof. Wagner (Kot Murlyka) las endlose Fragmente aus seinem letzten
Roman ›Der dunkle Pfad‹ – ein gehaltloses, dermaßen langweiliges
Gezeuge, daß die Zuhörer mit Gähnen, Zeichen und Plaudern sich
beschäftigten … Bibikow sagte zu mir: »Sie haben im ›Herold‹ Ded-
lows ›Wir‹ getadelt – sehr mit Unrecht. ›Die Gäste‹ z.B. ist eine entzückende Erzählung!« … Fofanow kam ziemlich stark benebelt, setzte
sich mit einer brennenden Zigarre nieder (er betritt die Gesellschaft
jedesmal mit einem Zigarrenstummel im Munde; immer hab' ich ihn
sonst nur Zigaretten rauchen sehen), nickte ein paar Mal willenlos
mit dem Kopf und verließ nach etwa zehn Minuten das Lokal, ohne
sich mit irgend jemand begrüßt zu haben. Anwesend waren noch:
Danilewskij, Slutschewskij, Gurewitsch, der Tolstoj-Übersetzer ins
Dänische P. Hansen (dessen Bekanntschaft ich bei Ostrogorskij
gemacht), Lejkin, Andrejewskij, Tichonow, Lichatschow u.a. (auch
Dr. Leo Bertenson, der Turgenew konsultierte). Mit allen sprach ich,
doch keines Rede verdient, hier vermerkt zu werden.

DEN 28. MÄRZ 1889

Gestern war's im Vereins-Abend recht langweilig. Es las Fürst Zertelew ein Drama aus dem Zendavesta, das teils dank der Aussprache des
Vortragenden, teils seinem inneren Charakter nach ganz unverständlich blieb, jedoch so viel klar[er] ersehen ließ, daß es ein ganz herz-

und geistloses Getue ist; auch einige Gedichte, die Zertelew deklamierte, fanden mit Recht gar keinen Beifall … Gemütlich wurde der
Abend erst, als Fofanow, Bibikow, Andrejewskij, Graf Golenistschew-
Kutusow, Lejkin, Danilewskij und Fürst Urussow (der bekannte Advokat, ein ungemein literarisch gebildeter und kritisch urteilsfähiger
Mann) eine kleine Gesellschaft im Bibliothekszimmer bildeten. Wieder wurde Puschkin in den Himmel gehoben; Bibikow deklamierte
mit stimmungsvollem Pathos den ›Antschar‹, worauf ich meine Übersetzung verlas, die vielen Beifall fand. Man kam auf Gemälde zu
sprechen, und Danilewskij erzählte: »Jeder von Ihnen kennt den
Effectcoup Brunis in dessen ›Eherner Schlange‹: der Zuschauer mag
stehen, wo er will, – stets sind ihm die Sohlen des in der Mitte liegen-
den Knaben direkt zugekehrt. Ich besitze eine Reihe Ahnenbilder, die
ein seltsames Schicksal betroffen hat. Das Zimmer, in welchem die
Portraits hängen (wir lebten damals in Kleinrußland), wurde täglich
geheizt, und täglich klagte uns der Ofenheizer, er fürchte sich, allein
sein Amt zu verwalten, denn wohin er sich auch stellen möge, immer
kehrten alle Ahnen ihre Augen nach ihm. Eines Tages betraten wir das
Zimmer und blieben wie angewurzelt stehen: unsre Großväter und
Großmütter hatten keine Augen – der Junge hatte sie in seiner aber-
gläubischen Furcht mit dem rotglühenden Schüreisen ausgebrannt!
… Nur mit großer Mühe gelang es, die Bilder zu restaurieren«.

                              SONNABEND, DEN I. APRIL 1889

Am 22. März erhielt ich von Feth aus Moskau fünf Bücher seiner Gedichte zugeschickt (wofür mich viele russische Schriftsteller beneiden)
mit der Einschrift: »Dem liebenswürdigen und hochbegabten Fjodor
Fjodorowitsch Fiedler zur Erinnerung an den Verf[asser]«. Ein gleichzeitig eingetroffener Brief endigt mit den Worten: »Genehmigen Sie
die Versicherung der Sympathie seitens des Verehrers Ihres schönen
Talents A. Schenschin« … Am 21. Januar besuchte mich Fofanow und
brachte mir den neuesten Band seiner Gedichte, in welchen er einschrieb: »Dem hochverehrten Fjodor Fjodorowitsch Fiedler, dessen
Übersetzungen ich von Herzen wünsche, nicht nur ›ein Fenster nach
Europa durchzubrechen‹, sondern auch Tür und Tor sperrweit zu
öffnen und den ganzen Glanz des ›Russischen Parnasses‹ zu vereinigen

mit dem Glanze des ›Deutschen Parnasses‹. Sein ihm aufrichtig ergebener und ihn hoch verehrender Verf[asser] K. Fofanow« ... –
Über meine Bekanntschaft mit A. N. Plestschejew Einiges.

Notiz vom 8. Dezember 1884:
»Literarischer Abend bei der Fürstin (Obolenskaja). Es deklamierten u.a. die Dichter Plestschejew, Mereshkowskij, P. I. Weinberg,
W. Garschin und die Schauspielerin Strepetowa. – Garschin stellte
mich allen vor. Plestschejew ist ein bezaubernder Greis, er umarmte
mich und lud mich zu sich ein. Weinberg, der vortreffliche Übersetzer, las einige meiner Übertragungen aus Kolzow, spendete ihnen
Beifall und versprach, das Buch zu rezensieren. Auch Garschin versprach, Besprechungen in russischen Organen zu erzielen«.

Notiz vom 20. Dezember 1884: »Gleichzeitig mit ›Begeistert in heiligen Gluten ...‹ (von Shemtschushnikow) hatte ich auch Plestschejews
›Leb’ wohl, geschlagen hat die Stunde ...‹ übersetzt und schickte es
ihm neulich. Gestern schickte er mir sein mit so großem Beifall auf-
genommenes Gedicht: ›Wenn Zweifelsqualen mich ermatten ...‹ (er
hatte es mir schon am 8. d.M. versprochen) nebst folgender Beischrift:
›Verzeihen Sie, daß ich die Zusendung dieses Gedichts so verzögert
habe. Ich bin furchtbar schreibfaul. Von ganzer Seele danke ich Ihnen
für die zugeschickte vortreffliche Übersetzung meines Gedichts, das
diese Ehre durchaus nicht verdient‹«.

Notiz vom 28. Dezember 1884:
»Literarischer Abend im Gymnasium. Es las u.a. Plestschejew (der
mich sofort umarmte, für die Übersetzung seines ›Wenn Zweifelsqualen ...‹ dankte und sie vortrefflich fand) ...«

Notiz vom 3. Februar 1885:
»Mit meinem Kolzow besuchte ich Plestschejew, der mir mit beiden
Händen die Rechte drückte und mir sein Portrait schenkte mit folgender Unterschrift: ›Fjodor Fjodorowitsch Fiedler zum Andenken an
einen derjenigen Autoren, die er so vortrefflich übersetzt‹ ... Für den
Kolzow versprach er, Propaganda zu machen, wenn möglich, sogar
selbst eine Kritik zu schreiben. Darüber, daß Reclam mir kein Honorar gezahlt, war er empört«.

Notiz vom 4. Februar 1885:
»Heute besuchte mich Alexej Nikolajewitsch Plestschejew und saß
zwei Stunden bei mir. Er kramte in meiner Bibliothek, ich empfahl

ihm Jensens ›Skizzenbuch‹ zum Übersetzen, machte ihn auf Ropen-
bergs Bekanntschaft gespannt; er lobte meinen Kolzow und versprach,
eine Notiz in der ›Peterburgskaja gaseta‹ zu bringen. Er behandelte
mich auf das Herzlichste, und auch ich fühlte mich nicht im Geringsten in meiner Freiheit beschränkt … Hätte ich es vor sechs Jahren
ahnen können, daß mich ein so bekannter Mann besuchen würde!«
    Vom 17. Mai 1885:
»War bei A. N. Plestschejew, der mich mit gewohnter Liebenswürdigkeit empfing. – Garschin ist wieder gemütskrank; Nadson ist in
Montreux und muß sich wieder operieren lassen und dennoch zweifelt man an seinem Aufkommen«. […]
    Am 11. Januar 1886 erhielt ich von ihm folgende Zeilen:
»Sehr geehrter Fjodor Fjodorowitsch! … Das Gedicht ›Nur vorwärts …‹ war in keinem Journal abgedruckt worden, es erschien zum
ersten Mal in meiner 1846 in Moskau [sic!] erschienenen Gedichtsammlung. Was das andre Gedicht ›Wenn Zweifelsqualen …‹ betrifft,
so erschien es in der Jubiläums-Nummer der Moskauer Zeitung ›Ras-
wletschenije‹, die von dem verstorbenen Poeten Fjodor Bogdanowitsch Miller gegründet wurde, wenn ich nicht irre: Ende 1884 oder
Anfang [18]85 – bestimmt kann ich's nicht sagen.
                                          Ganz Ihr   A. Plestschejew«.
    Seine 1887 erschienene Sammlung habe ich von ihm zum Geschenk
bekommen; auf dem Titelblatt steht: »Meinem talentvollen Übersetzer zum Andenken als Zeichen herzlichen Dankes. A. Plestschejew«.

                              DEN 3. APRIL 1889

Ssemjon Jakowlewitsch Nadsons Bekanntschaft machte ich bei Ws.
Garschin Montag, den 23. April 1884. Er steckte in kleidsamer Offi-
ziersuniform und trug nur einen Schnurrbart. Da ich von seiner zukünftigen Berühmtheit damals keine Ahnung hatte, so beschränkte
ich in meiner Notiz von jenem Tage nur auf die Bemerkung: »Er gibt
sich natürlich, freimütig und freundlich«. Ich erinnere mich nur, daß
er sein Gedicht ›Herostrat‹ deklamierte und mit Hilfe Garschins das
Kunststück des Gedankenlesens zum besten gab. Ich sage mit Absicht:
Kunststück. Jeder der Anwesenden mußte auf ein kleines Papier eine
kurze Frage stellen und es akkurat zusammenfalten; Nadson sammelte

die Fragen ein, legte die Hände hinter den Rücken, nahm dann ein Papier, legte es an die Stirn, machte, wobei er die Augen schloß, ein geheimnisvoll sinnendes Gesicht, gab eine gewisse Antwort, entfaltete das Papier und las die Frage, die auch genau zu der Antwort paßte – der Effekt war ein großer. Auf unsre Bitten erklärten sie uns den Kniff: Garschin hatte dem Gedankenleser vorher schon die Frage mitgeteilt, die er schreiben würde, und Nadson legte dieses Papier zu unterst; nahm er das oberste Billet, so antwortete er auf das letztere, prägte sich die Frage dieses ersten ein und beantwortete sie bei der zweiten etc. Dieses hübsche Spiel erfordert viel Übung, und über diese gebot Nadson … Wir gingen en deux nach Hause, und ich erinnere mich, wie sehr ich erstaunt war bei seiner Mitteilung, er habe die Schwindsucht und werde wohl in einigen Jahren sterben: ich konnte damit sein gesellig fröhliches und schalkhaftes Wesen nicht reimen. An einer Wegkreuzung nahm er einen Iswostschik[1] und fuhr davon. […]

DEN 18. APRIL 1889

Gestern, Montag, – Vereinsabend der »Russischen literarischen Gesellschaft«. Es las Weinberg über die Koslow'sche Übersetzung von Byrons ›Don Juan‹, die er ziemlich hart – und, nach mitgeteilten Proben zu urteilen, zumeist mit Recht – mitnahm. Bei dieser Gelegenheit tadelte er Feths Faust-Übersetzung, nannte D. Minajew einen frechen Übersetzungsstümper und meinte u.a., Shukowskij sei wohl ein prächtiger Übertrager, doch durchaus kein bedeutender Dichter (damit wollte er die vielfach ausgesprochene Meinung: ein großer Übersetzer müsse ein großer Originaldichter sein, widerlegen). Dagegen erhob V. I. Bibikow seine Stimme und redete leere Phrasen der Routine, die von allen Seiten pariert wurden; da seine Shukowskij-Apologie aber durchaus keinen Anklang fand, so verduftete er plötzlich. Später begann Weinberg mein Übertragungstalent herauszustreichen. Ap. N. Maikow trat auf mich zu und bat mich, seinen ›Pilger‹ (›Странник‹) zu verdeutschen… Anwesend waren außerdem: Graf A. A. Golenistschew-Kutusow, Kuskow, J. Polonskij, Fofanow, Saguljajew, Slepzow, Mereshkowskij, Lejkin und der Maler I. J. Repin.

1 Droschkenkutscher (russ.).

Hier in Kalamäkki [sic!] seh ich fast täglich Kasimir Stanislawowitsch
Baranzewitsch, den ich als Novellenschriftsteller sehr hoch stelle. Um
12 oder 1 mittags geht er von der Eisenbahn an unserm Hause vorüber,
und um ungefähr 8 abends seh' ich ihn wieder zur Station vorbeieilen.
Neulich saß er ein Stündchen bei mir und erzählte uns von seinem
wenig beneidenswerten Leben. Für ihn gibt es keinen einzigen Feier-
tag während des ganzen Jahres, selbst zu Weihnachten und Ostern
nicht: tagtäglich um 6 Uhr morgens bis 11 muß er im Komptoir der
ersten Pferdeeisenbahngesellschaft Billete verteilen und Bücher führen, wofür er 1, 500 Rbl. jährlich Gage erhält. Er zählt 38 Jahre, ist seit
16 Jahren verheiratet und hat 6 Kinder. […] Das Gespräch kam auf
Anton Tschechow: »Das ist der talentvollste Belletrist, den wir haben,
und aus ihm wird gewiß mit der Zeit etwas Großes werden … Ich
wäre glücklich, wenn *ich* der Verfasser der ›Steppe‹ wäre! Wieviel
Poesie in der Schilderung! …« […]

Heute – erste Versammlung nach den Ferien der »Russischen litera-
rischen Gesellschaft«. Sehr interessant und im einzelnen treffend las
S. A. Andrejewskij über Nekrassow. Zornigen Widerspruch erhob
P. D. Boborykin, indem er meinte, die Kritik sei nicht wissenschaft-
lich in Angriff genommen. – Nach Schluß des Referats stellte sich mir
Leonid Nik. Maikow vor und übermittelte mir den Vorschlag des
Akademikers Groth, eine Professur der russischen Literatur an der
Universität Helsingfors anzunehmen; nach kurzem Nachdenken
dankte ich für die Ehre und sagte – ab.

[…] So oft ich am 1. Januar Polonskij eine Neujahrsvisite machte, stets
bedauerte er: »Warum kommen Sie nicht am 26. Dezember, meinem
Namenstage? Ganz Petersburg war hier!« … Da ging ich denn heut
abend hin, und es hatten sich in der Tat über hundert Personen eingefunden: viele hochgestellte Beamte, ein paar Fürsten und Grafen,
Musiker, Maler und Bildhauer (Rubinstein, Repin, Tschischow),

Schauspieler und am zahlreichsten – Schriftsteller. Bezeichnende Gespräche lassen sich hier nicht verzeichnen. Mereshkowskij hat einen reizenden Backfisch zur Frau, die sich auf ihre Mädchenhaftigkeit viel zugute hält und mit ihr kokettiert. Eigentümlich sind ihre Augen, die bald als verschämte Veilchen sinnen, bald, sozusagen, als liebeslüsterne Rosen flammen. Sie hat sehr liberale Ansichten über die Ehe, die mich ein paar Mal in Gedanken die Hände zusammenschlagen ließen; daß ihr Mann nach kurzer Zeit Hörner tragen wird, ist ziemlich zweifellos … Charakteristisch für den Oblomow Gontscharow ist folgender Zug: es ist bekannt, daß er und Polonskij »dicke« Freunde sind. Und nun finde ich auf einem Kabinett-Portrait hinten die Aufschrift: »Jakow *Alexandrowitsch* Polonskij …«! … Rubinstein spielte u.a. die quasi una fantasia-Sonate und Schubert-Liszts ›Erlkönig‹ – so vollendet, wie ich's noch von niemand (auch von ihm nicht) habe vortragen hören; überhaupt meinten alle, er sei heute ganz besonders im Zuge (в ударе). Bevor er sich jedoch an den Flügel setzte, saß er ein paar Stunden am grünen Tisch und fröhnte seiner Leidenschaft.

DEN 11. JULI 1890

Nicht »fast täglich«, sondern in der Tat tagtäglich sehen wir uns mit Baranzewitsch. In letzter Zeit leben wir recht locker: fahren nach Nowaja Derewnja, Oserki und Schuwalowo, um dort »Ssoljanka« zu essen, und spielen ein paar Mal wöchentlich hier im Trakteur Billard. Er ärgert sich, wenn er einen Fehlstoß macht, und meint, er »stelle mir die Kugeln vor«. Wenn er getrunken hat, wird er leicht zanksüchtig – nicht mit mir, sondern mit andern, wie er denn auch derzeit mit Albow nach Genuß einiger Gläser Skandalszenen arrangierte. Dabei ist er jedoch ein herziger, gutmütiger Mensch. Noch zu Beginn des vorigen Jahres war das Wort Deutscher für ihn der Inbegriff allen Hassenwerten; jetzt jedoch achtet und liebt er die Nation und verhält sich oft dem Russischen gegenüber kritisch-feindlich. Auch Tschechow, den er früher um seine vermeintliche Künstlerschaft bewunderte, hab' ich auf ein weit niedrigeres Piedestal in seinen Augen stellen können; gelegentlich seines unbedeutenden Buches ›Хмурые люди‹¹ sagte er:

1 ›Finstere Leute‹ (russ.).

»Ja, da ist mein ›Старое и новое‹[1] eigentlich gelungener!« Doch noch
gestern prophezeite er ihm eine große Zukunft, wobei ich ihn bat,
lediglich vom Präsens zu sprechen und nicht beständig aufs Futurum
seine Hoffnung zu setzen. Um die Erziehung seiner Kinder beküm-
mert er sich unverzeihlich wenig, die älteren sind ziemlich verwahrlost
und verwildert; er liebt nur die beiden jüngsten: Kolja und Nadja.
[…]

DEN 22. OKTOBER 1890

Vereinsabend der »Russischen literarischen Gesellschaft«. Während
Weinberg als Vorrede zu seiner Übersetzung von »Lili's Park« einige
biographische Daten Goethes vorausschickte, wurde er von I. J. Repin
abgezeichnet. Repin schenkte mir das Bild; alle waren hocherstaunt
über das frappierend getroffene Portrait, und manche, darunter Weinberg, baten mich, es ihm abzutreten, ich ließ mich jedoch nicht be-
tören. Darauf las W. L. Welitschko etwa 20 seiner Gedichte; keine einzige Hand rührte sich zum Applaus, denn mit Ausnahme einiger Bear-
beitungen morgenländischer Motive ist alles Übrige fade und witzlos.
– Aus dem Verein begaben sich Karasin, Awerkijew, Michnewitsch,
Kavos und ich zu Leinner. Das Gespräch war zumeist ein zensurwidrig
pornographisches; Barkow wurde eifrigst zitiert. Um ½ 3 nachts kam
ich mit dem durstigen Awerkijew zu mir und erquickte ihn mit ein
paar Flaschen. »Sie haben nicht Recht, mich des Deutschenhasses zu
beschuldigen; meine ganze Bildung verdanke ich den Deutschen«. –
»Wann wird Ihre ›Theophano‹ aufgeführt werden?« – »Wenn Wsse-
woloshskij nicht mehr am Ruder ist« … – Er saß bis 4 morgens, doch
das Gespräch war wenig interessant und wollte nicht recht kleben. Ich
gähnte.

DEN 19. NOVEMBER 1890

Bibikow kam und suchte 300 Rbl. auf Wechsel, die ich ihm natürlich
nicht geben konnte. Er erzählte mir ein Langes und Breites, doch das
Thema war kommerziellen Charakters, und ich verstand so gut wie

---

1 ›Altes und Neues‹ (russ.).

Kasimir Baranzewitsch. – *Widmung:* »Dem guten Deutschen und
besten Freund zum Andenken an den Sommer 1890 in Kolomäkki.
27.XI.1890. K. Baranzewitsch« (russ.).

gar nichts. Ich schickte ihn zu einem meiner Bekannten (F. Schiffler), der sich mit Geldverleihen auf % abgibt.

In der »Russischen literarischen Gesellschaft« war ich nur ein paar Augenblicke. Awerkijew meinte ganz unverfroren, Dänemark habe keinen einzigen bedeutenden Dichter hervorgebracht; als ich ihm Holberg, Andersen, Oehlenschläger, Heiberg, Paludan-Müller und Drachmann nannte, erwies es sich, daß er sie gar nicht kennt, selbst Andersen nicht. »Aber ich bitte Sie!«, rief Mereshkowskij aus, »der eine Andersen ist mir teuerer als Corneille und Racine zusammen!« … Fofanow schenkte mir sein Portrait mit der Aufschrift (er schrieb sie stehend und in größter Hast, da der Vortraghaltende seinen Platz bereits eingenommen hatte):

Тому, кто переводит чувство,
Моей поэзии мечты,
Мои духовные черты
На иноземное искусство.[1]

Ich eilte in die Redaktion des Kinderjournals ›Igruschetschka‹, wohin mich vor etwa zwei Wochen Ssolowjow-Nesmelow eingeführt hatte: schon längst lag er mich an [sic!] , Mitarbeiter zu werden und zwar die deutsche Abteilung zu erledigen; schließlich sagte ich zu. Wie damals, so wurde ich auch heute mit geradezu heimlicher Liebenswürdigkeit empfangen und umgeben, worin sich die Herausgeberin, A. N. Tjufjajewa-Toliwerowa, eine Dame von bestrickend weichen Formen und herzgewinnendem Gemütsausdruck, hervortat. N. S. Leskow las sein Märchen vom ›König Dobrotwor und den drei Heiligen‹, eine prächtige Satire. Sodann las er einen Brief des Fürsten Chilkow an Leo Tolstoj vor, der das Wundertäterwesen Joanns von Kronstadt in das rechte Licht rückt. Ich fragte: »Tolstoj ist augenscheinlich solidarisch mit dem Fürsten in seiner Meinung vom Vater Joann?« – »Ja«, antwortete Leskow, mich fixierend, und warf mir dann plötzlich fast schreiend zornig die Frage zu: »Sind Sie ein Christ?« – »Hm, ja«. – »Nein, Sie sind kein Christ, denn sonst würden Sie wissen, daß die Heilige

1 Demjenigen, der mein Gefühl,
   Die Träume meiner Poesie,
   Die Wesenszüge meines Geistes
   In die fremde Kunst überträgt (russ.).

Schrift nur Gott und den leiblichen Vater Vater zu nennen erlaubt!« –
»Erlauben Sie …«– »Und Sie sind zudem noch Lutheraner! Vater!« –
»Ich habe das Wort in Anführungszeichen als nom de guerre
gebraucht …« Mit diesen Worten kehrte ich mich von dem rohen
Patron ab, und nach Schluß des Abendbrotes trat er selbst zu mir und
bat mich um Verzeihung … Anwesend war noch der Lyriker und
Übersetzer D. L. Michalowskij, dessen sanftes und ruhig überlegtes
Wesen einen sehr günstigen Eindruck auf mich hervorbrachte.

DEN 6. DEZEMBER 1890

Heute starb Grigorij Petrowitsch Danilewskij. Seine Bekanntschaft
machte ich auf dem Plestschejew-Jubiläum, sprach mit ihm mehrfach
bei Polonskij, in der »Russischen literarischen Gesellschaft« und bei
den Diners der Nowostejzy[1]. Als er erfuhr, daß ich ihn im ›Russischen
Parnaß‹ übergangen, mied er ein Gespräch mit mir und wurde erst
liebenswürdig, als meine Übersetzung am 18. Februar d. J. seines Mär-
chens ›Schneewittchen‹ im ›Herold‹ erschien. Besonders gefiel ihm
der Vers »Plötzlich schwankt sie, plötzlich wankt sie …«. Den 8. Februar schickte er mir den VII. Band seiner Werke und die ›Märchen
aus der Ukraine‹ – leider beides ohne Einschrift. Er wollte das Ver-
säumte nachholen, ich sollte ihm die Bücher bringen – sagte er mir am
2. November im Michael-Theater (bei der Aufführung von M. Tschai-
kowskijs ›Symphonie‹); meinerseits blieb es bei der Absicht. Es war das
letzte Mal, daß ich ihn sprach und sah. Nach Schluß der Vorstellung
bemerkte ich im Ankleideraum, wie er sich ein Tuch unterm Kinn weg
um die Ohren auf dem Scheitel zusammenband – mich frappierte die
kläglich-komische Figur. Der Eindruck, den er in mir hinterließ, war
ein lebensfroh gesunder und freundlich sympathischer. […]

DEN 26. DEZEMBER 1890

Polonskijs Namenstag. Zugegen waren etwa 75 Personen, darunter die
Schmach und Schande des russischen Geisteslebens des XIX. Jahrhunderts – Pobedonoszew; übrigens sprach mit ihm fast niemand. Im

1 D. h. Mitarbeiter der Zeitung ›Nowosti i Birshewaja gaseta‹ (russ.).

allgemeinen ging alles »zierlich, manierlich, ganz akkurat« zu; alle
waren im Frack, keiner kümmerte sich um den andern; die Damen in
Balltoilette aßen fast gar nichts oder griffen nur affektiert zimperlich
zu – geschraubt wie gewöhnlich. Andrejewskij erging sich in begeisterten Worten zu Ehren Puschkins, wohingegen Wengerow meinte, derselbe werde schwerlich europäisches Bürgerrecht als Dichter erwerben.
Später stimmte mir Mereshkowskij, der beim Abendbrot an meiner
Seite saß, zu, Andrejewskijs Talent sei – indem ich auf einen leeren
Teller wies – eine vollständige tabula rasa. Mereshkowskijs Frau –
Sinaida Nikolajewna – gab sich affektiert, raffiniert, mädchenhaft
wie sonst. Albow (der freilich nicht da war) wurde allgemein ein bei
weitem größeres Talent zugeschrieben als Baranzewitsch. Polonskij
selbst aß keinen Bissen und trank keinen Tropfen, sondern humpelte,
mit einer unangezündeten Zigarre zwischen den Fingern, von Gruppe
zu Gruppe, und sprach allgemeine liebenswürdige Phrasen.

DEN 7. MÄRZ 1891

Besuchte mich Wassilij Michailowitsch Michejew, eine unförmliche
Kugelgestalt; ich bin ein Ausrufungszeichen im Vergleiche mit ihm.
Wir haben folgende Vereinbarung getroffen: ich übersetze sein vierak-
tiges Schauspiel ›Тайга‹ (›Waldwildnis‹) ins Deutsche, und er zahlt
mir dafür 200 Rubel; falls das Stück im Auslande – in Berlin werde ich
es an der Freien Bühne anzubringen suchen – aufgeführt wird, erhalte
ich außerdem ⅓ der Tantiemen. Er ist Verfasser der Gedichtsammlung ›Lieder aus Sibirien‹, über die sich der selige Garschin mir gegenüber recht lobend aussprach.

DEN 11. MÄRZ 1891

Im Alexandra-Theater während der Vorstellung der ›Haubenlerche‹[1]
mit Hermann Bahr Bekanntschaft gemacht. Ich erriet ihn unter dem
ganzen Parterre (ich wußte, daß er in Petersburg ist, um über das Ge-
samt-Gastspiel zu referieren), obgleich ich nie sein Portrait gesehen
habe: an der eigenen Physiognomie und der eigenen Kleidung (weiß-

---

[1] Soziales Drama von E. von Wildenbruch (1891).

graue Beinkleider und wallende Halsbinde). Frau Bock stellte uns vor.
»Ah, von der ›Freien Bühne‹?!« meinte ich. – »Wieso wissen Sie das?
Kennen Sie denn das Journal?« – »Gewiß«. – »Ich werde jetzt nicht für
die ›Freie Bühne‹ schreiben, sondern für ›Moderne Kunst‹ … ein illustriertes Journal …« – »Richard Bong?« – »Das wissen Sie?« – »Freilich. Wird Ihre ›Mutter‹ bald aufgeführt werden?« – »Was, das wissen
Sie auch?« – »Hm, ja. Wie gefällt Ihnen Petersburg?« – »O, sehr gut!
Ihre Eremitage!! So was hab’ ich nur in Madrid gesehen!« – »Trinken
wir ein Glas Bier?« – »Nein, Bier trink’ ich seit meinen Studenten-
jahren nicht mehr; in den romanischen Ländern, wo ich die letzte Zeit
über gelebt, hab’ ich mich ganz davon entwöhnt«. – »Aber einen russischen Schnaps?« – »Hm, ja«.
Wir tranken, und er verschluckte das Zeug, ohne ein Butterbrot
drauf zu nehmen. Hier hatte die Aktpause ein Ende, wir gingen auf
unsre Sitze, und ich verlor ihn.

DEN 19. MÄRZ 1891

Bescheidene Namenstagsfeier von Baranzewitschs Frau. Er selbst war
wenig liebenswürdig und gemütlich, weil er an heftigem Kopfweh litt;
beständig preßte er sich die Halsarterien zusammen. Unter den Anwesenden – die beiden »Seehunde«[1] fehlten natürlich nicht – war auch
Iwan Leontjewitsch Leontjew (Stscheglow), ein sehr sympathischer,
doch scheinbar wenig gebildeter Mensch. »Jetzt laß’ ich mich gern
nach Ssachalin transportieren, denn meine Augen haben Eleonora
Duse (als Kleopatra) gesehen! Wenigstens sieben Jahre werd’ ich kein
Theater mehr besuchen! Gott, was ist das für eine geniale Künstlerin!
Ich finde keine Worte! Nie habe ich einen so himmlischen ästhetischen Genuß gehabt, nie auch werde ich ihn haben! Nein, fragen Sie
mich nicht, ich gerate sonst wieder außer Rand und Band und werde
wieder stundenlang der Gesellschaft meine Hymnen vorjauchzen!« …
Das Gespräch kam auf die Meininger, und er meinte: »Die Statisten
schreien zu viel, z.B. in dem »Heil *Julij Caesarus!*« Sehr schön ist übrigens die Senatssitzung mit der Bildsäule des *Jupiter*« … Im weiteren
Gespräch erzählte er: »Ja, das Ausland! Ich habe einen Bekannten, der

1 D.h. M. N. Albow und N. A. Ssolowjow-Nesmelow.

aus Prinzip das Ausland meidet: er fühlt nicht die Kraft, nach Rußland zurückzukehren; so oft er da war, jedesmal bereitete es ihm die
größte Qual, sich auf den Heimweg zu begeben«. – (Ich): »Da gibt es
ein schönes Gedicht – Sie kennen doch Deutsch?« – »Ja, ein wenig«. –
»Da heißt es: An den Rhein, an den Rhein, zieh' nicht an den Rhein,
mein Sohn …«[1] – »Pardon, das habe ich nicht recht verstanden!«

Gestern in einer Schauspielergesellschaft bei Morosow soupiert. Anwesend waren außerdem Raphael Löwenfeld und Hermann Bahr. Löwenfeld ist ein schiefnasiger Jude und spricht recht gut russisch; er
klagte, wieviel Plackereien es ihn koste, als Jude aus Petersburg nicht
ausgewiesen zu werden. Bahr tat mit der Schauspielerin Nina Sandow
nicht nur liebenswürdig, sondern auffallend intim.

Heute war er mit dem Schauspieler Emanuel Reicher bei mir zum
Frühstück. Es war sehr interessant; das hier Verzeichnete erzählte
Bahr. Das Gespräch kam auf Lindau und die Schabelskij. »Es gab einst
ein Gesetz: wenn ein Student beim Laterneneinwerfen abgefaßt wurde, so mußte er so lange für alle eingeworfenen Laternen der ganzen
Stadt zahlen, bis ein anderer festgenommen wird, der ihn dann ablöst.
So ist's auch mit Lindau. Er ist ein naiver Mensch ohne die mindesten
moralischen Bedenken; von der Tragweite seiner Handlungen hat er
keinen Begriff. Die Schabelskij ist ein ganz reizloses Weib: alles
schlottert an ihr, das Gesicht ist schwammig-schlaff und geschminkt«
… »Kennen Sie die Marriot? Nein? Sie heißt eigentlich Mataja. O,
ihren ›Geistlichen Tod‹ müssen Sie unbedingt kennenlernen, es ist ein
hochbedeutendes Werk! Sie ist eine unglückliche alte Jungfer von
einer unglaublichen Rücksichtslosigkeit: gefällt ihr jemand in einer
Gesellschaft nicht, so tritt sie auf ihn zu und sagt: ›Sie mißfallen mir,
ich kann nicht in demselben Zimmer mit Ihnen sitzen; wollen Sie es
verlassen?‹; oder man geht mit ihr auf der Straße und plaudert ganz
anregend – plötzlich bleibt sie stehen und sagt: ›Nun ist's genug; Sie
sind mir etwas langweilig geworden, auch habe ich eben eine Idee und

1 Anfangszeile des bekannten Liedes von Karl Simrock ›Warnung vor dem Rhein‹
(1840).

will darum allein sein«« ... »Der größte deutsche Dichter der Gegenwart ist Liliencron. Er hat keine Ahnung von seinem Genie und ist der bescheidenste Mensch, jeder Nichtkünstler aber gilt ihm als Lump, was ihn jedoch nicht hindert, ihn anzupumpen und ihm zu beweisen, daß es für ihn eine Ehre sein muß, sein Kreditor zu sein. Eine Zeitlang war er Gouverneur einer ganz kleinen Insel in der Nordsee, mußte aber nach einer gewissen Zeit abberufen werden, denn die Bewohner schickten einen Klagebrief nach dem andern nach Berlin. Und die Leute waren im Recht, denn – wie Heiberg sagt – es gab auf der ganzen Insel keinen Mann, den er nicht angepumpt und kein Frauenzimmer, das er nicht zur Mutter gemacht hätte.* Sein Leichtsinn ist fabelhaft. Er hat zerrissene Stiefel und – fährt erster Klasse, hat ein paar Mark, die er die Woche über zum Mittagessen braucht und – vertrinkt sie an einem Abend in Champagner mit ›Freunden‹, die er vielleicht nur einmal flüchtig gesprochen hat. Tagelang hat er hungern müssen und zahllose Male hat man ihm geholfen, aber dem Manne ist überhaupt nicht zu helfen. Und was ist das für ein genialer Dichter! Die flüchtigsten Briefe, die er schreibt – ich besitze davon eine Menge – sind Goldes wert«.

Das Gespräch kam auf Eleonora Duse und Bahr rief aus: »Wissen Sie, ich habe die größten Schauspielerinnen von Europa gesehen, aber eine solche Künstlerin noch nicht. Die Wolter gilt als die bedeutendste deutsche Schauspielerin, aber auch nur ihren Namen mit der Duse in einem Atemzuge zu sprechen, ist ein Verbrechen! Meine Reise nach Petersburg ist hundertmal bezahlt durch den Genuß, den ich fast allabendlich im Kleinen Theater habe«.

Er gab mir folgende 16 [sic!] Empfehlungsschreiben: an – Avenarius, Karpeles, Liliencron, Conrad, Neumann-Hofer, Tovote, Hauptmann, Maxim. Harden, Spielhagen, Schlaf, Holz, Stettenheim, Heiberg, Sudermann, Zoozmann, Fritz Mauthner und Karl Pröll.

Er spricht ausgezeichnet; seine Charakteristik Liliencrons war eine psychologische Novelle.

---

* Die Männer pumpt er an,
  Den Frauen pumpt er ein.
                    Fiedler
          Dresden, den 3./15. Juni 1891

BERLIN, SONNABEND, DEN 1./13. JUNI 1891

Mit Wilh. Jensens Empfehlungskarte versehen, begab ich mich in die
Kaiserin-Augusta-Str. Nr. 71 zu Karl Emil Franzos. Etwa eine halbe
Stunde mußte ich in einem Boudoir-Gemach warten, das, nach den
zierlich-manierlichen Kinkerlitzchen geurteilt, ein Damenheim ist.
Die Portiere schob sich in der Mitte zurück, und herein trat ein mit-
telgroßer Mann, der einst sehr stark und voll gewesen, jetzt aber
beträchtlich abgemagert zu sein scheint. Die etwas schielenden Augen
blickten klug und freundlich drein, das jüdisch markierte Gesicht erweckte Zutrauen und Sympathie. Ich brachte ihm einen Brief Hamerlings, eine Ehrenrettung seiner ›Aspasia‹; er las ihn durch und sagte:
»Ich besitze fünf bei weitem längere Briefe Hamerlings ähnlichen Inhalts; einige Passagen stimmen wörtlich miteinander überein. Hamer-
ling hat nämlich den halben Tag dazu verwandt, Entgegnungen auf
die Kritiken seiner Werke zu schreiben, oft ganze Abhandlungen … In
der ›Deutschen Dichtung‹ diesen Brief abzudrucken, trag’ ich Bedenken: das Publikum bringt solchen Artikeln wenig Interesse entgegen;
ja, ein Brief von Goethe – das ist ganz was anderes!«
    Er sprach von dem ›Herold‹ und von der ›Petersburger Zeitung‹, ta-
delte den ersteren für seine unpatriotische Tendenz und lobte die letztere für ihre baltischen Sympathien. Die Judenverfolgung in Rußland
fand er empörend. »Der nördlichste Punkt Rußlands, den ich gesehen,
ist Kijew. Wohl möcht’ ich gern Petersburg besuchen, doch ich tu’s
nicht, einesteils weil das Bild des jüdischen Elends mir zu nahe gehen
und ich, andrerseits, als Jude alsbald ausgewiesen werden würde«. Bereitwilligst schrieb er mir in mein eigens für Schriftsteller bestimmtes,
in Berlin gekauftes Stammbuch: »Klug sein ist viel, gut sein ist mehr,
gerecht sein ist alles«. Sein Kabinett ist groß, die Bücherständer
verhüllen Vorhänge, der Hintergrund wird theaterhaft durch eine in
der Mitte auseinander schiebbare Wand gebildet.
    Sodann ging ich in die benachbarte Hohenzollernstraße Nr. 12 zu
Spielhagen (mit einer Empfehlung von Hermann Bahr). Ich betrat
dasselbe ästhetisch wundervolle Kabinett, wo ich vor sechs Jahren
gewesen. Alsbald kam auch er, das kleine behende Männchen mit
durchdringend-subjektiv-klugen Augen, und wies mir einen Platz auf
demselben Stuhl links an, auf dem ich einst gesessen; er selbst nahm

mir gegenüber am runden Tische Platz und begann, in Bahr's Brief blickend: »Wer ist dieser Hermann Bahr? Ich kenne ihn ja gar nicht!« – »Hm, hm … das ist einer … hm, hm … der Vertreter der jüngsten realistischen deutschen Schule«. – »Soso … die letzten Jahre fühle ich mich immer sehr unwohl und lese darum so gut wie nichts … doch, ja, nun erinnere ich mich! … Sie sehen nach der Uhr?« – »Ja, ich habe wenig Zeit und fürchte auch, Sie zu stören: Sie sind gewiß beschäftigt …« – »Allerdings, ich schrieb eben … « (Ich erhob mich und gewahrte den ›Herold‹ auf einer Ottomane). »Ah, Sie bekommen den ›Herold‹?« – »Ja, schon lange«. – »Petrick ist gestorben«. – »Ja, ich weiß. Ein braver, herzensguter Mann, aber allzu sehr dem Suff ergeben«. – »Dürfte ich Sie vielleicht ersuchen, mir ein paar Zeilen in dieses Buch zu schreiben?« – »Ja, gern«. Er nahm das Buch, blickte ganz flüchtig auf die Franzos'sche Sentenz und schrieb sodann: »Die Gerechtigkeit ist die höchste aller Tugenden, denn um sie ausüben zu können, muß man im Besitze aller andern sein«. Hiermit hatte die nüchterne und uninteressante Audienz ein Ende, ich wünschte ihm baldige völlige Genesung und ging. Alles war das Werk von etwa zehn Minuten; von den Gemälden bemerkte ich nur das Bild der Maria Mancini. Ob dieser Mensch – den ich als Romanschriftsteller sehr schätze – wohl eines nicht egoistischen, von Herzen gehenden Wortes fähig ist? –

Andre, wie Heiberg, Hauptmann, Mauthner, Holz-Schlaf, etc. traf ich nicht zu Hause. Bern war entzückt bei meinem Anblick – hatte er doch nur eine schriftliche Antwort auf seinen Brief erwartet – und rief ein Mal über das andre aus: »Aber das ist ja klassisch!« Seine Frau – Olga Wohlbrück (die Visitenkarte an der Tür besagt: »Maximilian Bern nebst Olga Frau Wohlbrück«) – war gerade ausgegangen.* Als ich ihm sagte, ich müßte schon morgen um 6 Uhr früh nach Dresden, rief er aus: »Aber Sie sind ja ungemütlich! Meine Frau würde sich so sehr freuen, mit der Ihrigen russisch zu sprechen, am Ssamowar, und nun – ! Ach, gehn Sie, Sie sind ungemütlich!« Dann sagte er wieder: »Das ist klassisch: die deutschen Schriftsteller fliehen einander, Sie aber suchen sie auf! Und kennen Sie noch immer den Kürschner auswendig, wie damals in Wien?« In bezug auf das jüngste Deutschland

---

* französische Literatur-Stunden zu geben.

meinte er: »Diese Herrn haben mehr Richtung als Talent!« – Ins Album schrieb er mir:

> So viele Sterne auch
> Im Weltraum rastlos wandern,
> Nach ewigem Gesetz
> Stört keiner je den andern.
>
> O würden sie doch nur
> Die Menschen leuchtend mahnen:
> Nicht grausam freventlich
> Zu kreuzen fremde Bahnen!

Er wohnt reizend, mit einer entzückenden Fernsicht auf das noch unbebaute grüne Berlin; die Ausstattung seiner Zimmer zeugt von künstlerischem Geschmack und Reichtum.

Auch bei Rafael Löwenfeld war ich – der, im Vergleiche mit andern Berliner Schriftstellern, in einer wahren Hundehütte wohnt. Seine Empfangsherzlichkeit ging so weit, daß er in einem Restaurant für mich bezahlte! Er erzählte mir seine Leidensgeschichte in Petersburg und rief aus: »Meine Ausweisung bedeutet für mich den Verlust eines Vermögens!« Von Dukmeyer sagte er: »Leidet der Mann nicht an Halluzinationen?« – »Soviel ich weiß – nein. Wieso?« – »Nun, ich urteile nach den ersten vier Seiten seines ›Tolstoj – Prophet oder Popanz?‹. Normal ist sein Gehirn jedenfalls nicht!«

Ich logierte bei ihm (Dukmeyer), d. h. bei seiner Wirtin, Frau Ufer, Steinmetzstraße 48, I. Er ist noch immer so linkisch und unfreiwillig komisch. Meine Prophezeiung hat sich erfüllt: es geht ihm sehr schief. Liebenswürdig war er über alle Maßen und leistete mir kostbare Cicerone-Dienste. Die sozialdemokratischen Versammlungen besucht er eifrigst. Der Baltenfeind in ihm hat sich nicht beruhigt. Im Kneipen verträgt er nichts: wir tranken etwa 5 Glas Bier, und danach war er etwa drei Tage krank, mehr moralisch – als körperlich-katzenjammernd.

LEIPZIG, DIENSTAG, DEN 4./16. JUNI 1891

Ganz zufällig machte ich heute die Bekanntschaft Eduard Grisebachs. Ich war zu Philipp Reclam gegangen, um ihm eine Verlagsofferte zu machen, und traf dort den Verfasser des ›Neuen Tannhäuser‹, der über seine Schopenhauer-Ausgabe konferierte. Er ist ein schlanker, noch ganz jugendlicher Mann, mit interessant-intelligentem Gesicht und von einfachst liebenswürdigen Manieren. Leider war unser Zusammensein von sehr kurzer Dauer. Mit Behagen rauchte er meine russischen Zigaretten und sprach liebevoll von seinem Petersburger Aufenthalt. Wir machten ab, daß ich ihm mein Album in den »Kaiserhof« Nr. 30 schicke. Dort schrieb er mir vier Zeilen aus dem ›Neuen Tannhäuser‹ ein (»Was wär' zu machen, wenn ich dich nicht hätte ...« bis »Seh' ich gelaßner, träumerisch die Dinge ...«) und unterschrieb: »Zur Erinnerung an die bei unserm gemeinschaftlichen Verleger gerauchten Zigaretten« etc. Er brachte mir das Buch persönlich in mein Hotel – leider war ich während der Zeit in Halle.

ASCHAFFENBURG, SONNABEND, DEN 8./20. JUNI 1891

Auf dem Bahnhofe erwartete mich Goldschmidt. Äußerlich hat er sich gar nicht verändert, nur der Bart ist etwas grauer geworden. Völlig sich gleich geblieben ist sein Wesen und seine Manieren: dieselbe rabenkrächzende Aussprache, derselbe Superlativ in Lob und Tadel, dieselbe Selbstverhimmelung und Selbstwohlgefälligkeit vor dem Spiegel, derselbe unhemmbare Redefluß, dieselbe ideale hingerissene Schwärmerei, dieselbe endlose Wiederholung eines- und desselben, dieselbe kokette Ritterlichkeit den Damen gegenüber, dieselbe nervös machende und auf die Dauer unerträgliche Liebenswürdigkeit. Es geht ihm nach wie vor kodderig; in den beiden kleinen Stuben herrscht die Armut, in der Küche Küchenmeister Schmalhans; doch erhobenen Kopfes stolziert er einher, läßt sich keine grauen Haare wachsen und behält seinen flotten und gelegentlich leichtsinnigen Sinn. Seinen Rafael, der alle Anlagen hat, ein großer Taugenichts zu werden, verzieht er noch immer in der antipädagogischsten Weise; aller Hochachtung wert war und ist seine Frau.

Heute machte er mich mit dem Schiller-Biographen Karl Hepp bekannt, einem ungemein liebenswürdigen und schlichten Mann, der
mir einige Schiller- und Goethe-Photographien schenkte und sehr
anregend von seiner eben gemachten italienischen Reise erzählte.

FRANKFURT A. M., DEN 15./27. JUNI 1891

Gestern in Wiesbaden war mein erster Gang zu Bodenstedt (Rhein-
straße 66, nicht 62). Ich wurde sofort vorgelassen. Ein hoher alter
Herr mit starkknochigem rundem Gesicht im Sommerpaletot trat
auf mich zu und streckte mir freundlich die Hand entgegen mit den
Worten: »Ah, Sie sind der Übersetzer!?« Er ließ mich Platz nehmen an
seinem mit Büchern, uneröffneten Kreuzbandsendungen und Manuskripten auf blauem Papier bedeckten Schreibtische, bot mir Wein an
und tippte Zwiebacke in sein Teeglas. Er sprach nur von sich selber:
von seinen Werken und deren Übersetzungen in alle Spachen, von
seinen Reisen in aller Herren Länder und den hunderten von unbe-
antworteten Briefen und ungelesenen Bücher- und Manuskriptenzu-
sendungen. Dabei gebrauchte er einige russische Worte, die ich nicht
für dieselben gehalten hätte, wenn er nicht ein »wie es russisch heißt«
hinzugefügt hätte. »Das Erlernen des Russischen bot mir ungeheure
Schwierigkeiten: bei Golitzins bei Tisch wurde nur französisch gesprochen, so daß ich mich zumeist mit den Dienstboten russisch unterhalten konnte; übrigens unterrichtete gleichzeitig mit mir auch Katkow,
der jedoch vorzüglich deutsch sprach. Die Kosakenlieder schrieb ich
zu Pferde: ich bat meine Begleiter, sie mir langsam herzusagen, sie
jedoch meinten, dieselben könnten nur gesungen werden, und sie
sangen sie, langsam und wiederholentlich, während ich sogleich die
Übersetzung niederschrieb und sie mir später durch einen Bekannten,
der des Russischen und Deutschen gleich mächtig war, durchsehen
ließ«. – »Verhielt es sich nicht ähnlich mit den Mirza-Schaffy-Lie-
dern?« – »Ach, nein. Bis auf ein Gedicht ist alles völlig selbständige
Dichtung. Ich mußte jedoch die Zensur mystifizieren, denn die Ausfälle auf Kirche und Staat konnten in rein deutschem Geist und Gewand nicht passieren«. – »Und Lermontow?« –»Wie meinen Sie?« –
»Wie verhält es sich mit jenen Vierzeilern, deren Original verloren

Friedrich von Bodenstedt. – *Widmung:* »Herrn Simon Nadson von
Fr. v. Bodenstedt«. *Auf der Rückseite:* »Das Wort ist ein Hauch, / doch
kann man es wägen, / Der Hauch wird zum Wort / erst wenn wir ihn
prägen, / Und, *wie* das geschieht, / bringt's Fluch oder Segen.
Friedrich v. Bodenstedt. Wiesbaden 28. Oktober [18]84«.

gegangen und die ins Russische rückübersetzt worden sind?« –
»Hm… Die sind auch so gut wie mein Eigentum. Nach Lermontows
Tode erinnerte ich mich, da und dort in Albums – sie waren damals
sehr in Mode – kleine Gedichte von ihm gelesen zu haben. Ich nahm
mein Gedächtnis – soweit natürlich möglich – zu Hilfe und dichtete
sie nach; die Form ist durchaus mein, meistens wahrscheinlich auch
der Inhalt, denn mein reich bewegtes Leben, mein Verhältnis zu unzähligen Bekannten und Freunden …« (Hier unterbrach er sich selbst,
indem er einen langen Zug aus seiner Pfeife machte) … – – – Das übrige Gespräch ist im Ganzen interesselos. Erwähnt sei nur folgendes:
den verdorbenen Geschmack des heutigen Publikums schrieb er der
jüngsten deutschen Dichterschule zu; von Jessen meinte er, er sei
sprach- und formgewandt, doch fehle es ihm an poetischem Schwung;
in bezug auf Welitschkos ›Morgenländische Motive‹ meinte er: »Er
scheint Talent zu haben, doch weiß er sich nicht einzuschränken; das
beweist das Gedicht, das ich übertragen habe und das um die Hälfte
zu lang ist«. Er bedauerte, mit mir nicht »kneipen« und meiner Frau
keine Visite machen zu können, da er am Drachenschuß leide und
eben ein heißes Bad genommen habe. Er hört schlecht und spricht
undeutlich: »Fünfzehn Polypen sind mir aus Hals und Nase gerissen
worden«. Ich wollte auch Freytag eine Visite machen, worauf Bodenstedt sagte: »Er wohnt in der Freytag-Straße, im eigenen Hause (es wird
hier bald auch eine Bodenstedt-Straße geben), vielleicht wird er Sie
empfangen, doch stolz – von oben herab. Gehen Sie darum lieber erst
in die Sonnenberger-Straße zu Karl Stelter, seinem intimsten Freunde
– das ist ein sehr liebenswürdiger Mann, der Sie mit Freytag bekannt
machen wird«. – Ich ging aus Zeitmangel und vor Müdigkeit nicht hin.
   Er schenkte mir sein Portrait, dessen Original einen weit weniger
poetischen Nimbus hat. Während er mir ins Album die Verse:

> Schön, wahr und gut ist echte Künstlerweise,
> Gut, wahr und schön in innigster Verbindung:
> In dieses Dreiklangs unermeßnem Kreise
> Erschöpft sich alle Wahrheit und Empfindung!

einschrieb, betrachtete ich seine reiche und schöne Bibliothek und die
fünf Lorbeerkränze von seinem Jubiläum. Auf dem Schreibtische lag
ein auf blauem Papier begonnenes Epos ›Eine Fabel‹. In bezug auf

dieselbe sagte er: »Da muß ich eine drin vorkommende Örtlichkeit
genau in Augenschein nehmen und reise drum Dienstag nach dem
Harz. Können wir uns kein Rendez-vous bestimmen?« Ich bedauerte,
da ich in die Schweiz müsse, und er bedauerte, mit mir nicht »ge-
kneipt« zu haben.

STRASSBURG, DEN 18./30. JUNI 1891

In Frankfurt besuchte ich Wilhelm Jordan, der zwei fein möblierte
Stockwerke am Taunusplatz bewohnt. Er empfing mich mißtrauischen Blicks und wies, ohne mir die Hand zu geben, auf ein Sofa.
»Sind Sie auch Schriftsteller?« fragte er und begann alsbald das Opern-
haus zu preisen – ein anderes Thema berührte unser – resp. sein, denn
ich schwieg – Gespräch nicht. Er zeigte mir mehrere in Schweinsleder
gebundene Folianten, die seine fein mit Tinte geschriebenen Werke
enthalten. Ins Album schrieb er: »Poesie ist darstellende Sprach-
musik«. […]

DEN 6. /18. JULI 1891

Soeben habe ich Goldschmidts Roman – den er mir in Aschaffenburg
verehrt – »Nihilisten« zu Ende gelesen. Ein trauriges talentloses Mach-
werk! Keine Fabel, kein Grundgedanke, keine Charaktere, keine Psychologie! Leere schönklingende Phrasen aus alter Zeit, verlogener
Idealismus; alles mühsam erdacht und erkünstelt, nichts nachgedacht
und nachgefühlt! Übrigens ist das elende Ding schon ein paar Jahre
alt: Bruchstücke davon habe ich bereits in Petersburg gelesen. Unter
dem aus kleinlicher Rachsucht zum Hundsfott verhunzten Schriftsteller Gritzko ist Tschuiko gemeint, der Goldschmidts ›Aus kaiserloser
Zeit‹ berechtigterweise gründlichst mitgenommen hatte; das Zitat ist
eine stellenweise absichtlich verfälschte Übersetzung des Originals.
›Das Märchen von einem Zaren‹ ist Übersetzung eines Urtextes, den
ich ihm zu verschaffen Gelegenheit hatte.

Mit Alma Bormann spazierte ich heute in Luzern in der Nähe des Lö-
wen-Denkmals und begegnete Burenin. Er war stutzerhaft gekleidet
und schritt graziös an der Seite eines eleganten jugendlichen Frauenzimmers. Wir begrüßten uns und blieben stehen. »Also in Italien waren Sie! Hm, schreiten Ihre Dante-Studien rüstig vorwärts?« – (Nach
einigem erstaunten Schweigen antwortete ich) »Hm … ja … Ich studiere übrigens mehr die modernen russischen Lyriker«. – »Haben Sie
Lust! … Ich habe fast gleichzeitig mit Ihnen Petersburg verlassen und
bin einige Zeit in Deutschland gewesen; prächtige Städte haben diese
Deutschen!« Wir schieden. – – – […]

Besuchte Hermann Lingg (Nymphenburger-Str. 10). Entgegen der
Ansicht Jensens, er sei »sehr unzugänglich«, wurde ich nach Vorwei-
sung meiner Karte, die das Stubenmädchen anstandslos in Empfang
nahm, augenblicklich vorgelassen. Ich betrat ein dämmerndes kleines
Parterre-Zimmer, wo mir ein alter Mann entgegentrat und mir mit
mild-freundlichen Blicken in die Augen sah. Ich begann: »Ich benutze
meinen Aufenthalt in München, um Ihnen, Herr Doktor, nun auch
mündlich meinen herzlichsten Dank für Ihren liebenswürdigen Nero-
Brief vor acht Jahren abzustatten«. – »Ach so, Sie sind der Verfasser des
Dramas? Ja, ja, ich erinnere mich: Ihr ›Nero‹ ist der beste von allen,
die ich gelesen! Aber bitte, nehmen Sie doch Platz!«

Er erkundigte sich nach meinen Lebensumständen und nach den
Petersburger Verhältnissen. Von sich selber sprach er fast gar nicht, er-
zählte nur auf mein Befragen hin einiges von seinem Schriftsteller-
Jubiläum. »Es wurde auch eines meiner Dramen aufgeführt«. –
»»Clytia?«« – »Nein, ›Die Bregenzer Klause‹«. – »Eine Dramatisierung
Ihrer in ›Auf der Höhe‹ erschienenen Novelle?« – »Im Gegenteil: die
Novelle ist die Umarbeitung des Dramas, zu dessen Aufführung ich
wenig Aussicht hatte«.

Ich bat, etwas in mein Album einzuschreiben. »Mit Vergnügen!« Er
nahm's, blätterte, fand die Spielhagen'sche Sentenz, las halblaut die
Worte: »Die Gerechtigkeit ist die höchste«, sagte ein »Na!« und blät-

terte weiter. Dann nahm er ein Manuskript, suchte (ganz wie Jordan, was ich zu verzeichnen vergessen) und schrieb das Gedicht »Schreib', was im Flug der Stunde... Auf dem sie weiter schafft«. Während er schrieb, musterte ich sein Zimmer. Es macht einen wenig gemütlichen, altmodischen Eindruck: verblichene Kupferstiche an den Wänden, rahmenlose Portraits über dem Schreibtisch, drei hängende Büchergestelle mit etwa 200 Büchern (darunter mein ›Nero‹), eine Ottomane mit einem großen Präriewolfsfell, ein Stuhl mit einer Büffeldecke. Auf der Ottomane lag ein graues Kätzchen, das ich streichelte. »Mein Liebling!« sagte er hinzutretend. – »Es sieht so aus, als ob Sie in Sibirien gewesen wären!« meinte ich, auf die Felle weisend. – »O, nein, das hat mir mein Sohn aus Amerika geschickt«.

Ich fragte ihn scherzend, ob er mir sein Epigramm

> Gnade für sein Vergehn
> Kann der sünd'ge Mensch erflehn,
> Doch Verzeihung für ein schlechtes Gedicht –
> Die gibt es nicht!

eingeschrieben habe? – »Ich glaube, das ist doch schon gedruckt?« – »Gewiß, in den ›Schlußsteinen‹«. – »Jaja, richtig!«

Der charakteristisch schöne Kopf, die geistblickenden sanften Augen, sowie das ganze freundlich bescheidene Wesen des Mannes hinterließen in mir den sympathischsten Eindruck. Beim Fortgehen gewahrte ich im Nebenzimmer ein paar mächtige welke Lorbeerkränze.

MÜNCHEN, DEN 18./30. JULI 1891

In Tutzing angekommen, begab ich mich zu Georg Ebers, der mich, vor einem schreibtischartigen Gestell sitzend, mit den Worten empfing: »Sie sind ja ein talentvoller Mensch!« Er stotterte diese Worte hervor, denn seine ganze linke Seite ist gelähmt; indes erweckt das volle rosige Gesicht, von schönem weißem Barte umrahmt, sowie die lebensvoll blitzenden Augen den Eindruck blühendster Gesundheit. Er erging sich in Lobeserhebungen meiner Übersetzungen und sprach über Dostojewskij: »Sein Raskolnikow ist einfach großartig und durchweg originell. Es gibt ja keine unanfechtbaren Gesetze der Psychologie, und Ihre Ansicht, seine Psychologie gehe oft in Unpsycholo-

gie über, kann ich nicht teilen; wenigstens berührt mich keine einzige
Seelenregung seiner Helden unnatürlich und unwahr. Wie wunderbar
sind, trotz der Längen, die ›Gebrüder Karamasow‹! Wie prachtvoll ist
das unsittliche Frauenzimmer gezeichnet!« ... Sein Urteil über Kolzow
war fast gleichlautend mit dem Briefe, den er mir vor einigen Jahren
geschrieben ... Ich fragte ihn, ob ihm die russischen Übersetzungen
seiner Romane bekannt seien. »Gewiß, ich besitze sogar einige – freilich nicht alle, denn das wäre ein Ding der Unmöglichkeit, schon
in räumlicher Hinsicht. Ist doch z.B. die ›Königstochter‹ in nicht
weniger als 17 Sprachen übersetzt! Den ›Kaiser‹ wollte die russische
Zensur anfangs nicht passieren lassen: der Titel schockierte sie! Da bin
ich doch neugierig, ob mein neuester Roman, an dem ich nun zwei
Jahre schreibe, im Russischen wird erscheinen können! Die Handlung
spielt in Alexandrien, Christentum ringt mit Heidentum; und da
spielt denn eine wesentliche Rolle Kaiser Caracalla – ein Mensch, dem
ich die größten Antipathien entgegenbringe und den ich darum tüchtig mitnehme. Ob mir die Russen diese Majestätsbeleidigung verzeihen werden?« ... Ich fragte ihn, ob er die wunderhübsche Lie-
besszene bei Mondenschein in der ›Königstochter‹ absichtlich in
Versen geschrieben, worauf er lebhaft einfiel: »Denken Sie, nein! Erst
als ich die Szene geendigt hatte, merkte ich, daß es Jamben waren. Ich
beratschlagte mich damals mit meinem Freunde Julius Hammer, der
mir dringend davon abriet, die Verse in Prosa umzuwandeln. Und so
rührte ich denn auch nicht dran« ... Die verlogene und taktlose
Komödie der Franzosen und Russen in Kronstadt nannte er eine »üble
Vernunftehe« ...[1]

Er stellte mich seiner Frau, einer Rigenserin und noch immer schönen Dame, vor; auch seinen drei Töchtern, von welchen eine häßlicher ist als die andre. Dann verlangte er das »Fremdenbuch«, wo
ich mich einzeichnen mußte. Dagegen gab ich ihm mein Album. Er
öffnete es und rief aus: »Mein Freund Jordan ... Auch Bodenstedt?!

---

[1] Gemeint ist der Besuch der französischen Schiffe in Kronstadt, der im Juli 1891
stattfand (als Zeichen der »Freundschaft« und erster Schritt zum kommenden
Bündnis Rußlands und Frankreichs). Die französischen Matrosen wurden
feierlich empfangen, selbst Zar Alexander III. nahm an einigen Feierlichkeiten
teil.

GEORG BROKESCH. LEIPZIG.

Georg Ebers. – *Widmung:* »Herrn Friedrich Fiedler zur freundlichen Erinnerung Georg Ebers«.

Ein gemütlicher alter Herr! Das ist ein geschickter Übersetzer! Wie
er die Reimschwierigkeiten des Omar Chajjam bewältigt hatte. Sie
kennen doch seine Shakespeare-Sonette? Wie hat er das Graziöse und
Tändelnde des Originals famos wiedergegeben! Freilich, Jordans
Übertragung ist weit sinniger und gedankenreicher, aber das Spielende
der Form hat er doch so recht zum Ausdruck gebracht!«

Während ich in seinem Buche schrieb, schrieb er in dem meinigen:

> Ja, legt nur in die ewige Natur
> Aus Geist und Herzen euer Bestes nieder;
> Sie gibt euch Alles, Alles – wartet nur! –
> Mit vollen Händen tausendfältig wieder.

Auch schenkte er mir sein Kabinett-Portrait; »es ist mein bestes«.
Beim Abschied sagte er: »Bitte, kommen Sie wieder, aber nachmittags:
dann bin ich weit frischer und empfänglicher als jetzt!«, wogegen ich
erwiderte: »Herr Professor, nachmittags können Sie unmöglich liebenswürdiger sein als Sie es vormittags sind!« Er lachte, und ich ging.

Seine hübsche steinerne Villa am See-Ufer mit dem prächtigen
Garten sowie die innere Einrichtung zeugt von Geschmack und
Reichtum. – –

Von Tutzing fuhr ich nach Bernried zu Wilhelm Henckel, mit dem
ich schon seit Jahren in Korrespondenz stehe. Die stämmige kernge-
sunde Gestalt läßt nicht auf 65, sondern höchstens auf 50 schließen. Er
war sehr lieb und freundlich, wozu ihm seine Frau sekundierte. Russisch spricht er fast ebenso geläufig wie ich; war er doch viele Jahre in
Rußland als Verleger tätig. […]

DEN 19./31. JULI 1891

Um ½ 11 erwartete mich verabredetermaßen Wilhelm Jensen am
Bahnhof von Prien am Chiemsee. – Nur stückweise kann ich von ihm
berichten, da wir alsbald nach Salzburg fahren.

Wir fuhren auf dem »Luitpold« zur Fraueninsel. Ich fragte ihn, ob
er die Fabel seiner Romane und Novellen immer selbst erfinde? –
»Nie! Teils alte Chroniken, teils das fremde Leben, teils meine eigene
Vergangenheit und Gegenwart liefern mir den Stoff d.h. das Kno-
chengerüst, das ich alsdann selbständig umkleide«. – »In Freiburg
überraschte ich Sie bei der Arbeit, wobei Sie eine große uralte Land-

karte vor sich hatten«. – »Ja, jedes Städtchen und Dörfchen, das sich in meinen Werken findet, ist historisch«.

»Kommen Sie doch nach Rußland!!« – »Vor ein paar Jahren war ich auf dem Sprunge. Durch den Pastor Trinius [?] in Livland wurde ich von vielen aufgefordert, auf ihren Gütern die Lage der Balten zu studieren und einen Roman zu schreiben mit dem Thema der barbarischen Russifizierungsagitation«. – »Und warum fuhren Sie nicht?« – »Die verdammten Russen würden mich ja als Deutschen maltraitiert haben!«

Er erzählte mir von der »Gesellschaft für modernes Leben«, die in einem öffentlichen Vortrag* die älteren Dichter nach Goethes Tode auf hundsföttische Weise mitnahm (die Beleg-Gedichte wurden absichtlich falsch zitiert) und die neueste realistische Schule anpries.[1] Da schrieb er nachstehendes Epigramm, das ich nach seinem Diktat hier wiedergebe:

> Die Lyriker von gestern
> Waren aus schwächlichen Nestern,
> Sie hatten die Musen als Schwestern
> Und tranken aus dem Kastalischen Quell.

> Die Lyriker von heute
> Sind kraftbegabtere Leute,
> Sie haben Huren als Bräute
> Und saufen mit ihnen im Bordell.

Ich bedauerte, daß seine Werke alle so viel kosteten. – »Daran sind die Verleger schuld. Man liest mich nicht, und den Preis müssen sie doch herausschlagen! Nur Leihbibliotheken kaufen mich, von anständigen Menschen werde ich nicht gelesen!«

---

* ›Die Lyriker von gestern und von heute‹.

1 Am ersten öffentlichen Abend der »Gesellschaft für modernes Leben« (am 29. Januar 1891) hielt O. J. Bierbaum den Vortrag über die ›Deutsche Lyrik von heute‹ und H. von Gumppenberg, Mitbegründer und Vorstandsmitglied der »Gesellschaft ...«, parodierte nachher in witzigen Versen ›Die deutsche Lyrik von gestern‹ (beide Vorträge wurden 1891 in der Serie ›Münchener Flugschriften‹ veröffentlicht). Dieser Abend, der im Restaurant »Isarlust« (auf einer Insel an der Maximiliansbrücke) stattfand, wurde zum bedeutenden Ereignis im Literaturkampf der Münchener »Modernen« gegen die »Traditionalisten«.

In sein »Hausbuch« (klingt weit zutraulicher als Ebers »Fremdenbuch«) schrieb ich das Puschkin'sche Sonett »O Dichter, geize nicht
nach deines Volkes Liebe! ...« (in meiner Übersetzung), er mir ins
Album: »Ein Dichter sein, heißt im Innersten bewegt sein«.

Auf der Fraueninsel besuchten wir die menschenleere uralte Kirche
und, o Wunder, Jensen tat, was er in der Ottilien-Kapelle bei Freiburg
nicht getan hatte: er ging mit entblößtem Kopfe umher (er nahm *vor*
mir den Hut ab) und jagte sehr energisch den Dachshund des Prinzen
Ernst von Meiningen heraus.

Die Insel erweckte in ihm die schönsten Erinnerungen. »Hier unter
dieser alten Weide (es ist der äußerste Baum links, auf der Photographie wohl zu unterscheiden) – haben wir uns vor 28 Jahren verlobt ...
In diesem Zimmer habe ich vier Jahre lang gewohnt ... Hier habe ich
meinen weißen Pudel auf einen schwarzen Kater gehetzt ... Das war
mein Fenster und das hier meiner jetzigen Frau«.

In seinem Kabinett deklamierte er mir einige seiner neuesten
Gedichte – mit monoton hohler, grabestiefer Stimme, ein unheilver-
kündender, klagender Prophet.

Mit Ljuba gingen alle wie mit einem zarten Kinde um: Jensen setzte
sie auf den Stuhl, legte ihr Speisen vor, gebot ihr strengstens zu essen
und zu trinken; ihr schenkte er sein Buch ›Zwei Tagebücher‹, wie auch
eine Photographie der Fraueninsel (die er in der Kapitäns-Kajüte des
»Luitpold« kaufte), mir – zwei seiner Portraits, von denen das im Ka-
binettformat ganz mißlungen ist (der Maler Emil Lugo beschäftigt
sich seit einiger Zeit mit dem Photographieren als Liebhaberei), während das kleine prächtig genannt werden muß.

Rußland schimpfte er mit hinreißender Beredsamkeit, besonders
Pobedonoszew, wobei er meinte, man müsse bei Aussprechung des
Namens unbedingt nach der dritten Silbe niesen – was er auch tat.

SALZBURG, DEN 20. JULI / 1. AUGUST 1891

Auf Station Prien erwartete uns heute – trotz des Regens und der Kälte
– Jensen. Nur etwa 3 Minuten währte unser Beisammensein – unser
Zug kannte keine Rücksichten. Als Geschenk bekamen wir eine
Photographie von St. Salvator mit seinem Landhause ...

Ergänzungen der vorigen Seiten!

»War der ›Magister Timotheus‹ Ihr literarisches Debüt?« – »O, ich hatte vorher einen *solchen* Stoß Dramen zusammengeschrieben!« – »Leider kenne ich Ihre ›Dido‹ nicht«. – »Haben gar nichts dabei verloren!«

Sein Aussehen ist das rüstigste, das man sich wünschen und denken kann. Hoch, stämmig, wettergebräunt – der echte »Mann des Meeres«! Nach seinen eigenen Angaben hat ihm der Architekt [?] Lugo (ein Bruder des Malers) in München ein Haus gebaut, das nächste Woche bezogen werden soll. »Jedes Zimmer hat höchstens zwei Fenster, doch eine Flut von Licht strömt herein; die Wände sind massiv – Sonne und Wärme habe ich die Fülle, und das ist alles, was ich brauche. Meine Frau hat ein reizendes Atelier nach der Nordseite«.

»Kennen Sie Sudermanns Novellen?« – »Leider nur seine Dramen«. – »O, da müssen Sie lesen! Seine ›Frau Sorge‹ funkelt von Kunst-Diamanten!«

»Wildenbruch? Ich kann sein selbstbewußtes, herausforderndes Wesen nicht vertragen! … Da ist nun der Mann, der sich einen festen Platz in der deutschen Literatur erobert, sich selbst treulos geworden und hat ›Die Haubenlerche‹, ein schwaches Drama, geschrieben! Fremde Lorbeeren haben ihn nicht schlafen lassen!«

An unserm ganzen Ausflug nahm Teil der Prinz Ernst von Meiningen, ein liebenswürdiger junger Mann von schlichtester Bescheidenheit, der sich völlig als unseresgleichen gab. Das Publikum auf dem Schiff sowie viele vom »Schloßpöbel« (wie Jensen die Besucher des Herren-Chiemsee-Schlosses nennt) grüßten ihn ehrfurchtsvoll durch Ziehen des Hutes und titulierten ihn »Hoheit«. [Der Prinz] jedoch kehrte sich nicht einmal um, als er aus seiner Wohnung trat und uns nacheilte. Er verkehrt bereits vier Jahre aufs intimste mit der Familie Jensen. Ob aus ihm und Käthe nicht ein Paar wird? Wenigstens benutzen die beiden jede Gelegenheit, sich vor der Gesellschaft zurückzuziehen. In seiner Gegenwart zog Jensen gegen die russische Regierung vom Leder und meinte vom Erzherzog Rudolf: »Er sich das Leben genommen? Von den Brüdern der Vetsera ist er ermordet worden. Solche Lumpe begehen keinen Selbstmord!«

Ganz allerliebst in seiner komischen Harmlosigkeit war Emil Lugo, der sich mit allen Gliedern der Familie Jensen duzt und von allen geduzt wird.

Madame Jensen interessiert sich nach wie vor für Aeronautik und
Mineralogie, singt, liest, malt sehr brav (Portraits von Jensen, Lugo
und dem Prinzen) und treibt mit Eifer italienisch.

Ihr Landhaus in St. Salvator ist bescheiden, doch sehr gemütlich
und in romantischer Landschaft gelegen. Die Liebenswürdigkeit der
ganzen Familie wurde schließlich – ganz wie 1885 – peinlich. Beim
Abschied hielt er mich lange im Kuß umarmt.

ST. PETERSBURG, DEN 17. AUGUST 1891

Ergänzungen zu den Notizen über Jensen.

Ich fragte: »Haben Sie eine Enkelin oder einen Enkel?« – »Zum
Glück eine Enkelin!« – »Zum Glück?« – »Ja, es ist wünschenswerter,
daß die ersten Kinder Mädel seien. Mit den Buben hat man zu große
Scherereien, und dann mißraten sie in der Folge zu oft. Die Mädel
aber hängen an einem viel zärtlicher, sind der Mutter sehr nützlich
und üben einen wohltuenden Einfluß auf die jüngeren Brüder aus«. –

Das Tanzen auf Bällen hält er, ebenso wie ich, für unmoralisch. –

»Ich bin für die Schwabacher Schrift – man nennt sie gewöhnlich
fälschlich gothische. Wozu brauchen wir die Antiqua? Wozu sollen
wir uns unsres eigensten Eigentums entäußern? Die Kinder lernen
schon so vieles, daß sie auch die Schwabacher Schrift mitlernen können«.

»An gebrochenem Herzen stirbt niemand: das ist so eine audimedi-
zinische Phrase! Niemand bekommt die Schwindsucht aus Kummer
und Gram: der Auszehrungsbazillus steckte bereits vor dem Seelen-
leiden im Organismus«.

»Aus Ihrem Briefe anläßlich des Kindbettfiebers Ljubas habe ich
geschlossen, daß auch Ihre Frau Gemahlin« – »Frau Gemahlin …!« –
»Nun, einerlei: Ihre Frau das Perrhoralfieber hatte?« – »Nein; ich
schrieb Ihnen damals unter dem Eindruck meiner ärztlichen Erfahrungen«.

»Wilhelm Busch geht ganz in seiner Bienenzuchtliebhaberei auf.
Sein ›Eduards Traum‹ ist ganz unbedeutend. Kennen Sie aber seinen
›Heiligen Antonius‹? Das ist in der Tat ein geniales Werk!«

DEN 23. AUGUST 1891

Rückweise will ich hier über W. Jensen berichten, und zwar mit Zu-
hilfenahme meiner ›Täglichen Notizen‹ und seiner Briefe.

Im August 1883 versandte ich an die bekanntesten deutschen Dichter und Schriftsteller meinen damals im Druck erschienenen ›Nero‹,
mir ihr Urteil erbittend. Damals war mir Jensen ein wildfremder
Name, und nur Goldschmidt bewog mich, ihm ein Exemplar zu
schicken, indem er sagte: »Das ist ein Mann an der Spritze!« Am 6./18.
August ging dann auch das Buch ab. Am 5./17. September kam die
Antwort, datiert aus Freiburg i. B. vom 13. September […]

DEN 29. AUGUST 1891

Notiz aus meinem Tagebuche vom 4. Juli 1885 aus Freiburg i. B.:
»Um 10 Uhr öffnete ich die Gartentür des Jensen'schen Hauses und
betrat den mit Malereien geschmückten Flur. Ein Stubenmädchen,
dem ich meine Karte zur Einhändigung dem »Herrn Doktor« übergab, bat mich, in dem Empfangszimmer einen Augenblick zu warten.
Ich trat ein und sah mich staunend um: allenthalben redende Zeugen
nicht nur der Wohlhabenheit, sondern sogar des Reichtums. Da ver-
nahm ich laute Schritte auf der Treppe von oben herab, die Tür wurde
aufgerissen, und eine hohe Gestalt streckte mir lachendes Mundes die
Hand entgegen«.

DEN 19. SEPTEMBER 1891

Vorgestern, zur Feier von Ljubas Namenstag, waren erschienen:
Jew. Garschin, Wwedenskij, Wengerow, Swobodin, Albow, Baranzewitsch, Ostrogorskij mit Frau, Fofanow, Reinholdt, Mereshkowskij
mit Frau und Minskij, Ljubow Jakowlewna Gurewitsch mit Flexer-
Wolynskij, Papa Gurewitsch etc. Minskij hatte abgeschrieben und
kam doch mit Mereshkowskijs, so daß meine Frau verwundert ausrief:
»Also doch! Nun, ich verstehe! Haben Sie Dank, Sinaida Nikolajewna!« Mad. Mereshkowskij sprach mit der Damengesellschaft keine
zehn Worte, sondern verließ gleich den Saal und ging in mein Kabinett, wo sie sich recht intim mit verschiedenen Herrn unterhielt; der
Waschlappen von Mann fletschte nur die Zähne und saß ganz am
andern Ende des Speisetisches, während Sinotschka ihren Platz sich

zwischen Gurewitsch und Minskij wählte und sich von beiden Nachbarn den Hof machen ließ. Gurewitsch hielt in seinem Toast auf mich
eine seiner glänzenden unvorbereiteten Reden, ohne auch nur ein
Mal zu stocken und auf die kunstvollste und gleichzeitig natürlichste
Weise einen Gedanken aus dem andern folgend. Baranzewitsch
schaute finster drein, als er mit seiner Frau den Saal betrat; Darja
Nikolajewna war wie eine Köchin gekleidet und wußte mit keinem
ein Wort zu reden [...] Weiter kann ich nichts verzeichnen: es waren
gegen 30 Personen da, und ich mußte den liebenswürdigen Wirt
spielen und mich müde laufen. [...]

DEN 9. JANUAR 1892

Vorgestern bei Stscheglow zu dessen Namenstag gewesen. Unter den
Anwesenden erregte das größte Interesse Tschechow, der Vielgefeierte.
Sein ganzes Wesen atmet Einfachheit und Natürlichkeit, doch auch
sanft-ruhige Selbstbewußtheit. Ich fragte ihn, warum er nur immer
Einakter schreibe: »Weil die größeren Dramen zu viel Zeit und Arbeit
erfordern und eine sehr undankbare Sache sind. Den Erfolg eines
Stückes beeinflußt oft sogar das Wetter: ist es kalt und feucht, so hu-
stet das Publikum oben und unten – und das ist für die Schauspieler
unerträglich« ... Petersburg liebt er weit mehr als Moskau, will aber
doch nicht hierher übersiedeln, »um nicht aufzuhören, es zu lieben«.
In mein Album schrieb er mir gleich hinter seinem Mäzenas Ssuworin: Примечание к автографу А. С. Суворина: слово »изречение« пишется через e, а не через ять.[1]
   Gestern bei Mereshkowskij gewesen. Alles fein! Auf dem Schreibtisch: Kaviar, Schweizer Käse, Sardinen, Straßburger Gänseleberpaste-
te und ähnliche aristokratische Gerichte, ein paar Flaschen Wein und
kein Tropfen pöbelhaften Branntweins. Der Saal: ganz mit Teppichen
belegt, fürstliche Diwans und buntseidene Puffs, eine chinesische farbige Laterne, deren Dämmerlicht dem ganzen Gemach etwas französisch Kokottenhaftes verleiht. Er nannte Ibsen »groß und schroff und

---

1 Die Anmerkung zum Autographen Ssuworins: das Wort »Äußerung« [isretsche-
nije] schreibt man mit einem »e« und nicht mit einem »ѣ« (russ.). Vgl. die Fußnote zum 13. / 26. Juni 1905, S. 337.

leblos wie das Scherhorn [?]«. Gestern fragte er mich: »Hat Ihre Frau
die Einladung meiner Frau zu morgen bekommen?« – »Danke, ja«. –
»Und Sie kommen doch auch?« – »Gewiß, meine Frau wird doch
nicht allein Besuche machen!« – »Da tun Sie recht, denn bei uns kann
sie leicht verdorben werden!« Er sagte es nicht ironisch abweisend,
sondern schmerzlich überzeugt und kehrte sich ab. Wer weiß, vielleicht ist sein resigniertes Pantoffelheldenwesen nur Maske, vielleicht
leidet er tief im Stillen! Mann und Frau fahren bald nach Italien …
Der junge Scriba (Ssolowjow) weihräucherte Andrejewskij und nannte
seine Kritiken genial. Dieser nahm die Komplimente huldvoll entgegen und sprach sehr schön in seiner bilderreichen Weise von verschiedenen Dichtern. Nemirowitsch-Dantschenko ist »Eau de Co-
logne«, Fofanows letzte Gedichtsammlung – »ein Geröll von Edelsteinen«. Minskij trat in seiner Verehrung für Sinaida Nikolajewna
recht selbstbewußt auf. Er erzählte, daß auf dem vorgestrigen Diner
der Nowostejzy[1] der schwertrunkene Dalmatow den nicht minder
bezechten Mamin-Ssibirjak prügelte, in dem allgemeinen Wirrwarr
blind um sich schlug und schrie: »Es ist schrecklich! Ich sehe nicht,
wen ich haue, welcher Nationalität er ist!«

DEN 10. MÄRZ 1892

Mit der »Russischen literarischen Gesellschaft« scheint es bedenklich
bergab zu gehn, woran nicht wenig Sina Mereshkowskaja die Schuld
tragen mag, die es mit ihrem raffiniert verschämten Kokettieren
durchgesetzt hat, daß auch Frauen an den Versammlungen teilnehmen können. Außerdem ist es Issakow eingefallen, an den Montagen
keine bestimmten Vorträge anzukündigen, sondern jeder könne ad li-
bitum reden. Der Saal, aus dem die grünen Tische und das Katheder
fortgenommen worden, hat jetzt ganz das Aussehen eines Tanzsalons.
So war's gestern zum ersten Mal und rief allgemeines Staunen hervor.
Erschienen waren nur 9 Personen, darunter W. P. Avenarius, ein
milder alter Mann, dem man es nicht ansehen kann, daß er einst den
bissigen Roman ›Поветрие‹[2] verfaßt hätte. Zum Beweise, wie er das

---

1 Siehe die Fußnote zum 6. Dezember 1890. — 2 ›Modeströmung‹ (russ.).

Deutsche beherrscht, – hier seine Übersetzung von Lermontows
›Слышу ли голос твой …‹,[1] die er mir in mein Album einschrieb:

> Sprichst du so klingend weich,
> So voller Lust und Scherz, –
> Springt einem Vogel gleich
> Mir in der Brust das Herz.

> Blickst du mich an so groß,
> Himmelblau, himmelrein, –
> Zieht es mich willenlos
> In diesen Himmel ein.

> Bald möcht' ich lachen, bald
> Vor dir in Tränen fliehn,
> Bald dich mit Allgewalt
> An meinen Busen ziehn.

Er selbst nannte die Übersetzung eine freie und entsann sich nur
schwer der beiden letzten Strophen.

Auch V. P. Kljuschnikow war da, der sich beklagte, daß ihm das Redigieren der ›Niwa‹ alle Zeit raube. »Schon zehn – nein, schon zwölf
Jahre geh' ich mit einem Roman schwanger, das Kind ist mittlerweile
versteinert, und ich kann nicht niederkommen«.

War bei mir F. A. Tscherwinskij. Als er mein Kabinett betrat, rief er
aus: »Ach, das ist in der Tat ein Heiligtum! Und das haben Sie alles
gelesen?« – »Nun, das meiste«. – »Gott, welcher Leichtsinn!«… Bei
Betrachtung der großen Schiller- und Goethe-Bildnisse meinte er:
»Selbst das Äußere zeigt auf den ersten Blick, wer von ihnen größer ist!
Goethe ist in der Tat der Papst unter allen Dichtern!« Zu Welitschkos
Portrait rief er mit Puschkins Worotynskij aus: »O, schlauer Höf-
ling!«[2] Von Baranzewitsch meinte er: »Wieviel Einfachheit! Ein goldnes Herz!« Von Mereshkowskijs (ihm und ihr) sagte er: »Wenn man

1 ›Hör ich die Stimme dein …‹ (russ.). — 2 Aus ›Boris Godunow‹ von
A. Puschkin.

sie auf ein Fenster stellen sollte, würde die Sonne durchscheinen: dermaßen rein sind sie!« Von Fofanow: »Unter zehn seiner Gedichte sind acht Unsinn und zwei Perlen«. Als ich in Gegenwart meiner Tochter einige der blödsinnigsten Gedichte Kuskows vorlas, bat er: »Schicken Sie doch das Kind fort, Sie verderben ihm ja gewaltsam den guten Geschmack!« Als ich ihm einen Packen von Portraits berühmter Männer vorlegte, sagte er: »Ach, mich beschleicht jedes Mal Neid bei ihrem Anblick!« – –

Am 11. d. M. war ich in der Redaktion des »Ssewer« und sprach den Redakteur desselben Wl. A. Tichonow. »Ich habe heute einen gräulichen Katzenjammer: habe gestern bis tief in die Nacht im ›Paganistan‹ geschmort!« – »Wo?« – »Hm, im ›Afghanistan‹ …« Als ich im Journal Tschechows Bild sah, sagte er: »Ja, da ist er, der liebe Mensch! Ein schlauer, geschmeidiger (изворотливый) Chochol![1] Aber dennoch liebe ich ihn furchtbar; er ist doch der talentvollste von allen!« Er schenkte mir zwei seiner Novellenbücher, und ich mußte versprechen, ihm das Portrait Bodenstedts zu schicken und hierzu einen Nekrolog zu schreiben.

DEN 25. APRIL 1892

Bei N. S. Leskow gewesen (am 23sten). Staunend blieb ich im ersten Zimmer stehen und glaubte mich in einem Museum zu befinden: oben und unten, rechts und links: alte Bilder, Waffen, Statuetten, Bücher, Spieluhren – alles bis zur Unübersichtlichkeit und Ermüdung überladen. Er kauerte am Fenster auf einem großen Polsterstuhl nieder, und auf seine angezogenen Beine setzten sich zwei kleine Seidenpudel. »Da ist ja auch Kaiser Friedrich III.!« – »Ja; das ist vielleicht der einzige Kaiser, den ich liebe und achte, das ist ein echter Märtyrer! Er war nicht von dieser Welt und war zu gut für diese Welt und starb darum. Was hätte er auch gleichzeitig mit Alexander III. machen können?! Nein, er gehörte seiner Zeit nicht an!« Er klagte über seine Angina-Leiden und Asthma-Beschwerden, und ich brachte ihm das Veloziped in Vorschlag. »Das wird mir nicht helfen, denn die Ursache meiner Krankheit ist seelischer Natur. Kann ein Mensch gesund blei-

---

1 D.h. ein Ukrainer (russ.).

ben, wenn er sein Leben lang der Gegenstand einer literarischen Hetz-
jagd (травля) war und ihm selbst im Alter der sechste Band seiner
Schriften verboten wird?! ... Die russische Literatur! Da haben Sie Ihr
Buch ›Der russische Parnaß‹ genannt. Lächerlich! Es gibt in Rußland
keinen Parnaß, sondern nur einen Blocksberg, auf welchem satanische
Tänze aufgeführt werden und der einzige richtige russische Hymnus
ertönt: »Ах, ты, сукин сын, Камаринский мужик!«[1] – Denselben
Gedanken schrieb er mir auch ins Album [...]

Über Fofanow urteilte er: »Das ist ein Dichter von Kopf bis zu Fuß,
ein unmittelbarer Poet, an dem nichts Ausgeklügeltes und Gemachtes
ist, der da dichten muß, ob er will oder nicht. Außerdem aber muß er
eine anderweitige bestimmte Beschäftigung haben, die ihn gewaltsam
vom Trinken abhält. Ich hatte s.Z. Ssuworin vorgeschlagen, ihn in
seinem Büchergeschäft anzustellen, aber der Plan zerschellte sich. Repin verheiratete ihn. Und was tut seine geliebte Frau? Während seines
Verbleibs im Krankenhause verkaufte sie seine Bücher und seinen
Schreibtisch und schaffte sich ein Pianino an, auf dem sie musiziert.
Nein, die beste Ehe für einen Dichter ist die außereheliche Verbindung mit einem Mädchen aus dem Volke, damit beide ihres eigenen
Weges gehen und sich nicht um die Angelegenheiten des andern
kümmern ... Fofanow aber wird ein tragisches Ende nehmen!«

Dann sprach er geheimnisvoll-gläubig von Suggestion und Mysti-
zismus und spottete über den »Popen Iwan von Kronstadt«.

DEN 12. AUGUST 1892

Neulich retournierte ich W. R. Sotow das Kneipp'sche Heilbuch, das
mir seine Frau geschickt hatte. [...] Seine Bibliothek enthält alle auf
Rußland bezughabenden, in- wie ausländischen verbotenen Schriften,
darunter den sehr seltenen vollen ›Kolokol‹. Von Lermontow erzählte
er: »Ich war damals Schüler des Zarskoje-Sselo'schen Lyceums, und
Lermontow besuchte uns oft. Alle saßen im Freien und rauchten; Lermontow, den Husarenmantel nachlässig über die Schulter geworfen,
deklamierte uns beständig zotige Gedichte, und niemand von uns

---

[1] »Ach du, Hundesohn, du Kamarinskij Bauer!« (russ). Anfangszeile eines populären russischen Liedes (auch Tanzmotiv).

konnte ihm ein reineres, idealeres Talent zumuten. Er hatte eine
geduckte Gestalt und unangenehm bissig (язвительно)-höhnische
Züge; schön waren nur seine großen ausdrucksvollen Augen«.
Am 6ten d.M. war ich in der Stadt. Bei Albow (resp. Ssolowjow-
Nesmelow) traf ich Mamin-Ssibirjak, der dort genächtigt hatte und
sich ganz katzenjämmerlich blasiert gab. Von seinen eigenen Schriften
sprach er in recht wegwerfendem Ton; er mißt ihnen gar keine Bedeutung zu. Ich trank mit ihm Makarow'schen Rotwein bei Tscherepennikow; das ganze Gespräch drehte sich leider nur um seine im Frühjahr
im Kindbette verstorbene quasi-Frau, eine Schauspielerin, mit der er
nur 15 Monate lebte, aber sehr glücklich war, so daß ihr Verlust ihn
aufs Tiefste erschüttert. [...]

DEN 23. OKTOBER 1892

Gestern bei Mamin-Ssibirjak gewesen, wo auch Albow war. Mamin
erzählte Wunderdinge, Zaubermärchen von der Naturherrlichkeit
und dem unterirdischen Reichtum des Urals, seiner Heimat. Dann
sprach er von seiner Schriftstellerei. Seine Produktivität ist erstaunlich.
1873 begann er zu schriftstellern und hat bis jetzt 600 (sechshundert)
Bogen gedruckt; vierhundert Bogen sind noch Manuskript (darunter
eine Menge Dramen, die er zwei bis drei Mal umarbeitet, – aber kein
einziges Gedicht, da er die Technik nicht beherrscht). Jährlich schreibt
er wenigstens fünfzig Bogen (Albow saß die Zeit über gesenkten Kopfes beschämt da und sprach kein Wort). Dann zeigte er uns seine Raritäten: ein versteinertes Eichenholzstück, einen handschriftlichen
Ukas[1] aus dem sechzehnten Jahrhundert, uralte Münzen, seltene Edelsteine u.s.w. Im Gastzimmer und Kabinett hängen, stehen und liegen
in Lebensgröße und im Miniaturformat Portraits seiner Frau, über
deren Verlust er untröstlich ist, von der er nicht ohne Tränen in der
Stimme und in den Augen sprechen kann; dieser Tage wird sie exhumiert und in ein neues Grabgewölbe umbeerdigt werden. Mit rührender Zärtlichkeit hängt er an seinem sieben Monate alten Kinde
Aljonuschka. Er schenkte mir das Original seiner Novelle ›Die Gebrü-

1 Erlaß (russ.).

der Gordejew‹, die niemand für eine Unreinschrift erklären wird, da
kein einziges Wort drin gestrichen ist (und die akkuratesten Kopien
scheinen alle seine Manuskripte und sind doch Unreinschriften, die
Wort für Wort gedruckt werden; nur an seinen Dramen ändert er,
aber nicht durch Präzisierung eines Ausdrucks, sondern durch Neu-
schaffung ganzer Szenen, ganzer Aufzüge; ich betone hier ausdrücklich, daß er an einem halben Bogen vier Stunden schreibt) […].

Sodann sprachen wir vom Duell, das er eifrig verteidigte. Goethe
hält er für kein Genie, wohl aber Shakespeare; Schiller nennt er einen
Phraseur und kann ihn nicht ausstehen … – –

Am 19. d. M., um ½ 1 nachts, fand im »Bären« ein Gedächtnis-
schmaus zu Ehren Kolzows statt. Auch Michelson, der das Deutsche
ebenso beherrscht, wie ich das Französische, dem mein richtiges
Deutsch im Kolzow ein Gräuel ist und der in seiner Übersetzung,
recte Überschlappung, den ungebildeten Kolzow sogar in den falschen
grammatischen Formen nachahmte, war da. Mit dem Champagner-
glase in der Hand trat er zu mir und stellte sich vor nicht als Kon-
kurrenten, sondern als Mitarbeiter an einem großen Werke. Alle
applaudierten. Später, als wir unbeobachtet waren, meinte er, meine
Kolzow-Übertragung leide an zu eleganter Form und er sei nicht wie
andre Übersetzer, die lediglich des Geldes wegen arbeiten. Wenn der
Mann wüßte, daß mir meine Verdeutschungen kaum das Salz zum
Brot eingebracht haben!

Vom Souper kam Mamin zu mir. Damals erzählte er, in seiner
Vaterstadt Ekaterinburg seien im Laufe von drei Jahren nur zwei (2)
Exemplare seines Romans verkauft worden. Wir tranken Naliwka,[1]
und es ging schon auf sieben, als wir uns trennten. Unterwegs kehrte
er in die Wladimir-Kirche ein, wo Frühgottesdienst stattfand, »помо-
лился и поплакал«,[2] und ging heim in sein einsames Quartier, wo
ihn jeder Gegenstand (auf der Toilette stehen noch die Medizin-
flaschen) an seine unvergeßliche bildschöne Marussja erinnert. Ich
sah sie nur ein Mal: am 29. Dezember 1891 bei Ljubow Jakowlewna
Gurewitsch, wo ich auch Mamins Bekanntschaft machte […].

1 Ein Fruchtlikör (russ.). — 2 »Betete und weinte« (russ.).

[…] Gestern bei Lejkin gewesen, der in Romanen und Novellen die
Dialoge befürwortete, weil auf solche Weise dem Verfasser keinerlei
bestimmte und sentenziöse Urteile zugeschrieben werden, was sich in
der »отсебятина«[1] schwer vermeiden läßt. Tschechow entwickelte
seinen Plan eines billigen Monatsjournals: zwei Rbl. jährlich, was bei
einer Abonnenten-Zahl von hunderttausend zehntausend Rubel
Reingewinn abwerfen würde. Die Geldfrage berührte er mehrmals mit
sehnsüchtiger Liebe. Die Ehe lähmt die Schaffenskraft des Dichters.
(Jassinskij stimmte ihm natürlich freudig bei). »Wenn ich Geld hätte,
würde ich beständig auf Reisen sein; wie glücklich ist Nemirowitsch-
Dantschenko! Und doch könnte ich nicht für immer von Rußland
scheiden: Rußland ist für mich ebenso unerläßlich, wie ein Schnupf-
tuch« … Er empfahl mir dringend, Garins Novelle ›Im Dorf‹ zu lesen:
das volkstümliche Element sei selten schön behandelt. »Ich schreibe
nicht viel: acht Monate im Jahr ruh' ich aus«. – – – […]

Gestern nach Jahren wieder bei Wodowosows (recte Ssemewskijs) gewesen. Während des Abendbrotes mit N. N. Slatowratskij gesessen.
Petersburg gefällt ihm besser als Moskau, wo gar kein literarisches Leben herrscht. Er ist jetzt mit einer großen Arbeit beschäftigt, die aller
Wahrscheinlichkeit nach ›Дети освобождения‹[2] betitelt sein wird.
Ibsens Pessimus könne bei den Russen kein Verständnis finden: auch
der pessimistischste Russe hege optimistische Hoffnungen. Bei Feth's
Beerdigung nahm er nicht teil: »Ich habe nichts Gemeinschaftliches
mit ihm«. Ohne Begleitung fährt er nicht aus, da er an Ohnmachtsan-
fällen leidet. Mamin empfing mich mit küssender Umarmung und
dem Ausruf: »Fedja, Engel!«, den er im Laufe des Abends wohl zwanzig Mal wiederholte; in meiner Gegenwart pries er mich andern als einen »Fanatiker der Literatur«. Slatowratskij duzte er. Michailowskij
(N. K.) sagte mir: »Ich habe neulich mit meinem Sohn Ihren Kolzow

---

1 Das vom Autor selbst Hinzugedichtete (russ.). — 2 ›Kinder der Befreiung‹
(russ.).

gelesen und mit dem Original verglichen: die Treue und poetische Schönheit ist wirklich staunenswert!«

[...] Bei Mamin gewesen. Er klagte sehr über Geldmangel; durch sein Schreiben verdient er eine schwere Menge, doch alles geht auf zur Deckung alter Schulden, Erziehung des Kindes, Unterstützung des Vaters Marussjas, auf literarische Mittage u.s.w., während er selbst bei dem Frost in leichten Stiefeletten gehen müsse; seine eigenen Bedürfnisse seien äußerst gering, so daß er mit 10 Rbl. monatlich auskommen könne. Am Sonntag war er bei Lejkin. – »Du bist nicht konsequent: wenn du was gegen ihn hast, so mußt du auch nicht hingehen«. – »Ach, mein Freund, ich gehe auch in die ordinärsten Kneipen und Hurenhäuser!« – »Sag mal, was habt ihr eigentlich an Lejkin auszusetzen? ...« – Und ich hielt meine Verteidigungsrede. »Ich bin ganz mit dir einverstanden. Aber du kannst dir gar nicht vorstellen, was für Barbaren, was für Asiaten wir russischen Schriftsteller sind! Gemeinschaft gibt's gar keine, nur Zirkel (кружки), und sind mal zwei beisammen, so bilden sie drei Gruppen. Das Festdiner in der ›Nedelja‹ (am 25. Dezember) und Gaideburows-Weinbergs Jubiläum hätten fast mit Skandal geendigt; auch neulich bei Oppels gab's zwischen N. K. Michailowskij und Wlad. Ssolowjow eine unangenehme Szene. Gegen Lejkin haben Dawydows eigentlich nichts; die Besrodnaja aber fürchtete eine Begegnung mit Jassinskij – beide hatten mal was miteinander vorgehabt, was – weiß ich nicht. Ich bin vielleicht der einzige, der eine Ausnahme von der Regel macht: ich verkehre in allen Zirkeln«. – »Wie lange lebst du schon in Petersburg?« – »Bald zwei Jahre: am 22. März starb Marussja, und am 21. März 1891 kamen wir hier an«. – »Du sagtest, du besuchest Bordels. Das hast du doch nicht nötig: bei der großen Frauenbekanntschaft ...« – »Ich sehe, Engel, du bist noch ziemlich unerfahren. Nie, nie muß man ein Verhältnis mit einem Frauenzimmer, das man in Gesellschaften trifft, eingehen: sprich mit ihnen von den intimsten Gegenständen, aber laß dich nicht ein mit ihnen, wenn du nicht deiner Freiheit verlustig gehen und eine endlose Reihe von Unannehmlichkeiten haben willst. Das beste bleibt immer: du besorgst die Sache mit einem öffentlichen Mädchen, – dann trägst du keinerlei Verantwortung und es gibt keine Folgen, mit Ausnahme eines moralischen Katzenjammers, woran ich jedesmal tief leide«.

Auch Slatowratskij war bei ihm. Er hat eine Novelle mit dem Thema der Arbeiterfrage geschrieben, die indes von der Zensur nicht durchgelassen wird. Und da schlug er mir vor, sie ins Deutsche zu übertragen, damit alsdann eine russische quasi-Übersetzung gemacht werde. Ich gab dem Gespräch eine andre Richtung. – – –

Neulich Flexer-Wolynskij gesprochen. Als ich bemerkte, Meresh-kowskij sei durchaus nicht dumm, unterbrach er mich: »Aber auch nicht klug. Seine kritischen Sachen kenn' ich nicht, aber in seiner Poesie beherrscht nicht er den Stoff, sondern er wird vom Stoff beherrscht«.

DEN 14. JANUAR 1893

Heute mit Albow, Baranzewitsch und Tschechow im Restaurant Lomatsch (Morosow) gewesen. Albow ist erst gestern angekommen, ohne sich sonderlich äußerlich erholt zu haben. Obschon er die Zeit über nichts trank, hat er doch nichts geschrieben, sondern nur eng-lische Romane (russisch natürlich) gelesen.

Tschechow trank sehr akkurat: Rotwein mit Selters. Er behauptet, nie betrunken gewesen zu sein und Katzenjammer gehabt und irgend eines seiner Geheimnisse ausgeplaudert zu haben. Zu schriftstellern begann er 1879 und schrieb zu jener Zeit kleine Romane, die er für Übersetzungen aus dem Deutschen ausgab, und historische Anek-doten, die er sich ausdachte, ohne den geringsten geschichtlichen Anhaltspunkt zu haben. Er prophezeite den Sieg der Decadence in der russischen Literatur, »und dann – zu Baranzewitsch und Albow ge-wendet – werden wir nur dreißig Rubel pro Druckbogen bekommen«. Er teilt meine Gewohnheit: nur einmal des Tags, aber gründlich, zu essen, früh schlafen zu gehn und um 4 Uhr morgens aufzustehn. Dann gingen wir zwei zu Tscherepennikow. In diesem (d.h. vorigen) Jahre brachten ihm seine Bücher fünfeinhalb Tausend; drei davon gin-gen auf die Rechnung der Ssuworin'schen Typographie (er ist nämlich sein eigner Verleger und nicht Ssuworin, wie die Titelblätter seiner Bücher besagen), und mit dem übrigen bezahlte er die Schuld, die noch auf seinem Gute unweit Moskau lagert. »Ich schreibe sehr wenig, nur etwa zehn Bogen jährlich, und habe mir im ganzen nicht mehr als vierzig Tausend zusammengeschrieben. Themata hab' ich übergenug. Früher aber war ich sehr fruchtbar: es mögen gegen fünfhundert kleine Erzählungen von mir existieren, aber ich kann sie nicht sammeln, weil sie in den verschiedensten Journalen und Zeitungen erschienen waren, deren Belegnummern ich mir nicht aufgehoben hatte. Wie und wann soll ich sie nun zusammensuchen?!« (dies erzählte er übrigens nicht bei Tscherepennikow, sondern bei Lomatsch). Er bat mich, ihm das Lehrbuch von Oertel – nach welchem er im Taganrog'schen Gymnasium Deutsch gelernt – zu leihen: er will seine Kenntnisse auffrischen; doch habe er das Deutsch noch nicht völlig vergessen – hier nannte er einige Substantive mit ganz falschem Artikel. Nie im Leben hat er eine Unschuld genommen.

DEN 17. JANUAR 1893

Gestern am Abend waren Albow und Baranzewitsch. [...] Es ging schon auf zwölf, das Gespräch war im besten Gange, da wurde geklingelt, und herein kam Tschechow. Die beiden zogen sozusagen den Kopf in die Schultern und sprachen fast gar nicht, während Tschechow munter, doch leidenschaftslos, ohne den mindesten lyrischen Affekt, dabei jedoch nicht trocken, plauderte. Von Mereshkowskijs ›Verfall der russischen Literatur‹ meinte er, das Buch sei oft naiv, aber frisch, originell in den Ansichten und anregend geschrieben: »Aber der Gott, den er vorführt, ist der russische Sauf- und Freßgott, der Rußland ins Verderben stürzt«. Sodann erzählte er von seinem Aufenthalt auf Ceylon, seinen medizinischen Kuren und seinem Gute und überredete uns, diesen Sommer in seiner Nähe (unweit der Station Lopasnja der Moskau-Kursker Bahn) zu wohnen. Deutsch spricht er gar nicht und französisch noch weniger. Doch bevor er nach Chicago (Ende Mai) fährt, will er sich etwas im Deutschen einüben und bedauerte darum, daß ich den Oertel nicht besitze. Ich schlug ihm ein andres Lehrbuch vor, er aber meinte: »Nein, da müßte ich von vorne lernen, den Oertel aber kenn' ich und brauchte ihn nur mehrmals zu überlesen, denn viele Phrasen haften mir noch im Gedächtnis, wie z.B.: ›Ein Blinder saß am Wege und bettelte‹. Er ist ein großer Liebhaber vom Reisen, doch zieht es ihn nach seinem Gute, das ihm lieb

ist, weil er soviel Fleiß und Mühe darauf verwendet hat; »auch kann
man nur in Rußland gut leben: unser Essen finden Sie nirgends«. Auf
meine Frage, ob er ein überzeugter Arzt ist, antwortete er zögernd:
»Ja … ich glaube nämlich fest und weiß aus Erfahrung, daß die Medizin einige Krankheiten gründlich heilen und bei andern das Leben des
Menschen verlängern kann«. Er leidet furchtbar an Hämorrhoiden
und will sich in Sserpuchow operieren lassen. Und zwar wird's bald
geschehn, da er schon am Dienstag Petersburg verläßt: »Ich muß mich
endlich ans Schreiben machen: hier konnte ich auf keinen Fall dazu
kommen«. Anläßlich seines gestrigen Geburts- und heutigen Namens-
tages lud er uns zu Palkin ein, aber die Uhr ging schon auf drei.

Ich vergaß, hier am 14ten eine Anekdote zu verzeichnen, die Tschechow erzählte: »Der Typograph Golicke sagte mir, Polonskij habe ihn
gebeten, mich zu ihm zu bringen. Eines Tages begaben wir uns hin,
bald nach der Einladung. Golicke gab dem Stubenmädchen seine
Visitenkarte. Wir traten ein. Mein Begleiter hielt's für überflüssig,
mich vorzustellen. Wir setzten uns. Es begann ein gewöhnliches
Gespräch, während dessen sich Polonskij beständig nur an Golicke
wandte und mich völlig ignorierte. Das fiel nicht nur mir, sondern
auch ihm auf, und er machte ihn ziemlich geschickt auf meine Anwesenheit aufmerksam und nannte meinen Namen. Da erhob sich
Polonskij voll Erstaunen und sagte: »Also Sie sind Tschechow? Was Sie
sagen! (скажите!) Und ich glaubte, Sie seien – hier blickte er auf
Golicke's Visitenkarte – Gulików!!« Und noch lange wurde ich von
meinen Bekannten Gulików genannt«.

DEN 19. JANUAR 1893

Gestern in der »Russischen literarischen Gesellschaft« Vortrag des
Rhapsoden I. T. Rjabinin. Ich kam der erste, und alsbald kam D. W.
Grigorowitsch. Wir nannten uns einander. […]

Mereshkowskij war sehr nett, er scherzte, und von der früheren
Geziertheit ist fast nichts übrig geblieben. »Haben Sie Ibsens ›Baumeister‹ gelesen?« fragte er mich. »Nein, noch nicht; es soll allzu symbolisch sein«. – »Es soll! Das ist sein bestes Werk!« … »Vielleicht«,
ergänzte Awerkijew, »ist es sein bestes, insofern die übrigen wenig
taugen«. […] Die Sinotschka Mereshkowskaja ist recht mager ge-

worden, und auf ihren Wangen leuchtet ein verdächtiges Rot: »Ich habe die Schwindsucht«, meinte sie halb im Ernst, halb im Scherz. Die Coiffure à la Maria Baschkirzewa kleidet sie ungemein. Sie tat recht intim mit Tscherwinskij.

P. W. Bykow schriftstellert schon über dreißig Jahre; er hat eine große Menge metrischer Übersetzungen, u.a. das ganze ›Buch der Lieder‹, die er aber nicht herauszugeben gedenkt. »Was bin ich für ein Dichter! Ich bin Bibliograph, von der Schulbank an!« Diese und seine redaktorische Tätigkeit raubt ihm alle Zeit und macht ihn furchtbar nervös […]

Avenarius meinte, ich sollte russische Bylinen[1] übersetzen. »Ich stand in diesem Punkte mit Bodenstedt in Korrespondenz, aber erstens scheute er die viel Zeit raubende Mühe und zweitens hatte er das Russische vergessen«. […]

Tschechow wollte – als wir am Sonnabend davon sprachen – nicht hingehen: »Ich bin noch für drei Jahre das Mitgliedsgeld schuldig«, war aber doch. Ich machte ihn auf die umfangreiche Kritik der ›Палата‹[2] in der Beilage der ›Nedelja‹ aufmerksam, und er meinte: »Lange Rezensionen les’ ich nicht: wozu sich das Blut verderben?« Welitschko bat mich, ihn mit Tschechow bekannt zu machen, und zwar in folgender Form: »Sie wünschen, daß ich Sie vorstelle?« – »Vorstellen? Nein, aber bekannt machen«.

Awerkijew machte mich mit Alex. Ant. Potechin bekannt, der sehr liebenswürdig tat. »Sie hatten mich einmal besucht und mich nicht zu Hause angetroffen. Verzeihen Sie, daß ich Ihre Visite nicht erwidert habe; ich kannte Ihre Adresse nicht«. Bereitwilligst verewigte er sich in meinem Album:

»Встретился с Вами в первый раз в памятный для меня день, 18 января 1893 года, когда мы вместе слушали нашего русского рапсода И. Т. Рябинина«.[3]

Des Rhapsoden Vortrag fand er übrigens monoton.

---

1 Volkssagen (russ.). — 2 »Krankenzimmer« (russ.). Gemeint ist die berühmte Novelle Tschechows ›Krankenzimmer Nr. 6‹ (1892). — 3 »Bin Ihnen zum ersten Mal begegnet an dem für mich so denkwürdigen Tag, dem 18. Januar 1893, als wir zusammen unseren russischen Rhapsoden I. T. Rjabinin gehört haben« (russ.).

Heute in der Redaktion von ›Наше время‹[1] Apoll. Apoll. Korinfskij gesprochen. Ich kenne ihn seit zwei Jahren – wenigstens versichert er es selbst in dem Exemplar des »Vater-Unser« (einer quasi-Übersetzung des Luther'schen Liedes, arg mitgenommen von der russischen Zensur), das er mir vor einigen Wochen geschenkt. Ich traf ihn recht oft bei Ssolowjow-Nesmelow, ohne mich in ein eingehenderes Gespräch mit ihm einlassen zu können: es waren immer Menschen, und er gab sich stets bis zur Schüchternheit bescheiden. 1887 begann er zu schriftstellern, und zwar schrieb er von Ssimbirsk aus in Ssamara'er und Kasan'er Blättern Rezensionen von Journalen. In der Hälfte 1888 begann er eifrigst die Lyrik zu pflegen, doch gedruckt wird er erst seit 1890; bisher hat er in 20 Zeitschriften seine Gedichte veröffentlicht. […]

Am Abend kam zu mir Mereshkowskij in doppelter Umhüllung: einem gewöhnlichen wattierten Winterpaletot mit Pelzkragen und dito Mantel drüber (es waren 25 Grad). Er brachte mir seine ›Символы‹[2], die ›Об упадке современной русской литературы‹[3] und sein Portrait, dem man es nicht ansieht, daß das Original eine so bissige kritische Streitschrift verfassen könnte. Ibsens ›Baumeister Solness‹ sei »das großartigste, was er geschrieben; es ist das personifizierte Symbol und mithin das höchste, was die Kunst erreichen kann. Das Symbol ist angeboren und erzeugt sich selbst, die Allegorie jedoch wird geschaffen, wenn es dem Künstler an Kraft des Gefühls, Gedankens und Ausdruck gebricht« … »Gerh. Hauptmann ist ein mächtiger Dichter, der Tolstoj wenig nachgibt; die ›Weber‹ habe ich übrigens ihres Dialekts wegen nicht verstanden« … »Schiller ist mir widerwärtig durch seine süßliche Sentimentalität. Poesie ist nicht stürmischer Protest, sondern stille Entsagung« … »Das Genie ist nicht geistreich (остроумный), nur das Talent ist es; Beweis: Heine«. – – – Wir betrachteten Könneckes Bilderatlas, und ich war höchst erstaunt über seine umfassenden literarischen Kenntnisse, und zwar sind sie durchaus nicht oberflächlich: die geringsten Details aus Goethes (den er einen Gott nennt) Leben und Schaffen sind ihm bekannt. Unwill-

---

1 Die Zeitschrift ›Nasche wremja‹. — 2 ›Symbole‹ (russ.). — 3 ›Über den Verfall der gegenwärtigen russischen Literatur‹ (russ.).

kürlich rief ich aus: »Noch nie ertönten in meinem Quartier aus dem
Munde eines russischen Schriftstellers so viele fremdländische Schrift-
stellernamen wie heute!« Er lächelte: »Ja, die russischen Schriftsteller
sind, was die ausländische Literatur betrifft, furchtbar ungebildet«. –
»Wann haben Sie die Zeit gefunden, so viel zu lesen?« – »O, ich lese
mit großer Auswahl und nur, was mich interessiert; Pissemskij z.B.
kenn' ich fast gar nicht« … Wir kamen auf Musik zu sprechen. »Die
Musik kann ich nicht leiden, denn ich verstehe rein gar nichts von
ihr«. … Mit seiner hohen, lauten Stimme bombardierte er einen mit
Aphorismen und Paradoxen, z.B. »meine Feinde sind meine Freunde«. Beim Abendbrot rief er aus: »Wenn in unserer Wirtschaft doch
die gleiche Ordnung herrschte! Aber meine Frau ist keine Hausfrau!«
– »Dafür ist sie eine Schriftstellerin!« sagte Ljuba. – »Ich wollte, sie
ließe das Schreiben ganz und widmete sich der Wirtschaft!« … Über
Andrejewskij urteilte er ziemlich verächtlich: »Ein Advokatchen
(адвокатишка!)! Seine literarische Bildung ist ganz oberflächlich,
aber er paradiert mit schön klingenden Phrasen; übrigens hat er eine
scharfe kritische Witterung (нюх); seine Gedichte sind ziemlich
talentlos«.

DEN 18. FEBRUAR 1893

Gestern aus dem Alexandra-Theater mit Victor Krylow (Alexandrow)
nach Hause gegangen. »Die beiden ersten Akte der ›Hochzeit von
Valeni‹¹ sind gut, die übrigen aber schwach. Die Bock'sche Truppe
(Klein, Lotte Witt, die Dumont) ist ausgezeichnet; ich wäre glücklich,
stünde sie *mir* zur Verfügung!« – »Warum schreiben Sie nicht mehr
die Kritiken in den ›Nowosti‹?« – »Sie nehmen mir zu viel Zeit«. –
»Eine Rezension?« – »Ja, denn ich suche immer etwas Neues, Charakteristisches zu bringen und verwende darauf so viel Zeit, wie auf jede
andre Arbeit«. – »Vielleicht ebensoviel wie zu einem Drama?« fragte
ich lächelnd. – »Nun, das grade nicht, aber der ganze Vormittag geht
drauf«. – »Hoffentlich werden Sie nun auch den Schriftstellern Gehör
schenken, die sich allgemein über das Vermodern ihrer Dramen im

---

1 Schauspiel von L. Ganghofer und M. Brociner (1890).

Theaterarchiv beklagen?« – »Was sind das für Dramen?! Das Quark
gehört in den Abtritt und nicht ins Archiv!« – – –

Im Theater sprach ich Norden (Hasselblatt), dessen Komödie ›Der
Tugendbold‹ bald von Bock aufgeführt werden wird. – »Sie schreiben
in russischen Blättern?« – »Ja«. – »Da empfehle ich Ihnen mein Stück
zu Gnaden?« – »Die soll ihm werden, unter der Bedingung, daß während aller Akte kein einziger Schuß fällt!« – »Ich sehe, Sie kennen
mich schlecht. Knalleffekte kommen bei mir nicht vor«. – »Sie sind
um 10% in meiner Achtung gestiegen!« –

Vor etwa drei Jahren wurde ich mit dem Mann (im Theater, bei den
Meiningern) bekannt; er gab sich stets arrogant. Vorigen Sommer begegnete ich ihm auf der Station Udelnaja; beide fuhren wir zur Stadt.
Ich stieg in die 3. Klasse, während er mit nachlässiger Bewegung die 1.
betrat. Zuvor fragte er: »Was übersetzen Sie jetzt?« – »Lermontow«. –
»Soso, Sie wollen Bodenstedt überbodenstedten?« – »Ja, das will ich«.

DEN 14. MÄRZ 1893

Nordens ›Tugendbold‹ ist das gottverlassenste, langweiligste Stück, das
man sich nur wünschen kann. Am Dienstag, den 9. d.M., fand die
Erstaufführung statt. Die besten schauspielerischen Kräfte wirkten
mit (Klein, Eckert, Keßler, Ranzenberg, die Dumont, Moser-Sperner
etc.), doch es half nichts: das Publikum gähnte. Zahlreich waren die
Freunde des Verfassers erschienen (das Theater war übrigens nur halb
gefüllt, so daß die mehrfachen Reklamen der ›Petersburger Zeitung‹
ihre Anziehungskraft nicht bewährten), doch als der Vorhang nach
dem ersten Akt fiel, rührte sich *keine einzige* Hand. Nach Schluß des
zweiten – einem ziemlich stürmischen Moment zwischen der Dumont und Keßler – rührten sich ein Dutzend Claqueurhände, und
augenblicklich erschien, ohne auch nur von einer Stimme hervorgerufen worden zu sein, mit impertinenten Manieren der Autor und
verbeugte sich. Eine ekelhaftere Frechheit ist mir noch nicht vorgekommen! Den Tag drauf fand die zweite und letzte Aufführung statt.
Irgendein Gesinnungsgenosse rief den Verfasser, doch Bock meldete,
derselbe sei nicht anwesend; lautes Zischen seitens des Publikums war
die Antwort. Im Zuschauerraum, im Buffet, in den Korridors – überall sprach die vox populi das Todesurteil: »Unglaublicher Schund! –

Kein Funken von Talent! – Gott, wie langweilig! – Albernes Phrasen-
gedresch!« – etc. Sämtliche Zeitungen – die ›Petersburger‹ natürlich
ausgeschlossen – brachen den Stab über dem Stück. Und der arme
Verfasser? Vorgestern sah ich ihn auf dem Newskij. Er stolzierte einher, »als ob das Heil des Reiches auf ihm läge«, mit hocherhobenem
Kopf, den Begegnenden herausfordernd-geringschätzig in die Augen
blickend, als wollte er sagen: »Ich bin Norden!« Gestern war ich im
Theater (auf der Bühne), und Bock erzählte mir, der Narr (denn ein
solcher ist er nach dem folgenden) halte das Zeitungsgeschimpf für
eine abgekartete Intrige, und das Publikum sei zu grob, um für ein so
delikates Kunstwerk Verständnis haben zu können. Lotte Witt klagte
mir, er lasse ihr keine Ruhe mit seinem neuen Stück, in welchem sich
eine Rolle ausschließlich für sie fände: sie müsse es durchaus jetzt
lesen; sie weigert sich indes, da sie keinen freien Augenblick hat.
»Haben Sie von Hermann Bahr keine Nachrichten?« fragte ich. – »Ich
habe die Korrespondenz mit ihm abgebrochen, nachdem er ein solches
Buch geschrieben«. – »Sie meinen die ›Russische Reise‹?« – »Ja«. –

DEN 25. MÄRZ 1893

In der Nacht vom 23. auf den 24. starb Konstantin v. Jürgens, Theater-
rezensent an der ›Petersburger Zeitung‹ und Korrespondent in ausländischen deutschen Blättern. Seine Kritiken zeugten von Bildung,
Kenntnis und Geschmack. Seine Bekanntschaft machte ich während
einer Vorstellung der Meininger. Mehrfach haben wir zusammen ge-
kneipt und ein paar Mal uns gegenseitig besucht. Intim sind wir nicht
gewesen: er liebte es, mich als Anfänger zu behandeln, und suchte, mir
zu imponieren, was ich aber stets abwehrte. Indes ist nie ein böses
Wort zwischen uns gefallen, und er tat immer herzlich und freundlich.
Ich suchte ein gegenseitiges Besuchen der Familien zustande zu bringen, er meinte jedoch: »Meine Frau geht nicht in Gesellschaften;
kommen Sie erst mit der Ihrigen zu uns«. Ljuba ging nicht die erste.
Am 3ten November, wo ich diesjahrs meinen Geburtstag feierte, sahen
wir uns das letzte Mal. Er kam um sechs und blieb ein Stündchen (er
mußte ins Theater der »Palme«); ich wollte ihn zum Abend hier-
behalten und verhieß ihm die Bekanntschaft mehrerer russischer
Schriftsteller, er aber sagte: »Grade danach sehn’ ich mich am aller-

wenigsten«. (Er war übrigens gegen alles Russische und ganz fürs Deutsche). Damals schenkte er mir auch Klingers Werke. Ich habe in ihm den letzten Deutschen verloren, mit dem ich anregend über die europäische Literatur sprechen konnte. Folglich hab' ich in ihm sehr viel verloren!

Ich besuchte den Verstorbenen (Nieren, Herzfehler, Wassersucht), dessen Witwe beinah heiter-harmlos dreinschaute und leichthin meinte: »Na, einmal muß der Mensch doch sterben!«

Dann besuchte ich Mamin. Am Sonntag ist er aus Moskau zurückgekehrt; den Mann Marussjas hat er nicht angetroffen, seine Geschäfte jedoch mit der ›Russkaja mysl‹ und den ›Russkije wedomosti‹ zur Zufriedenheit abgewickelt. Sechzehn Zeitschriften (deren Titel er mir ablas) hat er einen Beitrag versprochen. »Ich habe jetzt die Front gekehrt. Von den ethnographischen Romanen und Novellen geh ich zu rein poetischen Stoffen über und habe eine Reihe Noctürnen – kleine psychologische Stimmungsbilder – im Plan«. Tschechow stellt er sehr hoch, Korolenko mutet ihn ganz fremd an, und Victor Hugo vollends ist für ihn eine »tarabarskaja gramota«.[1] Im Sommer will er einen Roman von dreißig Druckbogen schreiben. Wohnen wird er in Pawlowsk: dort seien viele Ärzte, und das Kind werde sich in dem herrlichen Park erholen. »Und dann die Musik! Ich muß unbedingt Menschenbewegung um mich haben. Wenn ich einen vollen Theater- oder Konzertsaal betrete, fühl' ich mich erfrischt und gestärkt ... Ja, ich weiß: das Publikum nennt mich einen Ethnographen. Sonderbar, warum wird Gogol nicht für einen solchen gehalten? Ich bin in demselben Grade Ethnograph wie er!« (»Aber nicht in demselben Grade Dichter wie er!« dachte ich). Er hat viel Scherereien mit dem neuen Grab Marussjas; vorgestern ist sie exhumiert worden; der Metall-Sarg ist noch nicht der Erde übergeben worden: er wird poliert und verlötet. Mit Begeisterung schilderte er die bevorstehende Osternacht auf diesem Kirchhof: auf allen Gräbern brennt ein Licht in einer kleinen Laterne. Er ist sehr gläubig; manchmal um 4 Uhr nachts geht er in die Isaaks-Kirche beten. – – – [...]

---

1 Unsinn (russ.).

Mit Baranzewitsch spaziert. »Ich bin mit dem ›Häuslichen Herd‹ bald
fertig. Ein Kapitel folgt rasch dem andern«. – »Das ist für den Leser
sehr angenehm, denn er braucht eine Erholungs- und Werkpause«. –
»Und ich habe in dem bereits erschienenen Kapitel von einem Druckbogen Länge«. – »Für mich, wenigstens, ist so was unerträglich, und es
hat mich die größte Anstrengung gekostet, die ›Братья Карамазо-
вы‹[1] zu lesen, wo oft mehrere große Oktav-Seiten hintereinander
keine Absatzlinie aufweisen«. – »Und ich habe Dostojewskij stundenlang im Strich gelesen, bis zum Kopfschmerz!« – »Ein schöner Genuß!« – »Die Literatur soll auch nicht Genuß bringen, sondern …« –
»Du meinst doch die schöne Literatur?« – »Ja … denn sie schafft
mühevolle Arbeit (труд), denn sie ist Wissenschaft (наука)«. – »Die
Literatur ist Wissenschaft?« – »Ja, denn sie soll uns belehren und unsre
Kenntnisse bereichern. Die verschiedenen Typen in den Romanen
z. B. regen uns zum Nachdenken an und füllen unsre Kenntnisse der
menschlichen Seelen aus«.

Lermontow gilt ihm für ziemlich unbedeutend, hingegen Puschkin
stellt er außerordentlich hoch, ich grade im Gegenteil, und da meinte
er: »Puschkins wegen werde ich mich noch einmal mit dir verzanken!«

Komisch war's gestern, wo ich ihn in Gegenwart Albows nach
einem Aphorismus fragte, den er neulich bei Gorbatschow gesagt, des-
sen Wortlaut ich aber vergessen hatte. Ich fragte ihn: »Wie war's doch:
der Dichter wird von den Verhältnissen bestimmt?« – »Nein, der
Dichter bestimmt die Verhältnisse«. Darauf fragte Albow ganz naiv:
»Welcher Erz-Dummkopf (набитый дурак) hat denn das gesagt?«
Ich verbeugte mich gegen Baranzewitsch und er sich gegen Albow.
Allgemeines harmloses Gelach. –

Ein paar Notizen über Albow, die ich bei jeweiliger Gelegenheit auf
kleine Blätter notiert und in das Heft gelegt hatte. – Im Scherz sagte
er: »Haben denn die Deutschen eine Seele? Sie haben ja nur Bocks-
dampf! (козлиный пар)!«. Am 29. April: »Die Kunst hat den Zweck,
die Menschheit zu veredeln«. Schillers ›Maria Stuart‹ hat er nie gelesen
(ich meine: nicht einmal russisch), um so erstaunter war ich, als er

---

1 ›Die Brüder Karamasow‹ (russ.).

gleich darauf meinen Lenau erblickte und fragte: »Das ist der, welcher
verrückt wurde?« – Den Roman ›Пшеницыны‹[1] gab er ursprünglich
in die ›Отечественные записки‹[2], aber Ssaltykow gab ihm das Werk
mit den Worten zurück: »Die Längen sind einfach unerträglich!« Es
erschien dann in der ›Delo‹, unter Michailow-Schellers Redaktion. –
Im Juni fährt er ins Poltawa'sche Gouvernement.

DEN 14. SEPTEMBER 1893

Heut mit Albow und Mamin auf dem Alexander-Newskij-Kloster-
Friedhof gewesen und verschiedene körperliche Überbleibsel von russischen Heiligen beäugelt; Mamin schlug vor dem Raritätenkasten ein
inbrünstiges Kreuz (Albow hatte ich nicht beobachtet). [...] Erst pries
Mamin in sentimentalem Ton die ortodoxe Religion, wobei er meinte:
»Die Deutschen stehen vor Bismarck und sitzen vor Gott«, dann begann er zu kannegießern und zu kwaspatriotisieren[3] und sagte: »Es
wäre für die Russen nützlicher, besiegt zu werden, als zu siegen, und
doch werden sie die Deutschen (acc.) besiegen ... spurlos zertreten,
wie man Speichel mit dem Fuß zerreibt ... und Berlin wird eine russische Gouvernement-Stadt werden«. – Ich schwieg und blickte, sozusagen mit den Augen trällernd, ins Weite. [...]

DEN 1. OKTOBER 1893

Albow hat sich photographieren lassen (für ›Nasche wremja‹) und
meinte heute, er sehe auf dem Bilde aus wie »ein alter wütender Man-
drill« ... In den ›Nowosti‹ las er die Sacher-Masochsche Erzählung
›Die Hyäne der Pußta‹ und war empört über die »vollständige Talentlosigkeit« des Verfassers. Hingegen lobte er die Marlitt (›Die zweite Frau‹
und ›Goldelse‹) und die Werner (›Glückauf!‹), die er russisch gelesen.
   Baranzewitsch teilte ganz seine Ansicht in bezug auf Sacher-Masoch. Dann meinte er: »Welch ein Wesen mit Maupassant getrieben
wird! Und der Mann ist nicht wert, unserm Tschechow die Schuh-

---

1 ›Die Pschenizins‹ (russ.). — 2 Die Zeitschrift ›Otetschestwennyje sapiski‹. —
3 D.h. als russischer »Kneipenpatriot« reden (zu Kwas siehe Fußnote 2 auf
S. 391).

riemen zu lösen!« Auch sagte er: »Wenn alle die ›berühmten‹ Schriftsteller, von denen du Lermontow-Briefe erhalten hast, so sind wie
Sacher-Masoch, dann bedaure ich die deutsche Literatur!«

Ja, ich weiß sehr gut, daß ein Sacher-Masoch in ihren Augen alle
deutschen Schriftsteller der Vergangenheit und Gegenwart zu Stüm-
pern herabwürdigen wird. Und ich weiß auch, daß sie mit Behagen
und Schadenfreude jede Gelegenheit benutzen werden, den Namen
Sacher-Masoch auf dem Panier, die deutsche Literatur überhaupt zu
befehden.

DEN 7. OKTOBER 1893

[…] In bezug auf den Brief von Georg Brandes zitiere ich eine Stelle
aus meinen ›Täglichen Notizen‹ vom 10. April 1887: »Jubiläum der
50jährigen Schriftstellertätigkeit Polonskijs. Um 6 Uhr Diner à 12 Rbl.
pro Person in der »Blagorodnoje Ssobranje«.[1] Diamantecht glänzende
Gesellschaft. Mit Georg Brandes Bekanntschaft gemacht; nahm mich
unter den Arm und unterhielt sich jeden freien Augenblick mit mir.
Bedauerte, auf meinen ›Nero‹ keine Antwort geschrieben zu haben,
weil er von Bücherzusendungen geradezu bombardiert werde; klagte
über den Zeitraub bei den Präparationen zu seinen (hiesigen) bevorstehenden Vorträgen durch unerwehrliche Reportervisiten; lud mich
zum Besuch ein«.

Der Einladung leistete ich aus Zeitmangel und Schüchternheit
nicht Folge. Aus dem Gedächtnis kann ich die Notiz durch folgendes
Wenige ergänzen: während des Diners erhob er das Glas und hielt zu
Ehren des Jubilars (von dem er keine Zeile gelesen, da er des Russischen nicht mächtig) eine französische Rede, in welcher er die Phrase
gebrauchte: »Le connaître – c'est l'aimer, et je l'aime!«

Arm in Arm promenierten wir den großen Saal auf und ab und
sprachen bald französisch, bald deutsch. Er bemerkte, all die anwesenden Damen seien geschmacklos gekleidet: »Die Russinnen verstehen
sich nicht zu kleiden!« Ich muß auch jetzt noch sagen, daß die Toi-
letten die feinsten waren, die ich je gesehen.

---

1 Wörtlich: Adelsversammlung – Klub und ständische Vereinigung der Adligen
in St. Petersburg, Moskau und anderen Städten Rußlands.

Alle russischen Schriftsteller waren empört über die Anmaßung, die er bei seinen Vorträgen an den Tag legte: besonders über die russische Literatur brachte er mit größtem Aplomb die größten Trivialitäten vor. Ich erinnere mich, auch die Zeitungen waren über ein solches Traitieren des Publikums von oben herab sehr ungehalten.

DEN 15. NOVEMBER 1893

Gestern bei mir Mereshkowskij gewesen. Er schreibt an einem Roman ›Julian der Abtrünnige‹, von dem schon zwölf Bogen fertig sind. »Da wahrscheinlich seitenweise von unsrer Zensur gestrichen werden wird, so möchte ich Sie bitten, eine Übersetzung ins Deutsche zu veranlassen. Sie selbst übersetzen nicht Prosa, ich weiß es; aber Sie haben gute Verbindungen mit ausländischen Schriftstellern und Verlegern«. Sinaida Nikolajewna beschäftigt sich mit einer Novelle aus der Köchinnen-Welt. Ich meinte, das Gebiet sei ihr doch wohl etwas fremd, er aber entgegnete: »Sie studiert eifrig ihr Thema, denn sie ist Naturalistin. Sie versteht's, diesen Leuten Vertrauen einzuflößen, und oft sitzen bei uns in der Küche fremde Köchinnen und vertrauen ihr all ihre Geheimnisse an«. – »Sie ist wohl dank Ihnen Schriftstellerin geworden?« – »Nein, sie hatte schon geschrieben, bevor ich mit ihr bekannt wurde …« Er sehnte sich fort ins Ausland: »In dieser Sklavenluft muß man ja ersticken!« Wir kamen auf seine Reisen zu sprechen, und Ljuba sprach von den Wundern von Capri. »Solche Naturschauspiele lieb ich nicht: alles sieht wie künstliche Dekoration aus. Die Natur ist nur schön in der Einfachheit und Großartigkeit«.

Über Ibsens ›Kaiser und Galiläer‹ urteilte er: »Der erste Teil ist prächtig, der zweite recht schwach«. Andrejewskijs Maupassant-Artikel nannte er »eine ganz leichtsinnige Arbeit«.

DEN 5. JANUAR 1894

Das war heute eine nichts weniger als literarische Beerdigung! Ich begleitete Iwanows Leiche von seinem Hause an bis zum Obwodnyj-Kanal. Der Leichenwagen selbst war sehr geschmackvoll und mit mehreren schönen Kränzen behangen, aber in der Zahl der »Leidtragenden« (etwa 40) sah ich entweder versoffene Reporter-Gesichter, noch

Gentlemen (Mitglieder des Fluß-Jacht-Klubs, dessen Barde der Verstorbene gewesen und die den besten Kranz gespendet); von Schriftstellern waren nur zwei erschienen: der alte S. W. Maximow und A. A. Korinfskij. Als der Zug der Ligowka entlang fuhr, lief ich ins Comptoir der Pferdeeisenbahn-Gesellschaft zu Baranzewitsch, um ihn zum Mitgehen aufzufordern; er war aber tatsächlich sehr beschäftigt. Als ich die Abwesenheit der Literaten beklagte und ihre Schuld durch die Tagesfrühe (es war ½ 10) etwas zu mildern suchte, sagte er: »Gestern, um 8 abends, während der Seelenmesse, sah ich auch keinen einzigen Schriftsteller. Da hörte ich auch, wie eine Frau zur andern sagte: ›Da kamen sie her und soffen ihn an (спаивали), und jetzt kümmert sich niemand um die Waisen! …‹ Als ich das letzte Mal öffentlich mit ihm las, war er ganz eingeknickt (осунулся), so daß ich, als ich heimkam, der Frau sagte: ›Der wird sicher bald sterben!‹«

Iwanow starb als Junggeselle; doch sah ich hinter dem Sarge zwei ärmlich gekleidete Waisen-Mädchen schreiten.

In der Zahl der Begleitenden sah ich ich auch einen hohen Jüngling mit einem Plaid um die Schultern, blassen Angesichts, mit verzückt blickenden Augen und lockigem Haar – eine echte Dichterphysiognomie. Kein Mensch sprach mit ihm, wie auch bei Gaideburows Beerdigung, wo er unwillkürlich die Aufmerksamkeit auf sich zog. Ich fragte Korinfskij, ob er ihn kenne. »Nein, ich weiß nur, daß er Jemeljan heißt, von Redaktion zu Redaktion läuft, seine Sachen überall zurückerhält und an jeder Schriftsteller-Beerdigung teilnimmt«.

Ich notiere das, denn man kann nicht wissen …

DEN 14. JANUAR 1894

Gestern Abend waren bei mir: Wlad. Tichonow, Kign (Dedlow) und der Sohn von Apollon Grigorjew (Alexander Apollonowitsch, ein pietätsvoller Verehrer seines Vaters und sehr belesener Mensch in der modernen Literatur; am 9ten tranken wir zusammen Champagner).

Als Tichonow den Heine auf meinem Tisch sah, rief er aus: »Ah, Heine! Er war mein Lieblingsdichter, und ich kannte viele Gedichte auswendig; einst nämlich kannte ich gut die deutsche Sprache«.

Bei Tisch wurde über das Grigorowitsch-Jubiläum gesprochen, und Tichonow meinte: »Gewiß, er hat's nicht verdient« (»Mein Vater sprach ihm alles Talent ab«, schaltete Grigorjew ein), »aber ich bin doch freudig hingegangen, um, sei's auch nur durch eine Person, die Zahl der Feiernden zu vergrößern. Es ist nämlich von größter Wichtigkeit für den Literaten-Stand, daß von ihm so viel als möglich im Publikum gesprochen wird zum Trotz (в пику) all den Generälen und exzellenten Beamten, die sich mit ihren Jubiläen in den Zeitungen so breit machen. Wie ärgerlich war's mir, als die ›Nowoje wremja‹ die Anzeige von Iwanow-Klassiks Tod nach einigen Ratsräten ganz zuletzt, statt ganz zuerst und mit großen Buchstaben, brachte.

Ich habe nur drei Leidenschaften: die Liebe zu meinen Kindern, die Liebe zur Literatur und die Liebe zu Kign. In der russischen Literatur bete ich zu drei Gottheiten: zu Gott-Vater Tolstoj (Lew), zu Gott-Sohn Dostojewskij und zu Gott-Heiliger-Geist Puschkin … Nekrassow ist bei weitem nicht so schlimm gewesen, wie geklatscht wird; jedenfalls hat er viel und wahr gelitten« [...]

Je mehr er trank, desto liebenswürdiger, harmloser und lustiger wurde er, und es war das Leben selbst, das in ihm pulste, so daß ich ihm sagte: »Welchen Kontrast bilden Sie z.B. zu Albow. Dort – psychische und pathologische Krankheit, bei Ihnen – körperliche und seelische Gesundheit!« – »Fjodor Fjodorowitsch, ich danke Ihnen für dieses Wort! Wollen wir Bruderschaft trinken!« … Es geschah. [...]

DEN 9. MÄRZ 1894

Gestern im Alexandra-Theater Nordens ›Recht zu lieben‹. Gneditsch meinte: »Das Stück ist wenig szenisch, doch sehr literarisch (литература)« … Reinholdt erzählte: »Vorgestern hörte ich, wie Krylow-Alexandrow jemand gegenüber von der Dumont sagte, sie »dusiere«. Ich habe den Ausdruck in meiner Rezension aufgeschnappt, und Krylow wird sich heute beim Lesen nicht wenig gewundert haben!« – –

Am 4. d.M. waren wir bei A. A. Slepzow zum letzten Jourfixe, wo etwa 50 Personen waren. Sehr fein. [...] Um 2 Uhr fuhr ich, von Mamin überredet, mit ihm zu Baranzewitsch, der seinen Namenstag feierte. [...]

Am 6. d.M. besuchte mich Korinfskij und blieb nur kurze Zeit, da wir fortmußten. [...] Er beabsichtigt, den ganzen Mirza-Schaffy

(›Lieder und Sprüche‹) zu übersetzen und bat mich, ihm noch ein paar kleine Gedichte von Leuthold Wort für Wort zu übertragen, wie ich es mit ›Leise, windverwehte Lieder …‹[1] getan.

BERLIN, MITTWOCH, DEN 18./30. MAI 1894

Heute begann ich meine Schriftstellervisiten. Erst ging ich zu R. Löwenfeld, doch da hieß es: »Der Herr Doktor liegt schon seit mehreren Wochen im jüdischen Krankenhause am gastrischen Fieber darnieder; wird aber nach einigen Tagen als gesund entlassen werden«. E. Wichert empfing mich freundlich; ich dankte ihm für seinen Lermontow-Brief. Über seinem Schreibtisch ragt eine mächtige Büste empor (ich konnte das Gesicht nicht sehn, da es dem Fenster zugekehrt ist) mit einem riesigen Lorbeerkranze, und ich fragte: »Der stammt gewiß von Ihrem Jubiläum?« – »Ich habe ihn in Königsberg erhalten d. h. ich habe aus einer Menge Kränze je ein Blatt genommen und zu diesem einen vereinigt; hier in Berlin ist man nicht freigebig mit Lorbeer! …« Unser ferneres Geplauder entbehrte jeglichen Interesses. Er schenkte mir sein Portrait, das schon ein paar Jahre alt ist; jetzt hat sich der Bart stark gelichtet und das Gesicht gevollt (ich finde im Augenblick kein Verbum für voll werden).

Sodann zu Heinrich Seidel (Karlsbad[2]). Im Vorzimmer übergab ich meine Karte einem Knaben; nach etwa drei Minuten erschien eine Hünengestalt und fragte, ohne mir die Hand zu reichen, unsicher leise: »Wa-as …« – »Ja, wünschen Sie die Konversation im Vorzimmer zu führen?« entgegnete ich herausfordernd und kehrte mich zur Tür. »Wa-as wü-ünschen Sie?« – »Nichts als Ihnen mitzuteilen, daß ich Ihren Brief auf meine Lermontow-Sendung erhalten habe!« (Ich sagte es schroff und drückte auf die Klinke). – »Ah … ich habe vergessen … bitte … treten Sie ein!«

Widerstrebend betrat ich sein Kabinett, wir nahmen am Tisch uns gegenüber Platz, und ich sah in ein Paar der gutmütigsten Augen, zu denen bald das etwas ungelenke, bescheiden zurücktretende Wesen des Mannes und seine leise, fast schüchterne Stimme wirksam stimmte;

---

1 ›Blätterfall‹, Gedicht (1870) von Heinrich Leuthold. — 2 H. Seidels Berliner Adresse.

meine grollende Erregung legte sich alsbald. »Ich schrieb grade an meiner Autobiographie; die Hälfte ist fertig, und das Ganze wird wohl schon im August erscheinen«. Er sprach über den Aufsatz ›Fritz Reuter und Heinrich Seidel‹[1] (in den ›Deutschen Schriften für L[iteratur] und K[unst]‹ Eugen Wolffs) und klagte: »Das übertriebene Lob hat mir sehr geschadet. Ich bitte Sie, wie kann ich mich mit Gottfried Keller messen?! Das ist ein so feiner Humorist! …« Er zeigte mir seine von Liebeskind äußerst elegant herausgegebenen Werke, von denen jeder Band eine schriftliche Dedikation an seine Frau enthält. Auf dem Tisch sah ich ein Buch von Johannes Trojan liegen und fragte: »Er wohnt, glaub ich, Wormser Straße?« – »Nein, nicht mehr, jetzt beim Zoologischen Garten, Marburger Straße 12. Er sucht sich stets ein Quartier an leeren Stellen und wohnt da solange, bis er ganz eingebaut wird; dann zieht er wieder um …« Beim Abschied fragte ich ihn: »Sind Sie in Petersburg gewesen?« – »Oje!« – »Wann denn und wo waren Sie abgestiegen?« – »Ach so! Und ich hatte verstanden, ob ich in Petersburg gelesen werde! Nein, da war ich nicht. Ich bin überhaupt nicht fürs Reisen: nicht mal am Rhein bin ich gewesen«.

Er schenkte mir sein Portrait und schrieb mir ins Album:

> Ach, es gibt doch noch gute Dinge,
> Nachtigalle, Rosen und Schmetterlinge,
> Goldnen Wein und roten Mund
> Und ein Herz frisch und gesund!

Ich vergaß hier Wicherts Einschrift (die etwas mehr Deutlichkeit wohl vertragen könnte!) [zu notieren]:

> Alle Kunst ist schöner Schein;
> Will sie wahr, soll sie nicht wahrer sein.

Seidel fast gegenüber wohnt Alfred Friedmann. Höchst elegante Treppe. Das Stubenmädchen ging mit meiner Karte ins Nebenzimmer, und ich hörte den näselnden Bescheid: »Ich lasse bedauern: wir haben uns eben zu Tisch zu gesetzt!«

---

1 Gemeint ist die Schrift von Alfred Biese ›Fritz Reuter, Heinrich Seidel und der Humor in der neueren deutschen Dichtung‹. Kiel 1891.

Nun ging ich zu Rob. Schweichel. Er ließ mich sofort vor, obgleich er auf dem Diwan lag und schlummern wollte. Eine solch herzinnige Freundlichkeit in den Augen und im schönen, von langen weißen Haaren umwallten Gesicht hab ich selten bei jemand angetroffen. Er blätterte in meinem Album und versuchte russisch zu lesen: d. h. er nahm die russischen Zeichen für lateinische, und das ergab gar manche komische Lautverbindungen. Er schrieb mir ein (der dreiundsiebzigjährige Greis im gemütlichen Schlafrock eilte jünglingsfrisch an den alten Schreibtisch):

»Wer sich selbst getreu bleibt, verliert sich nie im Getümmel der Welt«.

Auch sein Portrait schenkte er mir, das prächtig getroffen ist. Wir plauderten und schwatzten auf die harmloseste Weise. Für den Sommer will er in die Schweiz an den Vierwaldstätter See, ich empfahl ihm den »Lion d'Or« in Weggis, und er notierte sich die Adresse. Ich verließ den liebenswürdigen Greis mit stillem, befriedetem Wohlgefühl.

DEN 19./31. MAI 1894

Mit dem Theaterdirektor Philipp Bock (den wir in Steglitz besuchten) fuhren wir gestern in das köstliche »Italien in Berlin«. In einem englischen Ausschank-Gebäude machte er mich mit Rudolf Genée bekannt, der Porter trank; wir ließen uns einen Whisky geben. Er erzählte von seinem Aufenthalt in Rußland, wobei ihm in Reval folgendes Mißverständnis begegnete: »Am Bahnhof mietete ich einen Iswostschik[1] zum Hotel für einen Rubel. Angekommen, gab ich ihm das Geld, er aber streckte mir die Hand vor; ich gab ihm zwanzig Kopeken, er nickte dankend und hielt wieder die Hand vor; ich gab ihm noch zehn Kopeken, er dankte und streckte mir von neuem die gehöhlte Hand hin; da riß mir die Geduld, ich klingelte den Portier heraus und beklagte mich über die Unverschämtheit des Kutschers; und was erwies sich? Er wollte nur seine Blechmarke zurückhaben!«

Bock verließ uns, und wir setzten uns in eine andre Trinkstube. Ich bestellte eine Flasche Hochheimer. Er sprach viel von seinem Hans-Sachs-Werk und ich fragte, an wem denn sein Herz mehr hänge, an

---

1 Droschkenkutscher (russ.).

H. Sachs oder Shakespeare. »Ach, da habe ich sozusagen zwei Herzen:
das eine hängt an Shakespeare, dem genialen Dichter, das andre an
Hans Sachs, dem großen Menschen und typischen Repräsentanten einer charakteristischen Epoche«. Von Gontscharow meinte er: »Ich
kenne nur den ›Oblomow‹ und bin entzückt von dem Werk; für die
mitunter beinah unerträglichen Längen wird der Leser immer vollauf
entschädigt«. Über Wilhelm Jordan als Rhapsoden urteilte er: »Darin
ist er lediglich ein Kommis-Voyageur: das Geldverdienen galt ihm als
Hauptsache, so daß er beim Billetverkauf seinen eigenen Wächter
anstellte, der den Kassier kontrollierte; früher ging er von Bekannten
zu Bekannten mit einem Pack seiner Schriften unter dem Arm und
verkaufte sie«. Von Gutzkow erzählte er: »Es ist sonderbar: der Mann,
der für so kalt und schroff galt, liebte mich mit rührender Zärtlichkeit,
so daß die Ärzte, als er geisteskrank war, von meinem Besuche eine
wohltätige Wirkung erhofften; dieselbe trat scheinbar auch ein, doch
nur ganz vorübergehend«. – »Wie verhält es sich mit seinem Tode?« –
»Ja, das ist eine dunkle Geschichte; vielleicht war's Selbstmord, wie er
einen solchen schon versucht hatte«.

Genée war sehr aufgeräumt und redete meiner Tochter zu, zu trinken, was meinerseits auf ein Veto stieß; es wurde gescherzt und gelacht. Durch ein Fenster sahen wir ein entzückendes Mädchen, als
Italienerin verkleidet, vor einem Ladentisch, der außen an die Trink-
halle angebaut war, hantieren; wir tranken mienensprechend auf ihr
Wohl, sie nickte uns lächelnd zu, und wir gaben uns gegenseitig das
Versprechen, heute ein lyrisches Gedicht zu schreiben. Ins Freie ge-
treten, schritt Genée zu dem Buffet und ließ sich von der Holden ein
Gläschen Kognak einschenken.

Wir setzten uns in die Trambahn und fuhren heim. An der Station
angekommen, stieg meine Frau und Tochter aus, ihr folgte Genée, in
diesem Augenblick setzte sich der Waggon wieder in Bewegung,
Genée, mit dem Rücken zum Kutscher gekehrt (wir standen auf der
hinteren Plattform), sprang ab, hielt sich indes mit der Hand fest, fiel,
wurde ein paar Schritte vorwärts geschleift und blieb rücklings liegen;
dicht auf ihn zu folgte ein andrer Waggon, ich sprang über sein eines
Bein und fuchtelte mit dem Stock vor den Pferden, so daß der
Kutscher sofort bremste. Wir richteten den Gefallenen auf: der kleine
Finger der rechten Hand blutete sehr stark, der Nagel des linken

Daumens war zerbrochen. Wir wollten ihn heimgeleiten, doch er
sagte »Das tut nichts!« und ging rüstig davon.

20. MAI / 1. JUNI 1894

Verabredetermaßen ging ich gestern zu R. Genée. Er bewohnt neue
Junggesellenwohnung (er ist nicht verheiratet) von drei Zimmern;
außerdem vermietet er zwei an eine ruhige Tischlerfamilie. Er zeigte
mir verschiedene Shakespeare- und H. Sachs-Ausgaben, auch eine
Buchhändleranzeige der Edwin Bormann'schen Schrift ›Das Shakespeare-Geheimnis‹, die Bacon rehabilitiert, zu der er meinte: »Das
ist ein bodenloser Unsinn!« Über Julius Wolff (als er mir eine Empfehlung an ihn schrieb, mußte er erst nachsehn, ob der Name ein oder
zwei »f« enthielt) urteilte er: »Das ist ein frisches, naives, ursprüng-
liches Talent«. Ins Album schrieb er mir:

> Das Neue frohgemut gestalten, –
> Das Alte liebevoll verwalten.

Auf seinem Portrait, das er mir schenkte, sieht er viel voller aus, obschon das Bild recht gut getroffen ist.

Er folgte mir zu Gerson (in den früheren Kaiser-Bazar), wo ich
meinen neuen Anzug anprobierte; dann aßen und tranken wir in der
Brauereistube von Siecken; gesprochen wurde nichts des Verzeichnens
Würdiges. Er begrüßte und verabschiedete sich mit der linken Hand.

Er malt, spielt Klavier und ist ein großer Mozart-Verehrer (»Er ist
mein Gott!«), so daß er hier eine Mozart-Gemeinde ins Leben gerufen
hat. – –

Schriftlich eingeladen, begaben wir uns zu Maximilian Bern. Die
Ausstattung seiner Wohnung wirkt ästhetisch anregend. Ein so reizendes, schönes und kluges Geschöpfchen, wie seine im sechsten Jahre
stehende Tochter Vera, hab ich selten oder nie gesehn; die Photographen reißen sich darum, sie gratis abzunehmen, um das Bild im
Schaufenster auszustellen. Bern, der ebenso jung aussieht wie vor
neun Jahren (1885), als ich ihn in Wien kennenlernte, ist in bezug auf
Schriftsteller der alte Skeptiker geblieben und scherzte über meine
Sucht, Literatenbekanntschaften zu machen: »In Rußland sind sie
vielleicht interessant, hier – flach, nüchtern und langweilig, so daß ich

das Plaudern mit unserm Hänschen, dem Kanarienvogel, einer Unterhaltung mit ihnen vorziehe … Da ist Grün-Deutschland! Das ist die reine Unnatur, die sich mit Vorliebe im Kote wälzt: der Schmutz dient nicht als Mittel, sondern als Zweck. Neunzehnjährige Knaben geben sich für impotent aus, um ihre großen Lebenserfahrungen zu beweisen und interessant zu erscheinen. Ein Buch eines ihrer Gesinnungsgenossen, das nur zwei Jahre alt ist, gilt schon für einen überwundenen Standpunkt, sie wissen selbst nicht, was sie wollen!« – »Sie verkehren also wenig mit Schriftstellern?« – »Gar nicht; Briefe erhalt ich von vielen, und [es] kommen einige, doch ich geh zu keinem«. – »Schreiben Sie keine Memoiren?« – »Ich beabsichtige sie, und sie werden sehr interessant sein!« – »Was haben Sie während dieser drei Jahre Neues verfaßt?« – »Nichts, einige redaktionelle Arbeiten abgerechnet«. – »Warum denn nicht? Stoff haben Sie doch wohl genug und auch Muße. Dienen Sie irgendwo?« – »Nirgends, bin den ganzen Tag über frei. Stoff hab ich massenhaft. Einst war ich sehr reich gewesen, dann sehr arm; mit einer Zirkusbande zog ich als Lehrer der kleinen Akrobaten, die doch nicht ganz ohne Bildung bleiben konnten, von Stadt zu Stadt und machte dabei reiche Erfahrungen«. – »Warum verwerten Sie sie denn nicht?« – »Das tut meine Frau, der ich die Themata gebe und die sie im Handumdrehen verarbeitet« … Die Fortsetzung über die Familie Bern-Wohlbrück folgt später. – – –

Heute ging ich zu G. Karpeles. Als ich dem Stubenmädchen meine Karte gab, sagte sie: der Herr ist wahrscheinlich zu Hause, ich will mal nachschauen. Erst nach etwa drei Minuten kam sie mit der Meldung: der Herr ist sehr früh ausgegangen«. – »Wann kommt er?« – »Ja, das kann ich Ihnen nicht sagen; vielleicht am Abend«. – »Wann ist er zu sprechen?« – »Ja, das weiß ich nicht«.

Ich glaube, der Mann hat sich verleugnet aus Furcht, ich wäre gekommen, um ihm etwas abzunehmen für die Mühe, die ich beim Korrekturlesen der russischen Abteilung seiner ›Geschichte der allgemeinen Literatur‹ gehabt!

Drauf zu dem alten Max Ring, den ich mir jedoch viel älter vorgestellt hatte. Ein Käppchen auf dem Kopf, empfing er mich freundlich begrüßenden Blickes und führte mich in sein großes Kabinett; während der ganzen Zeit unsres Gesprächs bewegte er die Lippen, als wenn er mit den Vorderzähnen etwas kaute. »Ihren Lermontow habe

ich in die Abteilung jener Bücher gestellt, die mir die liebsten sind«. Er
fragte: »Was macht denn Viedert?« – »Der ist schon lange im Pferde-
bahnwaggon plötzlich gestorben«. – »Also tot! Schade, schade! Er
war, glaub ich, der erste, der die russische Literatur bei uns einführte.
Ich sah ihn oft bei Varnhagen«. – »Sie haben Varnhagen gekannt?« –
»O, sehr gut! Ich war ja mehrere Jahre Hausarzt bei ihm. Was war das
für ein geistreicher, lieber Mensch!« – »Auch die Rahel?« – »Nein, ich
kam erst 1850 nach Berlin« … Bald wird seine Autobiographie erscheinen. »Ich möchte noch gern einen Band meiner Gedichte herausgeben, sonst, nach meinem Tode, wird sie mein Sohn, der freilich
nicht Schriftsteller, sondern Jurist ist, herausgeben«. Ins Album
schrieb er mir:

> Von Volk zu Volk, von Land zu Land
> Schlingt Geist und Kunst ein Bruderband.

Er hatte kein einziges neues Portrait und schenkte mir darum eines
nach einem Ölgemälde von Anton Weber aus dem Jahre 1879, das aber
doch noch genug Ähnlichkeit mit dem heutigen Menschen hat. Er
begleitete mich bis auf die Treppe hinaus: »Ich gehe nicht aus, denn in
meinem Alter muß man dafür sorgen, sein Leben nicht mutwillig zu
verkürzen«. – –

Auf der Treppe eines Hofgebäudes klingelte ich, und die Türe öffnete mir ein schlanker Jüngling. »Ich wünsche, Herrn Heinz Tovote zu
sprechen«. – »Ich bin Tovote. Bitte!«

Er führte mich durch einen dunklen Korridor links in ein kleines
Zimmer, wo ich kaum Platz finden konnte, so verkramt war alles; auf
der Diele lag ein offener Koffer mit Wäsche, Büchern etc. »Sie finden
mich grade beim Einpacken: nach einer Stunde reis' ich in den
Schwarzwald, um dort ruhig zu arbeiten« … Ich bot ihm eine russische Zigarette an. »Danke, ich bin ein leidenschaftlicher Nichtrau-
cher« … Er zuckte die Schultern: »Ja, was soll ich denn einschreiben?«
Er legte das Album auf den Schreibtisch, wobei ein Papierständer
umfiel. »Da fällt mir nun alles um und nichts ein!« Doch im selben
Augenblicke schrieb er: »Die Liebe ist die Poesie des Egoismus!« Er
schenkte mir sein Buch ›Heimliche Liebe‹ mit der Aufschrift auf dem
Schmutztitel: »Es gibt nichts unheimlicheres als eine (Heimliche
Liebe) … H. T[ovote] s[einem] Kollegen F[iedler]«.

Er besaß nur ein einziges Portrait, das auf dem Schreibtische neben dem einer jungen Dame stand; er gab mir aber ein ganz kleines (wie sie auf Visitenkarten geklebt werden) und versprach, ein richtiges nach Petersburg zu schicken. Auf diesen sieht er affektiert und verhurt aus, während so sein Gesicht offen, natürlich, frisch und zum Verlieben lieblich ist; ich sagte: »Aufrichtig gesagt, möchte ich das Bild auch gar nicht haben: hier sind Sie höchstens Ihr Bruder!«

Ich fragte: »Ist Schlaf hier?« – »Nein, ich glaube, er ist wo in Dresden«. – »Und Holz?« – »Das weiß ich wirklich nicht«. – »Aber Sudermann?« – »Auch das kann ich Ihnen nicht bestimmt sagen«. – »Aber das nimmt mich sehr Wunder! Ich glaubte, die jungen Schriftsteller hielten in Berlin fest zusammen!« – »O, da irren Sie sich! Ich wenigstens meide die Schriftsteller: man gewinnt zu leicht eine vorgefaßte Meinung und wird überhaupt unfrei; ich verkehre nur unter Nichtschriftstellern und studiere die Menschen« … Als ich ihm sagte, daß ich auf der Rückreise vielleicht in Wien Bahr sehen werde, sagte er: »Dann, bitte, grüßen Sie ihn herzlich von mir!«

Von Tovote ging ich zu Sudermann. Der Portier sagte mir, daß er stets um 2 Uhr zu Hause sei; es war wohl seine Mittagsstunde, als ich klingelte. Er selbst öffnete mir die Tür, eine hohe, schlanke Gestalt. »Ah, freut mich sehr, Ihre Bekanntschaft zu machen! Bitte, treten Sie ein!« Er führte mich in ein prächtiges kleines Zimmer mit kostbaren alten Ölgemälden und Marmorbüsten. Er schien es sehr eilig zu haben, denn bei jedem Wort, das ich antwortete oder fragte, sagte er: »Ja-ja-ja« und schaute mir dabei mit seinen freundlichen Augen gerade ins Gesicht. Ich erzählte, daß man ihn bei uns gedruckt meist »Sundermann« nennt. »Ja-ja-ja, auch hier geschieht's manchmal, aber nur mündlich«. Als ich ihn bat, sich im Album einzuschreiben, sagte er: »Ja-ja-ja, sehr gern; aber ich habe grade Besuch und werde Ihnen das Buch in Ihr Hotel schicken«. – »Solche Kostbarkeiten geb ich nicht aus den Händen!« – »Ja-ja-ja. Nun, ich will's gleich tun!« … Er ging ins Nebenzimmer, aus dem es wie Messergeklapper klang, und kam gleich drauf wieder. Eingeschrieben hatte er: »Schuldig müssen wir werden, wenn wir wachsen wollen (›Heimat‹, Akt III)« … »Leider kann ich Ihnen mein Portrait nicht geben: ich komm eben aus Italien, und alles ist noch verkramt; aber ich schick es Ihnen ganz bestimmt!« … Unser ganzes Beisammensein dauerte höchstens sieben Minuten.

Noch kürzer war dasjenige mit Lubliner (Hugo Bürger), den ich überhaupt gar nicht zu Gesicht bekam. Das Stubenmädchen war sehr freundlich: »Ja, der Herr ist zu sprechen«. Mit meiner Karte ging sie in ein Zimmer und kam zurück mit der Meldung: »Der Herr ist sehr beschäftigt; in welcher Angelegenheit kommen Sie?« – »In redaktioneller, aber nun wünsch ich selbst Ihren Herrn nicht zu sehn!« Mit diesen Worten öffnete ich die Tür und ging.

Zu Herman Grimm. Er kam ins Vorzimmer. »Womit kann ich dienen?« – »Ich wollte mich nur für Ihren freundlichen Lermontow-Brief bedankt haben«. – »Ah, so! Sie sind der Verfasser?! Es freut mich, Ihre Bekanntschaft zu machen; bitte, näher zu treten!« Er sprach über Rußland. »Es ist eigentlich recht gut, daß die russische Sprache den Balten aufgedrungen wird: auf solche Weise werden sie leichter ihren Einfluß auf die Russen ausüben können! … Sagen Sie: haben Sie bei Ihrer Übersetzung viel hinzugetan und fortgelassen?« – »Wie meinen Sie das?« – »Nun, beim Übersetzen geht's ja nicht anders!« – »Es geht sehr gut. Freilich kann in der Übersetzung ein unbedeutendes Attribut ausgelassen oder eines hinzugefügt werden …« – »Nur das? Sonst keine Kürzungen und Veränderungen? Das ist ja denn eine meisterhafte Arbeit!« … Er klagte über den unter ihm wohnenden berühmten, von vielen längst tot gewähnten Musiker Schulhoff: »Ich hatte zu heute eine Vorlesung zu überdenken, und der Unglücksmensch spielte bis ein Uhr nachts, ließ mich nicht denken und nicht einschlafen!« … Seines Vaters Wilhelm und Onkels Jacob erinnert er sich sehr gut. »Ich habe vom Vater einen großen eisernen Schrank voll ungedruckten Nachlasses. Der muß noch herausgegeben werden und zwar bei meinen Lebzeiten, denn ich habe weder Frau, noch Kind, nur eine Schwester. Aber wann komm ich dazu?!«

Er führte mich durch seine schöne Bibliothek (wir saßen im Zimmer seiner Schwester) auf den Balkon, und er setzte, trotz der Hitze, eine Baraschka-Mütze[1] auf. »Hier, das Gebäude links, ist Menzels Atelier«.

Ins Album schrieb er mir: »Wenn ich noch einmal jung wäre und zu studieren wieder anfinge, würde ich mit Eifer russisch lernen«. Ein Portrait besitzt er nicht: »Ich bin gegen das Portraitiertwerden«. Er hat

[1] D.h. Schafpelzmütze.

ein schönes, feines, durchgeistigtes Gesicht, das an Wilhelm Grimm erinnert.

Hochelegant ist die Treppe zu Julius Rodenberg: weiße Marmorstufen und grüne Kolonnen. Er empfing mich im Hemd ohne Kragen (im Rock), eine dürre Figur. Ich bat um biographische Angaben für den Brockhaus-Jefron, die er mir auch gab. Anfangs erwartungsvoll streng, wurde sein Gesicht zusehends freundlicher und liebenswürdiger. Er führte mich in sein Kabinett, an Dingelstedts Büste vorbei. »Das ist ja Dingelstedt!« sagte ich. – (Eifrig): »Ja, ja! Kennen Sie ihn?« – »Seine Werke und sein Grab«. – »Sie interessieren sich für ihn?« – »Freilich«. – »Kennen Sie mein Buch ›Blätter aus Dingelstedts Nachlaß‹? Nein?! O, dann werde ich es Ihnen unbedingt schicken!«* ... Er blätterte in meinem Album und las die Einschrift Grimms: »Genau dasselbe möchte ich auch einschreiben! ... Ich interessiere mich für die russische Literatur, für Sáltikow (Зáлтиков),[1] Gontschárow, Sólogub (Зóлогуб);[2] der ›Tarantas‹ ist reizend!« – »Und nun sitzt sein Sohn auf der Anklagebank und muß nach Sibirien«. – »In dem Millionenprozeß? Sein Sohn? Das ist ja schändlich!« – »Bringt die ›Deutsche Revue‹ viel aus dem Russischen?« – »Nichts, nachdem wir so bittre Erfahrungen mit Turgenews ›Seltsame Geschichte‹ gehabt, die aus dem Deutschen ins Russische von irgendeiner Zeitung übersetzt wurde, worüber Turgenew sehr ungehalten war ...« Ins Album schrieb er mir:

Du weißt nicht, wann vollendet dein Geschick,
Darum benutze jeden Augenblick.

Auf seinem Portrait nennt er mich, natürlich aus Versehen, »Fierdler«. Er lud mich ein, ihn auf der Rückreise wieder zu besuchen.

DEN 21. MAI / 2. JUNI 1894

Ich vergaß zu notieren, daß Tovote, verlegen, was er mir einschreiben sollte, und aufgefordert, eines seiner Bücher aufzuschlagen und eine Sentenz auszuschreiben, antwortete: »Denken Sie: in allen meinen Büchern findet sich keine einzige Sentenz!«

---

* Erhielt ich, gebunden, am 2. Juni.

1 Richtig: Ssaltyków. — 2 Richtig: Ssollogúb.

Ein Stückchen Fortsetzung über Bern: »Um gesund zu werden,
muß man sich langweilen; die Gesellschaft macht einen krank«. Wir
beschlossen, in den Klub der Schriftstellergenossenschaft zu gehn, und
ich bedauerte, daß mein neuer Anzug bei Gerson erst morgen fertig
sein würde. »Ach! Für *die* Bande sind Sie noch viel zu fein gekleidet!
Nicht wenn man hingeht, muß man sich die Hände waschen, sondern
wenn man zurückkommt!« ... Er zeigte mir verschiedene Portraits,
darunter eins von Karl Stelter mit den Versen hinten:

> Du hast mir schon so viel gestohlen –
> Das ist mir lieb!
> Tu's weiter! Damit Gottbefohlen,
> Du Liederdieb!

> Maximilian Bern
> kollegialisch von Karl Stelter
> 1892, 22/XII. – – –

Im Klub der Schriftstellergenossenschaft war es allerdings höchst
ledern und langweilig: nur etwa fünf Personen waren anwesend, darunter kein einziger Schriftsteller. »Vielleicht sind's Vertreter der edlen
Metzgerzunft, die mal in irgendeinem Spezialorgan über eine neue
Methode des Schlachtens ein paar Zeilen geschrieben« (Bern). – –
Heute bei Julius Stinde gewesen. Ein voller, doch bei seiner Höhe
nicht dicker Mann mit einem jovialen, fidelen Gefühl, das besonders
sympathisch berührt, wenn sich seine Lippen beim Lächeln herzför-
mig falten. Ich erzählte, daß seine ›Familie Buchholz‹ ins Russische
übersetzt worden und der Humor des Berliner Idioms verloren gegangen sei. »Auch im Englischen klingt es glatt und gesucht, hingegen
hat der französische Übersetzer mit seinem Argot den Ton reizend
getroffen«. – »Welches Werk aus der ganzen Serie halten Sie für das
gelungenste?« – »Ach, sobald ich was zu Ende geschrieben, kümmre
ich mich nicht weiter darum. Übrigens glaub ich, daß in ›Frau Wilhel-
mine‹ der Charakter am besten durchgeführt und das Buch am künst-
lerischsten gehalten ist« ... Er zeigte mir das Buch Edw. Bormanns
›Das Shakespeare-Geheimnis‹: »Ein treffliches Werk, woraus klar er-
sichtlich, daß nicht Shakespeare, sondern Bacon der Verfasser der Dramen ist«. – »Der Name tut ja nichts zur Sache: Shakespeare, Bacon,

Julius Stinde. – *Widmung:* »Herrn Fried[rich] Fiedler z[ur] E[rinne-
rung] Dr. Julius Stinde. Berlin 1894«.

Schulze, Müller – ist gleichgiltig«. – »Bitte sehr, nein, durchaus nicht! Wenn man den Verfasser kennt, wird man Bacon fleißiger studieren und auf solche Weise manche dunkle Stellen, z. B. im ›Hamlet‹, auf-klären« … Wir kamen über die Modernsten zu sprechen: »Sie schwel-gen in der Wolllust des Ekels! Das Quälende, das nicht erhebt, ist nicht schön, ist nicht Kunst! Hauptmanns ›Vor Sonnenaufgang‹ ist widerwärtig und nichts weiter; und was soll die Pastorenmoral im ›Hannele‹? Die Leutchen haben sich schändlich geärgert über mein Buch ›Das Torfmoor‹. Nehmen Sie's mit zur Erbauung!« … Er nahm mein Album, las hinten Scheffels Brief und sagte: »Also wieder einer am Nero gescheitert! Er sowie der Conradi [?] werden so sehr man sich auch bemüht, nie ein richtiges Drama abgeben, weil der Stoff anti-dramatisch ist«. Er blätterte weiter und sah Berns Einschrift: »Ei, auch der Knopf ist da! … Das ist so einer! … Selbst leistet er nichts, erhebt aber kolossale Prätentionen. Seine Frau (Olga Wohlbrück), das reizen-de Geschöpf, hätte auch Besseres tun können, als den Hanswurst zu heiraten und ihn zu ernähren!« … Bevor er etwas einschrieb, suchte er lange in zwei gebundenen Heften (»ich habe hier Gelegentliches verzeichnet«) und schrieb endlich das stilistisch Unschöne: »Jedem Menschen ist sein Maß Fröhlichkeit für das Leben bestimmt. Wer das Seinige andern überläßt, ist ein Narr«. Mein Gesicht mag beim Lesen wenig überzeugt geschienen haben, denn er erklärte: »Es ist eine Tor-heit zu sagen: das Geschick hat mir nur Trauriges bestimmt, mögen andre sich freuen!« – »Gedenken Sie nicht mal nach Rußland zu kommen?« – »Was soll ich denn da?« – »Nun, eine ›Familie Buchholz in Rußland‹ schreiben! Das Buch würde von Komik strotzen!« – »Glauben Sie?« – »Gewiß! Kommen Sie nur, ich will Ihnen die besten Cicerone-Dienste leisten!« – »Um so etwas zu schreiben, muß man freilich das Land und das Volk an Ort und Stelle studieren, wie ich denn auch nach Italien und dem Orient gereist bin … Nach Ruß-land … hm … das ist freilich viel verlockender als nach Amerika (wohin man mich zu reisen überredet), wo sich Ost von West in nichts unterscheidet … Nach Rußland … Kennen Sie Hasselblatt?« – »Norden? Ja«. – »Er hatte mich besucht und mir seinen ›Tugendbold‹ gebracht; ich sprach ihm das dramatische Element ab, er aber war begeistert von dem Stück; nun, so grob wie Scheffel in seinem Brief an Sie wollte ich nicht sein … Was die Korrespondenten in Petersburg

hier in den Zeitungen zusammenlügen, ist unglaublich!« – »Ja, wenn
sie nicht lügen, werden sie nicht gedruckt, und werden sie nicht gedruckt, bekommen sie kein Geld, und haben sie kein Geld …« – »So
können sie nicht leben. Ach, das Beste wäre, man schlüge die Biester
von vornherein tot!« – »Wo verbringen Sie den Sommer?« – »Ich hatte
im Winter die Influenza und will ins Hochgebirge«. – »Und wo gedenken Sie …?« – »Das Denken ist Sache meines Sanitätsrats; wozu
hätt ich ihn denn sonst?«

Er schenkte mir sein Portrait. – –

Ergänzung zu Herman Grimm: »Ich hätte Sie, dem Gesicht nach,
für einen echten Russen gehalten. Ich finde nämlich, daß die Physiognomie eines Menschen, der lange im Auslande lebt, sich allmählich
derjenigen der fremden Nation anpaßt; selbst der Boden übt auf das
Äußere des Menschen einen umgestaltenden Einfluß aus«. – –

DEN [23. MAI] / 4. JUNI 1894

Gestern fuhr ich nach Charlottenburg zu Julius Wolff. Links auf der
Treppe, wo ich warten mußte, las ich in farbiger altdeutscher Schrift
den Spruch: »Tritt fröhlich ins Haus, Geh ungern hinaus«. – Ein
Diener (wenn ich nicht irre, mit blanken Knöpfen) öffnete oben die
Tür und sagte liebenswürdigst: »Bitte schön, Herr Doktor! …« Ich
schritt durch ein feines Zimmer, trat in ein feines Kabinett, gewahrte
im feinen Nebengemach eine Dame in feiner Robe und stand einem
feingekleideten Herrn mit feinen Gesichtszügen gegenüber. Ich brachte die Brockhaus-Geschichte vor, er gab mir ein paar Angaben, suchte
vergeblich nach andern und meinte: »Was über mich geschrieben
wird, interessiert mich nicht, und ich heb's mir nicht auf«. Er schenkte
mir sein Portrait, wo er lange nicht so fein aussieht wie in Natur, und
schrieb mir ins Album einen Spruch, der in seiner Wohnung über
einer Tür prangt:

> Aller Kräfte ernstes Wollen,
> Kein Ermatten, kein Verdrießen,
> Freudig schaffen aus dem Vollen,
> Aus dem Vollen auch genießen.

Das ist alles, was ich über den feinen Herrn Julius Wolff berichten
kann. Desto mehr schreiben könnt ich aber über Max Kretzer, was ich
aber, da wir bald abreisen, nicht systematisch tun kann und mir einiges, das ich zur Erinnerung auf ein Blatt Papier notiert, für weiteres
aufsparen muß. Er öffnete mir selbst die Tür, eine stämmige Gestalt
mit einem demokratischen Arbeitergesicht, das aber, je eifriger er
sprach, desto durchgeistigter und schöner wurde. Liebenswürdigst
führte er mich in ein bescheidenes Zimmer und begann eine höchst
anregende Unterhaltung. Bern nannte er den »Mann seiner Frau. Er
hatte viel versprochen und hat Nichts geboten. Jetzt fungiert er lediglich als literarisches Vermittelungsbureau seiner Frau« … Über Karl
Bleibtreu: »Seine Mutter hat ihn verrückt gemacht. Sie meinte immer:
Naja, der Goethe, der hat ja manche ganz hübsche Gedichte geschrieben, aber mein Karl …!« Über den eben verstorbenen Oscar Welten:
»Er war schon lange schwindsüchtig; sein Tod bildet keine merkliche
Lücke in der deutschen Literatur« … »Dostojewskijs Raskolnikow
und Flóbers (Flaubérts!!!) Madame Bovary ist das Großartigste, was
es in der Weltliteratur gibt«. – »Ja, schade nur, daß Dostojewskij so gar
nicht das künstlerische Maß kennt!« – »Sie meinen die Form? Was
gilt mir die Form! Hauptsache ist der Inhalt, die psychologische
Durchführung!« … Er erging sich in berechtigten Klagen über die
Erziehung der »höheren Töchter«, über ihre leibliche und geistige
Verkrüppelung und verlangte Frauenemanzipation; bald erscheint der
Roman ›Die gute Tochter‹, die von verschiedenen Blättern als Ärgernis
erregend zurückgewiesen wurde; dreißig Zeitschriften trugen Bedenken, seine ›Bergpredigt‹ zu drucken, und als es endlich eine wagte,
erhob sich seitens der Philister ein Sturm der Entrüstung, und das
Blatt verlor zahllose Abonnenten. Die Literatur liegt arg im Argen,
denn die Schriftsteller machen dem Publikum Konzessionen, welches
unbedingt verlangt, daß der Roman oder die Novelle mit einer Heirat
schließen. »Selbst Spielhagen, der große Spielhagen, hat auf Verlangen
seines Verlegers den Schluß in der ›Sturmflut‹ gänzlich geändert! Das
ist ja ein Selbstmord! … Ja, wenn ich Konzessionen machen sollte,
hätte ich auch, wie so viele andre, meine steinerne Villa! Denn ich
muß sagen, meine Sachen gehen sonst nicht übel: die ›Irrlichter und
Gespenster‹ haben mir 18 tausend Mark eingebracht«. Für sein künstlerisch vollendetstes Werk hält er ›Meister Timpe‹. Er klagte über das

Lesepublikum: »Es kauft keine Bücher, sondern nimmt sie an den
Leihbibliotheken, mögen sie auch von Bazillen wimmeln!« – »Aber
Stinde?« – »Stinde wird allerdings gekauft, aber wissen Sie auch, welchem Umstand er seine Popularität zu verdanken hat? Die ›Familie
Buchholz‹ lag wie Blei, der Verleger war in Verzweiflung. Da erhielt
Stinde einen Anerkennungsbrief von Bismarck: dieser konnte mehrere
Nächte krankheitshalber nicht schlafen, ließ sich das Buch vorlesen,
fand Erheiterung und dankte. Sofort ließ der Verleger den Brief
riesenhaft nachbilden und in den Schaufenstern aller Buchläden,
selbst in den kleinsten Provinzstädten, ausstellen und – das Publikum
riß sich um das Buch, und nun folgt eine Auflage der andern« ... Er
sprach auch über Kaiser Wilhelm II.: »Soviel er auch vom Frieden
predigt, er wünscht nichts sehnlicher als einen Krieg, denn die Ruhmsucht verzehrt ihn, und seine strotzenden Kräfte (der Oberförster im
Grunewald erzählte mir erstaunliche Dinge von der Riesenkraft, die in
seinem einen Arme steckt) suchen einen Ausgang«. – »Ist er normal?«
– »Schwerlich; ich glaube, er ist ein Ludwig II. von Bayern. Alle seine
Finger sind mit Reifen geschmückt, und er würde sich gern, wenn's
anginge, in die Nase einen goldnen Ring stecken. Dabei seine religiöse
Manie. Jetzt stolpert man in Berlin auf Schritt und Tritt über eine
Kirche; ich glaube, er schenkt seiner Frau am ersten jedes Monats
ein neues Kirchenmodell. Dazu kommt seine Krankheit des linken
Arms und des Ohrs; jetzt ist ihm die Wange operiert worden: es ist
wohl ein erbliches Übel«. – »Starb Friedrich denn wirklich an der
Syphilis?« – »Man munkelt's; bekanntlich waren ja schon der Kaiserin
Augusta beide Brüste ausgeschnitten worden, und sie trug einen
Wachsbusen«.

Wir gingen ins Nebenzimmer, wo er gewöhnlich seine Sachen diktiert. Er nahm aus dem Schrank drei Bücher (›Die beiden Genossen‹,
›Die Buchhalterin‹ und ›Der Baßgeiger. Das verhexte Buch‹) und
schenkte sie mir. In mein Album schrieb er: »Ein Schriftsteller muß
seine literarische Ph*i*siognomie behalten, wenn er in der Menge der
dichterischen Erzeugnisse nicht untergehen will«. Sein Portrait versprach er mir zu schicken. Beim Abschied umarmte er mich und sagte:
»Bei Ihrer Rückreise müssen wir unbedingt ein gemütliches Stündchen in Gesellschaft von Sozialdemokraten (zu denen ich gehöre) verbringen; es sind zumeist sehr nette Leute« ... Ich saß bei ihm weit

über eine Stunde: der Mann hat in mir einen sehr sympahtischen Eindruck hinterlassen.

Darauf zu Ed. Grisebach, der mich mit einem freudigen Ah! empfing. Er erinnerte mich an alle Einzelheiten (die ich selbst schon vergessen hatte) unsres Zusammentreffens vor drei Jahren in Leipzig. Er tat ungemein schlicht und freundlich, doch bot unsre Unterhaltung nichts Verzeichnenswertes. Er sprach nämlich fast nur von seinem unlängst erschienenen Bibliothekskatalog, den er mir schenkte (wenn ich nur wüßte, was damit anfangen?!). Das Bild davor ist nach dem Pastellgemälde von Liebermann, das in seinem Kabinett hängt; Grisebach ist von der Ähnlichkeit entzückt, ich nicht: sein weißes Gesicht ist durchaus nicht zigeunerhaft braun und verwildert. Von der ›Geschichte eines abgerissenen Knopfs‹[1] von Hartleben meinte er: »Sie ist köstlich, reizend, hochkünstlerisch!« Dann zeigte er mir verschiedene seiner Bücher. Interessant war das Beisammensein nicht, aber freundschaftlich erwärmend.

Zum »Kaffee« zu Berns eingeladen. Er meinte von Kretzer: »Er war einst ein ganz gewöhnlicher Tagelöhner und fuhr Ziegelsteine. Da erwachte in ihm das Talent, das er zur Schilderung der Arbeiter verwendete und hübsche Sachen bot; dabei hätte er auch bleiben sollen und nicht höhere Gesellschaftsschichten schildern, die er nicht kennt«. Stinde nannte er »einen sehr liebenswürdigen Menschen«, doch dabei »falschen Hund«. Bei ihnen war der junge Maler Braun (dessen Bild ›Eine Reichsratssitzung‹ sich auf der heurigen Kunstausstellung befindet); er zeichnete mich ab und klebte das Bild in mein Album; nach Hause gekommen, schnitt ich die unfreiwillige Karikatur aus: was werden sonst die Russen von dem Talent der deutschen Maler halten?! Auch der junge Musiker Hans Hermann (ein Lieblingsschüler Brahms') war da, der verschiedene seiner erkünstelten Kompositionen zum Besten gab. Olga Wohlbrück (endlich komm ich auch an sie!) zeigte sich entzückt, zischelte aber ihrem Mann zu, es sei Zeit aufzuhören. Sie gibt sich außerordentlich liebenswürdig und natürlich, aber ihr ganzes Wesen atmet Kälte und Unnatürlichkeit. Russisch spricht sie (sie hat ihre Erziehung in Kijew genossen) ausgezeichnet und hat

---

1 Richtig: ›Geschichte vom abgerissenen Knopfe‹, eine Erzählung O. E. Hartlebens (1893).

Max Kretzer. – *Widmung:* »Max Kretzer. Charlottenburg 20. XI. [18]94«.

sich mit Ljuba sehr »befreundet«. Ihr erzählte sie die Geschichte ihrer
Heirat: sie war mit Bern verlobt, aber ihre Eltern weigerten sich der
Verbindung und schickten sie in eine andre Stadt. Dort schwärmte sie
für einen schönen, interessanten jungen Mann und verlobte sich mit
ihm; Bern schrieb sie eine Absage. Zufällig sahen sie sich, und Bern
flehte und weinte; da heiratete sie ihn. Sieben Jahre sind seitdem verflossen, doch denkt sie an den andern Verlobten oft mit romantischer
Träumerei: ihn liebt sie poetisch, ihren Mann wirklich. In Bern konnte sie sich lange nicht finden, doch allmählich ist zwischen ihnen die
vollste Harmonie entstanden. Er schreibt nichts, doch dafür schreibt
sie und verdient sich mit der Schriftstellerei 7 bis 8 tausend Mark jährlich; dabei erteilt sie noch französische Literaturstunden: »Wenn jemand kommt und mich engagiert, kann ich kaum meine Freude verbergen, gebe mir aber den Anschein, als sei ich überladen mit Arbeit
und bringe ein großes Opfer mit der Zusage; solcherweise zahlen die
Leute mehr und schätzen sich überdies glücklich, mein Einverständnis
erlangt zu haben«. Sie schreibt ungemein rasch; einmal schrieb sie mit
der rechten Hand und erlustigte gleichzeitig die Tochter mit der Linken. Vor der Inangriffnahme eines Werkes bespricht sie sich nie über
dasselbe mit Bern; erst wenn es ganz fertig, nimmt sie Rücksprache
mit ihm. »Man kann mich plötzlich nachts aufwecken, und ich kann
augenblicklich an die Fortsetzung meiner Arbeit gehn, als hätte ich sie
gar nicht abgebrochen« … Ihre Lieblinge unter den Russen sind: Polonskij und Potapenko. Sie raucht. Die Tochter Vera, das Engelskind
(mit dem sich unsre Rituscha sehr befreundet hat) nennt sie Mansi.
Prächtig gezähmt hat sie ihren Kanarienvogel Hänschen oder Hans.
Ins Album schrieb sie mir: »Если я и забыла русскую граммати-
ку, но русского духа я не забыла«.[1] Das beste Mittel in unserer
Zeit noch originell zu erscheinen, ist – natürlich zu sein«. Auf dem
Portrait sieht sie wenig ähnlich … Der erste Eindruck, den man von
ihr empfängt, ist ein erfrischend wohliger, doch schon bald fühlt
man's, daß all die umgängliche Freundlichkeit und ungebundene
Munterkeit im meisten Falle nur gemacht ist. Bern gibt sich vornehm,
aber auch [als] das, was er in der Tat ist, kalt.

---

1 »Wenn ich die russische Grammatik auch vergessen habe, so doch nicht den
russischen Geist« (russ.).

ASSMANNSHAUSEN AM RHEIN,
[ZWISCHEN DEM 26. MAI / 7. JUNI UND 28. MAI / 9. JUNI 1894]

Es war in Weimar, am 5. Juni, um neun Uhr abends, als ich mit Frau
und Kind in dem Gasthaus »Zum Franziskaner« (etwa zwei Häuser
vom Schiller-Hause entfernt) trat. Wir setzten uns an den Tisch
rechts, und ich sah vor mir im Nebenzimmer zwei Herrn Schach spielen. Der, welcher mir den Rücken zukehrte, hatte lange weiße Haarsträhnen. Ich fragte den Kellner: »Ist das da nicht Herr Julius Grosse?«
und erhielt bejahende Antwort. Ich ging hin und stellte mich vor. Er
sah mich, sich erhebend, teilnahmslos an. »Sie haben mir vor einem
Jahre einen sehr liebenswürdigen Brief geschrieben«. – »Ich erinnere
mich wirklich nicht«. – »Ich hatte Ihnen meinen Lermontow zugeschickt«. – »Wen?« – »Die Gedichte Lermontows«. – »So? Das ist
wohl möglich. Aber ich bekomme täglich wenigstens sechs Zusendungen und kann mich darum nicht auf alles besinnen … Lermontow?! …
Ja, ja, jetzt weiß ich, Sie haben Ihre Sache brav gemacht. Nehmen Sie
Platz … Ja! (vorstellend) Herr Sandvoß, Xantippus«. – »Sie sind der
Verfasser der ›Xenien‹?« – »Sie wissen das?« – »Freilich«. – »Das wundert mich, denn das Buch ist ins Wasser gefallen … Wollen wir zu
Ende spielen?« – (Grosse:) »Ja … Sie gestatten, einen Augenblick« …
Es verstrichen in der Tat höchstens zwei Minuten, da hatte Grosse
gesiegt. Xantippus wollte gehn, schrieb mir aber zuvor auf ein Blatt
(das Album lag im Koffer):

Subjektives Erinnern

Wenn herzige Töne dich erlaben,
Du meinst, sie schon gehört zu haben.
Taucht Schönheit so frisch aus dem Schaum,
Du kennst sie wieder, sie war dein Traum.

Er ging, und wir blieben mit Grosse, der sich ein neues Seidel bestellte,
sitzen. Er schläft in demselben Zimmer, in welchem Lotte Schiller
geschlafen hatte. Er erzählte viel von Schiller's Beerdigung (»wer nach
seinem Tode dreihundert Flaschen Wein hinterlassen kann, ist nicht
arm zu nennen«) und riet mir, am andern Tage Suphan zu besuchen,
dem er mich auf meiner Visitenkarte also empfahl: »Herrn Professor

Dr. Suphan empfielt Julius Grosse Herrn [Fiedler] behufs Nachweises der Quellen hinsichtlich der 100 mal widerlegten Legende über Schillers Begräbnis«. (Ich ging nicht hin, weil wir ganz früh weiter reisen mußten). Ich tadelte Goethes Teilnahmslosigkeit für den toten Schiller, und er meinte: »Sie urteilen so, weil Sie mit allen Ausländern uns für sentimental halten. Die Deutschen aber sind kein sentimentales Volk!« ... Er übersetzt jetzt den zweiten Teil der Gedichte K. R.'s. »Kennen Sie Herrn Rosanow? Nicht? Mit seiner Hilfe hab ich die Gedichte übertragen, indem er mir jedes Wort übersetzte« ... Ins Album (resp. auf ein Blatt Papier) schrieb er mir:

Meine Grabschrift

Zu End ist nun mein irdisch Wandern...
Lebt wohl, Ihr Freunde, die mit mir gestrebt
Und mich geliebt; doch Ihr gewissen andern,
Entschuldigt, daß ich unter Euch gelebt! – –

Um 9 abends des sechsten Juni trafen wir in Aschaffenburg ein, wo uns Goldschmidt erwartete. Über ihn läßt sich gar nichts Neues berichten: es geht ihm nach wie vor koddrig, doch hält er noch immer den Kopf selbstbewußt hoch, spricht lediglich von sich und seinen Angelegenheiten, wiederholt zwanzig Mal einunddasselbe und schiebt bei all seinen Mißerfolgen andern die Schuld zu, die er sich zumal ewig verpflichtet glaubt; der Superlativ beherrscht noch immer seinen Stil, und auf die Dauer wird der ja sonst sehr gutherzige Mann, der mir und meinem Vater außerordentlich zugetan ist, nervenfolternd und langweilig. Es hielt uns nur eine Nacht (die wir en deux bis drei Uhr verzechten), und den Tag drauf dampften wir um 12 vormittags ab. Er ließ uns erst dann ziehn, als ich ihm versprechen mußte, während des Sommers ihn zu besuchen.

DEN 29. MAI/10. JUNI 1894

Gestern in Wiesbaden gewesen. Von Berlin aus hatte ich Karl Stelter gebeten, eine Begegnung zwischen mir und Gustav Freytag zustande zu bringen [...], und er hatte mir geantwortet:

»Ihre gestrige Zuschrift, sehr geehrter Herr Hofrat, beantworte ich kurzer Hand dahin, daß »Excellenz«* Dr. G.[ustav] F.[reytag], wie er mir Montag sagte, noch einige Wochen hierbleiben wird. Seit seiner Neuverheiratung lebt er nicht mehr so abgeschlossen wie früher, und wenn Sie ihn besuchen, so dürfen Sie, vorausgesetzt, daß er zu Hause ist, darauf rechnen, angenommen zu werden. Frd. Bodenst[edt] können Sie dann im Denkmal begrüßen, wie es mir eine Ehre sein wird, wenn wir uns antreffen.

Hochachtungsvoll   Karl Stelter
Wiesbaden, 31. Mai 1894   jetzt Nerostr. 14. ^{II}«.

Ich ging zu ihm. Er empfing mich liebenswürdigst. Zeigte mir die ihm vom Verfasser geschenkten Werke Freytags, in dessen erstem Bande derselbe (ungefähr) eingeschrieben hatte:

> Ist der erste unterm Dach,
> Folgen bald die andern nach.

Ich meinte, daß klinge ganz à la W. Busch: »Dieses war der erste Streich, doch der andre folgt sogleich«; lachend stimmte er mir zu. Als er mir sein Portrait schenkte, steckte er es in ein großes Couvert: »Hier hatte mir Heinrich Vierordt seine Verlobungsanzeige geschickt. Er hat prachtvolle Balladen!« Als er mir ins Album schreiben wollte, sagte er: »Ich will Ihnen etwas schreiben, das Bezug auf Heine hat«. – »Nur nichts sein Andenken kränkendes!« – »Nein, nein, wo denken Sie hin?!« – »Kennen Sie Roseggers Ausspruch?« – »Ja, es ist schändlich!« … Und er schrieb:

> ### In der Zeit
>
> War einer groß in seiner Zeit,
> So soll man ihn daraus nicht lösen,
> Die Zeit ist seiner Taten Kleid,
> So wohl der guten, als der bösen.

Ich fragte, wie Hans Wachenhusen sei. »Sehr freundlich und einfach. In der Sonnenberger-Str. hat er seine eigene Villa«. Beim Abschied drückte er mir mit beiden Händen die Rechte; wir verabredeten, uns

---

* Ich gebe das Wort genauso wieder: es ist unterstrichen!

am 18. d. M. in Caub bei der Enthüllung des Blücher-Denkmals zu treffen.

Wachenhusen bewohnt keine Villa, sondern ein förmliches Palais. Ein sehr netter Mann. Er schleppte sich mühsam vorwärts: seit einigen Tagen leidet er sehr stark an der Ischias. »Lebte ich z.B. in Berlin, so würde ich natürlich gleich nach Wiesbaden zur Kur reisen … Ich habe neun Feldzüge mitgemacht, und das rächt sich nun!« Auch in Rußland ist er gewesen, von Lappland aus bis zum Kaukasus: »Die ganze Reise wurde im Rausch getan: beständig standen die Champagnerflaschen auf dem Tisch«. – »Und haben Sie Russisch gelernt?« – »Nein, denn bei jedem Wort muß man ja drei Mal die Zunge umdrehn!«

Ins Album schrieb er mir einen Vers, den er vorgestern einem jungen Mädchen geschrieben hatte:

> Der Schnee, der mir aufs Haupt gefallen,
> Er ist der einzige von allen
> Den Flocken, die die Erde weißen
> Und keinen Frühling mehr verheißen.

»Sie hatten mir im vorigen Jahr ein Gedichtbuch geschickt; ich konnte Ihnen nicht antworten, erstens weil ich drei Monate lang verreist war und zweitens weil es mein Sohn, der in Heidelberg studiert, mitgenommen hatte«. Beim Abschied bat er mich, ihn zu besuchen, wenn ich wieder mal nach Wiesbaden komme. – –

Mit Stelters Visitenkarte (drauf er eine Empfehlung geschrieben hatte) und der meinen in der Hand, betrat ich den Garten vor Gustav Freytags Hause. Ein Diener, der sich links im Gebüsch zu schaffen machte (honi soit qui mal y pense!), eilte mir entgegen, führte mich liebenswürdigst auf den Flur, bat freundlichst etwas zu warten und flog bereitwilligst mit beiden Karten die Treppe hinauf. Nach etwa fünf Minuten flatterte er wieder niederwärts und sprach bedauerlichst: »Excellenz lassen unendlich bedauern, Sie lägen krank zu Bett« … Excellenz muß noch unnahbarer sein als der Kaiser, wenn selbst der Diener von seiner Krankheit keine Ahnung hat!

Ich berichtete Stelter von dem mißlungenen Besuch und ließ auch
meinen Zweifel an Freytags Krankheit durchschimmern. Gestern erhielt ich von ihm folgende Zeilen:

»Ihre gestrige Karte, sehr geehrter Herr Hofrat, veranlaßte mich
heute nach Fr[eun]d [?] F[reytag]s Befinden zu sehen. Er *ist* bettlägerig, jedoch ungefährlich, und läßt Ihnen Excellen*za*, die mir entgegenkam, sagen, daß, wenn Sie nächsten Samstag, also am 16. Juni, vor 12
oder nachmittags nach 4 aufwarten wollten, Sie empfangen werden
würden.

Hochachtungsvoll   Karl Stelter«.

Was heißt das? Seine Frau will mich empfangen? Danke für die
Ehre und das Vergnügen! Und er, die Excellenz selber? Stelter wird
ihm doch gewiß ein Wort von mir gesprochen haben! Nun, es sei: ich
will noch einmal die Fahrt riskieren!

Heute, Sonnabend, um 11 Uhr 55 Min., fand die Audienz statt. In der
Nähe des Hainer-Wegs begegnete ich Stelter: »Ja, ja, gehn Sie nur; ich
habe neulich wieder mit ihm von Ihnen gesprochen, und er erwartet
Sie heute« … Der Diener geleitete mich mit Bücklingen in das Empfangszimmer, wo mir freundlich die Excellenza entgegenkam, eine
nichts weniger als schöne Dame, mir die Hand reichte, mich Platz
nehmen hieß und von ihrem Aufenthalt in Petersburg und Moskau
(wo sie im März 1881 war) zu erzählen begann. Da öffnete sich die Tür
links, und eine hohe, stämmige Gestalt in einer Art Paletot, mit etwas
hartem Gesichtausdruck und zugekniffenen Augen trat ein – es war
Gustav Freytag. Er streckte mir seine Hand hin, und ich begann:
»Excellenz, ich bin gekommen, um Ihnen herzlichen Dank zu sagen
für Ihr überaus liebenswürdiges Schreiben vom vorigen Jahr; Ihr
Segen hat gute Frucht getragen: es ist bereits eine zweite Auflage der
Gedichte erschienen!«[*] – »Das ist ja sehr angenehm zu hören. Bitte
treten Sie näher, nehmen Sie Platz! (Ich setzte mich auf den kleinen

---

* Diese Tatsache berichtete mir Ph. Reclam, als ich ihn in Leipzig besuchte.

Diwan an der Wand; er rückte sich einen Stuhl an die Schreibtisch-
ecke). »Sie rauchen doch eine Zigarre?« (mir das Etui hinhaltend). –
»Darf ich Ihnen, Excellenz, eine echt russische Zigarette anbieten?« –
»Nein, danke, lieber nicht«.

Er begann mich nach russischen Verhältnissen zu befragen und
meinte: »Je älter man wird, desto toleranter wird man den anderen
Nationen gegenüber; aber ich muß doch sagen, daß die Bestechlichkeit
der russischen Beamten … Wir Deutschen werden wohl sehr gehaßt?«
– »O, nein, dazu ist der Russe im Grunde zu gutmütig, und andrerseits
fehlt es ihm an Überzeugungstiefe«. – »Aber das Naturell der Franzosen steht ihm doch näher als das der Deutschen?« – »Das freilich«.

»Ja, Tolstoj ist wohl ein närrischer Mann, aber es spricht doch sehr
zu Gunsten der Russen, daß seine idealen Bestrebungen so viele Anhänger finden! … Und wie steht's mit Turgenew? Wird er von der
jüngeren Schriftstellergeneration angegriffen?« – »O nein, noch lange
nicht!« – »Auch das ist ein gutes Zeichen … Nun, auch bei uns
scheint's, zum Glück, ausgetobt zu haben; die Sucht nach sexuellen
Problemen ist widerwärtig, und ganz unerträglich wirkte vor Jahren
das Schreien in einer Zeitschrift«. – »Sie meinen Bleibtreu im ›Magazin‹?« – »Ganz recht … Sudermann schreibt jetzt an einem Lustspiel.
Es wird wohl eine Satire werden, denn er ist sehr pessimistisch veran-
lagt; möglich aber auch, daß der Erfolg seiner Schriften ihn freundlicher gestimmt hat«. – »Schade, daß wir keinen sozialen Roman der
Neuzeit besitzen!« – »Dazu ist es noch zu früh. So etwas muß zur
Geschichte, muß im Gemüt und Geist des Dichters erst objektiv
verarbeitet werden«.

Ich erzählte ihm, daß wir noch in der Schule belehrt wurden, es
gebe nur drei klassische deutsche Lustspiele: ›Minna von Barnhelm‹,
den ›Zerbrochenen Krug‹ und ›Die Journalisten‹,[1] und bedauerte, daß
seine ›Ahnen‹ und die ›Bilder aus der deutschen Vergangenheit‹ eine
Übersetzung ins Russische fast zur Unmöglichkeit machten. – »Auch
ins Französische und Englische. Es sind Versuche gemacht worden,
aber sie mißlangen«. – »Der Farbenstaub der Schmetterlingsflügel
wird verwischt!« – »Ganz recht; die Sprache, der Ton … so was läßt
sich ja nicht wiedergeben!«

1 Komödie von Gustav Freytag (1854).

Gustav Freytag. – *Widmung:* »Herrn Friedrich Fiedler zu freundlicher
Erinnerung von Gustav Freytag Wiesbaden 16. Juni [18] 94«.

Lange sprach er über den dreißigjährigen Krieg und meinte: »Wenn man erwägt, zu welch hoher Kultur sich die Deutschen im Laufe von zwei Jahrhunderten aufgeschwungen haben, so empfängt man die Überzeugung, daß Deutschland in der Geschichte eine große Rolle zugewiesen ist«.

»Ja, der Bodenstedt, der liebe Kerl, ist auch tot. Er war schon lange krank, sein ganzes Blut war nicht gesund. Er hatte viele Sorgen: seine Frau, die ja noch lebt, war beständig leidend (sie konnte weder die Wirtschaft, noch die Erziehung der Kinder leiten), seine Bücher brachten ihm zu wenig ein, und dennoch verlor er nie seinen Humor«.

Mehrfach entschuldigte er sich, daß er mich das letzte Mal nicht habe empfangen können: »Als Sie kamen, war an mir eben eine kleine Operation vollzogen worden, und ich mußte mich ins Bett legen«.

Er schenkte mir sein Portrait; dasselbe muß aus der jüngsten Zeit stammen, denn er trägt drauf dasselbe Gewand, das er heute anhatte und das ganz neu aussieht. Er wollte die Aufschrift nicht auf das Glanzpapier machen, weil die Buchstaben ineinander fließen würden. Doch schnitt er mit vieler Mühe und mit Hilfe seiner Frau (die überaus respektvoll um ihn war) einen Streifen Papier zum Aufkleben zurecht und schrieb darauf mit langsamen Zügen:

»Herrn Friedrich Fiedler
zu freundlicher Erinnerung
von Gustav Freytag

Wiesbaden 16. Juni [18]94«.

Beim Abschied drückte er (sowie sie) mir mehrmals stark die Rechte und hielt sie in beiden Händen, wobei er mich einlud, ihn zusammen mit Ljuba zu besuchen.

Das Album mußte ich ihm lassen; als ich es nach einer Stunde von dem goldbeknöpften Diener mir abholte, las ich:

»Tüchtiges Menschenleben endet auf Erden nicht mit dem Tode, es dauert in Gemüt und Tun der Freunde, wie in den Gedanken und der Arbeit des Volkes.

Gustav Freytag.

Wiesbaden. 16. Juni [18]94«.

Sonderlich ordentlich sieht's in seinem Kabinett nicht aus, auch die Bibliothek ist verhältnismäßig ganz klein; die Ausstattung der beiden

Zimmer, die ich gesehn, spricht von Wohlhabenheit, doch nicht von Reichtum; auf dem Schreibtische stand ein spiralförmig gewundenes gelbes Wachslicht.

DEN 5./17. JUNI 1894

Heute auf folgende Weise mit Emil Rittershaus Bekanntschaft gemacht. Neben unserm Hotel befindet sich dasjenige »Zur Krone«, das mit seinem »Freiligrath-Zimmer« renommiert. Neulich, bei Besichtigung desselben, frohlockte der Wirt mir gegenüber, am Sonnabend werde Rittershaus nach Assmannshausen kommen und, wie immer, bei ihm absteigen; er komme mit seinem Schwiegersohn Schaper und werde am Montag nach Kaub zur Enthüllung des Blücher-Denkmals (Schapers Werk) fahren ... Heute, früh morgens, wurde ihm ein Ständchen gebracht. Um 11 ging ich hin, doch vor meiner Nase bestieg er mit zwei Damen einen offenen Wagen und fuhr zum Nationaldenkmal. Gegen drei sah ich im Saale eine große fröhlich lärmende Gesellschaft bei der Mittagstafel. Ich setzte mich unweit der Tür auf der Veranda und ließ mir eine halbe Flasche Wein geben. Da wurde ein Toast auf Rittershaus ausgebracht, die Gläser klirrten, »Hoch soll er leben!« erscholl's. Da nahm ich meine Visitenkarte und schrieb mit Bleistift ungefähr folgendes: »In den Toast auf Herrn E. Rittershaus stimmt herzlich ein und trinkt auf das Wohl des Dichters Friedrich Fiedler«. Ein Kellner trug die Karte in den Saal, und augenblicklich trat er zu mir auf die Veranda mit einem Glase Wein und dankte, mit mir anstoßend und an meinem Tische platznehmend. Unser Gespräch, das etwa 5 Minuten währte, war ganz unbedeutend: Nachfrage nach dem Buchhändler Röttger in Petersburg (sonderbarerweise haben sich fast alle Schriftsteller, mit denen ich jetzt bekannt geworden, nach ihm erkundigt) und Äußerung des Bedauerns bei der Todesnachricht. »Ihren Lermontow habe ich erhalten, doch erst zwei Monate nach seiner Absendung: ich lag 8 Wochen lang in Naumburg* krank und konnte Ihnen später nicht antworten, da Sie keinen Begleitbrief schickten und ich Ihre Adresse nicht kannte«. – »Ich schickte einen«. – »So? Dann hat

---

* Oder Nauheim? F. F.

ihn mir mein Freund, der mir das Buch gab, nicht mitgegeben« … Ich
bot ihm eine russische Zigarette an: »Leider hab ich Brustschmerzen,
aber Sie erlauben, daß ich für meinen Schwiegersohn ein paar nehme?« Er nahm nur zwei … »In Ihr Album schreiben? Mit Vergnügen,
geben Sie's her, soll augenblicklich geschehn … O, gewiß, auch mein
Portrait! … Kommen Sie mit uns zum Schweizerhäuschen, ich will Sie
mit der ganzen Gesellschaft bekannt machen! … Und morgen sehn
wir uns natürlich in Kaub?«

Ich schickte ihm das Album, fuhr nicht ans jenseitige Ufer (ich liebe
die großen fremden Gesellschaften nicht) und fahre auch morgen
nicht nach Kaub: 1) ist's kein Dichterdenkmal und 2) wird geschossen
werden. Ich zog es vor, den Niederwald zu besteigen. Als ich wieder in
der »Krone« nachfragte, war die Gesellschaft noch nicht zurück. Ein
Diener gab mir ein prächtig getroffenes Portrait Rittershaus' und das
Album mit folgender Einschrift:

> Gönn' das volle Recht der Stunde –
> Wenn sie lächelnd dich begrüßt,
> Nimm den Kuß von ihrem Munde,
> Der das Leben dir versüßt!
>
> Naht sie dir mit Wettertoben,
> Sollst ihr fest ins Auge schau'n! –
> Stets im Kampfe bleiben oben
> Frischer Mut und Gottvertrau'n!

DEN 7./19. JUNI 1894

Über Rittershaus läßt sich noch folgendes ergänzen:

Heute ist er von hier wieder abgereist, ohne daß ich ihn noch einmal aufgesucht hätte. Gestern war er in Kaub, und bei dem allgemeinen Trubel wurde ihm nicht nur seine goldne Uhr gestohlen, sondern
es wurden ihm auch noch die Rockschöße abgeschnitten;* ganz Assmannshausen spricht davon.

---

* Laut Versicherung Hufnagels, des Wirts der »Krone«, – Unsinn; nur die Uhr ist
gestohlen worden.

Da in diesem Hefte schwerlich von noch einem deutschen Schriftsteller die Rede sein wird, so bemerke ich nur noch folgendes: fast
jeder von ihnen, der mein Album in den Händen hatte, betrachtete
kopfschüttelnd-lächelnd die russischen Einschriften und meinte bald:
»Das sind für mich ›böhmische Dörfer‹« oder »Das Russische kommt
mir sehr spanisch vor!«

Bemerken ließe sich noch, daß sich Dukmeyer im öden Klub der
Schriftstellergenossenschaft »Hr. Doktor« titulieren ließ und Gold-
schmidt gar »Hr. Professor«, während er mich andrerseits in den
Aschaffenburger Kneipen als »Staatsrat« vorstellte. Von den beiden
Dramen, die der letztere mir verehrt (resp. an den Kopf geworfen), ist
das Originellste und harmonisch Schönste nur das Verlagsortswort
»Roitzsch«. […]

DEN 28. AUGUST 1894

Gestern saß ich und las im »Genezareth« (auch »Kapernaum« genannt),
da kam (berauscht, wie ich ihn die letzte Zeit nicht anders gesehen)
B. B. Glinskij in Gesellschaft eines (völlig nüchternen) Mannes, den er
mir als den Poeten Wladimir Petrowitsch Martow und mich ihm als
den »bekannten« Übersetzer vorstellte. »Übersetzungen ins Deutsche!
Diese Nation hat ja gar keine Zukunft! Und für die Sprache gebe ich
keinen Groschen: sie ist bettelarm im Vergleiche mit der russischen und
klingt widerwärtig. Was sind das z.B. für Laute: Chimel (Himmel),
Mettchen (Mädchen), gein (gehen), stein (stehn)!« – »Ich würde Ihnen
raten, bei mir ein paar Lektionen in der Vorbereitungsklasse bei Gurewitsch zu nehmen: Sie sprechen ja wie ein Jude!« – »Bitte, in Wien
sagte man mir, daß ich eine ausgezeichnete Aussprache habe. Aber die
Sprache ist häßlich, und in der deutschen Literatur gibt's gar keine
großen Dichter. Na ja, Goethe und Heine haben ja ein paar hübsche
Gedichte …« – »Was sind Sie für ein großmütiger Mann!« – »Da sind
die Deutschen auf Ihren Lessing stolz. Ich aber sage: Michailowskij ist
ein weit größerer Kritiker!« – »Sie haben ja keine blasse Ahnung weder
von der deutschen Sprache noch von der deutschen Literatur!« –
»Oho! Ich könnte, wenn ich wollte, deutsche Verse schreiben! … Aber
ich will Ihnen mal ein Gedicht deklamieren, meine Übersetzung von
Heines ›Wo?‹, die besser ist als das Original!« – »Schießen Sie los! (er

deklamierte, die Endsilben verschluckend)... Erlauben Sie, da sind
ja keine Reime!« – »Wieso?« – »Ja, halten Sie denn последней[1] auf
Рейне[2] für einen Reim?« – »Gewiß; zwar voll ist er nicht, doch die
Assonanz ist von bestrickendem harmonischem Reiz!« – »Dann können Sie auch чернила[3] auf свеча[4] reimen!« – »Sie sind aber ein
strenger Richter!« – »Welche Stelle halten Sie denn für schöner als das
Original?« – »Die letzte Strophe. Heine hat: der Himmel wird mich
umgeben, ich aber sage: ich werde liegen in der Umarmumg des Him-
mels!« – »Sehr poetisch, aber auch zugleich ganz leerphrasisch! Und
statt der schwebenden Totenlampen haben Sie einfach schimmernde
Sterne? Nein, entschuldigen Sie, aber Ihre Übersetzung taugt nichts!«
– »Sie richten aber auch zu strenge! Das Gedicht wird im September-
Heft des ›Вестник Европы‹[5] erscheinen«.

Wir (d.h. ich und Martow; Glinskij war schon früher heimgewankt)
fuhren zu mir, und nun begann ein endloses Deklamieren. Er blätterte
im ›Russischen Parnaß‹ und meinte: »Natürlich: von mir haben Sie
nichts gebracht!« – »Da sind auch andre, die nicht hineingekommen,
z. B. Tscherwinskij ...« – »Ach, das ist lauter Schund!«

Ins Album schrieb er mir:

»У всякого народа мы, русские, возьмем что прекрасно, что
сильно ...[6] [...]«

Beim Blättern überschlug er hastig jede Seite, die deutsche Schrift
aufweist; als er die Portraits der Russen an der Wand betrachtete und
ich ihm scherzend hinwies: »Und hier sind Ihre geliebten Deutschen!«, kehrte er sich, ohne auch nur einen Blick auf die Bilder zu
werfen, mit jähem Ruck ab.

Der talentlose und freche Narr heißt eigentlich Michailow; er ist
Privatdozent der Physiologie an der hiesigen Universität. Eine schöne
Universität! [...]

Auch sagte Martow (der schon im Restaurant auf mich den Eindruck eines Geizhalses machte): »Sobald meine Gedichte einmal gesammelt erscheinen, werde ich Ihnen ein Exemplar geben, umsonst ...
umsonst! (даром!)«

---

1 der letzten (russ.). — 2 dem Rhein (russ.). — 3 Tinte (russ.). — 4 Kerze
(russ.). — 5 Die Zeitschrift ›Westnik Jewropy‹. — 6 »Jedem Volke werden wir
Russen das nehmen, was schön, was stark ist ...« (russ.).

Notizen über Spielhagen.

Vom 5. März 1884:

»Als ich Goldschmidt fragte, ob er bei Spielhagens Empfang auf dem Bahnhof sein werde, rief er: ›Sind Sie verrückt? Ich hingehn? Na, wissen Sie … Der Mann hat ja einige ganz nette Sachen geschrieben, aber … na, wissen Sie …!‹«

Vom 7. März 1884:

»Um ¾ 6 sollte Spielhagen ankommen. Auf dem Bahnhof hatten sich annähernd 250 Mann (und Frau) eingefunden, darunter Petrick (selbstverständlich als der Freund des Gastes), Gesellius, Bock, Krajewskij, Boborykin, Weinberg, Gaideburow etc. Spielhagen wurde aus dem Waggon gezogen und sofort umringt; das Publikum schrie laut ›Hurra!‹ und ›Bravo!‹ und schwenkte mit Hüten und Tüchern. In einem Saal wurde dem Gast Salz und Brot überreicht, und er hielt mit sonorer Stimme und echt berlinerischer Aussprache eine Rede. Ich hatte ihn mir als hohen, stattlichen Mann vorgestellt, mit feurigem Mienenspiel und majestätisch blickenden Augen, und sah einen ziemlich gewöhnlichen Sterblichen von beinah kleinem Wuchs, an dem höchstens die Augen ein Genie verrieten; doch machte er auf mich einen starken, sogar begeisternden Eindruck, der nur von dem Gedanken geschwächt wurde: ›Hast mir auf meinen Nero-Brief nicht geantwortet!‹ Eine Dame rief unwillkürlich bei seinem Namen aus: ›Der sieht ja gar nicht wie Spielhagen aus!‹

Als sich der Gefeierte mit Gesellius in einen Wagen setzte (der, beiläufig gesagt, eher wie ein Schinderkarren aussah), rief man wieder von allen Seiten ›Hurra!‹, und Spielhagen grüßte«.

Vom 11. März 1884:

»Noch nie sah ich das Theater so gefüllt wie heute: 1) Giers spielte, 2) ihr Benefiz, 3) ein neues Stück von Spielhagen, 4) Spielhagen in Person, 5) seine Bekränzung.

›Gerettet‹ wurde nur dank dem wundervollen Spiel Nissens (Egon von Oletzkow) und der Feiertagslaune des Publikums vor einem schmählichen Fiasko gerettet: lang, dunkel, unmotiviert, ohne Steigerung; nur der dritte Akt vermochte zu erwärmen (die Sprache – elegant). Von allen Seiten hörte man Unzufriedenheit, und ein Kritiker rief, vom Beifall belobt, aus: ›Was soll ich denn über das Stück schreiben, da ich es nicht verstehe? Ich will morgen noch einmal ins Theater – vielleicht find ich mich in dem Knäuel zurecht!‹

Die Giers, diese ›kolossale Weiblichkeit‹, outrierte über die Maßen und zischte wie eine Schlange. Z. B. Frage: ›Muß es denn sein?‹ – Antwort: ›Esch musch!‹

Spielhagen sah geradezu ruppig aus und verbeugte sich wie ein Automat, hielt aber beim Empfang des zusammengebettelten goldnen Lorbeerkranzes eine wunderbare Rede, in welcher er unbewußt die Wahrheit sprach, als er sagte, er habe den Kranz nicht verdient: für das Drama gewiß nicht, für anderes – ja.

Das war eine auserwählte, intelligente Gesellschaft! Im Parterre größtenteils Literaten und Kritiker. Ropenberg stellte mich Tschuiko vor. Von Petrick wurde laut gesprochen, er sei betrunken, und von Gesellius, er habe den Verstand verloren«.

Vom 13. März 1884:

»Heute fand das Spielhagen-Diner statt; mehrere Herrn kamen nach Schluß desselben ins Theater (Sonnenthal als Risler aîné) und sprachen laut über die ›unglaublich alberne‹ Rede, die Petrick gehalten.

Sämtliche Zeitungen hatten ›Gerettet‹ getadelt, nur Petrick im ›Herold‹ hat natürlich das Drama womöglich über Shakespeare, Calderon und Schiller gestellt … Ich schäme mich beinahe, einen solchen Menschen zu meinen Bekannten zu zählen! In ganz Petersburg hat er sich lächerlich gemacht, wie denn auch in der Reformierten Schule er nur Spott einerntete und sich keine Spur von Achtung zu erringen gewußt hat.

Ja, Spielhagen wird keine angenehmen Erinnerungen an seinen hiesigen Aufenthalt mitnehmen. Erstens – die schmutzige Polemik in den Zeitungen, zweitens – die Debatten in der Duma, drittens – der Durchfall von ›Gerettet‹, viertens – die Bettelei zum Lorbeerkranz, fünftens – die plumpen Bärendienste Petricks u.s.w.«.

DEN 29. SEPTEMBER 1894

Endlich gestern den Besuchs-Aufforderungen Mereshkowskijs Folge geleistet. Wir setzten sie von unserm Kommen nicht in Kenntnis und überraschten Sinaida Nikolajewna in schlichter Haustracht am Flügel

ein Kleid zuschneiden[d]. Beide bereiteten uns einen herzlichen Empfang. Sie erzählte von ihrer Perplexheit und Wehrlosigkeit Frechlingen
gegenüber: ein gewisser Bienstock (ein widerwärtiger Mensch, der
ihnen aufdringlich ein paar Visiten gemacht) begegnete ihr auf der
Straße, nahm ihr die Einkäufe ab, setzte sie in eine Kalesche und fuhr
mit ihr ein paar Stunden auf den Inseln, während welcher Zeit sie vor
Überraschung kein Wort hervorbringen konnte. (Neulich traf ich sie
auf dem Newskij und trat auf sie zu – sie, die Kurzsichtige, erstarrte
förmlich vor Schreck).–

Mereshkowskij ist ein großer Verehrer Nietzsches und bedauerte,
bei ihrer diesjährigen ausländischen Reise nicht in Naumburg gewesen
zu sein, um wenigstens der Mutter des großen Mannes zu huldigen
und sein Haus zu beaugenscheinigen. [...]

Er klagte über den Shelley-Übersetzer Balmont, der sich ihnen mit
seiner stubenmädchenartigen Frau aufdrängte (er hat sich jetzt übrigens von ihr getrennt) und unverschämterweise stundenlang an
seinem Schreibtisch saß, während er (Mereshkowskij) ruhig – d.h.
natürlich unruhig – weiterarbeitete.

Er gedenkt, seine Übersetzungen der Musterdramen der Griechen
gesammelt herauszugeben. Sein Roman ›Julian der Abtrünnige‹ ist fertig; gegen fünf Jahre brauchte er zur Vorarbeit und zum Schreiben. Er
zweifelt, hier einen Verleger zu finden, und wenn auch – eine Menge
würde von der Zensur gestrichen werden. Darum wünscht er sehnlich, das Werk ins Deutsche übersetzt zu sehen, und bat mich, ihm
einen Übersetzer nachzuweisen (er weiß es sehr gut, daß ich nur Verse
übertrage); »nur die Deutschen können den Roman würdigen«.

Tscherwinskij besucht sie nicht mehr. »Er war in meine Frau verliebt, und beide haben sich, ich weiß nicht worüber, gezankt. Ich aber
möchte ihn gern bei mir sehen, denn er ist ein guter Junge (добрый
мальчик)«. [...]

Über Baranzewitsch äußerte sich Mereshkowskij: »Er hat nicht das
mindeste Talent – Albow ist ein Koloß im Vergleiche mit ihm. Ich stelle ihn (Albow) über Potapenko, ja sogar, so sonderbar es Ihnen klingen
mag, über Spielhagen; seine ›Неведомая улица‹[1] ist einfach ein
Kunstwerk!« ... Als Mereshkowskij in Sinaida Nikolajewnas Zimmer

1 ›Unbekannte Straße‹ (russ.).

einen Zettel schreiben wollte, eilte sie ihm nach: »Ach, er macht meinen Schreibtisch auf!« Sie hat sich vom September vorig. Jahres bis zum März 1.400 Rbl. erschrieben.

DEN 4. NOVEMBER 1894

Ich bin um 4 [Uhr] nachts aufgestanden, bin jedoch nicht in der Stimmung, Nikitin zu übersetzen. Lieber ein paar Reminiszenzen! Bodenstedt schrieb mir aus Wiesbaden vom 6. Januar 1881:
    »Sehr geehrter Herr!
    Ihre beiden Sendungen vom 20. Dezbr. a[lten] St[ils] habe ich gestern richtig erhalten. Leider ist mir kein russischer Kolzow zur Hand (auf der hiesigen Bibliothek war er nicht zu finden), und kann ich daher Gehalt und Gestalt der deutschen Verse mit dem Original nicht vergleichen, so daß hier die gewünschten kritischen Bemerkungen sich auf die deutschen Verse, wie sie vorliegen, beschränken müssen. Die reimlosen Übertragungen haben mir am besten gefallen, doch bin ich auch darin auf einige Stellen gestoßen, die eine Änderung wünschenswert machen. »Ach, in solcher *schauerbangen* Zeit – friert das *Herze*«. Für »schauerbang« ließe sich wohl ein mehr volkstümlicher Ausdruck finden, und das »Herze« ist im Deutschen nur zulässig, wenn Reimnot dazu zwingt. »Mit ihr wehet – *Winters* Frühlingshauch«. Dies wird jeder des Russischen Unkundige so verstehen, als ob des Winters Frühlingshauch wehete, was eine contradictio in adjecto wäre. Es soll doch wohl heißen, daß durch die Geliebte selbst im Winter ein Hauch des Frühlings wehe, – und das ist nicht zu klarem Ausdruck gebracht.
    In dem folgenden gereimten Liede ist der Vers »Werte Augenweide mein« für den heutigen Geschmack unmöglich, und die folgenden Verse sind unverständlich. Wenn ich den Sinn errate, so ist er:

> Du mein goldnes Ringelein,
> Schimmerst mir ins Herz herein;
> Liebespfand, blick auch so klar
> *Ihr* ins schwarze Augenpaar!

In der zweiten Zeile der zweiten Strophe würde ich für das wiederholte »werde« setzen: »blicke matt«, – und in der letzten Zeile für das harte Kompositum »Glanzpracht« Gluten oder Schimmer.

In »Wunsch« sind die Reime »will« und »Gefühl« unter allen Umständen unmöglich. Zudem ist »Gefühl« hier ein überflüssiges Wort,
denn mehr als im *Glück* schwelgen kann man nicht.

»Heißer glühte ich ihm« stört durch den Hiatus; es würde besser
und auch richtiger lauten: »Heißer glüht' ich für ihn«. Dieselbe Bemerkung gilt für »Lebte ich auf der Welt«. Hier wären die Verse leicht
umzustellen:

> Ach, ich lebt' auf der Welt
> Nur mit ihm und in ihm. –

————

Wenn Sie in der angedeuteten Weise (jeden Vers laut sprechend und
dabei genau auf den Tonfall achtend) noch einmal mit allen Versen
streng ins Gericht gehen (wie ich es immer mit meinen eigenen Versen
tue und oft eine schlaflose Nacht darüber habe), so wird Ihre Übersetzung gewiß eine gute werden und die Widmung mir Freude machen.

Für die vorläufige Veröffentlichung der einzelnen Gedichte wüßt'
ich kein passenderes Organ als ›Das Magazin für die Literatur des In-
und Auslandes‹ redigiert von Dr. Eduard Engel. Berlin, W. Sie brauchen sich nur auf mich zu beziehen.

Mit verehrungsvollen Grüßen

Ihr ergebener   F. v. Bodenstedt.

Bitte meinen Freund Jessen schönstens zu grüßen.   d. O.«

Die Adresse ist deutsch und russisch geschrieben (die letztere habe ich
ihm wohl selbst angegeben), doch auf der Rückseite des Couverts
steht: »Abs. Фед. Фед. Боденштедтъ«[1] [...]

Als mein ›Nero‹ erschien, schickte ich ihn u.a. auch an Bodenstedt;
er schrieb keine einzige Antwortzeile. Die Gedichte Kolzows, die ich
ihm damals (20. Dezember 1880) schickte, sind: 1) »Winde wehen«;
2) »Du mein goldnes Ringelein …«; 3) »Gib, o hehrer Geisterwille …«;
4) »Nicht des Lenzes Hauch …«; 5) »Heißer glühte ich ihm …«;
6) »Wolken führen Wasser …« und 7) »Jugend und Gesundheit«.

Als der ihm gewidmete Kolzow erschien und ich ihm ein elegantes
Exemplar zuschickte, unterließ er nicht nur einen Dank für die

————

1 Fjod[or] Fjod[orowitsch] Bodenstedt (russ.).

Widmung, sondern quittierte nicht einmal den Empfang des Buches,
d.h. er schrieb mir kein Sterbenswörtchen.

Bei dieser Gelegenheit ein Wort über Ed. Engel.

Unter Berufung auf Bodenstedt schickte ich ihm die Gedichte:
1) »Wolken führen Wasser …«; 2) »Stürme heulten …«; 3) »Winde
wehen …«; 4) »Nicht des Lenzes Hauch …«.

Am 24. Januar 1881 antwortete er aus Berlin:

»Geehrter H[er]r,

Es ist mir zweifelhaft, ob Sie diese Karte erhalten werden, da Sie es
nicht der Mühe wert erachtet haben, Ihre Adresse in verständlicher
Schrift anzugeben.

Die Gedichte von Kolzow kann ich im ›Magazin‹ nicht zum Abdruck bringen, da sie inhaltlich zu unbedeutend sind, wenngleich die
Übersetzung sehr schön ist.

Hochachtungsvollst   Dr. E. Engel«.

Die flüchtige, kaum lesbare Schrift bedingte eigentlich die Unterschrift »mißachtungsvollst«. Die Adresse muß ich ihm sehr deutlich
angegeben haben, denn sie figuriert auf der Postkarte in vollkomme-
ner Lesbarkeit; nur nennt er mich (russisch) Федлер.[1] –

Im Februarheft 1883 von ›Auf der Höhe‹ stehen die Namen aller, die
Sacher-Masoch zum Jubiläum gratuliert. Da findet sich denn in meinen ›Täglichen Notizen‹ unter dem 5. Februar folgende Bemerkung:
»Ed. Engel, der sich immer über Sacher-Masoch lustig gemacht hat,
schickt ihm eine Gratulation und reißt gleich darauf das Jubiläum
herunter (›Magazin‹, Nr. 5)«.

DEN 7. NOVEMBER 1894

Durch Wengerow bin ich seit dem Frühling Mitarbeiter am russischen
Konversationslexikon. Um fehlerlose biographische und bibliographi-
sche Daten zu erbringen, begann ich im September an viele deutsche
Schriftsteller folgende Anfrage zu versenden: »Hochgeehrter Herr!
Wie Ihnen vielleicht bekannt, gibt Brockhaus hierselbst ein russisches
Konversationslexikon heraus. Die deutsche Literatur liegt zumeist mir
ob, und da gestatte ich mir die ergebene Anfrage: enthält der Artikel

1 Fedler.

über Sie im Brockhaus, Meyer und Brümmer etwas, das Sie berichtigt
oder ergänzt wünschten? Ist die Bibliographie im Kürschner vollständig?«

An Personen, die noch in keinem der oben angeführten Werke
stehen, schrieb ich statt des obigen Passus: »Wo finde ich zuverlässige
biographische Daten über Sie?«

Hier will ich gelegentlich die Antworten verzeichnen [...]

DEN 26. NOVEMBER 1894

Heute ein Stündchen bei Reinholdt. Er ist möglichst noch praktischer
geworden, seitdem er Hoffnung hat, bald Vater zu werden. Als ich
ihm erzählte, daß ich im Auslande keinen Verleger für meine ›Bylinen‹
gefunden hatte, und meinte, die Akademie würde mir das Werk druk-
ken, fragte er: »Nun?« – »Dann muß ich es K. R. widmen«. – »Woran
liegt's denn?« – »Ich kann mich nicht dazu entschließen!« – »Ach was!
Wenn's dir nur Nutzen bringt!« Er komponiert gegenwärtig einen
Krönungsmarsch. Natürlich hat er nur den Nutzen im Auge.

Ich kann mich an den Menschen nicht gewöhnen! – –

DEN 2. DEZEMBER 1894

Gestern Maria Valentinowna Watsons Geburtstag. Michailowskij kam
natürlich mit der Pimenowa, schäkerte mit der Dawydowa und trank
keinen Schnaps – nur Bier, wobei er das Glas mit zitternder Hand
hielt; mit der Pimenowa fuhr er von dannen, und zwar (wir setzten
uns mit Ljuba gleichzeitig auf eine Droschke) in einer Richtung, die
der Straße, in welcher wir beide wohnen, gerade entgegengesetzt liegt.
Mereshkowskij drang in mich: »Nur einmal werden Sie Ihrem Vorsatz
untreu: übersetzen Sie ein Prosawerk. Doch nein, es ist nicht Prosa: es
ist die herrlichste Poesie, das wunderbarste Gedicht in Prosa, das ich
gelesen. Ein neuer großer Dichter: F. Ssologub (Teternikow)! Übersetzen Sie seine ›Schatten‹! Sie (sich an den Kritiker Menschikow aus
der ›Nedelja‹ wendend) müssen unbedingt darüber schreiben!« –
(Menschikow) »Das ist wohl Symbolismus?« – »Ja, aber staunenswert
durchgearbeitet!« – »Nein, danke ergebenst!« ... Er und sie (d. h. Mereshkowskijs) baten uns dringend, sie zu besuchen. »Aber wir können

Ihnen nur Tee und Weißbrot anbieten; denn wir haben gar kein Geld!
Unser ganzes Silberzeug ist versetzt, wir haben noch zwei Löffel und
müssen, wenn Sie kommen, zwei von den Nachbarn borgen! Doch
bald, bald ist die kritische Lage zu Ende: ein Journal wird meinen ›Julian‹ bringen«. – – Mad. Ssemewskaja (Wodowosowa) flüsterte mir zu,
nach Sinotschka Mereshkowskaja hinnickend: »Das ist die fleischge-
wordene Decadence!« – Anwesend war auch eine Frau Grawe (die unter dem Pseudonym Sneshina ein Drama ›Mann und Frau‹ verfaßt hat);
sie ist Großmutter und dennoch so phänomenal jugendhaft (und zwar
völlig ohne Kunstmittelzuhilfenahme), daß ich sie für die Schwester
meiner zwei Ex-Schülerinnen hielt, während sie deren Mutter ist. – –
Mamin griff beim Abendbrot nach keinem Leckerbissen, sondern aß
nur Kohl; die Nacht schlief er bei uns und meinte heute: »Ich möchte
das Deutsche nur kennen, um Heine und den ›Faust‹ im Original
lesen zu können«. Er arbeitet sehr fleißig in Zarskoje Sselo an seinem
Roman ›Brot‹: in einer Woche hat er dreiundeinhalb Bogen geschrieben. Auch bei uns zum Frühstück aß er nur Kohl und gab meiner Frau
verschiedene billige Rezepte: »Es ist ein Vorurteil zu glauben, daß das
Billige zugleich schlecht sein müsse. Es gibt Produkte, die ein paar
Kopeken kosten und ebenso schmackhaft und nahrhaft sind wie Eß-
waren zum Rubelpreise. Kaufen Sie in der Fischbude einen Lachskopf,
der kostet zehn Kopeken, und Sie werden die wunderbarste Kohl-
suppe haben, ohne Fleisch!« – – –

                                          7. DEZEMBER 1894

Das war gestern wieder ein Tohuwabohu bei N. K. Michailowskij, der
Namenstag hatte. Beständiges Kommen und Gehen, Stimmengewirr,
Gelach, Gesang, Propfenknall, Gläsergeklirr – jeder tat, was er wollte;
über hundert Personen mögen den Tag über ihren Gratulationsbesuch
gemacht haben. Ich konnte mit niemand länger als fünf Minuten
im Strich reden: körperlich und geistig wurden wir unterbrochen.
Anwesend waren u.a. Wl. G. Korolenko – ein kalter, gemütloser
Mensch, »хитрый мужик!«, wie Baranzewitsch ihn nannte; Garin
(Nikol. Georgijew. Michailowskij) – die Liebenswürdigkeit und Herzlichkeit selbst; der Lyriker Alexand. Alexand. Olchin – sympathische
klagende Erscheinung; die bekannte Industrielle und Philantropin

Morosowa,* unangetraute Frau Prof. [sic!] Ssobolewskijs, der auch
nebst Prof. Tschuprow da war, der Philosoph Wlad. Vict. Lessewitsch
mit einer rotglühenden runden Laterne als Nase, der übrigens nichts
trank und beim Halten einer Rede sich fast die Haut von den Händen
abrieb; sodann Mamin, der einen Hieb hatte, auf jemand wütend war,
mit einem »Bo!«[1] die Fäuste ballte und eine »gebenedeite Mutter«
nach der andern ausstieß (wir standen übrigens allein in einer Ecke);
wer ihn eigentlich beleidigt hatte, ließ sich nicht herausbekommen.
Um 6 Uhr waren fast alle gegangen – um ein Stündchen im Schlaf
neue Kräfte zu schöpfen zur Fortsetzung des Gelages (denn um 7 sollte
der Trubel von neuem beginnen, um, vermutlich wie immer, um 4
oder 5 nachts, resp. morgens zu schließen), auch Michailowskij, der
nur Wein getrunken hatte, hatte sich gelegt. Ich und Baranzewitsch
gingen zwei Partien Billard spielen. Er wird alt, nach seiner Plauder-
haftigkeit geurteilt. Er wußte sehr gut, daß ich Lejkin für sein rohes
Betragen zu meinem Geburtstage nicht eingeladen hatte, und fragte
ihn dennoch neulich: »Warum waren Sie nicht bei Fiedler?« –
»Wann?« – »Am 4ten November, es waren eine Menge Gäste da«. –
»Er ladet uns nicht ein«. – – –

   Verabredetermaßen ging ich heute zu Lessewitsch, der mir eine seltene Kollektion buddhistischer Götzen zeigte und mich eindringlich
über den Buddhismus belehrte.

DEN 6. JANUAR 1895

Gestern abend bei Mereshkowskijs. In der Ecke – eine völlig schmuck-
lose Tanne »des Duftes wegen«. Es waren da u.a. mehrere junge Dekadenten. Auf dem Tisch – Roastbeef, Schweizer Käse, ein geräucherter
Ssig,[2] Kaviar, 4 Flaschen Wein und Früchte. Zierlich, manierlich, ganz
akkurat; alle – trunken vor Nüchternheit; dichtverschleierte Lampen,
an der Decke eine vielfarbig mysteriös brennende Laterne. Beim
Teetisch war man ästhetisch – man sprach vom Aberglauben, und

* Von Michnewitsch in seinem Roman ›Москвичка‹[3] und von Boborykin teilweise in ›Китай-город‹[4] geschildert.

1 Wehe Dir! (russ.). — 2 Renke (russ.). — 3 ›Die Moskauerin‹ (russ.). —
4 — ›Die Kitaj-Stadt‹ (russ.), chinesischer Stadtteil Moskaus.

D. M. Mereshkowskij bemerkte, er dulde nicht nur drei angezündete Kerzen nicht, sondern nicht einmal drei Zündholzschachteln nebeneinander; bei Begegnungen mit Popen habe er sich eine ganze Astrologie ausgebildet; Andrejewskij behauptete, die kaiserliche Familie im Traum zu sehn verheiße Gutes (nicht Schlimmes, wie viele meinen). Er, Andrejewskij, gab sich, wie immer gespreizt. »Sie ignorieren mich! Auf einer gestrichenen Diele muß ich die Füße halten!« wandte er sich zu Sinaida Nikolajewna; sofort wurde ihm ein Fußteppich geholt. Es war auf der Diele so warm, daß man ohne Strümpfe hätte sitzen können. Dann begann er Puschkins ›Steinernen Gast‹, ›Die Russalka‹[1] und aus ›Onegin‹ zu lesen – ohne allen Ausdruck, mit affektierter Schlichtheit. Mereshkowskij jedoch war begeistert: »Kein Schauspieler in der Welt vermag so herrlich zu lesen!« Puschkin stellte er (Mereshkowskij) neben Shakespeare, wozu ich eine Tannennadel ausriß und meinte: »Ebenso wie diese Nadel eine Tanne ist, ebenso ist Puschkin ein Shakespeare«. Mereshkowskij stellte sich auf die Knie und deklamierte ein Puschkin'sches Gedicht. Als ich Heine für einen der größten Lyriker aller Völker und Zeiten erklärte, widersprach Mereshkowskij: »Er kann schon aus dem Grunde kein großer Lyriker sein, weil er ein Jude war«. Anwesend waren noch: der Moskauer Lyriker Fjodorow, der während des ganzen Abends kein Wort sprach, und Teternikow (F. Ssologub), der Verfasser der ganz bedeutungslosen ›Schatten‹: sieht nichts weniger wie ein Schriftsteller aus. Sinaida Afan. Wengerowa gestand: »Es ist schon so lange her, daß ich Puschkin gelesen, so daß ich mich seiner fast gar nicht erinnere«.

Es war im ganzen recht uninteressant und langweilig; unvergleichlich anregender und gemütlicher ist's, wenn Mereshkowskijs allein sind.

Minskij kuriert sich im Auslande (er spuckt Blut), und Andrejewskij meinte: »Ich vermisse ihn sehr stark in unsrer Shakespeare-Gesellschaft: er hat Kenntnisse, Geschmack und Geist«.

---

1 ›Die Nixe‹ (russ.).

DEN 9. JANUAR 1895

Gestern V. P. Ostrogorskij gesprochen. Er erzählte: »Ich habe eben für
Marcks meine Rede auf dem Niwa-Jubiläum aufgesetzt. Leider kann
nicht alles gedruckt werden, was ich sagte. So behauptete ich, der
Russe, daß es eine Torheit oder Bosheit sei, den Deutschen den Vorwurf zu machen, sie saugten Rußland aus, und wies auf Marcks als den
Typus eines idealen Industriellen. In der Tat, Gott gebe Rußland recht
viele solcher Deutschen!«

Als ich an Potapenkos Hause vorüberging, sah ich ihn am Fenster
stehen und bald auf ein Iswostschikpferd,¹ bald auf seine Finger
schauen. Er bemerkte mich und winkte mir herein; es war ein Pferd,
das er aus Wachs geformt hatte. Ich erzählte ihm, daß seine ›Generals-
tochter‹ in einem Hannoverschen Blatt erscheine, und er meinte: »Ja,
ich werde sogar noch mehr übersetzt als Tschechow, und das kommt
daher, weil ich keine Schwierigkeiten biete, während Tschechow ein
sehr feiner Künstler ist«. – – […]

DEN 8. FEBRUAR 1895

Gestern mit Ant. Tschechow, Potapenko und Baranzewitsch bei Leinner Abendbrot gegessen. Tschechow sieht durchaus nicht schwindsüchtig aus; verdächtig ist nur sein beständiges Hüsteln: »Das habe ich
schon ein paar Jahre und werde wohl erst dann auskuriert werden,
wenn ich kaputt gegangen bin (скапутился); meine Lungen …« Er
verdient gar nicht so viel, wie nach den Auflagen seiner Bücher zu
schließen wäre: »Jährlich schreibe ich nicht mehr als zehn Bogen, das
macht zweitausendfünfhundert Rbl.; sechshundert bringen mir jährlich meine Farcen ein – das macht dreitausendeinhundert«. – »Aber
Ihre Bücher?« – »Erst jetzt hab ich Ssuworin alles abgezahlt, und sie
werden mir monatlich gegen zweihundert Rbl. geben«. – »Apropos
Ssuworin: es hieß, Sie würden seine Tochter Nastja heiraten«. – »Ich
Nastja? Erstens ist sie zu jung für mich, zweitens wird sie sich als Psychopathin wahrscheinlich totschießen, und drittens werde ich nur aus
Liebe heiraten« … Als es (um 2 ½ nachts) ans Bezahlen ging, nahm

1 Siehe Fußnote zum 3. April 1889.

ich einen Fünfrubelschein heraus, doch Tschechow und Potapenko
sagten: »Nein, wir haben Sie aufgefordert, und wir traktieren Sie!« –
»Mir wäre es lieber, wenn Sie mich mit Ihren Büchern traktierten!« –
»Auch das wird noch kommen!« (Tschechow zu Potapenko): »Siehst
du, das ist ein Literaturfreund! Du aber hast mich bis jetzt noch um
keines meiner Bücher gebeten!« – (Potapenko): »Weil ich meine
eigenen nicht schenken kann. Da traf ich neulich im Theater einen
Bekannten, dem ich nicht weniger als dreitausend Rbl. schulde; der
sagte mir scherzend: ›Ich muß wohl alle Hoffnungen auf Sie fahren
lassen (придется на Вас рукой махнуть), da präsentieren Sie mir
doch wenigstens Ihre Werke!‹ Werde sie ihm schon kaufen müssen,
nichts zu machen!« – »Haben Sie aus Moskau von Ssytin keine mitgebracht?« – »Nein, aber dafür habe ich vom ›Artist‹ siebenhundert
Rbl. Vorschuß genommen, und stellen Sie sich mein Glück vor: den
Tag darauf hieß es, das Journal komme unter den Hammer!« – »Dank
Ihnen, denn siebenhundert Rbl. sind keine Kleinigkeit! …« Potapenko
erklärte seine Frau für eine »Psychopathin«. Es wurde viel gescherzt
und gelacht; Potapenko und Tschechow hielten die тешка[1] für einen
besonderen Fisch und wunderten sich, als ich ihnen das Wort erklärte:
»Ja, die Deutschen!« (ох, уж эти немцы!). Statt »nichts, keine Spur,
keine Idee« gebrauchte Tschechow den Ausdruck »ни хера!« […]

DEN 11. FEBRUAR 1895

Gestern um 1 versammelten wir uns verabredetermaßen bei Tschechow (der ein Kabinett A.S. Ssuworins bewohnt; Ssuworin besitzt die
herrlichste Privat-Bibliothek, die ich je gesehn). Als ich kam, wurde er
gerade von einem jungen Maler gemalt. Wir gingen zu Palkin und
nahmen ein Kabinett ein. Ich fühlte mich recht unwohl: hatte Kopfschmerzen und Fieber und meinte zu Tschechow: »Wenn ich mich
nach dem heutigen Trinken morgen schlechter fühle, müssen Sie mich
als Doktor – « – »Ich bin Feldscher!« – »Einerlei, dann müssen Sie
mich umsonst kurieren!« – »Nein, dann werde ich Ihnen auf eigene
Kosten einen Arzt schicken, denn ich möchte in Ihnen nicht gern
einen Leser und Verehrer verlieren!!« – »Praktizieren Sie denn so

1 Der eßbare Bauchteil des Fisches (russ.).

wenig?« – »Fast gar nicht; nur wenn die Cholera kommt, weist mir die
Landschaft (земство)¹ einen Rayon an«. – »Aber Sie sind doch Land-
schaftsarzt?!« – »Nein« … – Über seine Diät erzählte er folgendes:
»Wenn ich gegessen oder ein Spitzglas Schnaps getrunken habe, kann
ich nicht arbeiten; deshalb nehm ich zu Mittag nur ein paar Löffel
Suppe, esse dafür aber tüchtig zum Abend – so wie andre zu Mittag
essen – und lege mich alsdann sofort schlafen«. – »Das soll ja aber sehr
schädlich sein!« – »Durchaus nicht: das ist Sache der Gewohnheit« …
Potapenko gab ihm 40 Kopeken, die Tschechow lächelnd mit den
Worten einsteckte: »Wenn man gibt, muß man nehmen!« (Nämlich:
gestern waren beide bei Lejkin, und die Awilowa sollte nach Hause
begleitet werden; keiner von beiden hatte Lust dazu, bis es schließlich
Tschechow tat: nun zahlte ihm Potapenko 40 Kopeken, die Tschechow
für den Iswostschik von der Nikolajewskaja zum Ertelew-Pereulok
extra bezahlt hatte; für Potapenko war's ein Auswisch [?] gewesen,
da die Awilowa auf der Nikolajewskaja unweit von seinem Hause
wohnt. Über Tschechow's Praktischheit wurde harmlos gespöttelt).
Potapenko bat, ich sollte etwas Klassisches spielen, Tschechow –
etwas Lustiges: »Den Zigeunerbaron!« – (Potapenko): »Nur nicht
den Zigeunerbaron!« Ich spielte aus dem ›Tannhäuser‹ und dann
Strauß. Potapenko trat mehrmals hinter meinen Stuhl und goß mir
fine champagne in den Mund, mir drauf ein Pfefferminzplätzchen
zwischen die Zähne steckend. Es wurde über Korolenko gesprochen,
und Tschechow meinte: »Ich wünsche, daß er sich entweder dem Suff
ergibt, oder in die Hände eines gemeinen Frauenzimmers fällt – dann
wird er ein großes Kunstwerk schaffen«. Lange wurde auch über ein zu
gründendes Journal gesprochen (von dem Plan erzählte mir Tschechow schon vor zwei Jahren): damit die Verleger die Mitarbeiter nicht
exploitieren, müssen mehrere Schriftsteller die ganze Sache in die
Hand nehmen; das Honorar pro Druckbogen muß nicht unter
vierhundertfünfzig Rbl. betragen; fürs erste erbot sich Potapenko,
zehntausend Rbl. aufzupumpen, doch als Verleger werde Tschechow
zeichnen – auf diese Weise könnten die Gläubiger sich an dem Journal
selbst nicht vergreifen … Um fünf verließ uns Potapenko: »Wohin?« –
»Auf den Bahnhof, der Bruder reist ab«. – »Dann sind Sie ja gleich

1 Semstwo – eine lokale Selbstverwaltung in Zentralrußland 1864-1917.

wieder zurück?« – »Nein, ich hatte den Kindern versprochen, sie mitzunehmen«. – »Aber Marja Andrejewna?« – »Sie ist schon seit zehn Tagen bettlägerig«. – »Lassen Sie doch!« – »Nein, es geht nicht: ich muß den Kindern das Vergnügen machen umsomehr, als ich's versprochen. Doch zwischen acht und neun komm ich, wohin?« – »Ins Kaukasische Restaurant«. – »Gut«.

Er ging, schob nach etwa zwei Minuten Ossip Iljitsch Feldmann in unser Kabinett und verschwand. Der Hypnotiseur plapperte eine Viertelstunde und flatterte von dannen. Wir drei blieben allein. Tschechow trank sehr mäßig, zumal er noch in eine Gesellschaft mußte. Baranzewitsch wandte sich an mich: »Weißt du, wie Anton Pawlytsch dich nannte, als ich mit ihm von Leinner nach Hause fuhr? Ein unverlöschliches Gotteslämpchen vor dem Bilde der russischen Literatur! (неугасимая лампадка пред иконой русской литературы)«. – »Wirklich?« – (Tschechow): »Ja, das sind Sie!« – (Baranzewitsch): »Das wird er sich anschreiben, denn er führt …« – »Kasimir!« – »Er hat blaue Hefte!« – »Höre lieber, was mir eingefallen ist: da sehe ich euch freundschaftlich miteinander sprechen, ihr liebt und achtet euch seit Jahren … wie wär's, wenn ihr Bruderschaft miteinander tränket?« (Baranzewitsch): »Ja, das ist eine Idee! (Вот это мысль!) Wollen wir?« – (Tschechow): »Mit Vergnügen …« Sie schlangen die Arme durcheinander, tranken und küßten sich. Baranzewitsch bat ihn eine Weile später, Patenstelle bei seinem neunten Kinde zu vertreten, und Tschechow willigte sofort ein. Er will schon diesen Sonntag fort, wahrscheinlich nach Taganrog, um dort zu schreiben: »Hier kann ich's nicht und bin doch zu dem Zwecke hergekommen!« Auch erzählte er: »Da ich nur aus Liebe heiraten werde, so werde ich wohl nie heiraten. Seit der Aufführung des ›Iwanow‹ habe ich mit nicht weniger als 92 (zweiundneunzig) Frauenzimmern geschlafen, sie zu lieben gewähnt und Liebesschwüre von ihnen vernommen; doch die Nacht verging, und ich sah, daß wir beide im Irrtum befangen waren«. Es sind fast ausschließlich verheiratete, sozusagen anständige Frauen, mit denen er zu tun gehabt; vor zwei Jahren erzählte er mir, er habe nie eine Unschuld genommen.

Kaum war Tschechow fort, so klagte Baranzewitsch: »Da habe ich nun wieder einen Dummen gespielt (дурака свалял); habe ihm der erste angeboten, mit mir Bruderschaft zu trinken!« Das Zustande-

kommen der Verbrüderung jedoch machte ihn so freudig nervös, daß
er gleich nach dem Kuß betrunken wurde. »Wie bin ich betrunken!«
jammerte er, als wir im Kaukasischen Restaurant Schaschlik aßen und
Wein tranken? Genau halb neun kam Potapenko, doch das Beisammensein mit Baranzewitsch währte nicht lange: »Ich kann nicht mehr!
Nach Hause!« rief er aus und rannte aus dem Lokal. Ich blieb mit
Potapenko allein. [...]

DEN 26. FEBRUAR 1895

Sacher-Masoch ist gestorben – NB: wenn's nicht wieder ein Reklame-
Scheintod ist! Meine Korrespondenz mit ihm entstand 1881 durch
Vermittelung L. v. Jessens (Ostens), dem er den Vorschlag machte,
für ›Auf der Höhe‹ Novellen aus dem Russischen zu übersetzen, der
jedoch das Anerbieten ablehnte und mich ihm für diesen Zweck
empfahl. Ich schickte im Januar 1882 den Artikel ›Kolzow‹ mit einigen
Probe-Übersetzungen; er wurde angenommen, der Termin des Ab-
drucks jedoch nicht definitiv angegeben. Ein Brief (nur die Namens-
unterschrift ist Autograph) aus Leipzig vom 16.II.1882 lautet:
    »Sehr geehrter Herr!
    In Folge eines prinzipiellen Konfliktes mit meinem Verleger sehe
ich mich gezwungen, vom 1. April ab die internationale Revue ›Auf
der Höhe‹ auf meine Kosten fortzusetzen.
    Da mir nicht, wie dem bisherigen Verleger, ein großes Kapital zur
Verfügung steht, bin ich in die unangenehme Lage versetzt, die Ausgaben des Blattes ausschließlich aus den Einnahmen zu bestreiten. Ich
werde mich daher in der Hauptsache darauf beschränken müssen, die
Sache mit einem kleinen Kreise von literarischen Freunden weiter zu
führen, welche teils mir, teils dem idealen Zweck zulieb, zu geringem
Honorar oder ganz unentgeltlich Beiträge liefern, wie dies bereits
Daudet, Flammarion, Berthelot, Lingg, Charlotte Arand, Ciampoli,
Palmieri, Lioy, Bersezio, Castelnuovo, Stein, Samuely, Rosa Rosenfeldt
u.a. zugesagt haben.
    Da ich Ihnen nicht zumuten kann, mit dem kleinen Honorar, das
ich bieten kann, zufrieden zu sein, so muß ich Ihnen Ihren Beitrag
leider hiermit zur Verfügung stellen. Das Höchste, was ich vorläufig,
bei dem Stande von 2.000 Abonnenten zu bezahlen vermag, sind

40 Mark für den Bogen. Sollte Ihnen dies genügen, bitte ich um sofortige Mitteilung.

Hochachtungsvoll   Sacher Masoch«.

Ich bot ihm daraufhin Kolzow umsonst an, und er schrieb u.a. vom 7.3.1882: »Indem ich Ihnen bestens für Ihr freundliches Anerbieten danke, kann ich dasselbe aber nicht annehmen und werde Ihnen das freilich niedere Honorar zahlen«.

Notiz vom 6. März 1882: »Komisch berührt mich der Verlegerwechsel. Das Motiv dazu nennt Sacher-Masoch in einem Brief an mich einen ›prinzipiellen Konflikt‹ und im Vorwort des Märzheftes ›eine freundliche Auseinandersetzung‹. Das Wesen von ›Auf der Höhe‹ ist nichts weiter als eine Sarah Bernard würdige Reklame: wenig Wolle bei großem Geschrei ... Überhaupt stimme ich mit Goldschmidt überein, der die Ankündigung der Revue eine ›Frechheit‹ nennt ... Wie lächerlich klingen die Lobhudeleien der Autoren, deren Artikel erscheinen! Madame Adam nennt er ›die schönste Frau von Paris‹!«

Notiz vom 12. Oktober 1882: »Sacher-Masoch eröffnet, wie erwartet, den neuen Jahrgang mit großmäuligen Phrasen, die größtenteils impertinente Reklame sind ... Aber ich muß dennoch beipflichtend Goldschmidts beständigen Urteilsspruch über ihn anführen: ›Er ist unstreitig ein sehr talentvoller Mensch, aber ...‹«.

Im November 1882 erschien mein Referat: ›Das Von-Wisin-Jubiläum‹.

Notiz vom 8. d. M. d. J.:

»Heute schickte mir Sacher-Masoch das Novemberheft von ›Auf der Höhe‹. Als ich die Rubrik ›Unsre Mitarbeiter‹ las, lachte ich hell auf, denn da steht zu lesen: ›In der ›Revue des geistigen Lebens‹ debutieren der treffliche russische Literarhistoriker F. Fiedler und der Redakteur Dornbusch‹ ... Ein Lob aus Sacher-Masochs Schwindlermunde ist in den Augen aller rechtschaffen Gesinnten eine Beschimpfung. Egoistischer Bärendienst! Marktschreier!«

Im Dezember 1882 erschien meine Übersetzung von Dostojewskijs ›Der Knabe bei Christo zum Weihnachtsbaume‹. Im Februar 1883 meldete er mir, daß mein Kolzow-Artikel verloren gegangen sei und bat mich um einen neuen, den ich ihm auch schickte. Im September 1883 erschien endlich Kolzow, aber die Gedichte wurden ganz gedankenloserweise »Prosaübersetzung« genannt, ein Vers wurde zur gehackten Prosa verbösert, einer – ganz ausgelassen etc. Ich war nichts weniger als erbaut. Zuvor erschien mein Bericht über das Shukowskij-Jubiläum (April-Heft), und Ende Oktober 1883 schickte ich ihm meine Übersetzung von Ws. Garschins ›Rote Blume‹. Er schrieb vom 15. November u.a.: »Ich habe die freundl[ich] eingesandte Novelle sofort gelesen, und sie gefällt mir sehr gut, weshalb ich dieselbe auch akzeptiere, wenn Sie damit einverstanden sind, daß ich nur die Übersetzung, nicht aber das Original honoriere«.

Für das ›Von-Wisin-Jubiläum‹ und für den ›Knaben bei Christo‹ zahlte er mir 15 (fünfzehn) Mark, für ›Shukowskij‹ und ›Kolzow‹ aber nichts. Auf delikate Weise erinnerte ich ihn an seine Schuld, indem ich ihn bat, mir sein Buch ›Über den Wert der Kritik‹ zu schicken und den Betrag von meinem Guthaben zu streichen; das Buch erhielt ich am 22. Januar 1884, das Geld aber nicht. Im September 1884 bat ich ihn, Kürschner in meinem Namen 11 Mark für den ›Literatur-Kalender‹ und die ›Schriftsteller-Zeitung‹ zu senden; auch schickte ich ihm meine erste (und einzige) Novelle ›Magda‹ und erhielt von ihm vom 12. / 24. September folgende Antwort: »Sehr geehrter Herr! Ich habe die Novelle ›Magda‹ mit vielem Interesse gelesen und verkenne die Vorzüge derselben durchaus nicht, finde aber doch, daß sie sich nicht für das deutsche Publikum eignen dürfte. Aus diesem Grunde sende ich Ihnen das Manuskript anbei mit bestem Dank zurück. An Herrn Prof. Kürschner sind 11 Mark abgegangen« etc.

Notiz vom 12. Juli (30. Juni) [1885] über meinen Aufenthalt in Leipzig: »Sacher-Masoch hab ich 3 Mal aufgesucht, ihn aber nicht zu Hause angetroffen; die Nachbarn schickten mich zu Fräulein (?) Hulda Meister, aber auch dort war er nicht zu finden«.

Für Garschins ›Rote Blume‹ habe ich keinen Pfennig erhalten.

Der einzige eigenhändige Brief, den ich von ihm besitze, lautet: »Leipzig, 8. Okt[ober] 1885

Sehr geehrter Herr!

Ich möchte einem internationalen Novellenschatz – den ich herausgebe, Ihre Übersetzung von Dostojewskijs ›Der Knabe bei Christo‹ einverleiben, falls Sie *kein Honorar* beanspruchen. Ich habe seinerzeit sowohl Heyse als Eckstein meine Novellen für deren ›Novellenschatz des Auslandes‹ im (und? F. F.) humoristischen (? F. F.) Hausschatz gleichfalls ohne Honorar gegeben.

Hochachtungsvoll   Dr. v. Sacher-Masoch«.

Ich erfüllte seinen Wunsch, bat ihn jedoch um 1 Exemplar des betr.
Buches. Ob dasselbe je erschienen, weiß ich nicht: ich hab's weder von
ihm erhalten, noch irgendwo gesehn.

DEN 28. MÄRZ 1895

Gestern – Golitzins Visite erwidert. Mächtiges Kabinett mit vielen
unsichtbaren Sehenswürdigkeiten, dank dem Dreivierteldunkel. Auf
dem Schreibtisch u.a. – eine sehr ähnliche Terracottabüste Alexanders
III.; er zeigte mir ein paar Bleistiftzeichnungen des jetzigen Kaisers
(damals Thronfolgers) und des Großfürsten Wladimir, die sie während
der Reichsratssitzungen hingeworfen, u.a. – eine Karikatur Pobedo-
noszews. Unter jeder Figur steht sorgfältig der Name des Verfassers,
sowie Jahr, Monat und Tag von Golitzins Hand vermerkt. »Ja, das ist
eine Seltenheit!« – »Haben Sie's von den Zeichnern selbst?« – »Nein;
sobald sie ihre Plätze verließen, eilte ich hin und nahm das Papier«. –
»Also ganz so wie's bei uns in der Gorochowoje Gesellschaft[1] mit
Repin hergeht!«

Er schenkte mir sein nicht für den Verkauf bestimmtes Buch
›Перепевы‹[2] und zeigte mir verschiedene Übersetzungen seiner Wer-
ke, auf denen der Verfasser *Galitzin* genannt wird. – »Muß es nicht
Golitzin heißen?« – »Nein, in den ausländischen Sprachen ist *Galitzin*
die einzig richtige Schreibart« … Ich fragte ihn, ob er viel Gedichte
schreibe. »Jetzt fast nur Parodien und Epigramme, früher jedoch – ja«.
– »Erschienen sie irgendwo?« – »Zumeist in der ›Shiwopisnoje obosrenije‹, bald unter meinem Namen, bald unter dem Pseudonym
Tschertkow«. – »Gedenken Sie nicht, sie gesammelt herauszugeben?«
– »Nein, denn sie sind dessen unwert«. – »Diktieren Sie Ihre Prosa-
schriften?« – »Dazu bin ich nicht im Stande; ich benutze eine Schreibmaschine, und auch nur reiflich vorher Überlegtes und sorgsam
zurechtgestellte Sätze« … Da er bei Tichonow ein Kind getauft hatte
und die Familienverhältnisse kennt, so fragte ich ihn, wen er für den
schuldigen Teil hält. »Beide sind sie gut! Als er im ›Ssewer‹ schönes
Geld verdiente, verpraßte er es, sie jedoch gab sich gar keine Mühe,

---

1 Wortspiel, das u.a. darauf beruht, daß die »Russische literarische Gesellschaft«
sich damals in der Gorochowaja-Straße befand. — 2 ›Alte Lieder‹ (russ.):

ihm das Heim angenehm zu machen«. – »Er sehnt sich sehr nach
seinen Kindern«. – »Man kann sich nicht gleichzeitig nach seinen
Kindern sehnen und trinken, singen und tanzen«. – »Seine neue Ehe
macht ihn förmlich vor Wonne strahlen!« – »O, ich hab ihn schon oft
so strahlen sehen!« ... Mereshkowskijs (beide) liebt er nicht: »Alles ist
maniriert an ihnen! ... Und wie kann man ein Schriftsteller sein
wollen, wenn man nur unter Schriftstellern verkehrt und den übrigen
Menschenklassen ganz fremd gegenüber steht? Ich, wenigstens, verkehre mit Schriftstellern sehr wenig, suche jedoch dafür die Menschen
überhaupt näher kennenzulernen« ... Wenn er allein schläft, muß immer Licht im Zimmer brennen: »Sonst hab ich Halluzinationen«.

Anwesend waren ein Ostseebaron und ein Ministerialbeamter, die
sich beim Tee nebeneinander über eigene Angelegenheiten unterhielten, während ich mit der Fürstin (einer ehemaligen Schneiderin,
wie man sich erzählt) sprach: sie ist etwas schwerhörig, doch jung und
nett und gibt sich durchaus nicht fürstlich-vornehm. Übrigens ist
auch Golitzin ein schlichter, freundlicher Mensch.

DEN 3. APRIL 1895

Heute – fünfundzwanzigjähriges Professor-Jubiläum Alexander Nikolajewitsch Wesselowskijs. Er ist ein großer Gelehrter und als Mensch
bedingungsloser Hochachtung und Liebe würdig; Lehrtalent jedoch
hat er, glaub ich, keines oder nur ein sehr geringes. Da ich als Student
die romano-germanische Philologie erwählt habe, resp. erwählen
mußte (da es kein Katheder[1] für allgemeine Literaturgeschichte gab,
die ich einzig im Auge hatte, als ich mich immatrikulieren ließ), so
war ich sein »Spezialist« und büffelte angelsächsische, provençalische
und altspanische Grammatik, die er bis zum Selbstmord trocken vortrug. Auf dem Examen übersetzte ich aus dem ›Beowulf‹ und der
›Poema del Cid‹; daß ich damals nicht durchgerasselt bin, habe ich
einzig seiner liebenswürdigen Nachsicht zu verdanken. Ihm u.a. (d.h.
seiner Unterschrift) verdanke ich es auch, daß mir, ohne daß ich ein
besonderes Examen hatte ablegen müssen, ein Diplom als Gymnasial-
Lehrer der deutschen Sprache und Literatur ausgefertigt wurde. Nicht

1 Hier: Lehrstuhl.

nur als sein gewesener Schüler, sondern auch als Mitglied der von ihm gegründeten Neophilologischen Gesellschaft (die ich nie in meinem Leben besucht habe, weil mir die Buchstabenkleinkrämerei bis ins tiefste Herz verhaßt ist, und der ich nur gezwungen beitrat: J. G. Gurewitsch zahlte während eines heitren Mittagessens bei F. Braun für mich die zehn Rbl. Mitgliedsgeld ein, und ich war volens-nolens Mitglied; das Geld händigte ich ihm natürlich den Tag drauf im Gymnasium ein) unterzeichnete ich die beiden Adressen und begab mich ins Quartier des Jubilars zusammen mit den beiden Deputationen. Lauter pedantische Philologen und nüchterne Suffixen- und Präfixenfresser; nur zwei lebendige Schriftsteller waren da: Pypin und Leonid Maikow, die sich indes sofort von der Gesellschaft zurückzogen und in einem besonderen Zimmer miteinander plauderten. Wesselowskij wohnt recht bescheiden und ohne den mindesten ästhetischen Schmuck: an den Wänden z. B. hängen Oleographien der ›Niwa‹. Es war nichts weniger als interessant. Schwamm drüber!

DEN 28. APRIL 1895

Heute ein Stündchen bei Wl. Tichonow. [...]. Beethoven nannte er den Shakespeare und Glinka – den Puschkin der Musik. Burenin sei kein ästhetisch-wissenschaftlicher Kritiker, doch ein ausgezeichneter »вышучиватель«;[1] er hat ihn noch nie öffentlich gelobt (auch nicht getadelt), »zu meinem Glück, denn er versteht nicht zu loben, und sein Lob macht einen – natürlich keinen Koryphäen der Literatur – beim Publikum nur lächerlich; hätte er über mich geschrieben, so hätte er mich z. B. auf Kosten Tschechows, den er nicht liebt, gelobt, und ich wäre verloren; ich hatte ihm meine beiden Bücher gegeben und sah sie nach einigen Tagen auf seinem Tisch mit der blaubleistiftigen Aufschrift ›zu loben!‹ (похвалить), was auch seitens eines andren Rezensenten geschah«. Sein (Burenins) unzerreißlicher Bund mit Ssuworin besteht seit jener fernen Zeit, da Ssuworin, durch Geldmangel und Krankheit seiner Kinder arg bedrängt, zu Burenin nach Hilfe kam und dieser, selbst nicht reich, von seinen letzten 300 Rbl. Ssuworin 200 gab ... Tichonow hat für sechs Bücher gedrucktes

---

1 Spötter (russ.).

Material an Erzählungen, Novellen und Romanen, aber es findet sich kein Verleger. In bezug auf seinen Bruder Lugowoj (den er in die Literatur eingeführt und dem er das Pseudonym erfunden) meinte er: »Alle wissen, daß ich ihn nicht leiden kann, aber auf einem öffentlichen Platz würde ich es laut schreien, daß Marcks für seine ›Niwa‹ keinen tüchtigeren Redakteur hätte finden können« … Kotik strahlte, denn sie hatte eben einen Brief von Wladimir Ssolowjow erhalten, in welchem er ihre neueste Novelle (Manuskript) lobt und ihr Erfolge auf der literarischen Bahn verheißt. – – –

Heute ein Viertelstündchen bei K. K. Slutschewskij gewesen, der mir seine ›Исторические картинки‹[1] schenkte. Er gedenkt, eine Auswahl aus seinen vier Bänden Gedichte nebst den neuesten, in ein Buch vereinigt, herauszugeben. Sonst absolut nichts Verzeichnenswertes gesprochen. Er führte mich in seinem Raritätenmuseum herum und zeigte mir uralte heidnische und moderne christliche Götzenbilder, einen Splitter von der »Russalka«,[2] ein Stück Glas aus dem beim Attentat zertrümmerten Wagen Alexander II., ein während des großen 1862 hier wütenden Brandes zu einem Klumpen geschmolzenes Schloß nebst Schlüssel und ähnliche Kuriositäten.

DEN 6. MAI 1895

[…] Ende April versandte ich verschiedenen namhaften Schriftstellern und – diesmal – auch Gelehrten meine soeben erschienen Gedichte von Graf Alexej Tolstoj. Hier die Antworten:

Nr. 1. Theodor Mommsen aus Charlottenburg v. 1. / 13. Mai 1895:

»Gestatten Sie mir, Ihnen für die freundliche Zusendung der zum guten Teil schönen und auch wo sie dies nicht sind, wie bei dem Branntweinrecken, ergreifenden Gedichte meinen Dank durch eine kleine Gegengabe auszudrücken.

Mommsen«.

---

1 ›Historische Bilder‹ (russ.). — 2 Gemeint ist der russische Panzerkreuzer »Russalka« (»Nixe«), der am 7. September 1893 während des Unwetters im Finnischen Meerbusen einen Schiffbruch erlitt, wobei über 150 Menschen ums Leben kamen.

Er schickte seine (vermutlich, denn nur durch ein M. unterzeichnete) Übersetzung mehrerer Gedichte Carduccis.

Nr. 2. Ernst Haeckel.
»Jena. [3.] / 15.5.1895. Geehrter Herr! Für die freundliche Zusendung Ihrer Übersetzung der Gedichte von Tolstoy (– dessen Schriften ich sehr bewundere!) – sage ich Ihnen meinen verbindlichsten Dank.
                    Hochachtungsvoll   Ernst Haeckel.«
Er verwechselt Alexej Tolstoj mit Leo.

Nr. 3. Eduard von Hartmann.
                    »Gr[oß] Lichterfelde, den [30. April] / 12. Mai 1895
                                        Marienstr. 7a
Hochgeehrter Herr Hofrat!
Für die gütige Übersendung Ihrer Übersetzung der Gedichte des Grafen A. Tolstoi sage ich Ihnen meinen verbindlichsten Dank. Ich werde mit lebhaftem Interesse das kleine Buch lesen, durch das meine Literaturkenntnis eine Erweiterung erfährt. In vorzüglicher Hochachtung
                    Ihr ganz ergebener   E. v. Hartmann«.

Nr. 4. Paul Heyse.
»Besten Dank, sehr geehrter Herr, für die freundliche Zusendung Ihres Tolstoi-Bändchens. Die Übersetzung scheint mir, soweit ich ohne Kenntnis des Originals urteilen kann, sehr gelungen und wohl geeignet, auch diesem russischen Poeten das Interesse des deutschen Publikums zuzuwenden. Fahren Sie ja fort in dieser so dankeswerten Vermittlertätigkeit, zu der Sie vor so vielen andern berufen sind, und seien Sie freundlichst gegrüßt von Ihrem
                    aufrichtig ergebenen   P. H.«
München, [1.] / 13.V.1895.

Nr. 5. Wilhelm Busch.
                    »Wiedensahl, [2.] / 14. Mai [18]95
Hochgeehrter Herr!
Ihrem Wunsche entsprechend, bestätige ich Ihnen den Empfang Ihrer Übersetzung der Gedichte von Alex. Tolstoi. Ich sage Ihnen für

die freundliche Sendung meinen verbindlichsten Dank und werde das
Büchlein mit Aufmerksamkeit durchlesen.

Hochachtungsvoll   Wilh. Busch«.

Nr. 6. Klaus Groth (diesmal eigenhändig).

»Kiel, [2.] / 15. Mai 1895

Hochgeehrter Herr Hofrat!

Für Ihre abermalige Sendung nebst freundlicher Postkarte sage ich
Ihnen sogleich meinen herzlichen Dank, obgleich ich in Ihren Übersetzungen von den Gedichten des Grafen A. Tolstoi nur noch Proben
gelesen habe, die mir allerdings wieder den Meister der Form in Ihnen
gezeigt haben. Ich bin zu beschäftigt, bekomme zu viele Zusendungen,
als daß ich in meinen Jahren den Wünschen meiner Freunde alsobald
nachkommen kann. Sie sollen aber doch nicht lange auf die Mitteilung warten, daß ich Ihre Sendung um so mehr gern und mit Dank
empfangen habe, da mich Ihre Übersetzungen Lermontowscher Gedichte ganz besonders erfreut haben.

Fahren Sie so fort und machen Sie uns bald eine saubere Gesamt-
ausgabe Ihrer vortrefflicher Arbeiten in vornehmer Ausgabe.

Es grüß(t) Sie collegialisch Ihr

ergebener   Klaus Groth«. […]

DEN 1. JUNI 1895

Nr. 16. Von Theodor Fontane.

»Berlin, [20. Mai] / 1. Juni [18]95
Potsdamerstr. Nr. 134 c.

Hochgeehrter Herr.

Ergebensten Dank für Ihre freundliche Sendung. Ich habe schon
hineingesehn und mache mich demnächst an die Lektüre. Den großen historischen Roman des Grafen kenne ich seit geraumer Zeit und
habe viel Freude daran gehabt.

In vorzüglicher Ergebenheit   Th. Fontane« […]

Nr. 18. Von Otto Roquette.

»Darmstadt, [3.] / 15. Juni [18]95
Verehrter Herr! Ihre Übersetzung der Gedichte des Grafen Tolstoi
habe ich erhalten und sage Ihnen meinen besten Dank dafür. Einen
Vergleich mit den Originalen kann ich nicht anstellen, aber Ihre Verse
fließen so leicht und formgewandt, daß man die Dichtungen, wie
fremdartig sie uns auch stofflich berühren, wie etwas Eigenes nimmt
und schätzt.

Grüßend und ganz ergebenst   Otto Roquette«.
[…]

DEN 14. AUGUST 1895

Gestern – bei Baranzewitsch in Kalamäkki. Wir spielten Kegel und
darauf Billard. […]

Vor Jahresfrist hatte Ljuba die Erzählung Olga Wohlbrücks ›Das
Jordansfest‹ ins Russische übertragen, doch von drei Redaktionen
wurde das Manuskript nach Einsichtnahme abgewiesen: von Bulgakow
(ohne Begleitschreiben), Ostrogorskij und Gaideburow. […] – – –

In der Universität hatte ich mir neben der germano-romanischen
Philologie noch die russische Literaturgeschichte zum Spezialstudium
erwählt und besuchte darum häufig die Vorlesungen des Prof. Orestes
Miller. Die Studenten nannten ihn »Cri-Cri« (das Spielding grassierte
damals) und den »kleinen Mann mit den großen Prätentionen«. Er
war kein großer Gelehrter, doch ein großherziger Mensch und wurde
darum von den Studenten, denen er oft seinen letzten Kopeken hin-
gab, nicht nur in übertragener Bedeutung, sondern oft auch buchstäblich – auf den Armen getragen. Das kleine behend trippelnde Männchen mit dem Buckel hielt die Vorlesungen immer stehend (sitzend
wäre er auf dem Katheder kaum sichtbar gewesen), die zierliche Linke
an den Bart haltend; er sprach bildreich und wortreich, aber etwas
inhaltarm … Bei andern Gelegenheiten will ich mehr über ihn berichten […]

DEN 15. OKTOBER 1895

Gestern Mereshkowskij uns besucht (sie selbst war nicht gekommen: Angina) und mir seinen Roman ›Der Abtrünnige‹ gebracht. Er gab sich, wie immer, wenn er mit uns allein ist, schlicht, herzlich und aufgeräumt. Er erschreibt sich, zusammen mit Sinaida Nikolajewna, im Durchschnitt nur 100 Rbl. monatlich. – »Damit können Sie ja doch nicht leben?!« – »Ich bekomme außerdem vom Vater hundertfünfzig Rbl. monatlich« … Sein Vorfahr war ein kleinrussischer Essaul,[1] namens Mereshka; »viele behaupten indes, ich hätte einen jüdischen Typus …« Die Schriftstellerportraits an der Wand über der Ottomane betrachtend, nannte er den Fürsten Uchtomskij eine »vollständigste Talentlosigkeit« […]. Feth, Apuchtin und Nadson liebt er als Lyriker nicht und gedenkt demnächst gegen den letzteren, »obschon wir Kameraden waren«, scharf vorzugehen: »Der Artikel wird aber nach dem vierten November erscheinen, damit mich die Watson an diesem Tage bei Ihnen nicht ermorde und sich darauf erhänge«. Beiläufig bemerkte er, daß er Ostrogorskij und Pissemskij gar keinen Geschmack abfinden könne. […]

Wl. Tichonow hatte in der ›Nowoje wremja‹ ein Feuilleton über Andersen veröffentlicht: nach der mündlichen Erzählung Georg Brandes' (sie verlebten mehrere Tage zusammen in Rauka). Er schildert Andersens Poeteneitelkeit und seine Furcht vor dem Tode, die so weit ging, daß er, als ihm irgendein Verehrer aus einem exotischen Lande etwas Eßbares zuschickte, dieses Eßbare, aus Furcht, es könne vergiftet sein, einer befreundeten Familie schenkte und sich nach einigen Tage nach ihrer Gesundheit erkundigte. Wir verurteilten diesen Egoismus, Mereshowskij jedoch meinte: »Das ist eine große Tat! Denn unsre Eigenliebe ist verächtlich-kleinlich und voll Bedenken mutlos. Geniale Menschen wie Alexander von Makedonien und Napoleon I. waren auch die größten Egoisten!« – – – […]

Ergänzung zu Mereshkowskij. Gleich beim Betreten meines Kabinetts eilte er zum Schreibtisch, auf dem er die ›Fliegenden Blätter‹ liegen sah. »Ah, die ›Fliegenden Blätter‹! Ich liebe sie furchtbar! Besonders die Bilder ohne Worte« … Heine nannte er einen »jüdischen,

1 Offizierrang in der Kosackenarmee; »kleinrussisch« heißt ukrainisch.

keinen deutschen Dichter« … Im neuesten Brockhaus machte er Excerpte über die Sforzas (Vorstudien zum Roman ›Leonardo da Vinci‹).
»In Petersburg ist man von der ganzen zivilisierten Welt abgeschnitten, denn in der Öffentlichen Bibliothek bekommt man so gut wie
nichts. Hingegen, ist man in Berlin, Paris oder London, so ist man
gleichzeitig in der ganzen Welt der Vergangenheit und Gegenwart«.
Ein paar Bücher wollte er sich durch die Ricker'sche Buchhandlung
ohne Zögern verschreiben: »Morgen sind die Magazine geschlossen
… also am Dienstag!« – »Warum nicht am Montag?« – »Montags
unternehm ich nichts«.

Gestern – Erstaufführung von Tolstojs ›Macht der Finsternis‹ im
Kleinen Theater (Freie Bühne). So gut wie gar keinen Eindruck in mir
hinterlassen, dank der dramatischen Impotenz des Verfassers; der
Mord des Kindes ließ das Publikum kalt, dank der Zensur und der
stimmungslosen Inszenierung; wenigstens ein Viertel des ganzen
Stücks müßte gestrichen werden – beim Lesen viel eindrucksvoller.
Viele Schriftsteller, mit jedem ein Wörtchen. Am meisten mit Baranzewitsch. Die wegwerfende Behandlung des kranken Pjotr seitens
Anissjas verglich er lachend mit derjenigen, die ihm Darja Nikolajewna während seiner imaginären Krankheiten angedeihen läßt. […]
    Die Studenten im Theater wollten Ssuworin, weil er die Erlaubnis
zur Aufführung des Tolstoj'schen Dramas erwirkt, eine Ovation bereiten und riefen ihn vor die Rampe, doch er kam nicht. »Warum zeigten
Sie sich nicht?« fragte ich ihn in der Garderobe. – »Ah, hol sie der
Teufel!« (А ну их к черту!).

Meinem vorgestrigen 36sten Geburtstage wohnten 37 Personen bei
u. and.: Posnjakow, der Hypnotiseur Feldmann, Reinholdt mit Frau,
Ssyromjatnikow (Sigma), Wengerow nebst Schwester Sinaida Afanassjewna, Wlad. Tichonow (sie – krank), Mad. Lugowaja (er – krank),
Mad. Wwedenskaja (er – krank), Jushakow, die Watson, Michailowskij mit der Pimenowa, die Winitzkaja, Slepzow nebst Frau, M. J.
Goldstein, Sarin, Dr. Tomaschewskij, Mereshkowskij nebst Frau,

Ssemjon Wengerow. – *Widmung:* »Dem guten Freund Friedrich Fiedler vom ihn liebenden Ss. Wengerow. 12. März 1895« (russ.).

Potapenko nebst Frau, Mamin, Braun, Ostrogorskij nebst Frau und Firssow (Baron Forselles). […]

Wengerow schenkte mir einen Brief Leo Tolstojs an ihn, wo auch von mir die Rede ist. Nämlich: um ein Autograph von ihm für mein Album zu haben, bat ich ihn, ihm meine zu erscheinende Puschkin-Übersetzung widmen zu dürfen, und schickte ihm meinen Lermontow und Alexej Tolstoj; um dasselbe bat auch Wengerow, gleichzeitig die Adresse eines gewissen Bondarew bei ihm erfragend. Ihm schrieb er nun […].

Ich lasse nur den Passus über mich übersetzt folgen, weil er das Charakteristischste im ganzen Briefe ist:

»Hrn. Fiedler übergeben Sie bitte meinen Dank für die Zusendung der Bücher und für die Absicht, mir irgend so was zu widmen. – Ich habe nie verstanden, was eine Widmung bedeutet und warum sie getan wird, und darum möchte ich lieber wünschen, daß er mir nichts widme«.

Puschkin nennt er »irgend so was …!« […]

DEN 6. JANUAR 1896

Heute Wengerow bei mir gewesen. Ich zeigte ihm den Brief Lindenbergs und bat, ihn mit der Aufnahme ins Lexikon zu beehren, und er versprach [es]. Ich zeigte ihm verschiedene neue, mit Autographen versehene Bücher, u. a. Korinfskij's ›Schwarze Rosen‹. »Flexer hat ihn furchtbar heruntergerissen«. – »Doch wohl mit Unrecht?!« – »Es muß zwischen ihnen etwas gegeben haben«. – »Ist er denn persönlich?« – »Flexer kann gar nicht anders als persönlich sein«. – »Hast du die Widmung gelesen, die die Mereshkowskaja in ihrem Buche ›Neue Menschen‹ vorgedruckt hat?« – »Ja; ist sie denn ganz verrückt? Oder ist's nur eine Schmeichelei?« – »Ich weiß nur, daß diese Widmung ihr den Hals bricht (что она себя зарезала)«. – »Freilich! Daß Flexer Feinde hat, weiß ich, daß aber auch sie welche hat, wußte ich nicht. Sie posiert, und da ist er, Mereshkowskij, noch natürlicher; einmal sagte ich ihm: »Sie sind ein gutmütiger Mensch, warum machen Sie aus sich einen interessanten Bösewicht?« … – »Was macht Sinaida Afanassjewna?« – »Sie fährt fort zu dekadentieren (декадентствовать) und rüstet sich zur Herausgabe ihrer literarhistorischen Aufsätze in Buchform«.

Wir sprachen über den verderblichen Einfluß, den Marja Andrejewna auf Potapenkos Talent ausübt. »Ich finde, daß Potapenko jetzt nicht besser und nicht schlechter schreibt als zu Beginn seiner Tätigkeit. Wenn er auf demselben Punkte stehen bleibt, ist's seine eigene Schuld. Man kann einem sein Vermögen, seine Gesundheit und sein Leben zu Grunde richten, aber nie sein Talent, – das ist von Gott gegeben und unterliegt keinem äußeren Einfluß. Wenn ein Schriftsteller etwas Besonderes zu sagen hat, so wird er's sagen, mögen die Verhältnisse ihm noch so große Hindernisse in den Weg legen! Richard Wagner hat seine besten Sachen in einer Mansarde zu Paris komponiert und in seiner späteren reichen und stimmungsvollen Wohnung nichts Besseres geschaffen. Kustschewskij war Schwarzarbeiter und schob Karren an der Newa, wobei er mal ins Wasser fiel, sich erkältete und ins Hospital mußte, wo er einen Teil seiner Portionen an die Nebenkranken für ein paar Kopeken verkaufte, sich für das Geld Licht und Papier anschaffte und so seinen bekannten Roman schrieb; als er später in recht günstigen Verhältnissen lebte, hat er nichts Nennenswertes mehr verfaßt. Und alle, die Pomjalowskij, Lewitow, Jakuschkin, Gleb und Nikolaj Uspenskij u.s.w., haben sich wohl zu Grunde gesoffen, doch nur physisch, ihrem Talente hat der Trunk keinen Abbruch getan. Es ist ein Vorurteil: ein Talent läßt sich nie vernichten!« – – – […]

DEN 3. MÄRZ 1896

Gestern – Schuf mich besucht. Er empfahl mir eindringlich, Sienkiewiczs ›Quo vadis‹ zu lesen: »Der Roman ist großartig und hat wenig seinesgleichen in der Weltliteratur. Er steht Tolstoj nicht nach!«

Zuvor war Potapenko. Projektiert ist eine Reise (Ende April) über Wien nach Venedig und Rom, dann Kur in Franzens- (resp. Karls-) bad. Ssuworin erteilt ihm einen sechswöchentlichen Urlaub.

Mit ihm und Mamin (der etwa 2 Monate lang bei mir nicht gewesen, weil er, dank meiner Tochter Windpocken, eine Ansteckung Aljonuschkas fürchtete; aus demselben Grunde war auch Potapenko lange Zeit nicht bei uns) begaben wir uns in die Kredit-Gesellschaft, wo zum Besten der Familie des unheilbar geisteskranken Gleb Uspenskij eine literarische Soirée stattfand. Der Saal war ausverkauft, was seit langer, langer Zeit nicht der Fall gewesen (zum morgigen,

resp. heutigen Konzert der Drewing sind nur für sieben Rbl. Billete
verkauft). Die Hauptanziehungskraft bildete wahrscheinlich das in
Petersburg erstmalige Auftreten Wl. Korolenkos. Bei seinem Erscheinen wurde etwa drei Minuten lang anhaltend und allgemein lebhaft
applaudiert, nach dem Abtreten wurde er sieben Mal hervorgerufen.
Ein nicht so lauter, doch weit gemütlicherer Empfang wurde Mamin
bereitet; wie ein in Freiheit dressierter junger Bär trat er auf, ohne den
mindesten Zwang, verbeugte sich lächelnd nach rechts und links und
nickte diesem und jenem aus dem Publikum vertraulich zu (»ich habe
hier etwa hundert Bekannte«), las ziemlich laut, befleißigte sich einer
deutlichen Aussprache und wurde fünf Mal gerufen. Baranzewitsch
(der einzige im Frack) nur zweimal.* Potapenko war der vorletzte und
drum aufgeregt, zudem hatte er aus Versehen einen Leder- und einen
Tuchstiefel an, was ihn beunruhigte, obschon der Unterschied nur für
ein eingeweihtes Auge bemerkbar war; einem direkten Hervorruf
konnte er nicht Folge leisten, da Michailowskij so taktlos war, mitten
im Applaudissement aufzutreten. Nun entfesselte sich ein Sturm von
Händeklatschen und Bravos, der wohl fünf Minuten währte; den
Schluß warteten wir nicht ab, sondern begaben uns (Potapenko,
Mamin, Baranzewitsch und Karpow, der sehr hübsch eine Erzählung
Uspenskijs vorgetragen hatte) ins Restaurant Nementschinskij Abendbrot essen. Karpow beklagte sich, daß man den alten K. K. Arssenjew
als ersten auftreten ließ: »Ihn, einen unsrer größten Kritiker!« Von
Korolenko (mit dem ich nur ein paar nichtssagende Worte gewech-
selt) meinte er: »Er ist ein ganz mittelmäßiger Schriftsteller und ahmt
zudem in der Schreibart den Polen nach«. Ich vergaß zu notieren, daß
Potapenko gestern bei mir über ihn (Korolenko) urteilte: »Jedes Wort,
das er spricht und schreibt, ist berechnet«.

Mamin kam zu mir nächtigen, legte sich um 4 und stand schon um
8 auf, um nach Zarskoje zu fahren, behufs Ablösung der »Tante Olja«:
»Es ist wieder mal ein Deutscher geboren, mir zum Unglück, und da
muß sie hin!« Es war mit Humor gesprochen. Aus der ausländischen

---

* Mamin und Potapenko wunderten sich sehr darüber, da Baranzewitsch gewöhnlich 5-6 Mal hervorgerufen werde und aufs Bis lese.[1]

1 D.h. Zugaben gebe.

Reise wird nichts; er gedenkt den Sommer in Hungerburg bei Narwa zu verbringen. »Von Weihnachten bis jetzt habe ich mir für tausend Rbl. Vorschüsse heruntergeschrieben!« Von Slatowratskij erzählte er, derselbe habe einst arge Not gelitten und sei für Strolcherei arretiert gewesen; in den Erzählungen ›В артели‹[1] habe er sich selbst geschildert. Im Trinken habe er (Slatowratskij) einst Phänomenales geleistet, übrigens könne er auch noch jetzt manchen Jüngling unter den Tisch trinken. Er pries seine Herzensgüte.

DEN 22. MÄRZ 1896

Während ich das Nachfolgende schreibe, schläft Mamin bei uns laut schnarchend. Gestern abend kam er mit dem Ausrufe: »Fedenka,[2] wir fahren an den Rhein!« – »Nicht nach Narwa?« – »An den Rhein, Ehrenwort, an den Rhein!« Von unserm Plan einer Reise durch Finnland, Skandinavien und Dänemark wollte er nichts hören. »Ich fahre mit dem Blitzzug direkt an den Rhein!« – »Aber Berlin?« – »Berlin? Schlage mich tot, wenn ich dort auch nur fünf Minuten lang bleibe! … Was, table d'hôte? Ich soll mir vorschreiben lassen, wann und wo ich essen soll? N-ein!« (»Mit ihm wirst du hundert Mal ärgere Not haben als damals mit mir!« meinte Baranzewitsch, der dabei saß). »Ich habe mich bis zu Anfällen von Tollwut hineingeschrieben und muß nun ausruhen!« … Plötzlich wieder pries er die Kultur und den Charakter der Deutschen und meinte von den Russen: »Je mehr man einen Russen liebt, desto größere Gemeinheiten macht er einem«. Puschkin kann er nicht ausstehen und nennt ihn einen ganz jämmerlichen Reimer … [...]

DEN 28. APRIL 1896

[...] Gestern feierte Posnjakow seinen 40sten Geburtstag. [...] Anwesend war Scheller (Michailow), der sich eines Stockes bediente, dabei aber eine sehr frische, rosige Gesichtsfarbe hat. »Je wohler ich aussehe, desto ärger werde ich von der Neuralgie mitgenommen«. [...] Jassinskij erschien, drückte allen die Hand und küßte sich mit Scheller. Ich sprach mit ihm etwa ein Viertelstünchen – nichts Verzeichnenswertes! Mamin fährt nicht an den Rhein: »Zu weit!« – – – [...]

---

1 ›In der Arbeitergenossenschaft‹ (russ.). — 2 Koseform für Fjodor.

[...] Einen Tag vor seiner Abreise kam Potapenko und trug mir auf, Tschechows Drama ›Die Möwe‹ aus der Zensurbehörde abzuholen und es ins Dramatisch-literarische Komitee einzureichen, wobei er mir auch eine Bittschrift Tschechows gab; dieselbe datiert vom 15. März. Natürlich kommt der Freundschaftsdienst zu spät: das Komitee hat bis zum Herbst seine Tätigkeit eingestellt. – – –

Heute bei Wengerow gewesen. Für sein bio-bibliographisches russisches Schriftstellerlexikon hat er einen Verleger gefunden: die hiesige Akademie der Wissenschaften. Sie druckt ihm unentgeltlich das Werk und zahlt ihm im Laufe von 4 Jahren sechstausend Rbl.: »Damit sind nicht einmal meine Auslagen fürs Material bezahlt: ich habe über achttausend ausgegeben; dabei wird meine Arbeit selbst, natürlich, mit keinem Kopeken honoriert; ja, ich muß jetzt noch aus eigener Tasche siebenhundert Rbl. zahlen – fürs Abschreiben der 400 000 Billete. Aber nun bin ich ruhig: weiß ich doch, daß ich heute sterben kann und das Riesenwerk wird doch gedruckt. Alle Akademiker (Bytschkow, L. Maikow, Ssuchomlinow, Wesselowskij u.s.w. sind bei mir gewesen und waren höchst erstaunt über den Reichtum des von mir gesammelten Materials«.

Andrejewskij hält er für einen mittelmäßigen Dichter, doch für einen sehr bedeutenden Kritiker. – – [...]

Vorigen Donnerstag fuhren wir aus Petersburg, und den Abend vorher gab ich einen Abschiedsschmaus, an dem auch Baranzewitsch teilnahm. Erst meinte er ziemlich ruhig, in Deutschland gäbe es dieselben Herrn und Sklaven wie in Rußland und die Kultur habe dort (resp. hier) nur einem körperlichen, nicht aber geistigen Bedürfnis ihre vorgeschrittene Entwickelung zu verdanken; dann wurde er hitzig und nannte die Deutschen kurzweg Taugenichtse und Halunken. Nach ein paar Stunden jedoch verfocht er ebenso eifrig, überzeugt und überzeugend, die genau entgegengesetzte Ansicht. Als ich und mein Vetter »Der Mai ist gekommen, die Bäume schlagen aus ...« sangen, meinte er, der einzige Russe in unserm Kreise, mit verächtlicher Kopfabwen-

dung: »Die Deutschen singen!« Es war aber noch keine Stunde
verflossen, da sang er, mit der Rechten mich umarmend, aus einem
Buche begeisterungsvoll »Ich weiß nicht, was soll es bedeuten …« (in
der Mey'schen Übersetzung) und fand sowohl Heine als auch Silcher
entzückend. Als ich echten Assmannshäuser vorsetzte, wurde er end-
gültig fertig. – – –

Heute ging ich mit Frau und Kind zu Maxim. Bern in die Nollen-
dorfstr. 21a. Ich ging die ganze Treppe hinauf, ohne das bekannte
Schild »Maximilian Bern und Frau Olga Wohlbrück« finden zu können. Unten erklärte uns die gesprächige Portiersfrau, Bern wohne jetzt
– allein – in der benachbarten Eisenacher-Str. 17; seine Frau habe ihn
vor einem Jahre verlassen und das Kind mitgenommen; sie leben
irgendwo fern in Rußland. Die ganze Schuld treffe sie und nicht ihn.
[…] Sie habe ihn durch ihre Aufwand-Sucht ruiniert; oft seien keine
zehn Pfennig im Hause gewesen und dennoch habe sie nicht nur die
eigenen Taschentücher, sondern auch die der beiden Mägde außerhalb
in die Wäsche gegeben. –

Wir begaben uns in das neue Quartier; Ljuba und Rituscha warteten unten auf der Treppe.* Er war sehr erfreut, mich zu sehen, und
sagte sofort von selbst, seine Frau habe ihn verlassen. Wir verabredeten
ein Rendez-vous in der Kunstausstellung am Lehrter Bahnhof. Er
erschien pünktlich, wir besichtigten die Bilder und nahmen dann
Platz vor der »Osteria«, wo er uns genau das Gegenteil von dem
erzählte, was Ljuba vor zwei Jahren aus Olgas Munde vernommen.
Nicht er sie, sondern sie hat ihn angefleht, sie schneller zu heiraten (es
war in Paris); sie drohte, sich unter den Eisenbahnzug zu werfen. Als
Braut war sie in Moskau, wo sie sich in einen russischen Doktor
verliebte, und die Verwandten drangen in sie, diesen zu heiraten, sie
aber fuhr nach Wien, und Bern und sie wurden getraut. »Sie war nie
normal. Um den Doktor schneller zu vergessen, bat sie mich, die Portraits desselben recht auffällig allenthalben im Quartier anzubringen,
um sich an seinem beständigen Anblick zu gewöhnen. Ich tat's, und
alles schien gut zu gehn. Nur wunderte es mich, daß sie, die nie ein

---

* An der Haustür steht noch immer: »Maximilian Bern und Frau Olga Wohlbrück«.

Gewitter gefürchtet, jahrelang bei einem solchen in Entsetzen geriet; nach der Ursache befragt, gestand sie mir: in Rußland, wenn ein Gewitter sie und den Doktor überraschte, betete sie, der Blitz möge – mich erschlagen! Und die ganze Familie ist unnormal: alle ihre Verwandten bis zu den Großeltern hinauf, haben sich von ihren Männern und Frauen scheiden lassen oder sind einfach auseinandergegangen«. – »Und wo befindet sie sich jetzt?« – »In Moskau, bei ihrem 65jährigen Pflegeonkel, einem Narren, der das üppigste Leben führt und nach seinem Tode, außer riesigen Schulden, ihr nichts hinterlassen wird«. – »Wann und warum haben Sie sie abgelassen?« – »Vor einem Jahre. Sie wollte schon viel früher hin, aber jedesmal beredete ich sie zum Bleiben. Da spiegelte sie mir im vorigen Mai vor, der Onkel läge sterbenskrank, und sie müsse unbedingt hin. Ich verschaffte ihr einen falschen Paß – denn ich besitze noch immer keinen – und schrieb das Kind auf den Namen unsrer französischen Gouvernante, die mit ihr reiste. Ein paar Wochen drauf schrieb sie mir, ich solle alles im Quartier zu ihrer Rückkehr bereithalten; es wurde geputzt, gewaschen und geordnet. Da erhalte ich einen Brief mit der Meldung, sie werde nie mehr zurückkommen, da ich ein Tyrann sei. Ich schrieb ihr nachsichtig zärtlich, denn sie war ja krank. Darauf antwortete sie mit einem Brief, der ausschließlich aus biblischen Zitaten bestand, was ganz und gar nicht in ihrer Art liegt. Nach ein paar Tagen kam wieder ein Brief mit dem Verbot, ihr je wieder zu schreiben, die Briefe würden uneröffnet zurückgeschickt werden. [...]« – »Und was gedenken Sie jetzt zu tun?« – »Ich habe bereits die Scheidungsklage eingereicht; die Ehe wird ohne Hindernis bald gelöst werden, aber wie soll ich das Kind bekommen? Sie schrieb nämlich, sie habe nichts gegen die Auslieferung des Kindes, aber – denken Sie mal! – der Pflegeonkel wolle dasselbe nicht hergeben! Was beginn ich da? In Rußland existieren ja die Gesetze nur, um umgangen zu werden, und die Bestechlichkeit der russischen Beamten ist berüchtigt!« – »Fahren Sie doch selbst nach Moskau!« – »Das kann ich nicht: ich habe ja keinen Paß!« – »Wie kommt denn das ?« – »Als mein Vater starb, siedelte die Mutter mit den Kindern nach Wien über, wo nicht nach einem Paß gefragt wurde, auch sonst überall kümmerte man sich um denselben nicht. Dreißig Jahre sind so verflossen, und will ich den Paß haben, so muß ich 30 x 40 Mark (20 M. pro Halbjahr), also 1200 M. zahlen, und die hab ich natürlich nicht!« – »Was gedenken Sie denn da zu tun?« – »Verschiedene Gesetzeskundige und Rechtsanwälte raten mir, die Sache auf diplomatischem Wege zu betreiben«. – »Und was wird nach der Scheidung aus der Olga Maximowna?« – »Sie muß zu Grunde gehn, sobald der Onkel stirbt, denn er kann ihr nur Schulden hinterlassen«. – »Aber die Schriftstellerei?« – »Gehen Sie doch! Ohne mich kann sie ja keine Seite schreiben! Alle Themata – mit Ausnahme des Jordansfestes – gab *ich* ihr, besprach mit ihr alle einzelnen Teile und korrigierte jede einzelne Seite, wie ein Lehrer ein Aufsatzheft prüft und verbessert. Einzig nur mir hat sie ihre Stellung in der Literatur zu verdanken, denn *ich* habe sie, die ehemalige unbekannte Schauspielerin, zu dem gemacht, was sie ist. Ich mußte ihr eine Stellung und einen Namen geben, um ihre Existenz nach meinem Tode sicherzustellen. O, was für eine unendliche Mühe das gekostet hat! Um ihre d.h. meine Sachen anzubringen, mußte ich mit Redakteuren und Verlegern unterhandeln und mit verschiedenen Bühnenleitern mich abplacken. Und zum Dank dafür hat sie mich verlassen! Was ich gelitten habe! Namentlich am Weihnachtsabend ohne das Kind! Ich fürchte, ich werde noch verrückt! Aber warten Sie: nächste Weihnachten wird ein Band Gedichte von mir erscheinen, den Zusammenbruch einer Ehe behandelnd, das wird kolossales Aufsehen erregen, weil es ganz und gar originell ist!«

Über die moderne deutsche Literatur urteilte er: »Die Jungen haben ihr Versprechen nicht gehalten, die Alten sind an die Wand gedrückt, – und so haben wir gegenwärtig gar keine Literatur«. – – –

DEN 14./26. MAI 1896

Heute begann ich meine Schriftstellervisiten mit Th. Fontane. Es war 11 Uhr. Die Öffnende meinte, der Herr Doktor arbeite jetzt; ich bat, ihm meine Karte zu geben (Friedrich Fiedler aus St. Petersburg), sie ging und kam nach einer Weile mit der Meldung: »Der Herr Doktor lassen unendlich bedauern, aber sie schrieben eben und könnten sich nicht stören lassen«. Dann, als ich schon halb auf der Treppe stand, fragte sie, nichts weniger als wißbegierig, nach meiner Adresse: »Der Herr Doktor werden Ihnen vielleicht schreiben, wann Sie empfangen werden könnten«. – –

Ich ging zu Prof. Erich Schmidt. Eine tiefe, sonore Stimme sprach
zu dem Stubenmädchen: »Bitten Sie herein, ich komme gleich, werde
mich nur ankleiden«. Ich trat in ein großes, bücherüberfülltes Kabinett, und nach etwa zwei Minuten kam auch er, eine hohe, jugend-
lich-kräftige, interessante Gestalt. Wir nahmen Platz, und er begann,
meine Lermontow-Übersetzung zu rühmen und über den Mangel
künstlerischer Verdeutschungen zu klagen. »Da habe ich die ›Anna
Kárrönin‹ in der Reclam'schen Ausgabe gelesen, der Stil ist geradezu
entsetzlich!« Er bedauerte, daß ich Ende Juni in Weimar an dem Jah-
restage der Goethe-Gesellschaft nicht teilnehmen könnte; die Sitzung
sollte jetzt stattfinden, aber der alte Großherzog wäre jetzt in Moskau.
Den Sommer wird er (E. Schmidt), wie gewöhnlich, im Tyroler Hochgebirge verbringen. Er schenkte mir sein Portrait und schrieb mir ins
Album: »Dem ›ehrlichen Makler‹ zwischen russischer und deutscher
Literatur zu freundlicher Erinnerung«. Als er den Brief Scheffels las,
rief er aus: »Das ist aber grob!« – –
    Von ihm zu Alfred Friedmann in der russischen Brockhaus-An-
gelegenheit. Hochelegante Treppe, luxuriös und geschmackvoll ge-
schmückte Zimmer. Im Schrank sah ich P. Heyses beinah sämtliche
Werke. »Ja, und fast alle mit einem Autograph!« Er erzählte von der
Geldnot der Witwe V. v. Andrejanoffs; seine Eltern hätten die Hand
von ihr und den Enkeln zurückgezogen, weil sie den luthérischen
(Friedmann stellte den Akzent auf die zweite Silbe) Glauben angenommen. »Ich gedenke, einen Aufruf in die Zeitungen zu setzen,
denn die zwanzig und einige Mark, die ich ihr gern gäbe, können ihr
doch nicht helfen. Ja, ich täte es gern, denn fast täglich werde ich um
so und so viel Mark angesprochen und gebe sie immer«. Er schenkte
mir ein paar seiner Bücher und auch sein Portrait, auf welchem er
viel jünger und eleganter ausschaut als in der Wirklichkeit: er ist klein
von Wuchs, hat keine Locken und keinen so wohlgepflegten Vollbart,
das rechte Auge ist etwas schief, der lange Rock sitzt ihm ein wenig
schlotterig – er sieht einem Juden nicht unähnlich. Er bot mir seine
Cicerone-Dienste durch Berlin an, z. B. in der Kunstausstellung. –
»Da war ich gestern mit Bern«. – »Mit Bern? Um Gottes Willen! Ich
warne Sie, das ist ein Schuft! Er hat mir gegenüber verschiedene Nie-
derträchtigkeiten losgelassen! Mag er mich als Schriftsteller schimpfen
– das tun wir ja alle untereinander, – aber doch nicht anonyme Briefe

in die Redaktionen senden, wo grade was von mir erscheint: warum
sie solchen Schund brächten! ... Und dann hat er aus Bosheit mich in
keine seiner vielen Anthologien aufgenommen! Da ist Franzos: er läßt
keinen neben sich aufkommen, er ist aber immerhin doch ein Ehrenmann!«

Dieser kleinliche Egoismus sowie das beständige Pochen auf seinen
Wohltätigkeitssinn machte ihn mir etwas unsympathisch, so sehr liebenswürdig er auch mit mir tat. Er forderte mich zum Bleiben auf, lud
mich mit Frau und Kind zum Besuch ein, drängte mir fast gewaltsam
zwei große Havannas auf und bot mir – was noch kein deutscher
Schriftsteller getan – Wein an. Ich schlug jedoch das freundliche Anerbieten aus.

Von ihm – zu Julius Stettenheim. Ein kleiner Greis im Schlafrock
und mit einem Pincenez führte mich in sein Kabinett. Das mädliche
grauumrahmte Gesicht strahlte vor Freundlichkeit und Güte, trotzdem daß im Nebenzimmer man sich zu Tisch setzte und Teller- und
Löffelgeklapper erklang (die Magd sagte mir übrigens: »Die Herrschaften setzten sich eben zum Essen«, als die Tür des Kabinetts sich
öffnete, er mich begrüßte und näher zu treten bat). Ins Album schrieb
er mir ein:

> Ich wünsche dir wie allen Leuten
> Gesunden Appetit und Schlaf.
> Und hat dies auch nichts zu bedeuten,
> So ist es doch ein Autograph.

Er erzählte, daß auch er eine reiche Autographensammlung besitze:
von Goethe, Grabbe, Heine etc. – die er alle persönlich nicht gekannt
hat; doch mit Turgenew war er bekannt. Sonderbar, wie die meisten
Deutschen, spricht er die Namen ausländischer Schriftsteller aus:
Hügo (mit Betonung der ersten Silbe), Pisémskij (Пизéмский, mit
Betonung des e). Unter verschiedenen andern Portraits sah ich ihn zusammen mit Paul Lindau abgenommen. Er bedauerte, daß ich so bald
Berlin verlasse: »Ich möchte so gern mit Ihnen noch mehr über Rußland plaudern, denn in der Presse findet man doch nicht die Wahrheit«. Er versprach, mir sein Portrait nach Assmannshausen zu senden.

Von ihm – zu Balduin Möllhausen. Ein hoher Greis mit völlig
weißem üppigem Bart und einem roten Fez auf dem Kopf öffnete mir

und bat mich links ins Kabinett, das weit weniger mit Indianer-Trophäen, Waffen etc. geschmückt war, als ich es erwartet hatte. Ich fragte: »Gedenken Sie nicht mehr nach dem fernen Westen zu ziehen?« – »Nein, nun ist's genug: ich bin 72 [Jahre] alt und leide am Rheumatismus; vor schlimmeren Leiden haben mich, denk ich, die Reisestrapazen bewahrt«. Er hat 158 (hundertachtundfünfzig) Bände veröffentlicht und über hundert Skizzen, Aquarelle und Ölgemälde verfertigt. Mit Alex. v. Humboldt war er befreundet; »ich besitze eine Menge Briefe von ihm«. Ins Album schrieb er mir: »Laßt mich singen, laßt mich lachen ...« – aus dem zu erscheinenden Buche ›Dreilinden-Lieder‹, von dem er sagte: »Ich hab's umsonst *preis*gegeben, zum Besten eines Denkmals für den verstorbenen Prinzen Friedrich Karl v. Preussen, mit dem ich auf sehr befreundetem Fuße stand«. Bis dahin hatte er ganz ruhig gesprochen, nun aber wurde er wütend, als das Gespräch eine politische Wendung nahm; er schrie beinahe: »Was Rußland, was Frankreich! Mit ihnen können wir uns immer mal befreunden! Aber England; diese perfide, infame Bestie, die müssen wir hassen, die müssen wir zertreten! ...« Er scheint etwas harthörig zu sein und an Gedächtnisschwäche zu leiden. Im Vorzimmer nannte ich ihm meinen Namen und dankte ihm für seinen Lermontow-Brief. Und da sagte er im Kabinett, gegen Schluß unsrer Unterhaltung: »Da haben die Russen einen wunderbaren Dichter, aus dem ich täglich ein wenig lese; es muß hier gleich auf dem Tisch liegen«. – »Kennen Sie Russisch?« – »Nein, ich lese die Übersetzung, eine vortreffliche Übersetzung. (Hier hatte er schon mein Buch unter einem andern hervorgezogen). Wie heißt doch der Russe gleich? ...« – »Lermontow«. – »Richtig. Kennen Sie ihn?« – »Ich bin ja der Übersetzer«. – »So ...« Und nun begann er mir Komplimente zu machen. Beim Abschied bat er mich, ihn unbedingt bei meinem nächsten Aufenthalt zu besuchen.

Ich pochte noch bei mehreren andern Schriftstellern an, jedoch vergebens: einige (Wildenbruch, Sudermann) waren verreist, andre (Pantenius, Roberts) ausgegangen, und noch andre (Girndt, Konrad Alberti-Sittenfeld, Felix Hollaender) ließen sich laut der von Kürschner angegebenen Adresse nicht auffinden. Müde wie hunderttausend Hunde fuhr ich nach Hause.

DEN 16./28. MAI 1896

[…] Gestern schrieb mir Fontane:

»Berlin, 27. Mai [18]96
Potsdamerstraße 134 c

Pardon, hochgeehrter Herr, daß ich bei dem mir zugedachten freundlichen Besuche nicht auf der Bildfläche erscheinen und Sie begrüßen konnte. Paßt Ihnen Donnerstag (28.) von 12 bis 1?

In vorzüglicher Ergebenheit   Th. Fontane«.

Genau um ½ 1 klingelte ich und wurde in das Gastzimmer rechts geführt, wohin er von seinem Kabinett nebenan links trat, mich ungemein freundlich begrüßte und an dem runden Tisch Platz nehmen hieß. Worüber wir sprachen? Über die Trägemachung des Biers (sein jüngster Sohn habe sich bereits ein Bäuchlein angetrunken), über die kleinstädtische, lästige Sitte der Nachtschüssel, über die Gewerbeausstellung und ähnliches Nichts. Ins Album schrieb er mir:

Sorg', aber sorge nicht zu viel,
Es kommt doch, wie's Gott haben will.

Sein Portrait versprach er mir nach Assmannshausen zu schicken. Im Gespräch berührte er mir mehrmals Schulter und Arm; wenn er lächelt, sind seine gespitzten Lippen von geradezu rührender Freundlichkeit. Er fragte, ob Alexej Tolstoj zugleich der Verfasser jenes historischen Romans sei, in welchem der Zar Iwan (Akzent auf dem I) eine so große Rolle spielt. Von Jensen meinte er, er sei vor 20 Jahren sehr viel gelesen worden, habe jetzt aber ein nur sehr geringes Publikum. –

Zuvor besuchte ich Albert Traeger, »Rechtsanwalt und Notar«, wie das Schild an der Tür besagt. Er begrüßte mich mit der linken Hand und gab mir auch beim Abschied mehrmals nur die Linke. Er gab mir eine Zigarre, und wir begannen zu plaudern – über mich durchaus nicht interessierende russische Verhältnisse. Während des Gesprächs kamen zwei Beamte seines Comptoirs, und er unterschrieb ein paar Papiere. An der Wand, unfern eines Lorbeerkranzes, sah ich ein Portrait Paul Lindaus mit der Aufschrift: »Meinem alten, treubewährten Freunde«. Bei meiner Rückreise solle ich unbedingt ankommen, um ein paar gemütliche Stunden mit ihm in irgendeinem Restaurant zu verbringen. Er schenkte mir sein Portrait, in welchem er viel höheren

Wuchses erscheint: in Wirklichkeit ist er ein kleines rundliches Männchen. Er fährt nach Ems zur Kur, gedenkt aber auch, Assmannshausen
zu besuchen. Ins Album schrieb er mir:

> Die Welt dem Stolzen sich dienstbar macht,
> Der kalt scheint und hochgemutet,
> Doch mitleidslos des Narren sie lacht,
> Der ihr zum Schauspiel verblutet.

Als ich bei Karl Frenzel die Klingel zog, öffnete mir eine dicke
Frauensperson die Tür, d. h. nur spanneweit, und fragte über die Kette
weg unfreundlich nach meinem Begehr. »Der Doktor ist von 12-2 in
der Redaktion«. – »Jetzt ist es aber schon drei!« – »Ja, der Doktor ist
aber nur in der Redaktion zu sprechen. Darf ich um Ihren Namen
bitten?« – »Wenn ich Ihren Doktor nicht sprechen kann, dann
braucht er auch meinen Namen nicht! Adieu«.

Darauf zu Adolf Glaser. Nur über den russischen Brockhaus gesprochen. Schenkte mir sein Portrait. Schrieb ins Album vier Zeilen aus
einem seiner Dramen; wollte erst aus seinen Gedichten, fand aber das
Buch nicht: »Ich selbst besitze kein einziges Exemplar!« Als er erfuhr,
daß ich nach Assmannshausen reise, rief er aus: »Sie glücklicher
Mensch!« – –

Ich vergaß zu notieren, daß Möllhausen mir auf sein Portrait einschrieb: »Herrn Friedrich Fiedler in dankbarer Anerkennung seines
liebenswürdigen Besuches«.

Das waren heut 3 ganz uninteressante Visiten!

LEIPZIG, DEN 18./30. MAI 1896

Heute machte ich zufällig bei Reclam die Bekanntschaft von Franz
Woenig. Ein paar allgemeine Phrasen. Sieht in dem schlottrig hängen-
den Nankingkostüm mit dem Flügelmantel darüber und den schüch-
tern-hastigen Bewegungen recht komisch aus. Das Gesicht ist der reine Azteken-Typus, die Frisur (Reclam behauptete, er trage eine Perük-
ke) à la begeisterter, doch zahmer Tollhäusler. Ins Album schrieb er
mir:

> Wo sich Natur zur Kunst gesellt,
> Ist's um das Schaffen wohl bestellt,

Wo sie nicht wirken im Verein,
Da hört die Kunst auf – Kunst zu sein!

Besuchte Edwin Bormann. Es war etwas kühl (der Hauch des Mundes keineswegs zu sehen!), und doch war der Kachelofen in seinem Kabinett stark geheizt. Er schimpfte die neidischen und unwissenden Kritiker seines »Shakespeare-Geheimnisses«. Klagte, daß das deutsche Publikum keine Bücher kaufe; nur ein paar seiner Schriften gehen und bringen ihm 4-5 tausend Mark ein. Er wollte mich längere Zeit behalten, aber unten vor dem Hause saß in eigener Equipage Frau Reclam nebst Tochter, meiner Frau und Gretchen (sie wollte uns partout durch die ganze Stadt spazieren fahren) und wartete auf mich. Bormann wollte die ganze Gesellschaft heraufbitten. Schenkte mir sein Portrait (sieht in Natur älter aus: der Bart ist ergraut) und schrieb mir ins Album:

Wahrheit ist ein bittrer Trank,
Wer ihn braut, hat selten Dank;
Denn der Menge schlaffer Magen
Kann ihn nur verdünnt vertragen.

Gottschall traf ich nicht zu Hause an.

ASSMANNSHAUSEN AM RHEIN, DEN 20. MAI / I. JUNI 1896

Heute trafen wir hier ein. Mich erwartete bereits ein Portrait Theodor Fontanes mit den Begleitzeilen: »Mit besten Empfehlungen in vorzüglicher Ergebenheit«. – – –

In Aschaffenburg übernachteten wir von gestern auf heute. Mit Goldschmidt waren wir in Schönbusch und darauf in zwei Kneipen. Hat sich gar nicht verändert. Hat natürlich mit einem Redakteur (oder Verleger) einen Prozeß vor; ist von sich selber äußerst schmeichelhafter Meinung und von andern Schriftstellern höchst geringer (worin er auffallend Arssenij Wwedenskij gleicht). Kennt noch immer kein anderes Adverbium für den Superlativ-Grad als »rasend« oder »wahnsinnig« und gibt sich »rasend« kleinlich und auf die Dauer »wahnsinnig« unerträglich.

In unsrem Hotel pensioniert der philiströse Fabrikant Einhaus [?] aus
Barmen und sucht, sich seine Gicht im benachbarten Kurhaus zu ver-
treiben. Sein Leidgenosse (übrigens nur im rechten Daumen) daselbst
ist Johannes Fastenrath. Als er ihm von mir, Petersburger, erzählte,
meinte Fastenrath: »Das ist wohl der berühmte Übersetzer!« und
sprach den Wunsch aus, meine Bekanntschaft zu machen. Um ½ 10
morgens ging ich heute hin; mich begrüßte herzlichst ein grauhaariger
Mann meines Wuchses im eleganten grauen Anzug und ungemein
zuvorkommend freundlichen Gesichts. Er führte mich auf sein Zimmer und stellte mich seiner Frau vor, die man füglich für seine Tochter
ansehn könnte. Wir sprachen über Allerlei. Ins Album schrieb er mir
ein:

> Mich können Welt und Leben
> Nur lachen machen;
> Und herzhaft tausendstimmig
> Schallet mein Lachen.
> Denn Toren scheinen
> Mir alle, die ihr ganzes
> Leben verweinen.

Beide machten mir Komplimente für meine Übersetzungen, »die sich
wie schöne Originale lesen«, und wünschten, die Bekanntschaft Ljubas
zu machen. Etwa eine Stunde, nachdem ich sie verlassen hatte, kam er
zu uns ins Hotel (wir waren gerade abwesend) und bat uns zum Kaffee
um 2 Uhr. Wir kamen, tranken und plauderten harmlos. Dann mit
der Zahnradbahn zum Denkmal, resp. in die Jung'sche Restauration
daneben, wo 2 Flaschen Wein getrunken wurden; ehe ich mich dessen
versah, hatte Fastenrath die Zeche heimlich bezahlt. Hier wieder angekommen, wollten wir das überaus liebenswürdige, gemütliche Paar
(besonders sie, die etwas Wienerisches an sich hat, ohne indes die pikante und graziöse Schönheit der Wienerinnen zu besitzen; sie
stammt aus dem Ungarlande) zum Abendbrot bei uns behalten, und
er hatte auch die Einladung angenommen, aber sie, die den Komman-
dostab über ihm zu schwingen scheint, weigerte sich entschieden: es
wäre zu spät (½ 8), ihr Mann führe ein streng geregeltes Leben etc.

Worüber wir sprachen? Er erzählte von den verschiedensten spanischen Dichtern der Gegenwart, von den spanischen Dialekten u.s.w. Er sagte: »getzt« (jetzt), Victor Hügo, Hämlet (das erste Mal sprach er den Namen des Dänenprinzen in der üblichen Weise aus, korrigierte sich aber gleich und affektierte den A-Umlaut). Von Gustav Freytag (den er, übrigens, persönlich nicht gekannt) erzählte er, er hätte drei eheliche Frauen gehabt. Die erste, eine Gräfin, sei wahnsinnig geworden (oder aber er habe sie für wahnsinnig ausgegeben) und sie seien geschieden worden, worauf er sein Dienstmädchen, mit dem er schon früher ein Verhältnis unterhalten, geheiratet habe; diese starb, und er schickte Strakosch nach Amerika, zwang ihn zur Scheidung von seiner Frau und heiratete diese. Sie hielt ihn fest unter dem Pantoffel, gab sich aber in Gegenwart von Besuchern als ungemein ehrfurchtsvoll ihrem Manne gegenüber.

Ich mußte Fastenrath versprechen, am 29. d. M. der Enthüllung des Wolfgang Müller'schen Denkmals in Königswinter beizuwohnen. Er tat sehr herzlich und legte mir beständig die Hand auf die Schulter. Beide wunderten sich ungemein über meine modernen deutschen Literaturkenntnisse sowie mein Bewandertsein in Schriftstellerangelegenheiten.

MÜNCHEN, DEN 11./23. JUNI 1896

Gestern war ich mit Frau und Kind bei Jensens in Prien. Ihr »Häusle« ist sehr nett, und die Aussicht von den Balkonen köstlich. Das Speisezimmer hat Emil Lugo (der gegen Abend hinkam) mit italienischen Landschaften (Capri, Vesuv etc.) geschmackvoll bemalt. Im Flur und an den Wänden stehen und hängen antike Statuen, Büsten und Basreliefs. In seinem Kabinett – alte Stahlstiche und Landkarten, auch verschiedene Nippes. Auf dem Regal über seinem Schreibtisch Bücher – Schiller, Goethe, Brehm, 30 Bände ›Flora von Deutschland‹, Büchmann, Zeuschners ›Internationaler Zitatenschatz‹, Kluges ›Etymologisches Wörterbuch‹, Heyses ›Fremdwörterbuch‹ und ein Band ›Bayrische Burgen‹ (Geschichte und Sage); vom Regal hängt an einer Gummischnur eine Kautschukspinne herab; neben dem Regal steht ein ausgestopfter Flamingo. Ich fragte, wieviel ihn das Haus in Bausch und Bogen gekostet habe. »Etwa zwanzigtausend Mark? – Also un-

gefähr einen Ihrer Romane?« – »O nein, die Zeiten sind längst vorbei!
Jetzt wird ja fast nichts gelesen außer Nataly von Eschstruth und Ossip
Schubin; die Redakteure nehmen schon längst von mir *nur mehr*
kleinere Sachen. Die Verpfaffung nimmt eben mit jedem Tage be-
drohlicher zu, und ich bin überzeugt, daß nach hundert Jahren das
ganze Deutschland wiederum katholisch ist« … Seine Frau nennt er
»Mumma« und die zur Zeit anwesende Maina – »mein Tierchen« …
Zu seinem 60sten Geburtstage (also im nächsten Jahre) plant der
Verleger Fellner [Felber?] seine ausgewählten Werke herauszugeben,
40-50 Bände, in Lieferungen;[1] es gilt jedoch noch, sich mit den andern
Verlegern abzufinden … »Welche halten Sie für die gelungensten
Ihrer Werke?« – »Das weiß ich nicht; die liebsten sind mir ›Aus stiller
Zeit‹ und ›Aus den Tagen der Hansa‹. – Und ›Vom alten Stamm‹?« –
»Da ist nur im Anfang eine Szene hübsch: wo die Alten allein bleiben
und sich über ihre Kinder unterhalten«.

Er erklärte mir jeden Berggipfel in gäodesischer, faunischer, geo-
graphischer, historischer etc. Hinsicht, wodurch eine schwere Menge
Zeit unproduktiv entschwand. ›Hunnenblut‹ ist eine historische
Erzählung, nur das Drum und Dran ist Erfindung … Er zerstörte am
Gartenzaun ein paar Wespennester und zertrat einige Wespen: »Das
sind böse Geschöpfe!« … Über Ludwig Fulda: »Das ist ein entzückender Mensch und unser bester Übersetzer« … Über Sudermann: »Leider fängt er letzthin an, ein Tagesschriftsteller zu werden; die ›Heimat‹
z. B. ist ganz schwach« … Über Fastenrath: »Ein drolliger, ganz talentloser Mann, der Don Juan Fastenrath, der Verse schreibt wie die
folgenden:

> Doch es (das Roß) hat es (das Rom) gleich gefressen,
> Als es es vergoldet sah«.

Conrad sei ein ziemlich interessanter Mensch, doch ein moralischer
Lump; er habe in der Presse erzählt, Lingg hätte ihm gesagt, Paul
Heyse renne bis unter die Dachkammern, um sich die Rezensenten
geneigt zu machen; indes sei es ihm nicht gelungen, Lingg und Heyse
zu verfeinden. Während eines Gesellschaftsabends bei E. v. Wolzogen

---

1 Der Plan ist nicht zustande gekommen.

stellte dieser ihm (Jensen) Conrad vor, und Jensen kehrte sich ab, ohne ihm die Hand gereicht zu haben.

Über Riehl, Maxim. Schmidt und Du Prel äußerte er sich wegwerfend und meinte, es lohne sich nicht, daß ich sie besuche ... Er fragte mich nach meinem Beamtenrange und schrieb mir dann in ein Exemplar der ›Versunkenen Welten‹: »Seinem lieben Collegienrat und Schoten Friedrich Fiedler d[er] Verf[asser] Villa Maria (Prien a/Chiemsee. Sonnenwendtag 1896)«.

Er wollte, daß ich ihn kurzweg »Jensen« nenne, aber das tat ich nicht; mich apostrophierte er »Fiedler« ... Ich fragte, ob er immer noch nicht in Paris gewesen. »Nein, nach Frankreich zieht es mich durchaus nicht«. – »Kommen Sie denn nicht mal nach Rußland?« – »Ja, aber im XXI. Jahrhundert ... Übrigens wäre ich beinah schon mal hingekommen; vor mehreren Jahren wurde ich von verschiedenen kur- oder estländischen Gutsbesitzern aufgefordert, ein paar Monate in Baltien zu verbringen, abwechselnd bei dem einen und andern zu leben, Land und Leute zu studieren und einen Roman mit tendenziöser Färbung zu schreiben. Nur die späte Jahreszeit hielt mich von der Reise ab« ... Das St spricht er überall wie Sch, nur das Wort Beispiel lautet bei ihm Beis-piel. Er hat Leberflecken an den Händen und blaue Äderchen an der etwas geröteten Nase ... Den Wasserdoktor Pfarrer Kneipp erklärte er für den »größten Mörder des Jahrhunderts«, weil's ihm an der nötigen Bildung fehle ... Heine verehrt [er] über alle Maßen. Tolstoj habe früher köstliche Kunstwerke geschaffen, wie z.B. ›Familienglück‹, jetzt aber wirke er komisch, namentlich in der ›Kreutzersonate‹, die geradezu albern sei ... Er schenkte mir drei seiner gedruckten Gedichtmanuskripte; ich bat um die Unreinschrift, und er gab mir drei Seiten, die beinah ganz ohne Korrekturen sind; er versicherte, er schriebe nie anders – also direkt ins Reine.

AUGSBURG, DEN 12./24. JUNI 1896

Als ich gestern von München hierher reiste, reiste Potapenko fast gleichzeitig nach Prag (Schnellzug, II. Kl.), so daß er uns das Geleite gab. Das folgende kopier ich von gelegentlichen Bleistiftnotizen.

Brieflicher Verabredung gemäß trafen wir uns am 6. / 18. d.M. in Franzensbad. Er hatte den Tag vorher seine Kur in Karlsbad beendet

und weilte nun in Franzensbad bei seiner Familie im »British Hotel«
… Er hatte Tschechow brieflich aufgefordert, die Rundreise gemeinschaftlich mit ihm und mir zu machen, und ich fragte, ob er kommen
würde. »Er hat mir mit keinem Wort geantwortet. Wenn er mir zürnt,
daß ich seine Drama-Affaire nicht in eigener Person zu Ende geführt,
so kann ich ihn für solche Kleinlichkeit nur verachten«. […]

Potapenko fährt im Juli nach Petersburg, ein neues Quartier zu
suchen. Zuvor und nachher gedenkt er, in Nürnberg, Berlin, Nishnij-
Nowgorod und Buda-Pest die Ausstellungen zu besuchen und dann
»Ausstellungs-Betrachtungen« (allgemeine Parallelen) in ein paar
Feuilletons zusammenzufassen.

In Eger überredete ich ihn, das Wallenstein-Haus zu besuchen. Er
belächelte meine Pietätsregungen und meinte: »Ein Thema! Zwei
Freunde auf Reisen: der eine voll Erinnerungen, der andre – ohne die
mindeste … Was mich betrifft, so hab ich keine Erinnerungen, wohl
aber Gedächtnis (у меня нет воспоминаний, но есть память).
[…]

In München sah er, außer der Bavaria und des Cafés »Luitpolt«
nichts, resp. er wollte nichts sehen. Zudem mußte er zum nächsten
Sonntag die Fortsetzung seines Novellen-Feuilletons für die ›Nowoje
wremja‹ schreiben, ohne daß er die letzte Nr. zu Gesicht bekommen
hatte. Unterdessen mußte ich für ihn in ein Bankgeschäft und nach
der Hauptpost laufen. Ich tu's ja gern, aber verstimmend wirkt es
doch, wenn einem in selbstbewußt ruhigem und kaltem Tone gesagt
wird: »Und jetzt geh zum Bankier …« […]

DEN 25. JULI 1896

Gestern, auf dem Wege zur Stadt, begegnete ich dem Maler Skirgello.
Wlad. Tichonow lebt noch mit seinem »Kotik« in Zarskoje Sselo; sie
schreibt mit vollem Dampf (на всех парах) eine Novelle, damit ihr
Wolja[1] mittels des Honorars nach Riga reisen könne, um sich dort zu
erholen. – –

Zu Potapenko angegangen […] Mamin (der von vorgestern auf
gestern bei ihm genächtigt) lebt in Hungerburg. Nach Petersburg

---

1 Diminutivform von Wladimir.

kommt er nur selten, da die Dawydowa (die auch dort wohnt) ihm einfach kein Geld gibt und ihn nur in Geschäftsangelegenheiten abläßt; dann aber schlägt er ein paar Tage lang tüchtigst aus und entschuldigt sich sattsam für sein unfreiwilliges Fasten!

DEN 3. AUGUST 1896

Gestern mußte ich in die Stadt. Ging zu Potapenko an. Natürlich schrieb er. […] (Ich vergaß zu notieren, daß ihm Tschechow im Sommer doch schrieb, er könne keine Reise mit uns unternehmen: »Ich habe nicht Geld« (deutsch und sodann russisch:) »Wenn du diesen Satz nicht verstehst, so laß ihn dir von Fiedler übersetzen«). […]

Meine Mutter fragte ihn, Potapenko, ob er während des Sommers deutsch gelernt hätte. »Nein, diese Sprache ist mir zu schwer. Und zudem entbehrt sie völlig der charakteristischen Laute andrer Sprachen: die Vokal- und Konsonantenverbindung ist ganz ausdruckslos«.

DEN 30. AUGUST 1896

Forselles-Firssow besuchte mich heute. Er lebte während dieses Sommers einen ganzen Monat in Heidelberg, wo er dämonologische Studien trieb. »Als Schriftsteller bin ich nur wenig bekannt, berühmt jedoch bin ich als Hippologe!« Der ganze Grigorowitsch sei ausgedacht und völlig talentlos; er habe sich Turgenew, Gontscharow und Tolstoj als Klette angehängt (прихвостень) und wäre so in die Literatur mit hineingezogen worden.

DEN 7. SEPTEMBER 1896

Ich und Ljuba begegneten heute auf dem Newskij – Sin. Nik. Mereshkowskaja. Sah von weitem und in der Nähe wie eine Zehnrublige[1] aus. Wir fragten: »Wie? Sie sind schon zurück? Sie wollten doch bis zum September im Auslande verbleiben?!« – »Ja, wir kamen mit dem Gelde nicht aus – das ist aber ein tiefes Geheimnis! – und da waren wir denn schon im Juni wieder hier und lebten den Sommer über auf dem

---

1 D.h. wie eine Prostituierte.

Lande in Ssiwerskaja« ... Meine Frau meinte, sie wäre geschminkt gewesen. [...]

Wie sehr Mereshkowskijs ihre vorzeitige Ankunft verheimlichen, beweist nachstehender Umstand. Vor einer Woche ungefähr begegnete ich Michail Albertowitsch Kavos, Mereshkowskijs intimem Hausfreund, den Sinaida Nikolajewna Du nennt, der mich hastig fragte: »Haben Sie keine Nachrichten von Mereshkowskijs? Wissen Sie nicht, wann sie ankommen? Sie schreiben ja nichts!«

DEN 29. SEPTEMBER 1896

Gestern den Abend bei Mereshkowskijs verbracht. Er zeigte mir eine ganze Bibliothek italienischer, deutscher, französischer und englischer Werke über Leon. da Vinci und seine Epoche, die ihn über vierhundert Rbl. gekostet. Tjutschew stellte er über Heine (den er ein Beet nannte, dessen schöne Blumen schlechten Zigarrenrauch ausdufteten) und Lenau und in einigen Gedichten auf gleiche Stufe mit Goethe. Als ich bemerkte, er, Tjutschew, habe Lenau und Goethe bestohlen und das Übersetzte für sein Original ausgegeben, meinte er: »Immer und überall haben die Dichter einer vom andern entlehnt und genommen; das ist eine riesige Engelschar, wo die Cherubim dasselbe zu singen beginnen, was die Seraphim eben beendigten; vom Himmel bis zur Erde schallt nur ein Lobgesang«. Derweil ich mit ihm im Kabinett saß, saß Ljuba mit Sinaida Nikolajewna in deren teppichbelegtem und portierenverhangenem Zimmer und lauschte ihren Enthüllungen. Minskij ist nach Kijew gereist, um sich dort von seiner Frau (der Julia Besrodnaja) scheiden zu lassen. Mit der Isabella Wilkin ist er nicht verheiratet, sondern lebt nur mit ihr; früher habe er sie nicht geliebt, jetzt liebe er sie. Zuvor habe er mit deren Mutter »gelebt«. Mit der Sinaida Wengerowa habe er gleichfalls ein leibliches Verhältnis unterhalten; dasselbe wurde gelöst, als er ihr zu bedenken gab, er habe ja mit ihrer Schwester (d. h. Frau Wilkin, Isabellas Mutter) gelebt; jetzt seien sie nur Freunde. Von wo sie's hat? Nun, Minskij selbst hat's ihr erzählt. Am Teetisch (es gab etwas Gebäck, Früchte und ein Stück Käse) saßen: Flexer (der von meiner Übersetzung Nikitins meinte, dieselbe sei viel besser als das Original), Jassinskij (der beständig schwieg) und Wladimir Wassiljewitsch Hippius, der demnächst einen

Band ›Lieder‹ veröffentlichen wird, von denen keines je gedruckt worden ist: »Kein einziges Journal wollte ein Gedicht von mir bringen«. Alle lachten weidlich über seinen Dekadentismus, zumeist Sinaida Nikolajewna, die doch selber eine Dekadentin pur sang ist; Mereshkowskij meinte: »Der Symbolismus lebte immer und wird ewig leben, der Dekadentismus jedoch hat, zum Glück, seine Rolle ausgespielt!« Daß ich Nadson übersetze, erregte bei Mereshkowskij ein mißbilligendes Schütteln des Kopfes. Es wurde viel harmlos gescherzt, doch im einzelnen und ganzen fehlte die Hauptsache – das Gemüt.

DEN 15. OKTOBER 1896

Letzthin begegnete ich ein paar Mal auf der Straße Wl. G. Korolenko; ein paar ganz oberflächliche Worte bei flüchtiger Begrüßung; versprach mir sein Portrait, ich sollte es abholen. Ging heute in der Zwischenpause aus dem Gymnasium Gurewitsch hin (5te Roshdestwenskaja, hölzernes Haus Nr. 2 gegenüber der griechischen Kirche, Q. 18) und blieb dort höchstens 8 Minuten. Da ich per Frack mit goldnen Knöpfen war, fragte er etwas befremdet, ob er mir meine Visite auch per Frack erwidern sollte, was ich natürlich verneinte und mir überhaupt eine offizielle Visite verbat; ich würde ihn jedoch Anfang November zu mir bitten. Er sagte zu, meinte jedoch: »Ich bin so menschenscheu!« (нелюдим). Erzählte, er habe sehr viel zu tun, da Michailowskij z. Z. in der Krim sei. Infolge einer falschen Nachricht der ›Smolenskije wedomosti‹, derselbe sei ernstlich erkrankt, wolle er nun bald heimkehren, »obgleich wir ihm schreiben, er solle noch längere Zeit dort bleiben und sich ordentlich zerstreuen; denn die beste Kur für ihn, meinen die Ärzte, wäre Zerstreuung« … Dann erzählte er von dem Moskauer Schriftsteller Ssablin, dieser bekreuze sich vor jeder Kirche, wobei auch der Fall vorgekommen war (beide fuhren in einer Droschke), daß er sich mit den Worten »sehen Sie, was für ein reizendes Mädchen da an der Kirche vorübergeht!« bekreuzte; in der Tasche trägt er täglich etwa 50 Einkopeken-Münzen, die er unter die Bettler am Kirchenportal verteilt.

Auf dem großen Portrait, das er mir schenkte, hat er einen viel wärmeren Blick als im Leben. – –

Gleichfalls während einer Zwischenpause, 10 Minuten lang, war ich
bei Potapenko (aus dem Gymnasium der Obolenskaja, Tür gegenüber
Tür). Er erzählte von Tschechow (dieser weilt seit ein paar Tagen hier,
behufs der übermorgen stattfindenden Erstaufführung seiner ›Möwe‹,
so daß er beständig bei den Proben steckt, und Potapenko mit, so auch
gestern), dieser lobe ungemein Korolenko den Schauspielerinnen
des Alexandra-Theaters gegenüber … Marja Andrejewna ist von der
›Möwe‹ geradezu entzückt.

DEN 31. OKTOBER 1896

[…] Vom verstorbenen J. J. Honegger besitze ich folgende Antwort
auf eine Turgenew-Anfrage. (Entsetzliche Kritzelei!)
»Zürich, 19. Dzbr. 1885
Geehrter Herr! Abgesehen von Aufsätzen über einzelne Romane
Turgenjews, erschienen in verschiedenen großen Journalen D[eut]-
schl[a]nds, ist eine umfassende Hauptarbeit über ihn enthalten in
meinem Buche ›Russische Literatur und Kultur‹, Leipzig, bei J. J.
Weber, dem Verleger der ›Illustrierten Zeitung‹. Dazu in diesem hoch-
angesehenen Blatte gleich nach dem Tode des berühmten Autors eine
Nachschrift als eine Art Nekrolog. Die bedeutendste Studie, die ich
nach dieser Richtung gemacht, ist in jenem Buch enthalten.
Hochachtungsvoll Ihr   J. J. Honegger«. […]

DEN 23. NOVEMBER 1896

An der Ecke der Litejnaja sah ich heute Sin. Nik. Mereshkowskaja
über die Italjanskaja gehn. Ich trat von hinten an sie und flüsterte:
»Fräulein, gestatten Sie mir, Sie zu begleiten! …« Sie blieb stehen, maß
mich mit den Blicken, ohne die Augen zu erheben und sprach langsam gebieterisch: »Gehn Sie Ihrer Wege!« (проходите!). Ich fuhr
fort: »Geben Sie mir wenigstens Ihre Hand!« … Noch stolzer richtete
sie sich auf, und aus ihren halbgeöffneten Augen sprach die tiefste
Verachtung. »Sinaida Nikolajewna!« sagte ich nun mit unverstellter
Stimme, so daß sie zu mir aufsah, mich erkannte und mir mit einem
freudigen Ah! die Hand entgegenstreckte. »Das ist ja köstlich!« rief sie
herzlich lachend aus. – »Habe ich Sie nicht sehr erschreckt?« – »Nein,
gar nicht: ich bin ja daran gewöhnt!«

»Waren Sie am Dienstag im Saale der Kreditgesellschaft?« – »Nein«.
– »Aber was gehört werden Sie doch von dem Abend haben?« – »Sie
waren als Engel gekleidet«. – »Das erstens, aber nein, vom Skandal?« –
»Sie deklamierten ihr ›Der Himmel hängt trüb und niedrig ...‹« –
»Ja ... übrigens haben Sie das Gedicht wunderbar übersetzt; ich selbst
verstehe, trotz meines deutschen Mädchennamens, fast gar kein
Deutsch – aber ich gab's einem Deutschen zu lesen, und der war
entzückt ... Ja, also: als ich's deklamierte, bildeten sich im Saal zwei
Parteien: die eine applaudierte, die andre zischte und lachte – der
Skandal war kolossal!« – »Warum las Ihr *Mann* nicht?« – »Er wollte
nicht zusammen mit Korolenko und Michailowskij«. – »Und Sie?« –
»Weinberg bat mich sehr. Na, ich sollte ja nur, wie man sagt, »mit der
Fratze triumphieren!« (чтобы я, как говорится, рылом взяла).

»Hat Ihr Namensvetter Hippius seine ›Verse‹ herausgegeben?« –
»Ja, aber die 400 Exemplare nicht in die Buchhandlungen getan. Im
Laufe von zwei schlaflosen Nächten kam er nämlich zur Überzeugung, daß seine Gedichte nichts taugen. Er hat sich allerdings
nicht getäuscht«. – – –

Ich will ein paar Zeilen über einen russischen Dichter schreiben,
dessen ich mit keinem Worte in allen diesen Heften Erwähnung getan. Es war im Sommer 1884, wo ich als Hauslehrer bei Obolenskijs
auf ihrem Gute »Krasnaja Mysa« in Nykirka (Finnland) lebte. Das
große Landhaus am See hatten sie an Pawel Michailowitsch Kowalewskij vermietet. Wir machten Bekanntschaft. Er hielt prächtige
Pferde, seine Frau gab sich wie eine Großfürstin, und beider 17jährige
Tochter Olga, die an den Nerven litt, wurde von den Eltern bis zur
Lächerlichkeit verzärtelt und verhätschelt. Hier ein paar Stellen aus
meinen ›Täglichen Notizen‹ jener Zeit:

»Seine Exzellenz Kowalewskij stattete mir eine Visite ab, um mir
seinen warmen Dank auszusprechen dafür, daß ich seinem Töchterchen den nervenbesänftigenden Turgenew versprochen«.

»Olga Pawlowna Kowalewskaja, die vermeintliche Schönheit, hatte
heute Namenstag. Sprach lange mit Pawel Michailowitsch. Er hat alle
Schriftsteller gekannt; befreundet war er mit Nekrassow, Turgenew,
Tschernyschewskij etc. Alles, was mir Lamanskij von Nekrassow erzählte, ist lautere Wahrheit. Die von ihm besungene Sina ist eine ganz
gewöhnliche Hure: zwar ziemlich hübsch, aber total ungebildet und

unklug; auf dem Totenbette ließ er sich mit ihr trauen und vermachte ihr sein ganzes Kapital, das über 100.000 Rbl. betrug; doch hieß er sie davon schweigen, damit die Welt nicht erfahre, er, der für die Armen stets ein so lautes Wort geredet, sei so reich gewesen. Die reuigen, tendenzlosen, lyrisch-wahren Gedichte zeigte er nur seinen intimsten Freunden; die andern würden ihn auslachen. – Turgenew war eine durchaus reine, naive herzensgute, unglaublich sympathische Persönlichkeit. Was mir Lamanskij von Dostojewskij erzählte, ist auch alles wahr. Kowalewskij gedenkt, seine Erinnerungen an bekannte Männer zu schreiben. Er hat vor 3 Jahren seine 16jährige Tochter durch die Diphteritis verloren. Sein Schmerz fand in Gedichten, namentlich aber darin seinen Ausdruck, daß er die Verstorbene als Heilige malen ließ und ihr Haupt mit einem Strahlenschein umgab«.

»Kowalewskij gab mir seine Gedichte. Schund! Alltägliche Gedanken in alltäglicher Form. Zum Beweise, wie unmusikalisch seine Strophen sind, will ich nur einen Originalvers hersetzen. Er lautet:

И далеко у опушки
Закукукали кукушки[1]

[...]

Wenn man für Zeilen, die besonders alliterationsreich sind, Orden verteilen wollte, so würde Kowalewskij gewiß den auszeichnendsten bekommen«.

Seine Gedichte sind, soviel ich weiß, nie gesammelt erschienen. Seine Memoiren sind, glaub ich, im ›Westnik Jewropy‹ dank dem Zensurveto nicht zu Ende veröffentlicht worden; er hatte schon damals mir gegenüber diese Befürchtung ausgesprochen. – – –

Prof. Wladimir Iwanowitsch Lamanskij war mein Lehrer an der Universität (slawische Dialekte und polnische Literatur); jetzt ist seine Tochter, ein dickes, gutmütiges, doch ganz farblos-allgemeines Ding, meine Schülerin im Gymnasium Obolenskij (5te Klasse). Hierbei eine Erklärung zur Umseite aus meinen ›Täglichen Notizen‹ vom 31. Mai 1884:

»Um 5 Uhr nachmittags fuhr ich ab (d.h. aus Petersburg nach Ny-kirka, wo ich bei Obolenskijs meine Hauslehrerstelle antreten sollte;

---

1 Und fern am Waldesrande / Begannen die Kuckucke zu kuckucken (russ.).

F. F.). Auf der Station traf ich Prof. Lamanskij, der mich an seine Seite
einlud. Unterwegs erzählte er mir u.a. folgendes:

›Nekrassow war ein höchst schmutziger Mensch; in seiner Jugend
hatte sich ein öffentliches Frauenzimmer aus einem öffentlichen
Hause in ihn verliebt, und mit ihrer Hilfe plünderte er um Tausende
einen reichen Kaufmann im Kartenspiel; Falschspieler blieb er bis zuletzt. – Dostojewskij war geradezu unerträglich im gesellschaftlichen
Leben; furchtbar empfindlich und reizbar; er litt an der Fallsucht und
pflegte mit der genauesten Ausführlichkeit jeden Anfall zu beschrei-
ben; es war für ihn eine Wollust zu sehen, wenn der Zuhörer ergriffen
wurde, und dann trug er die Farben erst recht grell auf‹«.

Über Dostojewskij finden sich in meinen ›Täglichen Notizen‹ ein
paar Bemerkungen. Sonntag, den 16. Dezember 1879 fand in der
Adelsversammlung[1] eine literarische Matinée statt, der ich beiwohnte.
»Als Dostojewskij auftrat, wurde er mit einem solchen Beifallssturm
empfangen, daß er lange Zeit gar nicht zu Worte kommen konnte.
Seine Erzählung (›Der Knabe bei Christo zum Weihnachtsbaume‹)
war so wahr, so rührend, daß das schöne Geschlecht Tränen vergoß. Er
wurde acht Mal gerufen, und ich klatschte wie toll«. [...]

DEN 2. DEZEMBER 1896

Gestern – der Watson Geburtstag. Ich fragte Weinberg, ob er nicht
seine Originalgedichte zu veröffentlichen gedenke. »Nein: erstens interessieren sie keinen, und zweitens find ich auch keinen Verleger«. –
»Und Ihre poetischen Übersetzungen?« – »Auch nicht, denn ich habe
daran gegen zweihundert Druckbogen. Aber ich übertrage jetzt den
›Faust‹ in Prosa« … Wassilij Pawlowitsch Gaideburow fragte ich, ob
sein Journal was von Potapenko bringen würde. »Schwerlich. Er hatte
uns mal eine Novelle gegeben, die so schwach war, daß ich sie ihm
retournieren mußte. Übrigens *schuldet* er uns noch eine Arbeit«. –
»Ich verstehe: Vorschuß?« – »Nun ja!« … Michailowskij war sehr fidel,
trank zwei Schnäpse sowie Weiß- und Rotwein, machte sich über die
geistigen Fähigkeiten des anwesenden Sseroschewskij lustig und
scherzte überhaupt mit allen Tischnachbarn. Er sagte: »Ich habe schon

---

1 Siehe die Fußnote zum 7. Oktober 1893.

längere Zeit nicht gesündigt, heute aber werde ich sündigen!«, wobei
er der neben ihm sitzenden Pimenowa einen verständnisinnigen Blick
zuwarf, die ihn mit einem schmachtenden erwiderte. Korolenko hielt
sich kalt und steif und verduftete nach ganz kurzer Zeit; seine Novelle
›В Жигулях‹[1] läßt die Zensur nicht frei.

DEN II. FEBRUAR 1897

Leo Tolstoj ist in Petersburg (abgestiegen Fontanka-Quai, Nr. 14,
gegenüber dem Ingenieur-Palais, im Quartier Olssufjews) und bleibt
hier bis Freitag. Ich werde schwerlich seine Bekanntschaft machen
können, da er vom Morgen bis zum Abend von Besuchern belagert
wird; an den Tagen, die mir bis dahin bleiben, bin ich morgens von
neun bis sechs und übermorgen bis vier pädagogisch in Anspruch
genommen und habe somit nicht mal Zeit, mir meine Visite, wie's die
andern tun, sich von ihm nachträglich zu einer bestimmten Stunde
festsetzen zu lassen. Hergekommen ist er, um die Befreiung eines gewissen Wladimir Grigorjewitsch Tschertkow, der nach Sibirien
verschickt werden soll, zu erwirken. Dieser Tschertkow ist einer seiner
tätigsten Anhänger. Er war mal Offizier gewesen, hatte jedoch aus
Überzeugungsrücksichten den Dienst freiwillig quittiert. (Stscheglow
hat ihn in seinem Pamphlet-Roman ›In der Nähe der Wahrheit‹
(›Около истины‹) persifliert). Er hat heimlich Broschüren wider die
Eidesleistung der Soldaten und den Krieg drucken lassen und wollte
sie in die Kasernen einschmuggeln, wurde jedoch abgefaßt und muß
nun unschädlich gemacht werden. Es heißt, Tolstoj werde bis zum
Kaiser vordringen … In welchem Kostüm er wohl bei ihm erscheinen
wird?! – – –

DEN 13. FEBRUAR 1897

Gestern machte ich um ½ 4 den Versuch, Tolstoj zu besuchen, doch
der Schweizer[2] sagte, er wäre ausgegangen und würde noch an demselben Tage um sieben nach Moskau heimreisen. – Tschertkow wird

1 ›In Shiguli‹ (russ.). Shiguli ist eine Anhöhe an der Wolga. — 2 D.h. Pförtner
(russisch: швейцар).

nicht nach Sibirien verschickt, sondern ins Ausland verbannt, und Tolstoj kam her, um ihn zu begleiten, nicht aber, um seine Befreiung zu erwirken; von einer Audienz beim Kaiser konnte gar keine Rede sein. (Natürlich hab ich's nicht vom Schweizer, sondern von andern Personen.)

DEN 11. MÄRZ 1897

Heute – Apollo Maikows Beerdigung (starb an krupöser Lungenentzündung am 8ten). Gegen dreihundert »Leidtragende«; etwa 20 Kränze – geradezu eine Bettlerbestattung im Vergleiche mit derjenigen Turgenews oder Dostojewskijs, wo das Publikum nach Tausenden zählte und die Kränze nach Hunderten. Viele dreieckige befiederte Hüte, goldbestickte Uniformen, Sterne und Ordensbänder; sehr wenig Studenten und Schüler beiderlei Geschlechts. Am offenen Grabe vier Reden – die übliche Komödie: »Weltberühmter Poet«, »Millionen vergießen in diesem Augenblick Tränen um ihn«. Die Liberalen fehlten bis auf Korolenko. Anwesend waren noch: der Bruder Leonid Maikow (der nicht mal ins Quartier hinaufgekommen war und sich während des ganzen Weges und auf dem Friedhof des Neuen Jungfraun-Klosters völlig teilnahmslos gelangweilten Gesichts seitwärts hielt), Krylow-Alexandrow, Grigorowitsch, Potapenko (ging nur etwa die Hälfte des Weges mit, weil er zur Kononenko mußte), D. L. Michalowskij, Kuskow, Slutschewskij (in Uniform), S. W. Maximow, Avenarius, Ssyromjatnikow (der nach etwa zehn Tagen für sechs Monate nach China reist, wo eine chinesisch-russische Bank begründet werden soll), Dalin (Linjow), Golenistschew-Kutusow, Wolkonskij und Saguljajew.*

Lugowoj erzählte, daß er nur bis zum Ende März als Redakteur der ›Niwa‹ zeichnen werde; seine »Frau« teilte mir mit, er habe während zweier Jahre nichts Eigenes geschrieben und wolle doch auch vor den andern nicht zurückbleiben; [...] Korinfskij klagte, er komme als Redakteur des ›Ssewer‹ gar nicht zu selbständiger Arbeit, desgleichen

---

* Sonst niemand, den ich von Angesicht kenne (und ich kenne sie fast alle). Anwesend waren nur noch die weiter unten folgenden: Lugowoj, Korinfskij, Gneditsch, Bykow, Sarin und Fjodorow.

Gneditsch als Redakteur der ›Allgemeinen Kunstgeschichte‹; letzterer
berichtete, er gedenke, den letzten Akt seines Dramas ›Разгром‹[1] ganz
umzuarbeiten. Auch Bykow als Redakteur der ›Wssemirnaja illustrazija‹ klagte über Zeitmangel; seinen Gedichten maß er nicht den
mindesten Wert bei und versicherte (im Scherz natürlich), die mit der
Unterschrift P. Bykow erschienenen Gedichte hätten einen Namensvetter von ihm zum Verfasser; »ich bin Bibliograph und nichts mehr«.
[…] Mit Alexander Mitrofanowitsch Fjodorow Bekanntschaft gemacht. Ähnelt etwas Nadson, als dieser Militär war und noch kurzes
Kopf- und Barthaar trug. »Das haben mir schon viele gesagt« … Von
Mereshkowskijs erzählte er: »Sie sind nicht gekommen, weil zwischen
ihm und Maikow ein Zerwürfnis entstanden ist. Maikow hat mir
selbst davon erzählt. Er (Mereshkowskij) sei nicht mal talentiert,
sondern nur etwas begabt, leide aber sehr an Eigenliebe und wolle nun
durch Faxereien (кривлянье) die Aufmerksamkeit des Publikums auf
sich lenken; er (Mereshkowskij) habe ihm (Maikow) viel vom Symbolismus als der einzig wahren Poesie vorgeschwatzt, so daß Maikow
endlich die Geduld riß und er ihm entgegnete, jeder echte Dichter sei
Symbolist, der es doch verschmähe, unnatürlich zu grimassieren; seit
dieser Zeit sei der Bruch zwischen ihnen eingetreten«. – Nach der Beerdigung ein Viertelstündchen bei ihm gewesen. […] Über Korinfskij
urteilte er: »Er sieht so harmlos bescheiden aus, ist aber ein listiger
Kriecher (пролаз), der überall durchzudringen versteht; vor Jahren, in
Moskau, waren wir die besten Freunde, jetzt aber sind wir Feinde; übrigens hat er mir heute auf dem Friedhof der erste die Hand gereicht«.
Von Flexer erzählte er (Fjodorow): »Anfangs standen wir miteinander auf dem besten Fuße: er rezensierte sehr günstig meine erste Gedichtsammlung und brachte von mir Beiträge im ›Ssewernyj westnik‹;
doch seit der Geschichte mit der Mereshkowskaja sind wir auseinander, und er erwies sich als ein tückischer, rachsüchtiger Mensch«.
Maikow hatte ihm mal folgendes erzählt. Einmal war Gesellschaft
bei Belinskij. Dieser propagandierte soziale Motive in der Poesie und
wandte sich dann an Maikow, der gerade den Fuß vor dem brennenden Kamin hielt, indem er über denselben ins Feuer spie, mit den
leisen, aber eindringlichen Worten: »Du aber ›Geh frei den Weg, den

---

1 Zerschmetterung, Zerstörung (russ.).

frei dein Geist sich ausersehn!«« (Zitat aus Puschkins Sonett ›An einen Dichter‹.)

DEN 4. APRIL 1897

Baranzewitsch gesprochen. Er, Gradowskij, Wassilewskij, Peskowskij und Glinskij gedenken, eine neue Zeitung ›Мир‹ (›Die Welt‹) herauszugeben.[1] »Ich werde mir dann als einer der Hauptredakteure 300-400 Rbl. monatlich erarbeiten und den verhaßten Pferdeisenbahndienst endlich werfen können«. – »Was gibt's denn sonst Neues?« – »Ein großer Verlust droht der russischen Literatur: Anton Tschechow ist sterbenskrank!« – »Nein?!« – »Ja. Neulich sah ich seinen Bruder Alexander (Ssedoj) auf dem Veloziped fahren; er stieg ab und erzählte, Ssuworin sei unlängst in Moskau gewesen und sei mit Anton ins Restaurant mittagen gegangen; plötzlich habe Anton einen so furchtbaren Blutsturz bekommen (das Essen wurde eben erst aufgetragen), daß er sofort in die Ostroumow'sche Klinik gebracht werden mußte, wo er jetzt noch liegt«.

Sodann Potapenko gesprochen. Ssuworin hat ihm dasselbe erzählt. Todesgefahr sei nicht vorhanden, wenigstens vorläufig nicht. Tschechow habe schon lange die Schwindsucht (er wisse es) und speie schon lange Blut.

DEN 11. AUGUST 1897

Potapenko ist wieder in Petersburg: heute erhielt ich von ihm einen Brief (hierüber bei Gelegenheit!). Er hat eine Kur in Karlsbad durchgemacht (über seinen Brief an mich und sein Spielen in Monte Carlo – ein andermal, wenn ich hier mit der chronologischen Eintragung derjenigen Briefe lebender russischer Schriftsteller beginnen werde, die an mich adressiert sind) und war in Stockholm. So oft er auch vom Auslande schwärmt – der neidisch-hämische Russe blickt doch durch, sobald es Deutschland betrifft. Gestern ist ein Feuilleton von ihm (wie üblich »Fingal« unterzeichnet) in der ›Nowoje wremja‹ erschienen. Daß er von Berlin meint, man möchte in dieser Stadt nicht mal über-

---

1 Die Ausgabe kam nicht zustande.

nachten, – mag hingehn: es ist doch Geschmackssache resp. Geschmacksverirrung. Doch daß er vom Karlsbader »Sprudel« lobend spricht, er arbeitet sehr »gewissenhaft«, und dabei meint, er sei »das einzige, was von der seit Alters her gerühmten deutschen Gewissenhaftigkeit übrig geblieben ist« –, so nennt man das auf gut Hochdeutsch – Infamie! – – – […]

DEN 26. AUGUST 1897

Der Lehrer des Russischen Tytschinkin, Faktotum bei Ssuworins, erzählte mir, Tschechow (Anton) lebe nun bald eine Woche hier bei Ssuworins, jedoch inkognito: er wolle keinen seiner Bekannten sehen, denn jeder Besuch rege ihn auf; er reise nach Biarritz zur Kur und werde vielleicht ein ganzes Jahr im Auslande verbringen. – Als ich nun heute Potapenko von Tschechows Anwesenheit sprach (ich war nämlich fast überzeugt, die Freunde hätten sich gesehn, um so mehr, als sie nur in paar Schritt von einander wohnen), konnte er nur mühsam seinen Ärger verbergen und schritt nervös im Kabinett auf und ab. Dann schrieb er ihm folgenden Brief (den er mir vorlas): »Anton Pawlowitsch. Soeben erfuhr ich, daß du seit einigen Tagen hier bist. Es tut mir leid, daß du kein Verlangen verspürt hast, mich zu sehen. Glückliche Reise! Auch ich verreise heute nach Finnland«. […]

DEN 28. AUGUST 1897

Gestern – Mamin bei uns gewesen. Hat den Sommer in Hungerburg verbracht und sich inmitten der Deutschen sehr gelangweilt. Doch schimpfte er sie, sonderbarerweise, diesmal nicht nur nicht, sondern pries sie sogar auf Kosten der Russen: seine Landsleute hätten überhaupt gar keine Wissenschaft (Mendelejew ausgenommen) und Kultur. »Ich bin deutscher Abstammung: mein Ahn ist ein gewisser Woin-Swenskij, ein Schwede, der zur Zeit Peters des Großen als Kolonist nach dem Ural kam«. Mit der Dawydowa hat er sich vertragen, »aber für ihr Journal gebe ich ihr doch nichts! Und ich will überhaupt nichts mehr für die dicken Journale schreiben«. Während des Sommers hat er zwölf Druckbogen zu Stande gebracht: Erzählungen für die Jugend und Feuilletons. »Puschkin lieb ich nicht und versteh ich nicht …

Und überhaupt die Poesie! Da zitiert man immer: ›Стих пронзительно унылый ударит по сердцам с неведомою силой‹[1]. Was heißt das? Пронзительный[2] drückt eine Handlung aus und унылый[3] einen Zustand«. Er hat sich in Kronstadt am Empfange Faure's beteiligt: »Aus Neugierde, nicht aus Patriotismus«. – Seine antirussische Laune ging so weit, daß er sogar seiner Muttersprache vorwarf, sie klinge hart und kakophonisch; er tadelte Turgenew für dessen Panegyrikus (letzte Nr. der ›Gedichte in Prosa‹).[4] – – – […]

DEN 26. SEPTEMBER 1897

Gestern ein paar gemütlicher nervenberuhigender Stunden bei Wengerow verbracht. Sein Kabinett macht auf mich den Eindruck eines literarischen Tempels. Ich fragte, was es mit der geradezu verrückten quasi-Novelle ›Amor‹ für eine Bewandtnis hat, die Flexer mit der Lou Andreas-Salomé verfaßt. »Ich glaube, Flexer ist selbständiger Verfasser, denn sie kennt kein Russisch: sie liest etwas, kann aber nicht sprechen«. – »Kennst du sie denn?« – »Ja. Sie wollte meine Schwester Sina besuchen; da sie jedoch verreist war (es war diesen Sommer), so besuchte sie wenigstens mich. Sie schien enttäuscht, in mir keinen Glaubensgenossen gefunden zu haben; ich sagte ihr auch, Sina sei die einzige Dekadentin und Symbolistin in unsrer ganzen Familie«. – »Spracht ihr Deutsch?« – »Ja. Sie ist sehr interessant und geistreich, etwa 35, mit Spuren einstiger Schönheit. Sie ist in Petersburg geboren, heißt Louise (daher Lou) Salomé und hat einen gewissen Andreas geheiratet. Während der 15 Jahre, die sie in Deutschland lebt, hat sie das Russische ganz verlernt. Als ich ihr erzählte, Mereshkowskij wünsche sehnlich ihre Bekanntschaft zu machen (er hatte mich dringend gebeten, dieselbe zu vermitteln), erklärte sie sich sofort freudig bereit; als ich ihr jedoch sagte, seine Frau sei schön und werde von Männern umschwärmt, zuckte etwas in ihrem Gesicht, und – sie fuhr, statt zu Mereshkowskij, nach Berlin«.

1 »Ein durchdringender trostloser Vers schlägt in die Menschenherzen ein, mit ungeahnter Kraft« (russ.). Zitiert werden zwei Zeilen aus dem Gedicht Puschkins ›Antwort an einen Anonymen‹ (1820). — 2 Durchdringend (russ.). — 3 Trostlos (russ.). — 4 Gemeint ist Turgenews bekanntes Prosagedicht ›Die russische Sprache‹ (1882).

Gestern Jourfix bei Wwedenskijs. Kein einziger Schriftsteller. Er meinte: »Es gibt Schriftsteller, die einen genialen Verstand und ein gewöhnliches Talent besitzen – zu ihnen gehört Goethe, und wiederum solche, die ein geniales Talent und einen gewöhnlichen Verstand haben – zu ihnen gehört L. Tolstoj. Von Mamin erzählte er: »Im Beginn seiner Schriftsteller-Laufbahn klopfte er jahrelang vergebens bei den verschiedensten Redaktionen an; endlich brachte ein Journal seine ›Tschussowaja‹, ich lobte in einer Zeitschrift die Erzählung, und dieses Lob hatte zur Folge, daß ihm plötzlich alle Redaktionen die Tür öffneten, so daß er alle seine alten Sachen anbringen konnte. Solcherart hat er *mir* seine Karriere zu verdanken. Auch Potapenko hab *ich* entdeckt!« [...]

Heute besuchte uns Sinotschka Mereshkowskaja mit ihrer intimen Freundin Sinotschka Wengerowa (letztere scheint in erstere verliebt zu sein: sie schickte ihr mehrfach Blumen, Rosen- und Lilienbouquets, wie uns S. Mereshkowskaja früher erzählte; S. Wengerowa hat ein paar Wochen letzthin in Schewino bei Mereshkowskijs verbracht). Mereshkowskijs sind erst vor ein paar Tagen vom Lande eingezogen. Er schreibt den ganzen Tag am ›Leonardo da Vinci‹ und gönnt sich gar keine Ruhe, und das werde noch ein ganzes Jahr so fortdauern. Sie – habe, laut Versicherung der Ärzte, nur noch drei Monate zu leben: trockene Pleuritis. Jeden Tag, beim Schlafengehen, hat sie 39° und geht drum des Abends nie aus. Das erzählte sie ohne den mindesten Anflug von Schwermut, nein, ganz leichthin und lachend. Es wurde überhaupt die ganze Zeit über mehr gelacht als ernst gesprochen. Und das war ein natürliches, kindliches, ausgelassenes Lachen, ein anspruchsloses Scherzen und harmloses wechselseitiges Necken. Sie (Mereshkowskaja) erzählte von ihrem Schweizer[1]: »Ich habe ihn geschildert, und nun stirbt er!« Trotz des ganz oberflächlichen, von beständigem Gelach unterbrochenen Geplauders verriet die Wengerowa ihre eingehende Kenntnis ausländischer Literaturen; mit einer Menge fremdländischer (zumal deutscher) Schriftsteller ist sie persönlich bekannt.

---

1 Siehe die Fußnote zum 13. Februar 1897.

DEN 22. OKTOBER 1897

Gestern ein Stündchen bei Potapenko. Er sprach fast gar nichts, sondern lauschte aufmerksam Marja Andrejewna zu, die von der Lou Andreas-Salomé erzählte. Das Biographische entspricht Wengerows Erzählung. Ihre Bekanntschaft hatte sie vor 3-4 Jahren in Paris gemacht. In der Nähe von Zürich traf sie sie mit einem bärtigen Mann, einem russischen Arzt (getauften Juden, namens Korngold, der jetzt in Paris praktiziert). Beide gingen barfuß im Grase. Sie lasen ihr ein gemeinschaftlich verfaßtes Drama vor, in welchem eine Frau gleichzeitig mit zwei Männern in *einem* Hause lebt, die sich freundschaftlich in ihren Besitz teilen; dabei hält jeder das Kind, das diese Frau geboren, zur Hälfte für das Seinige (auch die Mutter ist derselben Meinung), und die drei leben in schönster Harmonie. – In der Nähe, wo sie (d.h. Marja Andrejewna, die Lou und deren Gefährte) saßen, befanden sich Bienenstöcke, und zahllose Bienen flogen um sie her, wobei sich ein paar ihnen auf die Knie setzten und die Lou meinte, diese sei die Seele Olgas und jene – Annas (zweier Personen aus ihrem Drama); der Doktor behauptete, sie, eben diese Bienen und nicht andre, kämen jeden Abend zu ihnen geflogen und setzten sich ihnen auf den Schoß. Marja Andrejewna vermutet, das Verhältnis der beiden sei ausschließlich Ideenliebe gewesen; wenigstens habe ihr der Doktor gesagt, er hätte ihr einmal den Hals küssen wollen und das hätte sie ihm streng verwehrt. Ihren Mann (Andreas) habe sie ohne Liebe geheiratet, nur weil er gedroht habe, sich zu erschießen, wenn sie nicht seine Frau wird. Ein paar Monate im Jahr lebt sie mit ihm, dann verläßt sie ihn plötzlich und erscheint bald in Wien, Paris oder der Schweiz an der Seite irgend eines Mannes, mit dem sie in Ideenehe lebt; so war es mit Nietzsche, und Marja Andrejewna hat eigenäugig ein Portrait gesehn, auf welchem Nietzsche die Lou in einem Handrollwagen fährt. Und dabei sei sie groß, fleischig und plump wie eine Karyatide (wie überhaupt alle deutschen Frauen, fügte Marja Andrejewna in Klammern hinzu), habe jedoch einen hübschen Hals und feine Füße. Ihr russischer Wortschatz sei sehr arm, aber sie könne sich doch verständlich machen. Mit Frauen führe sie keine Gemeinschaft, nur mit Männern, denen sie sogar die Wäsche flickt; doch urplötzlich verläßt sie die-

selben, um nach Berlin zu eilen und dort eine Zeitlang ihren ver-
laßnen Gatten zu pflegen.

Vorgestern – mein 38ster Geburtstag. Anwesend waren über 30 Personen trotz des Sturmes und der Überschwemmung. Das Fest verlief
sehr animiert; die letzten Gäste gingen um 6 morgens. Als ich Posnjakow fragte, wie er lebe, antwortete er: »Gar nicht: ich habe keine Zeit
zu leben«. Er sang und erzählte Szenen. Wlad. Tichonow sang und
tanzte mit seinem ›Kotik‹ […]. Lugowoj war so munter, daß er sogar
Bier trank! Während dieses Sommers hat er zwanzig Druckbogen
geschrieben. Ob er mit Lichatschow (der mit mir Bruderschaft trank)
sprach, hab ich nicht bemerkt.
Ostrogorskij hielt erst einen Toast auf mich, wobei er meinen
Geschmack in der Auswahl der zu übersetzenden russischen Lyriker
pries, ohne auch nur mit einer Andeutungs-Silbe Fofanows zu er-
wähnen, und dann einen auf meine Frau, die er für die anständigste
aller hier versammelten Frauen erklärte, als die einzige, die ihrem
Mann nie treulos gewesen; die Anwesenden machten gute Miene zum
bösem Spiel, lachten und stießen mit den Gläsern an. Niemand erinnert sich, Michailowskij so aufgelegt gesehn zu haben: er plauderte
mit allen, scherzte und lachte, trank Schnaps und Rheinwein und
tanzte Masurka mit der Slepzowa. Mereshkowskij saß beim Abendbrot in seiner Nähe, aß und trank sogar; ich fragte, ob sie den
nächsten Sommer wieder in Schewinó zu verbringen gedächten.
»Vielleicht, denn es hat mir dort sehr gefallen, Sina jedoch nicht«. (Sie
kam nicht, weil sie unwohl ist und draußen wilder Schneesturm
herrschte.) Als er das Portrait der Grünwald-Zerkowitz sah, rief er
begeistert aus: »Das ist ein Frauenzimmer, in das ich mich bis zum
Wahnsinn verlieben könnte! Wie entzückend ist dies schielende
Auge!« Das Ehepaar Wwedenskij ist miteinander verzankt und erschien und ging darum einzeln. Nichts zu verzeichnen weiß ich über:
Baranzewitsch, Mamin, Potapenko, Wengerow, Karpow (der sich
ungemein schlicht-nett gab), Sarin, Bunin sowie die Damen: Pimenowa, Watson, Sinaida Wengerowa, Vera Tomaschewskaja, Ssemewskaja (Wodowosowa). Anwesend waren außerdem: die Doktoren

Tomaschewskij und Shicharew, die Frauen Ostrogorskijs und Lugo-
wojs u.a.m. […].

Von den Eingeladenen kamen außer der Sinotschka Mereshkow-
skaja nicht: Jushakow (der sich neulich einer Operation unterzog),
Forselles-Firssow (der eine wichtige Affäre vorzuhaben vorschützte),
Lodyshenskij und Michejew (die an diesem Tage nach Pensa resp.
Moskau verreisen mußten), Wass. Iw. Ssemewskij (krank) und
Scheller (der einzige, der nicht abgeschrieben). – […]

DEN 23. NOVEMBER 1897

Besuchte heute Oscar Blumenthal (Hôtel d'Europe, Nr. 68), ihm den
Vorschlag zu machen, russische Dramen aus dem Manuskript fürs
Lessing-Theater zu übersetzen. Empfing mich sehr kühl, ohne die
Hand zu reichen. Brachte ihm mein Anliegen vor. Sagte, er sei nicht
mehr Direktor des Theaters, sondern Neumann-Hofer, dem er mein
Anerbieten übermitteln wolle. Morgen reist er ab. Ist mit dem Besuch
des hiesigen Publikums seiner Truppe unzufrieden: »Könnte zahl-
reicher sein«. Bat ihn, mir was ins Album einzuschreiben; erklärte sich
gleich bereit. Sann etwa zwei Minuten nach, schrieb dann:

> Wir alle tun in Acht und Bann
> Als »Grobian« den dreisten Mann,

legte die Feder bei Seite, nahm einen Bleistift, schrieb damit was auf
einen Bogen Papier und setzte dann fort:

> Der sich vermißt, von unsern Schwächen
> Das Nämliche schon heut zu sprechen,
> Was wir nach einer Flucht von Tagen
> Uns heimlich – selbst darüber sagen.

Nach dem »Osc.« machte er einen ⁓ und
schrieb darüber seine Familie [seinen Familiennamen]. In dem Augenblick ertönte aus dem Nebenzimmer eine Frauenstimme: »Oscar, du
mußt zur Probe«.

Ich empfahl mich, wobei er mir halb die fleischige Hand hinhielt,
kaum empfindbar die Meine drückend.

Der Berliner Jude ist immer auf den ersten Blick zu erkennen.

Die persönliche Bekanntschaft seines Kollaborators G. Kadelburg machte ich im März oder April 1895, und zwar auf der Bühne des Alexandra-Theaters (Bock'sche Truppe), während der Probe zu den ›Zwei Wappen‹, wo er beschäftigt war. Bock stellte uns einander vor, und wir wechselten ein paar völlig unbedeutende Worte; er mußte spielen und ich – ins Gymnasium. – – – […]

DEN 29. NOVEMBER 1897

Ich bin Mitglied des »Russischen Schriftstellerverbandes« geworden und wohnte gestern zum ersten Mal einer Sitzung bei. Jushakow arrangierte einen kleinen Skandal dem Sekretär Leonid Jegorowitsch Obolenskij, weil dieser seine Meinung über die abzuschließende oder zu verwerfende Literaturkonvention nicht voll zu Protokoll gebracht; auch andre beschwerten sich darüber, doch in delikater Weise, nicht so schonungslos und grob wie Jushakow, der bei seinem Ausfall winselte, gestikulierte und zitterte (ich saß neben ihm, Stuhl an Stuhl). Die Sympathien der etwa 60 Anwesenden waren auf Seiten Obolenskijs, der erklärte, sein Sekretär-Amt niederlegen zu wollen. Man beschwichtigte den Beleidigten, und allmählich trat Ruhe ein.

Bekannt geworden mit Dmitrij Alexandrowitsch Dalin (Linjow). Nichts des Verzeichnens Würdiges.

Michnewitsch ist nach seiner Krankheit ganz gelb und mager im Gesicht geworden. »Ja, das wüste Treiben in meiner Jugend rächt sich nun an mir! Jetzt trink ich nicht mehr – doch wie hab ich früher getrunken!!«

Korinfskij erzählte, er übersetze Boccaccios Gedichte in Versen. »Und wer übersetzt sie Ihnen zuvor in Prosa?« fragte ich. »Das macht man mir in der Redaktion der ›Fremdländischen Literatur‹, Zeile für Zeile, Wort für Wort« … Erzählte von Fofanow, derselbe sei zum sechsten Mal Vater geworden und morgen werde er (Korinfskij) das Kind aus der Taufe heben. Vor einer Woche habe er (Korinfskij) ihn zum Photographen geschleppt, und heute werde im ›Ssewer‹ sein Portrait erscheinen. Ich erzählte ihm von Fofanows beharrlichem Schweigen im Sommer und fragte, ob er mir vielleicht zürne. »O, nein! Das muß ein Zufall oder ein Mißverständnis sein. Jedes Mal, wenn ich Ihren

Namen erwähne, verklärt sich sein Gesicht; noch neulich sprach er nur das Beste von Ihnen«.

Aus dem ›Verband‹ – zum Namenstag Dr. Shicharews (dessen Mutter eine Tochter d'Anzas', Sekundanten beim Duell Puschkins, ist). Als Baranzewitsch die scheintote Julia und Posnjakow den sterbenden Romeo parodierten, lachte Mamin mit seinem ansteckenden, saftigen Ho-ho-ho dermaßen, daß ihm die Tränen über die Wangen liefen. [...]

Mamin blieb damals bei Shicharew nächtigen. Den Morgen darauf wurde selbstverständlich schmackhaft gefrühstückt und sich tüchtig restauriert. Da Baranzewitsch ganz in der Nähe wohnt, so wurde der Diener Justin nach ihm geschickt. Beim Billard-Spiel trank man drei Flaschen Schnaps. Mamin beleidigte ohne Grund und Ursache den delikaten Kirejewskij, indem er plötzlich von ihm meinte, mit unanständigen Menschen spiele er nicht; eine halbe Stunde darauf bat er ihn aufrichtig um Verzeihung. Dann ging die lustige Kompagnie ins Kaukasische Restaurant, wo in einem Kabinett Mamin *mit feuchten Augen von dem jüngst verstorbenen A. A. Olchin sprach.*[1] Solches erzählte mir Baranzewitsch (das Korrigierte ein paar Tage später).

DEN 19. DEZEMBER 1897

Heute besuchte ich Wass. Iw. Nemirowitsch-Dantschenko. Er logiert nicht mehr im Hôtel d'Angleterre, sondern: Newskij, Ecke Kleine Morskaja, 11, Quartier 20, Zimmer Nr. 9. [...] »Sie haben in Nizza wohl auch Tschechow getroffen?« – »Freilich! Es geht ihm ausgezeichnet, vom Blutspeien keine Spur! Aber er führt auch ein geradezu staunenswert akkurates Leben! Er gewinnt sogar jedes Mal in Monte Carlo, dermaßen kaltblütig und überlegt setzt er!« – »Und Sie?« – »Ich habe diesmal fünfhundert verloren«. – »Schreibt Tschechow was?« – »Ja, er hat sozusagen in meiner Gegenwart den ›Patagonier‹ geschrieben. Und wissen Sie, wie er schreibt? Er sitzt überdenkend stundenlang in einem dunklen Zimmer, kommt hervor, schreibt mehrere Zeilen nieder und zieht sich dann wieder zurück«. [...]

---

1 Statt des kursiv gesetzten Textes stand ursprünglich: »plötzlich einen Weinkrampf bekam«.

Das gestrige Belletristen-Diner war nichts weniger als interessant. Ich
saß neben Avenarius. Erzählte, er habe viele Originalgedichte in deutscher Sprache, von seinen Vers-Übersetzungen aus dem Russischen sei
nur eines gedruckt, im ›Herold‹: Turgenews ›Kroketspiel in Windsor‹;
dann las er verschiedene kuriose Bittschriften auf den Allerhöchsten
Namen vor. Michnewitsch forderte mich auf, meinen Besuch bei ihm
(u.a. auch behufs Entgegennahme seines Portraits) nicht aufzuschie-
ben, da er bald sterben werde. Wischnewskij (Tschernigowetz) sagte
mir, Amfiteatrow (der nicht da war) sei auf mich böse, da ich ihn
vor kurzem im ›Herold‹ für sein Stück ›Das vergiftete Gewissen‹ und
seinen Heine-Ausfall heruntergerissen habe. Sonst nahmen am Diner
teil: Baranzewitsch, Gribowskij, Korinfskij, Lugowoj, Gneditsch,
Wassilewskij (Bukwa), Karasin, Grigorowitsch, Wass. Nemirowitsch-
Dantschenko, Garin, Kruschewan, Lejkin, Mordowzew, Slutschewskij
und Bilibin. Von ihnen allen weiß ich nichts zu sagen.

Mordowzew lieh mir für ein paar Tage das Album der Dinierenden.
Es enthält verschiedene Karikaturen (von Mordowzew gezeichnet,
und in Aquarell – von dem blutjungen Stelletzkij) und eine Masse
Autographen, von denen ich hier die interessantesten bringe. Ich muß
bemerken, daß bei Gründung dieses Albums ausdrücklich beschlossen
worden ist, nur Dummheiten einzuschreiben: die Diners sollen nur
Geselligkeit und Kurzweil bieten. [...]

[...] Vorgestern – Soirée bei Dr. Shicharew. [...] Mamin fragte mich,
welche seiner Novellen ich für die beste hielte, und ich nannte den
›Großen Sünder‹ (›Великий грешник‹), wobei er mich umarmte
und ausrief: »Ja, du hast Recht; du und nur noch ein Frauenzimmer,
ihr habt's getroffen! Es sind geradezu Shakespear'sche Gestalten darin!« Für eine seiner gelungensten Sachen hält er auch ›Die letzte
Fliege‹ (aus ›Aljonuschkas Märchen‹): »Kein einziger Schriftsteller hat
das Thema berührt, und doch ist es voll Lebenswahrheit«. – Er war vor
kurzem in Moskau und hörte dort nachstehende Anekdote über Leo
Tolstoj: Ein Amerikaner besucht ihn und huldigt ihm mit der Ver-

sicherung, in Amerika würden nur drei Wohltäter der Menschheit
anerkannt: Jesus, Konfuzius und er, Tolstoj, worauf Tolstoj erstaunt
gefragt haben soll: »Ja, was hat denn Konfuzius dabei zu schaffen?«
(При чем же тут Конфуций?!)«. – – – […]

DEN 10. APRIL 1898

Vorgestern fand die Einsegnung der Leiche meines Vaters statt. Von
Schriftstellern waren nur erschienen: Mamin, der mit tränengeröteten
Augenrändern vom Sarge ins Magazin[1] trat, Baranzewitsch, und, was
mich freudig überraschte, Wengerow. Mamin bedauerte, den Tag darauf (also gestern) zur Beerdigung nicht kommen zu können […]
      Potapenko kam weder zur Einsegnung, noch zur Beerdigung des
alten »Heinrich Knabe«, der in seiner Erzählung ›Der aufgeknüpfte
Knoten‹ (eine Episode aus des Vaters Leben, natürlich nebst Ergänzung eigner Phantasie) figuriert […]. In Monte-Carlo hat er siebenhundert Fr. gewonnen: »Das System, das du kennst, taugt sehr
wenig: man kann zwölf Stunden lang sitzen und nur fünf Fr. gewinnen; hingegen haben wir mit Tschechow (Ant.) ein anderes ausgedacht, oh! …« […]

DEN 22. JUNI 1898

Ich habe außer all den obigen Briefen noch mehrere von andern deutschen Schriftstellern, die ich bei Gelegenheit hier verzeichnen werde,
und zwar alle, so geringfügig oder völlig nichtssagend sie auch sein
könnten. Ein Zuviel der Akkuratesse und Kleinlichkeit kann hierbei
nie schaden: wie in einer Gerichtsverhandlung das scheinbar Un-
wesentlichste mitunter ausschlaggebend sein kann, so auch hier, wo
vielleicht die Literaturgeschichte einmal streng zu Gericht sitzen wird.
Nicht über mich, selbstverständlich, denn ich befliß mich in allen
diesen Heften der strengsten Objektivität! Diese Hefte sollen nur
völlig unparteiliche Zeugenaussagen enthalten. Für die deutsche Literatur werden sie, wie ich leider befürchten muß, ziemlich belanglos
sein; die russische jedoch wird hier, wie ich mir schmeichle, manche
für den Bildersaal der Weltliteratur interessante Illustration enthalten.

---

1 Hier: Laden, Geschäft.

Mit der Zeit gedenke ich, hier auch sämtliche an mich adressierte
Briefe russischer Schriftsteller zu bringen, und zwar im Original mit
nebenanstehender Übersetzung [...]

Gestern war Tolstojs 70ster Geburtstag. In diesem Anlaß hatte ich der
Redaktion des ›Herold‹ meine Übersetzung eines Fofanow'schen Gedichts gebracht, in welchem Tolstoj gefeiert wird; doch der Redakteur
sagte mir, er könne das Gedicht nicht abdrucken, da die Oberpreß-
verwaltung sämtlichen Zeitschriften strengstens anbefohlen hatte,
am 28sten August kein Wort über Tolstoj zu schreiben. Und alle
Zeitungen schwiegen mit Ausnahme der ›Niwa‹. –

Aus der Redaktion begab ich mich zu meinen alten lieben Bekannten, der Familie Bormann (Alma Bormann hätte ich beinah
geheiratet). Alfred Bormann will sich von seiner Frau (einer geb. Tyrkowa) scheiden lassen: sie läßt sich den Hof machen von dem alten
K. M. Stanjukowitsch. –

Mir ist eine Seite eines russischen Abrißkalenders in die Hände
geraten, die folgendes erzählt: eines Tages sitzt Ostrowskij mit dem
berühmten Schauspieler und Deutschenfresser Prow Michailowitsch
Ssadowskij im Theater. Gegeben wird Flotows ›Martha‹. Ssadowskij
ist entzückt und ruft einmal übers andre aus: »Herrlich! Unvergleichlich!« Ostrowskij fragt ihn, seit wann er denn ein Deutschenfreund
geworden sei. Ssadowskij stutzt. Es erweist sich, daß er sich von der
Endung -ow habe täuschen lassen: er hielt Flotow für einen Russen.
Von Ostrowskij auf seinen Irrtum aufmerksam gemacht, antwortet
Ssadowskij: »Ein Deutscher? ... Darum eben hör ich und denke: was
ist denn das für ein sinnloses Zeug?!«

Gestern bei Mamin in Zarskoje. Er hat sich mehrere alte russische
Heiligenbilder gekauft, darunter einen Christus-Kopf, dessen Alter er
pries. Mit der unschuldigsten Miene meinte ich, das Bild stamme vielleicht noch aus der Zeit vor Christi Geburt, worauf Mamin arglos
erwiderte: »Nu, das wohl schwerlich!« [...]

DEN 19. OKTOBER 1898

Gestern ist J. P. Polonskij gestorben. Heute um 8 abends zur Seelenmesse gewesen. Eines seiner Gedichte ist zum Volksliede geworden: ›В
одной знакомой улице …‹[1]. In bezug auf dasselbe erzählte Josephine
Antonowna der Witwe Maikows (während ich nebenan stand): »Als
Natascha (sc. die Tochter, jetzt Frau Jelatschitsch) noch ganz klein war,
hatte sie eine Wärterin. Eines Tages begann das Kind zu singen: ›В
одной знакомой улице …‹, worauf die Wärterin ausrief: ›Schämst
du dich nicht, solch unanständiges (срамную) Lied zu singen?‹ Jakow
Petrowitsch stutzte, ich aber fragte: ›Weißt du denn auch, wer das Lied
gedichtet hat?‹, worauf sie ärgerlich entgegnete: ›Selbstverständlich
(вестимо) ein sibirischer Sträfling (каторжник!)!‹ Jakow Petrowitsch schüttelte sich vor Lachen«.

Anwesend waren: Lichatschow, Wlad. Stassow, Kaigorodow, Schein
(der Volksliedersammler), Jassinskij (der mich zu sich zu kommen
aufforderte), Saguljajew, D. L. Michalowskij (natürlich nicht N. K.
Michailowskij, weil Polonskij Zensor war), Sin. Wengerowa, Bykow,
Stscheglow und Mereshkowskijs. Letztere (das Ehepaar) knieten vor
dem Sarge nieder, bekreuzten sich und küßten das Kreuz in den Händen Polonskijs. Ich fragte Dmitrij Ssergejewitsch, ob sein ›Leonardo
da Vinci‹ bald fertig sei. »Bald. Übrigens brauche ich nicht zu eilen,
denn es wird doch kein Journal den Roman bringen wollen; ich aber
gäb's jeder Zeitschrift, die es zu drucken geneigt wäre. Der Roman ist
nämlich zu lang und zu ernst«. Als ich ihm den 4ten November in
Erinnerung brachte, fragte er: »Es wird doch nicht auch Flexer sein?
Dann werde ich gewiß nicht kommen«. – »Natürlich nicht«, war
meine Antwort … Andre Schriftsteller glaub ich nicht bemerkt zu
haben. Das Gesicht der Leiche ist schwarzbraun, klein und furchtbar
abgemagert. Vor seinem Schreibtisch hängt über dem Stuhl davor
sein Plaid, von dem er sich selbst bis 20° R. im Zimmer nicht trennte;
dahinter stehen, an den Bücherschrank gelehnt, seine zwei Krücken.

---

1 ›In einer wohlbekannten Gasse …‹ (russ.).

Gestern um 2 zur Panichide[1] für Polonskij, zu welcher u.a. der Großfürst Konstantin (K. R.) in Begleitung Prof. Alexander Nikolajewitsch
Wesselowskijs und Pobedonoszew erschien. Als K. R. an Lichatschow
vorbeiging, reichte er ihm die Hand; Lichatschow erzählte mir darauf,
er habe einmal bei ihm (dem Großfürsten) in Gegenwart Groths,
Maikows und Polonskijs sein Drama ›Ilimows Leben‹ gelesen; »die
drei sind tot, nun ist die Reihe an mir!« … Beide Söhne Polonskijs
bestätigten mir, daß ihr Vater nicht 1820, sondern 1819 geboren ist.
Mit Korinfskij, Tschernigowetz (Wischnewskij), S. W. Maximow und
P. A. Kruschewan im »Afghanistan« zu Mittag gegessen, Weißwein
und Champagner getrunken. Kruschewan ließ es sich nicht nehmen,
die ganze Zeche zu bezahlen. Er ähnelt dem Grafen Em. v. Stadion. Er
ist aus Kischinjow, wo er die Zeitung ›Bessarabetz‹ herausgibt, für ein
paar Tage hergekommen, um sich für seine Typographie Maschinen
und Lettern im Betrage von zehntausend Rbl. anzuschaffen; für Polonskij bestellte er bei Zwerner einen Metallkranz im Werte von 55
Rbl. Ich fragte ihn, ob die Fabel seines Romans ›Artamonows Prozeß‹
auf einem Geschehnis basiere. »Nein, alles ist bloße Erfindung«. […]
    Gestern, in Polonskijs Quartier, machte ich die Bekanntschaft des
bekannten Volksliedersammlers Pawel Wassiljewitsch Schein, der
mich bat, ihm meinen Puschkin zu bringen. Heute erfüllte ich seinen
Wunsch. Der alte Herr (er ist 70 [sic!]) kam mir, auf zwei Stöcke
gestützt, mit freundlichem Lächeln auf dem weißumhaarten Gesicht
entgegen und reichte mir die weichen verkrüppelten Finger der Rechten (die linke Hand war umbunden). Sogleich begann er, mir von
seinem Leben zu erzählen, und zwar halb deutsch, halb russisch. »Ich
mache kein Hehl daraus, daß ich jüdischer Abstammung bin. Bis zum
siebzehnten Jahre sprach ich kein Wort Russisch und Deutsch. Beide
Sprachen erlernte ich während der drei Jahre, die ich im Hospital
krank lag«. In Moskau erhielt er seinen Schulunterricht. An der Universität war er nur ein Jahr und hörte Schewyrjow. Im Auslande
machte er die Bekanntschaft von W. Wolfsohn, A. Boltz, Auerbach,
Jacob Grimm und der Geographen Kiepert und K. Ritter. Er hat sich
protestantisch taufen lassen von seinem Freunde Fehrmann, Pastor an

---

1 Seelenmesse (russ.).

der hiesigen Petri-Kirche. Ich fragte: »Sind sie Akademiker?« – »Nein.
Zwanzig lange Jahre druckt die Akademie meine Werke, und ich bin
nicht einmal korrespondierendes Mitglied!« Sieben Jahre lang war er
Lehrer der deutschen Sprache in Witebsk. 1861 lud ihn Tolstoj ein, in
der ›Jasnaja Poljana‹ den Dorfkindern russischen Unterricht zu er-
teilen. »Ich hielt's aber nur zwei Wochen aus, weil Tolstoj nur auf dem
Papier human ist«.

DEN 31. OKTOBER 1898

[...] Am Beerdigungstage Polonskijs faßte Slutschewskij den Plan, die
Freitage des letzteren bei sich fortzusetzen, und zwar müßten sich ausschließlich »Poeten« (sc. Verseschreiber) an diesen Abenden bei ihm
versammeln. Auch ich erhielt sonderbarerweise eine Einladung und
war gestern, zum ersten dieser Freitage, da. Sein Quartier, hochelegant
ausgestattet, ist das förmliche Raritätenmuseum; man weiß nicht,
wohin man schauen soll, und brauchte viele Tage, um alles genau zu
besichtigen. Als ich ihm meine Bewunderung darüber aussprach,
meinte er: »Ja, aber ich sehe das alles mit täglich immer größerer Wehmut. Denn wenn ich tot bin, kommt alles unter den Hammer. Wir
Russen kennen ja keine Pietät!« ... Fofanow kam völlig nüchtern und
sah, bis auf den etwas zerknitterten Hemdkragen, recht anständig aus.
Er saß still, hörte zu und beantwortete die an ihn gerichteten Fragen.
Aber er rauchte ununterbrochen, und zwar die schönen, doch furchtbar starken Zigarren Slutschewskijs und geriet mehr und mehr in
Agitation. Als Mereshkowskij Tjutschew ein Goethe-ähnliches Talent
zuschrieb, schrie Fofanow: »Ein talentloser Narr ist er«. Balmont hatte
eines seiner (recht rhetorischen) Gedichte wiederholen müssen, und
Fofanow rief, sich überstürzend, aus: »Mein Kopf ist eine Drehorgel
(шарманка): erst gefiel mir Ihr Gedicht, und nun seh ich, daß es
eine Reihe (набор) unpoetischer Phrasen ist!« Dann betastete er
Mereshkowskijs Arme und winselte was über deren Dünne. [...]
   Es deklamierte auch Myrrha Alexandrowna Lochwitzkaja zwei ihrer
nervösen Gedichte [...] Alle erklärten sie (die Lochwitzkaja) für eine
Dichterin pur sang, die zum Unterschiede von der Tschumina lediglich mit ihren Nerven schreibt und jedes ihrer Gedichte wirklich erlebt. Sinotschka Mereshkowskaja rümpfte bei ihrer Deklamation das

Näschen; vorn vor dem ihre Ohren verhüllenden Haare schwänzelte je
ein dünnes Löckchen herab; während des Abendbrotes rauchte sie.
Weinberg erzählte, er übersetze Goethes ›Faust‹ in Prosa und wolle
sich auch an eine Übertragung des Puppenspiels machen; Balmont
(der sich im langen Rock à la E. Rostand recht gespreizt gab und fast
gar nichts sprach) meinte, es würde gut sein, wenn man sämtliche
deutsche Faustdramen ins Russische übersetzte und somit eine Faust-
Literatur hier schüfe. Ich mußte meine Übersetzung von Puschkins
›Ich liebte dich …‹ deklamieren […]. Als ich beim Betreten des Saals
unter den Anwesenden auch den alten D. L. Michalowskij erblickte,
wollte ich flüchten: bei jeder Begegnung fragt mich der Mann mit
vorwurfsvollem Ton: »Haben Sie denn noch immer nichts aus mir
übersetzt?!«; so war's auch heute. – Jassinskij mit dem langen grauen
Bart sah wie ein hoher Meissonier aus; er sprach fast nichts. Absolut
nichts Verzeichnenswertes sprachen ferner: Fürst Uchtomskij, der
Lyriker Lebedew (recht sympathisch), Ssologub (Teternikow), die
Tschumina, Tschernigowetz (Wischnewskij) und Korinfskij.
    Anzumerken wäre schließlich noch, daß Slutschewskij jeden An-
kömmling den Anwesenden nur dem Familiennamen nach (»Herr X«)
vorstellte sowie auch die Anwesenden ihm, statt mit dem üblichen
Vornamen und Patronym. In dieser Beziehung erinnert dieser sein erster Freitag allerdings ein wenig an Polonskij – sonst in gar keiner …
Übrigens nein, noch in einer, was die Vergeßlichkeit des Verstorbenen
betrifft. Slutschewskij nämlich stellte allen Lebedew als – Balmont
vor.

                            DEN 6. NOVEMBER 1898

Vorgestern – mein 39ster Geburtstag. Erschienen waren, zumeist
uneingeladen, gegen 40 Personen. […] Mamin (der bei uns nächtigte)
schenkte mir seine Novelle: ›Nicht das …‹ (›Не то…‹) und meinte:
»Der Anfang ist sehr gut, von der Mitte an jedoch bis zum Schluß
hat's ein Kater mit dem Schwanz geschrieben«. Mereshkowskij meinte,
als jemand sagte, der bei mir im Saal hängende Christus A. Dürers
habe ein grausames Gesicht: »Ja, denn Christus war grausam«. Weinberg beneidete mich um mein Heine-Autograph und gestand, daß
selbst er keine so reichhaltige Portrait-Sammlung russischer Schrift-

Sinaida Hippius. – *Widmung:* »Dem unnachahmlichen Fjodor Fjodorowitsch Fiedler von seinem Bewunderer S. Hippius 4. November
[18]98« (russ.).

steller mit Autographen besitze. Gedichte deklamierten: die Lochwitzkaja, die Tschumina, Lichatschow und Posnjakow. [...]

[...] Gestern Poeten-Abend bei Slutschewskij [...] Der Kant- und
Schopenhauer-Übersetzer N. M. Ssokolow (zugleich Zensor), mit der
humoristischen Nase, erzählte mir, er gebe sich Mühe, jedes Gedicht,
das er schreibe, in acht Verse einzuzwängen. Schlicht und bescheiden
sympathisch gab sich Lebedew. Balmont wunderte sich, als er mich
im Besitze seiner ersten Gedichtsammlung (ȜСборник стихотворе-
ний‹, 1890) erfuhr: »Ich habe fast die ganze Auflage verbrannt«. Am
besten kennt er und am liebsten ist ihm die deutsche Sprache, denn
»in meinen Adern fließt deutsches Blut« [...]

Gestern – Soirée bei der Tschumina. Auf meine interviewerartigen
Anfragen hin erzählte mir Ssologub (Teternikow), er sei Lehrer der
Mathematik an einer kleinen »Stadtschule« auf den Peski und habe
24 Stunden wöchentlich. »Mathematik und Poesie, wie vereinigt sich
das?« fragte ich. »Sehr gut: dort wie hier ist abstraktes Denken; und
dann gibt es geometrische Figuren, die plastisch sehr schön sind«. –
»Warum wählten Sie sich ein Pseudonym, das an den Verfasser des
ȜTarantas‹ erinnert?« – »Man gab es mir im ȜSsewernyj westnik‹, als ich
meine ersten Gedichte hinbrachte. Ich finde, daß man sich nie selbst
einen Familiennamen geben muß: ihn gibt entweder Gott oder die
Menschen; geben Sie mir ein andres Pseudonym, so will ich es annehmen, ich selbst aber tu's nicht«. – »Und warum wählte man die
Schreibart Ssologub statt Ssollogub, wie sich der Verfasser des ȜTarantas‹ schrieb?« – »Ich weiß nicht ... (träumerisch): Man hätte auch
Ssalogub schreiben können ... Oder mit zwei L ... Oder Salogub ...
Oder Sologub ... Oder Ssalogup ... Oder Ssalogupj ...« Und er ver-
sank in Nachdenken.
      Die Mereshkowskaja (er – krank an der Influenza) melodekla-
mierte, den Muff in der Hand (aber sonst im bloßen Kleide), ihre Gedichte in russischer und französischer Sprache (eigene Übersetzung);

zur Begleitung der Miss Overbeck, die sie sich jüngst aus Italien mitgenommen. Sie (d. h. die Mereshkowskaja) erzählte von Sin. Wengerowa (die dabei stand und lachte), sie sei aus »einer Kritikesse eine Poetesse« geworden: während des Sommers hätte sie ihr erstes vierzeiliges Gedicht gemacht (bei Mereshkowskijs auf dem Lande: in Jelisawetino); dann hätten beide, daselbst während eines regnerischen Herbsttages, zusammen ein Gedicht verfaßt: die eine die ersten vier Strophen, die andre – die zweiten vier u.s.w. ... Minskij plauderte mit ihr (der Mereshkowskaja) freundschaftlich, verzehrte sie jedoch mit den Blicken, während sie melodeklamierte. Er ließ sie mit der Engländerin nach Hause fahren. Auch die Sin. Wengerowa begleitete er nicht heim: sie fuhr mit Ssologub, der ihr seine Begleiterschaft anbot. Er (sc. Minskij) erzählte von Nadson: Als er aus dem Auslande ankam, empfingen ihn seine Freunde am Bahnhof. Während des ganzen Weges hatte er Goethe gelesen, und seine ersten Worte beim Betreten des Perrons waren: »Ach, dieser Goethe! Die ganze Fahrt hat mir der kalte Mensch verleidet!«.

Man sprach von Fofanow. Minskij erklärte ihn für ein großes Talent, das indes an Graphomanie leide. Korinfskij aber pries ihn als ein geniales, naturechtes Kind der Poesie, dem sämtliche moderne russische Dichter die Schuhriemen zu lösen nicht wert seien. Balmont schwieg dazu. Er, wie auch sein Freund Korinfskij, waren, tadellos befrackt, erst gegen eins erschienen: aus dem Saal der Duma, wo sie zum Besten der Ssimbirsker Gedichte deklamierten. Das wunderte mich bei Korinfskij, denn erst vor ein paar Wochen war er aus Schüchternheit nicht zu bewegen, bei Slutschewskij, im engen Kreise von Kameraden, eines seiner Gedichte zum besten zu geben; nun aber wird er auch in den nächsten Wochen ein paar Mal öffentlich lesen. Zu seinem Fofanow-Hymnus schwieg auch Ssologub. Vor dem Abendbrot fragte ich ihn, ob er bereits gedrucktes Gedicht-Material für einen Band habe. – »Für vier. Und Ungedrucktes – so viel!« (Er maß mit den Händen einen Abstand von der Größe, sc. Höhe dieses Heftes.) – – – [...]

Gestern war ich im »Verband« und bei Slutschewskij, dort wie hier
nur kurze Zeit, beschäftigt mit dem Einsammeln von Geldbeiträgen
für das Geschenk, das Baranzewitsch am 23. d. M. überreicht werden
soll. Bei Slutschewskij sah ich zum ersten Mal den Dekadenten Valerij
Brjussow, der Slutschewskij seine Gedichtsammlung ›Chefs-d'oeuvre‹
brachte und wie im stillen Wahnsinn dasaß. Er deklamierte sein
Gedicht ›На новый колокол‹[1] wobei er die Worte »Пожертвуйте,
православные«[2] – sang! Als er geendigt hatte, erhob sich Ssafonow
(Petschorin) und rief: »Ich weiß nicht, ist das ein neues Wort der
Poesie oder ist es Scharlatanerie?!« Dann eiferte er gegen die Reim-
und Taktlosigkeit in den Versen und berief sich auf Puschkin, »der mit
jedem seiner Worte ein klingendes Goldstück auf den Tisch wirft«.
Man widersprach ihm unisono (ich wies auf Heines ›Nordsee‹ hin),
indem man in gewissen Fällen reim- und taktlose Verse gelten ließ.
Leider mußte ich fort.

DEN 2. JANUAR 1899

Gestern – Namenstag der Pimenowa. Etwa fünfundsiebzig Personen
(im vorigen Jahre hundert). Mamin unterhielt sich mit der deutschen
Haushälterin, indem er auf ihre Fragen nichts weiter antwortete als:
»Donnerwetter! … Flasche Bier! … Kolossal! … Schwamm drüber! …
Mein Liebchen, was kosten paar Schuh? Ein Taler, zwei Groschen, ein
Küßchen dazu!« Alles lachte, aber das Gelächter wurde homerisch, als
er die Lesginka tanzte. Es war die Grazie eines jungen, in Freiheit dres-
sierten Elephanten. Er machte sich absichtlich lächerlich, und dazu
gehört unendlich viel Gutmütigkeit und schriftstellerische Selbst-
entäußerung. – – –

DEN 9. JANUAR 1899

Gestern – Poetenabend bei Slutschewskij. Jedesmal vergaß ich bisher
zu notieren, daß die Wände seines Speisezimmers geschmückt sind
mit unter Glas eingerahmten Menues – kaiserlicher und großfürst-
licher Tafeln. Masurkewitsch las Fragmente seiner Übersetzung von

1 ›Für die neue Glocke‹ (russ.). — 2 »Opfert, Rechtgläubige!« (russ.).

Ma'dachs ›Tragödie der Menschen‹; das Werk (nicht die Übertragung) fand fast gar keinen Anklang. Sin. Mereshkowskaja hielt ihr Lorgnon der Länge nach aufgerichtet vor das rechte Auge und beschaute durch das obere Glas die Anwesenden; vor ihr, in einem Schaukelstuhl, interessiert-blasiert hingestreckt, starrte Andrejewskij zum oberen Kaminspiegelrand vor sich hin. Jemand meinte: »Nie im Leben!«, und Mereshkowskij korrigierte: »Nie im Tode!« Später behauptete er, der Tod sei auch ein Leben, und zwar mächtiger als dieses, denn es sei ewig. Er schreibt jetzt an den letzten Kapiteln seines Romans ›Leonardo da Vinci‹. Vielleicht wird er (indes nicht offiziell) ein Monatsjournal redigieren, das vom Fürsten Tenischew und dem Millionär Derwis herausgegeben werden soll. Graf A. A. Golenistschew-Kutusow lobte »lebhaft« (denn der Mann kann schwerlich lebhaft sein) den Plan der Herausgabe, denn man wisse nicht mehr, wo man seine Sachen drucken lassen soll; sonst sprach er nichts und ging noch vor dem Abendbrot. Während des letzteren rauchte das Ehepaar Mereshkowskij und steckte sich von Zeit zu Zeit Schwarzbrotkrümchen in den Mund; als Dmitrij sich auf der Gabelspitze Gelee vom Kalbfleisch nahm, rief Sinotschka entsetzt: »Du ißt Gelee?!« Dann begann ein endloses religiös-philosophisches Gespräch. Mereshkowskij nannte die Bibel »ein Buch der Frechheit (дерзости), nicht der Demut« (смирения) und stimmte dem Zensor N. M. Ssokolow bei, der Glaube müsse mit Feuer und Schwert nicht nur verteidigt, sondern auch ausgebreitet werden; Gribowskij tadelte erregt diese »mittelalterliche Barbarei«. Ssokolow meinte ferner, nur die russische Nation werde dank dem griechisch-orthodoxen Glauben ewig bestehen. Er gab endlose kirchen-slawische Zitate zum besten, und dieser Dialekt wurde hoch gepriesen. Minskij (der mit Sinotschka fast gar nichts sprach) dozierte, die Zweieinigkeit (двоица) statt der Dreieinigkeit – diese religiösen Ideen würden nie im Bewußtsein des christlichen Volkes untergehen. Ssafonow lobte sich eine morsche Dorfkirche mit hingeklecksten Heiligenbildern, Mereshkowskij – einen Marmortempel mit klassisch-schönen Gemälden. Später versicherte Mereshkowskij, er würde selbst in der ›Nowoje wremja‹ (wo er beständig heruntergemacht worden) seine Sachen veröffentlichen, denn die Hauptsache sei, daß man seine Gedanken und Gefühle durch den Druck bekannt mache. [...]

[…] Wlad. Ssolowjow hat viel von seinem christus-ähnlichen Nimbus
eingebüßt, indes ist sein grau ummähntes, durchgeistigtes Gesicht mit
dem verschleierten Blick noch voll charakteristischen Reizes. (Jassinskij ähnelt ihm bedeutend, doch ist der ganze Ssolowjow viel delikater
geformt). Ich fragte ihn, ob er der Verfasser von ›Я на Везувии
стоял …‹ (›Ich stand auf des Vesuves Grat …‹) sei. »Nein, Wlad.
Tichonow. Ich habe wohl das Gedicht ein paar Mal rezitiert, doch verfassen konnte ich es schon aus dem Grunde nicht, weil ich nie Damen
im Epigramm angreife«. Vor und nach dem Abendbrot bekreuzte er
sich (was kein einziger russischer Schriftsteller in meiner Gegenwart
getan hat, widrigenfalls ich es in einem dieser Hefte verzeichnet hätte).
Schnaps trank er nicht (er raucht auch nicht), wohl aber drei Glas
Bier. Er aß (und zwar tüchtig) Fisch (aus hygienischen Gründen),
wozu Mereshkowskij meinte: »Sie sind ein Ichtyophag!« – »Und
Sie … Sie … ein … Sarkophag!« Er lachte dabei, und Mereshkowskij
erwiderte, gleichfalls lachend: »Die Wortspiele; das ist Ihr richtiges
Fahrwasser!« Sin. Mereshkowskaja erzählte, resp. sie erinnerte Ssolowjow an ihr Gespräch von dem griechischen Philosophen, dem eine
Schildkröte auf den Kopf fiel, so daß er starb, wobei Ssolowjow
gemeint hatte: »Es ist besser, an einer Schildkröte als an – einem Krebs
zu sterben!« Ich fragte ihn (Ssolowjow), wie ihm damals in Rauka
Georg Brandes gefallen habe. »Nicht sonderlich. Besonders mißfiel
mir seine Leidenschaft, fünfzehnjährige Mädchen über eheliche Verhältnisse aufzuklären«. – »Und trieb er's bis zum Endresultat?« – »Das
nun gerade nicht« … Sinaida Mereshkowskaja erzählte, sie wären ihm
(Brandes) in Sizilien begegnet, ohne indes mit ihm persönlich bekannt
geworden zu sein. Eine Engländerin klagte ihnen, Brandes sei ihr
Zimmernachbar im Hotel und lasse sie gar nicht einschlafen, indem er
die ganze Nacht über in Stiefeln hin und her ginge und an die Wand
pralle; auf Vorstellungen des Wirtes habe er zwar die Stiefel ausge-
zogen, aber das Wandanrempeln habe nicht nachgelassen.
Ssolowjow hat dank seiner Einfachheit und beinah Gemütlichkeit
einen angenehmen Eindruck in mir hinterlassen. Ins Album schrieb er
mir ein Scherz-Gedicht, das vor 13 Jahren anonym in der ›Nowoje
wremja‹ erschienen war. […] Jemand meinte von einem Gedicht, es

sei zu transzendental, worauf Mereshkowskij eifrig erwiderte: »Je transzendentaler, desto poetischer!« [...]

Außer den Genannten waren gestern noch anwesend: Bykow und Tschumina. – – –

DEN 7. FEBRUAR 1899

Heute bei mir gefrühstückt: Baranzewitsch, Balmont, Tschernigowetz (Wischnewskij) und Ars. Wwedenskij. Man sprach von Charaktereigentümlichkeiten der Deutschen und der Russen, und Tschernigowetz meinte: »Schulze und Müller haben sich nach einem Gespräch verzankt. Da fragt man Schulze: ›Kennen Sie Müller?‹ – ›Freilich‹, antwortet Schulze, ›wer sollte diesen Ehrenmann nicht kennen?!‹ Da haben aber eben Iwanow und Petrow miteinander friedlich getrunken und sind unter Russen auseinandergegangen. Plötzlich begegnet jemand dem Iwanow und fragt: ›Kennen Sie Petrow?‹ – ›Freilich‹, antwortet Iwanow, ›wer sollte diesen Lumpenkerl (прохвост) nicht kennen?!‹«

Man sprach über Feth. Balmont nannte ihn einen genialen Poeten, und Tschernigowetz versicherte: »Er steht vereinzelt (одиноко) in ganz Europa da«.

Balmont urteilte über Baranzewitsch (natürlich ohne daß dieser es hörte): »Er ist ein netter Mensch und nur sehr bescheidenes Talent«.

Man sprach über die russische Sprache und fand, daß ihre Laute sehr unharmonisch seien. [...]

Balmont sagte: »Man behauptet, die Lochwitzkaja sei einfach, wie die Natur ist. Ja, sie ist wie die Natur selbst – nämlich kompliziert (сложна), denn es gibt nichts Komplizierteres als die Natur. ›Die Einfachheit der Natur‹ ist eine leere Redensart«. [...]

DEN 13. FEBRUAR 1899

Gestern – Poetenabend bei Slutschewskij. Er hat sich nun ein großes Album angeschafft, in welches sich jeden Freitag die gerade anwesenden Poeten zu verzeichnen haben. Er möchte ungeheuer gern für sein Raritätenmuseum die Teufelspuppe käuflich erwerben, die jüngst in der gerichtlichen Verhandlung gegen den fanatischen katholischen

Priester Beljakewitsch als Beweismaterial figurierte. Andrejewskij ora-
kelte: »Im Leben ist alles ein Geheimnis«. […] Mereshkowskij las ein
paar künstlerisch schöne Kapitel aus seinem Roman ›Leonardo da
Vinci‹ vor, die Walpurgisnacht behandelnd. Er sagte: »Nun ich den
›Leonardo‹ beendigt habe, liegt er mir tausend Meilen entfernt, denn
ich habe mich ganz in ›Peter den Großen‹ versenkt«. Dann meinte er
ekstatisch: »Ich bete Puschkin an, doch er wird in Nichts zergehn
vor dem, der da kommt und dessen Schritte immer hörbarer näher
kommen!« Wen er damit im Auge hatte, sagte er nicht. Über seine
Gedichte ›An ein Weib‹ (›Женщине‹ – fehlt in seinen Gedichtsammlungen; auch meine Übersetzung ist nirgends erschienen) und
›Sakja-Muni‹ äußerte er sich: »Sie sind mir dermaßen zuwider, daß
ich mir selbst für sie eine Ohrfeige geben möchte!« Als ich vorschlug,
auf Spielhagens Wohl zu trinken (er feierte gestern seinen 70sten
Geburtstag), stieß man zwar mit mir an, doch ohne die geringste
Begeisterung; sein Talent gleiche demjenigen Michailow-Schellers,
und er sei gleich diesem vergessen; dabei wandte sich Mereshkowskij
an mich: »Sie übersetzen besser als Spielhagen selbständig schreibt!«
Dann sprach er von dem italienischen Dichter Niccolini und nannte
ihn einen »choluj« (Lakai), wozu Tschernigowetz-Wischnewskij meinte: »Seine Dichtung ist also eine poésie cholesque!« Dann gebrauchte
er das Wort ›читабельно‹ (lésable – lesbar). Sein erster Name (Tschernigowetz) ist keineswegs ein Pseudonym, denn sein Familienname ist
ein doppelter. […]

Anwesend waren außerdem: Ldow (der immer um die Lochwitz-
kaja herum war), Jassinskij, Ssokolow, Porfirow, Bykow, Korinfskij,
Lichatschow, Gribowskij, die Mereshkowskaja, Allegro (Wlad. Sserg.
Ssolowjows Schwester) und Balmont. […]

DEN 3. MÄRZ 1899

Heute – fünf Minuten bei Potapenko. Die Tanzlehrerin Dinas fragte
mich, welchen Glaubensbekenntnisses ich sei. Als ich »lutherischen«
antwortete, meinte Potapenko: »Er ist ljutyj« (лютый = wild). – –

Schon längst wollte ich hier auf einen Fall verweisen, der die Unkultiviertheit der russischen Schriftsteller in ein helles Licht rückt. Vor
einigen Wochen hielt sich der bekannte, viel und oft ins Russische

übersetzte Humorist Jerome Jerome mehrere Tage in Petersburg auf.
Wie er gefeiert wurde? Nun, eben gar nicht. Frau Sharinzewa, seine
Übersetzerin (eine in weitesten Kreisen völlig unbekannte Dame, die
nicht einmal Mitglied des »Verbands« ist) empfing ihn auf der Eisenbahn[station], gab ihm bei sich Quartier, zeigte ihm die Sehenswürdigkeiten Petersburgs und geleitete ihn wieder zum Bahnhof. Hätte
nicht die ›Nowoje wremja‹ sein Portrait gebracht, so würde niemand
wissen, wie er aussieht, denn kein einziger russischer Schriftsteller, den
ich persönlich kenne, hat ihn von Angesicht zu Angesicht gesehn. Der
»Verband« arrangierte keinen öffentlichen Jerome-Abend, gab dem
Gast kein intimes Diner – kurz, tat absolut gar nichts.

DEN 6. MÄRZ 1899

Gestern Abend – bei Slutschewskij. Vor dem Abendbot gingen: die
Tschumina, Allegro (Polyxena Ssolowjowa), Graf Golenistschew-
Kutusow, Bykow, Masurkewitsch, Michalowskij, Andrejewskij und
Porfirow. Über das Gedichtverlesen ist wenig zu vermelden. Der
Hausherr deklamierte seinen Einakter ›Der gestürzte Puschkin‹, eine
Apotheose des Dichters und zugleich ganz Rußlands in politischer
Beziehung; Zeit – die Zukunft: Österreich existiert nicht mehr,
Deutschland ist um das dreifache größer geworden, Rußland hat den
Allerweltsfeind, sc. England, besiegt. Zum allerersten Mal deklamierte
Ssologub (Teternikow) eigenlippig einige seiner Gedichte. Das Ge-
spräch während des Abendbrotes trug fast ausschließlich einen heitern
Charakter. Allen Ernstes meinte nur Mereshkowskij, eine gute Zigarre
berge etwas Göttliches in sich und verstreue, angebrannt, Weihrauch-
düfte dem ganzen Pflanzenleben; sie sei der einzige Luxus, den er
gelten lasse, und er werde nochmal über sie einen ganzen Artikel
schreiben. Dann meinte er: »Es gibt mehr nichtschreibende als schreibende Genies«. Albow erklärte er für einen weit größeren Schriftsteller
als Ant. Tschechow. […]
    Tschernigowetz nannte Nietzsche einen »philosophischen Bumm-
ler« (deutsch). Als ich, auf Befragen, erklärte, ich kenne keine Noten
und spiele nach Gehör, wandte er sich an mich: »Sie sind also nicht
benötigt«. […]
    Gestern erhielt ich von Spielhagen folgendes:

»[3.] / 15. III. 1899
Charlottenburg, Berlin, Kantstraße 165
Hochgeehrter Herr.

Der russische Schriftsteller-Verband hat mich durch seinen Glückwunsch zu meinem siebzigsten Geburtstag hoch geehrt und innig erfreut. Würden Sie, hochgeehrter Herr, die große Güte haben, der Vermittler meines innigen Dankes an den Verband zu sein. Und ihm zu
sagen, daß ich auf das Wohlwollen der russischen Schriftsteller den allerhöchsten Wert lege als derjenigen meiner Kollegen, auf deren Verständnis ich unter allen Umständen sicher rechnen kann.

Mit kollegialem Gruß   Ihr Friedrich Spielhagen«.

DEN 27. MÄRZ 1899

Gestern – bei Slutschewskij. Ich kam der erste, um die Gedichte abzuschreiben, die am vorigen Freitag während meiner Abwesenheit (ich
mußte zum Namenstag von Baranzewitschs Frau) beim Abendbrot
»gedichtet« wurden. Es war ein »Sängerkrieg«, infolge von Slutschewskijs Thema-Vorlage – ›Frühling‹. Die Gedichte finden sich teils auf
losen Blättern (teils, natürlich, von der Verfasser Hand), eingeschrieben in dem »Album«, das Slutschewskij sich vor ein paar Monaten
zugelegt hat und aus welchem ich nach und nach das Interessanteste
schöpfen und hier wiedergeben will. […]

Und nun zum gestrigen Abend im einzelnen!

Korinfskij las einen ungedruckten Brief Puschkins (Autograph) und
meinte zerknirscht: »Ich schäme mich, diese Reliquie mit meinen Händen zu berühren!« Mereshkowskij meinte: »Ein Denkmal für Puschkin würde sein Andenken schänden, da er selbst gesagt hat: ›Я памят-
ник себе воздвиг нерукотворный‹[1]. Darauf wurde von Ssologub
nachfolgendes Gedicht eines gewissen Korin verlesen (den Ssologub
protegiert und dem Mereshkowskij begeistert Beifall spendete) […].

Mereshkowskij sagte, es gebe Menschengesichter, die einer Loga-
rithmentafel glichen: man müsse lange in ihnen studieren, um die
gesuchte Antwort zu finden. Dann behauptete er, daß ihm seine

---

1 »Ein Denkmal hab ich mir nicht von der Hand errichtet …« – Anfangszeile des
bekannten Gedichts von Puschkin (1836).

eigenen Gesichte ein Ekel (мерзость) seien. Über Nietzsche urteilte
er: »Nach Dostojewskij ist er der größte Mensch im modernen und
künftigen Europa, für mehrere Jahrhunderte, denn er steht höher da
als Ibsen und Leo Tolstoj«.

Vor dem Abendbrot gingen: D. L. Michalowskij, Balmont und
Lochwitzkaja (die letzteren – einzeln). [...]

Slutschewskij erzählte von seiner persönlichen Bekanntschaft mit
Eduard v. Hartmann und sagte, er habe noch nie einen Schriftsteller
gesehn, der als Mensch einen so großen Gegensatz zu seinen Schriften
bilde; Hartmann sei optimistisch und sehr lustig. [...]

DEN 4. APRIL 1899

Gestern fand im Marien-Theater der Puschkin-Abend statt. Fast die
ganze Schriftstellerwelt hatte sich eingefunden: teils im Zuschauerraum, teils auf der Bühne (Mamin, Michailowskij und Korolenko
waren weder hier noch dort). Auf der Bühne ging Victor Krylow
umarmt mit Karpow. Während der Apotheose (wir standen rechts
und links vom Denkmal) schritt Sinotschka Mereshkowskaja über die
Szene und lorgnettierte das Monument; dann, als der Vorhang zum
zweiten Mal aufging, plazierte sie sich zu Füßen Puschkins zusammen
mit der Tschumina und der Lochwitzkaja. Später, als der Vorhang
endgiltig niedergefallen war, machte Weinberg der Mereshkowskaja
überlaut und übereifrig die bittersten Vorwürfe für ihr Promenieren
und Lorgnettieren, wobei er ihre Bewegungen nachäffte. Sie entgegnete kein Wort, doch auf ihren Backenknochen traten weiße Flecken
hervor. – –

DEN 16. APRIL 1899

Gestern machte mir Fürst Barjatinskij eine Visite. Erging sich in
Lobeserhebungen seiner Frau, der Schauspielerin Jaworskaja: von
ihrem Talent schwieg er bescheidentlich, doch pries er ihre Unter-
nehmungslust und Energie. Er schriftstellert, um nicht »le mari de la
reine«[1] zu sein. Erzählte von seinen Besuchen beim verstorbenen
Dumas-fils: derselbe habe die Russen nicht geliebt und die Frauen

1 Mann der Königin, Prinzgemahl (franz.).

verachtet; doch zum Portrait eines Mädchens, das ihm zur Kamelien-
dame gesessen, blickte er nicht anders als mit tränenumschleierten
Augen auf (er selbst war Armand Duval, und die Szene mit seinem
Vater hat tatsächlich stattgefunden; übrigens hat das Urbild der Mar-
guerite Gautier die Kamelienblumen nie geliebt). – –

Heute besuchte mich Victor Krylow. Das von G. v. Moser ver-
deutschte ›Der Sklave‹ betitelt sich im Original ›На хлебах из мило-
сти‹,[1] das Krylow andrerseits dem Französischen entlehnt hatte. »Kein
einziger russischer Schriftsteller hat die Bühnentechnik so heraus, wie
ich, und in ganz Rußland gibt es keinen, der es besser wüßte, welche
Rolle für eine Schauspielerin am besten paßt. Das sage ich ohne alle
Prahlerei … Ich habe gar keine Beobachtungsgabe, ich bin sogar
dumm, – aber wenn ich mich zum Schreiben niedersetze, rettet mich
meine ausgezeichnete Witterung (нюх)«. Zu seinem Drama ›Die
Kinder Israels‹ ist sowohl Erfindung wie Ausführung sein Eigentum;
Litwin-Efron kontrollierte nur sozusagen das Ethnographische, und
seinen Namen will er auf den Spielzettel setzen, damit man ihm nicht
den Vorwurf mache, er (Krylow) kenne das jüdische Leben nicht (obschon er's im Leben und aus Büchern studiert hat). Er hat noch ein
sehr effektvolles Drama fertig: ›Der Idiot‹ (nach Dostojewskij's gleichnamigem Roman): das Rohmaterial lieferte ihm Etinger (Ssutugin,
Verfasser von ›Karikaturen der Liebe‹). Außerdem schreibt er an einem
Lustspiel, »das jedes anständige Mädchen wird sehen können«. Er
werde es jedoch wohl unter einem fingierten Verfassernamen aufführen lassen, damit die »Reptilienpresse« ihn nicht herunterreiße,
daß er drei Stücke in einer Saison bringt. Karpow nannte er einen
»talentlosen, dummen Macher« (махер). – Er brachte mir zur Durchsicht den ersten Akt seiner Übersetzung des ›Fiesco‹.

DEN 25. APRIL 1899

Vorgestern – im »Verband«. Die Lochwitzkaja war zum ersten Mal da
und sprach sich mir gegenüber fast über alle Mitglieder moquant aus;
nur Michailowskij nannte sie »interessant«. Da er grade an uns vor-
beischritt, stellte ich die beiden einander vor. Sie errötete und sagte
mir später erzürnt: »Warum haben Sie uns vorgestellt?! Wissen Sie

---

1 ›Vom Gnadenbrot‹ (russ.).

nicht, daß die ›Russkoje bogatstwo‹ mich heruntergemacht hat? Sie schrieb in einer Rezension: wir möchten gern wissen, in welcher Lage (положение) sich Frau Lochwitzkaja befindet, wenn sie dichtet … Allerdings, ich befinde mich in einer ›Lage‹, wenn ich meine Gedichte schreibe, und zwar morgens im Bett, mit dem Bleistift und dem Notizbuch in den Händen« … Dann machte sie Anspielungen auf das Faust'sche Lied während der Walpurgisnacht »Einst hatte ich einen schönen Traum …«, allein ich sekundierte ihr nicht mit den nachfolgenden Vierzeilern des Mephisto und der Alten, obgleich es sichtlich nur auf dies mein Sekundieren abgesehn war. – – –

Leider konnte gestern die Lou infolge einer Erkältung nicht kommen (sie weilt in Petersburg mit ihrem Mann), doch es kam ihr Page, Raimund [sic!] Maria Rilke, ein sehr sympathischer 23jähriger Jüngling mit Kenntnissen der Literatur und Kunst. Er raucht nicht und trinkt nichts und ist so nervös, daß er gar keine größern Gesellschaften besucht und nur wenige deutsche Schriftsteller persönlich kennt. Jensen sei sehr beliebt in München; von Bahr sei alles zu erwarten (ich erzählte ihm von den Erfahrungen, die ich mit ihm bezüglich Potapenkos ›Alt und Jung‹ gemacht). Kürzlich hatte er in Gemeinschaft mit dem Ehepaar Andreas-Salomé Tolstoj in Moskau besucht; derselbe spreche deutsch wie ein Deutscher und flechte nur sehr selten ein französisches Wort ein. – –

Gestern im Restaurant »Pivato« – Diner zu Ehren Lichatschows (30jähriges Schriftsteller-Jubiläum). Anwesend waren etwa 50 Personen, darunter Slutschewskij, Korinfskij, Fürst Zertelew, Gribowskij, Porfirow, Masurkewitsch, Posnjakow, Wengerow, Gneditsch, Antonowitsch, Mordowzew, Stscheglow, Ssokolow, Ssologub, die Lochwitzkaja, Ssolowjowa (Allegro), Grinewskaja, Nasarjewa, Skabitschewskij (der vom Doppel-Kümmel meinte: ›Допил и плюнул‹[1]) und Tschernigowetz (der in Frage der Übersetzungs-Kuriosa vorschlug, man müsse ›погода разгулялась‹[2] im Deutschen wiedergeben durch: »Das Wetter hat sich auseinanderspaziert«). Gratulationen schickten: V. P. Ostrogorskij, Potechin, S. W. Maximow, Michailowskij, Fürst Barjatinskij, Fofanow (einen von A bis Z normalen Brief)

---

1 »Ausgetrunken und darauf gespuckt« (russ.). — 2 »Das Wetter ist aufgeklart« (russ.).

und – Baranzewitsch, der es nicht für nötig befunden, seinen alten
Freund persönlich zu fetieren. Er schrieb, er könne nicht kommen,
weil er – Rheumatismus habe. Das ist für ihn eine funkelnagelneue
Krankheit, die um so überraschender kommt, als er vorgestern im
»Verband« recht munter Bier trank; ich ging um zwölf (zu meiner
Mutter, die Namenstag hatte), aber er blieb noch sitzen, denn er
wollte noch, mit andern zusammen, in ein Restaurant soupieren gehn.

DEN 11. MAI 1899

Soeben ist die Lou Andreas-Salomé mit Rilke (die beiden duzen sich)
von uns gegangen. Sie sah wenig ästhetisch aus: ohne Kragen, in
schlodderndem Kleide, das ihre Schenkel hervortreten ließ, – doch
sonst nichts dekadentisch-symbolisch-Überspanntes. Gegen die Vierzig; im Abwelken begriffen. Ein ganz klein wenig schnippisch. Sie
erkundigte sich nach Flexers Adresse. Als ich antwortete, ich wüßte sie
nicht, wie auch wohl schwerlich irgendein hiesiger russischer Schriftsteller, da Flexer der bestgehaßte Mann im literarischen Petersburg sei,
meinte sie eifrig protestierend: »Wie alle bedeutenden Männer …
Seine ›Russischen Kritiker‹ habe ich mit hohem Genuß gelesen«. Ich
fragte sie, was es für eine Bewandtnis mit der Novelle ›Amor‹ habe, die
sie zusammen mit Flexer verfaßt. »Ach, das ist eine ziemlich unangenehme Geschichte! Während meines Hierseins hatten wir das Thema
verabredet, und er schlug mir vor, es zu bearbeiten. Ich verwarf einige
Details, die er voschlug, und sagte, ich würde die Erzählung vielleicht
schreiben. Und ich schrieb sie und schickte sie in den ›Ssewernyj westnik‹, wo sie von Flexer übersetzt und mit jenen von mir abgelehnten
Details versehen erschien, und zwar mit Namensnennung beider Verfasser, was ich erst später erfuhr und was mich nicht wenig ärgerte.
Zudem – zwei Verfasser einer solchen Nullität! …« Ich machte sie
staunen, als ich sie (L. Andreas-Salomé) fragte, ob sie das mit Dr.
Korngold gemeinsam verfaßte Drama veröffentlicht habe. »Nein …
übrigens haben wir's gar nicht gemeinsam verfaßt, obwohl wir es
gleichzeitig schrieben. D. h. er allein schrieb es (russisch), und ich
übersetzte es sofort Seite für Seite ins Deutsche. Das Stück sollte auch
an einem Berliner Theater aufgeführt werden, aber die Sache zerschlug
sich«. Ich fragte, ob sie persönlich Ibsen kenne. Sie (L. Andreas-

Salomé) sagte: »Nein … als wir in Rom waren, hatten wir Bekannte, die sich erboten, uns bekannt zu machen, aber ich wollte nicht, denn es hieß: wenn man ihn etwas fragt, so hört er's nicht; und wenn er's hört, so antwortet er nicht; und wenn er antwortet, so versteht man's nicht; und wenn man's versteht, – so ist es eine Grobheit«. Die Portraits der russischen Schriftstellerinnen ließ sie sich von der Wand reichen und betrachtete sie stumm, wobei ein mühsam verhaltenes Lächeln um ihren breiten Mund spielte. Sonderbarerweise fand sie Ähnlichkeit (den Bildern nach geurteilt) zwischen Lugowoj und Korolenko, Potapenko und Polonskij. Letzteren (Polonskij) kennt sie gar nicht (wie überhaupt fast alle nicht). Lugowoj hat sie einmal gesehn, und Potapenkos hat sie in Paris kennenlernen. Sie interessierte sich nur für Korolenko und Minskij; zu ersterem gab ich ihr eine Empfehlungskarte, zu letzterem nicht – weil er verreist sein soll. Zu Wengerow wollte sie nicht: »Ich hab ihn kennenlernen: er macht sich über die Symbolisten lustig. Mit seiner Schwester Sinaida aber möcht ich gern Bekanntschaft machen, doch ist sie jetzt in Berlin«. Morgen oder übermorgen will das Paar (sc. sie und Rilke) für ein paar Tage nach Moskau; dann werden sie (vermutlich) die Puschkin-Feier hier miterleben und gegen Mitte Juni wieder heim in Schmargendorf sein. – – –

Russisch sprach sie kein Wort; nur übersetzte sie den Namen unsres Hundes »Drjan« Rilke als »Schund«, »Dreck«. […]

Ich vergaß zu notieren, daß die Andreas-Salomé sich mit größter Hochachtung über die Ljubow Gurewitsch als Menschen aussprach. […]

(ARENSBURG; INSEL ÖSEL), DEN 16. JUNI 1899   ·

Am 20ten Mai verließen wir Petersburg, hielten uns ein paar Tage in Riga auf und langten hier am 25sten an. Hier werden wir den ganzen Sommer verbringen, denn meine Frau muß Schlamm- und meine Tochter Salzbäder gebrauchen. Da hier kein einziger Mensch ist, der auch nur vorübergehend Fühlung mit der Literatur hat, so will ich hier einige Notizen über Baranzewitsch bringen, die ich mir in letzter Zeit für alle Fälle auf besondern Blättchen niedergeschrieben und die ich hier nun kopiere […]

Will man wissen, wie die Sin. Mereshkowskaja letzthin aussieht, so
schlage man in Ernst v. Wolzogens Roman ›Das dritte Geschlecht‹
(1. – 20. Tausend) S. 35 nach: die Angelnde – ist Sinotschka. Allerdings ist die Figur ein klein wenig outriert, – doch auf den ersten,
flüchtigsten Blick erkennbar.

DEN 10. AUGUST 1899

Gestern kam Mamin, dick, rot im Gesicht, in einem fragwürdigen
graupunktierten Paletot, eine Prikastschik-[1] resp. Spitzbubenmütze
auf dem Kopf, doch lieb und gutmütig. Komisch wie immer. Während des Sommers hat er zehn Druckbogen geschrieben. Wir frühstückten. Er ist ein großer Verehrer von Wilhelm II., den er genial
nennt. Tolstoj jedoch hält er für einen Lügner, Heuchler, Mätzchenmacher (юродивый, кликуша) und grausamen Menschen; von seinen letzten Sachen hat er nichts gelesen; 1812 habe der russische Bauer
die Hauptrolle gespielt, statt seiner aber habe Tolstoj verschiedene
Fürsten glorifiziert. Wir fuhren in die Redaktion der ›Russkoje bogatstwo‹, wo er die Fortsetzung seines Romans ›Fallende Sterne‹ abgab
und fünfzig Rbl. nahm. Darauf in die Redaktion des ›Journal dlja
wssech‹, dessen Redakteur er jedoch nicht vorfand und somit das erwartete Geld nicht erhielt. Schließlich ins Hotel »Ssewernaja gostini-
za«,[2] wo wir zwei Partien Billard spielten. Da kam verabredetermaßen
Michailowskij, und wir mittagten. Seine sommersprossenbedeckte
Rechte zitterte, als er das Englischbitter- und Bierglas zum Munde
führte. Über Korolenko sprach er recht ungehalten: er sei nachlässig
in der Zustellung des Manuskripts, und nur dank ihm könne das bel-
letristische Sammelwerk zu der für drei Monate verbotenen ›Russkoje
bogatstwo‹ nicht erscheinen; über Korolenkos beständiges Unwohl-
sein äußerte er sich ironisch. Gorkij hält er für sehr talentvoll. Tolstojs
›Familienglück‹ sei »flach und leer«. Äußerst absprechend urteilte er
über Baranzewitsch: »Alles, was er in den letzten fünfzehn Jahren
geschrieben, ist völlig talentlos … Dann seine Reisefeuilletons in der
›Rossija‹! Etwas Langweiligeres und Dümmeres kann ich mir nicht

1 Verkäufer, Ladengehilfe (russ.). — 2 Hôtel Nord (russ.).

vorstellen! ... Kurz: jetzt erweckt er mir nicht einmal, wie früher, Bedenken!« Mamin verließ uns, um heim aufs Land zu fahren, und Michailowskij erging sich in höchstem Lob über ihn als Menschen und Schriftsteller. Doch tadelte er ihn, weil er fast immer den Schluß seiner Romane und Novellen zusammenknittert (скомкивает). Das kommt, weil er den Stoff nicht ökonomisch genug verteilt; gibt man ihm zu bedenken, daß bei einer weiteren derartigen Führung der Geschehnisse ein Roman in das nächste Journal-Jahr hinüberzuwachsen droht, so meint er lachend in bezug auf die handelnden Personen: »Nu, dann schlag ich die Halunken einfach tot!« ... Dann erzählte Michailowskij von Mamin, derselbe gefalle allen Frauen, doch zu einem gewissen Resultat komme es nie, weil sie ihn nicht ernst nehmen. – – –

Heute Wengerow besucht. Im Juni hat er Deutschland bereist. »Es war mir dort alles sozusagen zu rein; die Deutschen sind flach und kleinlich. Daß sie Puschkin nicht kennen, war vorauszusehen; daß sie aber auch ihren Schiller nicht kennen, das nimmt mich Wunder!« Zu seiner bevorstehenden Schiller-Ausgabe (russisch) hat er in den verschiedensten Städten Schiller-Bildnisse gesammelt, und zwar ein ganzes Museum, das mich staunen machte. Er bot verschiedenen modernen Poeten an, dies und jenes Gedicht zu übertragen; zweie weigerten sich: die Lochwitzkaja, weil sie überhaupt nichts übersetzen wolle, und Balmont, weil er Schiller für einen unbedeutenden, furchtbar überschätzten Dichter hält (!!!!) ... In Homburg v. d. H. fand er vor: seine Schwester Sinaida, das Ehepaar Mereshkowskij, Andrejewskij und Minskij nebst Isabella Wilkina. »Das ist ja die reine Hundehochzeit!« rief ich unwillkürlich aus, und Wengerow nickte mir lächelnd Beifall. Minskij kuriert sich in Falkenstein und zahlt täglich 18 M. (und ebensoviel für Bella, die sich nicht kuriert), wobei noch nicht alles mit eingerechnet ist. In Weimar wollte er Nietzsche besuchen und unterhielt sich auch längere Zeit mit dessen Schwester, die ihm indes den Anblick ihres Bruders verwehrte ... Sinaida Wengerowa trat voll und rosig ein. Im ›Magazin‹ hat sie einen Artikel (›Jung-Rußland‹) veröffentlicht. »Hat man viel korrigiert?« fragte ich. – »Kein einziges Wort!« Höchst erstaunt ist sie über die miserablen Schriftstellerhonorare in Deutschland. Mit verschiedenen Schriftstellern pflegt sie Bekanntschaft, so mit Jacobowski, der danach dürstet, daß man ihn auch in Rußland kenne, und mit Arno Holz. Von letzterem erzählte sie, er lebe so arm, daß seine poetischen »Schüler«, wenn sie ihn besuchen, ihre eignen Butterbrote mitbringen und daß jeder sich einen Stuhl gekauft und ihn bei Holz plaziert hat; Holz verschafft sich seinen Lebensunterhalt zumeist dadurch, daß er verschiedene Spielsachen erfindet und die Idee alsdann einem Industriellen verkauft. Auch Muther und Kuno Fischer hat sie kennenlernen (letzteren übrigens, glaub ich, nur bei einer Vorlesung in der Universitäts-Aula). – –

Zu Korinfskij in die Redaktion des ›Prawitelstwennyj westnik‹ angegangen. Während des Sommers hat er nur elf Gedichte geschrieben, desto mehr aber, des Geldes wegen, ethnographische Artikel. Er schenkte mir ein Prachtexemplar seiner ›Бывальщины‹[1] und meinte, der Einband sei besser als der Inhalt. […]

DEN 24. AUGUST 1899

Albow ist schier unerschöpflich im Erzählen von Begebenheiten, die sich auf sein Ich beziehen, und sein Gedächtnis macht staunen […] Die modernen russischen sogenannten »jungen« Schriftsteller anerkennt er (Albow) nicht, weil sie nichts Neues zu sagen wissen; für den talentvollsten derselben hält er Mamin und bedauert, daß er aus Eilfertigkeit seine Themata nicht künstlerisch genug ausarbeitet; Tschechow sei nur Modeartikel, und Korolenko kann er überhaupt nicht lesen, weil ihm sein »sentimentaler Lyrismus« widersteht. […]

DEN 5. OKTOBER 1899

[…] In der Redaktion der ›Shisn‹ hatten sich gestern gegen hundert Personen eingefunden: auch die Mitglieder der ›Russkoje bogatstwo‹ und des ›Mir Boshij‹. Beim Champagner wurde auf die Verbrüderung der Marxisten und der Volkstümler getoastet. Albow fand die zahllosen Reden unbewußt phrasenhaft und bewußt verlogen. Neben ihm saß die Sin. Mereshkowskaja, die Albow für weit natürlicher und darum sympathischer hält, als sie sonst verschrieen wird. So wandte sie

---

1 ›Geschichten aus der Vergangenheit‹, ›Volkssagen‹ (russ.).

sich an ihren Mann, als während des Abendbrotes als erstes Gericht
Suppe (!) gereicht wurde: »Iß keine Suppe, sonst bekommst du wieder
Leibschmerzen (живот заболит)«. Indes wandte sie sich an Albow,
auf einen vor ihr stehenden Topf mit Chrysanthemen weisend. »Die
sind so unschuldig, daß sie nicht einmal duften«. Aber neben der
Verbrüderung galt es auch, den jetzt in Petersburg weilenden Gorkij
(Pseudonym für Alexej Maximowitsch Peschkow) zu feiern. In seiner
Antwort auf den ihm geltenden, mit stürmischem Beifall aufgenom-
menen Toast beging er die, für einen ungeübten Redner verzeihliche,
Unvorsichtigkeit, sich einen »einäugigen König unter Blinden« (на
безлюдье и Фома – дворянин) zu nennen, was ihm niemand
übelnahm, umsomehr als er sagen wollte, er habe unter der Unzahl
der Provinz-Schriftsteller sonderbarerweise Aufmerksamkeit erregt.
Albow rühmt seine Bescheidenheit und Natürlichkeit. Als er (Albow)
mit Baranzewitsch (dem Gorkij kürzlich eine Visite gemacht) die
Redaktion verließ, gab ihnen Gorkij das Geleit bis auf die Straße, wo
er, ohne Überzieher und Kopfbedeckung, längere Zeiten im heftigen
Regen stehn blieb. – – – […]

DEN 7. OKTOBER 1899

Heute zum Mittag besuchte mich Gorkij (A. M. Peschkow). Hoch,
knochig, von Gesicht – unintelligenter Handwerker, schlicht und
natürlich-bescheiden von Wesen. Erzählte sehr viel von seinem Leben,
das geradezu eine Odyssee bildet. Zählt 31. Am 26. Oktober 1892
wurde er zum ersten Mal gedruckt: in der Zeitung ›Kawkas‹, die
seinen ›Makar Tschudra‹ brachte. An demselben Tage wurde er sozial-
politscher Umtriebe wegen arretiert; dasselbe passierte ihm sonderbarerweise auch, als der erste Band seiner Werke erschien: um 10
abends erhielt er ihn zugeschickt, und um 12 saß er fest. Das Lesen
lehrte ihm sein Großvater nach einem alten Psalter; besuchte nur fünf
Monate die Stadtschule (городское училище): der Großvater gab
ihn zu einem Anstreicher (маляр) in die Lehre. Darauf war er alles
Mögliche. Von großem Einfluß auf seine zukünftige Schriftstellerei
war sein Küchenjungenamt auf einem Wolga-Dampfer: nicht nur die
nächtigen Fahrten wirkten stark auf seine Phantasie ein, sondern auch
der Koch Smuryj (Смурый), ein großes Original, der ihn zwang,

seine Bibliothek, die zumeist aus Mystikern bestand, zu lesen (auch
Gogol mit seinen phantastischen Erzählungen war vertreten); er war so
stark, daß er den stämmigen, dicken Knaben beim Kragen hochhob,
schüttelte und dabei sprach: »Lies! Lies!«; später fiel er in trunkenem
Mute in den Schiffsraum und brach sich das Rückgrat. Den größten
Einfluß auf ihn (Gorkij) jedoch hatte der auch jetzt noch in Nishnij-
Nowgorod lebende Rechtsanwalt Alexander Iwanowitsch Lanin, ein
echter »Sechziger« (шестидесятник), der noch jetzt revolutionäre
Ideen propagandiert. Unter den »Gewesenen Menschen« hat Gorkij
selbst eine Zeit lang gelebt und alles Geschilderte miterlebt; der Ku-
walda hat später ohne allen Grund zwei Menschen mit dem Messer
umgebracht. Dann durchstreifte er zu Fuß Südrußland, überall die ordinärsten und schwersten Arbeiten verrichtend. Elf Monate lang
machte er Kringel, wobei er 21 Stunden am Tage mit der eigenen Kör-
perlast den Teig knetete (eine Art Tretmaschine); seit der Zeit ißt er
keine Kringel. 1889, in Kasan, als viele seiner intimsten Freunde, Studenten, arretiert wurden, verzweifelte er am Leben und beging einen
Selbstmordversuch: die Kugel durchschnitt seine linke Lunge und
fuhr zum Rücken heraus; der ihn behandelnde Arzt gab ihm nur bis
zum nächsten Morgen Lebensfrist, doch nach anderthalb Monaten
stand er völlig geheilt auf (der Schuß ist bis auf heute ohne alle Nach-
wirkung geblieben) und begann auf einem Schiff Lastträger zu werden, d.h. die Lasten ans Ufer zu schaffen; dabei zog er sich eine
Ausdehnung der Sehne am linken Fuß zu. Seit drei Jahren ist er verheiratet und hat einen Sohn. In Petersburg möchte er nie leben: keine
Natur, schlechtes Klima, keine echten Menschen, die Schriftsteller –
Satyre und Faune! Nur in der Provinz gibt es Menschen, die wirklich
leben, und Leser, die dem Schriftsteller Liebe und Verständnis
entgegentragen, – und auch das zumeist unter dem gewöhnlichen
Volk, den Bauern, Handwerkern und Tagelöhnern. Er ist Sozialdemo-
krat bis auf den letzten Blutstropfen, dabei jedoch Optimist: »Es gibt
auf Erden mehr gute als böse Menschen«. Ein anderer Ausspruch:
»Wenn ein Kulturmensch einen Mord begeht, so ist er zehnmal demo-
ralisierter als ein Mörder aus dem Volk, weil die Tat des letzteren lediglich einem Naturtrieb, einem Instinkt entspringt«. Klagte, daß er hier
gar nicht zur Ruhe komme: wird von seinen Freunden beständig in
die verschiedensten Gesellschaften gebracht und muß sich anstaunen

Faksimile der Eintragung vom 7. Oktober 1899.

lassen: »Als ob ich ein zweiköpfiges Kalb wäre; doch dies hat's gut: das Publikum kommt zu ihm, während ich zum Publikum muß!« – – Zu seinem ungeschickten Toast am Montag meinte er: »Freilich war's ein lapsus linguae, doch für einen solchen lapsus pflegt man gewöhnlich Genickstöße zu bekommen (получают в шею!)« – – Wenn ihm etwas mißfällt, wiegt er den gesenkten Kopf und spricht gedehnt: »Не хорошо«[1]: er o't stark. Sein zweijähriger Sohn »hat von mir das Schimpfen gelernt, – wenn ich mit meiner Frau zanke«. So sagte er einmal: »Wo ist der verfluchte Kragen!?« (анафема манишка). Der Vater verwies es ihm. Da ging der Kleine aus dem Zimmer, kehrte sich jedoch auf der Schwelle um und rief dem Erzeuger ein »Teufel!« zu.

DEN 10. OKTOBER 1899

Während Gorkij seine Lebensgeschichte erzählte, saß Albow gesenkten Kopfes, mit finstern Mienen, und sprach kein Wort. Auch ich sprach nur wenig, gespannt dem Erzähler lauschend; im Fluß erhielt die Unterhaltung Baranzewitsch, den ich eigens zu diesem Zweck zum Mittagessen eingeladen hatte. Als Gorkij um ¾ 8 ging (er mußte ins Alexandra-Theater, in die Loge von Bekannten), begaben wir drei uns Billard spielen. […] Dann ging Baranzewitsch nach Hause, während wir zwei ein Glas Durdin'schen Porters im »Kapernaum« tranken. Hier brach er in die bittersten Klagen über sein verfehltes Leben aus. »Wenn du wüßtest, wie ich Gorkij um seine Kraft und Energie beneide! So muß ein richtiger Schriftsteller sein! Ich aber werde und kann nichts mehr leisten! Retten könnte mich nur eine Heirat … doch nein, auch sie würde nichts nützen, denn ich bin rettungslos verloren! Es bleibt mir nur der Selbstmord … aber zu dieser Tat würde ich mich nie aufraffen, denn ich bin nicht nur ein Egoist, sondern auch ein Feigling!« Vergebens suchte ich ihn zu trösten. […]

Ich vergaß zu notieren, daß ich vorgestern im »Verband« habe behaupten hören, Ant. Tschechow werde demnächst die Moskauer dramatische Schauspielerin Knipper heiraten; der Tag der Trauung war schon mal angesagt gewesen, doch der Bräutigam erkrankte. – –

---

1 »Es ist nicht gut« (russ.).

Maxim Gorkij. – *Widmung:* »Für Fjodor Fjodorowitsch Fiedler
M. Gorki 1899. November, 7.« (russ.).

Im »Verband« vorgestern, schenkte mir Librowitsch zwei Briefe
(Autographe): einen in polnischer Sprache von I. Kraszewski und den
nachstehenden von Pissemskij, ohne Jahresangabe, augenscheinlich an
den Fürsten Mestscherskij adressiert [...]

DEN 21. OKTOBER 1899

Heute besuchte mich P. I. Weinberg, um sich meine Sammlung von
Heine-Übersetzungen für seine Ausgabe anzuschauen. Er hat nie ein
Drama verfaßt, bis auf ›Fünfzig Kopeken und zwei Westen‹ (›Пол-
тинник и два жилета‹), ein Lustspiel, das er als Gymnasiast geschrieben und das ungedruckt geblieben ist. Er war ein ganz kleiner
Junge, als man ihm in Odessa auf der Straße Gogol zeigte. Von
Nekrassow, den er sehr gut gekannt, erzählte er: »Vor allen Dingen
war er ein ungewöhnlich kluger Mensch. Mit denen, welche er liebte,
konnte er von bezaubernder Liebenswürdigkeit sein; doch denen
gegenüber, die er nicht liebte, hatte sein ganzes Wesen etwas Schlan-
genhaftes«. – »Ist es wahr, daß er ein arger Spieler war?« – »Ja«. –
»Falschspieler?« – »O nein! Einmal erzählte er mir, er und einer seiner
Bekannten hätten in Berlin die Bekanntschaft eines Russen gemacht,
der eine mächtige Schatulle voll Goldstücken hatte. ›Da gingen wir
dann so lange um ihn herum (обхаживали), bis sie völlig leer war!‹
Turgenew war dermaßen schlecht auf ihn zu sprechen, daß er mir
einst in Paris sagte: ›Nie wird diese meine Rechte durch einen Handdruck Nekrassows beschmutzt werden!‹« – »Hat er tatsächlich
hungern und auf der Straße nächtigen müssen?« – »Er versicherte es
immer. Grigorowitsch hingegen behauptet, er sei nicht nur mit den
nötigen Geldmitteln, sondern sogar mit einem Diener nach Petersburg gekommen«. – »Haben sie nie literarische Aufzeichnungen gemacht?« – »Nein, aber ich schreibe jetzt an meinen Memoiren«. [...]

DEN 13. NOVEMBER 1899

Gestern Abend – bei Slutschewskj. Am vorigen Freitag (ich fehlte)
wurde beschlossen, ein kleines satirisches Journal ›Slowzo‹ (d.h. ›Das
Wörtchen‹) herauszugeben. Das Thema der Gedichte während des
Abendbrotes war denn auch ›Slowzo‹. [...]

Zuvor kurze Zeit im Verband gewesen. Ssergejenko zeigte mir voll
Liebe die Portraits seiner acht Kinder. Tolstoj interessiere sich sehr für
Gorkij, schreibe ihm Talent zu, nenne dasselbe jedoch etwas zerzaust
(лохматый). […]

DEN 7. DEZEMBER 1899

Gestern – Michailowskijs Namenstag. Rein nichts zu verzeichnen […]
Ich ging um 7 mit Mamin Billard spielen. Heute begegnete ich Korolenko. Am Abend seien gestern bei Michailowskij (dessen ältester
Sohn, Student, gleichfalls Namenstag hatte) eine Menge Studenten
und Kursistinnen[1] gewesen; ob auch Adressen verlesen worden, wisse
er nicht, da er um ½ 1 gegangen sei. – –

Karl Henckell hatte mir seinen jüngst erschienenen Gedichtband
zugeschickt, in welchem sich auch Übertragungen aus Minskij und
Mereshkowskij vorfinden. Ich sprach ihm hierüber meine freudige
Überraschung aus, indem ich ihm im Juni ein persönliches russisches
Geplauder in Aussicht stellte und fragte, ob es in der Schweiz einen
Kurort à la Franzensbad oder Elster gebe. Er antwortet (lateinische
Schrift):

>»Z. Zt. Brüssel, Avenue d'Anderghem 219
>den [3.] 15. Dez[ember 18]99

Hochgeehrter Herr,

aus Ihrer mir gestern hierher nachgesandten Karte sehe ich, daß
man Ihnen mein Buch *recht lange* vorenthalten haben muß, – nun, die
Hauptsache ist, daß Sie es wenigstens bekommen haben. Es sollte der
Ausdruck meines Dankes sein für die liebevolle künstlerische Tätigkeit, die Sie fortgesetzt der Vermittlung russischer Dichter an die
deutsche Literatur widmen, eine Tätigkeit, der ich mich privatim als
einfach genießender Liebhaber und öffentlich als Herausgeber der
›Sonnenblumen‹ verpflichtet fühle. Die russischen Nachdichtungen
meines Buches entspringen leider nicht eigener Kenntnis der russischen Sprache (ebenso wie die aus dem Polnischen und Ungarischen),
sondern sind so entstanden, daß mir ein befreundeter Russe die Ge-

---

1 D.h. Studentinnen (Hörerinnen oder Teilnehmerinnen an »Höheren Kursen
für Frauen«).

dichte wörtlich übersetzte, worauf ich sie umzugießen suchte, ein
Verfahren problematischer Güte, bei dem der Instinkt den Ausschlag
gibt. So auch das Gedicht ›Ahnung‹, dessen Autor man mir s. Z. gar
nicht nennen konnte; es war aus einer russ[ischen] Anthologie. Aber
es gefiel mir … Erfreulich ist die Mitteilung, daß ich nächstes Frühjahr über vielleicht das Vergnügen haben werde, Ihre persönliche
Bekanntschaft zu machen – ich bitte Sie dann nur um rechtzeitige
Mitteilung, damit wir uns nicht verfehlen. Ich werde auch erst im
Frühjahr wieder in Z[ürich] sein, da ich bis Weihnachten hier und die
zweite Winterhälfte in München zubringe … Als Kurorte der ge-
wünschten Art wären zu nennen etwa: St. Moritz (Graubünden),
Zermatt (Wallis), Interlaken (Berner Oberland).
Mit bestem Gruß

                                    Ihr ergebener Karl Henckell«.

                              DEN 20. DEZEMBER 1899

[…] Mein Kollege bei Gurewitsch ist der französische Lehrer Pilissier
(nicht Pe). Derselbe sprach Victor Hugo beim ehemaligen Präsidenten
des Schweizer Bundes Cérésole. Es war 1879 oder 1880. Man fragte
ihn, ob er schon die Zahnradbahn nach Glion benutzt habe, und
V. Hugo antwortete: »Je n'ai pas vu cet omnibus, mais j'attend un
autre omnibus qui doit me mener plus haut«.[1]

                                DEN 6. JANUAR 1900

[…] Heute besuchte mich der Volkslyriker Spiridon Dmitrijewitsch
Droshshin, der als einfacher Bauer beständig im Dorf Nisowka des
Twer'schen Gouvernements lebt (seine älteste Tochter ist an einen
Bauernburschen verheiratet, und die beiden andern Töchter verdienen sich monatlich à fünf Rbl. durch Posamenthandarbeiten). Er er-
nährt sich zumeist durch Feldarbeit, da ihm die Literatur nur etwa
hundert Rbl. jährlich abwirft. Und doch hat er hier jetzt bei Wolff,
dessen ›Nowyj mir‹ seine Gedichte bringt (die er nur dann schreiben
kann, wenn seine Seele ihn dazu drängt), sich für sein sauer erwor-

---

1 »Diesen Omnibus habe ich nicht gesehen, doch erwarte ich einen anderen
Omnibus, der mich viel höher bringen wird« (franz.).

benes Geld Heine angeschafft: er schwärmt für ihn (ist Autodidakt) und nennt ihn »Hänje«. Sehr nett, natürlich und zutraulich, doch nicht ohne Selbstzufriedenheit mit seinen literarischen Erfolgen. Hat viel Trübes im Leben durchgemacht und erzählte hierfür viele Belege, die sich indes bereits in seiner Autobiographie finden. Leo Tolstoj hat ihn, als er noch in einer Moskauer Buchhandlung als Kommiß beschäftigt war, persönlich aufgesucht und ihm manches Freundliche erwiesen. Doch ein Jünger Tolstojs ist Droshshin nicht: er raucht zwar nicht, ißt jedoch Fleischspeisen und trinkt Schnaps und Bier.

DEN 25. JANUAR 1900

Gestern – Namenstag von Dr. Shicharews Frau. Mamin machte mir die vertrauliche Mitteilung, daß er demnächst (wahrscheinlich am 6ten Februar) heirate – Olga Franzewna Huvale (»Tante Olja«), die getreue Pflegerin seiner Tochter und vorzügliche Wirtschafterin, der er immer sein ganzes Geld abgegeben. Sie zählt 43, er – 48. Meine mehrmalige Prophezeihung vor Jahren hat sich also erfüllt. Er motiviert diesen Schritt also: »Natürlich ist von afrikanischer Glut keine Rede! Ich denke manchmal sowohl an den eigenen Tod (wem hinterlaß ich alles, da die Verwandten so fern sind?), als auch an Aljonuschkas Schicksal«. Er raisonniert furchtbar über die »Deutschen«, d.h. über die zierliche und manierliche Verwandtschaft Olga Franzewnas, die außer offiziellen Visiten noch verlangt, daß er im Frack und sie im weißen Brautkleid zur Trauung schreite. Er bittet darum, jeden seiner intimen Freunde, dem »Triumph seiner Schande« (торжество моего позора) nicht beizuwohnen. […]

DEN 16. FEBRUAR 1900

Heute bei Alexej Michailowitsch Shemtschushnikow gewesen (Troitzkaja 8, Q. 16), um ihm nachträglich zu seinem Schriftsteller-Jubiläum (am 10. d.M.) zu gratulieren. Er ist trotz seines hohen Alters (geb. 1821) noch sehr rüstig, sowohl körperlich als geistig. »An meinem Feste habe ich die Bürde der Jahre gar nicht gefühlt. Besonders gerührt hat mich der Brief Leo Tolstojs. Gleich im Anfang unserer Bekanntschaft begannen wir, uns zu duzen, ohne Bruderschaft miteinander getrun-

ken zu haben. Ich war auch mit Turgenew sehr befreundet, aber es
blieb zeit seines Lebens beim ›Sie‹«. – »Gedenken Sie nicht, Ihre
Memoiren zu schreiben, die gewiß sehr interessant ausfallen würden?«
– »Nein. Ich schreibe jetzt nur mit Anstrengung«. – »Diktieren Sie
doch Ihrer Tochter Nastassja Alexejewna!« – »Diktieren, nein, das
kann ich nicht!« Ich habe ihn (Shemtschushnikow) wohl zwölf Jahre
nicht gesehen, aber er erinnert sich doch von selbst im einzelnen
seiner Begegnung mit mir und meiner Frau in Finnland, auf dem
Gute seiner Verwandten, der verstorbenen Fürstin Obolenskaja.

DEN 21. FEBRUAR 1900

Am 17. d.M. ließ ich mich beim Photographen D. S. Sdobnow abnehmen: er bat mich längst zu kommen, denn er will mein Bild in
seiner Schriftsteller-Portraitkollektion haben. Er ist ein großer Literaturfreund und schreibt heimlich Verse. Ein Heft mit solchen Gedichten nahm 1892 oder 1893 Ssafonow (Petschorin) an sich: er wollte
einigen zum Gedrucktwerden verhelfen. Das ist nun nicht geschehn,
und auch das Heft hat er trotz zahlreichen brieflichen Mahnungen
nicht zurückgegeben; Sdobnow ist darüber höchst böse auf ihn und
nennt [ihn] einen »überhaupt gewissenlosen Menschen«. – –
    Gestern bei Mamin. Das »junge Ehepaar« duzt sich. Er hat
gedrucktes Material für fünfzehn Bände fertig. Jetzt will er sich ans
Dramenschreiben machen. Der Tisch drohte unter der Menge guter
Speisen und Getränke zu brechen, aber es war trotzdem über die
Maßen langweilig. […]

DEN 4. MÄRZ 1900

Gestern – bei Slutschewskij. […] Gribowskij schlug vor, statt дека-
денты zu sagen: дикоденты.[1]
    Wlad. Ssolowjow deklamierte eigene und fremde Gedichte satiri-
schen Inhalts. Wenn er zu den Witzen andrer lachte, öffnete er weit
den Mund und das Hahahahahahaha erklang wie das Weinen eines
Kauzes. Beim Abendbrot aß er Fisch und einen Berg sauren Kohls;
auch trank er ein Glas Bier.

1 Dekadenten – Dikodenten: Wortspiel (»diko« heißt im Russischen »wild«).

Fjodor Tschernigowetz-Wischnewskij. – *Widmung:* »Dem deutschen
Fritz vom russischen Fritz Tschernigovetz. 3. III. 1900«.

DEN 26. MÄRZ 1900

Gestern nach einer Sitzung der Schriftsteller-Sterbekasse (ich bin zum
Mitglied des Verwaltungsrates gewählt worden) mit Iwan Michailowitsch Bulatzel und andern im Restaurant ›Moskwa‹ gewesen. Er
spricht ziemlich geläufig deutsch. Studierte eine Zeitlang in Heidelberg, wo er im Laufe von vier Monaten fünftausend Taler Schulden
machte, worauf ihn sein Vater heimkehren ließ und ihn unter die
Husaren schickte. […]

BERLIN, DEN 28. MAI / 10. JUNI 1900

Ich bin ganz müde von den heutigen – erfolglosen – Schriftstellervisiten. Zu Hause traf ich nur Adolf Flachs nebst Frau an, die mich
ungemein liebenswürdig begrüßten und mir sogar russische Zigaretten und einen Likör vorsetzten. Leider erwies es sich, daß ich über
deutsche Schriftsteller-Verhältnisse (sowohl biographisch, als auch
bibliographisch) besser unterrichtet bin als die beiden: er verkehrt fast
mit niemand, weil's ihm von der Arbeit zu viel Zeit raubt; auch liest er
so gut wie nichts, um nicht unwillkürlich etwas zu entlehnen. Gekauft
würden so gut wie gar keine Bücher und verlegt zumeist nur unbedeutende: je künstlerisch unzulänglicher ein belletristisches Werk sei,
desto leichter fände es einen Verleger. Die Honorarverhältnisse seien
übrigens nicht so schlimm, wie behauptet wird: so soll Rosegger für
seinen letzten Roman sechzig (60) tausend Mark eingesackt haben. Er
(Flachs) wußte nicht mal, daß Traeger übermorgen seinen siebzigsten
Geburtstag feiert. Erzählte von Jul. Rodenberg, derselbe sei früher
Rolius Judenberg genannt worden. Ernst v. Wolzogen wolle hier einen
Schriftstellerklub »Zum rasenden Jüngling« gründen,[1] ähnlich dem
Pariser »Chat noir«. Alberti (Sittenfeld) habe die Belletristik ganz auf-
gegeben und sei unter die Reporter gegangen; jetzt befinde er sich in
Paris. Auch R. Ortmann verfolge jetzt gar keine künstlerischen Ziele
und schreibe lediglich ums Geld; wieviel und was er verfaßt, wisse er
(Ortmann) selbst nicht. Leo Berg und Jacobowski seien nicht mehr
Freunde und darum könne ein gleichzeitiges Zusammentreffen mit
ihnen nicht stattfinden. Bedauerte, daß ich nicht früher zu ihm ge-

---

1 Der Plan ist – jedenfalls unter diesem Namen – nicht realisiert worden.

kommen: hätte mich sonst gestern in einen Klub eingeführt, wo sich das allerjüngste Deutschland (»Die Kommenden«) versammelt. Sein ›Dragan Bratow‹ sei in Rußland verboten; befürchtete, man würde ihm russischerseits einen Besuch Rußlands verwehren. Seine Frau (Flachs-Fokschaneanu) erzählte, sie habe Tschechows Dramen übersetzt, indes habe ihr noch jeder Theaterdirektor eine Aufnahme verweigert: Tschechow sei kein Dramatiker. (»Das merkt man auch, wenn man nur eine seiner Novellen gelesen hat« ergänzte Flachs). Seine Erzählungen würden ungemein gern von jedem Blatte zum Abdruck angenommen; einen Buchverleger zu finden jedoch, halte außerordentlich schwer, weil keine Bücher gekauft würden: daran seien nicht zuletzt die Sportsmen (z. B. die Radler) schuld, die infolge Zeitmangels das letzte Interesse am Lesen verloren. Flachs versicherte, die hiesigen Schriftsteller führten gar keine Gemeinschaft untereinander; höchstens daß sich einer einer bestimmten kleinen Gruppe anschließe, von denen es hier aber gleichfalls zahllose gebe. – –

Ich besuchte u.a. auch R. Ortmann. Infolge eines Mißverständnisses empfing mich seine Frau (er selbst war ausgegangen), von der ich mich aber alsbald verabschiedete. Indes hatte ich Zeit genug zu bewundern, wie elegant und künstlerisch geschmackvoll ausgestattet er wohnt.

DEN 31. MAI/13. JUNI 1900

Mit einem Empfehlungsbriefe Flachs' begab ich mich heute in die Redaktion der ›Berliner Neuesten Nachrichten‹ zu Alfred Klaar. Charakteristisch scharfmarkierter Kopf. Furchtbar lange Fingernägel. So liebenswürdig, daß er mir sogar eine Zigarre anbot. Fragte mich nach russischen Schriftstellern aus und schlug mir vor, ein paar Essays über dieselben für sein Blatt zu schreiben. Da nur ich zum Sprechen kam, so weiß ich über ihn nichts weiter zu verzeichnen.

Dann zu Jacobowski, der mich erwartete. Schielt ganz unbedeutend und stottert nur ein wenig. Ließ mich undeutlich den heißen Wunsch merken, daß ich in Rußland was über ihn schreibe, und schlug mir vor, meine Übersetzungen moderner Lyriker in seiner ›Gesellschaft‹ abzudrucken. Wunderte sich, daß ich Thekla Lingen, »die geistreiche, wunderbar schöne Frau« nicht persönlich kenne.

Bei Aschinger um 7 erwartete mich Leo Berg. Klumpfuß, schief-
seitig, unverhältnismäßig großer Kopf. Kaum hatten wir zu sprechen
begonnen, kam Flachs, und es wurde nun zwischen beiden über ein zu
gründendes Blatt disputiert. Alle drei mußten wir fort, wobei mich
Flachs in der Pferdebahn bis zum Bülow-Platz begleitete. Meinte,
Berg und die Brüder Hart seien die bedeutendsten Kritiker Berlins
und die einzig unbestechlichen. Jacobowski sei ein Mann der Reclame
und könnte vor jedem Schuster kriechen, falls dieser in irgend einer
Gesellschaft was zu seinen Gunsten sagen würde.

DEN 2./15. JUNI 1900

Gestern Ludwig Fulda besucht. Er kam gerade vom Lawn-Tennis-
Spiel; auch radnet er. Hochelegante Treppe (Uhland-Str. 1). Er ist in
Natur viel kleiner und im Gesicht subtiler als auf den Portraits. Aufenthalt – eine Viertelstunde, während welcher Zeit fast ausschließlich
ich sprechen mußte. Er: »In der gewissenhaften Pflichterfüllung der
Deutschen beruht Deutschlands Kraft und Zukunft«. Auf dem
Schreibtisch lag ein Reim-Lexikon der Reclam'schen Ausgabe. Jensen
nannte er einen »lieben, unendlich netten Menschen«. Ins Album
schrieb er mir:

> Als deine Sonne soll dein Werk dir lachen;
> So kannst den Werktag du zum Sonntag machen. […]

Gestern Abend um 9 – bei den »Kommenden« im Nollendorf-Casino.
Es hatten sich über 40 Personen beiderlei Geschlechts eingefunden,
meist – nicht Schriftsteller (Schauspieler, Musiker, Maler). Thema der
Diskussion: »Kunst und Sittlichkeit«. Den Vorsitz führte Jacobowski.
Nichts Neues. Einige Aphorismen, die durch ihre Plattheit oder
Krausheit allgemeine Heiterkeit erregten, leistete sich Peter Hille
(erinnert an den verstorbenen N. N. Strachow); es widersprach sehr
weitläufig Steiner (erinnert an Andrejewskij). Dann wurde ein heiß-
sinnliches Gedicht der anwesenden Elke Lasker-Schüler verlesen. Sie
unterhielt sich längere Zeit mit mir, wobei ich zur Überzeugung kam,
daß ich es mit einer hysterischen, psychopathischen, wenn auch sehr
interessanten Person zu tun habe; von ihrem Manne hat sie sich
scheiden lassen, »weil er zu viel Intellekt und zu wenig Gemüt hatte«;

Ludwig Jacobowski. – *Widmung:* »Ludwig Jakobowski – Berlin 1900«.

in ihren Augen lohte mitunter schwarze Glut sexueller Erregung. Ins
Album schrieb sie mir das bereits gedruckte »Dein sünd'ger Mund ist
meine Totengruft …«.

Schlaf (erinnert an Falkowskij) trank nur eine Absinth-Limonade;
dann, unten, wo wir etwas abendbroteten, einen Whisky und etwa
drei Glas Bier, – doch war er ganz fertig: schnitt Grimassen, rollte die
Augen, stieß unartikulierte Laute aus und benahm sich überhaupt wie
ein verrückter Fofanow. Bern, der zufällig ins Lokal kam, erzählte mir,
Schlaf werde nun zwei Tage lang unzurechnungsfähig sein, da er den
Alkohol nicht vertrage; er habe schon mal in einer Irrenanstalt gesessen; mit Holz ist er auseinander, weil er, Schlaf, an Verfolgungswahn
leide. […] Auch der bulgarische Belletrist und Emigrant Petko Todo-
row war im Casino und sprach die ganze Zeit Russisch mit mir; eine
sehr sympathische Erscheinung … Hille schrieb mir ins Album: »Was
am meisten feurig und keusch auf der Welt ist, dann das glückliche
Wort dazu – das ist Schönheit« … Ferner:

Die Selma Heine: »Es kommt nicht darauf an, daß ein Kunstwerk
keine Fehler, daß es Vorzüge habe«.

Rudolf Steiner: »Die nächste Aufgabe der Philosophie wird sein, die
Dreieinigkeit: Zufall-Kausalität-Freiheit zu begreifen. Die heutige
Naturphilosophie kennt leider nur die Kausalität«.

Peter Baum:

>»Durch Rosenlaub es leuchtend quoll,
>Wie purpurn Gold, wie rotes Blut.
>Die Sonne war so farbentoll,
>Als wollte sie im Übermut
>All ihren Glanz aus künftgen Bränden
>Zu einem Abendrausch verschwenden«.

Freiherr Victor v. Reisner-Cepinsky (sieht wie ein dicker Protz aus den
›Fliegenden Blättern‹ aus; trägt ein Monocle):

»Jeder, der die Kultur eines höher stehenden Volkes in sich aufzunehmen sucht und das Verständnis für die Seinen andern näher zu
bringen versucht, leistet genug«.

PARIS, DEN 26. JUNI/9. JULI 1900

Nach wiederholtem vergeblichem Versuch, Berliner Schriftsteller zu Hause anzutreffen, verließ ich Spree-Athen.

Hier wohnt seit einigen Tagen, auf demselben Korridor mit uns, Dr. Shicharew nebst Frau. Er hält Albow zwar bedenklich vom Eigendünkel behaftet, doch für viel aufrichtiger und herzlicher als es Baranzewitsch ist (vom größeren Talent schon ganz zu schweigen). Besonders liebt er Mamin, der eine recht solide und vielseitige Bildung besitze, was man allerdings schwer merke, da er sich selten ernst gebe. Von sich selber spreche er nie, namentlich von sich als Schriftsteller nicht. Übrigens habe er (Shicharew) einmal folgende Szene erlebt. Mamin hatte einen tüchtigen Hieb und wurde vom Kellner nicht sonderlich liebenswürdig behandelt; da schlug er denn mit der Faust auf den Tisch und schrie: »Ich bin Mamin! Ich bin Mamin!« Einmal bekam er im Restaurant ganz ohne Grund einen förmlichen Tobsuchtsanfall. Der Piccolo nämlich fragte ihn, nach welcher Art er die bestellten Pilze präpariert wünschte. Das setzte ihn plötzlich in solche Wut, daß er das Tischmesser ergriff und auf den Knaben stürzen wollte. Mit größter Mühe hielt ihn Shicharew nebst seinem Bruder Nikolaj zurück; sie führten den schwer Trunkenen ins Freie, wo er bald zu sich kam und sich die bittersten Vorwürfe machte. Ein ander Mal (es war vor ein paar Jahren) hatte es ihm die Köchin in irgend etwas nicht recht gemacht, worauf er die Flinte von der Wand riß und sie niederschießen wollte; sie, sowie das Stubenmädchen, retteten sich durch Flucht und verbrachten die Nacht außerhalb des Hauses. Den Tag darauf, von Gewissensbissen gequält, machte er ihnen schöne Geschenke. – – –

Ich besitze von Halpérine-Kaminsky folgende zwei Empfehlungen:

1) an Emile Zola:

»Cher et illustre Maître,

Veuillez me permettre de recommander à votre haute bienveillance M. Fedor Fidler [sic!], correspondant du Herold de St. Pétersbourg et, comme tous les russes, votre sincère admirateur. Se rendant pour ses besoins professionels à Paris, il aurait été heureux, comme écrivain et comme homme, de pouvoir saluer le plus illustre des écrivains français modernes et d'exprimer sa respectueuse admiration au noble défenseur de la justice. Ce pélerinage est le premier devoir de tout honnête journaliste.

Je profite de l'occasion pour me rappeler à votre bon souvenir et je vous prie de me croire, cher et illustre Maître, votre profondement et sincèrement dévoué

Halpérine«.[1]

2) an Marcel Prévost:

»Cher Maître,

Veuillez me permettre de recommander à votre bienveillant accueil M. Fedor Fidler, correspondant du Herold de St. Pétersbourg, qui voudrait obtenir la faveur d'un entretien. Le désir d'aller saluer l'auteur des Vierges Fortes suffirait à expliquer sa visite; mais un autre motif, qu'il vous fera connaître, lui fait solliciter cette faveur.

Je profite de l'occasion pour me rappeler à votre bon souvenir et je vous prie de me croire, cher Maître, votre profondement et sincèrement dévoué

Halpérine«.[2]

[1] »Lieber und erlauchter Meister,
    gestatten Sie mir, Ihrem großen Wohlwollen Herrn Fedor Fidler [sic!] an-
zuempfehlen, Korrespondent des ›St. Petersburger Herold‹, und, wie alle Russen,
Ihr aufrichtiger Verehrer. Da er sich aus beruflichen Gründen in Paris aufhält,
würde er sich als Schriftsteller wie auch als Mensch besonders glücklich schätzen,
den berühmtesten unter den modernen französischen Schriftstellern begrüßen
zu dürfen und seine ehrerbietige Bewunderung dem edelmütigen Verteidiger der
Gerechtigkeit zu bezeugen. Diese Pilgerfahrt ist die erste Pflicht eines jeden aufrichtigen Journalisten. .
    Ich nutze die Gelegenheit, um mich Ihnen wieder in gute Erinnerung zu brin-
gen, und ich bitte Sie, lieber und erlauchter Meister, an meine aufrichtigen Gefühle und besten Wünsche zu glauben, Ihr tief und ernsthaft ergebener   Halpérine«.
[2] »Lieber Meister,
    gestatten Sie mir, Ihrem wohlwollenden Empfang Herrn Fedor Fidler [sic!]
zu empfehlen, Korrespondent des ›St. Petersburger Herold‹, der gerne die Gunst
einer Unterredung erhalten würde. Der Wunsch, den Autor der ›Vierges Fortes‹
[›Starke Frauen‹] kennenzulernen, würde genügen, um seinen Besuch zu recht-
fertigen; aber noch ein anderer Beweggrund, den er Ihnen mitteilen wird, läßt ihn
um diesen Gefallen bitten.
    Ich nutze die Gelegenheit, um mich Ihnen wieder in gute Erinnerung zu brin-
gen, und ich bitte Sie, lieber Meister, an meine aufrichtigen Gefühle und besten
Wünsche zu glauben, Ihr tief und ernsthaft ergebener   Halpérine«.

Ich werde nicht hingehen: 1) sollen die Herrn Paris verlassen haben, 2) bin ich müde wie drei Hunde, 3) weiß ich nichts vom autre motif, der im Brief an Prévost figuriert.

Shicharew erzählte noch von Mamin. Er ist aus der Krim recht unbefriedigt zurückgekehrt und hat die Torheit begangen, in Pawlowsk ein Landhaus zu mieten (die Wohnung im benachbarten Zarskoje Sselo ist natürlich behalten worden). In der Krim verkehrte er viel mit Tschechow und Gorkij. Nach seiner Aufnahme in die Akademie sei Tschechow recht stolz geworden und lebe unzugänglich in seinem auf einem Felsen erbauten Hause. Gorkij hingegen sei sehr nett, doch schwanzwedle (лебезит) er vor Tschechow.

MONTREUX, DEN 5./18. JULI 1900

Ich war in Paris weder zu Prévost, noch zu Zola gegangen, sondern hatte beiden per Post Halpérines Brief nebst meiner Visitenkarte geschickt, auf welcher ich anfragte, wann ich sie besuchen könnte. Heute erhielt ich hier folgende Antwort von Zola (Visitenkarte) nachgesandt.

»Je recevrai volontiers Mr. Frédéric Fielder [sic!] le jour qu'il lui plaira, à huit heures et demie du soir, excepté le jeudi.

Emile Zola«.[1] […]

DEN 7./20. JULI 1900

Heute erhielt ich von Paris hierher folgendes von M. Prévost nachgesandt:

»Paris, 49 r[ue] Vineuse

M. Marcel Prévost recevra bien volontiers Monsieur Frédéric Fiedler demain vers 1 h ½ après midi.

Il lui présente ses complimente confraternels.

14. Juillet«.[2]

---

1 »Ich würde Mr. Frédéric Fielder [sic!] an einem Tag, der ihm genehm ist, abends um 8 ½ Uhr, außer Donnerstag, gerne empfangen. Emile Zola« (franz.). — 2 »M. Marcel Prévost wird Monsieur Frédéric Fiedler morgen nachmittag gegen 1 ½ Uhr gerne empfangen. Er übermittelt ihm seine brüderlichen Grüße. Den 14. Juli« (franz.).

ST. PETERBURG, DEN 4. AUGUST 1900

Vorgestern, während der Heimreise, las ich im Waggon von dem am
31. Juli bei Moskau erfolgten Tode Wladimir Sserg. Ssolowjows. Gestern, am Begräbnistage, fand um 1 Uhr in der Wladimir'schen Kirche
eine Seelenmesse statt. Weinberg war trotz der Hitze im Überzieher
und trug einen Plaid über dem linken Arm. D. L. Michalowskij trat
wieder mit flehendem Blick zu mir und fragte, wann denn meine
Übertragungen seiner Gedichte erscheinen würden; als ich ihm sagte,
sie wären während meiner Abwesenheit bereits im ›Herold‹ erschienen
und ich werde ihm ein Belegexemplar schicken, war er hocherstaunt.
Die Tschumina trug Trauer um ihren kürzlich verstorbenen Vater.
Als der stark ergraute Lugowoj sich mit der Julia Saguljajewa unterhielt, reichte ihm der Mund der letzteren gerade bis an den Nabel.
Anwesend waren nur noch: A. F. Koni, Gneditsch, Slonimskij und
Wengerow. Mit letzterem ging ich nach »Kapernaum« und verbrachte
mit ihm daselbst eine anregende, gemütliche Stunde. Sein ältester
Sohn schreibt bereits in der ›Nedelja‹: kritische Monatsschau rus-
sischer Jounale. – – –
   […] Noch eins: als wir gestern die Kirche verließen, sah ich im Vor-
flur Jassinskij stehen, eine berückend schöne machtvolle Mannsgestalt
mit langem, malerisch wirrem, greisem Haupthaar. Er muß noch jetzt
Verheerungen unter dem Weibsvolk anrichten. […]

                                                    DEN 14. AUGUST 1900

[…] Nietzsche ist tot. Vor 2 ½ Wochen war ich in Weimar. Ich begab
mich am »Felsenkeller« vorbei zum »Silberblick«[1] und sah ihn von
weitem gesenkten Kopfes auf dem Balkon sitzen. Ich machte keinen
Versuch hereinzukommen, weil ich wußte, daß es vergebens sei: Frau
Förster zeigt ihren Bruder keinem. Auf dem Rückwege (in Gesellschaft meiner Frau und Tochter) machte ich mir den Spaß, jeden
Begegnenden, Mann oder Frau, nach Nietzsches Adresse zu fragen.
(Nämlich: ich war zuvor in zwei der größten Weimarer Buchhandlungen, wo ich Schriftsteller-Postkarten kaufen wollte. Ich war versichert,

1 Anhöhe mit dem Nietzsche-Haus in Weimar.

gerade in Weimar eine reiche Ernte zu machen, und fand von den
Klassikern verwundersam wenig, namentlich von Wieland, Herder
und Schiller (ich sammle nicht nur Portraits, sondern auch die Abbildungen ihrer Geburts- und Sterbehäuser, ihrer Denkmäler … kurz,
alles, was auch nur im entferntesten Bezug auf sie hat). Weit mehr
fand ich auf Goethe Bezügliches – wohl Nachbleibsel von seinem
Geburts-Jubiläum im vorigen Jahr; und dennoch hatte ich bereits in
Berlin, Frankfurt und der Schweiz solche Karten gekauft, über deren
Vorhandensein die Weimarer Buchhändler und Papierlädner staun-
ten. Eine Nietzsche-Karte bekam ich nirgends.* Und was erwies sich?
Von den etwa dreißig Personen, die mir begegneten, hatten nur acht
überhaupt eine Ahnung von Nietzsches Existenz. Und es waren zumeist fein gekleidete Herren und Damen (die nichts wußten!). Ich
bekam Gegenfragen, wie: »Ja, wer ist denn das?« oder: »Hat er ein
offenes Geschäft?« Die, welchen ich bemerkte, Weimar habe gegenwärtig seinen Weltruhm nur Nietzsche zu verdanken, meinten bald
verlegen lächelnd, bald verächtlich achselzuckend: der Prophet gilt
nichts in seinem Vaterlande! Und was das Verblüffendste ist: Auskunft
über seine Wohnung gaben mir nur drei Personen, und zwar – ein
Gymnasiast und zwei gewöhnliche Frauenzimmer; die übrigen fünf
oder sechs wußten nur, daß es in ihrer Vaterstadt einen Nietzsche gibt,
aber auch die waren keineswegs »fein« gekleidet. Kurz, ich habe von
dem »Volk der Dichter und Denker« weit mehr erwartet (und nicht
nur in Bezug auf Nietzsche). Die Gerechtigkeit zwingt mich zu sagen:
die Russen kennen ihre Dichter (wenigstens die Kreise, mit denen ich
Fühlung habe, oder die Personen, mit denen ich unbekannterweise
ein paar Worte wechsele) weit besser als die Deutschen.

DEN 25. AUGUST 1900

Heute besuchte mich Pjotr Philippowitsch Jakubowitsch (P. J. oder
Melschin). Er wohnt seit Februar auf der Udelnaja (Udelnyj Prospekt
36, Q. 3) und wird dort so lange bleiben, bis er nicht wieder nach Sibirien geschafft wird, wo er noch sieben Jahre abzubüßen hat. Hier ist

---

* Dafür aber bot man mir ganze Serien von obskuren Schauspielern und Schauspielerinnen an, die in Weimar gastierten.

ihm gestattet, nur einstweilen zu bleiben, um sich zu kurieren. […]
Er steht unter polizeilicher Aufsicht und vermeidet darum Bekanntschaften. Ich fragte, ob ich seine von mir übersetzten Gedichte im
›Herold‹ als »von Jakubowitsch« veröffentlichen dürfe. »Bitte, nein:
im Interesse meines Gedichtbuches, wo ich ja als Verfasser P. J.
zeichne; man würde auf solche Weise den wahren Verfasser erfahren.
Schreiben Sie: von Melschin« … Erzählte, daß Korolenko im Ural
Land, Leute und Archive studiere: er will eine Novelle aus der Zeit
des Pugatschow'schen Aufstandes schreiben. Er hält ihn für einen
echten Dichter, der jedes, auch noch so unscheinbare Thema erhöht
und erweitert. Gorkij hat ihm vor kurzem einen mehr als sonderbaren
Brief geschrieben: nachdem er seine Angelegenheiten geordnet, wolle
er auf die Literatur spucken und nach China gehn, um seine Freude
dran zu haben, wie die Europäer die Chinesen und die Chinesen die
»Schufte von Europäern« umbringen (бьют подлецов европейцев).
Er (Jakubowitsch) meint, Gorkij habe sich ausgeschrieben und könne
nur noch Variationen seiner Barfüßler-Typen geben; übrigens gebe
es gar nicht solche Barfüßler, sondern jedem von ihnen habe Gorkij
seinen eigenen romantischen Geist verliehen, jeder von ihnen sei nur
er selbst; sein ›Foma Gordejew‹ sei ungemein schwach. Für den bedeutendsten modernen Lyriker hält er Minskij. In Balmont stecke
nichts Originelles: alles, die geschmacklosen dekadentischen Ver-
renkungen ausgenommen, sei fremden Dichtern nachempfunden;
seine Übersetzung der ›Versunkenen Glocke‹ sei so schlecht, daß
Hauptmann sich seine letzten Haare würde ausraufen, wenn er sie
lesen könnte. […] Was die Lochwitzkaja schreibe, sei mehr Pornogra-
phie als Poesie. Bei Mereshkowskij sei alles nur »gemacht« (делано).
Slutschewskij habe hin und wieder einen guten Gedanken, aber
mit seinen plumpen Versen könne er ihm nur einen schiefen Ausdruck verleihen. Von den Dekadenten sei der begabteste Ssologub.
Überhaupt würde ich mit meinem »Neuen russischen Parnaß« sowohl den Deutschen, als auch den Russen einen schlechten Dienst
leisten.

Er (Jakubowitsch) hat eine Frau und einen 3 ½ jährigen Sohn.
Seinen Lebensunterhalt gibt ihm ausschließlich die Schriftstellerei. Er
hat neulich ein offizielles Papier erhalten: die Politischen würden nun
nicht mehr dem Polizeidepartement unterstellt sein, sondern der Poli-

zei selbst, d. h. dem Stadthauptmann, wodurch der Willkür wiederum
Tür und Tor geöffnet würden, so daß man ihn in kürzester Zeit wieder
nach Sibirien schaffen könne.

Auch in bezug auf die Aufnahme Lichatschows in den »Neuen russischen Parnaß« meinte er: »Werfen Sie ihn heraus, schon darum, weil
er Redakteur des ›Slowzo‹ war!« Als ich ihn nach Hause begleitete,
fragte er: »Sie scheinen kein Freund von Gedichten zu sein, die einen
sozialen Gedanken zur Basis haben?« – »Nein, denn diese sind zumeist
tendenziös und unkünstlerisch«. – […]

DEN 7. DEZEMBER 1900

Gestern – Michailowskijs Namenstag. Derselbe wurde nicht in seinem
Quartier, sondern in der Redaktion des ›Russkoje bogatstwo‹ gefeiert.
Sein Sohn Mark erzählte mir, daß anläßlich des Jubiläums gegen zweihundert Adressen und über dreihundert Depeschen und Briefe einge-
gangen sind … Sehr viele Menschen und sehr wenig namhafte Schriftsteller: Mamin, Baranzewitsch, die Werbitzkaja, Doroschewitsch.
Auch die Maysel (Maiskaja) war natürlich [dabei?]; sie trank sich an
und tanzte solo. Dann verließ das Paar[1] gemeinsam das Lokal. Hom-
feld [Gornfeld?] erzählte, er habe bei einem Bekannten ein Exemplar
von ›Оправдание добра‹[2] gesehn, in das Wlad. Ssolowjow eigenhändig die Widmung eingetragen:

> Родился я под знаком Водолея.
> Читатель, смело эту книгу пей!
> Она не из меня, ее нашел в скале я,
> Из камня истины сочится сей ручей.[3]

Das Essen und Trinken begann um 12 mittags und währte bis ½ 3
nachts. – – – […]

---

1 D. h. T. A. Maysel und W. M. Doroschewitsch. — 2 ›Rechtfertigung des Gu-
ten‹ (russ.).
3 Geboren bin ich unter dem Zeichen des Wassermanns.
  Nun, Leser, trinke dieses Buch furchtlos!
  Es ist nicht von mir, ich hab's im Felsen gefunden:
  Aus dem Stein der Wahrheit sickert dieser Bach (russ.).

Gestern bei Mereshkowskijs, um sie zur Beteiligung an meinem literarischen Abend im Institut einzuladen. Beiden tat Barjatinskij ungemein leid; als ich ihn für gestorben ausgab, schlug Mereshkowskij mehrfach ein großes Kreuz, wobei er wiederholte: ›Господи, помилуй‹.[1]

Als ich kam, schlief Mereshkowskij gerade ein wenig, und ich plauderte mit Sin[otschka] auf ihrem Zimmer. Ja, wir »plauderten«, denn nur so kann ihr schlichtes, natürliches und gemütliches Gespräch genannt werden. Sie lachte und schlug sich dabei sogar einmal mit der Rechten auf den Schenkel. »Sie wissen ja, daß ich eine Dekadentin bin!« rief sie lachend aus. Von ihren Gedichten paßt allerdings keins zum Vortrag im Institut, und da schlug ich ihr vor, ihres Mannes ›Weihnachtsbaum‹ (im Original: ›Den Kindern‹) zu deklamieren. Sie willigte sofort ein: »Ich liebe, Mitjas[2] Gedichte vorzulesen«; auch damit war sie lachend einverstanden, daß ich auf dem Programm sie als Verfasserin dieses Gedichts bezeichne. Als ich ihr erzählte, ich hätte neulich beim Durchblättern der Gedichtsammlungen ihres Mannes den überraschenden Fund gemacht, *er* sei der Verfasser des in Rußland in jedem Tingeltangel gesungenen Liedes: ›Голубка моя, умчимся в края‹[3] (es ist eine Übersetzung aus Baudelaire, die übrigens nur in ihren Anfangszeilen nach dem Mereshkowskij'schen Text gesungen wird), – rief sie mit komischem Schrecken: »Um Gottes Willen, erzählen Sie's niemand. Eines Tages kam Mitja in höchster Aufregung nach Hause und klagte: ›Denke dir, eben rempelt mich auf der Straße ein betrunkener Handwerker an und gröhlt mir ins Ohr: ›Голубка моя, умчимся в края!‹ Das ist ja entsetzlich!‹« … Auch erzählte sie, Boborykin und Andrejewskij, die zwanzig Jahre lang Freunde waren, hätten sich gründlich überworfen, und das sei so gekommen: Auf dem Boborykin-Jubiläum sprach Andrejewskij eine Rede (auf S. 373 erwähne ich sie ohne Inhaltsangabe), in welcher er zu beweisen suchte, Boborykin sei nur deshalb nicht verdienterweise populär, weil es ihm an Seele fehle. Das habe Boborykin krumm genommen und Andre-

---

1 Gott, erbarme Dich unser! (russ.). — 2 Diminutivform für Dmitrij. —
3 ›Mein Täubchen, wollen wir in die Ferne ziehen!‹ (russ.).

jewskij in einem Schreiben nachzuweisen gesucht, das Wort »Seele«
komme in seinen Schriften sehr häufig vor. Es entspann sich ein
längerer Briefwechsel, bis zuletzt Andrejewskij schrieb, es sei Zeit, ein
Ende zu machen, er werde ihn, Boborykin, in alter Weise besuchen.
Da habe er aber alsbald von Madame Boborykin ein Schreiben erhalten, ihr Mann sei entrüstet über ihn, weil er in Moskau den Millionär
Jelagin, der in unerhörter Art seine Pflegetochter körperlich miß-
handelt, vor Gerichtes Schranken verteidigt. (Die sensationelle Geschichte wirbelte damals viel Staub auf, und Jelagin wurde, trotz der
glänzenden Verteidigung Andrejewskijs, verdonnert. F.).

Da kam Mereshkowskij. Er erklärte sich zum Lesen bereit, wollte
indes von seinem ›Sakja-Muni‹ nichts hören: »Er ist mir zum Über-
druß langweilig geworden!« Gern wollte er jedoch seiner Frau ›Cне-
ра‹[1] deklamieren. Ich schlug ihm seinen ›Mönch‹ vor. Erst konnte er
sich auf die Existenz des Gedichts nicht besinnen, dann, als ich nach
dem zweiten Bande seiner Gedichte (›Символы‹[2]) verlangte, um ihn
nachlesen zu lassen, erwies es sich, daß er selbst kein Exemplar dieses
Buches besitze. Scherzend und neckend meinte er, er würde zu meiner
und aller Überraschung statt des ›Mönchs‹ – seine schwülsinnliche
›Leda‹ deklamieren. Als er bedenklich erklärte, er besitze zwar einen
Frack, aber derselbe habe ein Loch, beruhigte ihn Sin[otschka]: »Ich
werde es dir stopfen!« Sie versprach, in dem denkbar einfachsten
Kostüm zu erscheinen; sie habe zum Ausgehen überhaupt nur zwei
Kleider.

Auf ihrem Tisch brannte eine elektrische Lampe, die sie für sehr
bequem, doch teuer (die Kosten der Beleuchtung nämlich) erklärte.
Als ich an einen andern Tisch trat, auf welchem eine gleiche Lampe
stand, und einige Potraits besichtigen wollte, sagte sie zwar: »Mitja,
zünd an«, dann aber, als ich nach etwa fünf Minuten die Besichtigung
beendet hatte: »Mitja, lösch aus!«

Von Boborykin meinte sie: »Er riecht den Duft der Veilchen, bevor
sie noch an der Erdoberfläche erschienen«.

Ich verbrachte bei dem Paar, das sich zärtlich zu lieben scheint,
ein sehr gemütliches Stündchen. Das sei, sozusagen, allen gesagt,

1 ›Schneedecken‹ (russ.). — 2 ›Symbole‹ (russ.).

die Mereshkowskijs nur außerhalb ihres intimen Heimes und in
Gesellschaft unbekannter Personen »kennengelernt« haben und da-
raufhin ihr äußerliches Gebahren für seelische Affektiertheit halten.
Ich glaube, ihre ganze Dekadenterei ist nur ein Mystifizieren. […]

DEN 29. JANUAR 1901

Gestern fand der von mir arrangierte literarische Abend im Katha-
rinen-Institut statt. Mordowzew war, bevor er auftrat, sehr erregt.
Trotz des elektrischen Lichtmeers im Saal und der beiden Kerzen auf
dem Tisch, sah er doch so schlecht, daß er beständig innehielt, die
Lichter bald zusammenstellte und bald einzeln ans Buch brachte, – ein
physisch peinlicher Anblick; doch fand er und seine Erzählung ›Wer
ist er?‹ Beifall. Ganz besonders gefiel V. A. Krylow, der den fünften
Akt und den Epilog seines ›Peter des Großen‹ deklamierte. Aber wie
litt er die halbe Stunde zuvor! Er strich verstört hin und her, trank
weder Tee noch Selters und setzte sich schließlich im Lehrerzimmer
auf den Water-Thron. »Sobald ich aber am Lesepult stehe, schwindet
meine Nervosität augenblicklich«. Nun, augenblicklich schwand sie
nicht, denn er stotterte anfangs; der ganze Vortrag aber war hinrei-
ßend. Mereshkowskij las seinen ›Монах‹ (›Mönch‹) und ließ sich
durch alle Applaudissements und die Bitten der Oberin (wie sie im
Stift genannt wird) nicht bewegen, noch etwas beizutragen. Sinotschka erregte allgemeine Aufmerksamkeit, ja Sensation sowohl durch ihre
äußere Erscheinung (weißes enganschmiegendes Kleid mit der Edel-
steinagraffe um die Stirn, – wie sie neulich bei Slutschewskij war), als
auch durch die Deklamation und Wahl ihrer Gedichte. Sie tonierte
ihre ›Снежные хлопья‹[1], dann ihres Mannes ›Задумчивый сен-
тябрь‹ und ›Возвращение‹[2] und schließlich ihr ›Окно мое высоко
над землею…‹[3], was berechtigtes Lächeln und Schuscheln erregte.
Sie erhielt einen mächtigen Strauß lebender Blumen und wurde
von den Schülerinnen umringt (die mir im Vertrauen sagten, sie sei
die ausgesprochene Dekadentin). Sie las nach meinem, mir von ihr

---

1 ›Schneeflocken‹ (russ.). — 2 ›Sinnender September‹ und ›Wiederkehr‹
(russ.). — 3 ›Mein Fenster ist hoch über der Erde …‹ (russ.).

geschenkten Buch, wo sich, meiner Gewohnheit gemäß, Bleistiftrand-
bemerkungen finden. Zu letzterem Gedicht hatte ich beigeschrieben,
es sei der Form nach eine Nachahmung Balmonts, wogegen sie protestierte: »Das Gedicht entstand 1893, wo ich Balmont noch gar nicht
kannte«. Als sie (Sinotschka) im Buch zu dem Gedicht ›Однообра-
зие‹[1] meine Bemerkung las, dasselbe enthalte 13 Reime auf -енья, rief
sie aus: »Dreizehn!?! Ich hätte das nicht zugelassen, wenn ich's gewußt
hätte!« Minskij schrieb krankheitshalber ab, doch Sin[otschka] erzählte mir, er wäre vor einigen Stunden bei ihr gewesen und habe erklärt,
er könne unmöglich lesen: er sei zu nervös und außerdem habe ihm
Sin[otschka] ja selbst gesagt, er sei zu häßlich. – –
    Heute im Institut umringten mich die Schülerinnen, für den ge-
strigen Abend dankend, und fanden Sin[otschka] entzückend, doch
sei sie eine Dekadentin. – – […]

DEN 25. MÄRZ 1901

[…] Aus meinen ›Täglichen Notizen‹ …
    Vom 8. Dezember 1884:
»Literarischer Abend bei der Fürstin Obolenskaja für die Schülerinnen der VI., VII. und VIII. Klasse. Es deklamierten u. a. Plestschejew,
Mereshkowskij, Weinberg und Garschin (Wssew.). Letzterer stellte
mich allen vor. Plestschejew ist ein bezaubernder Greis; er umarmte
mich und lud mich zu sich ein. Weinberg las einige meiner Übertragungen aus Kolzow, spendete ihnen Beifall und versprach, das Buch
zu rezensieren. Auch Garschin versprach, Besprechungen in russischen Preßorganen zu erzielen«.
    Notiz vom 27. März 1885:
»Gestern fuhr ich am Abend zu Wodowosows, die ihren vorschrifts-
mäßigen Osterball gaben. Unter anderen Schriftstellern war dort auch
der bekannte Michailowskij, mit dem ich mich längere Zeit unterhielt. Von Wodowosow erfuhr ich, Viedert sei sehr unzufrieden, daß
keine einzige Zeitschrift bei Besprechung meines Kolzow auch des seinigen Erwähnung tat«.

---

1 ›Eintönigkeit‹ (russ.).

Notiz vom 12. Dezember 1885:

»Minskij bat mich, ihm – wenn ich es selbst nicht wollte – zu erlauben, meinen Besuch bei Paul Heyse in der Presse zu schildern, denn jedes Urteil dieses Mannes werde in Rußland hochgeschätzt, aber ich sagte ab«.

Notiz vom 30. Januar 1881:

»Um 1 Uhr ging ich in die Wohnung des am Mittwoch (d. 28ten) verstorbenen F. M. Dostojewskij. Auf der Treppe stand ich längere Zeit dicht neben dem Romanschriftsteller Gontscharow und studierte seine edlen Züge. Ich berührte seinen Pelz in dem Aberglauben, daß ein Teil seiner dichterischen Kraft auf mich überginge. Im Kabinett riß ich aus Pietät ein Stückchen Zeug vom Schreibtische, auf welchem der Verstorbene seine unsterblichen Romane geschrieben. Dann drängte ich mich durch die Menschenwand bis zum Sarge. Dostojewskij war in Blumen begraben, so daß nur das Gesicht frei war. Ich versenkte meinen Blick in die friedlich schlummernden, todgeküßten, musengeweihten Züge. Was ich nie tu, tat ich heute: ich küßte die eisige Dichterstirn. Die Tochter, des Vaters Ebenbild, stand am Kopfende, nahm aus dem Sarge einige Blumen und gab sie mir; fast alle wurden mit solchen Geschenken bedacht. Ich sah dort auch Grigorowitsch«.

Notiz vom 31. Januar 1881:

»Um 11 Uhr wurde Dostojewskij ins Alexander-Newskij-Kloster gebracht. Sechzig mächtige Kränze aus lebenden Blumen wurden von den Vertretern und Vertreterinnen aller Lehranstalten und gelehrter Vereine auf Stangen getragen. Sämtliche Studenten bildeten eine undruchdringliche Grenzkette und hielten das andrängende Publikum zurück, während die Legion der Polizisten nur die Passage hinderte. Der Sarg war von einer fadenlangen duftenden Quadratgirlande umgeben. Diese Unmasse von Menschen, die nicht aus Neugierde, sondern aus Hochachtung und Sympathie für den großen Verstorbenen zusammengeströmt war! Unsre Professoren waren sehr zahlreich erschienen. Der Hauptordner war Orestes Miller, der unter die Studenten Facsimiles des Dichters verteilte; ich bekam auch eines. Grigorowitsch blieb an mir stehen, klopfte mir auf die Schulter und sagte mir einige Worte hinsichtlich der Kette. Ich begleitete die Leiche bis zum Kloster, ging aber nicht in die Kirche aus Besorgnis, erdrückt zu werden. Die Zeitungen trugen Trauer«.

Wladimir Lichatschow. – *Widmung:* »Dem lieben Kameraden und
Freund Fjodor Fjodorowitsch Fiedler Lichatschow 25. März 1901«
(russ.).

Notiz vom 24. September 1883:

»Da nur Auserwählten der Zutritt zum Totenamt und zur Beerdigung Turgenews gestattet ist, so fuhr ich in die permanente Kunstausstellung.[1] Grigorowitsch weigerte sich anfangs resolut, mir ein Billet zu geben; als ich ihm aber sagte, daß ich über das Vonwisin- und Shukowskij-Jubiläum (in Sacher-Masochs ›Auf der Höhe‹) geschrieben und Prof. Taganzew ausrief: »Geben Sie, geben Sie!«, schrieb er meinen Namen hinten auf die von Tausenden ersehnte Karte«.

Notiz vom 27. September 1883:

»Direkt vom Hochzeitsball fuhr ich, ohne auch nur einen Augenblick geschlafen zu haben, zum Warschauer Bahnhof, wo Turgenews Sterbliches erwartet wurde. Die ganze Prozession war künstlerisch schön; die bei Dostojewskijs Beerdigung – naiv schön und darum ergreifender und erhebender. Beim Anblick des Kastens (nicht Sarges), in welchem Turgenew lag, wurde es mir fast unheimlich zu Mute«.

DEN 25. APRIL 1901

Besuchte Wengerow. Heute vor einer Woche, von 7 morgens bis 2 nachmittags, wurde bei ihm von sechs Personen eine Haussuchung vorgenommen. Man fand einen ganzen Packen von Proklamationen – alle älteren Datums, die lediglich ein kultur-historisches Interesse darbieten. Sonst wurde nichts Kompromittierendes aufgestöbert. Indes nahm man ihm über fünfhundert Briefe, ganz politisch unschuldigen Charakters, ab, die indes für ihn von größter Wichtigkeit sind, da sie Grundsteine für sein russisches Schriftsteller-Lexikon bilden. Es gab auch ein Kuriosum. Der Anführer, Baron Engelhardt, stieß auf einen Korrekturbogen der ›Verschwörung des Fiesco‹; Wengerow ließ ihn einige Minuten lang triumphieren, dann aber zeigte er ihm den Original-Schiller. (Es ist merkwürdig: vor etwa 15 Jahren hatte Stschiglew, Pseud. Romanytsch, einen Schwank ›Fescas Verschwörung‹ verfaßt, der genau dasselbe Mißverständnis zum Vorwurf hat). Wengerow bekam Hausarrest: Tag und Nacht war bei ihm ein Gorodowoj (Schutz-

---

1 D.h. Dauerausstellung bei der »Gesellschaft zur Förderung der Künste«, wo im September 1883 Karten für den Eintritt in die Kirche am Wolkowo-Friedhof und in den Friedhof (zum Begräbnis Turgenews) verteilt wurden.

mann), den er, in liberal-gutmütiger Weise, fütterte, auf seinem
Diwan schlafen ließ und ihm Trinkgelder gab. Das Haus durfte er
(Wengerow) für keinen Augenblick verlassen. Dabei aber blieb es
seiner Schwester Sinaida (wie auch der andern, Isabella, der Klaviervirtuosin, die beide mit ihm auf der Rasjeshshaja wohnen) unbe-
nommen, nach Gutdünken auszugehen. Briefe konnten erhalten und
geschrieben werden. Auch Besuch konnte er nach Herzenslust empfangen. (So war ich unbeanstandet gestern und heute, während der
Gorodowoj in der Küche saß). Heute kommt plötzlich die alte Magd
hereingestürzt, freudig mit den Armen fuchtelnd: ihr Herr sei frei,
soeben sei an den Gorodowoj der Befehl ergangen, die Belagerung
aufzuheben. Und so war's auch. Indes stand in dem von Wengerow zu
unterschreibenden Begleitpapier kein Wort darüber, daß sein Hausarrest aufgehoben sei, und darum wird er noch vorläufig das Zimmer
hüten.

Haussuchungen sind letzthin noch vorgenommen worden. Bei
Lessewitsch, der Watson, Balmont, der Kalmykowa, Chirjakow,
Weressajew […] und Pantelejew (er war verreist, doch die Visitierer
durchsuchten alles und waren empört, als sie im Klosett nicht nur die
Portraits von Burenin und Mestscherskij, sondern auch von Pobe-
donoszew und Ssipjagin hängen sahen). – Außerhalb des Hauses sind
arretiert: Angel Bogdanowitsch, Mjakotin, Wlad. Posse und, in
Nishnij, Gorkij. (Ich habe die Liste von Wengerow). […]

DEN 27. APRIL 1901

Heute zu Mereshkowskijs angegangen: brachte ihm meine im
›Herold‹ erschienene Übersetzung einiger seiner Gedichte. Er las ein
paar, sagte: »Ideal übersetzt!«, meinte dann aber: »Ich liebe meine
Gedichte nicht mehr, und Ihr übersetztes ›Begreifst Du's denn noch
nicht …« liebte ich überhaupt nie«. (Nur ein kleines Fragment davon
nahm er in seine Gedichtsammlungen auf). Er war auffallend trocken
und wortkarg. Desto freundlicher und gesprächiger war *sie*. Es war
½ 2; sie frühstückten: gereicht wurden vier Saucischen mit Puréekar-
toffeln und sonst nichts (obgleich auch Sin[otschkas] Mutter, eine
schlichte Dame, mit am Tisch saß und an einem Stückchen Weißbrot
knabberte); er aß 1 ½ S[aucischen?] und sie – eine halbe [ein halbes?];

der Rest wurde wieder in die Küche geschafft. Er sprach während
der Mahlzeit fast gar nichts und entfernte sich bald in sein Kabinett,
während wir sitzenblieben. Ihr hat es im Institut (am 28. Januar) ungemein gefallen: »Es war so hell, so jung, und ich verspürte große
Lust, irgendeinen kindischen Streich zu machen«. Geboren ist sie
nicht 1867, wie's in verschiedenen ihrer Biographien heißt, sondern
1868, im November; auch ist sie nicht schwedischer, sondern englischer Abstammung. Die Werbitzkaja hat auf beide einen ziemlich ungünstigen Eindruck gemacht. »Auf ihren Portraits weiß man nicht, wo
bei ihr hinten und wo vorn ist« (Sin[otschka]). Er tadelte die Auswahl
Ssalnikows in dessen lyrischer Anthologie ›Русские поэты‹[1]: »Liberale Gedichte und sonstiger Schund!« Sin[otschka] findet Albows
›Waise‹ »höchst langweilig«, und *er* fügte hinzu: »Noch langweiliger als
Gorkij«. Sie versprach, mit der Zeit eine Menge ihrer Epigramme und
Parodien auf moderne russische Dichter für mein Museum zu geben;
»einige von ihnen sind sogar unanständig!« Slutschewskij halten beide
für »ziemlich schlau, doch recht dumm«. Seine Freitage besuchen sie
fast gar nicht, seitdem er an diesen Tagen sich mit »verschiedenem
Gesindel« (разной сволочью, – er, nicht sie) umgibt. – – – […]

DEN 9. SEPTEMBER 1901

Heut auf der Nikolaj-Brücke F. K. Ssologub begegnet. Hat an einem
einzigen Tage im August nicht weniger als 14 (vierzehn) Gedichte geschrieben; das kleinste enthält 12, das größte – 36 Verse. »Wo veröffentlichen Sie sie?« fragte ich. – »Nirgends, denn man druckt mich
nirgends«. Liebt ungemein Petersburg (ohne im Auslande gewesen zu
sein), mehr als die Natur, liebt es »zärtlich« und ist überglücklich,
wenn er eine Straße sieht, in der er noch nicht gewesen. Liest gleichzeitig mehrere Bücher: »Dann arbeitet der Geist mehr«. – – – […]

DEN 26. JANUAR 1902

Gestern bei Slutschewskij drei neue Bekanntschaften von Lyrikern gemacht: 1) Iwan Iwanowitsch Ssokolow; 2) Victor Karlowitsch Mühr
(ähnelt Feth in der Jugend) und 3) Vera Iwanowna Ruditsch. Letztere,

---

1 ›Russische Lyriker‹ (russ.).

etwas pockennarbig und unschön, erklärte, als wir einander vorgestellt
wurden, sie erinnere sich meiner sehr gut, denn vor etwa 14 Jahren sei
ich – ihr Lehrer des Deutschen gewesen (in der Pension der Knjasewa-
Schujskaja).

Diesmal gab's nichts Mystisches. Ihre Gedichte lasen: Ssologub,
Mühr und Leutnant S. (Slutschewskijs Sohn Konstantin); Masurkewitsch verlas ein paar Verse der Ruditsch. Während des Abendbrotes
(nachdem die Ruditsch gegangen) las man Wass. Puschkins obszönes
kleines Epos ›Der gefährliche Nachbar‹ (das Avenarius mitgebracht).
»Gedichtet« wurde keine Zeile. Man sprach von Wlad. Sserg. Ssolowjow und dessen Eigentümlichkeiten. Slutschewskij erzählte folgendes: »Vor sieben Jahren besuchte ihn (Ssolowjow). Er wohnte Ende
der Spalernaja, unweit vom Taurischen Garten. Als er (Slutschewskij)
die Tür zu seiner Wohnung öffnete, sah er ihn im alten zerrissenen
Schlafrock, ein großes Bündel Holz in den Armen (er heizte sich selbst
die Öfen). Während sie sich begrüßten, trat zu ihm ein Student, den
er nie zuvor gesehen, und erklärte ihm, er habe keinen Groschen, das
Quartiergeld zu bezahlen. Ssolowjow griff in die Schlafrocktasche, zog
ein paar zerknüllte Kreditscheine hervor und reichte sie unbesehen
dem Studenten, der sich dankend entfernte. Die beiden betraten das
Quartier. Links war ein völlig leeres Zimmer. Auch das »Kabinett« war
leer, mit Ausnahme eines mit Büchern, Zeitschriften und Papieren
überladenen Schreibtisches, eines zerwühlten Bettes, eines Stuhles
und eines Lehnsessels. In letzteren setzte sich Slutschewskij, – doch
der Sitz brach alsbald unter ihm ein, so daß er selbständig nicht her-
auskommen konnte und Ssolowjow ihn herausschütten (вытрясти)
mußte«. – Minskij erzählte: »Es war in Paris. Ssolowjow kam nachts
von einem Besuch. Er ging zu Fuß heim, um 2 Francs für den Fiaker
zu sparen. Doch unterwegs verteilte er unter die ihm ihre Dienste an-
bietenden Dirnen – zweihundert Francs«. – Gribowskij erzählte: »Ssolowjow bewohnte ein Zimmer im Hôtel d'Angleterre. Als er zahlen
mußte und erst nach zwei Wochen Geld auftreiben konnte, verschloß
er das Zimmer und – fuhr nach Finnland. Nach zwei Wochen hatte er
das Geld und zahlte nun für beide Logis«. – – –

Anwesend waren außerdem: Schuf, Sarin und Ldow.

Wladimir Schuf. – *Widmung:* »Von Schuf – dem Dichter Fiedler, Bodenstedt der jüngsten Zeiten. 19. April 1902. St. Petersburg« (russ.).

Schreibe diese Zeilen um 9 morgens in der 1. (Normal-) Klasse des Katharinen-Instituts, während meine Schülerinnen den Aufsatz ›Johannas Begegnung mit Lionel‹ schreiben. War gestern bei Slutschewskij. Von der früheren »Poesie« ist so gut wie nichts übriggeblieben: es wurden keine eigenen Gedichte verlesen, und während des Abendbrotes wurden keine Verse geschrieben. Als ich kam, hielt Ldow gerade einen Vortrag über Tjutschew, den er nicht nur für den größten Lyriker Rußlands, sondern sogar der Welt erklärte. Während des Abendbrotes fuhr er in seiner Umwertung aller Werte fort: Tjutschew sei unermeßlich höher als Puschkin, selbst Barjatinskij überrage in mancher Beziehung Puschkin. Im ›Jewgenij Onegin‹ finde sich kein einziger lebendiger Mensch, in der ›Kapitänstochter‹ jedoch sei alles voll Leben. Dann zog er (Ldow) über Nekrassow los. Er nannte ihn einen typischen Graphomanen […] Tschernigowetz flüsterte mir zu, Ldow sei ungebunden (развязный) wie ein Stabsschreiber oder ein herrschaftlicher Diener. […] Dann sagte er (Tschernigowetz): »Es ist wehmütig (грустно), ein russischer Patriot zu sein«. Mühr verstieg sich zu der Behauptung: »Die ganze Menschheit wird einst im russischen Meer zusammenfließen!«, wozu Tschernigowetz kalt bemerkte: »Im russischen Meer kann man nur Schweine baden«. Die Tschumina erzählte mir, Boborykin habe ihr gesagt, Mereshkowskij sei nur aus »Händelsucht« (озорство) religiöser Mystiker geworden, wie einst aus einem Liberalen ein Dekadent. – – Anwesend waren noch: die Lochwitzkaja, die Ruditsch, Lichatschow, D. L. Michalowskij, Porfirow, Masurkewitsch, Ssologub, I. I. Ssokolow, Minskij, Sarin, Gribowski und Michnewitsch (Tambowskij). […]

Da Reinholdt voraussichtlich (und – für seine arme Frau – hoffentlich) bald sterben wird, so will ich schon jetzt (da ich als Strohwitwer viel freie Zeit habe) seine Briefe an mich verzeichnen […]

Außer dem in diesen »blauen« Heften über Reinholdt Verzeichneten, finden sich noch folgende Bemerkungen über ihn in meinen ›Täglichen Notizen‹ aus dem Jahre 1885 (ich führte damals noch mein persönliches Tagebuch):

Vom 2. Februar:

»Von Bormanns ging ich zu Alexander v. Reinholdt.* Er schien mir immer ein talentvoller Mensch, und schon längst wollte ich seine Bekanntschaft machen. Er empfing mich freundlichst als einen vom Lesen und Hörensagen vorteilhaft Bekannten. Ich gab ihm meinen Kolzow, er versprach nach Möglichkeit ihn im ›Magazin‹ zu besprechen (seine Unterhandlungen mit dem neuen Redakteur sind noch in der Schwebe), und wir schieden als gute Freunde. Das kleine bucklichte Männchen mit der niedrigen Stirn und den klugen Augen hat in mir einen günstigen Eindruck hinterlassen«.

Vom 4. April:

»Besuchte mich A. v. Reinholdt. Das ist ein Mensch, wie ich ihn mir wünsche: ist durchaus bewandert sowohl in der russischen als auch in der deutschen Literatur. Auch er wird allenthalben von den Redakteuren um das Honorar betrogen. Seine körperliche Krüppelhaftigkeit schärfte seinen Geist und verselbsüchtigte sein Herz. – Ich führte ihn bei Ws. Garschin ein, wo auch Ropenberg war. Wir verbrachten einige genußreiche Stunden in literarischem Gespräch«.

Vom 21. Mai:

»Gestern bereits hab ich meinen ausländischen Paß bekommen. Bestimmt fahre ich mit Reinholdt, der mich in Wien erwarten wird, worüber ich mich einesteils freue – denn er ist ein kluger und gebildeter Mensch und meiner Spezialität, andrerseits mich aber nicht freue – da er mir bei meinen Schriftstellerbesuchen zur lästigen Bagage werden wird. (Gestern verbrachte ich den Abend bei ihm. Wir tranken Wein, und ich bat ihn, mir eines seiner Gedichte vorzulesen, worauf er mir bereitwilligst wenigstens fünfzehn vorlas, wodurch er mir recht peinliche halbe Stunde bereitete, umsomehr als er die Worte ohne jeden Ausdruck, blitzschnell und undeutlich aussprach, so daß ich unmöglich ein Urteil fällen kann)«.

Vom 9. / 21. Juni aus Wien:

»Reinholdt hatte mir eine ganz falsche Adresse angegeben, so daß er weder mich, laut Abmachung, erwarten, noch ich ihn, laut jener Adresse, auffinden konnte. Aber ich verlangte das »Fremdenblatt« von

---

* Er wohnte damals und bis zu seiner Verheiratung im finnischen Kirchenhause, links auf dem Hofe, 1. Treppe, zweiter Stock links, Q. 22.

Friedrich Fiedler in seinem »Museum«. 9. April 1902.

den vorigen Tagen und fand ihn im »Hôtel Metropol«. Auch er war ganz in Verzweiflung und suchte mich wie Jensen eine neue Wortbildung oder Bodenstedt einen nie dagewesenen Reim. Das Wiederfinden war darum ein sehr herzliches; wir tranken Ungarwein, tranken Bruderschaft und verbrachten die Nacht bei echt Wiener-Blut«.

(Ich schreibe nun nicht aus den ›Täglichen Notizen‹ ab, sondern schöpfe aus meiner Erinnerung).

Ich war mit ihm im »Café Central«, wo wir mit Singer, dem Herausgeber der ›Allgemeinen Österreichischen Literaturzeitung‹, und Maxim. Bern Bekanntschaft machten. Reinholdt lobte alles Russische und fand es sonderbar, daß ich »liberalisierte«. – […]

Notiz vom 29. August (Petersburg):

»Reinholdt besuchte mich. Er wird für das Singer'sche Journal über zeitgenössische russische Lyriker schreiben und meine Übersetzungen – ohne das Original zu kennen! Selbst die bekanntesten Gedichte von Polonskij und Plestschejew waren ihm fremd; er wird einfach das Tschuiko'sche Buch benutzen; wie er denn selbst gestand, daß er diese[s] nur honoraris causa mache. Ich bot ihm das Polonskij'sche Gedichtbuch an, er aber nahm es nicht mit den Worten: »Es lohnt sich nicht!« Und nach 2 bis 3 Gedichten will er ein endgültiges Urteil über einen Schriftsteller fällen!«

Vom 19. Oktober:

»Den Abend bei Reinholdt verbracht. Nach Beendigung seiner ›Geschichte der russischen Literatur‹ will er das Schreiben ganz aufgeben, weil die Arbeiten im Ministerium, wo er dient, viel mehr Geld eintragen. Überhaupt schriftstellerte er nur des Honorars wegen. – Um 2 Uhr nachts gingen wir in den deutschen Klub zur Maskerade«.

(Nicht aus den ›Täglichen Notizen‹: Resp. wir fuhren, denn ich erinnere mich ausgezeichnet, wie er vom Fiaker herab Kotzebues ›Verzweiflung‹ las).

DEN 23. MAI 1902

Da ich viel Zeit habe und schneller dies Heft zu Ende bringen möchte, so will ich hier einiges aus meinen ›Täglichen Notizen‹ anführen.

1884, vom 4. Mai:

»Schrieb an Victor Hugo einen Brief, in welchem ich ihn um sein neustes Portrait bitte«.

1884, vom 18. Mai:
»Heute bekam ich aus Paris folgenden Brief:
›Monsieur,
M. Victor Hugo s'est intéressé à votre lettre. Il me charge de vous faire parvenir son portrait à l'eau forte qui est un de plus ressemblants qu'on a fait de lui.
Croyez à mes meilleurs sentiments
Richard Lesclide‹.[1]
Die Kopie jenes meines Briefes hab ich mir leider nicht aufgehoben«.

1885, vom 16. Juli (neuen Stils) in Berlin:
»Gestern war ich bei Spielhagen, fand ihn aber nicht zu Hause, so daß ich die weite Strecke ganz vergeblich machte. Diese Fiascos nehmen mir alle Lust, die projektierte Schriftstellervisitation ins Leben treten zu lassen.

Heute ging ich am Vormittage wieder zu Spielhagen. ›Ich wünsche, Herrn Spielhagen für kurze Zeit zu sprechen‹, sagte ich mit fester, keine Absage duldender Stimme zu dem hübschen Stubenmädchen, das mir die Tür öffnete. ›Der gnädige Herr empfängt gewöhnlich nicht um diese Stunde‹, antwortete sie zögernd. ›Dann übergeben Sie ihm dieses; ich werde auf Antwort warten‹, erwiderte ich ruhig und gab ihr Paul Heyses und meine Karte. Es vergingen ungefähr zwei Minuten, während welcher Zeit eine Dame die Treppe heraufgestiegen war und nun in das Vorzimmer trat, zwei große unverklebte Briefe (offenbar Empfehlungsschreiben) in der Hand, was mich sehr ärgerte. In diesem Augenblick trat Spielhagen in großer Hast herein, blieb unschlüssig und stumm vor uns stehen, da er offenbar auf eine Besucherin nicht gerechnet hatte. Endlich wandte er sich an mich: ›Ach, bitte, treten Sie in dieses Zimmer‹ ... – und, sich an die Dame wendend, indem er Briefe in Empfang nahm und einen flüchtigen Blick hineintat: ›Ich stehe gleich zu Diensten‹. Ärgerlich trat ich in sein Kabinett und hatte keine Zeit, mit einem Blicke den reichen Luxus um mich her zu streifen, als auch schon Spielhagen hereineilte, mir die Hand hinhielt und mich zu einem runden Tischchen führte, wo wir

---

1 »Monsieur, Monsieur Victor Hugo hat sich für Ihren Brief interessiert. Er beauftragt mich, Ihnen seine Portrait-Radierung zukommen zu lassen: von allen Portraits, die von ihm gemacht worden sind, ist dieses eines der ähnlichsten. Mit besten Empfehlungen Richard Lesclide« (franz.).

uns auf niedrigen Sammetstühlen niederließen. ›Ich bin so furchtbar
beschäftigt: muß eine Arbeit zum Termin abliefern, so daß … Also Sie
waren bei Heyse … Wie geht's ihm denn?‹ – ›Seine Frau hat einen
Blutsturz gehabt, und er ist jetzt wohl in der Schweiz‹. – ›Ach, der
Arme hat immer Pech in seiner Familie; aber das stand zu erwarten, sie
sah so … aus … Sie leben immer in Petersburg?‹ – ›Ja … Freundlich-
sten Gruß von Herrn Petrick‹. – ›Hm … Sie kennen ihn also? … Was
haben Sie studiert?‹ – ›Allgemeine Literaturgeschichte‹. – ›So … Sie
sind auch Schriftsteller?‹ – ›Ja und nein‹. – ›Nu, nu, warum denn
so bescheiden?! … Ja, es ist sehr schade, daß ich Ihnen nicht mehr
Zeit widmen kann. Aber erlauben Sie mir Ihre Adresse. Sie bleiben
doch noch einige Tage hier?‹ – ›Ja, ungefähr drei Tage noch‹. – ›Dann
bitte … Sie wohnen?‹ – ›Königgrätzer-Str. Nr. 115‹. – (Schreibend):
›Königgrätzer-Str. No 115 … Ich möchte Sie nämlich gern ein Stündchen bei uns sehen‹.

Bei diesen Worten erhob ich mich, er geleitete mich bis zur Tür,
drückte mir die Hand und sagte zu der Harrenden: ›Bitte‹. Sie verschwand mit ihm in seinem Kabinett, und ich trat auf die Treppe.

Das ist alles, was wir gesprochen. Er schien in der größten Eile zu
sein und sprach überaus hastig. Sein Gesicht ist energisch, seine Augen
blitzen geistreich, und alle seine Bewegungen verraten Jugendfeuer«.

1885, vom 2. Februar:

»Besuchte Minskij (Wilenkin), der über meinen Kolzow sehr erfreut
war, mehrfach ausrief: »Das ist ein Ereignis (событие) in der russischen Literatur! Das gereicht Rußland zur Ehre!« und mir direkte
Redaktionsratschläge gab. (Schon vor einem Jahre machte ich seine
Bekanntschaft bei Ws. Garschin)«.

1881, vom 18. September:

»Gestern begegnete ich in der Universität dem Dozenten der deutschen Sprache Aug. v. Viedert. ›Wollen Sie Privatstunden?‹ – ›Bitte‹. –
›Dann gehen Sie zum Schriftsteller Wass. Iw. Wodowosow‹ … Ich
ging hin und wir wurden folgendermaßen einig: deutscher Unterricht
dem Gymnasiasten Nikolaj Wodowosow, dreimal wöchentlich à 1
Stunde, 1 ½ Rbl. pro Stunde«. […]

1885, vom 2. Februar:

»Ging heute zu Robert Iljisch (dem bekannten Feuilletonisten Le
Flâneur). Er glaubte wohl in mir einen seiner zahlreichen Feinde zu

erblicken, denn er maß mich mit sehr mißtrauischen Augen und
fragte, auf einen Stuhl weisend, mit leiser Stimme: ›Was wünschen
Sie?‹ – Ich zog meinen Kolzow aus der Rocktasche und überreichte ihm
das Exemplar mit den Worten: ›Eine Besprechung aus ihrer Feder,
wenn möglich‹. Sofort klärten sich seine Züge auf, er begann liebenswürdigst zu sprechen, interviewte mich, versprach unbedingt eine Besprechung, und wir schieden mit einem kräftigen Handdruck«.

1886, vom 15. Januar:
»Am Freitag war ich bei Iljisch und bat ihn, meine Übersetzungen
von Plestschejews ›Nur vorwärts!‹ und ›Wenn Zweifelsqualen mich
ermatten …‹ am heutigen Tage (als am Jubiläum der 40jährigen
schriftstellerischen Tätigkeit Plestschejews) im ›Herold‹ zum Abdruck
zu bringen. Liebenswürdigst sagte er zu und erzählte mir, er habe in
vielen ausländischen Blättern seine Besprechung meines Kolzow abgedruckt gelesen, nur bereichert durch Zitate; das Lob sei ein allgemeines«.

1886, vom 17. Januar (gelegentlich des Plestschejew-Jubiläums
schrieb er im ›Herold‹):
»Herr Fiedler trug dann mit großem Pathos das von ihm so trefflich
übersetzte schwungvolle Plestschejew'sche Gedicht ›Nur vorwärts!‹
vor (welches ich in meinem letzten Feuilleton gebracht), das mit
großer Begeisterung und anhaltendem Applaus begrüßt wurde. Eine
jede Strophe rief Enthusiasmus hervor, und Herr Plestschejew dankte
gerührt dem jungen talentvollen Übersetzer. Der innigste Wunsch
Herrn Plestschejews war gewesen, seine Dichtungen in deutscher
Sprache zu sehen«.

1886, vom 25. Februar:
»Ich habe vor einigen Tagen Iljisch, dem Flâneur, nachstehende Ge-
dichte von Turgenew gebracht: ›Ballade‹, ›Wenn mir ein Name …‹,
›Frühlingsabend‹ und ›Mondlose Nacht‹. Heute erschienen sie im
›Herold‹ und zwar recht prahlerisch auftretend auf der ersten Seite,
welche Ehre noch keinem Gedichte in dieser Zeitung zu Teil ward«.

1886, vom 1. Oktober:
»Vor ungefähr einer Woche habe ich den letzten Korrekturbogen des
›Boris Godunow‹ erhalten. Iljisch bat mich um das Ganze, und ich gab
es ihm: er will damit zu Bock gehen; vielleicht daß er am 29. Januar,
dem fünfzigsten Todestage Puschkins, einiges auf die Szene bringt«.

(Ist zu Wasser geworden ... F. F., Mai 1902 ... Ich bringe in den
›Täglichen Notizen‹ noch verschiedene seiner Urteile – sämtlich
lobende – im ›Herold‹ über meine Bücher, – aber das ist nicht charakteristisch für ihn. Zudem hab ich sämtliche Besprechungen meiner
Schriften – die mir zugänglich waren – in zwei besondern Heften aufgeklebt, – darunter auch seine). – –

1886, vom 15. Januar (in bezug auf das Plestschejew-Jubiläum):
»Das Diner, à 8 Rbl. pro Person, fand statt um ½ 6 im Restaurant
Poncet (Dusseaux). Fast die ganze Schriftstellerwelt Petersburgs war
zugegen, 120 Personen. Rede folgte auf Rede, und die Stimmung wurde immer matter: man hörte schon gar nicht mehr auf die Oratoren
und unterhielt sich untereinander. Da trat P. I. Weinberg von neuem
vor und sagte mit weithin vernehmbarer Stimme: ›Meine Herrn!
Bis jetzt haben wir nur russische Laute gehört. Hören Sie jetzt das
Gedicht unsres Jubilars ›Вперед без страха и сомненья ...‹[1] in
deutscher Sprache, übersetzt von Herrn Fiedler! ...‹ Ein ›A!‹ der Überraschung erscholl ringsum, und plötzlich wurde alles lautlos still.
Schnell stürzte ich meinen Champagner herunter und begann mit
fester Stimme ›Nur vorwärts!‹ zu deklamieren. Nach jeder Strophe
ertönte es ›Bravo!‹, und als ich geendigt hatte, erhob sich von allen
Seiten ein so einmütiger Sturm von Händegeklatsch, daß ich ganz ver-
wirrt dastand. Plestschejew zog mich an sich. Grigorowitsch schüttelte
meine Hand; alles applaudierte und rief Bravo!, ich verneigte mich
dankend nach rechts und links und wollte auf meinen Platz. Aber das
gelang mir nur schwer, denn alle, welche ich passierte, hielten mich
an: drückten mir die Hand, sagten mir die schmeichelhaftesten
Liebenswürdigkeiten und gratulierten mir zu dem großen Erfolge. Ich
war ganz berauscht. Die Schauspielerin Strepetowa, eine exzentrisch-
nervöse Person, lief auf mich zu und rief: ›Bis jetzt stand ich auf feindlichem Fuße mit der deutschen Sprache – Ihnen ist es gelungen, mich
mit ihr zu versöhnen!‹ Graf Golenistschew-Kutusow sagte mir leise:
›Wissen Sie, was man sich sagt? Ihre Übersetzung sei besser als das
Original!‹ Minskij umarmte mich und rief: ›Nun, lieber, Sie haben
heute einen Triumph gehabt, um welchen Sie selbst Plestschejew beneiden könnte! Sie sind der Held des Abends!‹ Und ich wanderte wie

---

1 ›Nur vorwärts ohne Furcht und Zagen ...‹ (russ.).

eine Seltenheit, von Hand zu Hand, fiel aus einer Umarmung in die andre – feierte in der Tat einen Triumph, den ich vielleicht nie im Leben haben werde!« – – – [...]

Anbei verschiedene Einschriften in mein Autographen-Album!

Als ich das erste Mal im Ausland war, besuchte ich in München Paul Heyse, der mir auf ein Blatt (ich besaß damals das Album nicht) schrieb:

> Durchschweife frei das Weltgebiet,
> Willst Du die Heimat recht verstehn.
> Wer einmal außer sich geriet,
> Wird niemals gründlich in sich gehn.

Am 29. Juni 1885   Paul Heyse. [...]

Ernst Possart.

> Im Glück halt Haus,
> Im Leid – halt aus.

Starnberger See   Ernst Possart.
Juli 1891

(Es war am 30sten, nach meinem Besuche in Tutzing) [...]

[KISLOWODSK,] DEN 23. JUNI 1902

Mit Lamanskij promeniert und von ihm folgendes gehört. [...] Als Tjutschew schon das zweite Mal verheiratet war, verliebte er sich (er zählte bereits etwa siebzig) in die Schwägerin Alexander Iwanowitsch Georgijewskijs; als sie starb (sie liegt auf dem Nowo-Dewitschij-Kloster-Friedhof, wo auch Lamanskijs ihr Erbbegräbnis haben), sah man ihn oft auf ihrem Grabe liegen und weinen. Einmal begegnete Lamanskij auf dem Wassilij-Ostrow dem Kritiker Pissarew, der ihm mitteilte, er sei soeben aus der Irrenheilanstalt entlassen worden. Auch mit Tschernyschewskij war Lamanskij gut bekannt. Er bat Jakow Karlow. Groth, der Zutritt bei Hofe hatte, er möge beim Kaiser um Tschernyschewskijs Freilassung petitionieren, doch Groth weigerte sich: »Tschernyschewskij ist ein schädlicher Mensch«. Groth schmükkte sich bei seinen Arbeiten oft mit fremden Federn und erntete da, wo er nicht gesäet hatte; er war ein ganz unbedeutender Gelehrter. Dostojewskij kam eines Tages, kurz vor seiner Verheiratung mit Anna

Grigorjewna, zu ihm und sagte, er stehe auf dem Sprunge, »ein Verbrechen« zu begehen, dem sicher die »Strafe« folgen würde. Er litt nämlich an Anfällen. Als Lamanskij einmal bei ihm war, begann er, ihm einen solcher Anfälle zu schildern, und zwar mit so physiologisch-psychologischen Ausführlichkeiten, daß es Lamanskij unheimlich wurde. Als Dostojewskij dies merkte, fing er an, die Farben noch greller aufzutragen, führte ihn in den Korridor und zum Klosett, wo er niedergefallen war, und schien eine satanische Wollust zu empfinden beim Anblick des Leidens Lamanskijs. Er war im Gespräch sehr intolerant. Eines Tages gab Lamanskijs Bruder, der verstorbene Direktor der Reichsbank, einen Ball. Dostojewskij und Lamanskij saßen im Rauchsalon; es wurde Karten gespielt, und von nebenan aus dem Saal tönte die Tanzmusik zu ihnen. Und Dostojewskij sprach ein Langes und Breites über die Apokalypse und behauptete, das siebente Tier sei – Amerika. Anna Grigorjewna war, bevor er sie heiratete, seine Sekretärin, die nach seinem Diktat schrieb. Und er schrieb sehr viel, denn er mußte u.a. die Schulden seines Bruders Michail bezahlen. Einmal wäre er beinahe bei dem blutsaugerischen Verleger Stellowskij hereingefallen. Dieser hatte mit Dostojewskij kontraktlich festgesetzt, wenn der von Dostojewskij ihm zu liefernde Roman nicht zur bestimmten Stunde eines bestimmten Tages fertig wäre, so falle ihm für immer das Verlagsrecht dieses Romans zu. Das Werk war einen Tag vor dem Termin fertig, und Dostojewskij ging zu Stellowskij. Dieser aber war verreist und hatte seine neue Adresse nicht hinterlassen. Da ging Dostojewskij zu einem Notar und ließ sich den Tag und die Stunde der Ablieferung des fertigen Romans bescheinigen. Nur so war er gerettet.

[KISLOWODSK,] DEN 29. JUNI 1902

Mit Michailowskij zu den Blauen Bergen gegangen. Das Tier-, Pflanzen- und Mineralreich ist ihm ganz fremd. Hier in Kislowodsk lebt der Schriftsteller Sacharjin (Jakunin). Ich fragte Michailowskij, ob er ihn kenne. »Ganz oberflächlich. Scheint ein tüchtiger Schund (поря-дочная дрянь) zu sein«. Sein Gedicht-Buch wurde in der ›Russkoje bogatstwo‹ getadelt. Er schrieb eine Entgegnung. Michailowskij druckte dieselbe nicht ab, mußte es aber doch infolge des Zensur-Reglements tun. [...] Dann abendbroteten wir bei Gukassow. Sprachen über Vorahnungen. Michailowskij glaubt an dieselben, ihre Existenzberechtigung rein wissenschaftlich erklärend. Die meisten derselben erfüllten sich. So eine: Er zählte damals 22 Jahre (»es war das letzte Mal, wo ich gebetet habe«) und liebte ein Mädchen. Eines Nachts fühlte er ein unbezwingliches Sehnen, sie zu sehn. Er wußte, das sei augenblicklich unmöglich, und bat, heiße Tränen vergießend, Gott, daß sie komme. Da ertönte die Klingel ... ein ... zwei ... zehn Mal. Niemand im Korridor stand auf, um zu öffnen. Auch Michailowskij »seltsamerweise« (почему-то) nicht, obschon ihm die Ahnung sagte, daß *sie* es sei. Und am andern Tage erwies es sich, daß *sie* es war. (Warum er in jener Nacht das *letzte* Mal gebetet, erklärte er nicht; übrigens fragte ich ihn auch nicht danach). Dostojewskij, dessen Genie er (Michailowskij) hoch anerkennt, nannte er als Menschen einen »Taugenichts« (негодяй) ... Einmal, nach einem Gesellschaftsabend, verabschiedeten sich Michailowskij und Gorkij. Letzterer küßte Michailowskij die Hand, und Michailowskij, unwillkürlich, küßte die Hand Gorkijs.

DEN 3. SEPTEMBER 1902

Gestern Baranzewitsch bei mir gewesen. Mit seinem Landhaus in Ssablino ist er nicht zufrieden. Die Erde kostete ihm vierhundert Rbl., das Haus – zweitausendsechshundert. Die Ländereien umher gehören Chitrowos und A. Tolstoj. Budistschew stellt er weit über Gorkij und fast auf gleiche Stufe mit Dostojewskij. Von einer seiner (Budistschews) Erzählungen war er so entzückt, daß er ihm einen begeisterten Lobbrief schrieb. [...]

Begegnete heute Wengerow. Sie sind aus Zarskoje hierher übergesiedelt: Nikolajewskaja 16; doch hat er auch das Quartier auf der Rasjesshaja beibehalten: dort wird er der Familie leben, hier der Schriftstellerei. Seine Liebe zu letzterer und seine peinliche Akkuratesse beweist letzthin folgendes: In dem von ihm herauszugebenden Belinskij, und zwar in dem Bande, der dieser Tage erscheinen soll, findet sich eine kleine Fußnote, daß das von Puschkin für eine Dante-Nachahmung erklärte Gedicht ein Originalgedicht Puschkins sein müsse. Um diese Behauptung mit reinem Gewissen nieder-

schreiben zu können, las er (Wengerow) den ganzen Dante, von A bis
Z, durch. – –

Baranzewitsch-Ergänzung. Nachdem er sich satterzählt hatte (er
kann ohne Ende sprechen; wir saßen zusammen volle sieben Stunden),
bat er mich, meine Sommeraufzeichnungen aus den ›Blauen Heften‹
ihm vorzulesen, und lobte deren Interesse und Nützlichkeit. – –

Heut – Albow bei uns gewesen. Morgen geht's in die Krim. Zu
Tschechow will er nicht hin; Jelpatjewskij sei aus Jalta ausgewiesen.
[…]

DEN 5. OKTOBER 1902

Gestern – erster »Freitag« in dieser Saison bei Slutschewskij. Er nannte
mich Fedinka[1] und meinte, er sei nun frei: ich möge ihm schreiben
und er würde mich besuchen. (Ich habe ihn nie, weder schriftlich
noch mündlich, eingeladen: meine Frau liebt ihn nicht.) Er ist nämlich nicht mehr Redakteur des ›Prawitelstwennyj westnik‹, wird
jedoch eine Pension beziehen; wäre letzteres nicht der Fall, hätte er die
»Freitage« nicht fortsetzen können. (Korinfskij erzählte mir neulich, er
sei mit dem Minister Plehwe in Differenzen geraten; so oft Plehwe
auch in die Redaktion telefonierte, – nie war Slutschewskij anwesend).
Im Park seines Gutes (Hungerburg) ist in mehreren Alleen eine Tafel
angebracht mit dem Namen eines der »Freitäglinge«, die dem »Win-
kel« einen Besuch abgestattet oder (vielleicht auch: und) ihn besungen
haben. Schuf las ein kleines Epos ›Der Kreuzfahrer‹ (Tankred). […]
Drauf las Masurkewitsch ein erotisch-komisches Epos ›Die Spinne‹,
die schwerlich die Zensur wird passieren lassen. Sodann – Wentzel
(Jurjin) zwei Gedichte, die gleichfalls von der Zensur beanstandet
wurden (ohne ersichtlichen politischen Grund). Lichatschow gab ein
paar Zoten von Piron zum besten, und Ssologub las ein dekanden-
tisches Gedicht, in welchem er den Teufel als »mein Vater« apostro-
phiert. Korinfskij trank nichts und schwieg: er war wehmütig
gestimmt. I. I. Ssokolow begann sein Gedicht […]. Man sprach von
der Schwierigkeit, einen Reim auf meinen Namen zu bilden, und
Masurkewitsch sagte nach einigem Nachdenken:

---

1 Koseform für Fjodor. Vgl. die Fußnote zum 22. März 1896.

На Неве, а не на Одере
Я всегда мечтал о Федоре.[1]

Er auch sagte mir in bezug auf meine unvergeßliche Ex-Schülerin (endete Institut im Mai d. J.) Nina Bulatowa (deutsch): »Ich habe noch nie ein entzückenderes Mädchen gesehn! Man möchte sie nur küssen, küssen, küssen!«
Anwesend war nur noch Porfirow.

DEN 16. NOVEMBER 1902

Gestern – Michailowskijs Geburtstag [...] Auch Gorkij (er logiert: Nikolajewskaja 4, im Quartier Pjatnitzkijs) in seiner berühmten Bluse war da. Ich konnte mit ihm nur ein paar oberflächliche Worte wechseln, da er beständig umringt war. Der Besuch der Residenzen ist ihm keineswegs verboten. Er blickt kalt-blasiert und gönnt seinen Verehrern nur höchst selten ein flüchtiges Lächeln. Erzählte mir, er sei kontraktlich an den Übersetzer August Scholz gebunden, dem er seine Dramen und Novellen im Manuskript zustellen muß; ›На дне‹[2] wird in Deutschland russisch gedruckt werden. Sagte Bérlin (!). Erwähnte mehrfach, ein solches Verhältnis mit ausländischen Verlegern sei für ihn sehr vorteilhaft, denn es bringe ihm viel Geld ein. Umsomehr staunte ich, als er mir sagte, er habe mir im Auftrage von Anton Tschechow zwei Rbl. zum Jubiläumsgeschenk für Stscheglow einzuhändigen, habe aber kein Geld bei sich; auch eine Uhr hatte er nicht und fragte mich nach der Zeit. Besonders lange unterhielt sich mit ihm Jakubowitsch. Doch sah ich nicht Baranzewitsch und Mamin mit ihm sprechen; sie saßen zumeist im Speisezimmer, während die übrige zahlreiche Gesellschaft um den gedeckten Tisch im Kabinett saß. Anwesend waren noch: Skabitschewskij, die Letkowa (Ssultanowa), die Schapir, Kuprin, Mjakotin, die Watson, Ssemewskijs, Jushakow. [...]

---

1 An der Newa, nicht an der Oder
  Träumte ich immer von Fjodor (russ.).
2 Wörtlich: ›Auf dem Grunde‹ (russ.). Übliche deutsche Übersetzung: ›Nachtasyl‹.

Michailowskij empfing mich ungemein liebenswürdig und meine Frau noch liebenswürdiger. Wir gingen um 7 abends; es mögen sechzig Personen gekommen und gegangen sein.

DEN 8. DEZEMBER 1902

Gestern stand Mamin Gevatter bei meines Bruders zweitem Sohn. Das Exorzieren des Teufels aus der Seele des Neugebornen (während des Taufakts, wobei die Paten von sich blasen und ausspucken müssen) fand er nicht nur ganz in der Ordnung, sondern erklärte auch, dieser feierliche Augenblick rühre ihn jedesmal bis zu Tränen; der Pfaff war natürlich entzückt, einen Gleichgesinnten gefunden zu haben, während ich vor Staunen über diesen Obskurantismus keine Worte fand. Ich sagte auch nichts, als er die Deutschen schimpfte und dabei tollhäuslerische Grimassen schnitt. Als ich aber seine Versicherung, ein Beafsteak koste in Deutschland über vier Mark (2 Rbl.) bezweifelte, ranzte er mich zu aller Verwunderung an: »*Du* lügst; mein Bekannter aber, der es mir erzählte, lügt nicht!« Ich erwiderte nichts, und der Inzident hatte dabei sein Bewenden. – –

Mein Bruder sagte mir heute, seine gestrigen Gäste seien höchst enttäuscht von Mamin: alle erwarteten, einen echten Schriftsteller vor sich zu sehen, und sahen – einen halb betrunkenen, halb verrückten Ladenschwengel (приказчик). – – – Ergänzung: Er (Mamin) erzählte mir, er habe sich am 15. November mit Gorkij nicht begrüßt: sei vorbeigegangen und habe ihm von weitem kühl zugewinkt. Er bilde sich zu viel ein und sei allzu verwöhnt. Er (Mamin) habe vor ein paar Jahren in Jalta bittere Erfahrungen mit Tschechow gemacht: dieser sei ihm am Meeresquai begegnet und habe ihn fast gewaltsam zu sich in [nach] Autka geschleppt; dann aber sei er augenblicklich im Nebenzimmer verschwunden und gar nicht wieder zum Vorschein gekommen; während dieser Zeit (Mamin saß im Speisezimmer) habe ihm Tschechows Schwester geklagt, ihr Bruder werde so sehr tagtäglich von Besuchern belästigt! Und da ging denn Mamin, ohne sich von Tschechow verabschiedet zu haben. Seit diesem Tage will er mit den beiden Berühmtheiten nichts zu tun haben: »So sind sie alle!«

Ein Stündchen mit Korinfskij im »Kapernaum«. […] Erzählte von den Abenden (Freitags-Abenden) bei Slutschewskij. Letzthin propagandierten Mereshkowskij, dessen Frau, Brjussow und Minskij die Idee, eine Auferstehung nach dem Tode sei nicht nur Menschen, sondern auch Wanzen, Kellerasseln (мокрицы) und Bandwürmern beschieden. Und über diese Frage wurde (während des Abendbrotes!) allen Ernstes deliberiert! Mereshkowskij, der an den Teufel und alle Höllenstrafen nach dem Tode glaubt, meinte (wiederum allen Ernstes), es gäbe für ihn nichts Entsetzlicheres als im Jenseits in ein Faß voll Wanzen gesteckt zu werden. Dann behauptete er, man höre im Sumsen einer sterbenden Mücke den Urquell aller Leiden der ganzen Menschheit. (Ich, F. F., bin der Ansicht, Mereshkowskijs streben in blinder Reklamesucht nur nach Popularität, – denn sie sind viel zu gesund, um solche Hirnverranntheiten überhaupt zu predigen). […]

DEN 26. DEZEMBER 1902

Heut – ein Stündchen bei meinem lieben Wengerow (auf der Rasjesshaja, wo seine herrliche Bibliothek ist und wo seine Schwester wohnt; er hat noch eine andre Wohnung, eine Familien-Wohnung, auf der Nikolajewskaja, 16). »Ich arbeite für Dreie«. Kritisch-biographische Karten für sein Schriftsteller-Lexikon hat er genau eine Million (ließ mich die Schachteln zählen). Bewundernswert ist seine Arbeitskraft und Liebe zur Sache; geht täglich erst um 4 schlafen. Sinaida fertigte in meiner Gegenwart einen kritischen Artikel über russische moderne Schriftsteller – in englischer Sprache nach London ab. – –

Vorgestern, zum Weihnachtsbaum, waren bei mir Albow und Baranzewitsch. Letzterer meinte, Leonid Andrejew sei weit talentvoller als Gorkij. Albow sprach nichts Verzeichnenswertes. Wir trennten uns um vier Uhr nachts. Es waren noch Shicharews. Baranzewitsch machte mir den Vorwurf, warum ich nicht dagegen protestiere, daß man die Sänger Schaljapin und Jakowlew in die Gemeinschaft unsrer »Kameradschaftlichen Diners« wählte. Albow nannte den Priester Petrow einen ›шельма‹.[1]

1 Einen Schelm (russ.).

Gestern – bei Slutschewskij, der geradezu auffallend liebenswürdig
mit mir war und mir mein mehrwöchentliches Fortbleiben vorwarf.
Erzählte von Nekrassow (er starb gestern vor 25 Jahren): Er (Slutschewskij) war damals (1861 [sic!]) ein blutjunger Offizier. Im Januar-
Heft des ›Ssowremennik‹ erschienen von ihm sechs kleine Gedichte
(darunter das ber…üchtigte ›Ходит ветер подбочась …‹[1] [sic!]),
und Nekrassow zahlte ihm dafür volle hundert Rubel; es war sein
(Slutschewskijs) erstes Honorar. Sonst wurde über Nekrassow nichts
gesprochen: keine Erinnerungen, kein kritischer Meinungsaustausch;
übrigens erklärte Lichatschow, daß er Nekrassows Poesien nicht ausstehen könne. Er sagte seine Nachbildung Voltaires:

> Змею Буренин раздавить хотел,
> Но был ужален ею в тело.
> И что ж? Буренин здрав и цел,
> Змея ж на месте околела.[2]

Es war da auch Wladimir Petrowitsch Mjatlew, dessen satirische Gedichte auf den Kaiser und die Minister von Hand zu Hand durch ganz
Rußland gehen. Er deklamierte mehrere; ungemein geistreich. […]
Anwesend waren noch: die Poetissinnen: Vera Romanowa – eine
»Nichte« Porfirows, der sie in die Literatur eingeführt hat und sie »nur
bis zum Fuhrmann« begleiten ging (sie ging vor dem Abendbrot, zum
letzten Zuge nach Zarskoje), was aber eine ganze Stunde in Anspruch
nahm, – und Lydia Petrowna Lebedewa, dann: Avenarius, Wentzel-
Jurjin, Meissner, Masurkewitsch, Schuf, I. I. Ssokolow und Ssologub.
Letzterer machte mir eine Liebeserklärung nach der andern: »Sie haben den Sieg über mich davongetragen! – Ich muß gestehn, daß ich
ziemlich hoher Meinung von meinen Gedichten bin; aber Ihre Übersetzung meines ›In der Schmiede‹ ist besser als das Original: Sie haben
das gesagt, was ich sagen wollte, aber nicht konnte. Und dafür lieb ich

---

1 ›Es geht der Wind, die Hände in die Seiten gestemmt …‹ (russ.).
2 Burenin wollte die Schlange zertreten,
   Indes er selbst von ihr gebissen wurde.
   Na und? Burenin ist gesund und frisch,
   Die Schlange aber verreckte auf der Stelle (russ.).

Sie!« Dann – nach dem Abendbrot um 2 – schleppte er mich (obige
Erklärung machte er mir im Schlitten, nicht bei Slutschewskij) zu
Palkin, wo er Champagner auftischte. Erzählte von seiner lediglich
ästhetischen Liebe zu Knaben von 13 – 16 Jahren. Er läßt seine Schüler
sich völlig entkleiden und bewundert ihre Reize, wobei er in »göttliche
Ekstase« verfällt. Das weibliche Geschlecht sei nackt bei weitem nicht
so schön und – fühle sich kalt an. Bedauerte, er empfinde bei diesem
Beschauen und Betasten gar keine sexuellen Triebe. Zur Befriedigung
der letzteren diene ihm – er selbst, ganz allein. Dann predigte er einen
geschlechtslosen Sadismus. [...]

Heute – »Kameradschaftliches Diner« bei Palkin. Es kamen nur:
Albow, Mordowzew, Nemirowitsch-Dantschenko (der auf dem Diwan
schlummerte: er schlief die ganze Nacht nicht, denn gestern erfolgte
in seiner Gegenwart der plötzliche Tod seines Freundes, des Malers
Jegornows; gab an, er zähle 58 Lenze), Chirjakow, Barjatinskij und
Potapenko. Es war recht ledern-langweilig, so daß ich hier absolut
nichts zu verzeichnen habe. – Mit Albow ging ich nach »Kapernaum«.
Durch Vermittelung Ismailows hat ihn der Verleger Ssojkin für 250
Rbl. seine ›Waise‹ abgekauft. Wir sprachen über Ant. Tschechow und
Gorkij als Dramatiker. Von ersterem meinte Albow, er sei tief, von
letzterem, er sei breit. Er ist sehr gegen Leon. Andrejew [...] – – –

DEN 3. JANUAR 1903

Eben von mir Jelpatjewskij gegangen. Bewunderte mein Museum,
meinte, er achte mich nun ungeheuer und daß nur ein Deutscher eine
so ausdauernde Sammelarbeit verrichten könne. [...] Zeigte mir eine
Menge Familienportraits Leo Tolstojs. Im Frühling, wo letzterer
sterbenskrank war, fuhr er (Jelpatjewskij) über den Tag aus Jalta nach
Gaspra und dejourirte von 8 abends bis 8 morgens an seinem Bett:
spritzte ihm Kampfer ein, gab ihm Digitalis und ließ ihn Champagner
trinken. So wurde Tolstoj dem Leben erhalten. Zuvor, als er fest vor
seinem nahen Tode überzeugt war (er liebt das Leben und fürchtet das
Sterben), meinte er zu Jelpatjewskij, er habe mal einen guten Bekannten gehabt, dessen Kalesche über und über von Schmutz bedeckt war;
als Tolstoj ihm riet, denselben zu entfernen, meinte der Bekannte, die
Kalesche werde nur durch den Schmutz zusammengehalten und

würde nach Entfernung desselben auseinanderfallen; ebenso würde er (Tolstoj) sterben, wenn seine Krankheiten behoben werden würden. Dann, nach Beseitigung der Todesgefahr, bedauerte Tolstoj, daß er am Leben geblieben: er habe sich so gut körperlich und seelisch auf das Sterben vorbereitet! Dabei hänge er jedoch am Leben mit allen Fibern. Als Mensch sei er außerordentlich klug und außerordentlich listig (лукавый), der ausgesprochene »Burmistr«[1] der Zeit vor der Aufhebung der Leibeigenschaft. Der modernen Literatur gegenüber sei er ein ›идолище поганое‹[2]: er möchte sie alle verschlingen, die seinen Ruhm auch nur zeitweilig in den Schatten stellen; nur die Toten lasse er gelten. So sei er abwehrend gegen Ibsen. Korolenko habe ihm vor ein paar Jahren einen Brief geschrieben, in dem er sich gegen seine (Tolstojs) finanz-wirtschaftlichen Theorien erklärte. Im Frühling war Korolenko in Jalta, und Jelpatjewskij veranstaltete eine Begegnung der beiden in Gaspra. Das Gespräch war ein »kulturelles«, doch fühlte man's heraus, daß die beiden aus ganz verschiedenem Teige geformt seien und ganz verschiedenen Weltanschauungen huldigen. In bezug auf Gorkij sei Tolstoj einer solchen Meinung, daß diese sich, ihres streng intimen Charakters wegen, nicht wiedergeben lasse; Tolstojs Worte (s. Lamanskij), er hätte Gorkij eine schwarze Kugel gelegt,[3] seien völlig harmlos. Überhaupt, versicherte Jelpatjewskij, seien ihre Gespräche während der letzten schweren Krankheit Tolstojs derart sensationell gewesen (namentlich die der Gattin mit dem Gatten), daß eine Wiedergabe derselben die höchste Indiskretion wäre. – – [...]

DEN 11. JANUAR 1903

Gestern – bei Slutschewskij. Ich kam, wie immer, um ½ 12. Vor dem Abendbrot gingen: die Lebedewa, Korinfskij (in die Redaktion des ›Prawitelstwennyj westnik‹ zur Nachtarbeit; sein neuer Chef, der

---

1 Der vom Gutsbesitzer eingesetzte Verwalter über das Landgut und die Leibeigenen in Rußland (vor der Zeit der Reformen der sechziger Jahre des 19. Jhs.). — 2 Wörtlich: ekelhaftes Untier; Schreckgespenst (russ.). Eine märchenhafte Gestalt in russischen Bylinen, die meist das feindliche Heidentum verkörperte. — 3 Bei den Wahlen der Akademie der Wissenschaften wurde Gorkij im Februar 1902 zum Ehrenmitglied gewählt. Nach dem Befehl des Zaren hat man den Entschluß widerrufen. Vgl. die Fußnote zum 21. Februar 1889.

Ssergej Jelpatjewskij. – *Widmung:* »Für F. F. Fiedler S. Jelpatjewskij.
Jalta 5. Mai 1902« (russ.).

Redakteur Kulakowskij, ist recht streng) und Fürst Kassatkin-
Rostowskij. Als ich mich an den Abendbrottisch setzen wollte und an
Mereshkowskij vorbeitrich, nahm er meine Hand, zog mich nieder,
küßte mich und sagte: »Sie wissen, wie mein Herz an Ihnen hängt (к
Вам лежит)! Aber mein Ehrenwort, ich konnte nicht die Zeit finden, zu Ihnen zu kommen!« Es wurde ein politisches Gespräch
geführt. Man meinte, die Autokratie in Rußland müsse des Volkes
wegen weiterexistieren, doch die verderblichen Minister müßten fort
und an ihre Stelle Auserwählte des Volks. Mereshkowskij propagandierte die »bürokratische Ochlokratie«. Tschernigowetz (er und Wass.
Nemirowitsch-Dantschenko duzten sich) meinte, es herrsche jetzt
die »Chamokratie« (ein Cham ist ein Lakai über Knechten, den cho-
lopy ... F.) und wir durchleben jetzt den Prozeß der Selbstbelakaiung
(самоохамление). Jemand meinte, es sei für Rußland zu früh, ein
autokratischer Staat zu sein. »Nein, zu spät!« entgegnete Mereshkowskij. Letzterer erklärte auch: »Das Oben ist jetzt das Unten geworden«
(верх теперь низ). Unpolitischen Charakter trug das Folgende.
Man fragte die Sin. Mereshkowskaja, wer der Zensor ihres Leiborgans
›Der neue Weg‹ sei, und sie antwortete: »Unser Oberhausknecht«.
Mereshkowskij meinte, Verse seien »für uns« überflüssig, »wie Blumen
und Tau«, doch dem Publikum »unumgänglich, wenn auch unnötig«
(необходимы, но не нужны). Dann sprach man über den Teufel,
und Mereshkowskij erklärte, dieser sei kein Fürst, sondern ein Cham
(gebietender Lakai über gehorchende Knechte). Gorkij nannte er
(Mereshkowskij) das »direkte Produkt unsrer Zeit« und hält ihn für
sehr talentvoll. Doch viel talentvoller als Gorkij sei Leonid Andrejew
in seiner Novelle ›Im Nebel‹.

Anwesend (auch während meiner Anwesenheit) waren außerdem:
Leutnant S., Porfirow mit seiner Nichte (?), der Romanowa (sprach
kein einziges Wort), Gribowskij, Ssologub und die Allegro (zeichnete
in ihr Skizzenbuch ein paar sehr unähnliche Portraits der Anwesenden).

DEN 19. JANUAR 1903

Gestern einen Augenblick bei Mereshkowskij. Er zeigte mir die Übersetzungen seines ›Julian‹ und ›Leonardo‹ ins Deutsche, wies mit Genugtuung darauf hin, daß Muther den ›Leonardo‹ für das beste Buch

über diesen Mann erklärte, und suchte eifrig nach den Prospekten des Verlegers, in welchen er in eine Reihe mit Ebers und Sienkiewicz gestellt wird. »Hm ... mein Ehrgeiz geht etwas höher hinauf!« Im Speisezimmer saßen neben der Sinotschka – Minskij und die Sin. Wengerowa. Wir schwatzten und lachten, doch nur ein paar Minuten, denn ich mußte zum »Kameradschaftlichen Diner«.

An demselben beteiligten sich: Mamin (erzählte zotige Anekdoten, trank 7 Schnäpse und drei Flaschen Bier und verließ uns schon um 8: mußte heim nach Zarskoje fahren. Die Dressur hat gut angeschlagen!), Baranzewitsch, der Priester Petrow, S. N. Kriwenko, Potapenko, Chirjakow (kam eben aus Jasnaja Poljana an; Tolstoj fühlt sich wohl und schreibt; Mereshkowskijs Bücher über ihn habe er nicht gelesen: sie seien zu groß und weitläufig), Dr. Tomaschewskij, Barjatinskij (tippte Chirjakow auf den Kopf und küßte ihn; erzählte viel von seinen und seiner Frau Scherereien mit Plehwe, der der Ansicht ist, daß sie beide die Studenten gegen die Regierung aufreizen; war zuletzt tüchtig bechampagnert), Jelpatjewskij und Kuprin (ist am 3. d. M. Vater geworden; trank mit mir Bruderschaft und war schließlich ganz fertig, so daß er nicht grade stehen konnte). Harmloses Geplauder und Lachen durcheinander. – – – [...]

DEN 20. FEBRUAR 1903

[...] Im kürzlich erschienenen Buche Ismailows ›Рыбье слово‹[1] wird auf S. 74 die Bekanntschaft eines Reporters mit Dostojewskij erzählt. Dieselbe beruht auf meiner »Bekanntschaft« mit dem letzteren; ich habe mehrfach diesem und jenem Schriftsteller dieselbe geschildert, so daß auch Ismailow davon gehört haben muß. Mehrfach wollte ich auch hier darüber berichten, aber ich vergaß es immer, oder es trat etwas dazwischen. Nun aber will ich's tun, und ganz in Kürze:

Ich war damals entweder Schüler der letzten Gymnasiumsklasse oder Student des ersten Kursus. Jedenfalls war es im Winter, denn Dostojewskij hatte einen Pelzpaletot an. Ich war schon zu jener Zeit ein fanatischer Verehrer eines jeden Schriftstellers. Eines Tages sah ich Dostojewskij auf dem Newskij, vor der katholischen Katharinen-

1 ›Das Wort des Fisches‹ (russ.).

Kirche, unweit vom Uhrengeschäft Winterhalters stehen. Er hatte
seine goldene Uhr hervorgezogen und kontrollierte die Zeit mit derjenigen auf der runden Fensteruhr bei Winterhalter. Wie angewurzelt
blieb ich ihm zwei-drei Schritte gegenüber stehn und starrte ihn an. Er
sah mich flüchtig an und sah wieder nach der Uhr und nach rechts
zum Magazin. Ich stand da, mit ausgespreizten (растопыренными)
Armen. Er blickte wieder auf, nachdem er die Uhr eingesteckt hatte.
Ich stand und schmachtete ihn an. Er zuckte zusammen, zog wieder
die Uhr hervor und schaute hin, ohne hinzuschauen: es war ein Ver-
legenheitsmanöver. Ich stand und vergötterte ihn. Endlich warf er mir
einen schnell-zornigen Blick zu und spuckte rechts aus, wonach er sich
abwendete. Nun aber eilte ich davon.

DEN 10. APRIL 1903

Am 7. d.M., gelegentlich der Erstaufführung von Gorkijs ›Auf dem
Grunde‹[1] (das Stück hatte einen sehr mittelmäßigen Erfolg – s. mein
gestriges Feuilleton im ›Herold‹) sprach ich Anat. Fjodor. Koni, der
mir bei jeder Begegnung Komplimente für meine Übersetzungen
macht. Diesmal sagte er: »Ich lese jeden Sonntag Ihre meisterhaften
Übertragungen Polonskijs. Daß sie schöner sind als das Original, das
versteht sich bei Ihnen von selbst; hier aber bemerkte ich außerdem
noch eines: die Verse sind … hm … klüger als Jakow Petrowitsch sie
geschrieben hat und sie hat schreiben können«. (Es ist bekannt, daß
sich Polonskij durch besonderen Verstand nicht auszeichnete. F.)
    Michailowskij gefiel das Stück gar nicht.
    Weinberg verließ das Theater nach dem dritten Akt, ganz gebro-
chen, und lächelte mir verständnisinnig zu, als ich ihn fragte: »Sind
Sie *schon* krank geworden?«
    Potapenko wird sich übermorgen am »Kameradschaftlichen Diner«
nicht beteiligen: er fährt auf sein Gut (к себе в деревню). Auf meine
Frage, ob er's schon gekauft habe, sagte er : »Beinahe«. – – – […]

1 Vgl. die Fußnote zum 16. November 1902.

[LÜBECK,] DEN II. / 24. JULI 1903

Hier in Lübeck war ich den Tag über – wie in allen andern deutschen
Städten – auf der Suche nach Schriftsteller-Postkarten. Das Ergebnis
war, wie überall, ein klägliches. Wie überall, sagte man mir in den
Papierhandlungen, Buchläden etc., dieser Artikel werde von niemand
begehrt; dafür bot man mir die Schauspieler-Berühmtheiten loci an,
auch exotische, wie die Cavalieri, Cleo de Merode etc.; auch Musiker
in Menge. Und ich besuchte in jeder Stadt wenigstens 30 solcher
Geschäfte. Hier fand ich kein Postkarten-Portrait Geibels (nur sein
Denkmal, das jedoch mit zu den Stadtansichten gehört), noch auch
der Boy-Ed. Vergebens suchte ich in Hamburg: Otto Ernst, Gustav
Falke, Rich. Dehmel und Liliencron; vergebens in Bremen – Bult-
haupt und Fitger; vergebens in Leipzig – Gottschall; vergebens in
Dresden – Koppel-Ellfeld, Rob. Prölß, Adolf Stern, Avenarius; vergebens in Berlin – die Viebig, Dreyer, Dora Duncker, Frenzel, Gen-
sichen, die Brüder Hart, Hollaender, Hans Land, L'Arronge, Meyer-
Förster, Pantenius, Trojan, die Vely, Samarow, Ed. v. Hartmann,
Mauthner, Bleibtreu, Holz. Und das sind doch Stadt-Lumen der
Schriftstellerwelt. Man bot mir nur solche an, die ich mir (in den allerverschiedensten Posen) bereits in Petersburg angeschafft hatte (oder
aber während meiner früheren Bereisungen Deutschlands). Überall in
den Läden war man anfangs stutzig bei meiner Frage: »Haben Sie
Postkarten mit den Portraits von Schriftstellern, Dichtern?« Die Antwort lautete entweder: »Bedauere, die haben wir nicht: es ist gar keine
Nachfrage danach« oder: »O, gewiß« – und dann gab man mir alte
(d. h. solche, die ich bereits besitze; und ich habe von einzelnen Personen manchmal fünf verschiedene Aufnahmen): Schiller, Goethe,
Sudermann, Hauptmann, Wildenbruch und, vereinzelt, Spielhagen.
Ich hoffte, hier im Lande solcher Karten wenigstens 600 [?] zu finden,
und fand (Finnland und Schweden einbegriffen) genau 200 (mit den
nichtdeutschen gerechnet).[*] »Wir Wilde sind doch bessre Menschen«[1]

* Und zu solchen Schriftsteller-Karten zähle ich auch: Bismarck, Bebel, Leo
XIII., die vielen Luther-Denkmäler, die Oskar-Portraits, die Schloßterrasse in
Helsingör, mehrere Aufnahmen von Auerbachs Keller u.s.w. u.s.w.

1 Zitat aus dem Gedicht J. G. Seumes ›Der Wilde‹ (1801).

– in dieser Beziehung, und da hat sich nun »das Land der Dichter und
Denker« vor uns blamiert. Denn wenn ich in Petersburg drei Albums
von deutschen und zwei von ausländischen Schriftstellern besitze, so
hab ich ihrer von den russischen ganze sechs oder sieben – ein ge-
waltiger Prozentunterschied angesichts der Quantität russischer und
nichtrussischer Schriftsteller! ... Von Russen bot man mir in Deutschland nur an: Leo Tolstoj, Gorkij und Tschechow (und das nur selten
und nur in einer Pose, namentlich den letztern; in Berlin sah ich
Schauspieler-Typen aus dem ›Nachtasyl‹, recte: ›Auf dem Grunde‹).
Außer in den bereits erwähnten Städten suchte ich noch in: Altona-
Ottensen (fand nur Klopstock), Wandsbek (fand nur Math. Claudius),
Hannover – nichts, Göttingen – nichts, selbst das Bürger-Grab nicht,
Nordhausen, Rossla und Eisleben – nichts, Luther ausgenommen
(und auch in bezug auf Luther nur spärlich), Halle – nichts, Leipzig –
nur das neuenthüllte Goethe-Denkmal und den Auerbach'schen
Keller, in Gohlis und Loschwitz nur das Äußere der Schiller-Häuser,
in der Sächsischen Schweiz – nichts. – – [...]

[MARSTRAND, SCHWEDEN,] DEN 28. JULI/10. AUGUST 1903

Shicharew erzählte von Leo Tolstoj. Als vor drei Jahren Shicharews
Vater starb, kam zur Beerdigung Graf Adlerberg, der ein Gut drei
Werst[1] entfernt von Jasnaja Poljana besitzt. Dieser erzählte von Tolstoj,
er habe kürzlich mit ihm über Jagd gesprochen und Tolstoj habe ihm
versichert, er habe diese barbarische Leidenschaft in sich völlig unter-
drückt. Ein paar Tage darauf begegneten sich die Freunde wieder, und
Tolstoj erzählte Adlerberg, er sei neulich über Feld geritten, mit zwei
Windhunden. Plötzlich sei zwischen den Beinen seines Pferdes ein
Hase aufgetaucht, und Tolstoj konnte sich nicht halten: er hetzte die
Hunde auf den Hasen und ritt ihm im Galopp nach; doch der Flücht-
ling rettete sich. »Ja, was die zur Leidenschaft gewordene Gewohnheit
macht!« seufzte Tolstoj lächelnd.

1 Altes russisches Längenmaß (ca. 1,067 km).

DEN II. AUGUST 1903

Gestern kam Faressow, um von mir einiges Material für seinen Tolstoj-Artikel (zum 28. d. M.) zu nehmen. Erzählte, er habe Tolstoj in Moskau besucht und ihm sodann zur Begutachtung einen Artikel zugesandt, in welchem er Tolstojs kritische Bemerkungen über moderne russische Schriftsteller bringt; doch Tolstoj habe ihn gebeten, die Veröffentlichung zu unterlassen: »Lassen Sie mich in Frieden mit den Menschen sterben!« Tolstoj geht nämlich mit einigen streng ins Gericht; so nennt er Korolenko und Gorkij »Ausdenker« (выдумщики) und Potapenkos Romane »unmoralische Unfläterei« (безнравственная пакость). Faressow zeigte mir einen Brief Tolstojs an Leskow, in welchem Tolstoj seinem Glauben an ein jenseitiges Leben Ausdruck verleiht. [...]

DEN 28. AUGUST 1903

Ich schickte heut an Tolstoj zu dessen 75. Geburtstag ein Telegramm, von dem Verschiedene behaupteten, es würde die Depeschen-Zensur nicht passieren, obschon der Text deutsch gehalten ist. Es hat folgenden Wortlaut: »Heil dem allerchristlichsten König der russischen Literatur«. [...]

DEN 26. SEPTEMBER 1903

Endlich, endlich gestern der Einladung der Grinewskaja Folge geleistet. Was ich gefürchtet, traf ein: sie bat mich, ihr Vers-Drama ›Der Bab‹ zu übersetzen.

Anwesend war nur noch Karpow nebst Frau, der verschiedene Schnurren zum besten gab. – Klagte, es gebe jetzt keine russische Kritik, sondern nur Gevatterschaft und Nepotismus. – Meinte von Trachtenberg, derselbe sei ein сочинитель,[1] aber kein писатель[2] und blähe sich unmäßig auf; die Maiskaja sei das richtige »Heftpflaster«. – Erzählte von Gleb Uspenskij. Er sprach über die affektiert seltsamen Titel, die Leskow seinen Erzählungen zu geben liebte (wie:

---

1 Verfasser (russ.). — 2 Schriftsteller (russ.).

›Три праведника и один шерамур‹,[1] ›Дама и фефёла‹[2] u.a.), und meinte, er werde eine Erzählung schreiben: ›Огуречный удав‹;[3] ein Dorfpop erstickt (давится) an einer Gurke … Zu trinken liebte er (Gl. Uspenskij), den Umgang mit Weibern jedoch nicht … Meine Frau erzählte: Als sie sich noch bei Nesterow kurierte, erzählte ihr dieser, Fofanow habe ihm gesagt, er beabsichtige, ein Poem zu schreiben: ›Die Schlange unter Rosenasche‹.

DEN 8. OKTOBER 1903

Begegnete heute auf dem Newskij Lichatschow. »Ich habe dir 48 meiner Gedichte teils aufgeschrieben, teils aus Zeitungsausschnitten aufgeklebt. Auch will ich dir zwei Übersetzungen von Scholz aus Gorkij schenken: für *den* Mann hab ich keinen Platz in meiner Bibliothek!«

DEN 2. DEZEMBER 1903

Gestern bei der Watson zum Geburtstage. Ich meinte zu Korolenko, er müsse an und nach dem Tage seines Jubiläums sehr ermüdet gewesen sein, doch er entgegnete: »O, gar nicht! Während des Jubiläums war ich ganz ruhig. Um drei ging ich schlafen, wachte um 8 auf und war wiederum ganz ruhig«. – »Hat Ihnen Anton Tschechow ein Telegramm geschickt?« – (Nach kurzem Nachdenken zögernd): »J-a«. – »Und Gorkij?« – »Ich weiß nicht, denn ich habe noch nicht alle Telegramme gelesen«. […]

DEN 8. DEZEMBER 1903

[…] Gestern – zur Nachmittagsvorstellung des ›Armen Heinrich‹ im Kleinen Theater. Auf mich zu trat Burenin (er ist der Übersetzer) und fragte: »Herr Fiedler?« – »Ja«. – »Bitte, gehen Sie nicht zu streng mit mir ins Gericht! Ich zolle Hauptmann die größte Hochachtung und Liebe, und nicht aus Eigendünkel (самомнение) hab ich's gewagt (дерзнул), aus den fünf Akten vier zu machen; es geschah dank der Forderung der Zensur. Darum seien Sie, bitte, nachsichtig!«

1 ›Drei Gerechte und ein Cheramour‹ (russ.). — 2 ›Die Dame und das Frauenzimmer‹ (russ.). — 3 ›Der an einer Gurke Erstickte‹ (russ.).

Ich war sprachlos über diese Bescheidenheit und Sanftmut. Statt eines bissigen Köters – ein Schmeichelkätzchen!

Dann – eine Visite gemacht dem kranken Kuprin (Unterleibs-Typhus); es geht schon besser; [...] Stellt gleich nach Dostojewskij und Tolstoj – Anton Tschechow. Letzterer meinte mal zu ihm über Jelpatjewskij: »Wozu schreibt er unter diesem Pseudonym?« – »Das ist kein Pseudonym, sondern sein eigentlicher Name«. – »Nein, sein eigentlicher Name ist Nestor Kukolnik!« – – [...]

DEN 3. JANUAR 1904

Gestern besuchten uns Kuprin nebst Frau. Beide sehr nett. Er schwärmt für Tschechow. »Er sagt mit einem einzigen Adjektiv mehr als wir auf fünf Seiten uns zu sagen bemühen, denn im Vergleich mit ihm sind wir dumme Kinder, die an einem nassen Lappen lutschen!« – – – [...]

DEN 31. JANUAR 1904

Gestern – Michailowskijs Beerdigung. Es ist eine Ironie des Schicksals, daß die ganze Zeit über an der Leiche im Quartier, Tag und Nacht, eine schwarze Nonne ihr erkünstelt monoton-klägliches, blödsinniges unendliches »Господи, помилуй … Господи, Господи, Господи, Господи, Господи«[1] (u.s.w. – mit Grazie in infinitum!) babbelte. Aber so verlangt's der Ritus der orthodoxen Kirche, gegen den sich die Hinterbliebenen nicht wehren können! Diese Nonne machte streng-erstaunte Augen, als sie sah, daß niemand, der zur Leiche trat, ein Kreuz schlug. Und eine Ironie des Schicksals wollte es, daß gerade um ½ 11, als der Sarg aus der Wohnung in die gegenüberliegende Kirche getragen wurde, auf allen Kirchen die üblichen Glockentöne zur Messe erklangen.

Es war eine Menschenmenge, wie ich sie seit Turgenews Beerdigung nicht gesehen: ein Schutzmann, der geübten Auges den ganzen Platz übersah, sagte mir, er schätze sie auf 4 bis 5 Tausend. Eine Unmasse

---

1 »Gott, erbarme Dich unser, Gott, Gott, Gott …« (russ.).

Studenten und Kursistinnen (eine häßlicher als die andre!). Und noch
etwas, das seit Turgenews Beerdigung verboten worden war: der Sarg
wurde den ganzen weiten Weg bis zum Wolkowo-Friedhof getragen
(auf den Schultern, so daß das weiße Metall weithin erblinkte); die
Studierenden bildeten um denselben mit den verschränkten Armen
eine breite Kette, und eine Menge andrer Studierender beiderlei
Geschlechts schritt voran und sang den ganzen Weg über ›Святый
Боже‹[1] und ›Вечная память‹.[2]* Hinten auf dem bebaldachinten
Leichenwagen hing unter anderen Kränzen einer mit blauen Metall-
blumen und weißen Bändern, die die weithin lesbare Aufschrift
trugen: »От сидящих в доме предварительного заключения«,[3]
am Baldachin, links, hing ein andres Kreuz, dessen rote Bänder besagten: »От интеллигентного пролетариата«.[4] Dem Leichenwagen
folgten drei andre Gefährte, die über und über von bebänderten
Kränzen (zumeist von Metall) bedeckt waren. Die Polizei (auch zu
Pferde) – über fünfzig an Zahl – war die Liebenswürdigkeit selbst und
mischte sich in nichts drein, so daß musterhafte Ordnung herrschte.

Den Sarg trug auch Gorkij eine Zeitlang. Langer Paletot mit Ba-
raschka-Kragen, eine dito hohe, etwas zurückgeschobene Mütze; rost-
braune (wohl gefütterte) Handschuhe; er entblößte die Rechte, als er
stark die meinige drückte; ich sah ihn mit niemand sprechen, denn
Pjatnitzkij hütete ihn wie ein Otello. – Geradezu majestätisch war die
Bojarenfigur Jassinskijs mit der Löwensilbermähne. – Die, welche ich
zu sprechen wünschte, konnte ich auf dem Friedhof nicht finden (so
Albow). – Der alte Ssuworin meinte zu Weinberg: »Na, wo werden
Sie denn hier liegen?«, worauf dieser ruhig antwortete: »Ich habe mir
einen Platz im Alexander-Newskij-Kloster gekauft«.

Infolge des Gedränges konnte ich die Beerdigung selbst nicht sehen,
auch von den Reden hörte ich nur ein paar Laute. […]

* Auch versuchsweise ›Не бил барабан …‹[5]

1 ›Du, allerheiligster Gott‹ (russ.). — 2 ›Ewiges Gedenken‹ (russ.). — 3 »Von
den im Untersuchungsgefängnis Einsitzenden« (russ.). — 4 »Vom gebildeten
Proletariat« (russ.). — 5 ›Es schlug keine Trommel …‹ – die Anfangszeile des
in Rußland bekannten, von I. I. Koslow aus dem Englischen 1826 übersetzten Gedichts Ch. Wolfes ›Auf das Begräbnis des englischen Generals Sir John Moore‹
(1816).

1. APRIL 1904

[…] Ich komme soeben von der Premiere von Tschechows ›Kirschgarten‹. Die Darsteller wurden nach jedem Akt 3-4 Mal hervorgerufen, zum Schluß gegen acht. Auch nach dem Verfasser, als das Stück aus war, riefen etwa dreißig Stimmen – und das Haus war ausverkauft! Der Erfolg war somit ein ganz lauer.

In der zweiten Reihe saß, ohne seinen Lehnstuhl auch nur ein einziges Mal während der Zwischenpausen verlassen zu haben, neben seinem Famulus Pjatnitzkij – Gorkij (in seinem traditionellen Kostüme). Das Publikum bebinoklierte ihn,[1] er aber drehte nicht den Kopf. Ich beobachtete ihn und sah, daß er kein einziges Mal applaudierte. Nur mit der (auf der Bühne agierenden) Schauspielerin M. F. Andrejewa wechselte er ein Lächeln. Es ist schon lange kein Geheimnis mehr, daß er sich von seiner Frau scheiden lassen will, um die Andrejewa nach erfolgter Scheidung von ihrem Mann (beide sollen sehr bemittelt sein) zu ehelichen. – Trachtenberg meinte leise, von mir nach seiner Meinung von dem Stück befragt: »Man würde mich für einen ästhetischen Barbaren halten, sollte ich meine Ansicht laut aussprechen. Aber ich meine, zu diesem Stück paßte sehr als Devise die Gouvernante Charlotte Iwanowna als Kunststückmacherin«.[2] – Hinter mir saß Amfiteatrow. Alle nach dem ersten Obmanow-Feuilleton in der ›Rossija‹ als Handschriften und in Übersetzungen erschienenen Fortsetzungen sind apokryph. »Ich habe in der ›Oswoboshdenije‹ ein kurzes Dementi veröffentlicht, obgleich Struwe meinte, ich sollte es nicht, da das Buch einen wohltätigen Zweck verfolgt. Dann zahl ich lieber die nötige Summe, als zu gelten für den Verfasser von dem, was ich nicht verfaßt!« Lud mich zu sich nach Zarskoje ein, an Donnerstagen. – Ich sah, wie Breschko-Breschkowskij um Burenin scharwenzelte, der ihm nur kalt zunickte und sich auf seinen Platz begab. – Sah: Awssejenko, Lamanskij, die Tschumina, Andrejewskij, die Maysel (Maiskaja), Falkowskij, die Gurewitsch, Notowitsch, Jablonowskij, die Tjufjajewa-Peschkowa, Ismailow, Beshetzkij (Maslow); sprach kurz: Weinberg, die Grinewskaja, Wentzel (Jurjin), Lejkin, Karpow

1 D.h. schaute auf ihn durch ein Binokel. — 2 Die handelnde Person aus Tschechows Drama ›Kirschgarten‹.

(diese beiden sprach ich übrigens nicht), Dalin, Dalmatow, A. A.
Plestschejew und Kotljarewskij.

DEN 13. APRIL 1904

Zehn Uhr abends. Eben Mamin von mir gegangen, der mich vergebens quälte, mit ihm in den Tingeltangel an der Ssimeonow'schen
oder Ssemjonow'schen Brücke zu fahren. […] »Ich kenne die russische
Sprache wie niemand unter den lebenden Schriftstellern! Wirklich
russisch gekannt haben nur: Leskow, Petscherskij, S. W. Maximow
und Awerkijew.* Die übrigen kennen kein Russisch: das sei Buch-
Sprache, aber nicht Volkssprache. Die früheren: Puschkin u.s.w. sprachen erst ausländisch und dann russisch. Ich kann die russische
Sprache nicht leiden, so daß ich nie das Geschriebene überlese und
auch keine Korrekturen erledige; vielleicht einmal in zehn Jahren
blättre ich in einer meiner Novellen oder einem meiner Romane.
Denn es klingt gräßlich, dieses asiatische ты, мы, который![1] Wie
schön klingt: si vous n'avez rien à me dire (Mamin hatte dabei
eine echt »asiatische« Aussprache!! F. F.) – und dabei das russische:
Если вы ничего![2] Und das bei einer Liebeserklärung! Nein, in
phonetischer Beziehung ist die russische Sprache eine Tiersprache!
Wie lächerlich klingt da Turgenews Vermächtnis: ›Liebet die russische
Sprache!‹«[3]

Mamin meinte, außer den umseits genannten vier haben alle übrigen die russische Sprache aus ausländischen [Sprachen] gelernt und
schreiben einen Stil, als ob's eine wörtliche Übersetzung sei.

Tolstoj schreibe gleichzeitig in allen Sprachen, nur nicht russisch.
Turgenew gebe sprachliche Musik – aber ausländische. Gogols viel-
bewunderte Naturschilderungen seien Rhetorik und atmen Buch-,
aber nicht Volksluft.

Tschechow, sogar Gorkij, schreiben keinen russischen Stil. Gl.
Uspenskij schrieb ihn verhältnismäßig, solange er kein belletristischer

---

* Mamin war sehr erstaunt, als ich ihm sagte, Awerkijew lebe noch.

1 du, wir, welcher (russ.). — 2 Wenn Sie [mir] nichts [zu sagen haben]!
(russ.). — 3 Vgl. die letzte Fußnote zum 28. August 1897.

Publizist geworden. Viel talentvoller als er und ein echter Schriftsteller sei Slatowratskij, der indes nicht russisch schreibe. Der Stil Albows sei nur eine Übersetzung Dickens' ins Petersburger Russisch, das schon längst kein Mensch mehr spreche und lese.

Sehr, sehr gut schreibe Korinfskij, doch entlehne er zu viel den Bylinen.

Ich meinte, Kuprin werde es mit seinem Talent noch zu etwas bringen, Mamin jedoch verneinte es: »Talent ist – Arbeit, und Kuprin tut nichts als bummeln!«

Empört ist Mamin über Potapenko: »Ein netter Schriftsteller, der seine Tochter Ballerine werden läßt und mit Befriedigung zuschaut, wie sie ihre F… vor Glatzköpfen hin und her dreht!«

Erzählte von sich, daß er manchmal drei Stunden lang im Gehen eine Seite überdenke, bevor er sie niederschreibe, – dann aber ändere er auch kein Wort mehr.

DEN 15. APRIL 1904

Heut, eingeladen, bei Amfiteatrow in Zarskoje (Ecke Konjuschennaja und Srednjaja, Haus Witz). Sehr nett und hübsch (es gibt fast gar keine hübschen russischen Schriftstellerfrauen!) ist seine Lebensgefährtin, die Illaria Wladimirowna Raiskaja. Sehr resolut – beider 2 ½ jähriges Söhnchen, das eine deutsche Gouvernante hat. Zum Mittag gab's Chianti und Cruchon aus Vino d'Asti. Tisch-Gespräche: kulinarische (über die besten ausländischen Hotels und Restaurants), über Krieg und Ballett. Wl. Tichonow erzählte von seinem Bruder (Lugowoj): wenn man diesen frage, ob er Wladimirs Bruder sei, antworte er: »Nein, Wladimir ist mein Bruder«. Die Herrin des Hauses erzählte, sie habe neulich auf der Straße Gorkij gehen sehen: in englischem Überzieher, einen neumodischen Hut auf dem haargestutzten Kopf, die Andrejewa am Arm. Er lebt in Ssestroretzk und schreibt an einem Drama, wo die Schönheitsidee gepredigt wird. In Nishnij hat er ein Haus, das ihm jedoch wenig Freude macht: es wird von »Barfüßlern« förmlich belagert, die von ihm Geld verlangen: »Du bist auf unsre Kosten reich geworden!« Es heißt, seine Bücher (die früheren) werden gar nicht mehr gekauft – wohl weil sie jedermann bereits gekauft hat.

Von Mitdinierenden noch: zwei Studenten, Snessarjow aus der
›Rus‹ (die an Werktagen eine Auflage von 35 und an Sonntagen – von
38000 hat), ein Besobrasow aus Warschau und ein Friedensrichter.

DEN 28.JUNI 1904

Heut bei S. N. Filippow in Dubbeln [...]. Filippow erzählte von
seinen Begegnungen mit N. K. Michailowskij. Eines Abends standen
sie am Buffet bei Palkin und taten [tranken] einen Schnaps, wobei
Michailowskij erzählte. Einmal stand er an derselben Stelle mit A.
Tschechow. Tschechow hatte vorher die ganze Zeit über kein Wort
gesprochen und machte nun die Bemerkung, der beste Zubiß zum
Schnaps sei ein Stückchen Schwarzbrot ohne alles. Ein andermal fuhr
Michailowskij mit Tschechow im Winter an der Isaaks-Kathedrale
vorüber; die Säulen waren von Reif überhaucht, und Tschechow
meinte, so sehe die Kirche am schönsten aus … Michailowskij gab
ihm in der Folge sowohl hierin als auch bezüglich des Schwarzbrotes
recht. Er erzählte hiervon Filippow als Beleg, wie auch das Gering-
fügigste und scheinbar Unbedeutendste Tschechows Aufmerksamkeit
nicht entging; übrigens hielt er (Michailowskij) ihn für einen nicht
klugen Menschen.

DEN 1. JULI 1904

Gestern die Jakowlewa-Karitsch gesprochen. Erzählte, sie habe die
Petersburger Theaterschule (gleichzeitig mit der Jaworskaja) beendet,
doch die nähere Bekanntschaft mit dem Schauspielerleben schreckte
sie so zurück, daß sie der artistischen Laufbahn entsagte und ihre erste
Erzählung (aus dem Leben der Schauspielerwelt) schrieb und sie in
die »Shiwopisnoje obosrenije« zu Scheller-Michailow brachte, der sie
technisch für ungenügend erklärte, sie aber doch abdruckte, weil er in
ihr einen charakteristischen Monolog fand. Dann brachte sie ihm ihre
zweite Erzählung, die er für gelungen erklärte und sie abdruckte. »So
wurde ich, statt Schauspielerin, – Schriftstellerin«. Er fragte sie, warum sie nicht Artistin werden wolle, und meinte sodann: »Ja, glauben
Sie denn, daß es im Schriftsteller-Leben anders zugeht?« – – [...]

»Anton Pawlowitsch Tschechow ist am 2. Juli um 4 Uhr nachmittags in Badenweiler, Großherzogtum Baden, in den Armen seiner Frau an Herzschlag gestorben«.

Solches steht im gestrigen, heut hier eingetroffenen ›Herold‹. In den hiesigen Abendblättern jedoch las ich gestern die Telegramme, Tschechow sei in der *Nacht* vom 2ten auf den 3ten um 3 Uhr gestorben ... Der Herzschlag ist, meines Wissens, ein plötzlicher Tod. Wie geriet er alsdann in die Arme seiner Frau? War's vielleicht der seligste Tod? ... Dann hatte er allerdings sehr wenig Chancen, dieses Todes zu sterben, denn seine Frau lebte zumeist in Moskau und er in der Krim ... Es war mir überhaupt völlig unerklärlich, wie er genau vor drei Jahren diese Knipper heiraten konnte. Ich kenne sie von ihren Gastspielen im Künstlerischen Theater in Petersburg her, und sie erregte in mir einen sehr unsympathischen Eindruck: es war etwas kalt und böse Kokottenhaftes an ihr (ich urteile natürlich nicht den Rollen nach!). Schön war sie nicht, jung war sie nicht, besonders talentiert war sie nicht, und in weiteren Kreisen bekannt war sie nicht. Wodurch sie ihn, der stündlich (um einen Heine'schen Ausdruck zu gebrauchen) »Umsonstglück in der Liebe« haben konnte, gefesselt hat – ist mir ein vollständiges Rätsel. Auch treu war sie ihm gewiß nicht: hierüber glaube ich in einem der früheren Hefte eine Notiz gebracht zu haben.

Gewundert hat's mich auch, als ich in Jalta war, daß er, der Arzt, sich eine so gesundheitsschädliche Besitzung erworben hatte. Dieselbe befindet sich in Autka bei Jalta, am mohammedanischen Friedhof in einer Talschlucht; ich fuhr in einem Omnibus vom Ai-Petri (die Bergstraße ist von Ausflüglern und Touristen furchtbar frequentiert) und sah ein paar Meter unter uns, hart am Wege, das Haus mit dem Garten – alles ganz grau vom Staub, der vom Wege in Wolken auf- und hinabwirbelt. Und hier wohnte der – Lungenkranke!

Traf heut im Gymnasium Gurewitsch P. A. Ssergejenko, der mich in seine provisorische Wohnung (Kirotschnaja 34, Q. 25, bei Frau Grünberg) brachte und mir seine einfach staunenswerte Sammlung von

Tolstoj-Portraits zeigte. Auch zeigte er mir ein paar Gruppenbilder
seiner neun Kinder (der älteste Sohn beginnt schon zu schriftstellern),
die er beständig in der Brieftasche trägt. Erzählte, er (Ssergejenko)
habe den Handel zwischen Marcks und Tschechow (mit dem er auf
du) arrangiert. Zuvor war er bei Ssuworin und schlug ihm den Ankauf
unter weit billigeren Bedingungen vor, doch Ssuworin rief aus: »Eine
solche Summe?! Da müßte man ja verrückt sein, sie zu zahlen!« Als er
jedoch erfuhr, daß der Handel mit Marcks im *Prinzip* abgeschlossen
sei, telegraphierte er Tschechow, er biete ihm hunderttausend Rbl. an.
Das hat Ssergejenko aus Tschechows Briefen an ihn. Und es finden
sich dort noch Stellen, die den alten Taugenichts Ssuworin noch weit
ärger kompromittieren. Ssergejenko zeigte mir einen langen, fertig
(»unter Tränen«) geschriebenen Aufsatz über Tschechow, der für die
›Niwa‹ bestimmt ist und wo diese Briefstellen Verwendung finden sollen. Er erzählte von Tschechow (seinem Schulkameraden), dieser sei
außerordentlich praktisch gewesen, »so wie Goethe«. Doch auch sehr
feinfühlig war er. Er wies das Anerbieten Ssuworins zurück, obgleich
noch nichts zwischen ihm und Marcks unterschrieben und er somit
völlig unbehindert im Handeln war, – teils, weil er denn doch seine
Zusage Marcks gegeben hatte, und namentlich wohl aus Delikatesse
Ssergejenko gegenüber: hat er doch die ganze Affaire vermittelt. »Das
wird schwerlich ein andrer tun, um so mehr, als Tschechow das unerwartete Plus von 25 Tausend sehr zustatten gekommen wäre«, schloß
Ssergejenko seine Erzählung. […]

DEN 29. SEPTEMBER 1904

Gestern – Slutschewskijs Beerdigung. Er ist gar nicht wiederzuerken-
nen: dermaßen abgemagert. Höchstens hundert Personen. Am Grab –
keine einzige Rede. […] Lichatschow ist mit meinem Plan nicht ganz
einverstanden, die Versammlungen der Poeten in verschiedenen Familien zu veranstalten: »Ich z.B. werde einen Balmont oder Brjussow nie
in meine Wohnung lassen!« Vom Kirchhof gings ins Restaurant
»Frankfurt a.M.« Tschernigowetz sagte sein Gedicht, das er auf dem
Friedhof gedichtet hatte. […]
    Auf dem Friedhof trat ich zu Leonid Afanassjew und stellte mich
vor (ich sah ihn zum ersten Mal im Leben). Er war sehr erfreut, end-

lich meine Bekanntschaft machen zu können. Gab sich außerordentlich schüchtern. Im Restaurant saß er neben mir, und ich mußte unwillkürlich nach seinem Kopf blicken: sein schwarzes, ganz kurz geschorenes Haar, das wie Samt aussieht und wie angeklebt ist (vielleicht eine Perücke?). Nik. Matw. Ssokolow suchte gegen das von mir Geplante Einspruch zu erheben: so verlangte er u.a., daß er seine politischen Gedichte zum Vortrag bringen dürfe, ich jedoch erklärte strikt: alles Politische und Parteiische sei unzulässig.

Anwesend in dem Restaurant waren noch: I. I. Ssokolow, Ssologub und Jassinskij.

DEN 12. JANUAR 1905

Traf heut auf dem Newskij Mereshkowskij. »Was sagen Sie zu den Ereignissen dieser Tage?« – »Noch nichts«. – »Ich habe einen Vorschlag von der ›Neuen Freien Presse‹ bekommen, gegen ein sehr gutes Honorar über die Unruhen zu referieren, aber –« »Sie haben keine Zeit?« – »Das weniger. Aber ich kann nicht schreiben, was ich will: die Briefe werden aufgefangen werden«. –

Zuvor traf ich Sassodimskij: »Die Arbeiter sammeln Geld für die morgige Beerdigung ihrer ermordeten Kameraden. Ich gab mein letztes Kleingeld. Morgen soll's einen noch größeren Tumult geben«. (Gab's nicht, überhaupt – gar keinen. F.)

DEN 2. FEBRUAR 1905

Gestern bei Borosdin zum Diner. Zwischen Nemirowitsch-Dantschenko und mir bestand die ganze Zeit über die tollste Neckerei, so daß die ganze Gesellschaft nicht aus dem Lachen kam. Und er selbst lachte herzlich auf, als ich ihm z.B. sagte: »Du vergißt ganz, daß du jetzt nicht schreibst, sondern sprichst, – wozu lügst du also?«

In bezug auf Weinberg als Übersetzer meinte er, er verwandle die erhabenste Poesie in die platteste Prosa. – –

Heut – Jahresversammlung des Literatur-Fonds. Korolenko machte dem Komitee den Vorschlag, daß es bei der Regierung um Freilassung von Gorkij, Peschechonow und Jak. Jak. Gurewitsch petitioniere. Mitten in der Gedächtnisrede Weinbergs auf Michailowskij betrat

N. F. Annenskij den Saal, – und das ganze Publikum begann zu applaudieren (Annenskij ist kürzlich aus der Haft entlassen worden), so daß Weinberg seine Rede unterbrechen mußte. Auch berichtete Weinberg auf die erstaunte Frage vieler, warum A. P. Tschechow nicht Mitglied des Fonds gewesen, – er habe ihm zweimal den betr. Vorschlag gemacht, doch habe er halb im Scherz und halb im Ernst abgelehnt. – Shdanow sagte mir, daß sein eigentlicher Name Hellmann-Shdanow sei.

DEN 5. MAI 1905

Heut siedeln wir für den ganzen Sommer nach Raivola (Finnland) über. […]

DEN 28. MAI / 10. JUNI 1905

Heut nach Kuokkala gefahren. Ich fragte den Stationsvorsteher, wo Gorkij wohne, und er meinte schelmisch, dort der Gendarm werde es sicher wissen. Und dieser wußte es, nämlich: F. Oerströms Villa ›Lintula‹. Etwa sechs Minuten Ganges direkt hinter dem Bahnhof geradeaus. Prächtiges Haus in prächtigem Park. Ich sah eine Gesellschaft Krocket spielen. Gorkij saß und erhob sich bei meinem Nahen. Er schien mich nicht sofort zu erkennen (die Sonne schien ihm ins Gesicht), und ich sagte nur: »Fiedler«. – »A, Fjodor Fjodorowitsch!«, meinte er und führte mich gleich auf die große halbrunde Terrasse mit schönem Ausblick aufs Meer. Unterwegs hüstelte er und spie auf den Sand des Wegs aus. Gekleidet war er: hohe Schaftstiefel, hinein die schwärzlichen Hosen, auf dem Leib eine Art dunkler österreichischer Joppe (aus den Ärmeln blinkte das weiße Nachthemd vor), auf dem Kopf – ein niedriger runder, schwarzer, zerknüllter Tuchhut. Außerordentlich rein war's unter seinen Fingernägeln. Er sah aus: bläßlich, mit etwas vorstehenden Backenknochen, doch durchaus nicht krank. Ich fragte, wie er sich fühle. »Na, so!« (да ничего). Erzählte von seinem Sitzen in der Festung. Es ist wahr: man verweigerte für ihn die Entgegennahme der Bastmatte und der hohen warmen Socken. Es sei dort furchtbar kalt gewesen, denn die Gefangenen werden im zweiten Stock interniert, während der untere leer und völlig ungeheizt bleibt; es wäre praktischer, wenn die Arretierten der eine unten, daneben der andre oben placiert würden: die Wärme würde sich gleichmäßiger verteilen. Man war gegen ihn dort nicht ungerecht, d.h. man behandelte ihn keineswegs schlechter als die andern. »Aber auch nicht besser?« wandte ich ein. »Nein. Und wozu denn auch?« – »Weil Sie krank waren«. – »Andre waren's vielleicht auch«. – »Aber die Leute müssen's ja begreifen, daß Sie nicht nur sich selbst gehören, nicht nur Ihrer Familie, nicht nur Rußland, sondern der ganzen Welt! …« Er war die ganze Zeit über auf und ab gegangen, blieb aber bei diesen meinen Worten stehn und sah mich nachdenklich an, als wäre ihm der Gedanke etwas völlig Neues. Dann machte er ein halb überzeugtes, halb zweifelndes »Hm« und begann wieder auf und ab zu schreiten. Als ich davon erwähnte, ich besitze ein Bild aus einem italienischen illustrierten Journal, darstellend, wie er im Festungshof geht, begleitet von zwei Wächtern, meinte er (Gorkij): »Das ist eine Fabel! (выдумка). Im Wagen bin ich hin- und im Wagen wieder fortgebracht worden. Es wird aber so unendlich viel über mich gelogen! Da heißt es z.B. jetzt, ich hätte von den Juden elf Millionen bekommen, daß ich auf irgendeine Weise – auf welche?! – arrangiere, daß sie eigenen Landbesitz erwerben!«

Er möchte gern nach Berlin zur Aufführung seiner ›Kinder der Sonne‹ (die Scholz übersetzt, der nur schlecht russisch könne).

Illegale Gedichte hat er nicht verfaßt.

Das ›Солнце всходит‹[1] (in ›Auf dem Grunde‹) ist sein Eigentum; die Musik dazu – sibirischen Ursprungs.

Erzählte, Leonid Andrejew (den er als Schriftsteller sehr hoch schätzt) wohne in meiner Nähe; nach Kuokkala würden noch Skitaletz, Bunin, Tschirikow und Jelpatjewskij (»ein guter Kerl – хороший мужик – den ich sehr liebe«) kommen. Da wäre es sehr gut, wenn wir alle nach Torneå führen, um die Mitternachtssonne zu sehn.

»Wie kommt's, daß der Moskauer Schriftstellerkreis hierher übersiedelt?« fragte ich. »Wir wollen näher zu einander sein«.

Gestern war bei ihm Kuprin mit Rukawischnikow (»er hat einige sehr gute Gedichte«). Kuprin hält er für sehr talentiert und meint in bezug auf seine Exzesse, das verlange ab und zu seine Natur, er habe noch nicht ausgetobt.

---

1 ›Die Sonne geht auf‹ (russ.).

Während unsres Gesprächs hantierte er entweder mit meinem
Degenstock (den ich in Leipzig gekauft), der ihm sehr gefällt, oder
zwirbelte sich mit den Fingern die kurzen Schnurrbartspitzen bald
nach oben, bald nach unten zu den Mundwinkeln hinein.

In einem ganz schlichten Lederportcigarre hat er (Gorkij) seine
Papiros (er raucht tüchtig), von denen er erzählte, er rauche sie seit
1899 (andre könne er nicht vertragen); geliefert werden sie ihm seit
den sechs Jahren von Nishe-Gorodern[1] für vier Rbl. das Tausend,
»wohl unter dem Selbstkostenpreise«.

Wir gingen in den Garten, wo die Gesellschaft noch immer Krocket
spielte. Er stellte mich seiner »Frau«, der Maria Fjodorowna Andrejewa, vor. Er beobachtete das Spiel und gab verschiedene Anweisungen.
Dann beteiligte er sich selbst an demselben. Dazwischen plauderte er
von seiner Liebhaberei zum Pilzesuchen, wobei man viel Schönes im
Walde beobachten könne. Mit Ungeduld erwartete er die Zeitungen.
Als diese kamen, begaben sich alle auf die Veranda zum Teetrinken.
Auf dem Tisch standen Biskuits, Konfekte und Früchte; an der Wand
hing ein Gong.

Gorkij trank Tee, indem er vom Zucker abbiß. Ein Stückchen warf
er achtlos aufs Tischzeug (möglich, daß die Wirtschafterin dasselbe
wieder in die Zuckerdose tut, wonach es ein andrer bekommt und
angesteckt werden kann). Dann nahm er die zwei Zeitungen vor
(›Rus‹ und ›Nascha shisn‹) und begann laut die verschiedenen kurzen
Nachrichten über die sozialen Unruhen im Innern vorzulesen. Als
eine stürmische Versammlung geschildert wurde, veränderte er die
Stimme und machte Miene, als spucke er mit der Hand und schlage
mit ihr auf den Tisch.

Ich fragte, da er doch mit den innern Verhältnissen Rußlands mehr
bekannt ist als unsereiner, welcher Zeitung man denn am meisten
glauben könne. »Die radikalste ist die zuverlässigste«.

Jemand zitierte: »Там хорошо нам, где нас нет« (»Dort, wo du
nicht bist, ist das Glück«). Ich fragte, ob man denn auch wisse, von
wem der Ausdruck stamme. Maria Fjodorowna meinte, wohl von
Heine. Ich erklärte: aus Schuberts ›Wanderer‹, und Gorkij ergänzte
sofort: »Von Müller, der die Wander- und Müllerlieder gedichtet hat«.

---

1 D.h. Einwohner der Stadt Nishnij-Nowgorod (von 1932 bis 1991 – Gorkij).

Seine »Frau« sprach was von der Kaiserin-Mutter, und Gorkij fuhr auf: »Die möchte ich gern niederwerfen und sie auf den Bauch treten!« Und Maria Fjodorowna meinte lächelnd, Gorkij sei doch sonst gegen Frauen so delikat, worauf er sie anranzte: »Sie ist gar keine Frau! Sie ist eine Kanaille, ein Aas!« (сволочь, стерва!).

Wenn er lächelt, schaut's schmerzlich müde-gutmütig aus. Spricht auf o in den ersten Silben.

Er trat in den Garten und erschien gleich mit dem Hut eines Herrn, der heruntergefallen war, und sagte zu dem Betreffenden: »Da ist Ihr Hut, er ist ohne Sie spazieren gegangen«.

Als ich ihn fragte, wieviel er für die Villa Miete zahle, sagte er: »Sehr viel. Aber wieviel, – das weiß Maria Fjodorowna«.

Maria Fjodorowna sagte mir: »Eintausendzweihundert Rubel – die Villa enthält zehn Zimmer«.

Sie ist schlank, hübsch, sehr jugendlich und zart, – doch in ihrem Wesen und in ihren Worten sehr energisch. Meinte, das Moskauer Künstlerische Theater habe während seiner diesjährigen Spielzeit den Petersburgern etwas ganz Unzeitgemäßes vorgeführt und zwar Tschechow, dessen plärrende, müßiggängerische Helden dem Tatengelüst des Zeitgeistes nur Abbruch tun können. Ihren »Mann« nennt sie: Aljoscha. Unsympathisch berührt ihr (der Maria Fjodorowna) ältester Sohn, der sich recht frech gibt. Auch den andern Kindern haftet etwas hochmütig-selbstbewußtes an. Der zweite Knabe geht barfuß. – – –
[…]

DEN 10. / 23. JUNI 1905

Da mir Gorkij gesagt hatte, Leonid Andrejew sei ein sehr einfacher und netter Mensch, so daß es gar keiner einführenden Zeremonien bedürfe, so fuhr ich heute zu ihm nach Wammelsuu (Tschornaja Retschka[1]). Der Ort liegt von der Station Raivola acht Werst[2] entfernt, an der Mündung eines Flusses ins Meer. Andrejews Landhaus (Besitzer: Lischin) befindet sich gleich bei der Einfahrt ins Dorf rechts (von uns aus), auf einem freien Platz, der rund eine weite Aussicht gewährt, – doch nicht auf das Meer. Andrejew empfing mich sehr

1 Schwarzes Flüßchen, Schwarzer Bach (russ.). — 2 Siehe die Fußnote zum 28. Juli / 10. August 1903.

liebenswürdig. Gekleidet: weißes Tschitschuntscha-Hemd mit einem
Gurt, schwarzes Beinkleid in hohen Stiefeln. Führte mich auf die
glasumrahmte Veranda. Unsaubrer Tisch mit Nachbleibseln vom
Morgentee (ich kam um 12). Ich meinte, er habe ja gar keinen Schatten, und er darauf: »Für mich ist die Hauptsache – ein freier Ausblick.
Ich liebe den Himmel und kann hier die Wolken in ihrem Entstehen
und Vergehen sehn. Neulich gab's hier ein starkes Gewitter, und ich
verfolgte es mit großem Genuß vom Anfang bis zum Ende«. Er las
mein Autographen-Album und meinte bei den Namen Franzos,
Spielhagen und Stinde, er liebe sie sehr. Auf meine Frage, ob er denn
Deutsch könne, antwortete er: »Das ist mein Unglück! Keine Sprache
außer der russischen!« Als er den Brief der Racowitza erblickte, rief er
aus: »A, Lassalle!« Beim Lesen des Autographs Juschkewitschs schüttelte er mit einem ärgerlichen Ach! tadelnd den Kopf und meinte
dann: »Er hat auch ein literarisches Museum. Einst vergaß er bei mir
seinen Federhalter und schrieb mir gleich erschrocken, ich möge ihn ja
für ihn aufheben, denn mit ihm habe er eine Erzählung (ich erinnere
mich nicht, welche) geschrieben«. Dann fragte er (Andrejew) mich:
»Es muß Sie doch unendliche Mühe gekostet haben, ein so wertvolles
Autographen-Album zustande zu bringen?!« Ich bejahte und erzählte,
daß ich beim Schreiben fast eines jeden russischen Schriftstellers darauf acht haben mußte, daß auch Ort und Datum verzeichnet würden,
und er (Andrejew) sagte: »Gut, daß Sie's gesagt haben: ich hätt's auch
nicht getan«.

Verse hat er nicht geschrieben; auch diktiert er nie.

Zeigte mir verschiedene Stereoskopbilder mit seinen Portraits
(Amateur-Arbeit) in verschiedener Stellung, wobei er bei diesem und
jenem bemerkte: »Hier – schrieb ich damals ›Im Nebel‹ … Hier – den
›Fiwejskij‹« etc. Als ich meinte, auf einem Bilde ähnele er A. M. Fjodorow, erwiderte er gezwungen lächelnd: »Angenehm ist das gerade
nicht für mich, denn ich liebe ihn nicht sonderlich«.

Er entfernte sich mit dem Album in sein Zimmer. Ich blieb allein
auf der Veranda und sah dort das Spielzeug seines zweijährigen Sohnes
liegen: ein Kolorierheft, einen Säbel und ein zerbrochenes Gewehr.
Als er wieder kam, sagte ich lächelnd: »Sie schreiben gegen den Krieg
und erwecken doch in Ihrem Sohn kriegerische Instinkte!«, worauf er
entgegnete: »Erstens ist's noch der Einfluß meiner Knabeneindrücke

dank dem Verschlingen eines Mayne Reid, und zweitens bin ich nur gegen den Krieg mit Menschen, nicht aber mit Tieren, zu denen ich die Polizeimeister, Generalgouverneure, Großfürsten usw. zähle«. Vom neulichen Empfang der Volksvertreterdeputation beim Kaiser erwartet er wenig: sie habe ihm geräuchert und ihm den Glauben beigebracht, daß in der Tat ganz Rußland ihm vertraue und mit ihm solidarisch sei. So werde er in seiner Selbstvergötterung nur bestärkt, und die ganze Volksversammlungsidee werde allmählich der Vergessenheit anheimfallen, oder aber er werde in den Semskij-Ssobor[1] seine Kreaturen stellen, so daß alles nur noch schlimmer ausfallen könne.

Wir kamen auf das ›Rote Lachen‹ zu sprechen, und er meinte: »Man macht es mir zum Hauptvorwurf, daß ich die Greuel des Krieges schilderte, ohne sie selbst gesehn zu haben, ohne auf dem Kriegsschauplatz gewesen zu sein. Dann darf man aber auch keine historischen Romane schreiben!« Ich ergänzte: »Auch keine historischen Dramen, wie z.B. Shakespeare den ›Julius Cäsar‹ und Puschkin den ›Boris Godunow‹«. Auch verwies ich auf den ›Wilhelm Tell‹, den Schiller geschrieben, ohne in der Schweiz gewesen zu sein. Das hörte er (Andrejew) mit sichtlich großer Befriedigung.

Sodann erzählte er, er trage sich mit dem Plan, eine Erzählung zu schreiben: »Zu den Waffen, Bürger!«, in welcher er zum Krieg aufreizt und zwar zum Kriege des Volks mit der tyrannischen Regierung. Drucken würde er sie im Auslande lassen. Aber jetzt könne er sich an eine so schwere Arbeit nicht machen, denn seine Nerven hätten sich noch nicht ganz beruhigt: während er ›Das rote Lachen‹ schrieb, habe er sehr gelitten.

Sagte: »Ich würde nie in dem lärmigen Kuokkala wohnen. Alexej (sc. Gorkij; F.) liebt es, beständig Menschen um sich zu sehn. Ich nicht, – nur die, welche mir angenehm sind«.

Bis zum Juli wird er (Andrejew) nichts schreiben. Aber auch so vergeht für ihn unmerklich der Tag: er photographiert, radelt, rudert, schießt aus einem Montekristo[2] (den er sich in Wyborg gekauft) und

---

1 Volksversammlung in Rußland (im 16. und 17. Jahrhundert), die aus Vertretern verschiedener Stände gebildet wurde. — 2 Kleinkalibriges Gewehr (auch Pistole), das man hauptsächlich für Sport und Spiel gebrauchte.

macht seinem Sohn einen Drachen; auch muß er oft nach Kuokkala, um Repin zu sitzen, – doch das Portrait befriedige beide nicht.

Auf den vielen Postkarten mit seinem Portrait sieht er effektvoller, schöner aus. Er ist meines Wuchses, stämmig, mit dickem Kopfhaar, zigeunerartig-braun und hat zwischen den Augenbrauen, gerade über der Nase, einen scharf gezogenen horizontalen Strich, als hätte ihn ein Messer eingeschnitten. Seine Hände scheinen ungewaschen zu sein – wenigstens hatte er unter den Nägeln viel Schwarz.

Für das Landhaus zahlt er 350 Rbl. Zum Ammeublement gehört auch ein Pianino, auf dem jedoch niemand spielt.

Rund um das Haus – ein mächtiger Rasenplatz mit einigen Beeten, auf denen aber keine einzige Blume wächst. Auch Gemüsebeete gibt's hinter dem Hause, worauf Erdbeeren wild wachsen: das Unkraut reutet er nicht aus. »Auch für Radieschen interessieren Sie sich nicht?« fragte ich mit lächelndem Tadel. »Nein, aber Alexej (sc. Gorkij. F.) interessiert sich sehr für sie«.

Auch seine Frau saß mit uns: ein blutjunges Ding, nicht gerade schön, doch hübsch von Gesicht, mager, schlicht und sehr freundlich. Sie sind erst vier Jahre verheiratet.

Er (Andrejew) nannte Gorkij nicht anders als »Alexej« und sie ihn – »Maximytsch«. Sie brachte auch ihren Sohn, der, als sie ihm eine Bemerkung machte, mit der Hand nach ihr zum Schlag ausholte.

Beide baten mich, noch zu bleiben, – doch mein Fuhrmann wartete.

Dann geleiteten sie mich bis an die Pforte und versprachen zu kommen – per Veloziped.

DEN 13. / 26. JUNI 1905

Gestern wollte ich die Bekanntschaft Stepan Gawrilowitsch Petrows (des Skitaletz) machen und fuhr darum nach Kuokkala. Um seine Adresse zu erfahren, begab ich mich zuvor zu Gorkij. Ich fand die Gesellschaft beim Krocketspiel. Er selbst wußte die Adresse nicht, denn er war noch nicht bei ihm, doch Maria Fjodorowna sagte sie mir annähernd. Gorkij nahm mein Autographen-Album vor und begann laut zu lesen. Das nahm über eine Stunde in Anspruch. Albows Einschrift las er laut, und seine Frau übersetzte. Bei Brjussow meinte er: »Ein talentvolles Gedicht« (ähnlich äußerte sich neulich auch Leon.

Andrejew). Mit verächtlichem Lächeln las er die Unterschrift:
»Breschko-Breschkowskij. Hm!« Mit Befriedigung verlas er allen (es
waren noch drei namenlose Herrn da) das Gedicht Welitschkos. Ein
zweifelndes »Da haben wir's« (Вот те на!) hatte er zu Garins Lob-
preisung Jablonowskijs. Bei Bunin zärtlich: »Wanitschka!¹ Bei Gor-
bunow-Possadow: »Er kann nicht anders!« Bei Kuprin lachte er zu den
Scherz-Reimen auf meinen Namen. Bei Leskow zweifelnd-tadelnd:
»Nnn-u!« Bei Minskij: »Ein unangenehmer Mensch!« Bei Noto-
witschs Aphorismus: »Das ist nicht wahr!« (der Aphorismus lautet:
»Das Recht auf Eigenliebe muß erworben werden«). Wunderte sich,
daß Wlad. Ssolowjow auch komische Gedichte habe, und las es laut.
Bei Ssologub enttäuscht: »Also Teternikow ist sein eigentlicher
Name?!« Bei Tschechow: »Das ist der echte Tschechow mit seinem
kurzen, trocknen, gutmütigen Humor!« (Ähnlich äußerten sich im
Laufe der Jahre ohne Ausnahme alle, welche diese Stelle lasen, wie
auch alle ohne Ausnahme sofort umblätterten, um die Ssuworinsche
Einschrift noch einmal zu lesen, da sie zuvor an ihr absolut nicht
Bemerkenswertes gefunden hatten). Die betreffenden beiden Auto-
graphen lauten:

Ssuworin: Так как Ваш альбом только начинается, то я желаю от всей души, чтобы в нем было побольше людей, над
именами и изречениями которых можно было задуматься.
25 окт. [18]91.   А. Суворин.²

Tschechow: Примечание к автографу А. С. Суворина: слово
»изречение« пишется через e, а не через ять.
[18]92/7/1.   Антон Чехов.³

Die Namen der deutschen Schriftsteller las er (Gorkij), ohne eine
Bemerkung fallen zu lassen.

Das kleinrussische Gedicht Mordowzews las er laut, wohl meine
Warnung »nicht laut!« überhörend; doch schien die obszöne Stelle
von den Anwesenden nicht bemerkt worden zu sein.

---

1 Kosename für Iwan. — 2 »Da Ihr Album erst anfängt, so wünsche ich
Ihnen von ganzem Herzen, daß es darin mehr Leute gäbe, über deren Namen
und Äußerungen man nachdenken könnte. 25. Oktober [18]91. A. Ssuworin«
(russ.) — 3 »Die Anmerkung zum Autographen A. Ss. Ssuworins: das Wort
›Äußerung‹ schreibt man mit einem »e« und nicht mit einem »ѣ«. 7.1.[18]92. Anton Tschechow« (russ.). Vgl. die Fußnote zum 9. Januar 1892.

Als ich schicklichkeitshalber auch Maria Fjodorowna das Album
zum Einschreiben anbot, weigerte sie sich: »Ich bin keine Schriftstellerin, und Alexej findet, dies sei das einzig Gute an mir!« – »Ja«,
antwortete Gorkij. »Aber weiß sie der Teufel! Denn wenn ich mal tot
bin, wird sie Erinnerungen an mich schreiben, der Teufel hole sie!« (ее
дери ... d.h. nicht die Erinnerungen, sondern Maria Fjodorowna).
Alle lachten. Er war überhaupt sehr guter Laune. »Lesen Sie alle Erinnerungen an Sie?« fragte ich. »Nie, keine. Ich liebe überhaupt nichts
über mich zu lesen, weder Lob noch Tadel«. Da bemerkte ein Herr,
eine Zeitung hervorziehend: »Heut in den ›Birshewyje wedomosti‹
finden sich welche von einem Franzosen«. Gorkij griff sogleich nach
dem Blatt und überflog die Spalten. Maria Fjodorowna nahm ihm die
Zeitung fort, las und meinte: »Der Franzose lügt, daß ich es ihm gesagt habe. Und dann schreibt er was von deinen meerblauen Augen!«
– »Laß mal deine meerblauen Augen sehn!« sagte der älteste Sohn der
Andrejewa, sich auf Gorkijs Knie stemmend und ihn recht grob unters
Kinn puffend. Gorkij ließ es ohne Protest geschehn und packte den
kleinen Sohn der Andrejewa[1] mit seiner mächtigen Hand um den
Hals mit den Worten: »Nun werde ich dich erwürgen! Das bringt
doch eine Abwechselung ins Einerlei des Lebens!«

Er scherzte: »Jeder anständige Mensch in Rußland muß ein Staats-
verbrecher sein!«

Dann gebrauchte er den Ausdruck: »Режим - прижим«.[2]

Als jemand meinte, der Zusammensturz des Throns lasse sich nicht
mehr aufhalten, meinte er (Gorkij): »Трон тронулся«.[3] Er machte
auch noch andre Wortspiele, deren ich mich im Augenblick nicht
entsinne.

Ich meinte, Kuprins Behauptung (s. dessen Erinnerungen im dritten Sbornik[4] der ›Snanije‹), Tschechows Ohren seien »klug« gewesen,
– sei falsch, denn klug könne man wohl die Hände nennen, da sie eine
stumme und doch sehr beredte Sprache reden; die Ohren jedoch seien
das einzige regungslose und folglich stumme Glied am menschlichen

---

1 Gemeint ist Shenja (Je. G. Kjakscht). — 2 Wörtlich: »Regime ist Bedrük-
kung« (russ.). — 3 Wörtlich: »Der Thron ist verrückt geworden« (russ.). Im
Russischen gleichfalls doppeldeutig. — 4 D.h. Sammelband (russ.).

Körper. Da sagte Gorkij halb ironisch, halb überzeugt: »Nu, man muß
doch einen neuen Ausdruck suchen!«

Darauf entspann sich zwischen mir und ihm folgender Dialog:

Ich: »Bitte, nicken Sie mal mit dem Kopfe!« – Er (erstaunt):
»Wozu?« – »Sie werden gleich sehn«. (Er nickte). »Und nun schütteln
Sie den Kopf!« (Er zögerte und tat's.) »Das Nicken bedeutet doch bei
allen Menschen ein Ja?« – »Ja«. – »Und das Schütteln ein Nein«. –
»Ja«. – »Warum heißt es dann bei Ihnen von Dwojetotschije: ›Er nickt
verneinend?‹« – »Wo steht das?« – »Bitte, hier!« Ich zeigte ihm auf
S. 126 der ›Sommergäste‹. Er blickte die Stelle wohl zwei Minuten lang
an und sagte dann: »N-ja«. Und nach einer kurzen Pause: »Vielleicht
kann man auch verneinend nicken«.

Er ist in den letzten Tagen gar nicht aus dem Garten gegangen. »Ich
habe eine kleine Arbeit (работишка) vor«.

Im Winter wird Maria Fjodorowna in Moskau am Künstlerischen
Theater spielen, er – dort seine ›Kinder der Sonne‹ aufführen. Der
dauernde Aufenthalt ist ihm nur für Petersburg und Umgegend unter-
sagt.

Er (Gorkij) hatte eine weiße Leinwandmütze mit Schirm auf. – –

Sodann begab ich mich zu Skitaletz (Kolokolnaja, Haus Jürgenson).
Das Landhaus, für das er 400 Rbl. zahlt, steht auf einer kleinen Anhöhe und ist ganz von Fichten umringt. Er saß gerade auf dem Balkon
(es war 2 Uhr) und trank Bier. Nach zehn Minuten Plauderns fühlte
ich mich wie zu Hause. Es kamen noch mehr Flaschen Bier auf den
Tisch, und sofort begann das Studium des Albums. Seine Bemerkungen: Bei der Besrodnaja: »Die hat mal eine Tatze! Ich möchte nicht ihr
Mann sein!« Bei Bunin: »Wo er wohl jetzt ist? Wahrscheinlich auf
dem Gute beim Vater, was stets bedeutet, daß er kein Geld hat. Hat er
welches, so vertut (транжирит) er's in Moskau oder einer andern
großen Stadt«. Bei Fofanow: »Ein talentvoller Poet!« Bei Korinfskij:
»Was er immer für gesuchte und gemachte Ausdrücke gebraucht!« Bei
der Werbitzkaja machte er ein reserviertes Hm! und antwortete mit
einem Nein auf meine Frage, ob sie in den Moskauer Schriftsteller-
kreisen beliebt sei. Bei Slatowratskij: »Ein guter Alter! Aber er irrt sich,
daß wir Jüngern ihn fliehen. Er selbst flieht uns. Wir anerkennen völlig das Gute, das er seinerzeit für die Literatur getan hat. Er aber hält
sich unverdient von allen vergessen«. – »Wie lebt er (Slatowratskij)

denn?« – »Sehr einsam in einem kleinen ärmlichen Mietsquartier«. –
»Er soll ja reich sein«. – »Nein, er hat nur ein kleines Stückchen Land«.
– »Aber Garin ist doch reich?« – »Ja, das heißt: er verdient sehr viel
Geld, aber alles geht auf seine beiden Frauen«.

Neben mir stand sein (des Skitaletz) jüngerer Bruder (er selbst zählt
35) Arkadij, ein sympathischer Naturbursche, der gleichfalls zu schriftstellern anfängt. Da ertönte zum zweiten Mal aus den Zimmern eine
kräftige Männerstimme: »Zum Essen!« (обедать!). – »Gehn Sie, Ihr
Vater ruft Sie!« meinte ich. – »Mein Vater? Nein, das ist nur ein sieb-
zehnjähriger Bruder, der mit *einer* Hand acht Pud[1] aufhebt. Jewgenij
[sic!], komm mal her!« Und herein trat ein junger Dorfkerl – mit
bloßen Füßen.

Ich wurde ins Eßzimmer genötigt, wo ein großes Portrait des alten
Kaisers Wilhelm hängt (Eigentum des Hauswirts). An dem Tisch saß
seine alte Mutter, seine freundliche Schwägerin und seine junge Frau
(er ist seit drei Jahren verheiratet) von dem Typus, in den ich mich
früher immer verlieben konnte; sie sprach kein Wort und schlug nur
selten die geheimnisvoll sinnenden Augen auf.

Während der Suppe (окрошка) trank Skitaletz drei Schnäpse und
während des Kaltbratens noch einen. Dann Bier. Dabei wurde viel
gelacht. Er erzählte, er habe mit zwölf Jahren einen Roman aus dem
englischen Leben geschrieben, wobei für ihn die Taufnamen die
Hauptschwierigkeiten boten; doch als er (Skitaletz) sie sich aus einem
Wörterbuch ausgeschrieben hatte, »ging alles wie geschmiert, denn
das Lokalkolorit war gefunden!« Der Roman hieß: ›Die unbewohn-
bare Insel‹ … Ein Jahr drauf schrieb er einen andren Roman: ›Ein
schreckliches Los oder ein Haufen Edelsteine‹. Als er davon erzählte,
gebrauchte er den »Edelstein« im Plural bald als »камни«, bald als
»каменья«.

Er wußte nicht, wer Heine aus Tambow (sc. Weinberg) ist und hatte
keine Ahnung von dessen allgemein bekanntem ›Он был
титулярн[ый] советник …‹.[2]

Er spricht nicht ganz fließend, d.h. bei einigen Buchstaben scheint
er zu stottern.

1 Alte russische Gewichtseinheit (etwa 16,4 kg). — 2 ›Er war ein Titularrat …‹
(russ.). Ein von A. S. Dargomyshskij vertontes Gedicht P. I. Weinbergs (1859).

Gekleidet: eine Joppe, schwarzes Beinkleid in Stulpenstiefeln und runder schwarzer zerknüllter Filzhut gewöhnlichen Formats.

Ich meinte, er habe auf den Ansichtskarten einen Hut mit mächtigen Krempen. »Ja, den hatte ich mal, und es gab eine ganze Geschichte! Ich hatte für ihn acht Rubel bezahlt, mein letztes Geld, so daß ich nun ohne Kopeken dasaß. Da machte mir Gorkij Vorwürfe für meine Verschwendung, so daß wir drei Wochen miteinander nicht sprachen ... Als ob er selbst kein Verschwender wäre!«

Es hält ihn nirgends lange an einem Ort, stets muß er ihn wechseln, »worunter meine arme Frau viel zu leiden hat«.

Er (Skitaletz) kennt außer Russisch keine andre Sprache. Das Gedicht aus Béranger, das er übersetzt, hat ihm zuvor ein Bekannter wörtlich russifiziert.

Erzählte, daß Gorkij allen Ovationen aus dem Wege gehe, denn sie bieten ihm gar keine moralische Genugtuung und machen ihn nur nervös.

Während alle aßen, ließ ich die Bemerkung von Gorkijs Berühmtheit fallen, wonach die alte Mutter maliziös meinte: »Berühmtheit oder Popularität? Das sind zweierlei Dinge! Populär werden ist nicht schwer, es gibt dazu so viele Wege!«

In diesem Augenblick kam ein Postbote mit der Aufforderung, Skitaletz solle sich von der Post Geld abholen, das eben eingetroffen. Dazu bedurfte es aber als Legitimation eines Passes. Den hatte jedoch Skitaletz verloren. Er hatte sonderbarerweise noch einen ausländischen, – aber der war nicht aufzufinden.

»Wie werde ich denn nun reisen?« rief er aus. – »Wohin?« – »Nach dem Kriegsschauplatz«. – »Wozu?« – »Um an Ort und Stelle meine Beobachtungen anzustellen. Man kann nicht hinterm Ofen bei seiner Frau sitzen und ein ›Rotes Lachen‹ schreiben!«

Wie mir jedoch danach die Schwägerin erzählte, bleibt Skitaletz fünfhundert Werst von dem eigentlichen Kriegsschauplatz. Er folgt einer Aufforderung Garins (dieser in seiner Eigenschaft als Ingenieur hat dort zu tun), der ihm eben das Reisegeld geschickt hatte.

Sein (des Skitaletz) zweijähriger dicker Sohn krappelte ohne Hosen und Schuhe die recht hohen Balkonstufen empor. Der Vater nahm ihn mit der Rechten an einem Bein und hielt ihn einen Augenblick, mit dem Kopf nach unten, hoch – wie ein Ferkel. Das Kind jubelte.

Da kam man von Gorkijs mit der Aufforderung an alle, zu kommen. Fast alle gingen, ich aber begab mich auf den Bahnhof, denn ich fürchtete, viele von hier einzuschreibenden Dingen zu vergessen.

Die Moskauer Photographen verleihen den ihnen sitzenden Schriftstellern eine heldenhafte Pose und retouchieren ganz willkürlich das Gesicht. Skitaletz hat gar nichts Theatralisches an sich: er schaut als ein ganz gewöhnlicher, einfacher Mensch aus. Es steckt in ihm sogar viel Naivität.

DEN 3./16. JULI 1905

Gestern jährte sich zum ersten Mal der Sterbetag Tschechows. Ich glaubte, bei Gorkij würde eine Art Gedächtnisfeier veranstaltet werden, und fuhr drum nach Kuokkala.

Ich fand die Gesellschaft auf der Veranda beim Mittagstisch (es war ½ 6). Drei fremde Herrn (einer davon war, wie sich's später erwies, der Übersetzer August Scholz). Dann kam noch einer: dick, jüdischer Typus. Hinten auf dem Balkon erwarteten zwei eine Audienz. Vor dem Balkon auf der Bank saß ein graubärtiger Alter mit einem Wandersack und einem Pilgerstab … Und so soll's dort täglich von Morgen bis zum Abend hergehn (wie mir die Mägde sagten).

Ich konnte somit keine zehn Worte mit Gorkij selbst sprechen (er wurde beständig abgerufen). Von einer Tschechow-Gedächtnisfeier – keine Spur! Ich brachte der erste das Thema zur Sprache, indem ich ein Unikum zeigte: zwei photographische Abbildungen des Hauses, in welchem Tschechow starb, sowie den Tisch im table-d'hôte-Saal des Hotels »Sommer«, an welchem Tschechow aß. Man warf einen kurzen Blick hinein und sagte ein gleichmütiges »hm« (ohne Ausrufungszeichen); verhältnismäßig mehr zollte man meiner Übersetzung von Skitaletz' Gedicht ›Dem Andenken Tschechows‹, das gestern im ›Herold‹ erschien. Damit war die Sache abgetan, und man ging wieder zum sozialdemokratischen Gesprächsthema über. Ich muß bemerken, daß ich zuvor Kuprin und Leon. Andrejew brieflich mitgeteilt hatte, ich würde bei Gorkij anläßlich des Todestages Tschechows etwas Interessantes zeigen. Warum letzterer nicht kam, weiß ich nicht; Kuprin aber soll nach dem Kaukasus gefahren sein. »Was will er denn dort?« fragte ich. – »Revolution machen«, antwortete Gorkij lächelnd.

Nur rückweise will ich einige Aussprüche Gorkijs bringen:

Auf der Veranda hängen vier Käfige mit ungefähr zehn Vögeln. Nach deren Namen befragt, nannte sie Gorkij und sagte: »Wenn ich reich wäre, würde ich mir einen großmächtigen Käfig anschaffen, mit einer Menge Vögel, und täglich drei Stunden vor ihm verbringen«.

Jemand erzählte, ein ihm bekannter Regisseur erhalte sechstausend monatlich, worauf Gorkij ausrief: »Teufel! Für diese Summe würde ich einen Monat lang täglich auf dem Newskij eine Viertelstunde lang öffentlich Cake-Walk tanzen …« Nach kurzem Nachdenken, lächelnd: »Nein, nur zweimal monatlich«.

Nicht die mindeste Geziertheit, sondern volle Aufrichtigkeit klang aus seinen (Gorkijs) Worten: »Ich liebe meine ›Sommergäste‹ nicht. Es ist mein schwächstes Stück, weil es am wenigsten Form hat. Diese jedoch ist von großer Wichtigkeit! Wie meisterlich beherrscht da Sudermann die Form in ›Es lebe das Leben!‹, wo doch auch so gut wie gar keine Handlung ist!«

Nicht gemacht klang's auch, als er sagte: »Wenn man mich so kennt, so verdank ich's namentlich dem Polizei-Departement, das solche Reklame für mich gemacht hat«.

»Mit der Zensur bin ich zufrieden: sie behandelte mich stets gnädig. Nur meine Erzählung: ›Ein Fehler‹ hat sie stark zugestutzt (обкарнала)«.

Von den Hebräern meinte er, sie wären, wie in keinem Lande, für Rußland von größtem Nutzen gewesen, denn sie stünden an der Spitze der revolutionären Bewegung.

Die Rolle, welche in letzterer die Intelligenz spielt, sei eben nur eine Rolle, die gespielt werde, sei ein Sport. Mit dem Volk habe sie nichts oder wenig gemein. Sie empfinde für dasselbe »Mitgefühl« (сочувствует). Das aber sei ein Verhalten von oben herab und schließe die Gleichheit (равенство) aus. Die Rettung werde aus dem Volke selbst kommen.

Da er wieder ins Zimmer des Hauses gerufen wurde und die Audienz sich sehr in die Länge ziehn zu wollen schien, so führte ich Aug. Scholz, der mit Skitaletz bekannt zu werden wünschte, zu letzterem. Es war ½ 9. Er (Skitaletz) schlief, die Schwägerin ging ihn wecken, und es verging eine halbe Stunde, bevor er kam. So lange konnte Scholz nicht warten: er mußte zum Zuge und ging drum unverrich-

teter Sache. Endlich kam Skitaletz. Er schützte vor, die Nacht zuvor an
Schlaflosigkeit gelitten zu haben. Die Schwägerin lächelte dabei sarka-
stisch, und ich selbst dachte mit Gessler:»Es wird was anders wohl
bedeutet haben!«[1] (d.h. er schlief vermutlich seinen Rausch aus) …
Während er sich oben wusch und ankleidete (man hörte beides), erzählte mir seine Schwägerin, sie seien alle – d.h. Skitaletz, Gorkij und
L. Andrejew am Petri-Pauli-Tage in Oserki bei Jelpatjewskij gewesen,
dessen Schwiegersohn Namenstag hatte. Die Gesellschaft belustigte
sich mit dem Gorodki-Spiel; am ausgelassensten war Gorkij, so daß er
an der linken Wange sogar einen Kratzstreifen bekam … A propos
Gorkij! In Skitaletz' Gastzimmer hängt unter andern Portraits auch
dasjenige Gorkijs, gemacht von Grün in Riga, Sand-Str. Es ist das
ähnlichste, das ich von Gorkij kenne.

Er wollte mich begleiten, und ich drängte zum Aufbruch, er aber
versetzte, wir hätten noch hinlänglich Zeit. Ich meinte, ich würde ihm
bei seinen Siebenmeilenschritten nicht zur Seite bleiben können, denn
er sei ja ein »Skitaletz«,[2] worauf er entgegnete: »Ja, aber nicht zu Fuß,
sondern per Eisenbahn«.

Ich zeigte ihm die gestrige Herold-Nr. Er buchstabierte mühsam
nur seinen Namen und meinte, er habe ganz verlernt, deutsch zu lesen.
Das Gedicht selbst findet er »gemacht«, und es befriedigt ihn wenig.

Von Tschechow wurde – kein Wort gesprochen!

Er begleitete mich und sagte: »Vielfach wird behauptet, ich ahme
Gorkij nach. Das ist nicht wahr. Nur in meinen Gedichten stehe ich in
gewissem Maße unter seinem Einfluß. Meine Erzählungen jedoch
schrieb ich, bevor ich noch Gorkij kannte, d.h. ich hatte von ihm
noch nichts gelesen. Und dann erst machte ich Bekanntschaft mit ihm
als Schriftsteller und Menschen«.

Dann erzählte er (Skitaletz):

Die Verleger der ›Snanije‹ sind K. P. Pjatnitzkij und Gorkij. Sie
verdienen nichts an dem Unternehmen, denn der Ertrag wird den
verlegten Schrifstellern zuteil. Der geringste Preis pro Druckbogen im
›Sbornik‹ beträgt dreihundert Rbl. Ihn erhielt Kuprin für den ›Zwei-
kampf‹. Gorkij selbst erhält fünfhundert. Als Einzelausnahme erhielt

---

1 ›Wilhelm Tell‹, III. Aufzug, 3. Szene. — 2 »Skitaletz« heißt im Russischen:
Wanderer.

einer sogar achthundert Rbl. pro Bogen – Andrejew für sein ›Rotes Lachen‹.

Ich meinte, Gorkij müsse sehr reich sein (wie das Publikum meint), doch Skitaletz sagte (was auch die Eingeweihten mir sagten), er habe so gut wie nichts, denn er verlebe alles und tue Dürftigen sehr viel Gutes (so zahle er z.B. für mehrere Studenten die Kollegiengelder).

Als wir zu Gorkij kamen (ich hatte dort die Tschechow-Bilder vermehrt zurückgelassen), trank Skitaletz hastig ein Glas Rotwein und ging heim mit dem Versprechen, nochmals zu kommen. Wir saßen im Speisezimmer. Zum Abendbrot gab's kalten Schweinebraten, Roastbeef, Zunge und Radieschen, alles in großer Menge. Ich trank nur einen Schnaps; Gorkij – keinen Alkoholtropfen (wie auch während des Mittagessens), sondern Tee. Am Tisch saßen noch zwei Herrn, von denen der eine blind war. Sozial-politische Gespräche. Ich eilte zum Zug. Gorkij drückte mir so stark die Hand, daß es schmerzte.

Den Neuangekommenen stellte Gorkij die Andrejewa (sie heißt nach ihrem Manne Shelabowskaja [sic!]) vor: »Meine Frau«. Ob sie von ihrem Gatten formell geschieden sei, wußte mir Skitaletz nicht zu sagen.

Weder Gorkij noch Skitaletz noch Andrejew haben eines ihrer Werke oder ihr Portrait aufs Land mitgenommen.

DEN 22. JULI/4. AUGUST 1905

War heut bei Gorkij in der Voraussetzung, daß seine »Frau« Namenstag habe. Und so war's auch. Die Gesellschaft (Verwandte Maria Fjodorownas und Unbekannte) saß bei Tisch; es gab Schokolade, Konfekt und verschiedene Weine.

Gorkij sieht blaß und ermüdet aus. Sprach sehr wenig. Zeichnete Schnörkel auf einer Zeitung. Dann füllte er meinen autobiographischen Fragebogen aus.

Darauf zerstreute sich die Gesellschaft.

Anwesend Skitaletz, der sofort beim Kommen nach Wein verlangte. Auch Jelpatjewskij. Als ich ihn fragte, ob er auch Gedichte geschrieben habe, bekreuzte er sich mit einem »Gott sei Dank, nein!« Übrigens hat er als Gymnasiast nach dem gegebenen Thema »Ein Schneesturm« ein Gedicht in reimlosen Jamben verfaßt, das ungedruckt geblieben ist.

Es wurde ein endlos langer Tisch zum Mittagessen gedeckt, aber ich fuhr heim.

Die Gäste dort benahmen sich wie in einem Hotel; nach der table d'hôte geht der eine dahin, der andre dorthin, tut dieser das und jener jenes... Zum Essen und Trinken wird niemand ermutigt, zum Bleiben und Wiederkommen niemand aufgefordert ... Wo Gorkij bei dieser Völkerwanderung noch die Zeit findet, nur alle die täglich einlaufenden Manuskripte zu lesen, ist unbegreiflich.

DEN 5. SEPTEMBER 1905

Gestern um ½ 2 kam Ismailow, um sich mein »Museum« anzuschauen; er wollte um 4 fort, blieb jedoch bis 9 – soviel Interessantes für ihn gab's zu beschauen. Erzählte: Als es bekannt wurde, daß Tschechow die Knipper heirate, wunderten sich alle sehr. Als ein seiner Familie Nahestehender ihm gratulierte, meinte Tschechow: »Wozu das? Du weißt es ja, daß wir schon sieben Jahre miteinander wie Mann und Frau leben!« [...]

DEN 16. OKTOBER 1905

[...] In meinen Briefschaften finde ich soeben nachstehendes Schreiben von Theodor Souchay († 26. Dezember 1903):

»Hochverehrter Herr Kollege!

Mit diesem heute flüchtig hingeworfenen Sonett nehmen Sie vorerst herzlichen Dank entgegen für den herrlichen Gegengruß, welchen Sie meinen ›Elegien‹ zuteil werden ließen. Eine *solche* Übersetzung ist eigene Dichtung, denn sie kann nur von einem Poeten geschaffen werden, weil sie sich liest wie Originaldichtung. Kein Philologe – wenn er nicht *selbst* Dichter ist – kann Ebenbürtiges leisten. Das Original muß entzückend sein – ich kann's nicht lesen, weil ich nicht russisch kann – aber entzückender kann's nicht sein wie Ihre wundervolle Übersetzung. Ich danke Ihnen für diesen Vollgenuß echter Poesie aus tiefster Seele und grüße Sie

in aufrichtiger Verehrung

Ihr sehr ergebener   Theodor Souchay.

Cannstatt, 22.2.1902

NB: Im August 1898 sandte ich Ihnen meine ›Lieder des Lebens‹, welche damals hoffentlich richtig angekommen sind.

d. O.«

An Friedrich Fiedler,
      den klassischen Übersetzer von Maikows Gedichten in deutsche Sprache

> Hab' Dank für dieser Russenperle Gabe
> In deutscher Sprache hoher Meisterschaft,
> Die Geistes voll in ihres Urklangs Kraft
> Dem Lauschenden kredenzt des Quelles Labe.
>
> Kristallklar mehrt er unsres Herzens Habe;
> Die Schranken fallen, wo der Genius schafft,
> Wo keine Kluft des Nichtverstehens klafft
> Und Wohllaut sprießt auf einem Dichtergrabe.
>
> Gott schuf den Menschen einst nach seinem Bilde,
> So steht's geschrieben schon in ält'ster Schrift,
> Und Poesie grub ein sie ihrem Schilde.
>
> Des ersten Menschentumes grüne Trift,
> Sie ruht in Gottes ew'ger Kraft und Milde, –
> Heil den Poeten, deren Ton sie trifft!

Theodor Souchay

Cannstatt.
   Stuttgart.   22. Februar 1902«.

Auf der Adresse figurieren neben dem Vor- und Familiennamen noch die Worte: »Cannstatt. Württemberg, in Deutschland«. – –

DEN 20. OKTOBER 1905

Gestern bei mir zu Mittag gegessen: Wass. Nemirowitsch Dantschenko, A. M. Fjodorow und der Priester Petrow. Das Thema des Gesprächs war ein politisches, radikales, fast revolutionäres. [...]
      Weiter erzählte Fjodorow von Ant. Tschechow, den er zärtlich liebt. Tschechow hing sehr an seiner alten Mutter (er seinerseits wurde von

allen Familienmitgliedern vergöttert). Doch spöttelte er über ihre Leidenschaft, das Leben der Märtyrer zu lesen, wobei er sie versicherte, es müsse Lerigion und nicht Religion heißen. Als er sie eines Tages wieder bei der Lektüre fand, meinte er: »Lassen Sie doch die Tschetji-Mineji[1] und lesen Sie besser den berühmten Schriftsteller Anton Tschechow! …« Sehr delikat benahm er sich seiner Frau gegenüber, wenngleich es zweifelhaft ist, daß er sie wirklich liebte (Nemirowitsch-Dantschenko versicherte, sein Bruder Wladimir habe nie mit ihr ein Verhältnis unterhalten). Einmal kam seine Schwester Marja Pawlowna erschrocken ins Zimmer, mit der Nachricht, die Magd habe die Lieblingstasse Olga Leonardownas zerbrochen. Darauf erklärte Tschechow, er werde sagen, *er* habe sie zerbrochen. Und er tat's … Ein Fjodorow befreundeter Arzt erzählte ihm folgendes: Er kam nach Badenweiler, um Tschechow persönlich kennenzulernen, doch war er bereits tot und lag eingesargt im Leichenhause. Man gestattete dem Arzt, den Deckel aufzuheben. Er tat's und prallte entsetzt zurück: das rechte Auge Tschechows war ganz hervorgequollen und hatte die Größe einer Billardkugel. […]

DEN 5. FEBRUAR 1906

Gestern – Poetenabend bei Posnjakow. Draußen war's der 17te, d.h. der fünfzigste Jahrestag des Todes meines Gottes Heine. Auf den Einladungen vermerkte ich extra den Gedächtnistag. Trotzdem erschienen nur sehr wenige. Die Kielstaedt erzählte, sie sei als junges Mädchen vom ›Buch der Lieder‹ wie hypnotisiert gewesen; es erwies sich, daß auch ihre Mutter, die ein Jahr nach ihrer Geburt starb, dieses Buch beständig auf ihrem Tische hatte. Um die Wette mit mir zitierte sie Heinesche Verse (deutsch), mußte aber natürlich den kürzern vor mir ziehn. Gribowskij meinte im Scherz, Heine hätte nur einen Fehler gehabt: daß er seine Sachen nicht russisch schrieb. Wentzel erzählte: Als 17jähriger Gymnasiast bekam er das ›Buch der Lieder‹, und erst von da an gewann er die deutsche Sprache lieb und begann, eifrig deutsche Bücher zu lesen. Er zitierte im Original einige Verse Heines und melodeklamierte, mit den Fingern auf den Tisch klappernd, das

---

1 Lesemenäe (russ.), d.h. Kirchenbuch (bei den Orthodoxen) für monatliche Lektüre.

›Ich grolle nicht …‹. Gribowskij sang zu meiner Klavierbegleitung ›Die Grenadiere‹ (russisch), und Masurkewitsch, gleichfalls von mir akkompaniert, deutsch die ›Loreley‹. Umanow-Kaplunowskij verlas sein dem Andenken Heines gewidmetes Gedicht; desgleichen Meissner. Weiter war niemand da.

DEN 19. FEBRUAR 1906

Gestern – Poetenabend bei Gribowskij. Es war ziemlich langweilig, woran sicherlich nicht wenig die jämmerliche Beleuchtung (schließlich ließ ich die Kronleuchter-Kerzen anzünden) die Schuld trug. Der Hausherr hatte zwei Gäste eingeführt: die schon längst zu uns wollende Töffi (ich widersetzte mich der Wahl, da sie in Feindschaft mit ihrer Schwester, der Lochwitzkaja, war; nun diese aber tot ist …) sowie den Vers-Übersetzer und Kritiker Stein; beide wurden während des Abendbrots zu ständigen Mitgliedern gewählt. Desgleichen die sich ballotierenden: Block (derselbe wurde bereits seit längerer Zeit vorgeschlagen, doch hatte sich Korinfskij der Wahl widersetzt), Kondratjew, Wjatsch. Iwanow und Gabrilowitsch. Auch die Grinewskaja wurde einstimmig gewählt. Ich hatte sie bereits am allerersten Poetenabend (bei mir, am 30. September 1904), auf ihren Wunsch hin, zum Mitglied vorgeschlagen, doch Lichatschow und Korinfskij waren dagegen. Nun die beiden fast gar nicht unsre Abende besuchen, erfüllte sich aller Wunsch, sie bei uns zu sehn (auch die Abwesenden teilten während der anderthalb Jahre diesen Wunsch), – und so wurde sie denn gewählt.

Ich fuhr hin und zurück mit I. I. Ssokolow. […] Anwesend noch: die Kühlstaedt, Avenarius, Meissner, Umanow-Kaplunowskij, Pl. Krasnow (der vor dem Abendbrot ging), Schuf, Ssologub und Wentzel.

DEN 2. MÄRZ 1906

Am 28. Februar d. J. starb in Moskau Victor Krylow.

Er (Victor Krylow) schenkte mir eine Menge seiner Bücher. Im ersten Bande der ›Драматические сочинения‹[1] findet sich die Einschrift:

---

1 ›Dramatische Werke‹ (russ.).

Töffi. – *Widmung:* »Friedrich Fiedler dem Dichter Täffy«.

Dem guten Dichter Fiedler
Der alte Bühnensiedler

Victor Kriloff.

18. Okt[ober] 1898. […]
In der Prachtausgabe (sein Dank für meine mühevolle Korrektur
seiner fehlervollen Fiesco-Übersetzung) seiner Übersetzung von Lessings ›Nathan der Weise‹:

An Friedrich Fiedler

Zwei Nationen sich vereinen,
Deiner Seele nah verwandt:
Russen-Werke dank den Deinen
Werden deutsch ein Diamant.
Beim poetischen Genusse
Ist die Arbeit dir ein Scherz,
Auch im Deutschen bist du Russe
Und im Russen deutsches Herz.

Victor Kriloff.

17. Mai 1899. […]

DEN 5. MÄRZ 1906

Gestern nach der Seelenmesse für den vorgestern Abend plötzlich verstorbenen J. G. Gurewitsch nahm mich die Watson zu sich, um mein
literarisches Museum zu bereichern. Sie schenkte mir zwei Unika-
Portraits Nadsons, seinen Bleistift, mehrere Briefe von ihm und an ihn
etc. In einem Briefe (den sie laut vorlas, aber mir nicht gab) aus Wiesbaden schreibt Nadson über seine Fortschritte im Erlernen der deutschen Sprache: so spreche er bereits »Selterswasser«, verwechsele aber
noch immer das Heraus und Herein: wenn an sein Zimmer geklopft
werde, so rufe er: »Heraus!«, was den Deutschen seltsam vorkomme. –
Er war nur dogmatisch irreligiös; vor seinem Tode bat er die Watson,
ihn zu bekreuzen. Die Watson nannte er сова (Eule) und sich selber
совенок (Eulenkind). – – […]

Gestern – Poetenabend bei Avenarius. Die Töffi erschien in Begleitung des Neophyten Gabrilowitsch (Pseud. Leonid Galitsch), der mit
ihr auch heimfuhr. Sehr nett, sogar fehlerlos spricht er deutsch und
verlas seine Übersetzung eines Töffi'schen Gedichts ins Deutsche, die
ich für sehr gelungen erachte (auch ich hab es, bereits am 1. Dezember
vor. Jahres übertragen; es beginnt bei mir: »Meinen Edelstein sah ich
erbleichen ...«). Er hat den Gymnasialkursus der hiesigen Annen-
Schule absolviert und dann in Greifswald und Berlin studiert; kennt
persönlich mehrere (kleine) deutsche Schriftsteller. Scheinbar ein
talentvoller Dichter und sehr sympathischer Mensch. Als Neophyt
kam auch Wjatscheslaw Iwanow, der einen aztekenhaften Kopf hat,
doch einen recht gefälligen Eindruck macht. Spricht gleichfalls gut
deutsch und spickte seine russische Rede mit deutschen Zitaten. Gab
sich durchaus nicht als Dekadent, der er in seinen Dichtungen ist.
Ging vor dem Abendbrot.
    Anwesend noch: Ssologub, I. I. Ssokolow (erzählte mir während der
Heimfahrt, wie immer, von seinen Weiberaffären), Ismailow (ging vor
dem Abendbrot), Stein (spricht deutsch; ging vor dem Abendbrot),
Fjodor Sarin (erzählte von seinen Erlebnissen auf dem Kriegsschauplatz), die Kühlstaedt, Wentzel, Umanow-Kaplunowskij, Gribowskij,
Meissner und Budistschew. Es war interessant.

Ein paar Worte über meine ausländische Reise.
    [...] Am Karsamstag den 1. / 14. April besuchte ich in München
Wilhelm Jensen (Bavaria-Ring 17). Er hat mir seit dem 28. Dezember
1901 auf alle meine Briefe und Bücherzusendungen mit keiner Silbe
geantwortet, so daß ich glaubte, er sei für irgendetwas unversöhnlich
böse auf mich oder aber – er sitze im Irrenhause. Das kleine Mädchen
(das sichtlich nur stundenweise, zum Aufräumen, gemietet ist) ließ ich
dem Doktor sagen, ich sei ein vergessener Freund aus Amerika. Ich
stand im Vorzimmer, als M-me Jensen eintrat: sie hatte mich sogleich
an der Stimme erkannt, begrüßte mich herzlich gedämpften Tons und
zog mich ins Speisezimmer. Langsamen Schritts trat Jensen herein, sah

mich ernst-prüfend an (es war halbdunkel im Zimmer, obgleich es auf
die Vogelwiese führt, denn ein Gewitter zog herauf) und rief dann in
seinem tiefen Ton: »Gott, der Fiedler!« Er war sehr froh, und wir
gingen in sein Arbeitszimmer (aus dessen Fenster man die Bavaria
nicht sieht, wohl aber ein paar Schornsteine des Nachbarhauses, die
ihn »angenehm an Florenz erinnern«). Frau Jensen ging in Geschäften
aus: sie sind erst vor einigen Tagen aus der Haydn-Str. 4 hierher übergesiedelt und sitzen wieder!!! – ohne Magd. Sein Arbeitszimmer ist
nicht groß. Wenn man eintritt – rechts: ein Sofa und davor ein ovaler
Tisch. Mit der Schmalseite an die Sofaecke anstoßend – sein Schreibtisch, sein »alter Freund«. Wenn er vor demselben sitzt, hat er an
seinem linken Ellenbogen ein Fenster. Zwischen diesem und einem
andern, das sich, wenn man eintritt, links, also dem Sofatisch gegenüber, befindet, – in der Ecke, ein ⌒\ bildend, zwei Bücherständer mit
nichts weniger als modernen eingebundenen Büchern. An der Wand
über dem Sofa – mehrere Glaskasten mit prächtigen bunten Schmet-
terlingen (echt).

Er (Jensen) hat einen Roman beendet, mit dessen Idee er sich 30
Jahre lang getragen und der vermutlich ›Friedrich der Große‹ heißen
soll. Doch Friedrich ist nicht der eigentliche Held, sondern – X, auf
dessen Namen sich Jensen augenblicklich nicht besinnen konnte: »Ja,
ich fange an, zu vergessen; zudem, wenn man so viel geschrieben hat,
wie ich …« Erzählte den ganzen, sehr romantischen Inhalt. Sprach
dann lange über die ethnographische und historische Bedeutung der
Stadt Sost (Soest). Er sprach in seinem gewohnten langsamen, tiefen
(an das Summen einer Kontrabaßsaite erinnernden) Ton, wobei er die
Pfeife schmauchte. Er war in dunklem Sommerüberzieher.

Meinte: »Jede Übersetzung eines lyrischen Gedichts bleibt doch nur
der umgedrehte Teppich«.

Dann klagte er, wie üblich, über die deutschen literarischen Verhältnisse, ziemlich geschickt das inde irae[1] über seine Unpopularität
maskierend.

»Die Deutschen sind die undankbarste Nation ihren Schriftstellern
gegenüber«. (Ich dachte in dem Augenblick an die Paul-Heyse- und

1 Ursache des Zorns (lat.).

Hermann-Lingg-Straße, die ich kürzlich passiert, – schwieg jedoch natürlich).

»Es ist das schofelste Handwerk, ein deutscher Dichter zu sein!«

»Die Deutschen sind ein Leihbibliothekenpublikum«.

Verkehrt – außer mit P. Heyse (mit dem Jensen auf Du ist) – mit keinem deutschen Schriftsteller. Den neuen steht er völlig fremd gegenüber. »Es gibt nur einen Weg – nicht den des Realismus, Naturalismus, Symbolismus oder eines andern Ismus, sondern den des dichterischen Talents«.

»Vielleicht der ergreifendste Augenblick in meinem Leben war, als ich der Enthüllung des Geibel-Denkmals in Lübeck beiwohnte«. Und er schilderte beredt die ganze Zeremonie. Mit Geibels Schwiegersohn Fehling sind sie eng befreundet, doch schreiben sie sich alle 5 Jahre nur mal.

Er erzählte dann von seinem im Dezember 1905 verstorbenen Freunde Robert Haaß. Dieser habe nichts gedruckt, sei aber ein tiefer Dichter; er besitzt seine Manuskripte und will sie veröffentlichen. In dem gewohnten beschwörend-singenden Ton deklamierte er eines seiner (Haaß') Gedichte und dann eines der eigenen. Auf dem Schreibtisch steht Haaß' goldene Taschenuhr, die ihm von der Witwe zugeschickt wurde. M-me Jensen erzählte mir später (sie begleitete mich eine Strecke), ihrem Manne sei der Tod seines Freundes außerordentlich nahe gegangen und er habe, nach Empfang der Uhr, noch lange gestöhnt: »Wär die Uhr nur nicht da! Wär die Uhr nur nicht da!«

Als sie von ihrem Geschäftsgang heimkehrte, brachte sie ein Dutzend belegter Brötchen mit, und es gab Tee. Sie fragte ihren Mann, ob er denn nicht Wein habe. Da erst öffnete er das Büffet, stellte zwei kleine Gläschen auf den Tisch, füllte sie mit Wermut und trug die Flasche wieder zurück. (Ich werde mich wohlweislich hüten, von diesem Empfang einem russischen Schriftsteller zu erzählen: es würde ein sehr ungünstiges Licht auf die Ungastfreundlichkeit der deutschen Schriftsteller werfen. In dieser Hinsicht sind wir Wilden doch unendlich beßre Menschen![1])

1 Siehe die Fußnote zum 11. / 24. Juli 1903.

Selbst die herrliche Architektonik einer gotischen Kirche läßt in ihm (Jensen) keinen reinen künstlerischen Genuß aufkommen: er muß sofort an den furchtbaren geistigen Druck denken, den die Kirche jahrhundertelang auf die Menschheit ausgeübt.

Er schätzt Tolstoj als Belletristen (Anna Kárenin), spottet jedoch über ihn als Moral- und Sozialphilosophen.

Über Gorkijs Popularität: »Popularität ist heutzutage sehr leicht zu erlangen«.

Beide bereiteten mir einen, in ihrer Weise, sehr herzlichen Empfang. Die Ausstattung der etwa sechs Zimmer (noch ist nicht alles in Ordnung) ist altmodisch, doch schön und zeugt von Wohlhabenheit, sogar Reichtum.

DEN 4. MAI 1906

Seit dem 30. April wohnen wir auf dem Lande: Staroshilowka (Pargala), Nr. 11, am See.

Heut war ich in der Stadt. Traf im ›Kapernaum‹ Kuprin und wechselte mit ihm ein paar Worte (er saß in Gesellschaft mehrerer mir unbekannter Herrn und aß sein Lieblingsgericht: Krebse). Er trat zu mir. Ich fragte, ob's wahr ist, daß Gorkij in Petersburg sei. – »Man sagt's«. – »Wo woht er denn?« – »Wahrscheinlich in Finnland … Er interessiert mich jetzt sehr wenig« … Übermorgen fahren Kuprins für den ganzen Sommer ins Nowgorodsche Gouvernement.

DEN 6. JUNI 1906

Heut bei mir Lasarewskij gewesen. Ich las ihm meine kurzen Bleistiftnotizen in seinem Novellenbuch vor, er gab mir recht, wollte die Stellen und Worte bei der zweiten Auflage in meinem Sinne wechseln und gestand, er sei nur ein unbedeutender Stilist: doch die kleinrussische Sprache beherrsche er ausgezeichnet. Spricht das »г« fast überall wie ein »h« aus. Während des Mittagessens trank er mehrere Schnäpse (goß sich selbst ein), und dann tranken wir zusammen sechs Flaschen Bier. Er gibt sich recht frei, doch nicht aus Frechheit, sondern aus Schlichtheit. Erzählte von seinem Abgott Tschechow, derselbe habe ihm ein paar Mal gesagt, man müsse Wassilij Fjodorowitsch (so

nannte er Wilhelm II.) nach Rußland rufen, damit er Ordnung ins
Land bringe, und Nikolaus nach Deutschland schicken, damit die
Deutschen wissen, was Unordnung ist. Auch erzählte er (Lasarewskij)
von Kuprin, derselbe liebe es sehr, sich mit Athleten (Ringkämpfern)
zu umgeben, von denen er manchmals sechs Personen zum Souper
einlädt – zum großen Verdrusse Mussjas, die dies Viehvolk nicht aus-
steht.

Gestern bei Lasarewskij in Kuokkala (Haus Navo; zahlt 140 Rbl.)
[…] Ich wollte auch Tschirikow besuchen, doch dieser war in Helsingfors. – – […]
   Schon seit Jahren suchte ich, mit Wlad. Wass. Stassow (der hier
ein- und dasselbe Landhaus – zwei Minuten Ganges von uns – über
zwanzig Jahre bewohnt) Bekanntschaft zu machen. Erst heute bot sich
hierzu die Gelegenheit. Ich ging nämlich mit Wengerow an seinem
Landhaus vorbei, und er schlug mir vor, uns miteinander bekannt zu
machen. Er ging hinein, ich blieb draußen, und nach etwa drei Minuten hörte ich mich beim Namen rufen. Ich trat in den Garten, und
in der Verandatür empfing mich Stassow auf meine Worte hin »Ich
suchte schon vor drei Jahren, Ihre Bekanntschaft zu machen!« mit den
Worten: »Und ich die Ihrige – schon seit sieben Jahren!« Er war in
Schaftstiefeln, roten Pluderhosen und weißem, an den Ärmeln und
dem Kragen rot ausgenähtem kleinrussischem Hemd mit einem farbigen Gurt, an dem zwei mächtige bunte Quasten baumelten. Er zählt
zweiundachtzig und einhalb Jahre, doch habe ich keinen Sechziger
geistig, seelisch und körperlich frischer gesehn. Im Pargala'schen Kreise verbringt er regelmäßig den Sommer seit 1864. Nun begann er zu
erzählen. Außer Puschkin, Lermontow, Gogol und Belinskij hat er
die ganze russische Schriftstellerwelt persönlich gekannt. Erzählte von
I. S. Turgenew. Er sei zu gutmütig gewesen, und er (Stassow) habe ihn
(Turgenew) »Marquis« genannt und zu ihm gemeint: »Wenn man
Ihnen den Kopf abnehmen sollte wie einen Stöpsel, so blieben Sie als
Parfümflasche stehn, der lauter Duft entströmt«. Von Leo Tolstoj. Er
sei sehr gutherzig (Wengerow berichtigte: »Er ist gut (добрый) von
Gehirn, doch hart von Herzen«; Stassow widersprach). Als er bei ihm

Wladimir Stassow. – *Widmung:* »Dem lieben Fjodor Fiedler, dem Gottbegnadeten und Musikanten, vom fleißigen Zuhörer und Leser W. Stassow. Staroshilowka, 10. Aug. 1906« (russ.).

in Jasnaja Poljana im Bibliothekszimmer nächtigte, verdeckte er ihm eigenhändig das offene Fenster mit einem musselin-überspannten Rahmen – gegen Mücken; am Morgen kam er zu ihm in Unterhosen mit der Frage, ob die Mücken ihn nicht aufgefressen hätten; dann goß er (Tolstoj) ihm (Stassow) beim Waschen Wasser auf die Hände. Doch gegen seine Frau, die er sehr liebt, ist er rücksichtslos selbst in Gegenwart ganz Fremder und »überbrüht« (ошпаривает) sie; »und dabei predigt er die Nichtbekämpfung des Bösen (непротивление злу)!« Seinen Söhnen hat er gern gestattet, auf die Jagd zu gehn: das vertreibe jeden Antrieb zum Onanieren. (Turgenew machte er (Stassow) es oft zum Vorwurf, daß er, ein so humaner Mensch, der Jagdleidenschaft fröhne). Puschkin vergöttert er (Stassow) als Künstler, doch nennt er ihn als Menschen in seinem servilen Verhalten Nikolaus I. und anderen Gewaltigen gegenüber einen »Schurken« (подлец). Von den Gedichten ›Нет, я не льстец …‹,[1] ›В надежде славы и добра …‹,[2] ›Бородинская годовщина‹[3] u.a. meinte er mehrfach: »Welche Gemeinheit!« (какая гадость!). Voll Begeisterung sprach er von Puschkins Meisterschaft in seinen erotischen Gedichten, wie sich dieselbe z.B. in dem Vers ausspricht: »Чтобы ускорить миг последних содроганий…«.[4] … Ich fragte, ob Tolstoj wirklich den ›Bab‹ der Grinewskaja so sehr gelobt habe. »Sie hatte ihm ein Exemplar geschickt und bat mich, ihm noch ein zweites einzuhändigen. Als ich nun mit dem Bildhauer Günzburg uns zum Schlafen hinlegten, gab mir Tolstoj ein Buch und sagte zu Günzburg: »Was soll ich Ihnen nun geben?« Und er entnahm einem Haufen Bücher (er bekommt deren täglich aus allen Weltteilen zugeschickt) den ›Bab‹ und reichte ihn Günzburg mit einer wegwerfenden Miene und den Worten: »Na, lesen Sie das: es wirkt gut auf das Einschlafen!« Daß Tolstoj ihr (der Grinewskaja) ein Kompliment über das Buch geschrieben, ist eine Lüge!« Gorkijs Talent anerkennt er (Tolstoj), liebt ihn aber sonst nicht.

Maupassant hält Stassow für den genialsten französischen Schriftsteller der letzten fünfunzwanzig Jahre.

---

1 ›O, nein, ein Schmeichler bin ich nicht …‹ (russ.). — 2 ›Den Ruhm und das Gute hoffend …‹ (russ.). — 3 ›Der Jahrestag von Borodino‹ (russ.). — 4 »Um den Augenblick des letzten Zitterns schneller zu erlangen …« (russ.).

Dann erzählte Stassow: Es sei nicht wahr, wie die Zeitungen berichtet [haben], er habe vor kurzem in der Öffentlichen Bibliothek
einen Schlaganfall gehabt. Er habe nur im Gespräch plötzlich die
Fähigkeit verloren, einige Worte auszusprechen, – doch das habe mit
Paralyse nichts gemein gehabt, denn das Gehirn habe dabei völlig
funktioniert: er sei sich des Zustandes ganz bewußt gewesen und sei in
der Droschke bereits beim Anitschkow-Palais wiederum vollkommen
Herr seines Sprachgebrauchs geworden.

Er ist nur ganz leicht schwerhörig (ein Nichtbeobachtender merkt's
gar nicht) und liest und schreibt mit unbewaffnetem Auge. Spazieren
tut er nur wenig. Nur an Familiennamen verläßt ihn mitunter das
Gedächtnis.

DEN 17. AUGUST 1906

Gestern in Kuokkala. Erst bei Lasarewskij. An der Grenze der Tschernigowschen und Poltawschen Gouvernements hat er mit seinen Ge-
schwistern ein Gut; ihm selbst gehören 79 Dessjatinen,[1] davon will er
nun 6 à 300 Rbl. verkaufen.

Dann bei Tschirikow. Seine ›Juden‹ gaben ihm in Rußland schon
fünftausend; aus Deutschland erhielt er siebenhundert (700).

Dann bei Repin auf seinem Gut »Penaten«. Zeigte uns seine einzig
dastehenden Sommer- und Winterateliers. Er malte gerade eine sitzende Dame. Seine »Frau«, Natalja Borissowna Nordmann, die unter
dem Pseudonym Sseverowa schreibt, photographierte uns alle am
Isis-Tempel, wobei sie uns verschiedene plastische Stellungen einneh-
men ließ (Tschirkow als Simson zwischen den Tempel-Säulen, ich –
als sterbender Gladiator u.s.w.), dann über den Steinen zwischen zwei
Teichen: wir hielten uns alle an der Hand und machten Mienen, als
zögen wir einander beim Laufe. Auch Tschirikow, der bei seiner
schmollend von ihm abgewandten Frau flehentlich eine Blume roch.

1 Dessjatina ist ein russisches Flächenmaß (10,925 m²).

DEN 18. NOVEMBER 1906

Man will wieder eine dramatische Schriftstellervorstellung arrangieren und versammelte sich gestern in der Jurjewschen Dramatischen Schule. Die Soja Jakowlewa erzählte mir, sie habe auf ihrem Gut an der Newa zwölf ihrer Affen im Garten beerdigt; jetzt ersetzt ihr einen Affen ein Affenpinscher. Anwesend noch: Baranzewitsch, Falkowskij, Tschirikow nebst Frau, Naidjonow, Tichonow, Jermilow und Dymow. Um ½ 12 begaben sich alle (außer der Jakowlewa) zu N. N. Chodotow, wo schon eine Masse Gäste waren.

Während des Abendbrotes wurde darüber gesprochen, daß die Zeit der Sitten- und Lebensschilderung (быт) einer Nation keine Existenzberechtigung mehr habe, jetzt müsse der Mensch als solcher literarisch verwertet werden. Das sprach Dymow; ihn unterstützte Tschirikow, der dabei Ostrowskij als Menschenzeichner alles Verdienst absprach. Dalmatow widersprach und erklärte, er hasse Edison für dessen Erfindung der Elektrizität: früher hätte man beim Talglicht viel besser geschrieben. Rukawischnikow meinte, die Bedeutung eines Schriftstellers hänge davon ab, daß er, übersetzt, auch im Auslande für bedeutet gehalten werde; auch verlangte Rukawischnikow, daß man aus den Museen alle Frucht- und Blumenstücke, die ganze nature morte als wertlos entferne. Während der Debatte kamen auch die lebenden älteren russischen Schriftsteller schlecht weg; eine Zukunft sei nur den jüngeren beschieden.

Tschirikow erzählte mir, man habe ihm aus Deutschland geschrieben, sein Stück ›Rote Feuer‹ (das ich übersetzen sollte) habe wenig Aussicht auf Erfolg, da jetzt symbolistische Stücke kein Publikum mehr finden. Tschirikow schlug mir vor, auf mein Risiko hin zu übersetzen. Ich schützte Zeitmangel vor. Trotz dieser meiner Weigerung aber fuhr Tschirikow fort, mich Fedja zu nennen und zu duzen. Ehe ich mich dessen versah, hatte er mich zu sich auf die Knie gezogen, betastete meine Brüste und spreizte mir plötzlich mit seinen Füßen die Beine breit. Ich muß dabei bemerken, daß er einen ganz kleinen Hieb hatte. Übrigens – honny soit! Die der Szene beiwohnten, lachten harmlos.

Als ich Dymow fragte, warum er so selten unsre Diners besucht, antwortete [er]: »Ich kann Mamins Roheiten nicht vertragen«. Er

imitierte verschiedene Schriftsteller, nur Flexer nicht, trotz der allseitigen Bitten: Flexer saß dabei, und schüttelte halb scherzend, halb
ernst verbietend den Kopf. Swirskij blieb nur kurze Zeit, da er Nachtarbeit mit seiner (?) Zeitung hat. Juschkewitsch soll nie ohne seine
Frau ausgehen; er gab sich olympisch kalt und lächelte nicht. Meinen
Vornamen nebst Patronym hatte er vergessen; dafür entsann er sich
sehr gut, daß er mir vor fünf Jahren was ins Autographenalbum eingeschrieben hatte. Sehr nett dagegen gab sich der kraushaarige Student
Dmitrij Zensor, ein talentierter Lyriker; er war am 4. November bei
mir, d.h. unten beim Portier, wagte es aber nicht heraufzukommen.
Lasarewskij erschien in hohen Schaftstiefeln. Anwesend noch: Lady-
shenskij, Garin, der Ex-Deputierte Shilkin, der Komponist Wilbu-
schewitsch, die Schauspielerin Pototzkaja, u.s.w. Ich ging um fünf, wo
das Haus noch voll war. – –

Gestern, behufs Besprechung der Schriftstellervorstellung, bei Falkowskij. Wohnt großartig (Garten-Str. 32); zahlt für die Wohnung
hunderteinundachtzig Rbl. monatlich. Tichonow neckte mich wieder
mit seinen Scherzen über die Deutschen, z.B. »die berühmten Frank-
furter Würstchen werden aus Hühneraugen zubereitet« oder »die
Deutschen kommen blind zur Welt«. Anwesend nur noch: Jermilow
und Baranzewitsch.

Mit letzterem im Restaurant Nementschinskij [...]

Ich vergaß zu notieren: Im mit Teppichen, zeltartigen Portieren,
Statuen, Gemälden, saffian-überzogenen hohen Stühlen etc. ge-
schmückten Arbeitszimmer Falkowskijs lehnt an einem metallenen
Ständer ein großes, elegant gebundenes Buch mit dem Aufdruck
»Autographen«. Es finden sich darin jedoch nur wenige, darunter
Fofanows: ›Я есть Господь твой ...‹ (›Ich bin dein Herr, dein
Gott ...‹). Er schrieb's in Gatschina (1900, wenn ich nicht irre), als er
Falkowskij versicherte, er (Fofanow) sei Gott.

Falkowskij lud uns ein, ihn freitags, an seinem Jourfix von 2 Uhr ab,
zu besuchen.

DEN 16. DEZEMBER 1906

Gestern, während der ›Revisor‹-Probe im Neuen Theater¹ erzählte mir
Tschirikow: Er war kürzlich in Moskau bei der Familie L. Andrejews.
Seine Frau erkrankte zwei Wochen nach ihrer Niederkunft (Knabe) an
einer Gebärmutterentzündung und starb, nachdem sie furchtbare
Operationen überstehen mußte. Andrejew saß stundenlang stumm in
sich zusammengekauert. Jetzt ist er bei Gorkij in Neapel. (Die Leiche
begleitete er bis Eydtkuhnen; s.o.!).

DEN 6. JUNI 1907

[…] Wengerow erzählte heut von seiner Begegung mit Bodenstedt in
Wien, in der Redaktion irgendeiner ›Presse‹, die 1881 stattfand. Bodenstedt war nicht nüchtern und erzählte von seiner Amerika-Reise:
in »Milwokéh« (Bodenstedt sprach es aus wie Bilboquet), wo er bei
Nacht ankam, wurde er von sämtlichen 50.000 Einwohnern mit einem Fackelzug empfangen. Dann prahlte Bodenstedt: »Ihr Turgenew
ist nur dank dem Umstand in Deutschland bekannt geworden, daß
ich ihn übersetzt habe«. Von der Existenz eines Leo Tolstoj hatte er
selbst damals, 1881, keine blasse Ahnung.

Wengerow sprach über den heutigen Artikel Tschukowskijs in der
›Retsch‹, wo er Albow sehr preist und Baranzewitsch sehr tadelt. Wengerow meinte: »Man nennt sie zwar immer zusammen. Aber wie ist
das möglich: Albow, das sehr große, und Baranzewitsch, das sehr
kleine Talent!«

Die Familie Wengerow ist sehr besorgt um das fernere Schicksal
ihres Sohnes und Bruders Wssewolod: er verbirgt sich, denn er wird
für seine agitatorische Tätigkeit unter den Arbeitern von der Polizei
gesucht.

DEN 20. JUNI 1907

Mit Wengerow spaziert am See und dann zu mir.

Es sei nicht wahr, daß Wlad. Ssolowjow mit der Chitrowo (einer
Nichte Alexej Tolstojs und der Frau des verstorbenen Poeten und

---

1 Gemeint ist die Aufführung der Komödie Gogols durch Petersburger Schriftsteller (als Laiendarsteller) am 22. Dezember 1906. Fiedler trat in der Rolle des
deutschen Arztes Gibner (Hübner) auf.

Gesandten am japanischen Hof) gelebt habe: er sei keusch gestorben.

Ssologub sei der einzige überzeugte Dekadent, den Wengerow
kenne; er habe in der Tat sadistische und päderastische Neigungen;
zudem soll er mit seiner leiblichen Schwester (die gegenwärtig gefährlich krank ist … wovon mir übrigens heute Ssologub selbst schreibt …
mir, d.h. F.) leben; im ›Мелкий бес‹[1] habe er sich selber geschildert
… Die Übrigen seien nur Faxenmacher und, wenn sie nicht »dichten«,
die allergewöhnlichsten Menschen; z.B. die Hippius-Mereshkowskaja, die ihre eleganten Kostüme immer selbst zuschnitt und nähte, oder
die Sinowjewa-Annibal, die trefflich zu kochen versteht und darum
letzthin ein volles halbes Jahr selbst die ganze Wirtschaft besorgte.

Wengerow hat zwei bekannte Dichter entdeckt, resp. in die Literatur eingeführt (abgesehen von Jakow Godin). Seine ›Ustoi‹ waren das
erste »dicke« Journal, das ein Gedicht von Fofanow brachte.

Dann Minskij. Mit ihm verhält es sich also. Es war 1876, wo Wengerow an der ›Nowoje wremja‹ mitarbeitete. Minskij gab ihm sein Gedicht ›Сон славянина‹,[2] und es erschien, auf Wengerows Verwenden
hin, im Mai oder Juni desselben Jahres in dieser Zeitung (ist in die
Gedichtsammlungen Minskijs nicht aufgenommen). Minskij hatte
sich als Wilenkin unterzeichnet, doch unter dem Gedicht figurierte
als Verfasser: Walewskij. Nämlich: den Namen änderte der alte
Ssuworin eigenmächtig um, indem er Wengerow erklärte, Wilenkin
klinge nicht hübsch: vilain … Es war Minskijs erstveröffentlichtes
Gedicht … Dann war's im Januar 1877, wo der ›Westnik Jewropy‹
erstmalig ein Gedicht Minskijs brachte (wie es hieß, erinnert sich
Wengerow nicht). Er, Minskij, ließ es Wengerow lesen, dieser übergab
es Utin, dieser – Gontscharow (der erklärte, schon lange kein so
schönes Gedicht gelesen zu haben) und dieser – Stassjulewitsch, der's
in seinem Journal brachte. Auch dieses fehlt in den Gedichtsammlungen Minskijs.

Aber eines der Erstlingsgedichte eines jetzt bekannten Lyrikers
verwarf Wengerow. Es war 1882, wo er die ›Ustoi‹ redigierte. In die
Redaktion kam ein junger Mann, der ganz einem Frisörgehilfen glich,
und affektiert erklärte, er schreibe nur Liebesgedichte. Wengerow

1 ›Der kleine Dämon‹ (russ.). — 2 ›Der Traum des Slawen‹ (russ.).

gefiel das Gedicht nicht; er zeigte es Minskij, der es mit dem Ausruf
»Schund« zu Boden warf … Der Verfasser ist – Ldow.

Ich fragte Wengerow, ob Minskij regelrecht mit der Besrodnaja verheiratet gewesen sei. Ja. Auf der Hochzeit war auch Albow, der seine
›Grunja mit dem Tarakan‹¹ sang. Ich fragte weiter, ob sie formell
geschieden seien. Ja. Warum? Wegen Minskijs ungeheuerlicher ge-
schlechtlicher Ausschweifung. – –

Als ich bei Wengerows erzählte, Ssologub schreibe mir heute, er
werde aus seinem Dienst (er ist Inspektor einer Stadtschule) gezwängt,
meinte Wengerows älteste Tochter: »Das wundert mich gar nicht.
Nachdem, was er im ›Мелкий бес‹ geschrieben … Einen solchen
Pädagogen …!«

DEN 24. JUNI 1907

Achtzehnter Geburtstag der Milotschka Wengerowa.

Er hat Wlad. Ssolowjow ziemlich gut gekannt. Er war ein Original,
das in der Geldfrage nicht von dieser Welt zu sein schien. Er hatte nur
ein Jackett und einen Frack (da er oft beim österreichischen Gesandten, seinem Freunde, dinieren mußte). Von Wäsche fehlte oft das
Notdürftigste. Er hatte nie Geld, weil er alles auf die konfuseste Art
verlebte. Und er verlebte viel: zehn bis fünfzehntausend Rbl. jährlich.
Er aß fast nichts (war Vegetarier), trank aber dafür tüchtig: nicht
Schnaps, wohl aber teure Weine. Er bewohnte ein kleines Zimmer im
Hôtel d'Europe oder d'Angleterre, wofür er aber drei Rbl. täglich
zahlte. Kam nun ein Besucher, so drückte er auf den Knopf; ein
Diener kam mit der Frage: »Was befehlen der Herr Professor?«, und
die Antwort lautete kurz: »Mosel«. Infolge dieser Gastfreundschaft
häuften sich die Besucher derart, daß Ssolowjow fliehen mußte. Er
nahm einen Lichatsch (teurer Mietkutscher) und fuhr mit ihm in der
ganzen Stadt herum: bei diesem und jenem kehrte er ein oder nahm
einen ihm begegnenden Bekannten zu sich in die Kalesche und brachte ihn an das Ziel seiner Wanderung (Wengerow brachte er aus der
Redaktion des Enzyklopädischen Lexikons in die Sserpuchowskaja);
der Lichatsch erhielt für eine solche Tagesfahrt zehn Rubel. In Paris

---

1 »Grunja mit der Schabe« (russ.). Grunja – ein russischer Frauenname (Diminutiv).

wurde er in ein paar Minuten gegen zweihundert Francs los, und zwar geschah das so: Am späten Abend ging er (Wl. Ssolowjow) durch einen Boulevard, als ihn eine Dirne ansprach. Er beschleunigte den Schritt und hörte hinter sich die flehende Stimme: »J'ai faim!« Er griff in die Tasche, reichte dem Mädchen ein Zehn-Francs-Stück und eilte weiter. Aber nach ein paar Augenblicken hörte er hinter sich hastige Schritte, und eine Dirne nach der andern holte ihn ein und klagte: »J'ai faim!« Und jeder gab er ungesehn ein Geldstück. Dann fing er an zu laufen, aber die Mädchen liefen ihm nach, und so wurde seine Tasche alsbald leer. Er hatte aber in derselben gegen zweihundert Francs. Das hat Wengerow von Ssolowjow selbst.

Von wo er so viel Geld hatte? Einesteils verdiente er viel durch seine Schriften und andrenteils bekam er, laut Testament seines Vaters, einen Teil des Einkommens von dessen Schriften. Die Sin. Wengerowa (die übermorgen ins Ausland fährt. Sie würde auch morgen, Montag, fahren, denn sie ist nicht abergläubisch, aber sie muß erst eine Arbeit endigen) erzählte, Ssolowjows Schwester Polyxene (die Allegro) habe ein Kapital von fünfzigtausend (50.000) Rbl. – ein Erbteil vom Vater.

Raffalowitsch soll Champion im Lawn-Tennis sein und ein paar Mal die ersten Preise gewonnen haben.

In den fünfziger Jahren besuchte der damals junge Weinberg eine Vorlesung Gervinus'. Er war ganz Andacht. Als Gervinus kam, musterte er vor allen Dingen die Zuhörer und, auf einen von ihnen weisend, sagte er: »Sie haben noch nicht bezahlt!« Dann begann er zu lesen. Wengerow hat's von Weinberg selbst.

Es war 1877. Minskij und Wengerow waren Studenten des zweiten Kursus der juristischen Fakultät an der Petersburger Universität. Zwischen Minskij und dem Grafen Mussin-Puschkin (Student) entstand ein Streit wegen der herauszugebenden Vorlesungen, wobei Minskij das Wort »Geld« fallen ließ und Mussin-Puschkin ganz harmlos bemerkte, er werde es ihm mit Prozenten zurückzahlen. Minskij sah hierin eine Beleidigung in Hinsicht auf seine Judenschaft, trat zu Mussin-Puschkin und schlug ihm mit einem Bogen der Vorlesungen ins Gesicht, wonach er dem Verblüfften erklärte, er sei bereit, ihm Satisfaktion zu geben. Das Duell fand im Forstkorps* statt. Minskijs

1 Gemeint ist die Forstakademie in St. Petersburg.

Sekundanten waren Wengerow und der verstorbene Mark Ssamojlow
(recte Warschawskij). Bedingung: dreißig Schritt und dreimaliger
Kugelwechsel. Letzterer fand statt, verlief aber resultatlos, und die
Gegner reichten sich die Hand.

DEN 2. AUGUST 1907

[…] Mit Dostojewskij war Wengerow persönlich bekannt. Sie wohnten 1879 am Griechischen Prospekt, im Hause zwischen der Kirche
und dem jetzigen Kindergarten; Wengerow wohnte im 4. und Dostojewskij im 2. Stock. Wengerow war einmal bei ihm und fing an, über
Swidrigailow (›Verbrechen und Sühne‹) zu sprechen, wobei Dostojewskij erstaunt fragte: »Wer ist das, Swidrigailow?« Es erweist sich,
daß er oft die Namen der hauptsächlichen Personen vergaß. Wengerow meinte zu ihm (Dostojewskij), er anerkenne doch wohl den
Kirchenritus (обряды) nicht, worauf Dostojewskij antwortete:
»Doch! Auch der kostbarste Wein bedarf eines Gefäßes (чаша): ein
solches Gefäß für die Religion ist der Ritus« …
1879 fand ein Bankett zu Ehren Turgenews statt. Die ganze Gesellschaft wunderte sich, als Dostojewskij – im Frack erschien. Eine
Unmenge Reden zu Ehren Turgenews. Schließlich sprach dieser die
Antwortrede und endete mit dem Wunsch, daß »dem Gebäude der
Reformen die Krone aufgesetzt würde (венчать здание реформ)«.
Unter diesem Ausdruck war allgemein die Einführung der Konstitu-
tion verstanden. Plötzlich erhob sich Dostojewskij und fragte Turgenew: »Was verstehen Sie unter dem letzteren Ausdruck? Drücken
Sie sich deutlicher aus!« Allgemeines bestürztes Schweigen, denn
alle wußten von dem Haß Dostojewskijs zu Turgenew, und die Kata-
strophe lag von vornherein in der Luft. Dostojewskij rechtfertigte sich
einige Augenblicke später Verschiedenen gegenüber, er habe mit seiner
Frage nichts besagen wollen, denn er liebe ja Turgenew sehr und habe
sich sogar seinetwegen in einen Frack geworfen. Letzteres Argument
verstimmte die Anwesenden noch mehr, denn alle fühlten den Lug.
Die Zeitungen der nächsten Tage ziehen daraufhin Dostojewskij der
Retrograderei.
Niemand habe so ergreifend gelesen wie Dostojewskij: selbst die
Männer weinten. (Faktum: ich selbst wohnte einmal der Vorlesung

seines ›Knaben bei Christo‹ als Student bei und sah mehrere Männer weinen). [...]

Heut – Vereinssitzung des Literatur-Fonds. Boborykin trat leichtfüßig ein und musterte alle durch ein Glas, das er vor sein linkes, bebrilltes Auge hielt. Bat mich, »da Sie doch mit allen russischen Schriftstellern – dieser Menagerie! – bekannt sind«, ihn bekannt zu machen mit den jüngeren Kritikern: Ismailow, Tschukowskij, Pilskij u.a. Jünglinghaft behend: sprang zurück und vor. Sprach mit mir deutsch. – Die Schapir bat mich, ihren Sohn in der Komitee-Sitzung als Kandidaten der »Petersburger literarischen Gesellschaft« durchzubringen. – Baranzewitsch erzählte mir, er schreibe an einem Drama mit dem Thema der Väter und Söhne. Personenverzeichnis – nirgends Namensbezeichnung. [...]

Heut besuchte mich Alexej Michailowitsch Remisow. Bewunderte mein »Museum« und tadelte die Russen für ihre Pietätslosigkeit und Unkultiviertheit; die russischen Schriftsteller haben keine Ahnung vom Reichtum der russischen Sprache. Er liebt sehr Kusmin (den berüchtigten Päderasten, der sich nicht nur parfümiert, sondern auch schminkt): »Er ist eine exotische Pflanze, ist ein Muster von Kultiviertheit. Die Einfachheit seines Stils (den Inhalt laß ich unbeachtet) ist hochkünstlerisch. Es tut mir sehr weh, daß er für sein Päderastentum bei allen so verpönt ist«.

Er (Remisow) spricht unlaut und langsam, schreibt affektiert geschnörkelt und hat ein degeneratives Gesicht. Klagte: »Ich habe in der Universität ein altes russisches Apokryph verlesen, und da behauptete man, daß ich die Päderastie verherrliche und propagandiere«. Er ist verheiratet und hat eine kleine Tochter, von der er entzückt ist, die aber im Tschernigowschen Gouvernement bei der Großmutter lebt: hier halten sie das Kind nicht, da sie oft mit bitterer Not zu kämpfen haben; dieser Tage fahren sie zum Besuch hin. Ich schenkte ihm zwei meiner Bücher (er brachte nur drei der seinigen), und er steckte sie,

ohne einen Blick auch nur auf den Titel geworfen zu haben, in die
Tasche. Sagte, man halte ihn vielfach für einen Narren (юродивый).

Heut – zehn Minuten im »Kapernaum«. Machte durch Iw. Al. Poro-
schin die Bekanntschaft des Lyrikers Pjotr Petr. Potjomkin (in Univer-
sitätsform: ist Student der Naturwissenschaften). Trank Tee. Harmlos,
bescheiden, wortkarg, physiognomielos. – –

Eben ist von mir Ssergejenko gegangen. Forderte mich auf, zu
seinem Tolstoj-Almanach beizusteuern (anläßlich des 80sten Geburtstages Tolstojs). Gestern erzählte ihm Leonid Andrejew, Tolstoj habe
auf ihn den allergrößten Einfluß gehabt: er, Andrejew, hatte sich vorgenommen, sich unter einen Eisenbahnzug zu werfen, als er ›Так что
же нам делать?‹[1] las und beschloß, seine subjektiven Empfindungen
niederzuschreiben; so sei er Schriftsteller geworden.

Gestern las in der »Literarischen Gesellschaft« Wjatsch. Iwanow über
den modernen Symbolismus, wobei das [jedes] vierte Wort ein fremd-
ländisches war, was allgemeines Schütteln des Kopfes und vielfaches
Lächeln erregte. Entschuldigte sich bei mir, daß er auf meinen Brief
Ende Dezember nicht geantwortet: der Tod seiner Frau habe ihn
völlig der Literatur entrückt, und er finde sich erst jetzt allmählich
wieder in sie hinein. Als ein Opponent meinte, Einsamkeit mache
schwach, strich er sich schwer über die hohe Stirn und zerdrückte mit
dem Daumen und dem Däumling zwei Tränen im Nasenwinkel der
gesenkten Augen. Während er las, glich er Shakespeare (Portrait mit
der freien Stirn und den zur Seite gebauschten Haaren). Remisow
erzählte mir von seinem Töchterchen Natascha wie ein Verliebter.
Flüchtig Bekanntschaft gemacht mit A. A. Block und dem berüchtigten Päderastie-Apostel Kusmin (kam und ging mit einer Dame. Unangenehmer Handgruß der vier vorgestreckten Finger. Originelles,

---

1 ›Was sollen wir also tun?‹ (russ.). Eine religiös-philosophische Abhandlung
L. Tolstojs (1885).

vogelartiges, doch nicht pathologisches Gesicht: Augen hinter dem
Pincenez wie zwei mit einer Öffnung versehene Walnußschalen; die
kurzen Haare von den Schläfen zum Scheitel hin glatt angekämmt wie
Flügelchen; *schien* geschminkt zu sein – jedenfalls sehr delikat oder
kunstreich; wenigstens beobachtete ich ihn scharf, als ich neben ihm
stand, und wurde nicht *überzeugt,* daß er geschminkt sei). Saß (d. h.
ich) mit Andrejewskij. Hat sich fast gar nicht verändert (ich sah ihn
viele Jahre nicht). Meinte: »Ja, als wir uns bei Mereshkowskijs begegneten, – das war in der Tat ein literarisches Haus! Aber jene da
(nach dem Saal nickend) – das ist ja ein Bedlam! Und unser jetziges
Publikum! Als die ›Anna Karenina‹ oder die ›Karamasows‹ erschienen,
da fand man selten in einem Hause ein Exemplar im Salon, und auch
das unaufgeschnitten. Lermontow, Turgenew, Dostojewskij und – damals – Tolstoj hatten keine Ahnung davon, was wirkliche Popularität
heißt. Und die jetzigen Schriftsteller? Die werden gleich nach Erscheinen ihres ersten Werkes populär, und ein Buch von ihnen ist im Nu in
einer Anzahl von fünftausend Exemplaren vergriffen. Und wer sind
diese Großen? Leon. Andrejew, dessen ›König Hunger‹ einfach dumm
ist und das Publikum nur durch seine Frechheit düpiert. Er zeigt ihm
eine fica (фига),[1] und das Publikum ist entzückt! Und einstmals
Gorkij, dessen Werke einfach Schülermache sind! Ich wollte einen
kritischen Artikel schreiben: ›Zwei literarische Mitrofanuschki[2] –
Maxim und Leonid‹, hab's aber nicht getan«.

DEN 31. MÄRZ 1908

Gestern fuhr ich aus der »Literaturgesellschaft« mit Ssologub zum
Poeten-Abend. Unterwegs schlug ich ihm vor, für einen Monat mit
mir nach Italien zu reisen. Er war nicht abgeneigt, um so mehr als er
für einen Roman Studien auf den Balearen machen muß. Er bekommt
vom »Schipownik« 300 Rbl. monatlich. Die Abrechnung findet Anfang Mai statt; erweist sich für ihn ein Plus, so fährt er.

---

1 Die Feige (russ.). Gemeint ist hier ein obszönes Fingerzeichen. — 2 Mitrofa-
nuschka (Diminutiv von Mitrofan) – Hauptheld im Drama von D. I. Fonwisin
›Landjunker‹; im Russischen wird der Name zur Bezeichnung eines ungebildeten
jungen Mannes gebraucht.

Bei Umanow-Kaplunowskij (wo der Poeten-Abend stattfand) wurde
beschlossen, sich zu legalisieren. Dann wurden Verse verlesen – lauter
Mittelware. Fjodor Sarin berichtete, daß sein Bruder Andrej gegen
eine Bürgschaft (die ein andrer Bruder, ein Ingenieur, leistete) vorläufig freigelassen worden. Jassinskij, den ich eine Ewigkeit nicht gesehn,
saß neben mir beim Abendbrot, aß Nicht-vegetarisches, trank keinen
Tropfen und gedachte mit Wehmut der fernen Zeit, wo ihn noch
niemand bei meiner Frau »verleumdet« hatte. Sein Sohn Maxim ist
nach dem Eisenbahnunfall bei Lesnoj schwachsinnig geworden, war
aber ungemein talentiert und erweckte große Hoffnungen. Mit der
Herausgabe seiner Zeitschrift hat Jassinskij 40.000 Rbl. verloren. –
Tschernigowetz-Wischnewskij erwies sich als Jubilar (50 Jahre literarischer Tätigkeit) und wurde darum ex abrupto fetiert. […]
    Anwesend noch: Krasnow (ging vor dem Abendbrot), I. I. Ssoko-
low (fühlte sich unwohl), V. I. Annenskij, Kokowzew, Gribowskij,
Kondratjew, Masurkewitsch, die Töffi mit ihrem Galitsch und die
Grinewskaja. – –
    Heut zu Wengerow angegangen. Erzählte, Leonid Andrejew habe
sich ihm gegenüber beklagt, er werde »gehetzt« (затравлен); er hat
mehrere Briefe von Frauen und Mädchen bekommen, die ihn bitten,
ihnen ein Kind zu machen.
    Dann zu Weinberg. Über L. Tolstoj: »Ich hab immer gesagt, daß
er ein Komödiant ist. Als Belletrist ist er ein Genie, als Philosoph be-
deutungslos«.

DEN 22. APRIL 1908

Heut Zensor kurze Zeit bei mir gewesen. Herzlich und nett. Will den
christlichen Glauben annehmen. »Warum und wie ich Jude geworden
bin – weiß ich nicht, kenne so gut wie gar nicht meine Kindheit und
hatte darum nie etwas Gemeinsames mit dem Judentum. Warum also
soll ich leiden, für wen, zwecks welcher Idee?« Kam in partikulärer
Kleidung, doch mit einer Studentenmütze. Hat die Universität nur
selten besucht; desto öfter aber die Akademie der Künste, denn er hat
Maltalent; will mich im Sommer (er wird ihn aus Geldmangel in
Petersburg, d.h. in der Stadt verbringen) abkonterfeien.

Als ich heut aus dem Kontor der Schlafwagen-Eisenbahngesellschaft
ging, begegnete ich auf dem Newskij, vis-à-vis dem Gostinnyj-Dwor,
Leon. Andrejew. Er ging neben einer jungen und häßlichen Dame
(offensichtlich nicht seine Frau) im flatternden Mantel, in charak-
teristischer Joppe, sonnengebräunt, jeder Zoll – männliche eigenartige
Schönheit, ganz Gesundheit und Lebenskraft. Alle Passanten (alle –
ist natürlich zuviel gesagt!) starrten ihn an und blickten sich um. Er
begrüßte mich mit einem: »A, Fjodor Fjodorowitsch!« – »Sie kennen
mich noch?« – »Freilich. Doch erkannte ich Sie nicht sofort: Sie haben
sich ja einen Bart wachsen lassen! ...« – »Alle die Monate suchte ich,
Sie zu besuchen. Ich sprach davon noch neulich zu Morosows«. – »Ja,
man hat mir's mitgeteilt«. – »Aber ich bin ganz abgehetzt (затравлен). Ich ziehe [siedle] aufs Land über und bin von hundert Kisten
umringt. In meinem Hause sieht's überhaupt wie in einer Irrenanstalt
aus. Kommen Sie zu mir. Nach Tschornaja Retschka. Sie waren ja da
bei mir. Ganz in der Nähe jenes Hauses hab ich mir ein Haus gebaut«.
– »Wann kommen?« – »Ende Mai«. – »Da bin ich in Italien und
komme erst Ende Juni heim«. – »Dann Ende Juni. Und werden uns
dann verabreden, wann ich zu Ihnen komme. Ich komme aber bestimmt, bestimmt!«

Am 29. Mai verließ ich Petersburg und kehrte gestern aus dem Auslande wieder heim, hierher nach Staroshilowka.
   Bis Berlin fuhren wir (d.h ich und Ismailow) zusammen mit der
Klawd. Lukaschewitsch (die ihre Tochter Sinaide, ihren Sohn Pawel
und dessen deutsche Gouvernante mit sich hatte). In Berlin verbrachten wir zusammen ein paar Tage. Dann fuhren wir zwei nach Leipzig,
und die Familie Lukaschewitsch nach der Schweiz. [...]

Zwei Minuten Ganges von uns wohnt, auf der Saizewschen Datscha,
S. N. Filippow mit seiner »Frau« Natalja Iwanowna Porochina und
seinem Töchterchen Vera (sie besucht oft meine Frau und erzählt ihr

alles; hierüber ein ander Mal). Heut mit ihm zum »Teufelssee« spazieren gegangen und im Restaurant »Medwed« drei Flaschen Bier getrunken. Erzählte:

Einmal war er beim alten Plestschejew (Ecke Spasskaja und Pantele-
jewskaja). Auf dem leeren Schreibtisch stand nur in einem schlichten
hölzernen Rahmen das Portrait Victor Hugos. An der Wand hing nur
ein silberner Lorbeerkranz. Auf die Frage Filippows, wo denn die
andern Jubiläums-Reliquien seien, antwortete er: »Im Versetzamt« (в
ломбарде). Da kam sein Sohn Alexander Plestschejew und bat Filippow (dessen Rezensionen er ohne Quellenangabe in seinem Theater-
blatt abgedruckt hatte), ihn zu besuchen. Dann ging er, und der Vater
meinte zu Filippow: »Gehn Sie nicht hin: das ist keine Kompagnie für
Sie!« ... Alexander war schon damals (er soll's auch jetzt geblieben sein
und sich namentlich von diesem Handwerk ernähren) kuppelnder
Vermittler zwischen französischen Schauspielerinnen und internationalen Balleteusen mit russischen Großfürsten, von denen er eine
Menge Portraits mit huldvollsten Widmungen hat, die in prächtigen
Rahmen mit einer goldnen Krone oben sein Arbeitszimmer zieren.

Ssergej Andrejewitsch Jurjew (mit dem Lear-Kopf) war höchst vergeßsam. Einmal während eines Gesellschaftsabends bei Tschajew,
stülpte er sich den auf dem Flügel schlummernden Hauskater auf den
Kopf ... Einmal kam ein Bekannter zu ihm und wunderte sich, daß es
in seinem Zimmer so stinke. Was war's? Eine Waldschnepfe, die Jurjew vor drei Wochen geschossen und in seiner Jagdrocktasche vergessen hatte [...]

Iwan Sserg. Aksakow war, obwohl er für die Bauern eintrat, ein großer Herr (барин). Darum sagte zu ihm Nekrassow:

Друг, ты поешь о народе,
А говоришь ты с ковра![1]

Filippow hatte im ›Russkij kurjer‹ eine vernichtende Kritik von
Tschechows ›Iwanow‹ geschrieben, die zur Folge hatte, daß das Stück
vom Spielplan des Korsch'schen Theaters entfernt wurde. Später, in
Jalta, machten die beiden Bekanntschaft, sprachen sich aus und wurden gute Freunde (Filippow hat mehrere Briefe von Tschechow, die in

---

1 Freund, du singst vom Volke –
   Vom Teppich spricht sich's bequem (russ.).

Moskau in einer Niederlage,[1] nebst verschiedenen andern Sachen Filippows, aufbewahrt werden und die Filippow zum x-ten Mal versprach,
mir zu schenken). Zusammen besuchten sie in Jalta ein Freudenhaus,
und Filippow wunderte sich, welch »empörend herzlose Behandlung«
Tschechow den Prostituierten angedeihen ließ. [...]
    Nun ein paar Worte über Ismailow.
    Nur in zwei Punkten bildeten wir Gegensätze: er liebte Rotwein,
und ich – Weißwein; er liebte Fiaker, und ich – Tram.
    In Deutschland ochste er im Waggon deutsche Phrasen, die er aber
kein einziges Mal anwandte. Kennt gar nichts; verwechselt z. B.
»heute« und »heilig«, »reif« und »rein«. Auch französisch sprach er nirgends ein Wort ... Auch mit seinen geographischen Kenntnissen ist es
schlecht bestellt: glaubte, Tirol liege in der Schweiz, und unterschied
nicht Karlsbad von Baden-Baden (meinte darum, eine Szene in Turgenews ›Rauch‹ spiele in Karlsbad statt Baden-Baden).
    Während der Fahrt schrieb er zahllose Postkarten – und alle auffal-
lend deutlich. Wenn's heiß war, schlief er völlig nackt. Die einzige deutsche Phrase gebrauchte er in Berlin. Es war Nacht. Ich hustete, und da
meinte er schlaftrunken: »Nicht so laut ... bitte!« Dieses »bitte«, nach
einer Pause, spricht sehr zu Gunsten seines sanften Charakters.
    In den ›Birshewyje wedomosti‹ erhält er (Ismailow) zweihundert
Rbl. feste Gage, außerdem pro Zeile sechs Kopeken. Im »Slowo« pro
Zeile – zehn und im »Russkoje slowo« – fünfzehn Kopeken.

DEN 15. JULI 1908

Fortsetzung über Ismailow. Abends, im Hotel, erzählte er mir gewöhnlich von seinen Begegnungen mit russischen Schriftstellern und
deren Erzählungen von ihren Kollegen. Ich schrieb alles gleich nach,
wobei ich ihn unterbrach, um es niederzuschreiben; manches ist
wörliches Diktat [...]
    Wssewolod Ssolowjow sah Turgenew oft im Hause seines Vaters,
des berühmten Historikers. Er machte auf ihn durch den Kontrast
seines hohen Wuchses und seiner Fistelstimme und durch sein unauf-
richtiges Kokettieren einen unangenehmen Eindruck. Einmal machte
ihm (Turgenew) F. [?] Korsch den Vorwurf, daß er in einem kritischen

---

1 D.h. in einem Lager.

Artikel Reschetnikows »nüchterne Wahrheit« gepriesen. Da schwenkte
Turgenew mit den Armen und rief aus: »Ich kann Ihnen darauf nichts
erwidern, denn ich habe von Reschetnikow keine einzige Zeile gelesen« … Ismailow hat's von Ssolowjow selber. Turgenew war, laut
Versicherung Ssolowjows, ein Schauspieler, der immer nur gefallen
und in Gesellschaft das erste Wort haben wollte.

Ws. Ssolowjow meinte zu Ismailow in bezug auf Dostojewskij,
dieser sei eine tief mystische Natur gewesen, ein Gemisch von himm-
lisch-geistigen und infernalisch-fleischlichen Elementen … Dostojewskij (nom.) erzählte einmal Ssolowjow (dat.), er sei eben bei einem
Hieromanten gewesen, der ihm mit erstaunlicher Wahrheit seine
ganze Vergangenheit erzählte und ihm für die Zukunft einen Ruhm
verhieß, von dem er sich nichts könnte träumen lassen; übrigens auch
düstre Prophezeiungen hinsichtlich seiner Krankheit. Dostojewskij
sagte: »Ich glaube nicht daran, aber es freut mich doch!«

Wssew. Ssolowjow erzählte Ismailow, daß einmal in Gegenwart seines Bruders Wladimir (der auch ein großer Mystiker war) die Kerzen
auf ihrem Tisch (beide saßen ganz allein im Zimmer) sich plötzlich
von selbst entzündeten und später selbst erloschen.

Wssew. Ssolowjow hatte verschiedenfarbiges Postpapier. Er pflegte
einen Bogen vor sich auf dem Tisch zu befestigen und die Hand mit
einem Bleistift darauf zu legen. Dann gab er sich Mühe, absolut an
nichts zu denken. Die Hand aber schrieb, und oft verkehrt, so daß
man die Schrift nur dann entziffern konnte, wenn man das Blatt umgekehrt gegen das Licht hielt. Er zeigte Ismailow einige solcher Blätter,
und Ismailow las sowohl eine Prophezeiung des japano-russischen
Kriegs (recte: japano-chinesischen; zwei Jahre vor Ausbruch dieses
Kriegs, doch mit Andeutungen auf den japano-russischen) als auch
einen Ausspruch Nikolaus I.: »Mit Trauer blick ich auf das Los meines
unglücklichen Urenkels (sc. Nikolaus II.; F.). Ich war umringt von nur
schlechten Ratgebern, er aber wird von entsetzlichen umringt sein«.

Wssew. Ssolowjow erzählte Ismailow: Einst, im Traume, dichtete er
ein Gedicht von acht Versen. Gleich stand er auf und schrieb's nieder.
Am Morgen kam zu ihm sein Bruder Wladimir und erzählte, er habe
diese Nacht im Traum ein Gedicht geschrieben, das er ihm gleich
vorlesen werde. »Als er es las, stiegen mir die Haare zu Berge: es war
mein eigenes Gedicht!« schloß Wssewolod seine Erzählung … Wie

das Gedicht lautete, weiß Ismailow nicht. Er weiß nur, daß es nicht gedruckt ist und sich in einem kleinen pergamentnen Notizbuch Wssewolods befindet.

Wssew. Ssolowjow konnte es seinem Bruder Wladimir nie verzeihen, daß dieser nach seinem Tode seinen (Wssewolods) Ruhm völlig verdunkelt hatte, so daß in verschiedenen Nekrologen ihm (Wladimir) verschiedene seiner (Wssewolods) Werke zugeschrieben wurden. [...]

In Rom lebt ein gewisser Nikolaj Iwan. Markow, der auch etwas schriftstellert – Erzählungen, Korrespondenzen und zumeist Artikel und Notizen zu Gunsten seiner »Frau«, der Opernsängerin Van Brandt. Ismailow ist mit ihm persönlich bekannt. So kam's, daß er zu uns gegen 10 morgens ins Hotel kam, den Tag über mit uns als Cicerone durch Rom strolchte und wir das Diner (um 9 abends!) bei dem erdrückend liebenswürdigen Paar einnahmen. [...]

DEN 16. JULI 1908

Fortsetzung über Ismailow.

Von Anna Grigor. Dostojewskaja hat er folgendes: Als ihr Mann den ›Podrostok‹[1] geschrieben, begannen die ›Otetschestwennye sapiski‹ mit ihm zu liebäugeln (damals spielte N. K. Michailowskij schon eine große Rolle). Zu Dostojewskij begab sich Nekrassow. Nun diktierte mir Ismailow den wörtlichen Bericht der Anna Grigorjewna: »Ich hatte Nekrassow nie gesehn und begann drum durch das Schlüsselloch zu schauen und zu lauschen. Wir litten damals höllisch Not und hatten im voraus beschlossen, auf jedes Honorar-Anerbieten einzugehn. Ich sehe, daß sich die Sache macht (дело идет на лад). Nekrassow bot 250 Rbl. pro Druckbogen an. Fjodor Michailowitsch (sc. Dostojewskij; F.) sagte: »Ich bin damit einverstanden, doch schließ ich nie ein Geschäft ab, ohne mich zuvor mit meiner Frau beratschlagt zu haben. Ich werde für einen Augenblick zu ihr gehn«. Ich hatte kaum noch so viel Zeit, von der Tür zur Seite zu springen. Ich schwenkte auf ihn mit den Händen ein und flüsterte: »Willig ein, willig ein, willig ein!« Er lachte und fragte, wieso ich schon alles weiß. Und da gestand ich ihm, daß ich gelauscht!«

1 ›Der Jüngling‹ (russ.).

Anna Grigorjewna erzählte Ismailow außerdem: Sie litten große
Not. Da sagte ihnen Kowalewskij seinen Abendbesuch an. Sie versetzte
heimlich ihren Fuchspelz und bereitete ein prächtiges Abendessen.
Dostojewskij fragte sie nicht, wo sie das Geld herbekommen, und
drückte ihr nur mehrfach verstohlen die Hand. Nach ein paar Tagen
lud seinerseits Kowalewskij die beiden zu sich zum Souper ein. Es war
furchtbar kalt. Dostojewskij verlangte, daß sie den Fuchspelz umlege,
sie jedoch zog einen elenden Burnus an. Dadurch kam alles ans Tages-
licht. Dostojewskij tadelte sie sehr.

Anna Grigorjewna erzählte Ismailow außerdem: Dostojewskij hat
sehr viel Ungedrucktes hinterlassen, aber sie werde es zu ihren Lebzeiten nicht veröffentlichen. So eine Szene in den ›Dämonen‹. Nach Besuch des Archijerej[1] Tichon findet Stawrogin (nicht etwa Swidrigailow
aus ›Verbrechen und Sühne‹!!!) auf der Treppe seines Hauses ein acht-
jähriges Mädchen, das seine Gouvernante verloren. Er nimmt sie mit
auf sein Zimmer und vergewaltigt sie (der Akt ist mit naturalistischer
Treue geschildert). Katkow schrieb ihm, daß bei all seiner Hochachtung vor dem Talent Dostojewskijs, er den Abdruck dieses Kapitels für
vollständig unmöglich halte. Dostojewskij beratschlagte sich mit seinen
Freunden Strachow und Pobedonoszew (auf deren Urteil er sehr viel
gab), und diese überredeten ihn, vom Druck abzustehen, da eine *solche* Schilderung nicht mehr ins Gebiet der Kunst gehöre und daß man
in Stawrogin den Verfasser selbst vermuten werde … Dieses Kapitel
besitzt Anna Grigorjewna in einer Korrektur des ›Russkij westnik‹.

Im Vorwort zu seinen ›Prawedniki‹[2] erwähnt Leskow eines Schriftstellers, der zum 48sten Mal infolge seines Argwohns (мнительность)
stirbt. Das ist – A. F. Pissemskij. Pissemskij war auf Du mit Leskow,
Leskow jedoch mit Pissemskij auf Sie, bis zuletzt. Leskow war Pissem-
skijs Erretter, wenn letzterer sich überfressen oder übersoffen hatte. In
bezug auf seine Gesundheit war Pissemskij mißtrauisch bis zur Krank-
haftigkeit und fürchtete besonders die Cholera. Wssew. Ssolowjow
kam oft zu ihm ins Gouvernement Kostroma und wurde von Pissemskij sehr freundlich empfangen, doch alsbald vor der Cholera gewarnt.
Pissemskij war Wssew. Ssolowjows literarischer Taufvater. Pissemskij

---

1 Bischof in der orthodoxen Kirche. — 2 ›Die Gerechten‹ (russ.). Gemeint ist
das Vorwort zur Erzählung ›Odnodum‹ (1879).

verkehrte beständig im Hause seines (Ssolowjows) Vaters, des Historikers ... Pissemskij sprach: стрелят (statt стреляет), подпират
(statt подпирает), хватат (statt хватает). Sein Lieblingswort war
суще (echt, wie sich's gehört).

Leskow sagte: »Tausendmal gab ich mir das Wort, nichts mehr zu
schreiben. Doch ein Schriftsteller gleicht einer reuigen Buhlerin: sobald es Abend wird, drängt es sie auf den Newskij. So unerwehrlich
drängt's den Schriftsteller zur Feder«. – – –

[...] Und nun etwas aus der deutschen Literatur! ... In Innsbruck
logierten wir im »Goldnen Adler«. Der Wirt führte mich ins Eckzim-
mer des dritten Stocks, mit dem Ausblick auf die kleine Inn-Brücke,
Nr. 28. Hier hatte einst mein Gott H. Heine geschlafen.

Schluß-Resultat über Ismailow. Außerordentlich sympathisch,
Ehrenmann durch und durch, als Lebemensch nichts weniger als
kleinlich, doch als Abstamm von Geistlichen etwas eng-pedantisch.
Im allgemeinen – ein Prachtkerl!

DEN 17. JULI 1908

Und nun über Gorkij (niedergeschrieben gleich nach dessen Besuch,
am späten Abend, in Capri, Hotel Bristol, Zimmer Nr. 15) ...

Nein, zuvor noch ein Wort über Ismailow.

Je näher wir zur russischen Grenze kamen, desto mehr wuchs seine
Angst vor der Zollrevision. Die Korallen, Kamäen etc. steckte er in alle
möglichen Taschen; den oberen Rand seiner Hose hatte er aufge-
schlitzt und eine goldne Uhrkette hineingenäht; auf der Brust unter
der Weste hingen zwei verbotene Bücher Gorkijs; um die Waden hatte
er sich eine teure Damenkammgarnitur geschnallt u.s.w.. Doch alles
lief vollkommen glücklich ab. – – –

Capri, Dienstag, den 24. Juni / 7. Juli.

Ismailow kannte bisher Gorkij nicht persönlich (hatte ihn nur einmal im Restaurant Maximow zu Petersburg gesehn) und war darum
sehr froh, als ich ihm (schon in Petersburg) den Vorschlag machte, ihn
zu besuchen. Er fürchtete indes, er würde ihn nicht empfangen, zumal
er, Ismailow, seine letzten Werke nicht sonderlich günstig krititsiert
hatte. Er war erregt, als wir die via Krupp hinanstiegen. Um 4 Uhr
klingelte ich und erhielt von einer Art Hausknecht und einer Art

Stubenmädchen den Bescheid, die Herrschaften seien baden gegangen und würden nicht vor 7, 8 heimkommen. Ich stieg trotzdem die Treppe hinauf, und Ismailow folgte mir. Wir setzten uns zum Verschnaufen auf der Veranda, man brachte uns Apollinaris (ich bat um ein Glas aqua frescha), ich erzählte dem Bringer desselben, daß ich Gorkij und Maria Fjodorowna schon seit Jahren kenne. Da bat er um unsre Visitenkarten. Und nach drei Minuten erschien Gorkij, wie stets etwas nachlässig schlotternden Ganges, und begrüßte mich mit einem herzlichen Kuß. Ich stellte ihm Ismailow vor, und alsbald begann ein literarisches Gespräch. Nach etwa fünf Minuten kam Maria Fjodorowna (sieht noch ebenso jung und ästhetisch aus), setzte sich an unsern Tisch und nahm an der Unterhaltung teil.

Gorkij, mit kurzgeschorenem Kopf, erweckt einen gesunden und sogar burschikosen Eindruck. Statt Stiefel – lederne Riemensandalen. Über einem blaßblauen weichen Hemd ohne Halstuch – ein weicher weißer Tuchrock mit schmalen blauschwarzen Streifen; darunter dito Hosen. Sieht jünger und frischer aus als in Kuokkala; hüstelt aber noch immer und raucht noch immer dieselben Zigaretten wie in Kuokkala.

Am Gespräch konnt ich mich nicht immer beteiligen, da die neben mir sitzende Maria Fjodorowna sich mit verschiedenen Fragen an mich wandte.

Erst tranken wir Tee mit Fruchtsaft und Gebäck, dann auf der Terrasse (oder Veranda) – unvergleichlicher Blick aufs Meer tief unten, die Felsenklippen Faraglioni, die Certosa, die Schloßtrümmer des Tiberius usw. – anderthalb Flaschen Weißwein. Ich vergaß zu verzeichnen, daß jedermann drunten im Hafen oder droben in der Stadt (Schiffer, Fischer, Kellner, Fiaker etc.) Gorkij nicht nur persönlich, sondern auch nach verschiedenen seiner Schriften kennt.

Gorkij gab sich, wie immer, natürlich und doch etwas gemacht gröblich. Gebrauchte sehr oft als Epitheton ornans ein »Weiß ihn (oder: hol ihn) der Teufel!« – in tadelndem sowohl als auch in lobendem Sinn.

Zweimal von uns befragt, ob er sich nicht nach Rußland zurücksehne, antwortete er (Gorkij) mehr energisch als aufrichtig und überzeugend: »Gar nicht, gar nicht«. Er zieht Italien Rußland vor: in Hinsicht des gesunden Klimas, der Schönheit der Natur, der Charaktervorzüge der Nation usw. Die russische Literatur jedoch stellt er über diejenige aller andern Völker. »In jeder andern Literatur ergibt sich ein Schriftsteller aus seinem Vorgänger. In Rußland jedoch – weiß der Teufel – geht jeder namhafte Schriftsteller seinen eigenen Weg. Versuchen Sie's mal, Gleb Uspenskij aus irgend einem andern herzuleiten! Sein Talent durchflog wie ein verwundeter zitternder Vogel voller Menschenliebe ganz Rußland! ... Es kommt eine Zeit, wo die andern Literaturen sich vor der russischen beugen und sie als oberste geistige Hegemonie anerkennen werden!«

Die nach dem Cook'schen Bureau reisenden Amerikaner und Engländer nannte er ›кукиши‹[1].

Sein Flickwort ist: »Verstehen Sie« (понимаете ли).

Er führte mich in sein kleines, doch feines Arbeitszimmer, wo er mir in mein neu kreiertes Autographen-Album ›В пути‹ (›Unterwegs‹) einschrieb:

Жизнь прекрасна - что скажешь правдивее и ценнее эта*го*?

А. Пешков.

Capri 1908
июль / 7[2]

Dann bedauerte er, mir keines von seinen letzten Werken schenken zu können, da er selber keines besitze (Faktum; ich durchmusterte seine Bücherschränke, die sehr reich sind an literarhistorischen Schriften, vorzugsweise die russische Literatur betreffend, darunter bibliographische Seltenheiten. Ich sah nur etwa zehn nebeneinanderstehende Exemplare seiner ›Пьесы‹[3]) Und ein solches Exemplar (Inhalt: ›Варвары‹ und ›Враги‹[4]) schenkte er mir mit der Einschrift:

Федору Федоровичу Фидлеру
который своею любовью к литературе русской вызывает чувство глубочайшего уважения к нему –

М. Горький[5]

1908, Capri.

1 Wörtlich: die Feigen (im Russischen hier ein Wortspiel). Anspielung auf ein obszönes Fingerzeichen (Vgl. S. 369, Fußnote 1). — 2 Das Leben ist herrlich – kann man denn etwas Wahrhaftigeres und Besseres sagen? A. Peschkow. [...] 7. Juli (russ.). Hervorgehoben hat Fiedler einen von Gorkij falsch geschriebenen Buchstaben. — 3 ›Dramen‹ (russ.). — 4 ›Die Barbaren‹ und ›Die Feinde‹

Ismailow hatte das Titelblatt zu Gorkijs neuestem Roman ›Испо-
ведь‹,[1] den er in Berlin gekauft und unterwegs im Waggon gelesen,
herausgerissen und bat nun Gorkij, als er obige Einschrift gelesen, ihm
auf dieses Blatt etwas einzuschreiben. Gorkij ging in sein Arbeitszimmer, kam nach einer Weile zurück und überreichte ihm das Blatt
mit einem »Verzeihen Sie«. Er hatte eingeschrieben:

Александру Алексеевичу Измайлову.

Может быть, Вам это не понравится, но я желаю Вам больше
духовного роста и больше любви к русской литературе. Жму
Вашу руку.[2]

Ich bringe das Zitat fast wörtlich. Ich sage »fast«, denn ich hab's
nicht ab-, sondern nachgeschrieben. Ismailow las es mir vor und gab's
mir außerdem *diese* Sekunde zum Durchlesen. Jedenfalls unterliegt
die Authentizität des Sinnes nicht dem allergeringsten Zweifel. Ismailow war denn auch sehr verschnupft und gab mir das Papier nicht
zum Abschreiben: »Wozu sollen es andre wissen, was er mir Unan-
genehmes sagt?!« Allerdings: diese Einschrift ihm und jene Einschrift
mir!

Beim Sprechen machte Gorkij beständig mit der Nase ein heraus-
stoßendes »tnch!« (тнх). Er sagte: Bérlin.

Ossip Dymow nannte er (Gorkij) »Gabriele Dymow« und d'Annunzio (diesen leidet er nicht für seine Maniriertheit und weil er
Dostojewskij und Nietzsche bestohlen hat) – »Ossip d'Annunzio«.

Besucht hat ihn Rainer M. Rilke mit der Ellen Key. Beide haben
ihm sehr gut gefallen.

Über Mamin urteilte Gorkij: »Das ist ein echter Mensch, hol ihn
der Teufel, eine echte weite (широкая) russische Natur! Sein ›Pepko‹
ist, hol ihn der Teufel, ein gutes Buch! (хо-ро-шая книга. Mit scharfer Betonung des ersten o. Überhaupt ist sein höchstes Lobwort: хо-
ро-шо, хо-ро-шо!)«.[3]

(russ.). — 5 An Fjodor Fjodorowitsch Fiedler, der durch seine Liebe zur russischen Literatur das Gefühl der tiefsten Verehrung hervorruft – M. Gorkij (russ.).

1 ›Die Beichte‹, ›das Bekenntnis‹ (russ.). — 2 An Alexander Alexejewitsch Ismailow. Vielleicht wird es Ihnen mißfallen, aber ich wünsche Ihnen eine größere
geistige Entwicklung und mehr Liebe zur russischen Literatur. Ich drücke Ihre
Hand (russ.). — 3 Gu-ut, gu-ut (russ.).

Über Kamenskij: »Er gefällt mir nicht sowohl als Mensch als auch als Schriftsteller. Er brachte mir seine ›Viere‹ zum Abdruck in der »Snanije«. Ich verweigerte die Aufnahme und riet ihm, das Manuskript ein paar Jahre aufzubewahren und dann, mit gereifter Weltanschauung, umzuarbeiten. Und was tat er? Er brachte die Novelle unter verändertem Titel zu Pjatnitzkij, mit der Versicherung, ich habe die Arbeit gelesen und gelobt. Doch hatte ich Pjatnitzkij schon zuvor den Inhalt erzählt, so daß er die Aufnahme verweigerte«.

Über Breschko-Breschkowskij äußerte sich Gorkij wegwerfend verächtlich, sowohl über den Schriftsteller als über den Menschen.

Gleich als ich Gorkij Ismailow vorstellte, machte er ihm (Ismailow) das Kompliment, sein Buch ›Schiefgeschliffener Spiegel‹ (Parodien auf die modernen russischen Schriftsteller) brauche gar nicht so zu heißen, denn das sei ein regelrechter Spiegel, aber kein schiefgeschliffener. Doch als ihn Ismailow nicht ganz delikat (infolge seiner ihm angebornen Delikatesse – denn Ungeniertheit ist sehr oft nur die Frucht von Schüchternheit) fragte, ob er die religiöse confession de foi seines Helden im ›Bekenntnis‹ teile, da schwebte ein paar Sekunden lang etwas wie eine Gewitterwolke über den beiden. Gorkij meinte trocken, der Held brauche gar nicht den Verfasser zu identifizieren; und Maria Fjodorowna, die wie ein sprungbereiter Tiger graziös in ihrem Stuhl dalag, meinte herausfordernd kalt: »Das muß ein talentloses Buch sein, wenn man den Verfasser fragt, wem darin seine Sympathien gelten«. Doch das beischeiden hilflose Wesen Ismailows verscheuchte die Gewitterwolken. Das Gespräch fand gleich anfangs statt.

Als Ismailow von Gorkij eine Zigarette angeboten bekam, nahm er sie, tat mehrere ungeschickte Züge (er raucht nämlich gar nicht) und verwahrte den inzwischen erloschenen Rest.

Gorkijs (beide) hielten uns fast mit Gewalt zum Mittagessen (die Uhr ging auf neun) zurück. Suppe gab's nicht. Am Tisch saßen außer uns vieren: die Tochter und der Sohn der Maria Fjodorowna und noch zwei Unbekannte; über einen, der sich eben rasiert hatte, machte man sich sehr lustig. Außerem spazierte auf dem Eßtisch und mittagte mit der Papagei Pepito, der frei überall herumgeht und am »Ehepaar« mit geradezu rührender Liebe hängt.

Es war ganz dunkel, nur der Mond schien. Das Geleit hinunter gab uns der lümmelhafte Sohn Maria Fjodorownas (ich glaube, über ihn hier geschrieben zu haben, als ich vor Jahren bei Gorkij in Kuokkala war). Er brachte uns bis zum Restaurant »Kater Hiddigeigei« und klopfte dem Wirt gönnerisch auf die Schultern. Auch mit verschiedenen andern betrug er sich herablassend-intim.

Der Weg zu unserm Hotel (Hotel »Bristol«) führte unterbrochen bergab, und Ismailow vermochte, im Gehen zu urinieren.

Gorkij sagte, daß er jetzt nichts schreibe, daß er ausruhe. »Ich habe ohnedas, glaub ich, mehr geschrieben als Boborykin und bin den Lesern langweilig geworden«.

Voll Liebe sprach er über Tschechow. Auch, mit einem gewissen Vorbehalt, über Leon. Andrejew. »Hörst du, Aljoscha!« sagte Maria Fjodorowna, als ich ihr von meiner Begegnung mit Andrejew erzählte, freudig. »Hörst du?« sagte sie traurig, als ich erzählte, die Brüder von Andrejews letzter Frau seien Chantagisten. Gorkij reagierte auf diese Ausrufe so gut wie gar nicht.

Die letzte Novelle Gussew-Orenburgskijs (›Märchen der Erde‹), die in der »Snanije« erscheinen soll, gefällt ihm (Gorkij) ungemein. Ein gu-tes (хо-ро-шая вещь) Werk, hol ihn der Teufel!« Er liebt ihn überhaupt sehr.

Als Gorkij den kurzen Gruß an meine Frau schrieb, erinnerte er sich deutlich ihrer, seines ersten (und letzten) Besuches bei mir, der Speisegänge während des Mittagessens (z.B. Gänsebraten) und der Mitessenden (Albow und Baranzewitsch). Ich führe dies an als Beweis für seine Gedächtniskraft.

Im internationalen Tolstoj-Jubiläum für Italien lehnte Gorkij die Initiative ab – mit reserviert kühlem Tone.

DEN 19. JULI 1908

Und nun etwas über Peter Altenberg.

Es war in Wien, am Freitag, den 4. / 17. d.M. In einem großen Ansichtskartengeschäft kaufte ich mir eine Menge Schriftsteller-Postkarten (mein erstes Geschäft in jeder Stadt!) und fand zwei mit den Portraits von Altenberg, wo er groß und männlich aussieht. Und als ich mit Ismailow per Droschke eine Rundfahrt durch die Stadt machte und wir in der Herren-Gasse am »Café Central« vorüberfuhren, erinnerte ich mich, von vielen gehört zu haben, daß Altenberg beständig in diesem Café sitze. Wir entlohnten den Kutscher, traten ein und bestellten zwei Eiskaffees. Wir kamen an einen Tisch zu sitzen, der, wie mir der Kellner sagte, Altenbergs Stammtisch sei, weil er sich gegenüber der offenen Eintrittstür befindet. (Beiläufig: in diesem Café war ich bereits 1885, während meiner ersten ausländischen Reise, mit dem verstorbenen A. v. Reinholdt). Er logiert gegenüber im Hotel »London«. Ich schickte ihm durch den Kellner meine Visitenkarte hinüber und erhielt vom Portier des Hotels den Bescheid, Altenberg schlafe (es war etwa 4 nachmittags), werde jedoch bald geweckt werden und nach etwa ¼ Stunde erscheinen. Als diese fast verstrichen war, erklärte Ismailow, er werde gehn, da er doch kein Wort zur Unterhaltung beitragen könne, – und ging auf die Straße, ungeachtet meines Vorschlags, an einem entfernten Tisch des Cafés Platz zu nehmen.

Da kam Altenberg, ein mittelgroßes Männchen. Der Kellner stellte uns vor. Er setzte sich mir gegenüber, in der Hand meine Visitenkarte und drei Briefe; der Kellner überreichte ihm noch zwei und stellte eine Tasse Kaffee vor ihn. Er zog eine Art Büchse aus der Tasche und streute etwas Weißes in den Kaffee, das sich sofort auflöste. Auf meine Frage, was das sei, sagte er: »Zacharin. Ich gebrauche ihn immer – der Reinlichkeit wegen«. Den Kellner bat er (ich sag ausdrücklich: bat), ihm eine Flasche Sanatogen zu besorgen, und erklärte mir: »Ich kann ohne Sanatogen nicht leben. Es ist aber so teuer, und ich bin so arm, daß ich es oft wochenlang entbehren muß und dann zusammenbreche. Ich hab überhaupt keinen Boden unter mir, in jeder Beziehung!« Auf meine Frage, ob er viel mit den hiesigen Schriftstellern verkehre und mit wem, rief er aus: »Mit keinem! Niemals! Schnitzler, Hofmannsthal, Salus und Beer-Hofmann bilden eine Clique und übersehen mich nicht nur – sie boykottieren mich! Ich existiere für sie als Dichter überhaupt nicht; für sie bin ich nur – der größte Narr Wiens! Ich gehe ja nicht stutzerhaft gekleidet, – Sie sehn, ich habe nicht mal eine Weste an! Dann: ich ehre die Frauen, während diese für sie nichts weiter sind als ein Abort, ein Ausguß. Ich gehe in allem meine eignen Wege!« ... Er (Altenberg) beneidete mich um meine italienische Reise. »Ich sollte mal nach Venedig. Alles war bereit: das Freibillet hin und retour, das nötige Geld dank einem Mäzenas – und doch blieb ich«. – »Warum?« – »Weil für mich schon das bloße Aufstehn, Ankleiden und Waschen ein Ereignis ist. Und so hab ich Wien nie verlassen, d. h.

einundzwanzig köstliche Sommer ausgenommen, die ich in Gmunden verbrachte«.

Er versah seine drei Briefe außerdem mit je einer seltsamen Marke und erklärte, es seien Wohltätigkeitsmarken eines Stifts auf den Namen der ermordeten Kaiserin Elisabeth (»die ich hoch verehre!«) zum Besten armer und kranker Kinder. »Jeden meiner Briefe verseh ich mit einer solchen Marke, denn ich kann keine Kinder leiden sehn. Übrigens: obwohl ich gegen die Körperstrafe bin, ich würde es jedem Vater anraten, sein Kind halb tot zu prügeln, damit es die Sprachen – sagen wir Französisch und Englisch – erlerne. Das ist wichtiger als die Kenntnis von Geographie, Geschichte u.s.w. Durch die Kenntnis der Sprachen gewinnt man alle übrigen Kenntnisse!«

Als er erfuhr, ich habe Gorkij besucht, rief er aus: »Sie Glücklicher! Das ist ja mein Gott! Er ist der einzige, dem ich mich verwandt fühle, der mich ergänzt! Schiller, Goethe, Shakespeare – bei ihnen ist alles gemacht! Jedoch ›Nachtasyl‹ – acht Mal hab ich mir das Stück in der Aufführung der Berliner angesehn und stets neue, wunderbare Schönheiten entdeckt!«

Klagte, er (Altenberg) habe nur wenige Freunde, die zudem keine Zeile von ihm gelesen. Dafür aber mehrere Freundinnen, edle Frauen, die ihn verstehen, in denen er keine Weibchen sieht und mit denen er (eine lebt in London) in lebhafter Korrespondenz steht.

Er zeigte mir bei dieser Gelegenheit sein eben erschienenes Buch: ›Auswahl aus meinen Schriften‹, den Schmutztitel mit einer langen handschriftlichen Widmung an eine Frau versehn. Die Ausstattung des Buchs gefällt ihm ungemein, besonders weil sich die Einbandkante etwas umklappen läßt, wodurch kein Staub zwischen die Seiten gerät. […]

Da kam ein Fräulein, das mir Altenberg als Vera oder Veronika vorstellte, das sich an unsern Tisch setzte und sich Obstwasser geben ließ. Auch ein Herr kam, den er mir als Redakteur X vorstellte und auf den er eindringlich zuredete (wobei Altenberg saß und X die ganze Zeit vor ihm stand), erst leise, dann immer lauter, so daß ich eine Phrase hörte (obgleich ich aus Taktgefühl mit dem Fräulein neben mir zu sprechen versuchte, das mir aber nur einsilbige Antworten gab, da es Altenberg lauschte), wie: »Gemeinheit von den Leuten!« oder »Mich alten kranken Mann fallen zu lassen!« Jedenfalls gewann ich die Überzeugung, daß es sich um eine Wohltätigkeitsanstalt handelt, die ihm ihre fernere Unterstützung entzieht, »weil ich ein Dichter bin!«

Zuvor, als wir noch allein saßen und ich, seine eben gekauften zwei Portraitpostkarten hervorziehend, meinte, er müsse sehr populär in Wien sein, rief er aus: »Es gibt noch eine Karikatur auf mich, aber das beweist gar nichts. Niemand kennt mich hier. Während über mein zweites Buch in allen deutschen Zeitschriften geschrieben wurde, erschien hier über dasselbe keine Zeile, keine einzige Druckzeile! ... Da schreibt mir aber eben eine russische Dame, daß mein ›Wie ich es sehe‹ russisch erschienen sei und bei der dortigen studierenden Jugend viel Beifall finde«.

Er raucht und trinkt, »ich brauch's aber nicht« (trank zwei Tassen Kaffee und rauchte die mir entnommene Zigarette nicht, während ich rauchte und zwei halbe Pschorr trank).

Sein ganzes Wesen ist bis zur Zerfahrenheit nervös, dabei jedoch keineswegs maniriert und kokettierend.

Bereitwilligst versah er am Buffet eine seiner Portraitkarten mit seiner Aufschrift und schrieb mir auf ein Stückchen Papier für mein Autographen-Album ›В пути‹¹ (das im Hotel zurückgeblieben war, da ich nicht wußte, daß ich ihm begegnen würde): »Ich verstehe unter ›Kultur der Frauenseele‹: einem Manne, dem sie sich seelisch gewidmet hat, *nicht eine Minute früher* ein Leid anzutun, als bis sie aufrichtig-mutig zu ihm gesprochen hat: ›Es ist Schluß!!!‹

17 / 8 (statt 7; F. F.) 1908   Peter Altenberg«.

Während er (Altenberg) dies im Buffet schrieb, fragte mich das scheinbar hysterisch veranlagte Fräulein, ob ich einen Staatsrat Nuckow aus Odessa kenne. Er engagiert sie als Gesellschafterin dahin, trägt aber ein verdächtiges Wesen zu Schau: ist schäbig gekleidet, hat kein Gepäck im verdächtigen »National-Hotel« und besitzt kein Geld. Ich riet ihr vor dem Schritt ab.

Da kam Altenberg, und beide verließen das Lokal.

Auch ich verließ es nach etwa zehn Minuten und sah auf der Straße – Ismailow, auf mich wartend, obschon wir es abgemacht hatten, daß er aus dem Café per Fiaker nach Hause fährt.

---

1 ›Unterwegs‹ (russ.).

DEN 2. AUGUST 1908

Sprach Wengerow. Er hat Gorkij und Leon. Andrejew aufgefordert,
Mitglied des Tolstoj-Jubiläums-Komitees zu werden. Gorkij schickte
telegraphisch eine kurze Absage. L. Andrejew gab brieflich gern seine
Zustimmung.

DEN 4. AUGUST 1908

Brieflich aufgefordert, fuhr ich gestern per Eisenbahn bis Raivola und
von da per Fuhrmann bis Tschornaja Rjetschka (Wammelsuu). –
Schon von weitem erhob sich ein massives, nicht ganz gewöhnlich
konstruiertes Haus mit roten Ziegeldächern und einem sichtlich noch
unvollendeten Turm. Im Flur eilte mir Leonid Andrejew entgegen, in
hohen Schaftstiefeln, die oben mit einem Riemen umbunden sind,
einen über der Stirn hoch emporgekrempten Hut auf dem Kopf, in
einer schwarzplüschenen (oder sammetenen) Joppe mit großen runden Knöpfen in der Mitte (rechts und links von denselben perpendi-
kuläre Taschen). Er hieß mich freudig willkommen und führte mich
alsbald durch eine Menge von Zimmern, Erklärungen abgebend. Vor
allen Dingen muß ich sagen, daß über die innere Einrichtung sehr viel
gefabelt wird: erstens ist das Haus innen und außen überhaupt noch
nicht fertig (in einem Zimmer arbeiteten Zimmerleute), zweitens
gibt's kein einziges Wand- oder Deckengemälde und drittens fehlt
alles Exzentrische. Allerdings fehlt alles Banale, und der »nordische«
Stil (wie ihn Andrejew nannte) ist streng durchgeführt (bis auf einiges
Ameublement, so namentlich die Stühle allergewöhnlichster Sorte im
Speisezimmer). Alles massiv, geräumig, hell, luftig, ästhetisch. Der
junge Architekt Pohl [Ohl] baute alles nach Zeichnungen Andrejews. »Ihm hab ich die ganze geschäftliche Leitung des Baus übertragen: er kauft alles ein, er zahlt den Lieferanten, er entlohnt die
Arbeiter, und (lächelnd) er ist verantwortlich für meine Schulden!«
Das größte Gemach ist das Arbeitszimmer (ein solches heißt bei den
Russen immer nur »Kabinett«) mit weitem Ausblick von zwei Seiten
durch die Spiegelscheiben auf die Wälder und Felder und den Fluß
tief unten (das Meer ist aus diesem Zimmer nicht sichtbar). Er führte
mich vor ein großmächtiges Kindesportrait, das er selber nach einer
winzigen und ganz verblichenen Photographie gezeichnet: das ist er

selbst. An einer Wand hängen, uneingerahmt, mehrere Ausschnitte aus russischen Zeitungen und Journalen (etwa acht): es sind Karikaturen auf ihn und die Aufführung seines ›Leben des Menschen‹. (In meinem »Museum« gibt's solcher Karikaturen weit mehr, und ich versprach ihm (Andrejew) etwaige Duplikate). Eingerahmt (Glas ohne Kanten) steht das Portrait der Bertha von Suttner mit der Widmung: »Leonid Andrejew mit herzlicher Bewunderung. August 1905«. Und darunter:

> »Immer wieder
> Und überall:
> Die Waffen nieder,
> Schach der Qual!«

Sie schickte es ihm für ›Das rote Lachen‹.

Auf den Ständern und in den Schränken stehen die Bücher in voller Unordnung; viele liegen daneben am Boden aufgestapelt.

Es wurden uns zwei Glas Tee gebracht. Als Andrejew erfuhr, daß ich auch in Capri war, fragte er mit keinem Wort nach Gorkij und dessen Familie. Über Capri selbst aber äußerte er sich höchst mißfällig: die Insel biete Schönheitsgenüsse höchstens für fünf Tage; er aber habe dort fünf Monate verbracht und sich höchlichst gelangweilt, da gar keine Spaziergänge vorhanden seien: man müsse nur immer steigen und steigen ... Ich zeigte ihm die gestrige Nr. des ›Slowo‹ (er erhält die Post erst um drei Uhr), wo es heißt, daß Andrejew als Redakteur des »Schipownik«-Almanachs sich Ssologubs Roman ›Навьи чары‹[1] gegenüber ablehnend verhalte, so daß die Fortsetzung nicht im Almanach, sondern als selbständiges Buch erscheinen werde. Andrejew behagte diese Notiz sichtlich nicht: »Erstens bin ich nicht mehr Redakteur des ›Schipownik‹. Zweitens ist diese ›Fortsetzung‹ ›Tropfen Blutes‹ so gut wie ein selbständiger Roman. Drittens hatte ich allerdings mehreren Mitarbeitern des Almanachs gegenüber mich nicht besonders günstig über die ›Nawji tschary‹ geäußert; aber ich hoffte, es würde unter uns bleiben. Und nun erfährt's Ssologub! Das muß ihn doch sehr unangenehm berühren!«

---

1 ›Totenzauber‹ (russ.).

Da kam seine Frau. Er eilte ihr entgegen und begrüßte sie mit einem Handkuß (ich muß bemerken, daß ich um 1 Uhr ankam und im Speisezimmer einen brodelnden Ssamowar stehn sah). Schön ist sie nicht, doch hübsch; die Pikanterie ist frei von Hautgout. Etwas dekadentische Frisur, deren Anordnung allermindestens eine volle Stunde in Anspruch genommen haben muß; die Büste mit den üppigen Brüsten – von einem Zeug umhüllt, das den Körper durchschimmern läßt. Sie gab sich natürlich und freundlich. Sie raucht. Als er sie »Anja« nannte und ich meinte, in den Zeitungen werde sie Mathilda Iljinitschna genannt, erklärte Andrejew, so sei sie im Familienkreise genannt worden, doch im Tauf- und Trauschein figurire sie als Anna. – Sie bemerkte ihrem Manne, daß der Pariser Fragebogen ausgefüllt werden müsse; er aber sagte: »Schreibe du!« Und sie schrieb. Bei der Frage, wieviel Kinder er habe, sagte er: »Schreibe – drei, oder, noch besser, für alle Fälle, – vier!« Bei der Frage, ob er »dekoriert« sei, meinte Andrejew: »Schreibe, daß ich im Orjoler Gymnasium beim Abiturienten-Examen für Trigonometrie eine Eins bekommen habe! … Mathematik konnt ich nämlich nicht ausstehen! Die schriftlichen Examina knallte ich ab (скатал), beim mündlichen aber fiel ich rein. An der Tafel hatte ich, weiß der Teufel was gezeichnet und mit Buchstaben versehen. Der Lehrer ließ mich laut vorlesen, was ich da geschrieben habe. Und ich las: cos α, sin β. Cos und sin! Und als er mich fragte, was denn dieses cos und sin zu bedeuten habe, erwies es sich, daß ich keine Ahnung von cosinus und sinus hatte! Dafür rächte sich der Examinator an mir dadurch, daß er mich einige Zahlen an die Tafel schreiben und sie untereinandermultiplizieren ließ; und ich löste diese Vorbereitungsklassen- Aufgabe, verspottet durch das Lächeln des examinierenden Lehrerkollegiums«. – »Und wieviel hatten Sie für russische Aufsätze?« – »4 und 5«.[1]

Sie brachte einen mächtigen Band (es gibt deren vier), in welchem die Kritiken und Rezensionen der Andrejew'schen Werke aufgeklebt sind (vom Beginn seiner Schriftstellertätigkeit an).

Andrejew entfernte sich für einen Augenblick, als sein kleiner Sohn aus erster Ehe (den ich vor vier Jahren gesehen … Ich vergaß zu notieren, daß sich die Villa unweit von dem Landhause befindet, wo

---

1 Entspricht in Rußland den Noten »gut« und »sehr gut«, während Eins »ungenügend« heißt.

Andrejew mit seiner ersten Frau vor 4 Jahren den Sommer verbrachte;
man sieht dies Haus von überall aus) hereintrat. Anna Iljinitschna
tätschelte und liebkoste ihn herzlich.

Da kamen Repins, zum ersten Mal. (Erkundigten sich teilnahms-
voll nach dem Befinden meiner Frau). Und nun begann zwischen den
beiden Gutsbesitzern ein langes Gespräch, das mich wenig interessierte: über Baumaterial und dessen Bezugsquellen, über die Nützlichkeit dieses oder jenes Zements, über Fensterrahmenschließer, über
Arbeitslöhne u.s.w. Ich hörte nur so viel, daß Andrejew die Innen-
wände mit grauem Tuch beschlagen lassen will und daß die ganze
Villa, sobald sie fertig, achtunddreißigtausend Rubel kosten wird.

Wir gingen durch den mit Hafer bewachsenen Garten tief hinab
zu dem schönen Fluß. Repin meinte, er hätte an Andrejews Stelle für
die Villa eine noch günstigere Lage gewählt, und Andrejew versetzte:
»Sie meinen – hier? Ja, ich hatte es anfangs so im Sinn. Doch dann
beschloß ich anders. Nämlich: man muß sich immer etwas Schönes
reservieren. Stünde das Haus an dieser Stelle, würde ich alles Schöne
auf eimal übersehen können; so aber, wenn ich jetzt spaziere, stoße ich
auf manche verborgene Reize«. Repin stimmte ihm vollkommen bei.

Als wir oben an der Villa standen, machte ich Miene, als schaue ich
mich suchend um. »Was suchen Sie?« – »Nun, die Stange mit dem
Brett, auf welchem, laut Versicherungen der Zeitungen, ›Villa Avance*‹ geschrieben steht!« – »Ach, die Zeitungen! Da sagte ich einmal
scherzweise im ›Schipownik‹, als ich dort Vorschuß nahm, ich würde
meine Villa ›Avance‹ nennen, und die Leute nahmen's für Ernst!« –
»Sie konnten die Villa schon aus dem Grunde nicht ›Avance‹ nennen,
weil Sie, auch laut Versicherung der Zeitungen, alle Ihre Vorschüsse in
Karten verspielt hatten!« meinte ich lächelnd. – »Jaja! Und dabei spiele
ich nicht einmal Karten! … Aber als ich einmal eine literarische Tour-
née machte, da war ich ein Avance-Türist (aventuriste)!« … Er lachte.
Er lachte und scherzte überhaupt sehr viel … Und überhaupt muß ich
sagen: er (Andrejew) sieht gar nicht so grüblerisch-ernst und welt-
schmerzlich-pessimistisch aus, wie's verschiedene Portraits versichern.

Als wir noch im Kabinett saßen, erzählte er, wie schwer er's als Redakteur des »Schipownik« gehabt habe. Die Leute kamen nicht zu den

* Аванс – Vorschuß. F.

festgesetzten Stunden eines bestimmten Tages, sondern – wann sie
wollten, am frühen Morgen und in später Nacht, die ganze Woche
hindurch. Und dabei viele in nicht redaktionellen Angelegenheiten.
Viele verlangten Geld und drohten sonst mit Selbstmord. Was konnte
ich tun? Wollte ich allen Bitten willfahren, müßte ich oft zu tausend
Rbl. hergeben. Das konnte ich natürlich nicht und nannte mich selber
an solchen Tagen: Henker. Gar schwer fiel's mir auch, als ich an-
fangende Schriftsteller henkerte (палачил). Sie können sich nicht
vorstellen, welch ein talentloses Zeug mir zur Durchsicht gegeben
wurde! Oft, um Mitternacht, nahm ich, im Bett liegend, so ein Manuskript und dachte, bevor ich ans Lesen schritt: Lieber Gott, laß *mich*
eine völlig verfehlte Novelle schreiben, nur schicke mir dafür endlich
ein taugliches Manuskript! … Umsonst! Am Morgen mußte ich so
einem Jüngling oder einer Jungfrau, die atemlos erwartend vor mir
saßen, schonungslos sagen: ›Taugt nichts!‹ und sehn, wie sie bleich
zusammenklappten. Ich hatte sie gehenkert«.
    Ich fragte, wie lange noch die hohe Honorarzahlung währen und ob
sie sich noch steigern wird. Er (Andrejew) antwortete: »Steigern?
Schwerlich. Das höchste Honorar bekommen ich und Alexej (sc.
Gorkij): tausend Rbl. pro Druckbogen oder einen Rbl. pro Druckzeile. Man hat mir schon anderthalbtausend angeboten, aber ich habe
mich geweigert. Das nächsthohe Honorar erhält Kuprin: 750 Rbl.,
doch auch er wird bald tausend bekommen. Früher konnte die ›Snanije‹ sehr hohe Honorare zahlen, da sie jede Nummer in dreißig-
tausend Exemplaren druckte, die ihre Käufer fanden; in letzter Zeit
finden sich diese Käufer nicht mehr«.
    Ich fragte ihn, ob er mit der Aufführung seines ›Leben des Men-
schen‹ im Moskauer Künstlerischen Theater zufrieden sei. »Sehr
wenig. Weit mehr befriedigte mich die Aufführung im Theater der
Komissarshewskaja«. – »Warum ließen sie es zu, daß die Regisseure
das brachten, was im vollen Widerspruch zu Ihren deutlich im Buch
ausgesprochenen Intentionen steht? Warum erlaubten Sie es, daß statt
der so charakteristischen glatten Polka eine ganz dekadentische Melodie gespielt wurde?« – »Was wollen Sie machen? Ich habe mich aus
allen Kräften gewehrt, aber sie sagten, daß sie die ganze Inszenierung
im Stil Beardsleys führen, und da passen die Töne der Polka nicht
hinein«.

Repin kam mit seiner glotzäugigen »Frau«, der Natalja Borissowna Nordmann, die unter dem Pseudonym Sscwerowa schriftstellert. Sie schlug uns vor, einen kollektiven Gratulationsbrief an Tolstoj zum 28. August zu unterschreiben. »Mit Vergnügen!« sagte Andrejew und unterschrieb. Ich tat dasselbe, doch mit einiger Mühe. Nämlich: Andrejews Federhalter ist dort, wo die Feder eingesetzt wird, dreieckig und darum höchst unbequem zu halten (wenigstens für mich), so daß ich fragte: »Schreiben Sie immer mit diesem Federstock?« – »Immer. Seit fünf Jahren. Ich führe ihn überall mit mir; er war auch in Italien«. – »Aber man bekommt ja vom langen Schreiben den Krampf in den Fingern!« – »Nein, dann sehn Sie, wie ich ihn halte« … Und er steckte ihn zwischen den Zeige- und Mittelfinger, krümmte die Hand und schrieb, sie seitwärts haltend.

Da rief die Sscwerowa: »Wollen wir gemeinschaftlich auf dieser Postkarte einen Gruß an Gorkij schicken! …« Ohne sich auch nur einen Augenblick zu besinnen, versetzte Andrejew: »Fort mit ihm! (Hy ero!). Ich lieb ihn nicht!«

Wir stutzten und gingen schweigend zum Mittagstisch. Das Service – das allerbilligste; die Servietten – nicht mehr jungfräulich. Es gab: wässerige Beetensuppe (борщ) ohne Beeten mit Piroshki-Watruschki;[1] mehr aus Weißbrot als aus Fleisch bestehende Klopse (битки) mit grünen Erbsen und Kartoffelpurée und Himbeereis. Zu trinken – absolut keinen Tropfen: nicht Schnaps, nicht Wein, nicht Bier, nicht einmal Kwas![2] Selbst eine Wasserkaraffe fehlte auf dem Tisch. Eine Stunde nach dem Essen wurde Tee gereicht.

Während des Essens hatte die Sscwerowa den Mut zu fragen: »Wie kommt's, Leonid Nikolajewitsch, daß Sie mit Gorkij nicht mehr Freunde sind?« … Und Andrejew antwortete: »Als von allen Seiten die kritische Hetze (травля) gegen mich begann, meinte Gorkij, er würde schon dafür Sorge tragen, daß ich in dem zu erscheinenden Sammelwerk ›Der literarische Zusammenbruch‹ (›Литературный распад‹) rehabilitert würde. Und was geschah? Das Buch erschien – es enthält auch einen Beitrag von Gorkij – und brachte: die allergrößten

1 Kleine Quarkpasteten (russ.). — 2 Säuerliches mildes Getränk aus Brot, Mehl und Malz, das man in Rußland (vor allem auf dem Lande) gebrauchte.

Schimpfereien über mich! Nicht nur, daß man mir alles Talent absprach, – ich wurde beinah als Spitzbube dargestellt! Ich fragte Gorkij
brieflich an, ob das die von ihm versprochene Rehabilitation sei und
wie er mir diese unglaublichen Ausfälle gegen mich erklären könne.
Und auf diesen Brief hab ich bis heute keine Antwort erhalten!«

Als man aber, nach einem peinlichen Schweigen, von Gorkijs jüngst
erschienener ›Beichte‹ zu sprechen begann, rief Andrejew enthusia-
siert: »Welche Schönheit! Welche Schönheit! Und welch ein meister-
hafter Stil!«

Im Kabinett gibt's ein Portrait, auf welchem Andrejew gemeinsam
mit Gorkij figurieren. Repin wies auf Gorkij und meinte, er sehe hier
ganz wie ein Anstreicher aus, – was auch ich sagen wollte, es aber nicht
wagte. Andrejew erklärte, Gorkij sei allerdings Anstreicher gewesen
und figuriere als solcher auch in seinem Paß. Dabei zeigte uns Andrejew ein feingebundenes Exemplar der ›Мещане‹[1] mit einer zueignen-
den Einschrift Gorkijs an ihn. Sie beginnt mit: »Хорошо сказал
Гейне: Бей в барабан и не бойся«[2] (die ersten Zeilen von: ›Rühre
die Trommel und fürchte dich nicht …‹)!« Dann folgt: »Цеховой
малярного цеха (Gewerker der Anstreicherzunft) и бывший
академик«.[3]

Andrejew wird erst am 15. August zu schreiben beginnen; jetzt tut er
nichts. Besuche bekommt er wenig, weil's zu weit ist.

DEN 6. AUGUST 1908

Als ich gestern in der Stadtwohnung war, fand ich ein dickes Paket aus
Capri vor: Gorkij schickte mir eine Menge Schriftsteller-Briefe an ihn
für mein »Museum« (er hatte es mir mündlich versprochen). Heut
dankte ich ihm und führte den obigen lobenden Passus (aber nur
diesen, natürlich!) Andrejews auf ihn an … Vielleicht trägt's dazu bei,
daß sich die Beiden vertragen.

Es sind nur 8° R.- daher diese kritzliche Handschrift!

Ergänzungen zur Andrejew-Notiz.

Er will im nächsten Sommer die große Fläche vor seinem Hause,

---

1 ›Die Kleinbürger‹ (russ.). — 2 »Schön hat Heine gesagt: Rühre die Trommel
und fürchte dich nicht« (russ.). — 3 und ehemaliger Akademiker (russ.).

die jetzt zumeist mit Hafer bewachsen ist, mit Blumensamen be-
streuen. Indes soll es rein wohlgeleckter Garten mit Beeten, Rabatten
u.s.w. werden.

Er hat ein Pferd, das er mir vor ein gewöhnliches finnisches Gefährt
vorspannen ließ; sein Kutscher brachte mich die sieben Werst im
Laufe von einer halben Stunde bis zum Bahnhof Raivola.

Andrejew schenkte mir: 1) seinen ›König Hunger‹ mit Einschrift;
2) ›Das rote Lachen‹ – auf einem Remington geschrieben und mit
eigenhändigen Verbesserungen versehen; mehrere Goya-Bilder wider
den Krieg sind eingeklebt; 3) zwei seiner seltenen Jugendportraits und
4) sein allerjüngstes Portrait (Photographie Sdobnow), höher als ein
Arschin,[1] mit liebenswürdiger Widmung.

Dieses Portrait ließ er mehrfach im Zeitungspapier einschlagen und
umbinden. In solcher Gestalt stellte ich es auf die Bank des Waggons.
Grenzstation Beloostrow. Es traten drei Zollbeamte ein. Zwischen
dem Wichtigsten und mir entspinnt sich folgender Dialog: »Was ist
das?« – »Ein Portrait«. – »Was für eins?« – »Ein photographisches«. –
»Wer ist's?« – »Mein guter Bekannter«. – »Wer?« – »Ein Schriftsteller«.
– »Wer?« – »Leonid Andrejew«. – »Zeigen Sie!« Mit großer Mühe
löste ich die Umhüllung. Der Zerberus blickte Andrejew ins Gesicht,
las seine Widmung und kehrte mir stolz den Rücken. Die beiden
andern folgten seinem Beispiel und verließen den Waggon, mir die
vergebliche Mühe des akkuraten Zusammenfaltens der zerzausten
Zeitungen (es regnete draußen) überlassend.

Die Hauptsache jedoch ist: auf der Bank, neben dem Portrait, lagen
frei, nicht im Papier eingeschlagen, die beiden Bücher. Ihnen wurde
nicht die allermindeste Aufmerksamkeit geschenkt, – wo doch gerade
an der russisch-finnischen Grenze ganz besonders nach illegaler Literatur gefahndet wird!

DEN 16. SEPTEMBER 1908

Gestern kam Mamin mit Aljonuschka. Trank ein paar Flaschen Bier.
Hält Leon. Andrejew »überhaupt für keinen Schriftsteller«. Tolstoj sei
nur ein Käferchen (букашка) im Vergleiche mit Dostojewskij, »den

---

1 Altes russisches Längenmaß (71,12 cm).

ich auch nicht liebe, der jedoch der größte Schriftsteller ist, den es in
Rußland gegeben hat und geben wird«. [...]

Apropos Tolstoj: Vor Jahren pflegte Mamin ihn nur »comte Léon«
zu nennen und zu versichern, er erkranke jedesmal lebensgefährlich,
sobald er seinen Ruhm schwinden fühlte. [...]

DEN 4. OKTOBER 1908

Gestern – erster Vereinsabend der »Petersburger literarischen Gesellschaft« im neuen Lokal (Fontanka, Ssemjonowsche Brücke, neben
dem berüchtigten Tanzlokal Marzinkewitsch, über einem Gasthof für
Prostituierte. Ich einzig war gegen die Wahl des Lokals). Viel Ärgernis
erregte im Saal ein mächtiges antiliberales Gemälde: Juden zapfen
einem Christenmädchen das Blut ab. Das tendenziöse Ritual-Mord-
Bild wurde erst mit Papier und darauf mit Laken verhüllt. Mereshkowskij kam natürlich in Begleitung seines alter ego Filossofow.
Reichte mir schweigend die Hand (wir haben uns ein paar Jahre lang
nicht gesehn), die ich schweigend offiziell drückte. Ich sprach mit ihm
kein Wort, wenngleich wir zwei mit Wengerow sprachen. Ssologub
erschien mit seiner Tschebotarewskaja (das Paar hat letzthin eine
gemeinsame Wohnung bezogen. Was die beiden Perversen aneinander
gefunden, weiß ich nicht). Er begrüßte sich mit mir mit einem Kuß.
Das Anziehendste im Lokal wird wohl das Buffet werden. – Batjuschkow erklärte der Versammlung, daß ich aus Zeitmangel das Sekre-
täramt niederlege. Als Dank wurde mir applaudiert. [...]

DEN 12. OKTOBER 1908

Heut war Dr. Shicharew. [...] Auch Mamin war. Kam trocken und
ging feucht. Ich fragte: »Welches hälst du für das beste deiner Werke?«
– »Alle sind sie meine besten«. – »Nun, welches ist dir das liebste?« –
»›Aljonuschkas Märchen‹. Das schrieb die Liebe selbst. Die andern
schrieb: Erfahrung, Kenntnisse, Ruhmsucht, Not – dieses aber schrieb
die Liebe!« – »Und von deinen Romanen? Wohl ›Gold‹?« – »Nein«. –
»›Brot‹?« – »Nein ...« – »›Pepko‹ ...« Ich las ihm das Urteil Gorkijs
über das Buch vor. Mamin nahm das Lob ganz gleichmütig hin und
meinte trocken: »Wir kannten einmal einander. Und er kannte das

Buch. Ich schilderte darin die Boheme. Gorkij meint, er allein habe die Barfüßler (босяки) geschildert. Nu nein!«

Ich fragte: »Hast du Tschechow gut gekannt?« – »Gut? Nein. Niemand hat ihn gut gekannt. Alle, die Erinnerungen an ihn geschrieben haben, lügen. Das war ein listiger, schlauer (хитрый, лукавый) Mensch. Wenn er sagte, er gehe jetzt nach rechts, – so ging er nach links. Ich hab ihn gleich nach unserm ersten Gespräch aufgeknackt (раскусил)!« […]

DEN 4. JANUAR 1909

Gestern – kostümierter Abend bei Ssologub. Er wohnt: Grodnenskij Pereulok 11, Quartier 7; Eingang direkt von der Straße (auf der Treppe gibt's keine andren Wohnungen; nur der wände- und deckegeschmückte Saal rechtfertigt den hohen Preis von 135 Rbln. monatlich, die Ssologub, mit Beheizung, trotz welcher es beständig kalt und feucht ist, für die Wohnung zahlt). In diesem Saal – Möbel style moderne, rote Vorhänge vor den drei Fenstern, ein Flügel von Lipp aus Stuttgart, kleine lebende Palmen, ein Postkartenalbum mit Madonnen. Im Kabinett – an den Wänden – eine Menge Leda-Schwan-Abbildungen in den verschiedensten Posen. Im Bücherschrank auf drei Gestellen – das Brockhaus-Jefronsche Lexikon, doch in seltsamer Reihenaufstellung: nicht Band 1-29, wie bei allen Menschen, sondern umgekehrt: 29-1; zweites Gestell: 60-30 etc. Im Vorzimmer ein Weihnachtsbaum mit Glaskugeln. Der Kleiderhalter hielt die Last nicht aus und brach zusammen, so daß die Pelze teils ins Wannezimmer (wo schwarze Tarakane[1] am Boden umkrochen) wanderten, teils ins Kabinett, wo sie bald von der Ottomane zu Boden glitten, wonach sich Herrn und Damen auf den Fellen niederließen. Es war überhaupt sehr ungezwungen (nicht ungeniert!) lustig, obgleich niemand einen Rausch hatte (den Maler Bilibin ausgenommen, den er aber mitgebracht haben soll): dazu gab's zu wenig Getränke: höchstens zehn Flaschen echten Weins und keinen Tropfen Schnaps oder Bier. Und anwesend waren über 40 Personen (47 Einladungen).

---

1 Schaben (russ.).

Mereshkowskijs waren unkostümiert. Er begrüßte mich mit einem freundlichen Handwink. Ein paar Worte gewechselt; »ich schreibe wenig, denn ich schreibe langsam«. Hat sich während der drei Jahre im Auslande fast gar nicht verändert. Auch sie nur höchst wenig; oder macht's die kaum merkliche Schminke? Betrachtete das Publikum durch ein rundes Vergrößerungsglas, das sie nach Art eines Lorgnons zum rechten Auge emporhob. Erkundigte sich freundlich nach dem Befinden meiner Frau. Versprach mir ihr Notizheft während der Reise zum dieser Tage verstorbenen Kronstädter Wundertäter Ioann und die Varianten zu ihrem famosen Gedicht ›Небеса унылы и низки …‹[1] Klimperte auf dem Flügel die Polka »Folichon-Folichonette«, die ich bereits als fünfjähriger Knabe trällerte. Natürlich war auch der dritte im Bunde da: Filossofow (unkostümiert). Uraltes klimperte auch die Töffi (eine effektvolle Bojarin, die ich Wassilissa Melentjewa[2] nannte). Natürlich war auch der zweite im Bunde da: Leonid Galitsch (un-kostümiert). Am interessantesten verkleidet (als Luka in Gorkijs ›Auf dem Grunde‹) war die Allegro; natürlich kam sie in Gemeinschaft der Manasseina und der Sin. Wengerowa. Remisow erschien als Samo-jede; sympathisch berührte mich der herzliche Ton, mit dem er zu mir sprach. In einem Zarengewand (wohl als Feodor Ioannowitsch) schritt schweigend hin und her der Päderastie-Apologet M. A. Kusmin; seine Bewegungen (er rauchte viel) waren weich, seine Stimme zart, sein Gesicht (das diesmal geschminkt sein *mußte*) mit den schmachtenden Augen war hübsch und diesmal keineswegs widerwärtig; saß im Kostüm und mit der beperlten spitzen Mütze auf dem perückierten Kopf auch während des Abendessens. Tschulkow erschien in einem roten Domino. Block war unkostümiert. Er rang mit verschiedenen, auch mit Dymow (unkostümiert), der ihn zu Boden streckte; es war kein Simulieren, sondern eine echte Kraftentfaltung, die stellenweise geradezu leidenschaftlich betätigt wurde. Die Tschebotarewskaja (als schwarzer Page mit blonder Perücke) sah appetitlich aus. Ssologub selbst (unkostümiert) saß teilnahmslos im Saal; erst während des Abendbrotes sprach er mit diesem und jenem (mir machte er, honny

---

1 ›Der Himmel hängt trüb und niedrig …‹ (russ.). (Übersetzung F. Fiedlers). —
2 Hauptfigur aus dem gleichnamigen Stück A. N. Ostrowskijs und Ss. A. Gedeo-nows (1868).

soit, eine Liebeserklärung). Anwesend noch Sünnerberg (unkostümiert; intelligentes Gesicht; druckt Verse unter dem Pseudonym Er-
berg), der Ex-Regisseur Meyerhold, mehrere Maler vom »Schipownik«
(Bilibin, Dobushinskij, Alex. Benoit, Bakst) u.a. Dymow imitierte
(expromptierend, wie er versicherte) Burdes, Wolynskij, Falkowskij
und Tschirikow; während des Abendbrotes simulierte er einen Kellner. Es wurde flott getanzt (auch zu meinem Akkompagnement):
Walzer, Polka, Masurka, Grand-Rond, Cake-Walk, Matschisch u.s.w.
Viel Ulk (gesungen u.a. wurde auch *deutsch:* »Was kommt dort von
der Höh' …«). Überhaupt: die in den Büchern als Übermenschen sich
gerierenden Dekadenten gaben sich als die allergewöhnlichsten
Menschen voll Lebenslust. – Ich kam erst um 6 nach Hause, nachdem
ich mich als erster von der Souper-Tafel fortgeschlichen; die Hälfte
der Gesellschaft war schon vor dem Souper gegangen.

Überall auf dem Boden wimmelte es von bunten Konfetti, und
während des Abendbrotes flogen farbige Serpantins von einem Ende
des Tisches zum anderen, namentlich Blocks Kopf umwindend.

Im Kabinett thronte auf des Sofas breiten Rückenkissen die Sin.
Mereshkowskaja, während zwei Herrn rechts und links von ihren Beinen auf dem Sofa selbst saßen.

DEN 19. JANUAR 1909

Ich finde soeben in meinen Papieren nachstehenden Brief der verstorbenen Augusta Götze, den ich in diesen Heften noch nicht verzeichnet zu haben glaube:

»Leipzig, 10/2 1902
Dorotheenplatz 1.

Hochgeehrter Herr!

Sie schrieben mir ein Mal – lange ist es schon her – in sehr liebenswürdiger Weise voll warm*em* Interess*es* (! F.) für meinen Demetrius,
den Sie kennen lernen wollten.

Jetzt erst ist er in einer zweiten Auflage erschienen, welche ich Ihnen
viel lieber zusende als die erste; nur müssen Sie mir erst eine gefällige
Nachricht darüber zugehn lassen, ob Ihre Adresse noch die frühere
und ob Ihnen der Demetrius auch jetzt noch willkommen ist. D*enn* (!)
steht er sofort zu Ihrer Verfügung. Indessen hat er noch mehr Erfolge

gehabt, und man rät mir von vielen Seiten, ihn doch auch für Rußland zugänglich zu machen. Ein Hindernis läge da nicht vor; das Stück klingt aus mit einer verheißungsvollen Perspektive auf die Romanows. Ihren gefälligen Nachrichten entgegensehnend, bin ich
in vorzüglicher Hochachtung   Augusta Götze.

Ich erlaube mir, eine Besprechung über die Aufführung bei den Kaiserfestspielen in Wiesbaden beizulegen«.

— — —

Gorkij (acc.) kennt Wass. Nemirowitsch-Dantschenko persönlich nicht; sie sind einander nur im Vorübergehen auf dem Newskij flüchtig vorgestellt worden. Nemirowitsch-Dantschenko erzählte auch (gestern), sein Bruder Wladimir habe neulich Andrejew besucht und sei entzückt gewesen von dessen Einfachheit und Liebenswürdigkeit.

DEN 25. JANUAR 1909

Heut war Mamin [...] Frisch und gesund. Schreibt »allmählich«: Kindererzählungen. Versicherte, er sei »ziemlich unempfindlich gegen physische Schmerz«. Als Aljonuschka eben geboren war, meinte der Accoucheur, Mutter und Kind müßten sterben. Da entgegnete ihm Mamin: »Was die Mutter betrifft, – so weiß ich's nicht. Das Kind aber bleibt leben: es hat des Vaters Blut in sich. Seit dreihundert Jahren fließt in den Adern meiner Ahnen Popenblut, d.h. gesundes Bauernblut!« [...]

Nach des Vaters Tode mußte er die Familie ernähren. Fünf Jahre lang gab er zwölf Stunden täglich Privatunterricht, um hundert Rubel monatlich zusammenzubekommen.

Nannte sich einen »literarischen Pechvogel« (литературный неудачник). »Zehn Jahre lang schickten mir die Redaktionen meine Arbeiten (Belletristik) zurück! Aber sie erschienen später doch alle!«

Am wenigsten hat ihm sein Lieblingswerk, der Roman ›Brot‹ eingetragen, vielleicht weil der Preis zu hoch angesetzt war (2 Rbl.). Den größten Absatz findet noch immer ›Weißes Gold‹. Die Novelle (sie ist eigentlich für die Jugend bestimmt) hat ihm schon mehrere tausend Rbl. gegeben; von jeder der etwa zwölf Auflagen erhielt er 400 bis 500 Rbl.

Er (Mamin) war der erste, der die ›Barfüßler‹ (босяки) literarisch verwertet hat, z.B. in ›Baschka‹ (›Башка‹), »bevor noch Gorkij geboren war«.

Gab folgenden Aphorismus von sich: »Es gibt keinen ungebildeteren Menschen in der Welt als einen russischen Kritiker«. [...] Wir sprachen von Wass. Nemirowitsch-Dantschenko. In seiner Jugend hatte er auf Abzahlung empfangene Gegenstände (Flügel, Pianinos etc.) versetzt, kam vors Gericht und wurde für vier Jahre ins Archangelsksche Gouvernement verwiesen, wo er auch heiratete. Dort schrieb er seine ›Ssolowki‹, die ihn mit einem Schlage berühmt machten. – Soweit Mamin. Er liebt Nemirowitsch-Dantschenko sehr als Menschen und schätzt ihn hoch als Schriftsteller: »Ein großes Talent, ein glänzender Stilist! ... Ich unterscheide einen guten Schriftsteller von einem schlechten an der Intensivität, der Saftigkeit seiner Adjektiva. Allerdings spielt auch das Verbum manchmal eine Rolle. Groß hierin ist Sserg. Wass. Maximow in seinem ›Ein Jahr im Norden‹«. [...]

DEN I. FEBRUAR 1909

Zu Wass. Nemirowitsch-Dantschenko angegangen – um ¾ auf 3, wo er sich eben vom Bett erhob: kam um 7 nach zwei Bällen heim. [...] Sonst über Schriftsteller: Für den begabtesten Novellisten hält er Ssergejew-Zenskij: »Die Manieriertheit wird von ihm weichen, und sein Talent wird bei ihm bleiben«. Unter den Lyrikern sei der talentierteste Brjussow. In Ssologubs ›Мелкий бес‹[1] seien die besten Stellen über die Nedotykomka;[2] »doch hat er nicht bis zu Dostojewskij emporspringen können« ... Auch Mamin liebt er sehr ... Er trat zu mir aus dem Schlafzimmer in einem bis an die Knöchel reichenden Nachthemde. – –

Mamin kam (d.h. zu mir). Er ist der einzige, der für mein »Museum« absolut nichts gespendet hat. Jetzt gibt er das wenige, das er hat (Portraits, Briefe), Aljonuschka, die sich eine literarische Sammlung anlegt. – Versicherte, im Herbst sei bei ihm der berüchtigte Provokator Asef gewesen: es kam ein Namenloser, sprach was, sah sich

---

1 ›Der kleine Dämon‹ (russ.). — 2 Eine fantastische Gestalt aus dem Roman, die zum Symbol der Irrealität des russischen Lebens geworden ist.

spähend um und ging, ohne den Grund seines Kommens angegeben
zu haben; jetzt habe Mamin ihn in den von den Zeitungen gebrachten
Portraits Asefs erkannt. – Mit der größten Bereitwilligkeit schreibt er
jedesmal was in mein Album »Bei mir« ein. – Erzählte: Vor ein paar
Jahren wohnte er nebst Frau und Tochter gemeinsam in Balaklawa mit
Kuprins. Er hatte einen großen Fisch, Petuch[1] genannt, gefangen, der
gebraten und zum Mittagessen aufgetragen wurde. Und Kuprin ver-
schlang ihn ganz allein: »Acht Pfund! Eine solche Gefräßlichkeit und
Taktlosigkeit hab ich noch nie gesehn!«

DEN 20. APRIL 1909

Die Hippius-Mereshkowskaja hatte mir einen sehr freundlichen Brief
geschrieben mit der Aufforderung, eines Sonntags um fünf zu kommen. Gestern ging ich hin. Sie schenkte mir Verschiedenes für mein
»Museum«; desgleichen Filossofow (er wohnt bei dem Ehepaare und
duzt sich mit ihm). Sie erzählte, sie sei nie »Mereshkowskijs Frau« gewesen, denn bereits als Mädchen habe sie Verschiedenes gedruckt. Für
einen einmaligen Abdruck der sämtlichen Werke werde ihrem Manne
fünfzehntausend und ihr – zehntausend angeboten, doch das Geschäft
kann nicht gemacht werden, da ihrem Verleger Piroshkow der Kon-
kurs erklärt und seine Niederlage[2] versiegelt ist; von Mereshkowskijs
Büchern hat er, der schriftlichen Abmachung zuwider, statt viertausend – zwanzigtausend Exemplare gedruckt und ihn hierdurch um
vierzigtausend Rbl. geschädigt; vermutlich wird Mereshkowskij ihm
den Prozeß machen. Den anwesenden, sich über Geldmangel be-
klagenden Remisow ermahnte sie (die Hippius-Mereshkowskaja), sich
»zu demütigen« (смириться): irgendeine Stelle in einem Kontor oder
einem Geschäft anzunehmen. Wir tranken Tee. Da kehrte Mereshkowskij heim. Das Ehepaar erkundigte sich (besonders sie) voll Teilnahme nach der Gesundheit (resp. Krankheit) meiner Frau, wobei wehmütig der Vergangenheit gedacht wurde. Als ich mich verabschiedete,
umarmte und küßte mich Mereshkowskij mit den Worten: »Übergeben Sie diesen Kuß Ihrer Frau!« Beide gaben sich sehr natürlich und
herzlich. Mit Mereshkowskij konnte ich nur sehr wenig sprechen, da

1 Wörtlich: der Hahn (russ.). — 2 D.h. sein Lager.

bei ihm ein gewisser Danilow war, ein halbverrückter Sektierer (hat viel in der ›Rus‹ über theologische Fragen geschrieben). Geht immer barhäuptig auf den Straßen: hat die Gewohnheit beibehalten seit der Zeit, da er politischer Zwangssträfling in Jakutsk war: um die Mütze nicht vor der Obrigkeit abzuziehn, ging er immer unbedeckten Kopfs; auch meint er, so stehe sein Kopf dem Himmel näher.

DEN 29. APRIL 1909

Gestern um 10 abends, nach mehrjährigem Fernbleiben, kamen Mereshkowskijs. Beide gaben sich sehr natürlich, nett und herzlich und darum war's recht gemütlich. Nicht nur die Damen (sie und meine Frau) küßten sich, – sogar er küßte beim Abschied nach einem Handkuß meine Frau auf die Lippen mit den Worten »Gott behüte Sie!« (»Das hat wohl noch kein einziger Schriftsteller gesagt!« meinte Ljuba später zu mir). Fast die ganze Zeit war der Besichtigung meines »Museums« gewidmet; auch während des Abendessens (sie trank ein Gläschen Naliwka, er – anderthalb Glas Weißwein) wurden seltene Schriftsteller-Portraits besichtigt. Sie (Sinaida) spottete über die selbstbewußte Pose Wolynskijs-Flexers (böse Zungen behaupteten vor Jahren, beide hätten ein Verhältnis miteinander unterhalten und man habe mehrfach bemerkt, wie Sinaida um die Dämmerung in seine Wohnung schlüpfte), er – nannte ihn dreimal hintereinander »Frechling« (наглец). Von Tschulkow meinte Sinaida, er sehe ebenso unsympathisch aus wie Flexer-Wolynskij. Beide erzählten von ihrem 2 ½ jährigen Leben in Paris. Minskij langweilt sich dort furchtbar (er als Emigrant darf nicht nach Rußland), ist verbittert und unterhält keinerlei Bekanntschaften. Balmont skandalisiert: gießt in Restaurants Wein auf den Teppich, zertrümmert das Geschirr und wirft aus seiner Wohnung Blumentöpfe auf die Straße, so daß er mehrfach mit der Polizei in Konflikt geriet; von Hause bleibt er manchmal wochenlang fern, säuft und treibt sich, weiß der Teufel wo, herum. Mereshkowskijs erzählten auch von einem Osterfeiertag im Kreise jüdischer Schriftsteller. Auch Kuprin war eingeladen in der Hoffnung, er werde, wie üblich, angetrunken kommen, und man könne sich dann über ihn, den Orthodoxen, lustig machen. Doch er kam wider Erwarten nüchtern und pries die russischen Ostern als das Fest der Versöhnung und

Verbrüderung. Darauf versetzte Flexer höhnisch, die russischen Ostern
seien nur das Fest des Eies und des Schweines. – Er (Mereshkowskij)
lobte meiner Frau gegenüber seine mehrfachen Kurerfolge in Homburg v. d. H. und gebrauchte mit kindlicher Unbefangenheit die Ausdrücke »Verstopfung« und »Abführung«. Zuvor, in meinem Kabinett,
bezeugte er (Mereshkowskij) den Wänden die regste Aufmerksamkeit
und nahm mehrere Portraits herunter; auch vertiefte er sich in die
Lektüre seiner ungedruckten Jugendgedichte. Sie (die Sina Mereshkowskaja) studierte ihre Briefe an verschiedene Schriftsteller. – Nach
etwa einer Woche fährt das Paar nach Badenweiler. »Und Filossofow
mit Ihnen?« fragte ich. – (Er): »Selbstverständlich. Wir drei sind immer zusammen«. – »Warum ist er nicht mit Ihnen hergekommen?« –
»Er hat einen eiligen Aksakow-Artikel zu schreiben«.

Mereshkowskij ist für eine Übersetzungskonvention mit Deutschland. »Sehen Sie: da hab ich wieder zweihundert Mark für meinen
›Leonardo da Vinci‹ zugeschickt bekommen«. Und er wies triumphie-
rend zwei frische blaue Scheine vor. Er scheint überhaupt dem Geld
nicht feindlich gesinnt zu sein. Als ich ihm riet, sich nach so vielen
Jahren wieder mal fotografieren zu lassen, und zwar bei Sdobnow, der
alle Schriftsteller fotografiert, meinte er: »Ja, ja ich werde mal hingehn. Auch soll er jedem ein Dutzend Gratiskarten geben«.

DEN 28. JUNI 1909

War heut in Kuokkala bei Repin. Er führte mich in seinem Atelier herum und ließ mich vor seinem neuesten (Dezember vor. J.) Portrait
Tolstojs niedersitzen. Ich wunderte mich über dessen sanftblickende
Augen, und Repin versicherte, das sei in der letzten Zeit ganz so; Tolstoj weine jetzt jedesmal, wenn er etwas Rührendes lese. Ich erinnerte
an das auf dem Newskij ausgestellte Portrait, auf welchem vor diesem
Tolstoj-Portrait Repin und Breschko-Breschkowskij sitzen, und Repin
meinte verlegen: »Er hat einen Photographen mitgebracht und bat
mich, daß dieser uns gemeinsam abnehme; es war mir unbequem, abzusagen«. Im Park, im Isis-Tempel, gab es einen »Kooperations-Tee«,
den die Nordmann-Ssewernaja [Ssewerowa] ausgedacht und arrangiert
und der ziemlich kläglich ausfiel. Es waren etwa zwanzig Personen
(darunter O. L. D'Or, dessen flüchtige Bekanntschaft ich vor etwa

Bei Friedrich Fiedler in Staroshilowka. *Von links nach rechts:* S. Shicha-rew, M. Albow, F. Fiedler, W. Lichatschow. 2. August 1909.

zwei Jahren im ›Kapernaum‹ gemacht). Vor ihnen hielt Repin einen
Verteidigungsvortrag des Alexander III.-Denkmals des Fürsten Paolo
Trubetzkoj. Auch Tschukowskij war da. Er kam nicht nur ohne Hut
(den er überhaupt nicht mitgenommen hatte), sondern auch – barfuß,
mit vom Schmutz (es hatte geregnet) braunen Füßen, was sich höchst
antiästhetisch ausnahm. Mich begleitete er zum Bahnhof, wobei die
Leute bei seiner Erscheinung erstaunt stehen blieben. Als wir einen
mit nassem Gras bewachsenen Wald betraten, wollte er sich nieder-
bücken, um mir die Hosen aufzukrempeln, – was ich natürlich nicht
zuließ. Was wir sprachen? Ganz Unbedeutendes, denn ich war außerordentlich müde.

DEN 29. JUNI 1909

[…] Heut kam Tschukowskij nebst Frau Maria Borissowna. Er hatte
einen hübschen Hut auf dem Kopfe und tadellose Stiefel an den Füßen. Während des Mittagessens trank er nur ein halbes Glas Bier und
ein halbes Glas Wein, versicherte aber, er sei betrunken. Das äußerte
sich keineswegs in seinen Blicken und Reden. Doch beim Spaziergang
im Schuwalowschen Park erklärte er, der mit seinen langen Beinen
lange Strecken durchmessen kann, er werde den Parnaß[1] nicht besteigen. So kamen wir nur bis an den Pilz, unter welchem er zuerst saß
und sich dann vor demselben ins Gras niedersetzte und an einen
Baum lehnte. Albow keuchte die ganze Zeit mit. Es wurde viel gescherzt und gelacht, doch für Tschukowskij Charakteristisches nichts
gesprochen. Er schenkte mir einen Brief von Remisow, den ihm dieser
bereits vor zwei Wochen (am 15. Juni) geschrieben und den er aus
Vergeßlichkeit die Zeit über in der Rocktasche getragen hatte; erst
jetzt öffnete er ihn.

DEN 10. JULI 1909

Korinfskijs ganzes äußeres und inneres Wesen ist (was ich schon seit
Jahren sagen wollte) ungemein delikat. Nie hab ich ihn schimpfen
oder auch nur schelten hören. Heut, während eines Spaziergangs nach

1 Ein Hügel im Schuwalowschen Park bei St. Petersburg.

Apollon Korinfskij und Friedrich Fiedler. Pawlowsk. 19. Mai 1913.

Pargala, wollte ich meinem ungehorsamen Hund »Kadett« einen Hieb versetzen, doch Korinfskij trat vor mich mit zuckenden Mienen und fast weinenden Augen und flehte: »Schlag nicht! Schlag nicht!« ... Auch muß ich sagen, daß ich ihn noch nie auf einer Lüge ertappt habe.

DEN 31. AUGUST 1909

Gestern ging ich mit Baranzewitsch zu dem Maler und versuchsweisen Schriftsteller Iwan Kirillowitsch Parchomenko. Wir standen bewundernd vor dessen Tolstoj-Portrait, als Fofanow kam (vollkommen nüchtern, doch wie immer zerfahren) und beim Anblick des Bildes ausrief: »Tolstoj-Zebaoth!« Dann stellte er die wunderliche Frage, ob Tolstoj bei Parchomenko oder Parchomenko bei Tolstoj gewesen sei, als das Portrait gemalt wurde. Als man meinte, Tolstoj werde noch seine achtzehn Jahre leben, rief Fofanow aus: »Gott geb's!« und schlug ein großes Kreuz. Als Parchomenko die flanellene blaßblaue Bluse Tolstojs zeigte (die Gräfin Sofja Andrejewna gab sie Parchomenko mit, da sie auf dem Bilde nur skizziert ist), drückte Fofanow einen andächtigen Kuß auf den Ärmel ... Auf seinem eigenen, von Parchomenko gemalten Portrait ist Fofanow ohne Bart. Als ich ihn nach der Ursache fragte, sagte er: »Den Bart hat mir mein Sohn ausgerissen aus Versehen (нечаянно)«. Als ich ihn nach dem Befinden seiner Frau fragte, antwortete er: »Sie will wieder mit mir wohnen, meine liebe Frau (die drei letzten Worte sagte er deutsch!)! Aus dem Oertelschen Lehrbuche konnte ich die deutsche Sprache nicht erlernen; ich erlernte sie aus deinen Übersetzungen meiner Gedichte«. Er sprach, wie immer, in halb heulendem Ton und so undeutlich durch seine schwarzen Zahnstümpfe, daß man nur die Hälfte verstehen konnte. Schmierige Manschetten und Kragen, Fransen an den Beinkleidern, aber eine frische farbige Halsbinde. – – [...]

Ergänzung zur Parchomenko-Notiz. Parchomenko erzählte: Jedesmal, wenn Tolstoj sich setzte, um ihm zu posieren, zwirbelte er sich etwas die Spitzen des Schnurrbarts in die Höhe.

DEN 15. NOVEMBER 1909

Gestern, um 9 abends, besuchte mich Bunin. Er trank keinen einzigen Tropfen aus Furcht vor der Cholera: »Ich fürchte sie mit dem Herzen, nicht mit dem Kopfe«.

DEN I. DEZEMBER 1909

Gestern verstarb plötzlich Innokentij Fjodorowitsch Annenskij (der Bruder unsres Nikolaj Fjodorowitsch, den ich nie über seinen exzellenten Bruder habe ein Wort sprechen hören). Ich kannte ihn noch, da er Lehrer des Russischen am Gymnasium Gurewitsch war (1890). Im Lehrerzimmer suchte er stets das erste Wort zu führen, und zwar recht maniriert. Sein ganzes Wesen war bis zuletzt (ich sah und sprach ihn vor ein paar Wochen in der Literatur-Gesellschaft) Gespreiztheit: er hielt den Kopf so, als hätte er im Hals den Drachenschuß oder »als hätte er verschluckt den Stock, mit dem man ihn einst geprügelt«[1]; hinzu kam sein affektiertes Schnarren und Näseln. In Schriftsteller-Kreisen begegnete ich ihm nie, und es wurde in denselben nie von ihm gesprochen. Bücher von ihm besitz ich keine (wenigstens keine mit einem Autograph). In meinem großen Autographen-Album fehlt er. [...]
Auf seinem Portrait (1907) nennt er mich »старый собрат«.[2]

DEN 3. JANUAR 1910

[...] Heut kam ich erst um ½ 8 morgens nach Hause: ich war bei Ssologub zum Kostüm-Abend. Es war bei weitem weniger interessant als im vorigen Jahr. Ssologub selbst erregte Sensation: er trug das Gewand eines römischen Senators und hatte sich den Bart völlig abrasiert; in sein sonst unbewegliches Gesicht kam Ausdruck und Individualität, auch sah er um mindestens zehn Jahre jünger aus, und es steckte etwas Gemütlich-Fideles um Kinn und Mund. Unkostümiert waren nur zwei Personen: ich und die Frau Anitschkows. Letzterer war

1 H. Heine, ›Deutschland ein Wintermärchen‹, Caput III. — 2 »Alter Geselle« (russ.).

als Pilger Akir (der Held aus seinem Roman, den er gerade schreibt), mit einem Kreuz-Stock in der Hand und einer mittelalterlichen Papyrusrolle am Gürtel. Max Woloschin (dessen Bekanntschaft ich bei dieser Gelegenheit machte) – Tibetaner mit einer beweglichen Maske. A. Kondratjew – Hector mit massivem Helm, Panzer und Schwert. Graf A. N. Tolstoj – Bacchus, mit einem Parderfell um den sonst nackten, rosig-blühenden Leib. Die Töffi – Bacchantin: mehr entblößtes Fleisch als Kostüm (sie kam ohne ihren Galitsch: es heißt, das Zusammenleben habe aufgehört). Sie ließ sich von Verschiedenen an verschiedenen Körperteilen so zynisch betasten und betastete selber so ungeniert, daß ich überglücklich war, meine Tochter nicht mitgenommen zu haben. In den Diwanecken saßen Pärchen und waren »handgemein« (ohne indes das Tüpfel auf das i zu setzen), besonders auffallend der Schauspieler [sic!] Nouvel mit der Frau A. N. Tolstojs. Potjomkin in schwarzem Trikot, lang und dürr, wälzte sich am Boden zu Füßen der Damen; er stellte sich auf die Hände und hielt die Beine hoch und gerade in die Luft; dann ließ er sich auf die rechte Hacke nieder, streckte das linke Bein vor sich aus, gab sich eine schwingende Bewegung und drehte sich wohl eine Minute lang mit der Schnelligkeit eines Kreisels um sich selbst. Barjatinskij – junger Jerusalemer Jude aus Christi Zeit; er hat sich während der Jahre, daß ich ihn nicht gesehn, gar nicht verändert. Seine Frau, die Jaworskaja, als Nacht: fast bis an den Nabel nackt, dann ein feines weißes Gewebe bis an die Knöchel, in den Händen einen langen schwarzen Schleier. Werchowskij als Bajazzo: halb grün, halb rot. – Das sind nun alle »namhaften« Personen. Ja, noch: die Sin. Wengerowa, stark dekolletiert, in schwarzem Phantasie-Kostüm mit vielen imitierten Edelsteinen. Die Tschebotarewskaja in kurzem Gewand aus bunten Flicken. Sonst noch: die Manasseina nebst Mann (der eine riesige Schlange um Brust und Leib trug: sollte wohl seinen Arztberuf symbolisieren), ein paar Maler und Schauspieler. Von den Säulen des Dekadentismus und Modernismus – niemand. Nach meiner Flügelbegleitung wurde getanzt: Cake-Walk, Matschisch, Paraguay u.s.w. Vier junge Griechinnen mit Schleiern tanzten um eine einen Altar darstellende Kolonne einen Brauttanz. Die Jaworskaja melodeklamierte. Erst um fünf wurde zum Souper gebeten, das jedoch so kärglich ausfiel, daß viele keinen Bissen zu kauen und keinen Schluck zu trinken bekamen. Als ich so »müßig« dasaß, trat hinter mich Ssologub, küßte mich und sagte: »Ich bedauere, mit dir Bruderschaft getrunken zu haben!« – »Warum?« – »Weil ich's gern jetzt getan hätte«. – – – [...]

DEN 20. FEBRUAR 1910

Heut – Wjatscheslaw Iwanow mich besucht. Von der früheren Mommsen-Chevelure ist nur wenig geblieben. Entschuldigte sich, daß er mir noch nicht die ›Ersten Schriftsteller-Schritte‹[1] gegeben: er sei ein ganz konfuser (безалаберный) Mensch (diese Selbstcharak- teristik gab er mehrfach), der beständig vergesse, was er zu tun be- absichtigt. Besichtigung meines »Museums« und Lobeserhebungen. Las mit großem Interesse seine eigenen Briefe an verschiedene Schrift- steller. Spricht sehr gut deutsch. Sonstiges Gesprächsthema: meine geplante Herausgabe russischer Lyriker. Gab sich völlig einfach und normal.

DEN 30. MÄRZ 1910

Heut bei mir Wjatsch. Iwanow gewesen. Wie hübsch der Mann deutsch spricht und sogar schreibt und sogar in Versen. Schrieb mir solche, allerdings etwas unter meiner Reim-Beihilfe ins Album »Bei mir«. Er möchte für etwa ein Jahr sich nach Italien zurückziehen, um sich ganz der Literatur widmen zu können (will zwei griechische Dramen zu Ende schreiben, auch einen Roman): hier wird er bestän- dig in Anspruch genommen: von ihrer »Poetischen Akademie« und der »Religiös-philosophischen Gesellschaft«, wo ihn oft ganz unbe- kannte Personen mit philosophischen Lebensratschlägen angehen. Hält ungemein hoch Stefan George, nicht so sehr als Dichter als vielmehr als »Meister« (des Worts). Versicherte, in der Dekadenterei Andrej Belyjs und Alexander Blocks stecke nichts von Charlatanerie; dieselbe leistete sich anfangs Brjussow, doch nun meine er's ernst mit seiner Poesie, in der Hoffnung, zum Ehren-Akademiker ernannt zu werden.

---

1 Siehe Vorwort, S. 21 f.

Gestern kam plötzlich die Winitzkaja, die ich etwa zehn Jahre nicht
gesehn. Sie hat sich äußerlich und innerlich gar nicht verändert. »Ich
bin noch ebenso verrückt, wie früher. Im praktischen Leben aber bin
ich nicht verrückt, sondern eine Idiotin!« […]
   Zum Glück brauchte ich das Geschwätz nicht übermäßig lange an-
zuhören, denn ich mußte ins Theater (Moskauer Künstlerisches; ›Zar
Feodor‹). Im Buffetraum sah ich Kusmin rauchend stehn und trat zu
ihm, um meine Zigarette an der seinigen anzustecken. Er reichte sie
mir mit einer nachlässigen Bewegung halb hin. Als ich angeraucht
hatte und »Danke« sagte, zwinkerte er mit halb abgewendetem Kopf
nicht einmal mit den Wimpern. Da meinte ich herausfordernd: »Wir
kennen uns ein wenig!« – »Wo sind wir einander begegnet?« fragte er
kühl, doch nicht hochmütig. »Ich bin Fiedler«. – »A, ja, ja! …« Ich sah
ihn mir von der Seite von oben bis unten schweigend an und schritt
weiter. Er war nicht geschminkt.

BERLIN, DEN 16./29. MAI 1910

Am Mittwoch, dem 12. / 25. d.M. verließ ich Petersburg.
   Der Verleger Emil Felber, bei dem ich heut in Angelegenheit meiner
großen russischen Anthologie gewesen, ist ein großer Verehrer von
Wilhelm Jensen als Schriftsteller, vom Menschen jedoch weniger. Er
hält ihn als solchen für »seltsam«. Als er, Felber, ihm einmal einen
Brief rein geschäftlichen Charakters schrieb, antwortete ihm Jensen,
daß ihn eine solche Korrespondenz »im Schaffen störe«. Ein andermal
erklärte er (Jensen) in Frage der Versanzahl, er lasse seine Werke nicht
»mit der Elle messen«.

[»WEISSER HIRSCH« BEI DRESDEN,] DEN 9./22.JUNI 1910

Mit dem sich hier im Lahmannschen Sanatorium »kurierenden«
(wirkliche Kranke – zu denen ich gehöre – gibt's hier nur sehr wenige)
Schauspieler Emanuel Reicher (derselbe war vor 19 Jahren zusammen
mit Herm. Bahr in Petersburg bei mir zum Frühstück) in der Kondi-
torei Kaffee getrunken. Er erzählte von Herm. Bahr. Derselbe nennt
sein ›Konzert‹ ein »miserables« Stück, an dem er sein »Sündengeld«

verdiene. Denn es gefällt dem Publikum, und je mehr eines seiner Stücke des Publikums Beifall finde, um desto wertloser sei es künstlerisch; seine besten Dramen seien die, welche ihm am wenigsten eintragen.

DEN 21. JUNI / 4. JULI 1910 (MONTAG)

Seit Mittwoch ist hier Kurgast Bertha v. Suttner (logiert im Doktorhaus, Zimmer Nr. 29). Vergebens suchte ich sie nach den mir bekannten Portraits. Endlich verwies mich das Stubenmädchen auf sie. Sie saß auf der Veranda des Damenbades. Ich stellte mich als ihr Korrespondent vor x Jahren vor (deutsche Literatur an der Brockhaus-Jefronschen Enzyclopädie). Sie sieht bedeutend jünger aus als 67, doch weit massiger und alltäglicher als auf den Portraits. Sie sagte selbst, sie sei zwar gesund, doch »voll und schlaff« geworden und suche nun hier Abhilfe. Als ich von ihrem verstorbenen Gatten Gundaccar sprach, erglänzten ihre Augen feucht: »Wir waren ein Herz und eine Seele«. Sie meinte naiv, Gr. Sp. Petrow sei für seine Friedenstendenzen aus dem Priesterstand gestoßen worden, und fügte hinzu: »Reaktion und Kriegsgelüst gehn Hand in Hand«. Das Gespräch kam auf meine Frau, und sie bat mich, dieselbe ihrer »innigen Sympathie zu versichern«. In diesem Augenblick wurde sie von ihrer Gesellschaftsdame daran gemahnt, daß es Zeit sei, das Bad zu nehmen, – und ich empfahl mich nach einem Druck ihrer molligen Hand.

DEN 22. JUNI / 5. JULI 1910

Heut um 7 sah ich die Suttner aus dem sogenannten Korpulenten-Saal vom Abendessen kommen. Gestern hatte sie mir versprochen, ihre Portrait-Postkarte mit ihrem Namen zu versehen und mir etwas in mein neues Autographen-Album ›Im Auslande‹ einzuschreiben; ich hatte ihr beides geschickt. Heut nun hatte ich kaum Zeit, von ihr zu hören, daß sie beides dem Stubenmädchen eingehändigt, um es mir zuzustellen (ich hatte vergessen, ihr meine Adresse anzugeben), – als zwei Damen auf sie zutraten, so daß ich sofort den Hut zog und zum Stubenmädchen ging … Statt der Einschrift fand ich im Album ihre Visitenkarte mit der Aufschrift: »An Frau Dr. Fiedler Ausdruck innig-

sten Mitgefühls«. Und auf dem Portrait steht: »Mit freundlichem
Gruß an Dr. F. Fiedler. Bertha v. Suttner. 5. / 6. [7.] 1910«.

Welche Rolle hierbei meine Frau spielt? Nun, sie (die Suttner)
fragte mich, wogegen ich im Sanatorium Heilung suche. Ich erklärte:
»Neurasthenie infolge Überarbeitung und meiner vieljährigen häuslichen Tragödie (Krankheit meiner Frau)«.

DEN 25. JUNI / 8. JULI 1910

Morgen verlaß ich den Weißen Hirsch mit seinem Dalai-Lahmann-
schen Sanatorium fast in demselben Zustande, mit dem ich es vor fünf
Wochen bezogen.

Mit Em. Reicher und der Suttner hätt ich unendlich viel mehr
sprechen können, aber beide waren beständig von verschiedenen Kur-
gästen in Anspruch genommen, – und ich wollte nicht aufdringlich
sein.

Am 10. / 23. und 11. / 24. Juni war ich in Karlsbad, wo ich die ganze
Zeit mit dem Moskauer Verleger Ssytin und Gr. Sp. Petrow verbrachte. Diese Begegnungen hab ich ausführlich in meinen Briefen nach
Hause beschrieben und werde die betr. Stellen hier mit der Zeit bringen. Auch sonst Literarisches.

[STAROSHILOWKA BEI ST. PETERSBURG,] DEN 20. JULI 1910

Heut ist der Elias-Tag, und da fuhr ich denn nach Kuokkala, um das
Namenstagskind Repin zu besuchen. Zuvor aber ging ich zu Tschukowskij (Haus Annenkow, wo einst Tschirikow gewohnt hat, dem
ehemaligen Landhause Gorkijs gegenüber). Tschukowskij meinte, Repin werde wohl auch an seinem Namenstage keine Ausnahme von der
Regel, nur mittwochs zu empfangen, machen; er sitze ihm fast täglich
zu einem Portrait, so auch gestern, und da habe Repin nicht die leise-
ste Andeutung auf den heutigen Tag gemacht; es sei darum sicherer,
wir riskieren nicht den weiten Weg zu den »Penaten«.

Tschukowskij ist vor ein paar Wochen zum dritten Mal Vater geworden (Sohn Boris). Als ich kam, saß er gerade und schrieb und eilte
mir (barfüßig) freudig entgegen. Aus Bescheidenheit hat er mir nichts
für die »Ersten Schriftsteller-Schritte« gegeben. Erzählte jedoch von

Bertha von Suttner. – *Widmung:* »Mit freundlichem Gruß an Dr. F.
Fiedler. Bertha v. Suttner. 5./6. [7.] 1910«.

denselben folgendes: Es war im Befreiungsjahr.[1] Ohne einen Groschen
in der Tasche und hungrig schleppte er sich auf dem Newskij dahin,
als gerade der Tumult an der Kasanschen Kathedrale entstand. Am
Restaurant Dominique hieb ihm ein Kosak mit der Nagajka[2] eins über
den Rücken. Tschukowskij ging zu Rumanow, der damals literarischer
Telegraphen-Agent war, und erzählte ihm von dem Vorfall. Rumanow
ließ ihn sich sofort niedersetzen und alles aufschreiben und gab ihm
alsdann sofort – fünf Rubel. »Und somit verdanke ich mein erstes
Schriftstellerhonorar einem Kosakenhiebe«. Es ging ihm und seiner
Frau sehr koddrig: sie litten am Nötigsten Mangel. Tschukowskij hatte noch früher ein Heft von ihm aus dem Englischen übersetzter Gedichte in die Redaktion der ›Niwa‹ hingebracht und ging nun hin in
der schüchternen Hoffnung, einige seien angenommen worden und
er würde ein paar Rubel erhalten. In der Redaktion fand er A. M. Fjodorow vor, der ihm versprach, sich für ihn zu verwenden. Doch da erschien Rosiner und retournierte Fjodorow sein Gedicht: es sei zu politisch und könne drum nicht gedruckt werden. Fjodorow ging enttäuscht. Doch Tschukowskij (Dativ) sagte Rosiner (Nom.), die Gedichte seien alle akzeptiert worden und händigte ihm gleichzeitig über
hundert Rbl. (106) ein. Tschukowskij war dermaßen vor Glück überrascht, daß er nach Hause lief: es kam ihm nicht der Gedanke, einen
Fiaker zu nehmen: »Auch existierten damals die Droschken für alle,
nur nicht für mich«.
   Statt zu Repin zu fahren, schlug mir Tschukowskij vor, zu Korolenko zu gehn. Korolenko wohnt nun etwa einen Monat in Kuokkala
in dem Landhause, das N. F. Annenskij gemietet, und verwaltet die
Geschäfte der ›Russkoje bogatstwo‹; dieser Tage aber fährt er wieder
heim nach Poltawa, da Annenskij vorgestern aus dem Auslande (Kur
in Nauheim) zurückgekehrt ist.
   Unterwegs (Tschukowskij ging barfuß) erzählte Tschukowskij,
Swirskij lebe noch immer in Kuokkala, doch verkehre mit ihm fast
niemand; bei Repin habe er seine Besuche einstellen müssen.
   Wir sprachen über Lasarewskij. Korolenko tadelte ihn, daß er allen
von dem Verhältnis seiner verstorbenen Frau mit Ssurgutschow er-

1 D.h. 1905. — 2 Eine kurze Riemenpeitsche (russ.).

Wassilij Nemirowitsch-Dantschenko *(links, mit dem Stock)*, Grigorij
Petrow *(Mitte)* und Iwan Ssytin. – *Widmung (italienisch):* »Verehrtem
Signor Fidler [sic!], ›einem Deutschen Rußlands‹, sein aufrichtiger
Freund Basilio Nemirovich Dancenco 26. August [1]910 Venedig« *(auf
der Rückseite eine Bemerkung Fiedlers, russisch):* »Photographiert in
Karlsbad im Juni 1910«.

zählt habe, und meinte: »Unsre Frauen brachen uns auch die Treue, aber wir sprachen doch nicht davon!« Ich lachte: »Welche Anklage haben Sie soeben wider Ihre eigene Frau erhoben?!« Er aber antwortete gleichmütig: »Nun, und was ist dabei?!«

Dann erzählte er (Tschukowskij) von einem Mann: »Persönlich kannte er mich gar nicht und wußte nur aus den Zeitungen, daß ich ein Lump (сволочь) bin«. Er sagte das in leichtfertig selbstverständlichem Ton, ohne nur zu lächeln.

So erreichten wir das Landhaus N. F. Annenskijs (Nr. 5), das unweit vom Meer gelegen ist, und betraten den leeren Balkon. Nach einer Minute erschien Korolenko, mit einem Remington in den Händen. (Nicht er benutzt denselben, sondern Annenskijs Nichte Tatjana Alexandrowna Bogdanowitsch). Alsbald erschien Annenskijs Frau Alexandra Nikititschna nebst der Nichte und sagte, ihr Mann mache gerade ein Schläfchen. Doch nach etwa zehn Minuten kam auch Annenskij selbst, rosigen Gesichtes, – wohl infolge des Schlafs. Korolenko brachte zwei Flaschen Bier, und wir fünf tranken dasselbe (Annenskij – keinen Tropfen). Korolenko rauchte meine Zigaretten und erzählte, erzählte ohne Ende. U.a. folgendes: Es war in den achtziger Jahren. Durch eine Dame erfuhr Korolenko, daß Tolstoj ihn als Schriftsteller sehr achte und sich freuen würde, seine Bekanntschaft zu machen, wenn er zu ihm käme: dann wolle er ihm seine Zweifel lösen (разрешит сомнения). »Nun hatte ich aber schon damals keine Zweifel mehr, die mir Tolstoj hätte lösen können, und ging darum nicht hin«. Und doch besuchte er ihn, in Moskau. Golzew trug sich nämlich damals mit dem Plan eines neuen Journals. Korolenko und Slatowratskij wurden abkommandiert, Tolstoj zur Mitarbeiterschaft einzuladen, und gingen darum hin. Tolstoj kam eben im Gespräch mit dem Maler Geh und meinte zu ihm, als er Korolenko erblickte, dieser sei nun auch gekommen, um sich im Punkte der Gewissensfrage Rats zu holen. »Es war mir sehr peinlich, als ich ihm mit einem ganz andern Anliegen kam«. Zu dem darauf folgenden Gespräch mit Tolstoj meinte Korolenko: »Ich hörte und hörte und dachte dabei: wie kann man so genial sein und gleichzeitig solche Dummheiten sprechen?!«

Und Korolenko erzählte und erzählte (nicht Literarisches). Wir hatten schon Abschied genommen und standen an der Balkontür. Auch die andern standen. Aber das Erzählen währte so lange, daß Annenskij sich erst anlehnen und darauf setzen mußte. Endlich gingen wir.

Tschukowskij riet mir, womöglich noch heut, zu Leonid Andrejew (»er spricht von Ihnen immer mit großer Sympathie!«) zu fahren, da er morgen für ein paar Wochen weiter an den Meeresstrand übersiedelt. Doch es war schon zu spät: 6 Uhr. In einem Bäckerladen ließ ich mich per Telefon mit dem Landhause Andrejews verbinden und fragte ihn: »Hat ihre freundliche Einladung im Winter auch jetzt im Sommer ihre Kraft nicht verloren?« – »Natürlich, natürlich! Leider verreise ich morgen. Doch nach etwa zehn Tagen kehr ich wieder heim und werde mich sehr, sehr freuen, Sie zu sehn«.

DEN 9. AUGUST 1910

In einem liebenswürdigen Schreiben aufgefordert, fuhr ich heut nach Raivola und von da nach Wammelsuu (Tschornaja Retschka) zu Leonid Andrejew. Er hatte gerade seinen 39sten Geburtstag, doch von Schriftstellern war kein einziger da: nur der Repräsentant der Verleger-Firma »Prometej« Michailow und der Emigrant Golowin; dann seine Schwester mit ihren Kindern. Er war sehr besorgt; sein Sohn Wadim hatte starke Magenkrämpfe, so daß er sich wand und schrie; indes beruhigte er sich nach etwa einer Stunde, und auch der Vater beruhigte sich. Zärtliche Liebe erwies er seinem zweiten Sohn, dem allerdings reizenden kleinen Ssawwa (von seiner zweiten Frau, die ihm unlängst ein Mädchen geboren; eine andre Tochter hat sie ihm von ihrem ersten Manne zugebracht). Er war in einer blauplüschnen Jacke und in dito tuchenen Hosen. Das Haar – fast bis auf die Schultern. Kräftig, stämmig, gesund, beweglich. In seinem mächtigen Arbeitszimmer mehrere zwei Meter lange Goya Schreckbilder, die er selber mit Kohle gezeichnet. Auch Stühle, auf denen man sitzen muß, wie man sich gesetzt hat, – da sie nicht von der Stelle zu bewegen sind. Das Portrait der B. v. Suttner, das ich vor zwei Jahren dort gesehn, ist verschwunden; überhaupt hängt an den Wänden kein einziges Schriftstellerportrait (auch sonstwo ist ein solches nirgends zu erblicken). Es war ½ 1, und man trank Tee und Kaffee. Andrejew trank die ganze Zeit über sehr starken Tee mit Fruchtsaft (варенье); als ich ihn auf die Schädlichkeit verwies, meinte er: »Er übt auf mich fast gar keine

Wirkung aus, denn ich hab mich an ihn gewöhnt. Wie Mithridates, der ungestraft große Dosen Strichnin schluckte«. Auch rauchte er ununterbrochen. Das große Feld vor dem Hause hat sich fast gar nicht verändert: eine schmale Blumengirlande am Rande des Hauptweges, hin und wieder ein paar Birken. Wir zwei stiegen erst die 120 Stufen zum Fluß hinab und besichtigten vom Ufer aus das Motorboot (für das er anderthalbtausend gezahlt), das vor ein paar Tagen gegen einen Stein anrannte und nun nicht funktioniert. Dann ging's hinauf, wo wir, hoch über dem Fluß, auf einer weißen Bank saßen. Andrejew erzählte von seinen Schriftstellerei-Einnahmen. Seine sämtlichen, bereits erschienenen und noch zu erscheinenden Werke hat er Zetlin für hunderttausend Rbl. verkauft; alles, was er noch schreiben wird, kann er anderweitig und gegen ein beliebiges Honorar drucken lassen, doch dann gehört es Zetlin gegen ein Extra-Honorar von tausend Rbl. pro Druckbogen. In den ersten Jahren erschrieb er sich zwölftausend jährlich; die Summe stieg rapid, so daß er im vorigen Jahre vierzigtausend einnahm (gegen fünfzigtausend des Vorvorjahres), namentlich für seine Dramen. »Ja, ich und meine Familie sind sichergestellt«. Das Landstück mit dem Hause samt dessen voller Einrichtung kam ihm auf fünfundsiebzigtausend Rbl. zu stehn. Doch hat er noch immer einige unbedeutende Schulden. »Ich begann den Bau des Hauses mit zweitausend Rbl. Schulden an die ›Snanije‹!« – »Und sind Sie mit dem Ankauf und dem Bau des Ganzen zufrieden?« – »Ja. Eigentlich aber hätt' ich einen andern Wunsch: Ich liebe sehr das Reisen und liebe gleichzeitig sehr meine Familie. Das beständige Umherreisen mit derselben ist aber aus verschiedenen Gründen unmöglich. Ich liebe das Meer, und sein Zorn tut mir nichts an. Da möcht ich nun eine große Jacht haben, in welche ich meine ganze Wohnungseinrichtung schaffen könnte. Mit diesem schwimmenden Hause, im Kreise meiner Familie, würde ich dann ganz Europa bereisen: bald in Stockholm, bald in Amsterdam, bald in Messina usw. Für ein paar Wochen ankern und das Innere des Landes besichtigen. Aber dazu hab ich zu wenig Geld, selbst wenn sich ein Käufer für all das herum finden sollte«.

Mittlerweile wurde es ½ 4, und wir wurden durch Trompetentöne zum Mittagessen gerufen, das auf der Veranda stattfand (auf derselben hängt auch ein kleiner Gong). Einen Imbiß (Radieschen ausgenommen) gab es nicht. Suppe mit Blumenkohl, dazu Pirog mit Kohl oder

Sago, Forelle, Geflügel, Eis und Melone. (Den Rest des Eises auf ihrem und ihres Mannes Teller legte Anna Iljinitschna wieder zurück in die hohe Blechdose, in welcher das Eis aufgetragen worden war). Diesmal gab es ein durchgeführtes Service und einheitliche Servietten (nicht so, wie vor zwei Jahren!). Aber auch diesmal gab es keinen Tropfen Schnaps, Bier oder Wein – trotz des Geburtstages! Bei Tisch bediente ein intelligenter junger Mann ohne Bedientenuniform; den Koch aber sah ich später in seiner weißen Gewandung. Während der einzelnen Speisegänge rauchte Andrejew. Auch seine neben ihm sitzende Mutter, mit der er beständig scherzte: eine durchaus nicht intelligent ausschauende, auch in der Kleidung an eine Kinderfrau erinnernde »Dame« mit einer groben, fast versoffenen Stimme; ich hielt sie anfangs sogar für eine Analphabetin, doch las sie ein paar inzwischen eingelaufene Briefe ... Andrejew beschwerte sich über Schnupfen: »Mir ist, als säße in meiner Nase ein Kamel!« Doch hörte und sah man ihm diesen Schnupfen gar nicht an.

Er führte mich in ein winziges Zimmer mit einem Fenster. »Hier heraus kann ich sehen, wenn ein Interviewer dem Hause naht, und mich dann verbergen ... Man kann aber aus diesem Fenster auch schießen!« fügte er mit drohendem Lächeln hinzu ... Als er von der Jacht schwärmte, lachte er: »Ich würde aufs Fahrzeug einige Interviewer mitnehmen und sie auf einer unbewohnten (необитаемый) Insel aussetzen! Nach etwa zwei Jährchen könnte man sie wieder in die zivilisierte Welt schaffen, falls sie sich gebessert haben!«

In einer Ecke steht ein feuersicherer Geldschrank.

Er schenkte mir u.a. eine deutsche Übersetzung seines ›Judas Ischariot‹ mit der Einschrift »Friedrich Fidler Leonid Andreeff von ganzen Herz«. – »O ja, ich könnte auch deutsch schreiben!« lachte Andrejew. »Zum Beispiel: Auf dem Straße sind Automobilen, Ferden, Hunden und ander Tieren ... Französisch aber kann ich gar nicht. So wie Tschirikow, der weder Deutsch noch Französisch kann, so daß wir uns im vorigen Jahr im Ausland mit den Deutschen und Holländern durch Gestikulation und Mimik verständigten, was uns auch sehr gut gelang!«

Um so freudiger überrascht war ich, auf dem Tische seines Bibliothekszimmers (bildet eine Art Alkoven zum Kabinett) Heines Werke in der Reclam-Ausgabe (gebunden) liegen zu sehn.

Überrascht hat es mich auch bei seinem muntern Wesen zu hören, daß er seit zwei Jahren an Kopfschmerzen leide. »Auch Schlaflosigkeit?« fragte ich. – »Das eben nicht. Es wäre aber vielleicht gut, denn eigentlich bin ich ein Feind des Schlafs, der uns so viel vom Leben raubt«.

Sein ständiges Schluß-Flickwort ist »вот« (»so«).

»Sie trinken also gar nicht?« fragte ich, als er scherzend davon sprach, man müsse Kognak und Benediktiner aufs Motorboot nehmen, sobald es wieder repariert ist. »Nein … Nur etwa dreimal jährlich … Ich gebrauche keinen Alkohol … doch mißbrauch ich ihn!«

Seit drei Tagen hat er ein neues Tintenfaß: rund, lederumzogen, mit aufspringendem Deckel. Genau ein solches, nur etwas kleiner, schenkte er mir für mein Museum. Er schrieb aus demselben im Laufe von neun Jahren, was er mir auch schriftlich bestätigte. Als ich ihn bat, auf dem Zettel auch die Werke namhaft zu machen, die er mit Hilfe dieses Tintenfasses niedergeschrieben, meinte er: »Das ist schwierig. Denn wenn ich eines ausließe, würde es sein, als beleidigte ich eines meiner Kinder«. Doch machte er einige namhaft.

Für sein bestes Werk hält er den ›Eleasar‹.

Von ›Moi sapiski‹ (›Meine Aufzeichnungen‹) erzählte er, man habe den Helden mit ihm, dem Verfasser, identifiziert und ihn für einen Terroristen, Anarchisten u.s.w. gehalten. »Nichts von alldem! (Ничего подобного!). Ich hab alles ironisch gemeint, hab ein Pamphlet geschrieben, wo alles gerade umgekehrt verstanden werden soll! … Und sogar von feinfühligen Lesern wurde ich mißverstanden. So meinte Gorkij, ich hätte hier das Tor der Revolution mit Teer (дёгтем) beschmiert!« (d.h. die Revolution diskreditiert. In den Dörfern wird einem Mädchen, das defloriert worden ist, nachts das Haustor von einem verschmähten Liebhaber mit Teer angestrichen. – F. F.).

Von seinen Werken erzählte Andrejew noch. Im zweiten Teil des ›Roten Lachens‹ gab es eine Stelle, wo das Bombardement einer Straße Moskaus geschildert wurde. Diese Stelle schied er, auf den Rat mehrerer Freunde, als zum Ganzen nicht passend aus. Und nach geraumer Zeit fand ein solches Bombardement in Moskau tatsächlich statt, mit vielen übereinstimmenden Einzelheiten … Dieses Kapitel versprach Andrejew mir zu schenken: »Ich weiß im Augenblick nicht, wo es steckt, denn ich hebe mir meine Unreinschriften nicht auf (чернови-

ков не сохраняю). Aber sobald ich es gefunden, sollen Sie es unbedingt für Ihr Museum haben. Wir schätzen dies Ihr Museum noch
nicht in gehörigem Maße!« Und noch ein Beleg für den prophetischen
Geist eines Dichters: er hat eine Erzählung, die den Aufstand einer
Schiffsmannschaft schildert, die sich nach einiger Zeit bei der Meute-
rei auf dem »Potjomkin« realisierte. Die Erzählung ist ungedruckt
geblieben, doch wird er von ihr wahrscheinlich noch Gebrauch
machen.

Es ist bekannt, daß Skitaletz (Petrow) seinen Eintagsfliegen-Ruhm
nur als Trabant Gorkijs gefunden hatte: er heftete sich an dessen Sohlen, ließ sich mit ihm photographieren (ich besitze mehrere solcher
Postkarten), ahmte ihn in seinem äußeren Menschen nach u.s.w. (Von
Eingeweihten wurde er Подмаксимовик[1] genannt und demgemäß
auch abgebildet: Gorkij steht da als großer Pilz und unter ihm als
gleichartiger kleiner – Skitaletz.) Da erzählte denn Andrejew: Einmal
bat Gorkij sein alter ego, er sollte sich doch nicht für ihn ausgeben,
doch Skitaletz rechtfertigte sich nach einer Ovation, die ihm, als er in
einer Droschke fuhr, das Publikum bereitete, ihn für Gorkij haltend.
»Was sollte ich tun? Nicht grüßen – würde für Grobheit ausgelegt
worden sein, und danken – für Betrug!«

Über N. A. Morosow urteilte Andrejew: »Ich lieb ihn sehr, aber worüber kann ich mich mit ihm unterhalten? Nur über wissenschaftliche
Fragen, was ja gewiß höchst interessant ist. Aber sonst, seelisch (по
душе)? Die Mutter hat ihn als solchen geboren, der er jetzt ist. Das
heißt: er wurde, ohne zu werden; er fand, ohne gesucht zu haben; sein
Herz blieb immer rein, denn er hat nie gesündigt«.

Es wurde das Grammophon ins Haus gebracht, und wir hörten
Andrejew aus seinem ›Eleasar‹ vorlesen. Es ist aber nicht seine gewöhnliche Stimme: er hatte sie bedeutend gesenkt, als er dem Meister
in den Apparat gesprochen hatte. »Übrigens lese ich auch öffentlich
stets mit stark gesenkter Stimme. Neulich funktionierte dieser Apparat, als ich, in Gedanken versunken, die Treppe heraufstieg. Ich er-
schrak förmlich, als ich mich selber hörte« … Und auf der Rückseite
der Platte, die uns den ›Eleasar‹ vortrug, befindet sich (›Нежная

---

1 Wortspiel: ein Pilz, der kleiner ist als der Pilz ›Maxim‹, d.h. ein Epigone Maxim
Gorkijs.

роза‹),¹ die Parodie auf eine Zigeunerromanze! Sie wurde uns gleichfalls zu Gehör gebracht. Empörende ästhetische Geschmacklosigkeit
und kommerzielle Taktlosigkeit! (An der Andrejew, natürlich, völlig
schuldlos ist!).

Er (Andrejew) beschäftigt sich leidenschaftlich mit farbiger Photographie. Extra für mich, für mein Museum, photographierte ihn seine
Frau auf der oberen Veranda und gab mir nach etwa einer Stunde die
fertige Glasplatte (stereoskopisches Doppelbild), das Unikum. Sie
schenkte sie mir mit einem Seufzer, denn Andrejew ist auf diesem
Bilde selten gut getroffen.

Auch malt Andrejew mit Vorliebe in Öl. Er zeigte mir ein Portrait
Beloussows und das seiner Frau. Auch den Kopf eines Judas Ischariot
mit zwei verschiedenen Augen, die, wenn man sie einzeln bedeckt, im
Blick einen ganz verschiedenen Ausdruck weisen. Dabei hat Andrejew
das Zeichnen und Malen nie gelernt.

Doch es ging über sechs, und ich mußte fort. Beim Abschied küßten
wir uns, und Andrejew rief aus: »Fjodor Fjodorowitsch! Ich bin
furchtbar vor Ihnen verschuldet (ужасно пред Вами в долгу): bin
noch kein einziges Mal bei Ihnen gewesen. Wie oft wollte ich zu
Ihnen, aber immer kam was dazwischen. Ich gehöre ja nicht mir selber. Selbst zu Repin komme ich nur ein Mal jährlich, und er lebt doch
in meiner Nähe. Aber nun gebe ich Ihnen mein Ehrenwort – hören
Sie: mein Ehrenwort! – daß ich bald bei Ihnen bin. Nicht auf dem
Lande, doch in der Stadt. In der ersten Hälfte des Septembers. Hören
Sie, – mein Ehrenwort!«

DEN 27. AUGUST 1910

Ich will hier nun jene Stellen aus meinen ausländischen Briefen an die
Meinigen bringen, die literarischen Charakters sind.

Aus Frankfurt a.M.: »War im Goethe-Hause, wohin mir nur wenige
den Weg zeigen konnten!!! Auch nur wenig Goethe-Postkarten: werden nicht verlangt!!!

Aus Aschaffenburg (18. / 31. Mai): »So, nun sind sie endlich fort –
Goldschmidts nämlich. Er hat sich, äußerlich wie innerlich, um kein

---

1 ›Die zarte Rose‹ (russ.).

Jota verändert: alles im Superlativ. Auch sein Pumptalent scheint er sich erhalten zu haben: auf den Straßen wird er ehrfurchtsvoll von seinen Kreditoren begrüßt … Ich soll unbedingt ein paar Tage hier bleiben. Danke schön! Schon morgen kneif ich nach Weimar! Euer Goldschmidtmatter«.

Aus Halle a. S.: »Auch diese Stadt ist verchanteclert! Da könnte man per Rostands Adresse ausrufen: je dümmer der Bauer, desto dicker die Kartoffel! … Schämen sollte sich das Vaterland Schillers!

Aus Blasewitz: »Hier sitz ich im Schiller-Garten, wo einst die Gustel, potz Blitz, ihres Kellnerinnendienstes waltete. Eine Ansichtskarte von dem Schiller-Denkstein gibt's nicht!!! […]

W[eißer] Hirsch (30. Mai / 12. Juni): »Ich komme soeben von »unten«, d.h. aus Dresden zurück, wo ich bei Potapenkos Tochter war. Potapenko komponiert jetzt eine Oper ›Der Revisor‹«.[…]

Aus Meissen: »Keine einzige Lessing-Postkarte hab ich hier auftreiben können!« […]

Aus Karlsbad, 11. / 24. Juni: »Wie es kam, daß ich nach Karlsbad kam? Ich erhielt gestern früh zwei Begrüßungsbriefe: von Petrow und von Ssytin. Sofort, ohne mich umzukleiden, telegraphierte ich Petrow, fuhr nach Dresden und – erreichte Karlsbad um 4 Uhr 27, wo mich Petrow auf dem Bahnhof mit Umarmungen und Küssen in Empfang nahm. Sofort ging's in die Kolonnade, wo mich Ssytin mit Frau erwarteten […]

W[eißer] H[irsch], 19. Juni / 2. Juli: »Eine höchst unangenehme Kommission! Goldschmidt bittet mich, für sein Drama ›Anadyomene‹ (das ich gar nicht gelesen… wird aber wohl wieder eine schöne Phraserei sein!) bei Emanuel Reicher ein gutes Wort einzulegen«.

W[eißer] H[irsch], 21. Juni / 4. Juli: »Reicher hat sich bereit erklärt, Goldschmidts Stück zu lesen … Eben die Bekanntschaft der B. v. Suttner gemacht. Wir sprachen auch von dir, Ljuba, und sie bat mich, dich ihrer ›innigen Sympathie zu versichern‹«. […]

An meine Mutter schrieb ich aus *Weimar (19. Mai / 1. Juni):* »Heute mittags riß ich mich in Aschaffenburg der erdrückenden Liebenswürdigkeit Goldschmidts los. Es wurde liebevoll von dir und von Papa gesprochen«.

DEN 23. NOVEMBER 1910

In der heutigen Abend-Nr. der ›Birshewyje wedomosti‹ berichtet Ismailow unter dem Pseudonym Ajax von einer gestrigen privaten Séance beim Kinemaphotographisten Drankow, der eine Menge Szenen
aus dem Leben Tolstojs dem Publikum (das nur aus Ismailow, dessen
»Frau« und »Schwager«, Baranzewitsch, mir und meiner Tochter bestand) vorführte. Dabei berührte er (Drankow) völlig flüchtig und
ganz unauffällig, daß die Gräfin Sofja Andrejewna ihn gebeten habe,
sie mit ihrem Mann zusammen aufzunehmen. Der Moment jedoch
ist wert, hier fixiert zu werden: wird doch in eingeweihten Kreisen
versichert, Tolstoj sei vor seiner geldgierigen Frau geflohen, so daß sie
eigentlich die Schuld an seinem Tode trage. Ismailow nun erzählt
nicht (wohl aus Delikatesse), was uns hierüber Drankow selbst erzählt
hat. Und zwar: Sofja Andrejewna bat ihn (Drankow): »Man spricht
davon, daß ich und Lew Nikolajewitsch nicht gut miteinander leben.
Um das Gerücht offensichtlich zu widerlegen, – nehmen Sie uns
gemeinsam ab!« Und Drankow tat's. Und was sehen wir? Das Ehepaar
spaziert. Sofja Andrejewna wendet sich mit der liebenswürdigsten
Miene an ihren Mann, Tolstoj jedoch antwortet ihr mit knurrigem
Ton (man hört es förmlich!) und schlechtverhehltem feindlichem
Gesichtsausdruck. Solcherweise ist das Bild, ganz wider Sofja Andre-
jewnas Wunsch, zu einer unwiderleglichen Anklage wider sie gewor-
den. – –
    Heut kam zu mir der Verleger Nik. Nik. Michailow (»Prometej«),
der Intimus Leonid Andrejews, mit dem Vorschlag, schleunigst den
›Ozean‹[1] zu übersetzen, damit die Übersetzung gleichzeitig mit dem
Original Mitte Dezember erscheine. Das Drama wird von Michailow
verlegt, der dem Verfasser zehntausend Rbl. zahlt (à zweitausend pro
Druckbogen). Andrejew hatte mir am 9. August entweder nicht mitgeteilt, oder aber ich hab's hier mitzuteilen vergessen, – daß er laut
Kontrakt mit Zetlin (»Proswestschenije«) das Recht hat, jedes seiner
neueren Werke in erster Auflage von einem beliebigen Verleger er-
scheinen zu lassen; erst dann gehört das Werk Zetlin, der ihm tausend
Rubel pro Druckbogen zahlt.

1 Tragödie von L. Andrejew (1910; Erstveröffentlichung – 1911 im Verlag »Prometej«).

Michailow erzählte von Andrejew. Er ist mit seiner Frau (ohne Kinder) vor ein paar Tagen für einen Monat nach Spanien abgereist, um dort Sonne zu genießen. Er (Andrejew) arbeitet stets mit der größten Nervenanspannung, so daß er beim Schreiben physisch leidet. Als er in den ›Sieben Gehenkten‹ die Szene schildern sollte, wo die Mutter von dem Sohn Abschied nimmt, der hingerichtet werden soll, traten ihm die Tränen in die Augen, so daß er nicht schreiben konnte; er versuchte es mehrmals, doch sah er vor Tränen nichts, so daß die Szene ungeschrieben blieb. Wenn er schreibt, so hastet er durch das Zimmer und wirft einzelne Zeilen aufs Papier, von denen er nachträglich verschiedene Worte selber nicht entziffern kann … Er wird sehr leicht betrunken und trinkt dann 3-4 Tage lang, was sehr gefährlich für ihn ist, da er am Herzen leidet; dann hat kein Mensch zu ihm Zutritt, außer seiner Frau und seiner Mutter. Darum wachen diese sorgfältigst darüber, daß er keinen Tropfen Alkohol bekomme.

DEN 28. NOVEMBER 1910

Gestern war bei mir Kotljarewskij. Er gibt mir den Rat, mein »Museum« an die Akademie der Wissenschaften zu verkaufen, doch so, daß ich während meines ganzen Lebens Herr desselben sei; er erbot sich, das Nötige beim Finanzminister und beim Großfürsten Konstantin zu vermitteln. – Ich meinte, er müsse als Repertoire-Chef ganz nervös geworden sein. »Nein. Ich übernahm das Amt mit dem Vorsatz, mir durch das ganze Theater-Unwesen das Blut nicht verderben zu lassen. Außerdem kam ich zur Überzeugung, daß ich das Gute, das ich im Auge hatte, nie erreichen werde. Ich kann doch Schauspieler, die seit dreißig Jahren in ihren Rollen festsitzen, nicht verjüngen! Wohl gibt es zwei junge Kräfte, die, gleich mir, das klassische Repertoire pflegen möchten: Chodotow und Jurjew. Aber mit zwei Personen kann ich doch kein Drama aufführen! Die Urteile der Presse lassen mich vollkommen kalt; ich lese sie zumeist gar nicht«. – Von Kolyschkos neulich (am Donnerstag, dem 25ten) erstaufgeführtem schwachem Drama ›Das Schlachtfeld‹ erzählte er, die Inszenierung sei höheren Orts befohlen worden; Kolyschko selbst sei ein Faktotum des Fürsten Wl. Mestscherskij und der Ssawina. – Als ich sagte, die Grinewskaja reise nach Jerusalem, meinte er: »Je weiter, desto besser«. Übrigens

anerkennt er in ihren Werken »das männliche« Streben, nur wirke es
so komisch im Kontrast zu der Verfasserin ganzem Äußerem … Er
muß im obersten Stock wohnen (hat einen Lift, da seine Frau nicht
steigen darf), weil er nicht arbeiten kann, wenn über seinem Kopf
Schritte ertönen.

DEN 22. JANUAR 1911

Nach »Kapernaum« angegangen. Kuprin ist schon seit drei Tagen
nicht dagewesen. Er soll sich in Kuokkala bei Manytsch ausruhen. – –
Tschulkow bei mir gewesen. Mein »Museum« bestaunt. Hat gegen
vierhundert Gedichte, von denen er aber nur etwa sechzig in seine
gesammelten Werke aufnimmt. War einst mit Brjussow befreundet,
»jetzt geb ich ihm nicht die Hand«. Sieht, völlig rasiert, schauspieler-
mäßig aus; will sich nie das Gesichtshaar wachsen lassen.

DEN 15. MÄRZ 1911

Mündlich eingeladen, gestern bei Wjatsch. Iwanow. Ich fürchtete, in
ein Dekadentennest zu geraten, es ging aber alles ganz natürlich zu.
Zuerst wurde über die Möglichkeit eines Krieges gesprochen, dann
über Skrjabins Symphonie ›Prometheus‹, und schließlich wurden ganz
vernünftige Gedichte vorgetragen von den Verfassern: Knjashnin,
Jur. Werchowskij, Tschulkow und den noch ungedruckten Anfängern
O. Mandelstam, Anna Achmatowa (ziemlich pikante Frau meines
faulen Ex-Schülers, des – jetzt in Afrika weilenden – Gumiljow) und
Maria Morawskaja (piepte wie ein siebenjähriges Kind). Die Gäste
kamen erst gegen zwölf. Um ½ 3 erschien M. A. Kusmin, der päderastische Pornograph, der bei Iwanow logiert, und begab sich augenblicklich auf sein Zimmer. Nur ein Stündchen verweilte Remisow.
Am bescheidenen Abendessen (gewöhnlicher kalter Imbiß in sehr
geringem Umfang; übrigens gab's auch vier Flaschen Wein und je eine
halbe Flasche Kognak und Rum) beteiligte sich nur Werchowskij.
Iwanow hat noch seine frühere Wohnung: Tawritscheskaja 25, im
sechsten Stock, 164 Stufen (es gibt aber einen Lift). Die Wirtschaft
und Sekretärerei liegt in den Händen Maria Michailowna Samjat-
[n]inas, einer ergrauten Freundin seiner verstorbenen Frau (Lydia

Gruppenbild im Atelier von Dmitrij Sdobnow. – *Widmung:* »Dem hochverehrten Fjodor Fjodorowitsch Fiedler zur Erinnerung an den 24. März 1911. Dankbar von D. S. Sdobnow« (russ.).

Von links nach rechts (sitzend): Arabashin, Lissowskij, Fiedler, Tschirikow, Sdobnow, Jassinskij, Grinewskaja, Je. P. Karpow, Neweshin; *(stehend):* Umanow-Kaplunowskij, Masurkewitsch, Gordin, I. I. Ssokolow, Muyshel, A. Je. Sarin, Andrusson, Apraxin, Wentzel, Ismailow, Glinskij. – *Aufschrift auf der Rückseite* (von Fiedler, auf russisch): »Jubiläum D. S. Sdobnows, des selbstlosen Photographen der Literaten«.

Dmitrijewna Sinowjewa-Annibal). Die Wohnungsausstattung hat
absolut nichts Auffälliges (an den Wänden: eine gipserne Beethoven-
Maske, einige Botticelli-Stiche etc.). Als er im Lehnstuhl saß, sah er
sehr dem jungen Mommsen ähnlich. – – […]

DEN 26. MÄRZ 1911

Gestern, um 3, kam Leonid Andrejew (endlich!). Erst interessierte er
sich lebhaft für mein »Museum« und versprach mir verschiedene
Bereicherungen desselben; dann gingen wir ins Speisezimmer, wo ich
ihn meiner Frau (die sich seit Jahren nach seiner Bekanntschaft sehnte)
vorstellte; wir tranken Tee, wobei er den dazugehörigen Kognak nicht
berührte. Er sprach fast allein (auch der Verleger Nik. Nik. Michailow
war da), und zwar in der anregendsten Weise, jedes, auch das gewöhn-
lichste Thema (farbige Photographie, Grammophon und Kinematograph), individuell beleuchtend.

Er klagte, daß er fast täglich an Kopfschmerzen leide, weil der Stoff-
wechsel fehlt, wohl, weil er sich an kein Regime gewöhnen kann.
»Alles bei mir ist Systemlosigkeit. Ich arbeite systemlos, spaziere und
schlafe systemlos, habe systemlos geheiratet, systemlos mich verliebt
und wiederum systemlos geheiratet. Dabei aber bin ich gesund wie
ein Schwarzarbeiter. Aber was wird aus einem Elephanten, der dazu
geboren ist, im Urwald zu leben, und der am Schreibtisch hocken
und sich Hämorrhoiden ansitzen muß?!« … Alle seine Verwandten:
Vater, Großvater und Urgroßvater, sogar alle Tanten waren Alkoho-
liker; sie haben das ihm vorbestimmte Teil ausgetrunken und ihm
nur die Lust zum Trinken vererbt, der er nicht ungestraft frönen darf;
seine Kinder werden absolut nichts trinken können … Er geht oft
erst um fünf oder gar sechs morgens zu Bett, weil der Tag zu kurz
zum Arbeiten ist. Er liebt nicht, zu schlafen. »Früher liebte ich es,
weil ich dann schöne Träume sah, Träume, die schöner als die Wirklichkeit sind; jetzt sind sie es nicht mehr« … Er fürchtet die Höhen:
»Die Beine und der Unterkörper werden mir dann seltsam leicht, die
Brust aber und der Kopf sehr schwer, und es drängt mich, mich in die
Tiefe zu stürzen« … Ich fragte, um wieviel ihn das Verbot der Aufführung des ›Anathema‹ geschädigt habe. »Wohl um fünfundzwanzig-
tausend. Der Zar hat das Stück gelesen und nur beim Einzug David

Leisers[1] Bedenken gefunden (Christi Einzug), aber er mußte dem
Drängen des »Verbandes des russischen Volks« nachgeben. Denken
Sie nur, um welche Summen mich die Aufführungs-Verbote des
›Ozeans‹, des ›Hungers‹, des ›Ssawwa‹, des ›Zu den Sternen‹ gebracht
haben!« … Über mein Buch ›Die ersten Schriftsteller-Schritte‹: »Ein
sehr gutes und nützliches Buch. Es enthält wohl viel bewußte und
unbewußte Lüge und Affektation (рисовка), auch meinerseits, aber
das Publikum braucht es«. – »Gorkij verweigerte mir seinen Beitrag
unter dem Vorwande, das Publikum brauche so was nicht«. – »Das
lügt er und weiß es, daß er lügt. Es war auch eine Lüge, als er sich
neulich weigerte, von Drankow im Kinematograph aufgenommen
zu werden. Das Bild eines Schriftstellers wirkt hypnotisierend aufs
Publikum. Und in allen unsern Schriften wollen wir nur hypnotisie-
ren, die Größten wie die Kleinsten; der eine macht es nur geschickter
als der andere« … Über Tschechow, den er nur sehr wenig gekannt:
»Er schien kalt zu sein; aber unter dem Eise steckte Lava« … Über
N. A. Morosow: »Seine Seele ist eine tabula rasa, auf der nie eine
Schuld geschrieben stand. Er hat nie gezweifelt und darum nie gerun-
gen und gefehlt und ist darum so körperlich und geistig gesund aus
Schlüsselburg ins Leben zurückgekehrt. Sein optimistischer Glaube
an den endlichen Sieg seiner Sache hat ihn gerettet. Mir können die
Gespräche mit ihm nichts sagen« … Über Breschko-Breschkowskij:
»Er ist ein fader Mensch (пошляк), aber gutmütig, wodurch er sich
von vielen Schriftstellern unterscheidet, die auch trivial, dabei aber
tückisch sind« … Über Parchomenko: »Er hat mich zu malen angefangen, aber ich werde ihm nicht erlauben, fortzusetzen, denn er ist
eine vollständige Talentlosigkeit. Auch lieb ich ihn (Parchomenko)
nicht: er spricht nur Schlechtes von allen Schriftstellern, die er gemalt,
und ist ein Klatscher und Verleumder« … Als ich ihm das Album der
Eliza Orzeschko zeigte, in welches sie Blumen zum Andenken an den
Geliebten aufgeklebt, war er (Andrejew) entzückt und gerührt. »Aber
wenn die Grinewskaja mit derselben Kunst und Liebe ein solches Album angefertigt hätte, ich würde sie doch nicht geheiratet haben!« …
Er nahm doch ein Billet (und ein teureres) zum ›König Oedipus‹.[2]

---

1 Hauptfigur in ›Anathema‹ L. Andrejews. — 2 Drama von Sophokles (in der
Bearbeitung H. von Hofmannsthals), das Max Reinhardt 1910 inszenierte. Ende

DEN 21. MAI 1911

Gestern wurde Fofanow auf dem Kirchhof des Nowodewitschij-Klosters beerdigt. Er lag mit kurzgeschorenem Kopf- und Barthaar: weil dasselbe von Ungeziefer wimmelte. Anwesend: Bulatzel, Meissner, A. und F. Sarin, Fürst Uchtomskij, L. Afanassjew (verlas am Grab ein Gedicht), Ssewerzew-Polilow, Masurkewitsch, Ssologub (kam aber erst nach Zuschüttung der Gruft), Antonowitsch, Batjuschkow, Baranzewitsch, Ismailow, Jassinskij, Igor Ssewerjanin (sah ihn zum ersten Mal, obgleich er mir seine halb verrückten Gedicht-Broschüren zugeschickt hat; deklamierte halb-singend am Grab Dekadentisches), Koretzkij, Korinfskij (spendete einen prachtvollen Kranz von blaß-roten Rosen mit einer Schleife, drauf ein Vierzeiler des Verstorbenen »von einem Freunde«, – der Kranz kostete 30 Rbl., und dabei hat Korinfskij kein Geld, sich ein Landhaus zu mieten; las am Grab ein Gedicht) und Studenzow.

Koretzkij forderte auf, das Gedächtnismahl bei ihm einzunehmen. Der Einladung folgten: Baranzewitsch, Ismailow, A. Sarin, Korinfskij und Studenzow. Es wurden wilde Szenen aus Fofanows ewiger Betrunkenheit erzählt, die ich alle im Laufe der Jahre hier verzeichnet habe, außer der folgenden: Als L. Tolstoj von der Kirche exkommuniziert wurde, warf Fofanow in der Gatschiner Bahnhofs-Kapelle den großen Leuchter mit dem Fuß um, ausrufend: »Ihr brennt hier Lichter und exkommuniziert Tolstoj?!« Die Sache lief für ihn günstig insofern ab, als er nur die Reparatur des Leuchters bezahlen mußte – 27 Rubel … Zu Koretzkij kam auch Brussjanin (heimlich, da er sich in Kuokkala verbirgt).

Repin hatte mir 25 Rbl. geschickt, damit ich sie, ohne den Namen des Gebers zu nennen, Fofanow einhändige (der Brief, den ich gestern in der Stadtwohnung erhielt, war am 16ten, einen Tag vor Fofanows Tode, geschrieben). Ich händigte das Geld auf dem Friedhof der Witwe ein; diese hatte, wie mir der jüngste Sohn versicherte, nur fünf Kopeken in der Tasche. – Fofanows Grab befindet sich Seite an Seite mit

März 1911 gab seine Truppe Gastspiele in St. Petersburg; die Vorstellung des ›König Oedipus‹ auf der Bühne des Petersburger Ciniselli-Zirkus (mit Sandro Moissi in der Hauptrolle) wurde zum großen kulturellen Ereignis.

demjenigen des im Irrenhause verstorbenen Malers Wrubel. Welch eine Schicksalsfügung! Nun werden sich die beiden Verrückten was zu erzählen haben! – – – [...]

DEN 26. JULI 1911

Am 9. d.M. begab ich mich mit meiner Tochter ins Ausland (Berlin, Halle, Leipzig, Dresden und Sächsisch-Böhmische Schweiz) und kehrte gestern heim. In Berlin notierte ich mir am 11. / 24. d.M. folgendes:

Heut mit Maxim. Bern im »Café des Westens« gesessen (ich trank Bier, er – Kaffee). Er verhielt sich nach wie vor skeptisch-pessimistisch allem gegenüber, was moderne deutsche Literatur heißt. »Ich interessiere mich mehr für meinen Schuster als für alle deutschen Schriftsteller zusammengenommen«. Die Schriftsteller-Briefe, die er erhält, verbrennt er: »Ich wollte, ich könnte die Schreiber der Briefe mit verbrennen!« Seine Frau (die Olga Wohlbrück) hat zum dritten Mal geheiratet und ihm seine Tochter »Mansi« völlig abspenstig gemacht, so daß sie sich nie sehn: »Mein Kind existiert für mich nicht mehr«. Er lebt nur »für die Zukünftigen«, d.h. junge Leute von vielversprechendem Talent, namentlich aus der Bühnenwelt. Nirgends verkehrt er. Briefe läßt er unbeantwortet (so den meinen vom Mai). Die Verleger hält er alle für »Gauner« (besonders Reclam, der an ihm »ein Vermögen erworben«). Arbeitet furchtbar viel, »oft bis sechs morgens«. Klagte: »Alle exploitieren mich!« (Dabei hat er aber, nach meinem Mai-Brief, keinen einzigen Schritt bei Felber getan, um, wie ich dringendst gebeten, ihm entweder mein Manuskript ›Russische Lyriker‹ abzunehmen, oder in meinem Namen endgiltig meinen Verlags-Vertrag abzuschließen). –

In Leipzig besuchte ich Auerbachs Keller und fand dort im Besucherbuch folgende Einschrift Ismailows vom 16. Juni 1908 (als wir beide dort waren): »Был здесь с поклоном царю и папе поэтов, великому Гете.[1]

A. Izmailoff, schriftsteller«											(mit einem kleinen S!).

---

[1] »Ich war hier mit einer Verneigung vor dem großen Goethe, Zaren und Papst der Dichter« (russ.).

In Leipzig ging ich zu Reclam mit dem letzten Versuch, meine Riesenanthologie russischer Lyriker (über 30.000 Verse) in der Universal-Bibliothek anzubringen. Bereits im vorigen Jahr verhielt er sich meinem Anerbieten gegenüber ablehnend. Diesmal war er verreist, und ich sprach sein Faktotum Möseritz (einen sehr liebenswürdigen Mann, den ich seit Jahren kenne). Er machte mir gar keine Hoffnung auf Annahme, selbst bei einer Zuzahlung meinerseits: Gedichte gehn überhaupt schlecht und nun gar russische Lyriker, für die sich das Publikum gar nicht interessiere; »Fofanow und Nadson liegen bei uns wie Blei!« ... Mit dieser Anthologie, meiner Lebensarbeit, hab ich nur Sorgen und Kummer: kein Mensch in Deutschland will sie verlegen (ich beanspruche natürlich keinen Pfennig Honorar): die Deckung der riesigen Unkosten sei aussichtslos etc. ... Doch das gehört nicht hierher, denn es ist meine rein persönliche Angelegenheit! ...

Schriftsteller hab ich, Bern ausgenommen, keinen aufgesucht: 1) zu wenig Zeit, 2) alles bereits verreist und 3) Hundemüdigkeit bei der afrikanischen Glut.

Wenig ergiebig war auch meine Jagd auf Postkarten mit Schriftsteller-Portraits: ich fand deren nur 25 in all den zahllosen Läden und Magazinen: überall hieß es, solche werden gar nicht verlangt; statt ihrer bot man mir Schauspieler und Musikanten an. Ich dankte.

DEN 28. OKTOBER 1911

Begegnete auf der Wladimirskaja Korolenko, der mit seinem breiten grauen Bart wie ein Bäuerlein aussieht. Ist für mehrere Monate hergekommen, da Peschechonow und Mjakotin, die beiden Pfeiler von den sechs, auf denen die ›Russkoje bogatstwo‹ basiert (besser wär es, wenn ich sagte: die beiden Walfische, denn die Redakteure halten ihr Journal für das Weltall, das somit, nach dem russischen Volksglauben, auf drei Walen steht; hier sind's also sechs Wale!), sich am Redigieren nicht beteiligen können, da sie, glaub ich, in der Festung sitzen. Auch droht Korolenko als dem Hauptredakteur Verantwortung vor der Zensur: das Oktoberheft der ›Russkoje bogatstwo‹ ist mit Beschlag belegt worden (es ist dies nun das vierte Mal) ... Nach diesen paar Gesprächsworten verabschiedeten wir uns. Er war, wie immer, freundlich-kühl, offiziell zugeknöpft. – –

Nikolaj Studenzow. – *Widmung:* »Wenn man die russische Literatur
liebt, so ist es unmöglich, F. Fjodor. Fiedler nicht zu lieben. Und wenn
man F. F. Fiedler liebt, so ist es unmöglich, die russische Literatur
nicht zu lieben. 6. XII. 1911. N. P. Studenzow« (russ.).

Am Abend war die Lukatschewitsch bei uns, ein in jeder Beziehung gutes Weib. Es ist wahr: Rosanow hat ihrer Tochter Sina die verfänglichsten Liebesbriefe geschrieben.

DEN I. DEZEMBER 1911

[...] Heut besuchte mich der dänische Schriftsteller Herman Bang in Begleitung einer Dame, der in Petersburg lebenden und für meine Übersetzungen schwärmenden Theodora Krarup, die sich auf der Visitenkarte »peintre, artiste et journaliste« nennt. Er – ein elegantes Männchen mit nervösem Mienenspiel. Spricht sehr gut deutsch. Sprach von seiner bevorstehenden Reise um die Welt, die 4-5 Monate dauern soll. Während derselben wird er fünfzehn Briefe an seinen Kopenhagener Verleger schreiben, die dieser an bestimmte ausländische Redaktionen versenden wird, damit sie an einem und demselben Tage gleichzeitig mit dem Original erscheinen; der Preis für alle fünfzehn Reisebriefe beträgt dreihundert Rubel, die dem dänischen Verleger eingezahlt werden müssen. Ich riet ihm zu der ›Retsch‹ (L. M. Wassilewskij hat hierüber mit ihm bereits Rücksprache genommen). In jedem Lande will er (Bang) die Briefe nur an einer einzigen Zeitung abgedruckt wissen: »Ich war nie ein Geschäftsmann und will's auch jetzt nicht sein.« Während des Erzählens (wir tranken dabei Naliwka, die ihm sehr mundete; doch nippte er nur, weil ihm der Alkohol vom Arzt verboten ist) unterbrach er sich beständig: sah sich nach den Portraits hinter sich um und sprang auf, diesen und jenen Gegenstand betrachtend. Überhaupt interessierte ihn mein »Museum« ungemein: »So was hab ich noch nie und nirgends gesehn!« Namentlich interessierte er sich für Tschechow, den er sehr liebt und Tschekow nennt. Gorkij genieße einen unverdienten Ruhm ... Persönlich gut bekannt war er mit Ibsen, Björnson und J. Lie. Brandes hat er nur einmal gesehn, als er (Bang) ihn besuchte und mit einer kühlen Höflichkeitsphrase von ihm abgefertigt wurde. Er kennt auch Hamsun und Strindberg. Die modernen deutschen Schriftsteller kennt er persönlich so gut wie gar nicht: in Kopenhagen verkehrt er nur unter seinen Verwandten.

Beim Anblick all der Portraits in meinem Kabinett rief Bang in ungläubigem Erstaunen: »Ja, gibt es denn überhaupt so viele russische Schriftsteller?!«

[…] Eine Erinnerung an den rätselhaft plötzlich verstorbenen Herman Bang. Als er das Portrait der Xenia Morosowa (N. A. Morosows Frau, née Borislawskaja, meine Ex-Schülerin im Katharineninstitut) an der Wand erblickte, rief er aus: »Welch schöne Frau!« und kniete auf der Ottomane nieder, das Bild näher zu betrachten. Ich holte es herunter, und er rief wieder aus: »Nein, welch schöne Frau!« … Er eilte fort zum Diner beim Redakteur der ›St. Petersburger Zeitung‹ (Kügelgen) und vergaß dabei seinen weißen Stock (den ich übrigens selbst erst dann im Vorzimmer hinter dem Tisch entdeckte, als er bereits nach Moskau abgereist war). Nolens volens vervollständigt er nun meine Schriftsteller-Stock-Kollektion … Ich bat ihn, mir sein Portrait (eine Postkarte, wo er kaum erkennbar jung ist) mit einem Autograph zu versehen, und er schrieb: La vie est bien triste – enfin soyons gais. A Monsieur Fiedler son bien devoué Herman Bang.[1] Und am 2. Dezember hinterließ er mir bei der Theodora Krarup sein regelrechtes Portrait mit der Aufschrift: Tous mes compliments les plus respectueux. Herman Bang.[2]

Heut war bei mir der kleine Lew Tolstoj, der Sohn des großen Lew. Er suchte, wie er sagte, schon längst meine Bekanntschaft zu machen. Fragte, welches Datum wir heut haben, und meinte, die Zahlen 2 und 9 spielten eine Rolle in seinem Leben. Rauchte und trank Bier (nur ein Glas). Das Gespräch drehte sich um mein Museum und die Krankheit meiner Frau, deren Genesung er für nicht ausgeschlossen erklärte – nur müßte sie zur Kur zu seinem Schwiegervater Westerlund nach Enköping. Er sprach vom Testament, das Tschertkow den willenlosen *Vater* zu unterschreiben verleitet hatte. Lew Nikolajewitsch litt zudem an Gedächtnisschwäche: glaubte einen vor 15 Jahren verstorbenen Freund noch lebendig, verwechselte seine Enkelkinder und wunderte sich, Lew Lwowitsch zu erblicken, obgleich er schon den fünften Tag in Jasnaja Poljana war (während seines letzten dortigen Aufenthalts).

1 Das Leben ist traurig – also wollen wir lustig sein. Für Herrn Fiedler, sein sehr ergebener Herman Bang (franz.). — 2 Mit all meinen schönsten Grüßen. Herman Bang (franz.).

Gestern im Moskauer Künstlerischen Theater Block begegnet: »Ich
werde Ihnen den zweiten und dritten Band meiner Schriften gleichzeitig schicken, sobald der dritte herausgekommen ist. Den zweiten
werd ich Ihnen nicht einzeln schicken, weil ich ihn nicht leiden
kann«. – – […]

Besuchte für ein Stündchen Wolynskij (Flexer). Er bewohnt (wohl
gratis) das möblierte Quartier des in Italien weilenden Pjatnitzkij. Von
Gorkij und Andrejew, die jetzt fast gar nicht mehr gelesen (resp.
gekauft) werden, meinte er, sie hätten ihren ephemeren Erfolg der Zei-
tungsreklame zu verdanken, hätten sich dem Momentgeist angepaßt
und nicht existierende Menschen (»Barfüßler«) im Ausstattungsmilieu
geschildert; ein echter Dichter jedoch, wie Tschechow, werde noch
nach hundert Jahren gelesen werden. Als ich ihm sagte, mein Museum
werde erst fünfundzwanzig Jahre nach meinem Tode zur literar-
biographischen Benutzung frei werden, bedauerte er: »Hätt ich das
gewußt, hätt ich Ihnen die Briefe an mich nicht gegeben. Sie rehabi-
litieren mich. Und nun muß ich noch fünfundzwanzig Jahre nach
Ihrem und sicher auch meinem Tode auf diese Rehabilitation warten!«

Am 17. Juni begab ich mich ins Ausland und kehrte gestern nach
Staroshilowka zurück. Hier die literarischen Notizen, die ich mir dort
auf einzelnen Papieren gemacht und die ich nun kopiere. – Vorerst
allgemeines!
    Ich hatte Natascha[1] […] von hier (Staroshilowka) aus mehrere
Postkarten mit draufgeschriebenen Adressen und Daten geschickt,
damit sie mich über ihren Gesundheitszustand auf dem Laufenden erhalte (am 16. wurde sie operiert). Aus Berlin wollte ich ihr einen Gruß
durchaus auf einer Postkarte mit dem Denkmal Schillers, Lessings
oder Goethes schicken, – konnte jedoch keine solche nirgends auf-

---

1 D.h. N. Gruschko.

treiben, selbst in Postkartenzentralen nicht. Man bot mir als Ersatz das
Denkmal Bismarcks, Moltkes etc. an. Ich dankte natürlich.

Dann fuhr ich nach Düsseldorf, eigens um Heine-Reliquien zu
sammeln. In Duisburg setzte sich in meinen Wagen ein fünfzehnjäh-
riger Gymnasiast aus Köln, der nach Düsseldorf wollte, um sich die
dort ausgestellten Torpedo-Boote anzuschauen. Ich begann ein Heine-
Gespräch. Es erwies sich, daß er von Heine nur die ›Loreley‹ und ›Die
Grenadiere‹ kennt. Er entschuldigte sich dadurch, daß Heine in den
Gymnasien verboten sei ... In Düsseldorf war ich in den größten
Buch- und Papierläden und fand nach endlosem Suchen nur das
Heine-Haus und die Heine-Büste im Gewerbemuseum (als Ansichtskarten). Auf mein Erstaunen, Zürnen und Belehren hin antwortete
man mir: »Es ist keine Nachfrage nach Heine!« Als ich das Heine-
Haus in der Bolker-Straße nicht gleich finden konnte (ich hatte die Nr.
vergessen; die Gedenktafel aber ist so unscheinbar und dunkel, daß
man sie überblickt), wußte von den Passanten niemand von der Existenz desselben; ein anständig gekleideter Herr fragte mich: »Heine-
Haus? Was ist denn das? Ein Restaurant?« ... Endlich stand ich vor
dem Bäckerladen in Nr. 53 und schlüpfte durch den einen Meter
breiten Durchgang nebenan in den Hof, zu dem heiligen Hause (ich
war schon einmal da: 1900). Ich stieg die ausgetretene steile Treppe mit
dem ausgehöhlten alten Holzgeländer hinauf, die des Knaben Harry
Füße betraten, und öffnete die halboffene Wohnungstür. Zwei Knaben fand ich vor. Sie sind die Söhne einer Tagelöhnerin, die gerade
auswärts wo die Diele wusch. (Vor zwölf Jahren wohnte dort ein Anstreicher, und ich konnte nur einen flüchtigen Blick ins Innre werfen).
Drei winzige, ärmlich ausgestattete Zimmer (zu Heines Zeit waren's
nur zwei, wie mir der ältere Knabe versicherte); im letzten, links im
Hintergrunde, wo jetzt ein großes Bett steht, ist Heine geboren, – erzählte mir der Knabe. »Ob oft Besucher kämen?« fragte ich. – »Nein,
aber doch manchmal«. (»Armer Heine! Wo sind nun deine grünver-
schleierten Engländerinnen mit den Trinkgeldern?!«[1] dachte ich). Die
Mutter zahlt 33 Mark monatlich Miete. Auf allem, innen und außen, –
der Stempel des Verfalls. Nur die vom Kinde Heine gepflanzte Akazie
ragt lebensfroh und breitblätterig über den Giebel des Hauses empor.

---

1 Siehe H. Heine: ›Ideen. Das Buch Le Grand‹ (1826), Kapitel 6.

Zu Heines Zeit führte das Haus die Front auf die Straße: an der Stelle, wo jetzt das Haus mit dem Bäckerladen steht, war ein Garten.

In Wetzlar wußten ein paar erwachsene Schulmädchen nicht, wo das Goethe-Haus (wir standen gerade vor demselben, aber ich bemerkte die Gedenktafel nicht) sich befindet. Die paar sie begleitenden Gymnasiasten fragten mich: »Wer ist denn das, Jerusalem?«

In Weimar konnt ich nur eine einzige Nietzsche-Postkarte finden. Überhaupt ist meine diesjährige Postkartenausbeute mit Schriftsteller-Portraits sehr gering: »Für Schriftsteller interessiert sich das Publikum nicht – nur für Schauspieler, Musiker und Fürstlichkeiten«, hieß es überall.

Desgleichen in Paris. Dort konnte ich nirgends auch nur eine einzige Rousseau-Karte (anläßlich dessen jüngsten Jubiläums) auftreiben. Ich wollte Natascha das Grabdenkmal Heines schicken (den ich natürlich auf dem Montmartre besuchte; das Grab ist wohlgepflegt und mit frischen Kränzen, Girlanden und Blumen in Töpfen geschmückt), – vergebliches Suchen!

In Paris besuchte ich meinen Jugendfreund Leopold Bernstamm, den jetzt berühmten Skulpteur. […]

Am Sonntag, dem 24. Juni / 7. Juli besuchte ich in Paris Minskijs (Auteuil, 32 rue George Sand). Für ihre aus fünf Zimmern bestehende hübsche Wohnung zahlt er 135 Francs monatlich (ohne Beheizung). Die Möbel hat er sich hier per Zufall zusammengekauft, und sie tragen denn auch einen disharmonischen Charakter in ihrem Stil. Er ist dicker geworden (ich sah ihn das letzte Mal am denkwürdigen 9. Januar 1905), sie – älter und gelber; doch haben sich beide gut konserviert. Bei der Begrüßung preßte Minskij seine Backe lange an die meine. Die erste Frage beider war, ob eine Amnestie der Emigranten anläßlich des Romanow-Jubiläums bevorstehe; sie sehnen sich furchtbar heim. Die ganze Zeit mußte *ich* erzählen – über Schriftsteller-Vorgänge. Sie erzählten nur, daß die Achmatowa und Tschulkow in einander verliebt seien. Ich berichtete ihnen auch von Natascha. Als sie mich nach der Farbe ihrer Augen fragten und ich es nicht wußte, lachten sie: »Das ist ein sichres Kennzeichen, daß Sie in sie verliebt sind!« ... Heut waren sie für den ganzen Tag versagt, aber morgen sehn wir uns. […]

In Berlin (auf der Hinreise) besuchte ich Maxim. Bern. Absolut nichts Neues, das ich nicht schon vor einem Jahre hier verzeichnet

Natalja Gruschko. – *Widmung:* »›Freund, bete für mich … Denn ich bet' schon für dich‹ … N. Gruschko. 25. Dez. 1911«. *Oben:* »Φ³« (d.h. F. F. Fiedler).

hätte. Verkehrt mit niemand und schimpft alle, namentlich die Verleger. Schenkte mir sein Buch ›Die zehnte Muse‹ und rühmte den Erfolg desselben (80.000 Exemplare) sowie sein eigenes Verständnis, sich dem Geschmack des großen Publikums anzupassen. – –

In Aschaffenburg besuchte ich Wilh. Goldschmidt. Auch absolut nichts Neues, das ich nicht schon vor zwei Jahren hier verzeichnet hätte. Es sei denn, daß er noch immer (er ist im vorig. Dezember 70 geworden, bei welcher Gelegenheit ein obskures illustriertes Blatt sein Portrait brachte, auf welchem er sich so ähnlich sieht, wie ich der Cavalieri) hofft, etwas Bedeutendes schreiben zu können. Sehnt sich fort aus den kleinlichen Verhältnissen der Stadt. Wird auf der Straße von [je]dem dritten Begegnenden gegrüßt, ohne mit jemand zu verkehren, einen Geschichtslehrer ausgenommen. Kleinlich und naiv wie immer. Hat keine Ahnung von der sozial-politischen Lage Rußlands. –

In Berlin (am Vorabend meiner Heimreise) begegnete ich ganz zufällig Ecke Friedrich- und Mittelstraße Grig. Spir. Petrow. Mehrfaches freudiges Umarmen und Küssen. Saßen ein Stündchen (er mußte in den »Wintergarten«, wo sein Sekretär – den er mit ins Ausland genommen, um ihm ein Vergnügen zu machen, – ihn erwartete) im »Skandinavia«, wo er nur Apollinaris trank. Ist auf alle seine ehemaligen begeisterten Freunde schlecht zu sprechen, weil sie ihn vergessen haben. Es zieht ihn sogar nicht nach Petersburg, denn die dortigen Schriftsteller seien Hooligane geworden, die ganz ihre Würde verloren. Er (Petrow) gedenkt, noch London und Paris zu besuchen. Ismailow liebt er nicht als Menschen und schätzt ihn nicht als Kritiker. – –

Weimar, den 3. / 16. Juli. Besuchte heut Joh. Schlaf (Lassen-Str. 31), dessen Bekanntschaft ich vor vielen Jahren in Berlin gemacht. Mit ihm zu Fuß (hin und zurück) nach Tiefurt gegangen. Seine Begeisterung für die landschaftliche Schönheit konnt ich nicht teilen: wir haben weit Schöneres um Petersburg herum. Er lebt nun seit sieben Jahren in Weimar und hat während der Zeit sehr viel geschrieben: mehrere Romane und Novellen und nun ein großes wissenschaftliches Werk, ein astronomisches, in welchem er beweist, daß die Sonne sich um die Erde dreht (sprach Endloses über die Sonnenflecke); das Buch werde eine Epoche bilden. Mit dem Theater will er nichts mehr zu tun haben und hat seit Jahren keiner Vorstellung beigewohnt; besucht nur

Konzerte.* Verkehrt in Weimar mit niemand, außer mit Wilhelm
Hegeler (dieser erhält für seine Romane letzthin à 25.000 Mark).
Schätzt Heine ungemein hoch als Lyriker, doch als Satiriker nicht:
»Mir geht überhaupt jede Satire gegen den In*sch*tinkt. Da schon lieber
einfach dreinhauen!« Wies mir eine Schramme über die ganze rechte
Schädelhälfte bis auf die Stirn: hat sie als Student für Anrempeln im
Duell erhalten. – Er (Schlaf) ist unverheiratet (seine höchst uninteressante Schwester führt ihm den Haushalt in seiner geräumigen und
hübschen Wohnung). Jedoch lebte er mit verschiedenen Weibern, mit
einer zwei Jahre […]. Mit einem Mädchen war er verlobt: »Aber es
war ein differenziales Weib, das einem die Nerven ellenlang aus dem
Kadaver zog«. Seine große Sympathie für Rußland erklärt er sich dadurch, daß er vielleicht slawischen Ursprungs sei: Slaw statt Schlaf. –
Mit Flexer (er wußte es übrigens nicht, daß Wolynskij nur sein Pseudonym ist) korrespondierte er, ohne ihn je gesehn zu haben. Er las (in
der Übersetzung natürlich) sein Buch über Dostojewskij und schrieb
ihm draufhin einen begeisterten Brief (»ich bin nämlich sehr expan-
siv«). Die Korrespondenz nahm jedoch ein Ende, als er, Schlaf, ihm
schrieb, er sei andrer Meinung über Leonardo da Vinci, als er, Flexer-
Wolynskij. – Damals in Berlin (als ich in ihm einen Verrückten zu
sehn glaubte) begann seine Nervenkrisis. – Im Schiller-Haus (Weimar) ist er noch kein einziges Mal gewesen! – Betonte seltsam, z.B.
Rokóko, und sprach echt deutsch französische Worte aus, z.B. Deka-
danks. – Rauchte während unsres mehrstündigen Beisammenseins
eine Zigarre nach der andern. – Erinnerte sich sehr gut meiner, da er
ein ausgezeichnetes Gedächtnis habe und alle Eindrücke, selbst die
oberflächlichsten, tief in sich aufnehme. – Er ist »nicht kirchen-
gläubig, doch religiös«. – Sieht wie Tscherwinskij + Kuprin + Burenin
aus, doch sein Gesicht trägt gar keine scharf individuellen Züge, so
daß man's sofort vergißt, wenn man's aus den Augen hat. – – – […]

---

* Als ich ihm sagte, sein ›Weigand‹ sei bei uns in Rußland nicht verstanden worden, antwortete er: »Auch bei uns in Deutschland nicht«.

DEN 2. AUGUST 1912

Gestern war ich in Kuokkala. Sprach Brussjanin. Er lebt dort auf
den Paß seines Freundes, eines Studenten. Bisher hat ihn niemand be-
helligt. – –
Bei Repin war's ziemlich langweilig. Die Nordmann-Ssewerowa
rief, wenn sie mit jemand sprach, stereotyp: »Wie reizend! (Какая
прелесть!)«. Während des Diners toastete sie »auf diejenigen, die wir
nicht gegessen haben!« … Auch Neweshin war da. Als man von seiner
›Zweiten Jugend‹ sprach, meinte er mit bescheidenem Händeaus-
einanderspreizen: »Man behauptet, das Stück sei unsterblich. Ja, ich
schildere darin eine Leidenschaft, und diese ist unsterblich«. – – […]

DEN 17. AUGUST 1912

[…] Am 5. / 18. Juni starb in Bern einer der liebsten Menschen, die
ich gekannt, und einer der wenigen, die mich völlig selbstlos geliebt haben, – der Hypnotiseur Ossip Iljitsch Feldmann. Ich besitz
eine Menge Briefe von ihm, die ich jedoch hier nicht bringe, weil er,
streng genommen, gar kein Schriftsteller war, belletristisch wenigstens
(hat ein paar kleine Erzählungen veröffentlicht, die sogar ich nicht
kenne). – – – […]

DEN 13. SEPTEMBER 1912

[…] Begegnete dem Grafen A. N. Tolstoj. Er siedelt für den ganzen
Winter nach Moskau über. »Aber zum 4. November komm ich unbedingt!« Im Verlag »Schipownik« mußten diesen Winter 3 weitere
Bände seiner Werke erscheinen, aber er boykottiert den Verlag, denn
das sei das einzige, sich gegen dessen Bedrückungen zu schützen.

DEN 21. FEBRUAR 1913

War gestern in Kuokkala. Zuerst bei Swirskij. Hat sich aufs Schreiben
von Aphorismen gelegt [sic!], von denen er täglich zehn verfertigt. Tadelte Baranzewitsch für dessen Geiz, Egoismus und »Diplomatie«.

Nannte Tichonows Journal ›Krugosor‹ – »Krugowsdor«.[1] Wengerow
hat auch ihm eine gedruckte Zirkularaufforderung um Abgabe von
autobiographischen Daten geschickt, die er unberücksichtigt lassen
will: »Er soll mir einen regelrechten handschriftlichen Brief schicken«.
Schenkte mir über 50 Briefe von Schriftstellern an ihn. Zu Repin
wollte er nicht, obschon er sich mit ihm vertragen hat und ihn ziemlich oft besucht. »Warum nicht?« fragte [ich]. »Ich habe meiner Frau
heut noch keine Liebkosungen erwiesen«, lächelte er.

Repins »feierten« den vorgestrigen Tag der Aufhebung der Leibeigenschaft. Im Garten gab es ein Schlittenkarussell (ein Schlitten an
langer Stange, die gedreht wird) und Rodeln. Etwa fünfzig Arbeiter
und Bauern mit ihren Ehegesponsen und Kindern (auf letztere zu
treten, lief man Gefahr bei jedem Schritt). Allen wurde die Hand gedrückt resp. sie drückten allen die Hand und fühlten resp. gerierten
sich wie zu Hause. Erst um ¼ 7 kam das »Mittagessen«. Früher gab's
Warmes (Gekochtes und Gebratenes), jetzt nur Kaltes, und zwar
Rohes: in Fässern standen auf dem kreisenden Tisch: Schnittkohl,
geschnittene salzige Gurken, eingemachte Äpfel und Brußnika[2]; auf
Schüsseln: eingeweichte Erbsen und Hafer; als Dessert – Prjaniki[3],
Nüsse und Montpassier. Kein Tröpfchen Alkohol, nur örtliche Limo-
nade. Es war ein Tohuwabohu von In- und Durcheinandergreifen
großer und kleiner Hände. Die Nordmann-Ssewerowa gedachte des
Zar-Befreiers, dessen Andenken durch Aufstehn geehrt wurde.
Jemand gedachte der toten Befreier-Märtyrer, und, auf Repins Vorschlag hin, wurde von allen das »вечная память«[4] gegrölt und ge-
quiekt. Ein andrer toastete auf die noch lebenden Freiheitskämpfer,
und wieder war es Repin, der vorschlug, ihnen »многіе лѣты«[5] (sic!)
zu singen, und der den Ton zur allgemeinen Kakophonie angab. Es
war »ein Lied, das Stein erweichen, Menschen rasend machen kann«.[6]
In der ganzen Feier lag etwas Geheucheltes, das keinen erwärmen
konnte, was man auch allen ansah. Zudem blieben alle hungrig. Die

1 Krugosor – Gesichtskreis (russ.); Krugowsdor bedeutet: »alles Unsinn« (Neu-
bildung, Wortspiel). — 2 Preiselbeere (russ.). — 3 Lebkuchen (russ.). —
4 »Ewiges Gedenken« (russ.). — 5 »Viele Jahre« (altruss.). — 6 Zitat aus
einer der ›Aesopischen Fabeln‹ von M. G. Lichtwer ›Die Katzen und der Hausherr‹ (1762).

Nordmann-Ssewerowa erschien zum »Diner« in einem koloritreichen
»finnischen« Kostüm, das jedoch bedenklich nach Holland roch, so
daß Repin ein entzücktes »бабка-голланка«[1] ausrief. Jedem Wißbe-
gierigen streckte sie ihr Bein auf einen Stuhl vor, ihn zum Bewundern
ihres Bastschuhs auffordernd; bei dieser Gelegenheit zwickte sie Falkowskij dezent in die Wade. Sie (die Nordmann-Ssewerowa) ist
schlank wie ein Mädchen geworden und warf allen, besonders Repin,
schmachtende Backfischblicke zu, ihrer Stimme Zephyrsäuseln verlei-
hend. Alles – Maskerade!

Arabashin sprach mir gegenüber wieder (das erste Mal beim
Mamin-Jubiläum) sein Befremden aus, daß er nicht als Mitglied zum
Jubiläums-Komitee für Owssjaniko-Kulikowskij hinzugezogen worden; er sagte ausdrücklich, daß er sich »beleidigt« (обижен) fühle, so
daß ich ihm versprach, ihn bei der nächsten Komitees-Sitzung als
Mitglied vorzuschlagen … Tschukowskij erzählte mir, Doroschewitsch habe ihm vorgeschlagen, in der ›Russkoje slowo‹ allwöchentlich
einen kritischen Artikel zu bringen: Zahlung – fünfhundert Rbl. monatlich (also à 1 Rbl. pro Druckzeile). Vor seinem kleinen (reizenden)
Sohn ließ er sich auf seine langen Beine nieder und fuchtelte mit den
langen Armen auf und nieder.

Die Nordmann-Ssewerowa toastete auf jene »talentlosen, die mit
Gefahr ihres Lebens für uns arbeiten«, auf die – Schornsteinfeger. Und
es erschienen zwei Salon-Kaminkehrer, die sich zuvor in der Küche die
Wangen mit Asche schwarz gemacht, einen tadellos weißen Besen in
der Hand.

Auch die Grinewskaja war da: im schwarzen Kleid, ein buntseide-
nes Flortuch um den Busen.

DEN 23. FEBRUAR 1913

Als ich heut um 1 zu Ssologub kam, fand ich das Paar beim Frühstück
vor. Beide erschöpften sich in der liebenswürdigsten Bewirtung:
er traktierte mich mit Rjabinowka[2] (trank sogar selbst ein Spitzglas)
und Barsak, sie – mit Sardinen, Lachs, Kaviar, ausländischer Leber-
wurst, Roastbeaf, Schweizer Käse, Rockfort und Früchten. Es war alles

---

1 Holländerin (russ.; scherzhaft). — 2 Ebereschenschnaps (russ.).

bereits vorrätig, denn ich kam unerwartet; somit geht's den Leutchen
finanziell offenbar sehr gut. Als er mich kommen sah, eilte er mir entgegen und begrüßte mich mit einem saftigen Kuß. Angezogen war er:
in schwarzer Joppe und Kniehosen, darunter lange schwarze Strümpfe
und kleine schwarze Schuhe. Beide waren sichtlich in der rosigsten
Stimmung. Wir lachten über den Brüsseler Manneken-Pis;[1] in München, meinte Ssologub, müßte nicht Wasser, sondern Bier fließen,
und zwar nicht von einem Kinde, sondern von einem Erwachsenen,
und nicht von einem Manne, sondern von einer Frau, und zwar von
der – Bavaria (auf der Vogelwiese). Neulich hatte Ssologub seinen 50.
Geburtstag, den das Paar ganz allein in Udrias (ihrem Sommeraufent-
haltsort) verbrachte. »Niemand wußte von der Existenz dieses Tages.
Im Ausland hätte man ihn offiziell gefeiert. Aber Rußland ist das
undankbarste Vaterland seinen schriftstellernden Söhnen gegenüber!«
Er sagte es halb im Scherz und halb im Ernst. Sie klagte halb im Ernst
und halb im Scherz, daß er (Ssologub) von der Kritik viel zu wenig
anerkannt werde und viele persönliche Feinde habe: »Er, der gut-
mütigste Mensch, der keinem was zuleide tut. Man wirft ihm Porno-
graphie vor, ihm, dem moralistischsten Schriftsteller!« – »Nu, nu
(wehrte er mit gespielt beleidigter Miene ab), ich liebe sogar eine
kleine Unzucht!« Da sprang sie auf, umarmte ihn, puffte den sich
lachend Sträubenden und küßte ihn mit Gewalt. »Ach, das war mal
eine schöne, rührende Familienszene!« singt Wilhelm Busch … Er deklamierte auswendig zwei längere Gedichte von Igor Ssewerjanin, den
er für sehr talentiert hält (dieser lebe in dermaßen großer Armut mit
seiner Mutter, daß er sich das Mittagessen bereits »abgewöhnt« habe).
Zu seinen (Ssologubs) Feinden zählt er (Ssologub) u.a.: Batjuschkow
und Sserg. Gorodetzkij. Am 2. oder 3. März reist er (mit ihr) nach 17
russischen Städten, wo er Vorträge über »die Kunst unsrer Tage« halten wird.

1 Berühmte Brunnenfigur eines urinierenden Knaben in Brüssel (von F. Duques-
noy; 1619).

Gestern im Michael-Theater Leon. Andrejew gesehn. Er stand während des ersten Entreakts im Korridor, und ich wollte vorbeiflitzen (denn heut ist im ›Herold‹ meine sehr scharfe Kritik seiner vorgestern erstaufgeführten und durchgefallenen ›Katharina Iwanowna‹ erschienen: ich schämte mich sozusagen vor ihm und sogar im voraus!), er jedoch rief mich freundlich an und streckte mir die Hand hin, mir für meine Gratulationskarte anläßlich seines neulichen 15jährigen Schriftstellerjubiläums dankend; glücklicherweise traten mehrere Personen gleichzeitig auf ihn zu, – und ich trat ab.

Als ich heut um ¾ 1 zu Ssologub kam, schlief er noch. Doch steckte er sofort aus dem neben dem Vorzimmer befindlichen Schlafzimmer den Kopf heraus, als er meine Stimme hörte, und bat mich zu bleiben. Er kam bald … Mit seiner Vortragstournée durch 13 Städte ist er vollkommen zufrieden, moralisch und materiell. Wir sprachen über den Durchfall der ›Katharina Iwanowna‹, und er (Ssologub) meinte, das Publikum habe sich wie Cham betragen, statt wie Sem und Japhet die Blöße des Vaters zu bedecken. Es müsse Andrejew dankbar sein für den Genuß, den es von ›Жили-были‹[2] und ›Большой шлем‹[3] empfangen. Allerdings sei Andrejew »ein Genie der Dummheit, Grobheit und Gemeinheit« (пошлости) (er wiederholte mehrmals diese Phrase), aber doch talentiert. Auch Tschechow sei es, doch gleichfalls platt, oberflächlich witzig und geldsüchtig (namentlich in seinen vielgepriesenen Briefen). Von Potapenko mit seinem Talentchen schon ganz zu schweigen: er prostituiere sich schon seit vielen Jahren in der Literatur … »Unser Publikum sei ein »schweinisches« (свинская) und undankbares, unkulturelles; dagegen die Polen, die Sienkiewicz eine Villa geschenkt! … Ein kleiner Schriftsteller habe zehnmal mehr das Recht, 1. Klasse mit dem Expreß zu reisen, als ein nicht schriftstellernder Krösus« … »Wass. Nemirowitsch-Dantschenko hat Talent; aber

---

1 Im Original fehlerhaft: Jan[uar]. — 2 ›Es lebten einmal‹ (russ.). — 3 ›Der große Helm‹ (Fachausdruck im Kartenspiel) (russ.).

Faksimile des Titelblattes vom 27. Heft

warum ist er Sadist?« – (Ich im höchsten Erstaunen): »Wass. Nemirowitsch-Dantschenko ein Sadist?!« – »Ja, alle meinen, ich sei unter den
Schriftstellern der einzige Sadist. Nein. Auch Nemirowitsch-Dantschenko ist es, und der junge A. N. Tolstoj, – in ihren Werken, natürlich« … »Das russische Volk verträgt nicht (не выносит) das sadistische und körperliche Leiden, weshalb unsre Revolution auch nicht
gesiegt hat: wir fürchten uns vor der Faust eines jeden Gorodowojs«[1]
… »In Rußland gibt es keine ehrlichen Feinde und Gegner – nur
Schufte« … Wir sprachen das beim Frühstück, das die (nicht zum
Vorschein gekommene) Tschebotarewskaja in Ssologubs Kabinett auf-
tragen ließ: Sardinen, Schinken, Schweizer Käse, Apfelsinen und eine
Flasche Barsak (vom letzteren tranken wir nur à 1 Glas, da ich zum
Eintrittsexamen bei der Obolenskaja mußte). Bei Gruß und Abschied
küßte er mich. – – […]

Gestern hatte meine Tochter Geburtstag. Nur meiner Frau zu Gefallen lud ich auch den mir völlig fremd gewordenen Baranzewitsch zum
Mittagessen ein. […] Skitaletz sang mit seinem saftigen Baß einiges,
Lasarewskij imitierte in Stimme und Sprechweise Arzybaschew und
Tschirikow und versicherte, Ssurgutschow habe während seines Aufenthalts auf Capri mit Marja Andrejewa, der »Frau« Gorkijs, intimen
Umgang gepflogen … Auch Studenzow sang … Den größten Beifall
fand der Akademiker (Skulpteur) I.J. Günzburg mit seinen humoristischen Szenen: der arbeitende Flickschneider und die sich frisierende
alte Kokotte; jeder Blick und jede Geste war geradezu ein Meister-
stück. – – […]

Gestern beteiligte ich mich im Hôtel de France am Bankett (dasselbe
war um ½ 12 nachts angesagt!) zu Ehren Émile Verhaerens. (Er ist
daselbst abgestiegen: Zimmer Nr. 96). Es waren über 80 Personen erschienen, doch wohl die allerwenigsten kannten ihn. dem Portrait

1 Gorodowoj: Schutzmann (russ.).

nach. Denn als das graue Männchen bescheiden den Festsaal betrat, rührte sich keine Hand; erst als ich zu applaudieren begann, stimmten alle ein. Jewg. Petr. Ssemjonow stellte mich ihm als den »besten Übersetzer russischer Lyriker ins Deutsche« vor, und wir wechselten ein paar völlig unbedeutende Worte, sowohl französisch als auch deutsch; ich schenkte ihm (gebunden) meine Übertragungen von Nekrassow, Tjutschew, Feth, Maikow und Polonskij; nach dem Bankett versah er sein Portrait (das ich ihm reichte) mit seinem Widmungs-Autograph … Vor dem Bankett trat Shdanow zu Barjatinskij und bat ihn, beifolgende Rede durchzusehn, die er halten wolle; Barjatinskij überlas mehrere Zeilen und erklärte, das gehe nicht gut an, denn sein Französisch wimmle von Fehlern. Und dennoch verlas Shdanow diese seine Rede. Umso eleganter war das Französische der Redner: Batjuschkows, Nabokows, Mereshkowskijs (Sina, stark geschminkt, saß zur Linken Verhaerens), Jewg. Ssemjonows, der Schiele, Miljukows und Anitschkows. Letzterer saß friedlich neben seiner Ex-»Frau«, der Tyrkowa (Wergeshskij). Anwesend u.a. die nicht in den Zeitungen vermerkten: Ljatzkij, Gumiljow, Potjomkin, die Letkowa, die Watson, Ssurgutschow, Stschogolew, die Sina Wengerowa, die Grinewskaja, Sserg. Makowskij (ein junger Ramoli) etc.

DEN 18. JANUAR 1914

Gestern in der Schriftstellergesellschaft. – Es sollte Herb. Wells kommen, doch kam er nicht. In Anlaß dieser Möglichkeit wurde viel gelacht, denn fast niemand (Batjuschkow – der eine Adresse aufgesetzt hatte, Miljukow und Karrik ausgenommen) konnte Englisch, und Wells soll ausschließlich seine Muttersprache sprechen. […]

Nun ist mir auch die »Ehre« eines Besuchs zweier Futuristen zuteil geworden: am Abend kam Olympow (Fofanows Sohn) und brachte Wassilisk (Basilisk) Gnedow mit. Olympow war in einem saubern schwarzen Rock mit dem metallenen Ego-Dreieck im Abschlag links und macht überhaupt mit seinem reinen Gesicht und seinen reinen Augen einen sympathischen, durchaus nicht unnormalen Eindruck; nur in der Erregtheit flittert etwas Seltsames in seinem Blick. Gnedow war ziemlich salopp gekleidet, in schmierigen Stiefeln; dabei kratzte er sich mehrfach in verdächtiger Weise hinter dem hemdlosen Hals-

kragen. Seine sonst nicht unebnen Gesichtszüge sind etwas düster
und fanatisch – immerhin aber doch nicht ausgesprochen psycho-
pathisch. Er liebt Heine, kennt ihn indes nur aus Übersetzungen, die
sämtlich schlecht seien. Er stimmte mir bei, als ich ihn (Heine) einen
echten (im edlen Sinne des Worts) Futuristen nannte; sehr gefiel ihm
mein Zitat aus ihm: »Laß dein weißes Herz mich küssen! Weißes
Herz, verstehst du mich?« Auch Nietzsche kennt und liebt er. Er
improvisierte mir einen Vers ins Album, daß die Schulterwassertrage
(коромысло) und der Bogen (дуга) sich reimen: der Bedeutung
nach. Es gebe nämlich nicht nur Reime dem Klange nach, sondern
auch dem Bilde und dem Geschmack nach (z.B. Senf und Meer-
rettich) … Olympow erzählte, seine Mutter sitze noch immer in einer
Anstalt für Geisteskranke. Zeigte mir einen Brief Repins an ihn, der
einen dermaßen verzückten Hymnus auf ihn (Olympow) enthält, daß
ich an der geistigen Gesundheit Repins Zweifel hege: er nennt ihn
nicht nur einen Dichter von Gottes Gnaden, sondern sogar einen Ge-
salbten des Herrn (als Poeten)! … Olympow erzählte, er habe neulich
in einer öffentlichen futuristischen Sitzung dem Publikum gegenüber
erklärt, *er* habe die Sonne erschaffen, wonach ihn der Polizeipristaw
aus dem Saale führte. »Für öffentliche Ruhestörung?« fragte ich mit
der naivsten Miene von der Welt. »Nein, für Gotteslästerung … Er ließ
mich aber gleich wieder frei, und die Sache hatte weiter keine Folgen«.
      Als die beiden im Vorzimmer sich anzogen, fragte ich Olympow, wo
er wohne. »Auf der Petersburger Seite«. – »Das ist aber weit«. – »Ja.
Und darum … werden Sie uns vielleicht zwei Rubel zur Tram geben?«
– »Bedauere sehr, aber zwei Tage vor dem Zwanzigsten sitzt unsereiner
selbst ohne Geld da«. Und da schoben sie denn ab … Ja, Gnedow
sprach was von seinem Gedichtzyklus ›Die überzuckerte Ratte‹.

DEN 1. FEBRUAR 1914

Gestern verübte einen Selbstmordversuch durch Erschießen Ljubar
[sic!], recte Losina-Losinskij. Er war bei mir am 8. Januar d.J. und
brachte mir drei seiner Gedichtbücher. Ein sympathischer, gebildeter,
interessanter junger Mann, doch etwas düster und pessimistisch. Ich
habe damals hier über ihn nichts verzeichnet, weil sein Verbleib bei
mir fast ganz der Besichtigung meines Museums gewidmet war. Ich

erinnere mich jetzt nur, daß er Heine sehr liebte und ihn zu übersetzen gedachte, da alle existierenden Versübersetzungen fast durchweg schwach seien. Warm empfahl ihn mir Ssurgutschow; lobte sehr seine Energie und sein Talent; leider habe er die Schwindsucht. – –

Während der Zwischenstunde im Gymnasium der Fürstin Obolenskaja plaudere ich zumeist mit der ältesten Lehrerin daselbst, Jelisaweta Fjodorowna Litwinowa, dr. mat. (sie hat auch geschriftstellert). Sie kannte persönlich Nekrassow, Ogarjow, unterrichtete die (am Selbstmord verstorbene) Tochter Herzens etc. »Mussja« Jordanskaja, geschiedene Kuprina und geborene Dawydowa, ist keineswegs eine Tochter der Alexandra Arkadjewna und N. K. Michailowskijs, wie gemunkelt wurde. Sie zählte schon ein paar Jahre, als ihre Mutter Michailowskijs Bekanntschaft machte. Das geschah in Gegenwart der Litwinowa, in der Redaktion des alten ›Ssewernyj westnik‹, wo die Dawydowa eigens zu dem Zweck die Stelle einer Sekretärin annahm (sie hatte es ja, als vermögend, nicht nötig), um Michailowskijs Bekanntschaft zu machen. Als er nun kam, verliebte sie sich augenblicklich dermaßen in ihn, daß sie's auch nicht verhehlte und alsbald mit Michailowskij ein intimes Verhältnis anknüpfte … Höchst wahrscheinlich sei »Mussja« die Tochter Nadsons, mit dem die Dawydowa gleichfalls ein Verhältnis hatte … Ich, F[iedler], zweifle an der Vaterschaft, denn es existiert ein Gedicht Nadsons an »Mussja«, als diese bereits ein nicht nur russisch, sondern auch deutsch sprechendes Kind war. (Nadson starb ja bald nach seiner Bekanntschaft mit der Dawydowa) … Eine andre Legende erzählt, »Mussja« sei die Tochter Karl Juljew. Dawydows und seiner Konservatoriums-Schülerin und sei an Dawydows Haus ausgesetzt und dann an Kindesstatt angenommen worden. Karl Juljewitsch und Alexandra Arkadjewna hätten sich nach rechts und links die eheliche Treue gebrochen und seien trotzdem die besten Freunde gewesen.

DEN 8. FEBRUAR 1914

Begegnete heut Tschukowskij. Wir gingen zu Bulla, um uns auf *einem* Bilde zu verewigen. Als wir photographiert werden sollten, meinte ich, ob er sich seine wirren Haarsträhnen nicht etwas glätten wolle. »Nein, denn dann werde ich nicht ich sein«. Während des Posierens riet ihm

der Photograph, die Hände etwas zurückzuziehen, weil sie sonst zu
groß geraten würden, er jedoch versetzte lachend: »Die Hände sind
das Schönste an mir!« Überhaupt scherzte er viel. Doch klagte er auch,
daß er hier (er ist für ein paar Tage hergekommen und im Palais Royal
abgestiegen) gar nicht zur Arbeit und zum Schlafe komme. Versicherte
mich mehrfach seiner Liebe und Hochachtung. Kaufte für mich sein
Portrait (nach Repins Gemälde) und schrieb darauf »с завистью и
негодованием«[1]. »Warum негодованием?« fragte ich. »Nun, weil
Sie meinen Neid nicht befriedigen, – weil Ihr Museum nicht mir
gehört!« Ich bat ihn, statt des nichtssagenden глубокоуважаемому[2]
lieber глубоконеуважаемому[3] zu schreiben, er aber bat: »Ich werde
das Wort in Anführungszeichen setzen«. Und das tat er.

DEN 13. FEBRUAR 1914

War gestern in Kuokkala bei Repin, den ich nie so aufgeregt gesehn: er
stampfte mit den Füßen, ballte die Fäuste und schrie, weil man im
Speisezimmer die stinkende Petroleum-Lampe angesteckt. (Die Nordmann liegt lungenkrank in einem Petersburger Hospital und verweigert die Annahme von Milch – als Raub an den Mutterrechten der
Kuh!). Wir gingen alle aufs festgefrorene Meer, über dessen Eisfläche
mich Tschukowskij in einem kleinen Schlitten fuhr. Anwesend u.a.
noch: der Sänger Schaljapin, der Skulpteur Aronson, der Maler Brodskij und Jurij Repin (Iljas Sohn) und der Graveur Mattée. […]

DEN 11. MÄRZ 1914

Gestern bei Ssologub. Als ich an sein Haus trat, lohnte gerade die Sin.
Wengerowa den Fuhrmann ab, während Minskij im Torweg stand. Er,
Minskij, sollte gefeiert werden, zu welchem Zweck auch Ssologub den
Abend arrangierte. Anwesend etwa 20 Personen, darunter Prof. Faddej
Franz. Selinskij (ging vor dem Abendbrot), die Töffi (mit nußgroßen
Edelsteinen an den Fingern; deklamierte mehrere ihrer Gedichte),
Stschogolew, Wlad. Hippius (verlas seine Gedichte), Tschulkow, Sün-

---

1 mit Neid und Empörung (russ.). — 2 hochverehrtem (russ.). — 3 hochun-
verehrtem (russ.).

nerberg, die Emma [Olga] Emanuilowna Rosenfeld, die unter dem
Pseud. Mirtow schriftstellert (›Die Apfelbäume blühen‹, Roman),
Wass. Nemirowitsch-Dantschenko. Panegyrisch-bombastisch waren
die Reden zu Ehren Minskijs (denen die Sin. Wengerowa mit geröteten Wangen lauschte), die ihn als Befreiungskämpfer und Dichter
feierten. U.a. sprachen Ssologub und Anitschkow (der die jüngsten
Schriftsteller schimpfte). Minskijs Antwort war kalte Kopfarbeit.

Es war überhaupt kalt – buchstäblich und übertragen. Beim Abendbrot langte das Essen nicht für alle (zudem war es ein tagtägliches).
Dafür aber gab's ausländischen Rot- und Weißwein und sogar Champagner.

Auch ich hielt einen Toast (anläßlich der gepriesenen »grauen
Haare« Minskijs): »Ich trinke die – gewesenen grauen Haare eines
Mannes, der nicht wie Minskij dreißig, sondern fünfzig Jahre lang das
Banner der Schönheit und Freiheit getragen: Wass. Nemirowitsch-
Dantschenko lebe hoch!« Der Toast wurde mit lautem Beifall (doch
karger, als ich es wünschte) aufgenommen.

DEN 11. APRIL 1914

Gestern im Moskauer Künstlerischen Theater. Andrejews ›Gedanke‹
hatte gar keinen Erfolg: nach Schluß applaudierten etwa zehn Personen, wogegen etwa fünf durch Zischen protestierten. Im Amphi-
theater (Platz hinter den Lehnstühlen) saß, neben Marja Andrejewa,
Gorkij so bescheiden und unscheinbar (im billigsten Röckchen, doch
mit Kragen und Manschetten), daß ich mehrfach an ihm vorbeistrich,
ohne ihn zu bemerken. Erst als alle den Theatersaal verließen, stießen
wir aufeinander. Er erkannte mich nicht: in Capri, 1908, war ich voll
gewesen und seitdem bin ich mager geworden. Erst als ich mich
nannte, rief er: »Fjodor Fjodorowitsch!« und drückte mir stark die
Hand. »Willkommen in Rußland!« sagte ich. Er legte dankend die
Hand aufs Herz. Hier wurden wir vom hinausdrängenden Publikum
getrennt. – [...]

Heut war ich auf dem lutherischen Smolenskij-Friedhof und besuchte
das Grab Klingers. Ein mächtiger grauer Granitobelisk (sehr gut erhalten) mit der (gleichfalls sehr gut erhaltenen) goldnen Aufschrift:

Fridericus Maximilianus
Klinger

Natus die 18. Febr. 1752.
Denat die 13. Febr. 1831.

Ingenio magnus
Probitate maior
Vir priscus
– – – – – – – – – – -
Hoc monumentum posuit amans uxor et grata.[1]

Gestern – der letzte »Slutschewskij-Abend« der Saison (ich beteiligte
mich heuer kein einziges Mal an demselben). Ihn arrangierte Jassinskij, indem er ein Mittagessen gab. Wir spazierten ohne Überröcke im
Garten; ich mit Vorsicht, denn es lagerten ringsum Glasscherben.
Nicht umsonst würd ich in diesem Haus und in dieser Gegend
wohnen! … Verlesen wurde kein einziges Gedicht. Wir wurden kine-
maphotographiert. Anwesend: I. I. Ssokolow (mit dem ich mich nur
begrüßte, durch Handdruck), Lebedew, Masurkewitsch (erzählte
zynische Anekdoten), Kriwitsch, die Grinewskaja (mit auffallend rot-
geschminkten Wangen), Schulgowskij, die Berchman (erste Begegnung), Kurdjumow (ein Monokel im linken Auge, der ihr eifrig den
Hof machte), Kokowzew, Umanow-Kaplunowskij, Chwostow, Zensor, Tamarin (Okulow), Bykow, dessen Frau Sinaida Z., Wentzel (Be-
nedikt), die Tschebyschewa-Dmitrijewa – eine ganze Insekten- resp.
Infusoriensammlung! … Sonst nichts zu verzeichnen.

1 Von großer Begabung / Noch größer an Ehrenhaftigkeit / Ein Mann hoch an
Jahren // Die liebende und dankbare Gattin hat dieses Denkmal errichtet (lat.).

Friedrich Fiedler. Mai 1914.

DEN 9. MAI 1914

Gestern verteidigte in der Medizinischen Akademie die Frau des Ex-
Priesters G. S. Petrow ihre Doktordissertation. Zu diesem Zweck war
[er] hergekommen – heimlich, natürlich, denn seine Verbannungszeit
läuft erst im Februar nächsten Jahres ab … Um ¼ 10 abends kam er
(mit einem riesigen Blumenkorb und zwei mächtigen Sträußen für
meine Frau) hereingeflattert (den Korb trug übrigens unser Portier
hinauf) und blieb bis ¼ 11, um sich direkt von uns auf den Nikolaj-
Bahnhof zu begeben und mit dem 11-Uhr-Zug nach Mogiljow zu
fahren, wo er heut abend eine Vorlesung zu halten hat. Körperlich und
geistig von jünglinghafter Regsamkeit, auch von Gesicht, trotz der
grauen Kopfhaare, ein Jüngling, unternehmungslustig und energie-
voll wie immer, möglichst in noch höherem Grade. Er will nach wie
vor mit seinen Vorlesungen (die überall den allergrößten Beifall finden, was ich aus verschiedenen örtlichen Zeitungsberichten weiß)
ganz Rußland durchstrolchen. Zu diesem Zweck hält er sich zwei
Sekretäre: dem einen zahlt er tausend und dem andern fünfhundert
Rbl. monatlich. In einem Eisenbahnzuge kam er mit einem ihm unbekannten Herrn zu sprechen, der ihm beteuerte, Petrow sei durch
seine Vorlesungen ein Millionär geworden. Petrow verneinte dies
lächelnd, der Herr aber versicherte, er wisse das bestimmt, denn er
wohne gegenüber seiner Villa in Koktebel. »Und ich wohne in der Villa selbst«. – »Wer sind Sie denn?« – »Selbiger Petrow« … Tableau …
Petrow erzählte auch von seinem neulichen Besuch Jasnaja Poljanas.
Die Gräfin Sofja Andrejewna führte ihn überall im Haus herum und
wies u.a. auf einen Bücherständer, von dem sie folgendes erzählte:
Tolstoj verbot es ihr streng, diese Bücher abzustäuben, auch nur zu
berühren. »Aus weiblicher Neugierde« aber tat sie's doch einmal während seiner Abwesenheit [und entdeckte?] hinter den Büchern – ein
kleines Muttergottesbild. Mit diesem war er, als er als junger Mann
nach dem Kaukasus in den Krieg zog, gesegnet worden … Meine Frau
tadelte ihn (Tolstoj) für das Fehlen des Überzeugungsmuts, doch
Petrow entgegnete: »Das ist eine rührende Pietät und eine fromme
Scheu, das, woran er einst geglaubt, profanen Blicken preiszugeben.
So verwahrt man dankbar und wehmütig einen Liebesbrief, den uns
vor vielen Jahren ein Mädchen geschrieben, das sich später durch sei-

nen Lebenswandel kompromittierte, sich unsrer Liebe als unwürdig
erwies!«

Der gutmütige, doch talentlose und beschränkte Studenzow hatte
von dem bevorstehenden Besuch Petrows bei uns erfahren und besaß
die Taktlosigkeit, auch zu kommen. Er wußte doch, daß wir Petrow
ein Jahr nicht gesehn und Intimes zu sprechen haben könnten, und
kam doch. Dadurch wurde ich der Möglichkeit beraubt, Petrow das
zu sagen, worüber ich ihm nicht schreiben wollte. Nun ist diese
Möglichkeit wieder auf ein Jahr hinausgerückt ... Freilich wußte
Studenzow davon nichts; aber doch – sich in meinen Familienkreis
einzudrängen! ...

DEN 26. AUGUST 1914

Am 17. / 30 Juni d. J. starb in Locarno die »Frau« des Malers Repin,
Natalja Borissowna Nordmann, die [sich] unter dem Pseudonym
Ssewerowa als Schriftstellerin, Prophetin des Vegetarianismus und
Beecher-Stowe des Dienstpersonals zumeist – lächerlich machte. Als
ich das letzte Mal in Kuokkala war (im Vorfrühling), lag sie lungen-
krank in einem Hospital, und es wurde erzählt, die Ärzte hätten große
Scherereien mit ihrer Kur: sie wollte nicht einmal Milch zu sich
nehmen, denn das bedeute Raub am Kinde der Kuh. [...]

Gestern schickte ich Kuprin meine wörtliche Prosaübersetzung von
Heines ›Schloßlegende‹ (»Zu Berlin im alten Schlosse ...«), nebst
Versmaß, mit dem Vorschlag, das noch nie übertragene Gedicht –
anläßlich seines sensationell-aktuellen Interesses – zu russifizieren. Er
konnte den Brief erst gestern spät am Abend erhalten. Und dennoch,
soeben, um 10 morgens, sagte er mir per Telefon seine Versüber-
setzung. Sie scheint gelungen zu sein (scheint – weil ich einige Worte
nicht hörte). Er will sie im ›Satyrikon‹ abdrucken und mir widmen.
[...]

DEN 28. SEPTEMBER 1914

Heut war bei uns »Mussja« Jordanskaja, Kuprins geschiedene Frau.
Während des Sommers sah sie oft den in ihrer Nähe (Mustamäkki)
wohnenden Gorkij. Er wollte, im Interesse seines herangewachsenen

Sohnes, sich wieder mit dessen Mutter, seiner rechtmäßigen Frau Jekaterina Pawlowna, vereinigen und ließ sie darum aus Paris – wo sie einen neuen Lebensgefährten in der Person eines Sozialdemokraten gefunden – zu sich nach Capri kommen. Doch schon bald zeigte sich eine unüberbrückbare Kluft in den Charakteren und Weltanschauungen beider, so daß sie sich wieder trennten und Maria Fjodorowna von neuem Herrin im Hause wurde ... Mit Andrejew hat er, Gorkij, sich nicht ausgesöhnt. Andrejew war, vor etwa zwei Jahren, eigens nach Capri gefahren, um die locker gewordenen alten Freundschaftsbande zu festigen. Anfangs ging auch alles ganz gut, doch schon bald trat wieder die Befremdung ein. Als Gorkij aus seinem Exil hier eintraf, bot ihm Andrejew Wohnung in seiner Villa an, doch Gorkij beantwortete nicht einmal das Einladungsschreiben ... »Mussja« wollte die beiden während dieses Sommers aussöhnen und lud sie an einem bestimmten Tage zu sich ein; doch kam Andrejew nicht: er erkrankte plötzlich (Tatsache!).

DEN I. OKTOBER 1914

Heut aß bei mir zu Mittag Tschirikow. Der eben aus Deutschland wohlbehalten heimgekehrte Dr. Shicharew erzählte, sine ira et studio, von seiner fünfwöchigen Gefängnishaft in Lichtenfels (als vermeintlicher Spion). Tschirikow verurteilte den russischen Chauvinismus und Pseudopatriotismus, sprach viel zugunsten der Deutschen und meinte, es müsse nicht nur von den Grausamkeiten der Deutschen den russischen Reisenden gegenüber in den Zeitungen und Büchern berichtet werden (dieselben seien verallgemeinert und tendenziös übertrieben), sondern auch von all den zahllosen Fällen, wo den Russen nicht nur nichts Böses, sondern im Gegenteil nur Gutes widerfuhr ... Finanziell leidet er (Tschirikow) sehr stark vom Kriege: kurz vor der Kriegserklärung unterhandelte mit ihm die »Moskauer Verlagsgenossenschaft« in bezug auf die weitere Herausgabe seiner Werke, und der Handel wurde nur dank dem Ereignis vom 20. Juli nicht abgeschlossen. Das ist für ihn sehr hart, da er gewohnt war, Tausend Rbl. monatlich zu verleben. Kapital besitzt er nichts (das Häuschen in Finnland und der Krim abgerechnet). Seine Dramen bringen ihm jährlich 1800 bis 2000 Rbl. Tantiemen.

DEN 12. OKTOBER 1914

Zu Ssologub angegangen mit der Aufforderung, sich an der bei mir
am Freitag bevorstehenden Schriftsteller-Versammlung zu beteiligen
… Als ich halb scherzend meinte, nur wenig[e] russische Schriftsteller
erschreiben sich einen so schönen Batzen, entgegnete er: »Ich habe
nichts. Denn keiner wird von der Kritik mehr gehaßt und verfolgt
wie ich. Und darum werd ich wenig gekauft. Manche schaden mir
durch die bösgemeinte, doch wohlmeinend klingende Versicherung,
ich sei ein Schriftsteller für Wenige, für Auserwählte. Darum lesen
mich auch nur Wenige« … Er schenkte mir seine Übersetzung von
Kleists ›Penthesilea‹ (auch den ›Zerbrochenen Krug‹ und das ›Käth-
chen von Heilbronn‹ hat er übertragen, aber die sind noch nicht
gedruckt). Wie er, der des Deutschen Unkundige, das zustande
gebracht? Die Tschebotarewskaja erklärte, sie habe ihm jede Zeile
wörtlich übersetzt und er habe die Prosa in Jamben zurechtgelegt; sie
selber habe das Wörterbuch zu Hilfe genommen. –
    Von Ssologub zu Mereshkowskijs, bei denen ich Ismailow vorfand.
Er war gekommen mit der Aufforderung, für die ›Birsh[ewyje wedomosti‹] kleine Beiträge mit dem Kriegsthema zu schreiben. Er bat sich
Bedenkzeit aus, sie jedoch erklärte sich gleich bereit; sie (die Sina) verlangte vierzig Kopeken pro Druckzeile. Zu mir kann sie nicht kommen, da ich die Sitzung um 2 nachmittags angesetzt. »Um 2 steh ich
erst auf und werde erst nach 3 Mensch«. Sie erklärte Leon. Andrejew
für talentiert, doch nicht für klug. Sie war ziemlich stark geschminkt
und hatte eine Art Bébé-Kleid an, das ihre Füße freiließ.
    Mit Ismailow fuhren wir für ein Viertelstündchen nach »Kaper-
naum«. Er war geradezu bezaubert von ihr (der Sina): sie sei die
bestrickendste, poetischste Schriftstellerin, die er gesehn (die Bekanntschaft fand erst heute statt; früher hat er sie nur ein einziges Mal während eines Polonskij-Abends des Polonskij-Vereins gesehn); zwar
entsprechen die einzelnen Gesichts- und Körperteile nicht dem Ideal
der Schönheit, doch die ganze Erscheinung sei so liebeerweckend,
daß er mit ihr Ehebruch treiben könnte. Mereshkowskijs Kälte und
Zugeknöpftheit mißfiel ihm (Mereshkowskij fragte ihn, Ismailow,
nach seinem Patronym, obgleich er, Ismailow, durch das Stubenmädchen seine Visitenkarte überreichen ließ).

Wie sich mir gegenüber Mereshkowskijs verhielten? Ich kam ganz
unerwartet. *Sie* begrüßte mich mit freundlichem Lächeln und Hand-
ausstrecken, *er* – machte Miene, sich zu erheben, blieb jedoch sitzen
und drückte mir ernsten Gesichts die Hand. Allein mit mir, unbeobachtet, ist er viel unmittelbarer.

DEN 24. NOVEMBER 1914

Heut Ssurgutschow bei mir gemittagt. Über Tschechow: »Wie es unter den Ärzten Spezialisten für die linke Nüster gibt, so war Tschechow
Spezialist in der Schilderung einer besonderen Menschenklasse, wobei
er allerdings seine Sache glänzend verstand …« Versicherte, Ismailow
sei nicht nur geldgierig, sondern auch neidisch auf die Belletristen,
weil er selber als solcher keine Erfolge hat … Über Baranzewitsch: Er
sei literarisch ein обмылок (untaugliches Seifenrestchen). Wenn er
die Tantiemen auszahle, sei sein Gesicht voll Neides und Hasses zum
glücklichen Empfänger des Geldes … In Capri habe Gorkij eigenmächtig die an seine Frau (die rechtmäßige) adressierten Briefe geöffnet und gelesen oder sie einfach unterschlagen. Im Geldgeschäft
mit Pjatnitzkij sei er einfach unehrlich gewesen … Im Januar wird er
wahrscheinlich in den Krieg müssen. »Gehn Sie gern?« – »Nein.
Nicht, daß ich den Tod fürchtete. Aber ich fürchte all die unnützen
Qualen: Hunger, Durst, Frost, Schlaflosigkeit, Erschöpfung und un-
verbundene Wunden! Und dann: ich bin einer der friedlichsten Menschen und soll nun die töten, die mir nichts zuleide getan, sagen wir:
August Scholz, meinen Übersetzer, der mir Geld geschickt hat. Und er
wird mich töten wollen, der ich ihm zu verdienen gab. Wofür diese
Ungerechtigkeit?!« … Er (Ssurgutschow) zählt 33 … »Können Sie
deutsch?« – »Nur das eine Wort: Donnerwetter!«

DEN 2. DEZEMBER 1914

Gestern – Geburtstag der Watson. Wie gewöhnlich, etwa 75 Personen,
zumeist namenlose. Es waren: die »Revolutionäre« – N. A. Morosow
(begrüßte mich mit einem Kuß, sogar mit dreien), Tschaikowskij,
Noworusskij und Lopatin. Ferner: die Olnem und Letkowa, Ssurgutschow (der mit einer jungen Weibsperson im Vorzimmer flirtete),

Prof. Karejew und Tarle und schließlich: verschiedene kleine Repräsentanten der ›Russkoje bogatstwo‹. Wein gab es übergenug.

DEN 12. JANUAR 1915

Im vorigen Dezember schrieb mir die Stschepkina-Kupernik, jemand besitze Tschernyschewskijs Stehschreibpult (конторка) und möchte es literaturfreundlichen und zuverlässigen Händen überweisen; ob ich geneigt sei, die Reliquie zu mir zu nehmen. Natürlich sagte ich Ja. Sie schrieb hiervon diesem Jemand. Es ist der Direktor der Technischen Schule in Tscherepowetz, Iwan Pawl. Alexandrow. Er wandte sich mit derselben Frage an mich, wir traten in Korrespondenz, und ich erhielt das Pult am 9ten. In seinen Briefen beweist er, daß es tatsächlich Tschernyschewskij gehört habe. Ich wollte noch beredtere Beweise und setzte mich telefonisch mit Tschernyschewskijs Sohn, Michail Nikolajewitsch, in Verbindung. Heut kam er und besichtigte das Pult. Alexandrow hatte ihm dasselbe bereits vor Jahren angeboten, doch nahm er es nicht: ihm drohte Pfändung seines ganzen Hab und Guts wegen einer Schuld von 65.000 Rbln. (hervorgerufen durch die elfbändige Herausgabe der Werke seines Vaters; er schuldet noch jetzt über 20.000). Bestätigte alles, was mir Alexandrow geschrieben, und setzte mir ein entsprechendes schriftliches Beweisdokument auf … Erzählte von seinem Vater. Als er (Tschernyschewskij) arretiert wurde (1862), wohnte er auf der Wladimirskaja (jetzt heißt diese Stelle derselben Große Moskowskaja); wenn man mit dem Rücken zur Kirche steht – links das zweite Haus, das damals einer Jessaulowa gehörte; III. Stock;[*] das beweisen die noch vorhandenen Briefadressen. In seinen letzten Lebensjahren wollte er das ganze Brockhaus'sche Konversations-Lexikon übersetzen, resp. den Russen mundgerecht machen; doch als er erfuhr, der alte Ssuworin trage sich mit demselben Plane, fragte er ihn brieflich, ob das wahr sei, – erhielt jedoch keine Antwort … Seine (des Sohnes) Mutter Olga Ssokratowna, lebt noch (zählt 82) und wohnt in Ssaratow. Es sei nicht wahr, daß sie hinter dem Karren geschritten, als in diesem ihr Mann zum Pranger gefahren wurde; nicht wahr sei es

---

[*] Nein! S[iehe] h[ier] S. 212 [F. F.].[1]

1 D.h. im Tagebuch, Heft 28.

ferner, daß während der Fahrt das Publikum das Gefährt und den Insassen mit Blumen überschüttet habe: nur ein Strauß sei dem Verurteilten zugeworfen worden, und auch der sei an dem Gefährt vorbeigeflogen ... Michail Nikolajewitsch gab sich schlicht und nett. Er ähnelt dem verstorbenen Rechtsanwalt Spassowitsch. Bekleidet einen ziemlich bedeutenden Posten im Finanzministerium.

DEN 19. JANUAR 1915

Heut war bei mir Jur. Nik. Subowskij. Er erschreibt sich in Provinzblättern gegen zweihundert Rbl. und hat außerdem etwas Geld; ist ledig. – Im Dezember war er bei Gorkij in Mustamäkki. Dieser will eine »Liga gegen den Antisemitismus« bilden; Präsident soll Leon. Andrejew und er – Vizepräsident sein. Zum Sekretär wurde Ssologub ausersehen; doch die Wahl wird schwerlich zustande kommen, denn Ssologub [soll] Mitarbeiter im Ssuworinschen ›Lukomorje‹ sein. Haben sich denn Andrejew und Gorkij vertragen?« fragte ich. – »Ja, Andrejew war einen Tag vor mir bei Gorkij« ... Damals, am 6. Dezember, war Subowskij nach mir von Koretzkij gegangen. Koretzkij habe Kremljow ins Gesicht geschimpft und ihm die Tür gewiesen, wonach Kremljow gegangen sei; auch habe er seine eigene Frau aufs Gemeinste geschimpft und schließlich geweint und bitterlich geklagt, daß er von niemandem geliebt werde. – –

Gestern erwiderte ich die Visite von Tschernyschewskijs Sohn. Sein Kabinett bildet ein wahres Museum von auf seinen Vater bezüglichen Dingen: Werke, Portraits, Tagebücher, Briefe, Kritiken seiner Schriften etc. Um so sonderbarer ist es, daß er nicht Recherchen angestellt hat nach der Wohnung seines Vaters, wo er arretiert worden. (Ich selbst war nämlich auf der Suche, konnte jedoch nichts Bestimmtes ausfindig machen). Er weiß nur, was seine Mutter ihm mehrfach erzählt: daß sich dieselbe im III. Stock[*] befand, daß die Fenster auf die Straße hinausgingen, daß sie aus sechs geräumigen Zimmern bestand und monatlich nur fünfzig Rbl. gekostet hat [...] Der Roman ›Was tun?‹ wurde nicht, wie ich geglaubt, auf meinem Schreibpult geschrieben, sondern in der Petri-Pauli-Festung. Und zwar nicht

---

[*] Nein! S[iehe] S. 212.

heimlich; die Obrigkeit selbst beförderte das jeweilig fertiggestellte
Manuskript nach der Redaktion des ›Ssowremennik‹, wo es auch sofort gedruckt [wurde] (noch ehe der Roman zu Ende geschrieben
war). Zu Ende geschrieben aber wurde er am 4. April 1863 und mit
diesem Datum versehen. Genau ein Jahr darauf [sic!] fand das Kara-
kosowsche Attentat statt. Und da meinte denn der Prokurator Mura-
wjow, Tschernyschewskij habe von diesem Tage im voraus gewußt; die
Zahl sei gewissermaßen symbolisch. – – –

Heut war ich bei Potapenko, um ihn nach wenigen, mir nicht völlig
klaren Andeutungen in seinen Tschechow-Erinnerungen (im vorigen
Sommer in der ›Niwa‹ erschienen) auszufragen. Bereitwilligst gab er
mir Auskunft. Sonach ist: der Mann mit dem »tragischen Lachen« –
Stscheglow. Der Schriftsteller, der, sein Kind auf den Knien haltend,
schrieb – er, Potapenko selber. Der Millionär, der Tschechow beständig liebenswürdigst an seine Schuld erinnerte, – der Moskowiter
Morosow, doch nicht Ssawwa. Der Moskauer Herausgeber einer Ju-
gendzeitschrift und Weingutsbesitzer – Dmitrij Iw. Tichomirow. Der
andre Verleger, der höheren Ideen frönte, – F. F. Pawlenkow; er war's,
der ihm (Potapenko) 500 Rbl. für fünftausend Exemplare je eines
Novellenbandes zahlte. »Der Freund L. Tolstojs«, dessen Name in den
gedruckten Briefen Tschechows als N. figuriert, – P. A. Ssergejenko.
Und die Dame, die ihm, Tschechow, vor andern die Freundschaft mit
einem andern Schriftsteller vorwarf, war die Alex. Ark. Dawydowa.
Die Geschichte war ungefähr so (Potapenko kann sich der Details jetzt
nicht mehr erinnern, doch Tschechow selbst erzählte ihm annähernd):
Korolenko wollte ihn (Tschechow) der ›Russkoje bogatstwo‹ näher
bringen und brachte ihn darum zu N. K. Michailowskij. Es war im
Palais-Royal. Bei Michailowskij fanden sie die Dawydowa vor (mit der
Michailowskij damals »lebte«), und diese machte ihm (Tschechow)
vor allen den Vorwurf seiner freundschaftlichen Beziehungen zum
alten Ssuworin.* Tschechow war so perplex über diese Rücksichtslosigkeit, daß er stumm blieb. Der ›Russkoje bogatstwo‹ aber trat er nun
nicht nahe. – [...]

---

* Alles das bestätigt Korolenko in seinen Erinnerungen an Tschechow (s. bei mir
in: ›Zeitungsausschnitte‹, Russen, Heft 50, S. 90).

Heut zum »alten« Max. Alexejew. Antonowitsch angegangen (Pusch-
kinskaja 18, Q. 16). Ja, er befand sich im Augenblick bei Tschernyschewskij, als dieser arretiert wurde (zusammen mit Dr. Bokow, der
vor ein paar Wochen starb). Tschernyschewskijs Wohnung befand sich
auf der jetzigen Großen Moskowskaja, im Hause, das auch auf die
Kleine Moskowskaja führt. Bel-Etage, wenn man einige Stufen auf der
Paradetreppe emporsteigt, – die Tür rechts (also – die Fenster rechts
von der Treppe, wenn man mit dem Gesicht zu ihr steht).
  »Rauchen Sie?« fragte ich ihn (Antonowitsch). »Nie geraucht.
Aber getrunken – immer. Würde auch jetzt trinken, wenn man's bekommen könnte« … Wir saßen im Gastzimmer, und ich wies auf sein
Kabinett rechts, wo ich an der Wand mehrere Portraits hängen sah.
»Das sind wohl seltene Schriftsteller-Portraits aus den sechziger Jahren?« fragte ich. »Nein, verschiedene. U.a. Sr. Majestät des Kaisers
(Государя Императора). Die Schriftsteller-Portraits sind damals
während der pressierenden [sic!] Haussuchungen beschlagnahmt oder
vor denselben von den Besitzern vernichtet worden. Nur so, vermutlich, entging ich einer Arretierung«.

Heut – Ismailow 79 ungedruckte Tschechow-Briefe aus meinem
Archiv gebracht, die er zu seiner Tschechow-Biographie braucht. Die
nötigen Stellen las er in seinen Diktaphon (das sei weniger zeit-
raubend, als sie abzuschreiben). Einige dieser Stellen sind von großer
Wichtigkeit… Ich fragte ihn, ob er gestern zur Premiere des ›Grünen
Ringes‹ (der Hippius-Mereshkowskaja) gewesen. »Ja«. Ob das Stück
ein Unsinn (ерундистика) sei? »Ja. Aber ich habe nur sehr zurückhaltend heut getadelt. Denn Er und Sie sind für die ›Birsh[ewyje
wedomosti]‹ nötige Personen …« Neulich war bei ihm ein Maximow,
der unter dem Pseud. Jewgenjew ein ganzes Buch über Nekrassow veröffentlicht. Er war bei der kürzlich verstorbenen Witwe Nekrassows,
der »Sina«, in Ssaratow, und sie war ihm gegenüber auffallend mit-
teilsam. Sie erzählte ihm folgendes: Turgenew wollte sich mit Nekrassow vertragen. Letzterer wurde auf den Besuch vorbereitet und gab
nach längerem Zögern seine Einwilligung zum Empfang Turgenews.

d. 19 Febr. 15.

Faksimile der Eintragung vom 19. Februar 1915.

Doch als dieser das Krankenzimmer betrat, streckte der dem baldigen
Tode Geweihte mit unversöhnlich-schmerzlichem Gesichtsausdruck
abwehrend die Handflächen nach ihm aus, so daß Turgenew zurücktrat und ihn, in der Tür stehend, mit einem kleinen Kreuzzeichen
segnete. Über diese charakteristischen Momente berichtet Jewgenjew
in seinem in der Nr. 5 der ›Ssolnze‹ erschienenen Artikel, über seinen
Besuch der Witwe nur delikat anspielend (hinsichtlich der Unver-
söhnlichkeit und dem Protest). (Also *so* gestaltete sich die »Versöhnung« der beiden, nicht aber, wie Turgenew sie in seiner ›Letzten
Begegnung‹ – ›Gedichte in Prosa‹ geschildert! F.).

Die ihm (Ismailow) für seine Biographie als Belege nötigen Stellen
in der fünfbändigen Ausgabe der Briefe Tschechows schnitt er aus den
Büchern: »Der Preis der verdorbenen Bücher ist viel geringer als die
Summe, die mich die Zeit beim Kopieren der betr. Stellen kosten
würde«. […]

DEN 19. MÄRZ 1915

Kondolenzen schickten[1]: Ssologub, die Tjufjajewa-Peschkowa und die
Xenia Shicharewa.

Fuhr gestern mit Wengerow nach Kuokkala zu Repin. Mit uns im
Waggon fuhr Tschukowskij. Repin, im Schiller-Kragen, sieht verjüngt
aus. Dann, nach dem Tee, führte Tschukowskij mich und Wengerow
zu sich. Er hat sein eigenes kleines Haus unweit dem Strande, das ihn
über neuntausend Rbl. gekostet (viertausend schuldet er noch Repin).
Zeigte uns, zu Wengerows hohem Staunen (über das Woher), eine
Menge ungedruckter Nekrassow-Manuskripte. Dann wieder zu Repin
(während unsrer Abwesenheit malte er den ihm sitzenden N. N. Jewreinow) zum recht schmackhaften, vegetarischen Mittagessen ohne
einen Tropfen Alkohol (vielleicht, weil auch dort nur laut ärztlichem
Rezept erhältlich). Nach demselben imitierte Jewreinow den Futuristen Burljuk und trieb allerlei Ulk. – Auf dem Rückwege im Waggon
L. Andrejew begegnet, der mit seiner Frau und seinem Bruder, einem
Militär, nach Petersburg – oder, wie ich sage, Piter – fuhr. Er jedoch

1 Anläßlich des Todes (am 14. März 1915) von L. M. Fiedler.

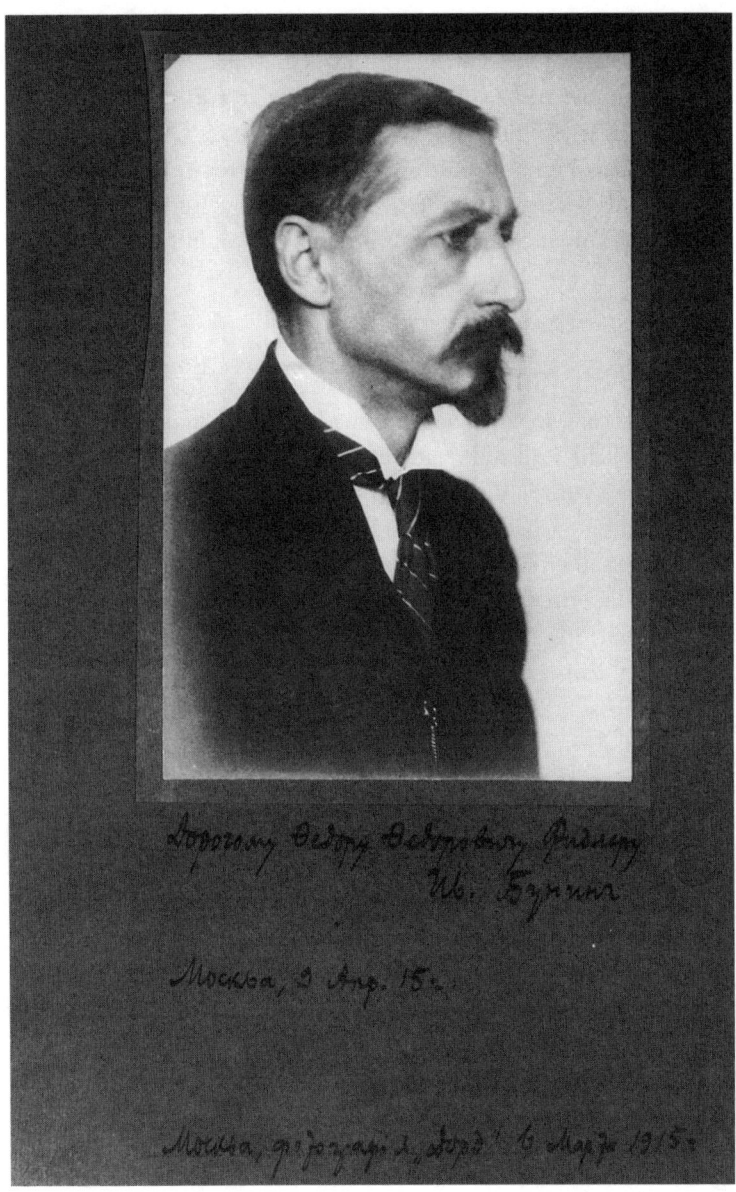

Iwan Bunin. – *Widmung:* »Dem lieben Fjodor Fjodorowitsch Fiedler
Iw. Bunin. Moskau. 9. Apr. [19]15. Moskau. Fotoatelier ›Doret‹
im März 1915« (russ.).

sagte konsequent Petrograd (ein Wort, das nur von Hurra-Patrioten gebraucht wird). Die Neuralgie in seiner (L. Andrejews) rechten Hand ist noch immer nicht vergangen, so daß er mit ihr nicht schreiben kann. Nach etwa fünf Minuten ging ich zurück zu Wengerow (es war auf der Grenzstation Beloostrow) in unsre III. Klasse (Andrejew fuhr zweiter). Als Andrejew erfuhr, daß meine Frau gestorben sei, machte er mir den Vorwurf, ihn nicht rechtzeitig hiervon in Kenntnis gesetzt zu haben.

DEN 23. APRIL 1915

Gestern, als am 40. Sterbetage meiner Frau, fand an ihrem Grabe die sinnlos-übliche Panichide statt. Bulatzel und Korinfskij hatten schon lange den Wunsch ausgesprochen, derselben beizuwohnen, – da benachrichtigte ich sie denn, und sie waren auf dem Kirchhof. Von demselben fuhren wir zu mir, zum Frühstück. […]

Heut zum ersten Mal Remisow besucht. Tawritscheskaja 7, Q. 23 – im sechsten Stock, doch ist ein Lift vorhanden. Sein Kabinett – erinnert an Fausts Laboratorium. Zwischen den beiden Fenstern eine breite ins halbe Zimmerchen vorspringende Mauer; an derselben: Bälge seltsamer Land- und Seetiere, fabelhafte kleine Ungetüme, Teufel, ein riesiger Hexenkamm und ähnliches Zeug. »Was denn das sei?« – »Spielsachen«, antwortete er mit einem eigentümlichen ausweichenden Lächeln, selber wie ein Alraun ausschauend. »Ich kann sie Ihnen jetzt nicht zeigen und erklären, denn sie schlafen am Tage und erwachen erst am Abend«, fügte er so geheimnisvoll hinzu, daß es mir fast unheimlich wurde … Ich bot ihm (Remisow) an, mir etwas in mein »Zu-Gast«-Album einzuschreiben, er aber sagte: »Ich werde Ihnen eine Blume hineinzeichnen«. Und er zeichnete ein absonderliches Gewächs mit farbigen Bleistiften und mit Goldtinte, über eine Stunde lang … Meinte: »Viele unsrer Schriftsteller werden sich nach dem Kriege ihrer Ausfälle gegen die Deutschen schämen!« … Er kam nicht gleich zu mir heraus, denn er war halb entkleidet: hantierte mit Bandagen oder ähnlichem Verbandzeug an seinem Magen oder Bauch, dessen Schmerzen sich aufs Oberbein erstrecken. – – […]

DEN 24. APRIL 1915

Ergänzung zur Remisow-Notiz. An einer Eckwand – drei aus Zeitungen ausgeschnittene kaiserliche Kriegsmanifeste. Über dem Schreibtisch – alte Heiligenbilder und ein paar Kirchenkerzen mit sprossenähnlichen Knollen. – – [...]

DEN 29. APRIL 1915

Tschukowskij hatte mir den Vorschlag gemacht, daß ich den Sommer in Kuokkala verbringe, und sich erboten, mir ein Zimmer zu suchen. Wir korrespondierten hierüber. Heute fuhr ich hin, doch resultatlos: die Pensionen »Olessino« und Ridingers boten mir nichts Geeignetes; und in eine Familie mich einmieten konnt ich nicht, da noch keine solcher Familien zur Sommervilleggiatur übergesiedelt ist. Wir spazierten am Strande, und Tschukowskij zeigte mir seine Bollwerke, die er aufgeführt gegen die Überschwemmungen des Flüßchens, an dessen Ufer seine Besitzung liegt, und des Meeres. Dann aßen wir zu Mittag, wobei er sich als ein zärtlicher Vater und etwas herrischer Gatte erwies. Erzählte, der letzte »Poeso-Abend«, den am vorigen Sonnabend Igor Ssewerjanin veranstaltet, sei von den Besuchenden ärger gestürmt worden als ein Konzert oder eine Vorstellung Schaljapins. Fast ausschließlich – Jungfrauen, die beim Erscheinen des sichtlich etwas betrunkenen Poeten denselben mit so verzückt wollüstigen Blicken verschlangen, daß sie sicherlich alle »von dem bloßen Anblicken schwanger geworden seien«.

Bei Repin mittagten wir noch einmal. (Bei sich hatte er sich über Baranzewitsch sehr verwerfend als Schriftsteller und Mensch geäußert). Es waren nur noch 2 Personen da. Uninteressant, so daß ich schon mit dem 7. 49-[Uhr]-Zuge heimfuhr.

DEN 8. MAI 1915

Gestern – Erstaufführung im Künstlerischen Theater von Ssurgutschows › Herbst-Geigen‹. Langatmig-langweilig: Stück und Spiel. Nach dem III. Akt wurde der Verfasser von einigen Stimmen aus dem Hintergrund und dem Oberraum gerufen, erschien, von Zischen begrüßt, sofort und verneigte sich, zum Olymp blickend ... Tschukowskij schimpfte laut den Verfasser einen literarischen Hämmling (Eunuchen), der weiche Teile betastet. Er, Tschukowskij, teilte mir freudig mit, er habe für mich in Kuokkala ein ganzes möbliertes Landhaus, das im vorigen Sommer über dreihundert Rbl. gekostet, für nur hundert gefunden. Ich erklärte, ich würde mich vor Einsamkeit (meine Tochter wird in Pawlowsk leben, und meine Mutter lebt bereits bei Jamburg) in der großen Wohnung aufhängen ... S. A. Andrejewskij erzählte mir, ganz von selbst, er habe nun den vierten und letzten Band seines Werks ›Das Buch vom Tode‹ beendet; es werde nach seinem Tod erscheinen (habe es vor vielen Jahren begonnen, als noch Fürst A. I. Urussow lebte): es sei kein philosophisch-religiöser Traktat, kein Seelenerguß, keine Belletristik – sondern alles zusammen und so originell, daß es die Zeitgenossen nicht verstehen werden ... Ssologub, in Begleitung einer Dame, strich an mir vorbei und fragte freundlich, wie mir das Stück gefalle; nach dem ersten Aufzuge könne ich noch nicht urteilen, war meine Antwort ... Ich meinte zu Falkowskij, seinem Äußern nach gehe es ihm gut. »Ich bin ein furchtbarer Pechvogel, aber ein sehr starker Mensch. Meine Pläne schlagen mir alle fehl; das Leben trägt mir einen Stein im Busen nach, aber ich bin Optimist und werde drum weiterringen!« Dann, als er vom Tode meiner Frau erfuhr: »Sie sind ein Märtyrer, und es werden Ihnen viele Sünden verziehn werden, falls Sie welche haben!« ... Auch für Arabaschin, der mir lebhaft kondolierte, war meine Witwerschaft eine Neuigkeit.

DEN II. MAI 1915

Ich wußte gar nicht, daß Bogutscharskij so bekannt und beliebt war (bin ich ihm doch an literarischen Gesellschaftsabenden höchst selten begegnet und habe hier fast nichts über ihn zu verzeichnen gehabt). Das bewies seine heutige Beerdigung. Masse Menschen, Masse prächtiger beschleifter Kränze (aufs Grab wurde sogar ein ganzer Baum in einer Kufe, mit großen blaßblauen Blüten gestellt). Am Grab – eine Reihe Reden, welche andeutungsweise eine neue Revolution in Aussicht stellten und den Deutschen – ohne sie namentlich zu nennen – ein Ehrenzeugnis ausstellten; besonders eindringlich empfahl die Kalmykowa die Menschheitsliebe auf Kosten der Vaterlandsliebe, wobei sie auf die Verleumdung der Deutschen und den angereizten Deut-

schenhaß hinwies (ohne das Kind beim eigenen Namen zu nennen)
… Wodowosow lachte mir gegenüber auf das in allen Geschäften,
Kontoren u.s.w. ausgehängte: »Es wird gebeten, nicht deutsch zu
sprechen« und erzählte, er sei unlängst in Sibirien gewesen und habe
fast von allen, an die er sich russisch wandte, die deutsche Gegenfrage
erhalten: »Sprechen Sie deutsch?«, wonach die Unterhaltung deutsch
fortgesetzt wurde … Wieder erwies es sich, daß viele vom Tode meiner
Frau keine Ahnung hatten oder von der »Vera Michailowna« irregeführt wurden … Barjatinskij (mit seinem unvermeidlichen Chirjakow) sagte, er wünsche, nicht in der Gruft seiner Ahnen beerdigt zu
werden, doch auch nicht auf dem Wolkowo-Friedhof … Gorkij trug
nicht nur »europäische« Tracht, sondern sogar – Glacéhandschuhe!
(Keine einzige männliche Person auf dem Friedhof hatte behand-
schuhte Hände!). Da er mich völlig gleichgiltig ansah, so fragte ich:
»Alexej Maximowitsch, erkennen Sie mich nicht?« – »N-nein«. –
»Fiedler«. – »A, Fjodor Fjodorowitsch! Wie Sie aber abgemagert sind!«
(Ja, ich bin's dermaßen, daß mich viele, die mich zehnmal öfter sehn
als Gorkij, auf den ersten Blick nicht erkennen). Ein weiteres Gespräch konnte nicht geführt werden, da zu ihm Verschiedene traten.
Er war nicht bei der Übertragung der Leiche aus dem Sterbehause,
auch nicht in der Kirche während der »Absingung«, sondern nur vor
derselben am offenen Grabe.* – – […]

[JERMOLOWSKAJA BEI SSESTRORETZK,] DEN 5. JUNI 1915

Spazierte mit Wengerow zum Kurort.¹ Sein ganzes Archiv (das ihn
über fünfzigtausend Rbl. bar gekostet hat) bekommt nach seinem
Tode seine Familie; sein Wunsch ist, daß diese es nicht bruchstück-
weis, sondern als Ganzes an ein Kronsinstitut verkaufe … Erzählte folgendes: Es wird ein literarisches Sammelwerk zum Besten der Juden
herausgegeben. Viele Schriftsteller (darunter Andrejew, Gorkij und
Ssologub) haben beigesteuert – gratis, wie üblich; nur Kuprin habe ein
Honorar verlangt.

---

* Als N. A. Morosow (er stand grad an der Kirche) mich sah, begrüßte er mich
mit einem Kuß. Zum Gespräch kam's nicht, weil er sich grade mit einer Dame
unterhielt.

1 Ein Ort bei Ssestroretzk.

Mit der Tomaschewskaja am Strand spaziert. Sie war von Jugend auf eine intime Freundin der Mar. Andr. Potapenko. Erzählte viel von Potapenko. [...] Von seinen unzähligen Liebesabenteuern erzählte sie mir von folgenden: Seine erste »Frau« war eine Lambsi [Lampsi], eine reiche Gutsbesitzerstochter im Charkowschen Gouvernement, die er entführte. Dann war eine Olga Nikolajewna (den Familiennamen hat sie, die Tomaschewskaja, vergessen), eine unbedeutende Schauspielerin vom Moskauer Kleinen Theater. Dann hielt er's mit einer gewissen Mesheninowa [Misinowa], deren Bekanntschaft er Ant. Tschechow zu verdanken hatte (jetzt ist sie an den Regisseur Ssanin verheiratet). Mit ihr lebte er zur Zeit seiner Ehe mit Marja Andrejewna, wodurch es zu völligem Bruch mit der letzteren kam (getraut ist das Paar – nach langjähriger Zivilehe – in der Kirche der Bechterewschen Nervenklinik worden). Auch mit meiner Ex-Schülerin Sophie Ippa, als sie den Grafen Subow heiratete; dieser soll bis jetzt in sie verliebt sein; in Berlin, wo sie lange lebte, konzertierte sie auf dem Flügel ohne sonderlichen Erfolg; dann besuchte sie dort eine Schule für Theater-Mimik und hatte in einer Privat-Vorstellung einen solchen Erfolg, daß sie als Fenella (»Stumme von Portici«)[1] nach Kopenhagen engagiert wurde [...]

In der Stadt, auf dem Newskij, begegnete ich heut Wolynskij. »Was machen Sie?« fragte ich. »Arbeite den ganzen Tag, um nicht zu hören und zu sehn all das Empörende, was rund herum geschieht. Diesen blinden Haß gegen die Deutschen, denen wir Russen – und nicht wir allein – unsre heiligsten geistigen Güter verdanken, diese unverantwortlichen Verleumdungen in den Zeitungen – auch in den ›Birshewyje‹, an denen ich mitarbeiten *muß,* – der Deutschen, an deren Grausamkeit und Barbareien ich nicht glaube … Fort, fort aus dieser unheimlichen (кошмарная) Wirklichkeit zu Michelangelo und Leonardo, zu der Apokalypse und den Propheten! … Nichts kennen wir, nichts verstehen wir, denn wir haben nichts gelernt! Da ist

1 Oper von E. Scribe und G. Delavigne, Musik von D.-F. Auber (1828).

Pjatnitzkij, bei dem ich wohne. Welch ein stumpfer, harthäutiger, ungebildeter Mensch! Spricht von der deutschen Sprache! Wo jedes kleinste Wort von Bedeutung ist, in welcher die größten Philosophen aller Zeiten und Völker geschrieben haben! ... Fort, fort!« – »Kommen Sie doch zu mir!« – »Ja, ja, mit Entzücken! Mit *Ihnen* werde ich sprechen, werde ich das Herz erleichtern können (отвести душу); wir würden uns auf halbem Wort verstehn!« – »Sogar bei einem Glase Bier«. – »Was, auch Bier haben Sie? Das wird meine Zunge noch mehr lösen! Und wir wollen sprechen, sprechen ohne Ende! Schiller wollen wir lesen!! ...« Ich sah ihn, den kühlen Philosophen, noch nie in solcher Aufregung; er fieberte förmlich! ... Eilte in die Typographie der ›Birshewyje‹, denn er (Wolynskij) erledigt immer selbst die Korrektur. Leider sind wir heut Abend beide nicht frei; und morgen gehts wieder aufs Land.

DEN 28. JUNI 1915

Mit Librowitsch spaziert. Es erweist sich, daß er auch ein deutscher Schriftsteller sei. Als er noch am Dresdener Polytechnikum studierte, veröffentlichte er in Hamburg eine Kompilationsschrift: ›Der Kuß und das Küssen‹; dann einen Band eigener Erzählungen unter dem Titel ›Die Marlitt‹ (da dieselbe in allen eine Rolle spielt).

DEN 30. JULI 1915

Gestern – in Kuokkala. Zu Tschukowskij. Er lag – seit mehreren Tagen litt er an Angina, die vergangen ist, ihn jedoch so geschwächt hat, daß ihn beim Aufstehn schwindelt, – doch munter und lustig. Kein einziges böses Wort von den Deutschen, eher im Gegenteil ... Dann zu Repin. Auch hier – nicht nur kein einziges böses Wort, sondern sogar die Bitte an mich, die – ›Wacht am Rhein‹ zu spielen (ich ließ den Wunsch unerfüllt). Jewreinow trieb harmlosen Ulk und sang, gestikulierend, die Melodie des Einzugsmarsches der Deutschen in Warschau. Beständig ertönten deutsche Worte und sogar Phrasen – und nicht nur an der Mittagstafelrunde (ohne Alkohol), sondern auch im Garten, wo zuvor die Gäste auf einem großen Teppich lagerten oder auf Polstern saßen. Die Gäste waren fast ausschließlich namenlo-

se. Einer meinte zu Repin, seine Urteile lauten gar nicht mehr böse,
wie es früher der Fall gewesen, worauf Repin replizierte: »Ich war immer böse wie ein Hund!« … Als wir schon aufbrachen, erschien der
Futurist Chlebnikow und faselte über die Mystik der Zahl 317. – –

Zu Wolynskij angegangen, um 12. Zwar behost, doch nur benacht-
hemdet, saß er in seinem großen Kabinett (Wohnung Pjatnitzkijs,
Snamenskaja 20, Q. 29) und schrieb, umgeben von Folianten, darunter einem griechischen. Er legte jedoch sofort einen Kragen um und
zog einen Rock an, trotz meiner Bitte, sich nicht zu genieren. Lobte
sehr Filossofow für dessen heut in der ›Retsch‹ erteilten Rüge Ssologubs anläßlich dessen höchst pornographischer Erzählung ›Der blinde
Schmetterling‹, eben erschienen in der populären Familienwochen-
schrift ›Ogonjok‹ (redigiert von Bondi). Versicherte, er (Ssologub) sei
nicht nur auf dem Papiere Päderast; erzählte auch, wie er, als vor
vielen vielen Jahren im ›Ssewernyj westnik‹ die ›Schweren Träume‹
erschienen, er (Wolynskij) mehrere Seiten strich, die ausführlich den
Päderastierungsakt schilderten; in der Buchausgabe des Romans
führte Ssologub diese Szenen wieder ein und beklagte sich im Vorwort
über die Kastrierung des Werks im Journal … Auch versicherte er
(Wolynskij), Mereshkowskij habe an den alten Ssuworin noch weit
kompromittierendere Briefe geschrieben als die beiden, welche die
›Nowoje wremja‹ vor etwa einem Jahr veröffentlicht, wodurch
Mereshkowskij als Mensch in dem allerungünstigsten Licht erscheint
(damals gabs in der Schriftstellerwelt anläßlich dieses Inzidents sehr
starkes Schütteln des Kopfes). Aber im Ssuworinschen Archiv liegen
nicht nur derartige Briefe Mereshkowskijs, sondern auch seiner Gattin, der Sinaide Hippius, die den alten Ssuworin oft heimlich besuchte. »Sie war immer eine Aventuristin«, schloß Wolynskij seine
Erzählung. Während derselben gedachte ich jener fernen Zeit, wo
man sich erzählte, sie, die Sina, setze ihrem Mann Hörner an, indem
sie – Wolynskij heimlich besuche (sie – ihn). Und sofort nach dieser
Erzählung zeigte er (Wolynskij) mir das eingebundene Buch der Sina
›Новые люди‹[1] und wies auf die ihm geltende (gedruckte) Widmung
hin (1895) sowie auf einen vorgeklebten Brief der Verfasserin an ihn,
von dem er nur bedeutsam meinte: »Sehr interessant!« Dann legte er

---

1 ›Neue Menschen‹ (russ.).

das Buch zurück in den Kasten, der noch andre Raritäten zu enthalten scheint. Denn er entnahm demselben und zeigte mir ein intimes Portrait (das ich bei ihm, übrigens, schon vor Jahren sah): an einem Karren steht, eine Rosengerbe in der Hand, die Lou Andreas-Salomé und, an den Karren gespannt, stehn: Nietzsche und Paul Rée. Das Portrait ist in der Schweiz gemacht (in Luzern, wie mein flüchtiger Blick mich belehrte). Wolynskij hat das Bild von der Andreas-Salomé zum Geschenk erhalten und erklärte mir: beide Herrn seien in die Lou verliebt gewesen, sie habe den Vorzug Rée gegeben, aber doch den Prof. Andreas geheiratet. Gleichzeitig gab sie ihm mehrere Briefe Nietzsches an sie, von denen er sich Abschriften machte ... Wolynskij ist vergeßsam. Als er das letzte Mal bei mir war, betrachtete er das Portrait, auf dem wir gemeinsam abgenommen sind, fand sich sehr getroffen und fragte mich, wie er das Bild bekommen könnte. Und heut (als wir zufällig unsre gemeinsame Abnahme erwähnten) versicherte er, er habe das Bild noch kein einziges Mal gesehn [...] Als das Gespräch auf das demnächstige Erscheinen seiner sämtlichen Werke kam, versicherte er, seine Bücher seien schon längst in keinem Laden mehr zu haben, seien längst ausverkauft. Nun aber besitz ich einen Zeitungsausschnitt (den aufzusuchen ich augenblicklich keine Zeit habe), des Inhalts (es ist eine amtliche Bekanntmachung), daß Chaim Flexers Eigentum – bestehend aus einem bei ihm befindlichen Lager seiner Schriften – schuldenwegen öffentlich veräußert werde. Die Bücher wurden – wenn ich mich recht entsinne – nach ihrem bloßen Papiergewicht verklopft. Somit kamen sie nicht auf dem Wege des Buchhandels ins Publikum. Oder meint nun Wolynskij, das sei gleichwertig? Oder sprach er wissentlich eine Unwahrheit?

Wir berührten auch – jetzt allgemein erörterte – Frage der Möglichkeit eines Einzugs der Deutschen in Petersburg. Ich meinte, wir zwei wenigstens hätten von einer gewaltsamen Aneignung unsrer Bibliothek etc. nichts zu befürchten, denn unser diesbez. Eigentum bekunde zu viel Deutschfreundliches. »Auch kennt man mich in Berlin!« meinte Wolynskij beruhigt. Und so beschlossen wir denn – nicht zu flüchten.

DEN 4. AUGUST 1915

Heut wurde der populäre Schauspieler Warlamow beerdigt. Ich war
sowohl auf dem Bahn-, als auch auf dem Friedhof. Nicht des Toten
wegen, denn was kümmert mich der Fatzke und Mätzchenmacher,
sondern in der Hoffnung, Schriftsteller vorzufinden. Da ich keinen
einzigen lebendigen vorfand, so besuchte ich die Toten. Auf Fofanows
Grab steht noch unter Glas der Kranz vom Beerdigungstage mit der
Schleifeninschrift: »Мои надгробные цветы Должны быть розо-
вой окраски«.[1] Doch nicht nur rosenrote Blumen – es sind überhaupt keine da, mit Ausnahme einer weißen Feldblume (winzige
kätzchenartige weiße Blüten als kleine Büschel). Hohes wüstes Gras.
Ebenso verwildert ist das Grab Slutschewskijs mit der verwitterten In-
schrift: »Kammerherr des Allerhöchsten Hofes« auf dem morschen-
den Holzkreuz. Doch das Grab der Tschumina, mit der Menge frischer Gartenblumen darauf und den vielen Kränzen unter Glas dahinter, regt den Eindruck, als wär es erst vor einigen Tagen aufgeworfen.

DEN 29. AUGUST 1915

Die heutige Beerdigung des Nicht- oder nur Halb-Schriftstellers
Leon. Iw. Lutugins war die grandioseste seit derjenigen N.K. Michailowskijs. Und wie jene, hatte auch diese an erster Stelle eine politische
Demonstration zum Zweck. Die zahllosen Reden am Grabe waren
nicht dem äußeren Feind gewidmet (kein einziges böses Wort fiel
gegen die Deutschen), sondern dem innern – der Regierung und pro-
phezeiten den baldigst bevorstehenden Ausbruch der Revolution.

Auf dem Friedhof sprach ich kurz Gorkij (der sich beständig seitwärts hielt und diesmal unbehandschuht war). Zu meiner Aufforderung, sich selbst in meinem Museum zu besichtigen, meinte er mit
einem halb geschmeichelten, halb verächtlichen Lächeln: »Das interessiert mich am wenigsten«.

Ljatzkij erzählte mir, er sei in großen Sorgen: in Kurland habe er
sechstausend Bücher und eine Menge wichtiger literarischer Doku-
mente. Ich meinte lächelnd: »Wenn die Deutschen sie nach der König-

---

1 »Meine Grabblumen müssen rosarot sein« (russ.). Zwei Zeilen aus einem Gedicht K. Fofanows (›Elegie‹, 1886).

lichen Bibliothek in Berlin schaffen, sind sie dort besser aufgehoben
als hier!« – »Das wäre noch das Wenigste! Aber wenn die eigenen
Landsleute alles ausrauben und niederbrennen werden, – was dann?!«

Sonst konnt ich in dem argen Gedränge mit verschiedenen Schriftstellern nur oberflächliche Worte wechseln.

DEN 31. AUGUST 1915

Gestern, eingeladen, fuhr ich nach Gatschina zu Kuprin, dem Na-
menstagskinde. Es war ein sommerwarmer Sonntag. Da saßen wir
denn alle im Garten, wobei Bier und Wein getrunken wurde. Eben
hatte uns Kuprin seine epische Satire auf den Gauner und Frechling
Manytsch vorgelesen, als dieser (dem Lisa ihr Haus verboten) den
Garten betrat. Eine große allgemeine Verlegenheitspause trat ein (die
Damen saßen ein paar Schritt abseits von unserm Fliederbaum).
Kuprin trat zu Manytsch, begrüßte ihn freundlich, nahm ihn unter
den Arm und führte ihn fort, nach dem Gartenteil vor dem Hause.
Dann kehrte er ohne ihn zurück. Nach etwa zehn Minuten benutzte
er die Gelegenheit, um seine Frau beiseite zu führen. Das Resultat der
geflüsterten Unterredung war, daß Manytsch wieder auf der Bildfläche auftauchte, von allen liebenswürdig bewillkommt wurde und
sich mit der Unbefangenheit eines uralten Hausfreunds benahm.

Wer die andern waren? Der bekannte Futurist Nik. Iw. Kulbin
(der nicht nur keinen einzigen »Geniestreich« losließ, sondern auch
äußerlich, wie auch innerlich, der allernatürlichste Mensch war), der
Karikaturist Radakow, Pilskij (in Offziersuniform, den im Krieg
verwundeten rechten Arm in einer Binde), Roslawlew und Kotylew;
später kam noch »Jascha« Bronstein hinzu. Beim Mittagessen – während dessen ich teilnahmslos am Nebentisch saß, da ich zum Abendessen bei Ismailow sein mußte, – wurde fleißig Rjabinowka, Rot- und
Weißwein und Bier getrunken und Alltägliches gesprochen. Kuprin
gab sich zurückhaltend und erklärte: »So nett ich als Gast bin, so
wenig liebenswürdig bin ich als Wirt«. Er erklärte sich bereit, mit mir
zu Ismailow zu fahren und dann bei mir zu nächtigen. Er forderte
auch die andern zum Mitkommen auf, aber nur Manytsch gaben [sic!]
ihre Einwilligung … Nach dem Mittagessen nahm Kuprin von Lisa
Geld, und alle begaben sich nach dem Warschauer Bahnhof zum 8.28-

Uhr-Zuge. Kuprin fuhr mit einer alten Bekannten, einer Lehrerin, hin. Doch, angekommen, erklärte er der Dame, er müsse für einen Augenblick fort und werde unbedingt zum Zug (der übrigens starke Verspätung hatte) wieder da sein. Aber er blieb verschwunden, obschon wir ihn alle überall suchten. Kulbin (er ist Arzt für innere Krankheiten am Hauptstab) meinte, es sei ihm plötzlich unwohl geworden und er sei drum heimgefahren. Die andern ergingen sich in den allerverschiedensten Mutmaßungen. Wohl hatte er wacker mitgetrunken, doch betrunken war er nicht, so daß sein Gesicht noch nicht Zeit hatte, sich zu röten und aufzudunsen. […]

Als ich Ismailows Kabinett betrat, sah ich an der Schreibtischecke düster Baranzewitsch hocken. Ich ging – grußlos natürlich – an ihm vorbei und durch die nächsten Zimmer zum Speisetisch, wo ich meinen Hunger stillte. Außer Bier gab's keinen sonstigen Tropfen Alkohols, doch das Gambrinus-Bräu war in reichlichem Maße vorhanden … Anwesend traf ich: Muyshel, Grien, Brussjanin, Jassinskij, Karpow, Faressow, A. Sarin, die Grinewskaja. Lasarewskij […] und – Potapenko nebst Natascha (in hoher Frisur). […] Natascha meinte ziemlich hochmütig: »Wir haben ein Automobil!« Beide zischelten drauf kurz miteinander und luden mich dann ein, mit ihnen zu fahren: sie würden mich bis zu meinem Hause bringen. Zögernd willigte ich ein … Potapenko stieg kriechend (auf jede Stufe beide Füße stellend) die Treppe hinunter, hüllte sich in einen warmen Paletot mit Pelzkragen und setzte sich ins Automobil, sich die Beine mit einem Plaid bedeckend (es waren etwa 12° über 0), ich mußte mich neben ihn setzen, Natascha setzte sich zum Chauffeur (das Automobil war ein offenes), und fort ging's in pfeilgeschwinder Fahrt (die endlose Strecke vom Smolenskij-Friedhof bis zu meiner Wohnung wurde – Potapenko sah nach der Uhr – in zwanzig Minuten zurückgelegt); der warme Wind blies uns dermaßen stark ins Gesicht, daß wir gar nicht sprechen konnten.

DEN 20. SEPTEMBER 1915

Tinjakow bei mir gewesen. Sein Vater, der im Orlowschen Gouvernement lebt, hat ein jährliches Einkommen von sechzigtausend Rbln., schickt ihm monatlich aber nur etwa hundert, weil er unter

die Schriftsteller gegangen ist und dabei noch trinkt. Und er leidet nun unter dem Alkoholverbot stark, denn früher trank er
tüchtig: zwölf Flaschen Bier täglich waren etwas Gewöhnliches; er
brachte es aber mitunter bis zu zwanzig, bis kleine Halluzinationen
(Vorwort zum Delirium) eintraten und er dann eine kleine Pause
machte.

DEN 22. SEPTEMBER 1915

Begegnete Meissner. Bedauerte, das Gedicht ›С крестом‹[1] (die deutsche Barmherzige Schwester tötet schwerverwundete russische Krieger)
in sein Buch ›В паутине религий‹[2] aufgenommen und es überhaupt
geschrieben zu haben: er sei irregeführt worden durch die verleumde-
rischen Zeitungsnachrichten von den Grausamkeiten der Deutschen.
Auch die Zertrümmerung der Kathedrale von Reims habe sich als
maßlos übertrieben erwiesen. Sonst habe er literarisch den »Patriotismus« nicht verwertet.

Auch begegnete ich Okunew. Er war 4 ½ Monate lang Soldat und
hat an vier Schlachten teilgenommen (jetzt ist er gesundheitlich für
dienstunfähig erklärt worden) und hat ein Georgskreuz erhalten. »Für
welchen Akt der Tapferkeit – weiß ich nicht. Denn ich bin ein großer
Feigling, fürchte den Tod furchtbar und vermeide drum jegliche
Gefahr«. – »Was können Sie von den Grausamkeiten der Deutschen
berichten?« – »Nichts, denn ich sah keine und hörte von keinen. Sehr
viel Bestialitäten sah ich seitens der Russen: z.B. haben die Kosaken
und die Gardeteile (гвардейские части) die Stadt Brody ausgeplün-
dert und niedergebrannt, die Einwohner massakriert und geschändet
(изнасиловали)«.

DEN 1. OKTOBER 1915

[…] Die »Slutschewskij-Abende« fanden im vorigen Jahre höchstens
nur dreimal statt. Ich folgte keiner einzigen Einladung, denn ich
scheute deutschgehässige Ausfälle seitens gewisser reimender Schwarz-

---

1 ›Mit dem Kreuz‹ (russ.). — 2 ›Im Spinngewebe der Religionen‹ (russ.).

hundert-Patrioten.[1] Heut aber ging ich doch hin. Den »Abend« gab
um 4 Uhr Jassinskij. Alles verlief glatt und ruhig, ein paar kleine »pa-
triotische« Ausfälle ausgenommen, die sich Chwostow und Avenarius
(der Renegat!) leisteten. Gerecht war Kokowzew, recht liberal Schulgowskij. Anwesend noch: Bykow nebst Frau, die Tschebyschewa-
Dmitrijewa, die Grinewskaja, die Berchman, die Marg. Lapina, die
Töffi, der seltene Ldow (sieht nun auffallend Sardou in dessen letzten
Lebensjahren ähnlich), Ismailow (der seit vielen Jahren kein einziges
Mal dagewesen; überhaupt war er, glaub ich, nur ein einziges Mal),
Kljujew (erste Bekanntschaft. Lebt als Bauer in einem Dorf, das vier-
hundert Werst von der Eisenbahnstation entfernt ist), Pimen Karpow
(erste Bekanntschaft), Umanow-Kaplunowskij, Meissner, Kurdjumow
(mit einem Monokle), Gorodetzkij, Ssadowskoj, Kondratjew. Zum
Glück fehlten die »Patrioten«: Gribowskij, I. I. Ssokolow und die
Kühlstaedt. Es fehlte auch Masurkewitsch – wohl weil er Trauer hat.
Es wurde versichert, daß seine Frau nicht aus »Versehn« gestorben ist,
sondern durch Selbstmord: zwei Wochen vor ihrem Tode bereits hatte
sie einen Selbstvergiftungsversuch gemacht, von dem sie jedoch gerettet wurde; der zweite gelang ihr … Bedauert wurde Zensor: laut
Mitteilung der ›Birshewyje wedomosti‹ fiel er gestern vom Trittbrett
des Trams ab und schlug aufs Pflaster; die Verletzungen sind lebensgefährlich … Plötzlich ging die Tür auf, und herein trat – Zensor! Er
ist allerdings abgestürzt, aber der Schaden, den er genommen, ist ganz
geringfügig. (Also wieder die sensationslüstern verlogene ›Birshewyje
wedomosti‹!). Jassinskij (setzte sich in seiner Eigenschaft als liebenswürdiger Wirt fast für keinen Augenblick. Zum Mittagessen gabs eine
Rum-Bowle) verfocht die Kürze eines Gedichts; »am besten wirkt es,
wenn es sich dem Schweigen nähert« … Aber dunkel wars in seinen
zwei Zimmern mit den Petroleum-Lampen! Und dann – das »Ministerium für innere Angelegenheiten« befindet sich im Garten und
trotzt von Rot, so daß eine »Sitzung« unmöglich ist.

1 »Die Schwarzhunderter« – bewaffnete Trupps, die 1905-1907 im Rahmen des
»Verbandes des russischen Volkes« und ähnlicher »patriotischer« Organisationen
entstanden. Als »Schwarzhunderter« bezeichnete man sonst in den liberal-demokratischen Kreisen vor 1917 alle rechtsradikalen, »prorussisch« eingestellten
Parteien und Gruppen.

DEN 6. OKTOBER 1915

Heut berief mich Ismailow zu sich zum Mittagessen. Am Kopfkissen seines Betts, unter der elektrischen Birne an der Wand, – hängt ein Spiegel von der Größe dieses Hefts, so daß er sich selber jede Sekunde beschauen kann; daneben, in einem kleinen Holzständer, mehrere Fläschchen, offenbar medizinische Tropfen enthaltend … Es waren da noch die beiden Volkslyriker (die ich nach dem Essen mit zu mir nahm): der 27jährige Nik. Alexejew. Kljujew (im Zitzhemd, sieht wie Dukmeyer aus) und der 20jährige Sserg. Alexandr. Jessenin, ein liebes Knabengesicht mit vertrauensvoll-naiven Augen unter blondkrausem Haar. Beide sind Altgläubige. Als sie mir was in mein »Zu-Gast«-Album einschrieben, gebrauchten beide das Wort Спас (Heiland), schrieben es aber mit kleinen Buchstaben, den sie, auf meinen und Is-mailows Hinweis, in einen großen veränderten. Während wir im Tram fuhren, blickte mich der neben mir sitzende Jessenin wie bewundernd an und nannte mich schüchtern Du. Er lebt als einfacher Bauer unweit von Rjasan. Kljujew (von dem ich bereits S. 17 berichtet) bewohnt mit seinem 75jährigen Vater eine Hütte am Flußufer; aus demselben schöpft er Wasser, kocht das Essen, wäscht Wäsche und Dielen, – besorgt überhaupt den ganzen Haushalt. Er raucht nicht, ißt aber Animalisches (nicht einmal Kohl und Gurken gedeihen in seinem weltvergessenen Dorf) und trinkt Bier (bei mir). In seiner Jugend trug er Ketten am Leibe; »для Бога«,[1] wie er mir auf meine erstaunte Warum-Frage einfach antwortete. Als er Heines eingerahmtes Auto-graph sah, meinte er zu Jessenin in vorwurfsvollem Ton, der gleich-zeitig ihm selber und Jessenin zu gelten schien: »Aus sieben Zeilen sind vier gemacht worden! Siehst du, wie die Leute schrieben!« Beide bewunderten mein Museum und scheinen in der Literatur nicht un-bewandert zu sein. Beim Anblick des gipsernen Nietzsche-Kopfs rief Jessenin aus: »Nietzsche!« … Kljujew (Nom.) scheint Jessenin (Akk.) sehr zu lieben: er neigte dessen Kopf sich auf die Schulter und krau[l]te ihm das Kopfhaar.

1 »Für den Gott« (russ.).

DEN 4. DEZEMBER 1915

Heut bei Wass. Nemirowitsch-Dantschenko gefrühstückt, mit dessen
Bruder Wladimir, der vor einer ¼ Stunde angekommen und bei
Wassilij abgestiegen ist. Wladimir (trank ausschließlich Tee) erzählte
von Wl. Tichonow, daß es beinah zwischen ihm und ihm einen Skan-
dal gegeben hätte; im »Wena«, wohin Nemirowitsch-Dantschenko mit
Kuprin gekommen war. Am Nebentisch saß Tichonow und meinte
(schon etwas fertig) demonstrativ: »Da sitzt ein Gletscher neben einem
Vulkan!« (sc. Kuprin) ... Er (Wladimir) wurde ans Telefon berufen.
Ins Speisezimmer rückgekehrt, erzählte er, er habe eben mit Mereshkowskij gesprochen. Letzterer sagte ihm, er schreibe grad an einem
Roman, dessen Held Bakunin sei; doch werde er ihn Kubanin nennen. Das Künstlerische Theater studiert gerade sein, Mereshkowskijs,
Drama ›Будет радость‹,[1] in das sich die Schauspieler täglich tiefer
und liebevoller versenken, obgleich dem Stück viel kühle Reflexion
anhafte. Nie mehr aufführen jedoch werde er, Wlad. Nemirowitsch-
Dantschenko, etwas von Gerh. Hauptmann: weil er jene Erklärung
der deutschen Gelehrten und Schriftsteller unterzeichnet habe, in welcher der Vandalismus und die Barbarei der deutschen Kriegsführung
gerechtfertigt werde. In Berlin hat er (Hauptmann) die ganze Ge-
nossenschaft des Künstlerischen Theaters glänzend bewirtet. Seine
Stücke stellte er Nemirowtisch-Dantschenko so rechtzeitig zur Verfügung, daß sie gleichzeitig russisch und deutsch aufgeführt werden
konnten. »Was war das für ein interessanter, lieber Mensch! Und nun
existiert er für mich nicht mehr. Ich habe sogar sein Portrait aus meinem Zimmer entfernt« ... Wir sprachen vom verstorbenen S. N.
Filippow, und ich erzählte, daß er die russische Nation so gehaßt,
verachtet und geschimpft habe, wie es der ärgste Nicht-Russe nicht
hätte tun können. Dazu bemerkte Wladimir, daß ihm neulich ganz
ähnliches passiert sei: auch er habe ganz Rußland heruntergemacht,
und zwar auf Kosten Deutschlands, wobei er Kaiser Wilhelm hoch
gepriesen ... Zur Frage der schier unerschwinglich hohen Lebens-
mittelpreise meinte Wassilij, dem Unfug sei leicht ein Ende gemacht:
man müsse nur vor jedem Laden und vor jeder Bank einen Galgen
errichten und dran fleißig die Kaufleute und Bankiers aufknüpfen ...

1 ›Es wird eine Freude sein‹ (russ.).

Schon seit längerer Zeit nahm ich wahr, daß er auf G. S. Petrow schlecht zu sprechen sei: er sagt es nicht direkt heraus, begnügt sich jedoch mit kurzen satirischen und spöttischen Bemerkungen über ihn. – –

Vom eben verstorbenen und längst gestorbenen Kritiker M. A. Protopopow besitz ich weder Brief noch Buch noch Portrait. Nur seine Einschrift in mein großes Autographen-Album vom 5. Juli 1895 [...]

Wlad. Nemirowitsch-Dantschenko versicherte mir (was er übrigens bereits seit Jahren tut), er halte für mich zwei große Schreibtischkasten voll Schriftstellerbriefe bereit: ich solle jedoch nach Moskau kommen und sie selber abholen... Solche Briefe hebe er erst seit zwölf Jahren auf: zuvor habe er alle Schriftstellerbriefe vernichtet (die Tschechows ausgenommen).

DEN 30. DEZEMBER 1915

Schon vor 3 Jahren hatte mich Natascha gebeten, sie bei Repin einzuführen. Vor ein paar Tagen nun fragte sie mich, ob ich während der Weihnachtswoche hinzufahren gedenke. Ich sagte Ja. Da bat sie mich, sie mitzunehmen. Ich sagte zu. Heut nun fuhren wir mit dem 1.20- Zuge nach Kuokkala. Sie (Natascha) hatte über dem Kopf und dem Eichhornpelz ein weißes Tuch gebunden und glich, besonders wenn sie den Kopf emporrichtete und die Arme zur Brust hob, der Trauernden Maria (Holzstatue im Nürnberger Germanischen Museum). Sie gab sich während der Fahrt natürlich und herzlich, und der Vergangenheit wurde mit keinem Wort erwähnt; zudem verspürte ich nicht die mindeste Lust zum Erinnern ans Alte. Im Nebencoupé saß Günzburg mit ein paar Damen und setzte sich zu uns. [...] Repin hieß mich und sie (Natascha) freudig willkommen und arrangierte gleich nach dem Tee, oben in seinem Atelier eine Séance: Natascha mußte sich auf ein Podium setzen (das Repin eigenhändig ins rechte Licht rückte, ohne daß sie abzusteigen brauchte) und nun begannen – Repin voran – mehrere seiner Gäste, Herrn und Damen, sie abzuzeichnen (meist mit Kohle). Das währte bis ½ 6. Dann ging's nach unten, wo derweil Günzburg mehrere Personen kostümiert hatte; er selbst war ein Fräulein im schwarzen Ledakostüm und mit weißem Laken. Ich setzte mich an den Flügel und spielte Marsch, Galopp, Walzer, Unga-

rischen etc., und alle tanzten; selbst Repin beteiligte sich am Grand
rond. Außerdem imitierte Günzburg eine Seiltänzerin, einen Kraft-
menschen, einen Jongleur, einen Schwertschlucker etc. Dann ging's
nebenan ins Speisezimmer, wo inmitten des Tisches ein mit Flitter
und Knallbonbons geschmückter Tannenbaum strahlte, der sich
gleichzeitig mit dem Tisch drehte. Eine Dame sang russische Lieder,
und Repin sang mit. Er war überhaupt sehr aufgelegt und sichtlich
unter Nataschas Einfluß, – die sich übrigens bescheiden und schlicht
gerierte. Als ich, nach aufgehobener Tafel, mich von Repin verabschiedete (wir sollten mit dem 7.40-Zuge fahren, und unser harrte bereits
auf dem Hof der Fuhrmannsschlitten) und das übliche Danke sagte,
meinte er: »Nicht Sie – ich muß Ihnen danken, daß Sie uns einen
solchen Gast gebracht haben!« Günzburg, der mit demselben Zuge
fahren wollte (der nächste geht erst um die elfte Stunde und trifft oft
erst – da er regelmäßig Verspätung hat – um 1 nachts oder gar noch
später in Petersburg ein), besann sich plötzlich eines andern (es tanzte
ein neuhinzugekommener Kostümierter) und beschloß zu bleiben.
Auch Natascha – der es sichtlich imponiert hatte, daß Repin ihr Portrait gezeichnet, – wollte bleiben: um sich das Bild auszubitten, was
doch nur allmählich geschehn konnte. Sie war bereits zur Abreise halb
angezogen; ich meinte, sie sollte nur bleiben, – ich aber müsse fahren,
– es würde sie schon Günzburg völlig wohlbehalten heimbringen. Sie
meinte zwar: »Sei nicht böse! Sonst werd ich lieber gleich mit dir
fahren!« Ich beruhigte sie. Zudem kam Repin und bat mich geradezu
flehentlich, zu bleiben oder Natascha »zu lassen«. So fuhr ich denn
seelenvergnügt ab … Während des Mittagessens, als wir uns duzten,
fragten ein paar, ob wir Verwandte seien. Nein. Ja, warum mich alsdann Natascha duze. »Weil er von allen so geachtet wird … und weil
ich ihn liebe«, antwortete sie naiv, und die andern lachten.

Potapenko telefonte mir, Natascha sei erst um 2 heimgekommen,
und zwar ohne das Portrait: sie hatte nicht den Mut, Repin um dasselbe zu bitten.

Auch Tschukowskij war da, aber er kam kurz vor und ging gleich
nach dem Essen – schlafen, wie mir seine nette Frau sagte. Denn er
leide an arger Schlaflosigkeit (den ganzen Tag drauf könne er absolut
keine Zeile schreiben), die durch keinerlei Schlafmittel behoben
werden könne.

DEN 10. MAI 1916

[…] Natascha war in Kuokkala, bei Repin, zu dem sie montags und dienstags hinfährt und ihm posiert: er malt sie, und zwar – als Madonna! (Wer lacht da?) […]

[JERMOLOWSKAJA BEI SSESTRORETZK,] DEN 8. JULI 1916

Gestern ist Mark Krinitzkij hierher übergesiedelt, ins andre Haus […] Heut machte ich seine Bekanntschaft. Der erste Eindruck ist ein recht günstiger. Er lebte letzthin ständig in Moskau (seine Familie ist noch jetzt dort) und hat erst kürzlich seinen Wohnsitz in Petersburg genommen. Er sagte von sich selber: »Я ни в чем не имею вкуса: ни в вине, ни в табаке, ни в женщинах, ни в музыке. В музыке я даже слеп«.[1] Letztere Phrase wiederholte er zweimal. Mit ihm und dem Mann der Vera Jewgenjewna Koppelmann, unsrer Majordomina, sprachen wir über den Krieg und speziell über die Deutschen. Beide erwiesen sich keineswegs als deutschfeindlich gesinnt – eher sogar germanophil.

DEN 9. JULI 1916

Der eigentliche Name Krinitzkijs ist: Michail Wladimirowitsch Ssamygin (Самыгин). Mit ihm nach Kurort spazierengegangen, wo er ein möbliertes Zimmer für seine Frau nebst zehnmonatigem Sohn suchte – umsonst: man gab ihm keins des Kindes wegen. Um 4 kam er zu mir. Während er mir ins Album einschrieb, nahm er etwas von der Feder weg und wischte sich dann die Finger am Kopfhaar ab. (Der erste Schriftsteller, der vor mir das altväterische Löschblatt verlebendigte.) Dann erzählte er mir (ganz freiwillig) seine Biographie. Er zählt 42. Nach dem Studium an der Moskauer Universität wollte er sich zum Katheder für Philosophie vorbereiten, doch es kam nicht dazu. Er nahm eine Lehrerstelle (russische Sprache und Literatur) an und war siebzehn Jahre lang Pädagoge an Gymnasien von Orjol, Kolomna

[1] »Ich finde an nichts Geschmack: nicht am Wein, nicht am Tabak, nicht an den Frauen und auch nicht an der Musik. In der Musik bin ich sogar blind« (russ.).

und Rjasan. (Erhält jetzt hundert Rbl. Pension monatlich). Er wollte
den »Augias-Stall« des Lehrertums reinigen, wollte die »Peredonows«[1]
ausrotten, schrieb diesbezüg. Memoriale ans Ministerium der Volks-
aufklärung und – zog sich dadurch den Haß der ganzen provinzialen
Lehrerschaft zu. So kam es, daß er zwar Staatsrat ist, doch keinen einzigen Orden hat. Seine pädagogische Tätigkeit nahm ihn derart in
Anspruch, daß er nichts aus der modernen Literatur las und fast nichts
schrieb (er hatte zuvor vier Bände veröffentlicht). Endlich, vor Ermüdung und der Hoffnungslosigkeit in bezug auf den Erfolg seiner
pädagogisch-reformatorischen Pläne erkrankte er und nahm seinen
Abschied. Danach warf er sich ganz auf die Literatur und schrieb in
drei Jahren acht Bände … Er lebt von seiner Frau getrennt. »Geschieden?« fragte ich. – »Nein, denn ich bin im Prinzip gegen jede formale
Scheidung« … Von dieser Frau hat er einen siebzehnjährigen Sohn
Ssergej, zwei Töchter (die in einem Moskauer Institut erzogen werden) und einen minderjährigen Sohn (in einem Moskauer Gymnasium). Jetzt hat er (Krinitzkij) eine »zivile« Frau und von ihr das zehn-
monatige Kind. Ssergej lebt mit ihm (nicht mit der Mutter, »woraus
Sie auf den Charakter der Mutter schließen können!«). Er hat ihn ganz
im Rousseauschen Sinn erzogen, ihm nie etwas befohlen, sondern nur
Ratschläge erteilt. Er sei ein sehr guter, sogar edler Jüngling, doch auf-
brausend und rücksichtslos. Besonders will er immer Unterdrückte
beschützen. Vor einem Jahr verließ er das Gymnasium (ohne es beendet zu haben) und wurde Sanitär. Auf der Straße sah er einen Offizier
einen Soldaten schlagen, mischte sich drein und beleidigte den Be-
leidiger derart, daß dieser ihn forderte. Er (Ssergej) verwundete ihn
mit dem Säbel stark am Oberarm. Jetzt will er, auf den Rat des Vaters
hin, sein Abiturium an einem hiesigen Gymnasium machen, doch als
Externer: er selbst befürchtet, er werde sich der Schuldisziplin nicht
unterwerfen können. Sein einjähriger Verbleib in den Militärkreisen
habe ihn (bedauerte der Vater, der überhaupt gegen jeden Krieg ist)
sehr grob gemacht … Von sich als Schriftsteller erzählte Krinitzkij
(übrigens nicht bei mir, sondern während unsres Spazierganges). Seine
Romane veröffentlichte er vorzugsweise in der Moskauer Zeitung

---

1 Gestalt aus dem Roman F. Ssologubs ›Der kleine Dämon‹, die zum Symbol
eines ungebildeten und grausamen Provinzlehrers geworden ist.

Friedrich Fiedler. Februar 1916. – *Aufschrift auf der Rückseite* (zweite
Zeile auf russisch): »Qui est ça, o großer Gott? Aus Bedlam ein Idiot!
F[iedler]«.

›Вечерние известия‹[1], und zwar ohne das Ganze als abgeschlossen
der Redaktion übergeben zu haben: er schrieb jedesmal einzelne Fortsetzungen, nachdem er alle Details des Ganzen und Einzelnen im
Geist ausgearbeitet hatte. Die Beschäftigung mit der Literatur hält er
für eine heilige Handlung (священнодействие) und die Literatur
selbst für einen Tempel. Darum fragt er nie denjenigen, dem er eins
seiner Bücher geschenkt, wie ihm dasselbe gefallen habe: »Es wäre dasselbe, wie wenn ein Priester, nach Verrichtung des Gottesdienstes, die
Gemeinde fragen würde, wie er eben das Amt zelebriert habe«. Deshalb habe er in Moskau nur wenig in Schriftsteller-Kreisen verkehrt.
Denn die wenigsten dort seien Priester, die meisten nur Parasiten der
Kunst. Für einen bedeutenden Dichter hält er Brjussow, mit dem er
befreundet gewesen ist. Auch Igor Ssewerjanin sei ein hervorragender
Dichter, und er begreife sehr wohl seine Anschwärmerinnen, die man
irrtümlich Psychopathinnen nennt: sie seien es schon aus dem Grunde
nicht, weil hierbei das sexuelle Element bei ihnen gar keine Rolle
spiele … Die Akademikerwürde habe Bunin nicht verdient; auch
hätte er sie, sogar verdient, verweigern müssen – als Protest gegen den
Ausschluß Gorkijs, ähnlich wie Tschechow gegen diese Annullierung
protestierte – durch seinen freiwilligen Austritt aus dem Akademiker-
Verband … Seinen (Krinitzkijs) eben zum Abschluß gelangten Roman ›Die Frau in Lila‹ habe er – nachdem er das Ganze reiflich über-
dacht – vom Ende angefangen und mit dem Anfang geendigt. Verse
hat er nie geschrieben, jedenfalls solche nie veröffentlicht. – Goethes
›Erlkönig‹ kann er auswendig, trotz seiner Versicherung, nur schlecht
das Deutsche zu kennen … Die tadelnde Kritik eines Unbekannten
sei ihm viel angenehmer und werter als die lobende eines Freundes.

Am 14ten machte mir Krinitzkij mit seiner jungen Frau eine Visite.
Die Haare – kurz und kraus, die Nase – in der Mitte etwas eingeknickt.
Sie sprach fast nichts. Im benachbarten Ssestroretzk sind 2 möblierte
Zimmer gemietet worden. –

1 ›Wetschernije iswestija‹.

Heut war er bei mir und brachte mir sein Buch ›Маскарад чувства‹.[1] Saß volle zwei Stunden und erzählte ununterbrochen von seiner Kameradschaft mit Brjussow. Diese begann, als er, Krinitzkij, noch Student des I. Kursus war. Von vornherein bezeigte er, Brjussow, ihm die innigste Teilnahme (Krinitzkij war damals unansehnlich, schmächtig, dickbehaart und unbeholfen und diente allen als Zielscheibe des Spottes). Krinitzkij hatte eben sein erstes Buch ›Im Nebel‹ (›В тумане‹) veröffentlicht. Brjussow wirkte für Krinitzkijs weitere literarische Karriere mit Rat und Tat. »Er war um mich besorgt, wie eine Wärterin, und unser Verhältnis war das zärtlichste«. Er riet ihm dringend davon ab, als Lehrer in die Provinz (Tula) zu ziehn, weil er dort versauern werde; doch Krinitzkij war schon verheiratet, hatte ein Kind und – kein Auskommen, so daß er die Stelle annehmen mußte. Brjussow besuchte ihn ein paarmal in Tula. Dann schrieb er ihm, er wolle heiraten, werde dies jedoch nur dann tun, wenn er, Krinitzkij, ihm dazu raten werde; deshalb solle er zu ihm nach Ostankowo [Ostankino] (Sommervilleggiatur bei Moskau) kommen. (Die Braut – und seine jetzige Frau – Jeanne, war Gouvernante im elterlichen Brjussow'schen Hause. Eines Abends machte sie ihm eine Liebeserklärung, und es kam zum »Fall«. Einige Zeit danach verübte sie einen Selbstmordversuch: warf sich in den Ostankow'schen [sic!] Teich, wurde jedoch von Brjussow herausgezogen). Krinitzkij fuhr hin. Brjussow ließ die beiden eine Stunde lang allein. Während des Gesprächs behandelte sie ihn mit überlegener Ironie, gefiel ihm aber trotzdem – für ihre Liebe zu Brjussow, – so daß er, von Brjussow nach seiner Meinung befragt, ihm zur Heirat riet. (Als er, Krinitzkij, nach Ost[ankino] kam, öffnete ihm die Gartentür des Landhauses ein junges Mädchen, das nach seinem Begehr fragte. Als er ihr seinen Namen nannte, erblaßte sie und begann zu zittern – es war Jeanne, die den Zweck seines Kommens kannte). Und es kam zur Heirat. Derselben beiwohnen konnte Krinitzkij jedoch nicht (konnte sich vom Dienst in der Provinz nicht freimachen) und schrieb drum Brjussow eine Postkarte, in welcher er ihm zur »feierlich-traurigen« (торжественно-печальной) Hochzeit gratulierte. (Allerdings ein ganz ungewöhnlicher Glückwunsch-Stil! F.). Brjussow schrieb ihm (Krinitzkij), er

---

1 ›Maskenball des Gefühls‹ (russ.).

habe während der Hochzeitsfeier den Glückwunsch vor allen verlesen
und er habe großes Interesse wachgerufen (das will ich meinen! F.).
Jahre vergingen, die Krinitzkij in der Provinz verbrachte. Brjussow
schrieb ihm nach wie vor. Da kam Krinitzkij nach Moskau und fuhr,
wie er früher stets getan, direkt vom Bahnhof zu Brjussow. Dieser
empfing ihn mit verschränkten Armen und erklärte, jeder, der ihn zu
sprechen wünsche, müsse sich eine Woche zuvor schriftlich anmelden
und dann seine Reihenfolge abwarten. Als er sah, welchen Eindruck
diese Worte auf den Gast machten, suchte er ihn durch liebenswürdige Scherze – zwischen denen jedoch immer die Ironie durchklang –
sowie durch Spott über seinen, Krinitzkijs, »Provinzialismus« – ab-
zuschwächen ... In seinem ›Tertia vigilia‹ habe Brjussow jedem seiner
Bekannten einen Abteil gewidmet, nur ihm, Krinitzkij, nicht, obgleich das Erscheinen des Buches in die Zeit ihres besten Einver-
ständnisses fiel, worüber sich Krinitzkij höchlichst gewundert ... Als
Brjussow ein wichtiges Mitglied in der Redaktion der ›Russkaja mysl‹
wurde, begegnete ihm Brjussow in Moskau. Kaum hatte er jedoch seinen eben zu Ende geschriebenen neuen Roman erwähnt, als Brjussow
ihm ins Wort fiel: »Wir sind mit Material für ein ganzes Jahr hinaus
versehn!« Und früher hatte er ihn den verschiedensten Zeitschriften
anempfohlen! ... Dann war Krinitzkij für nur einen Abend in Moskau,
wo Brjussow grade einen Vortrag hielt. Die Billete waren ausverkauft.
Aber Krinitzkij ging doch bis an das Vorzimmer, wo die Lektoren zu
weilen pflegen (исполнительская), wo er durch Brjussow selbst in
den Saal zu gelangen hoffte. Doch vor der Tür stand mit ausgespreizten Armen die Jeanne, erklärte, ihm kein Plätzchen anweisen zu
können, und ließ ihn nicht zu Brjussow: »Es darf jetzt kein Mensch zu
ihm herein, denn er sammelt sich (он сосредоточен)«. Als Krinitzkij
unverrichteter Sache zurückkehrte, lachten ihn ordnunghaltende
Studenten (распорядители) aus, denn sie hatten ihn von Anfang an
spöttisch gewarnt, er würde nicht zugelassen werden ... Krinitzkij und
Brjussow waren immer auf Sie ... Krinitzkij besitzt eine Menge intimer Briefe von Brjussow, die er mir alle schenken will (sie sind jetzt
noch in Moskau). Er hält ihn, Brjussow, auch jetzt noch für einen »bedeutenden Menschen«. –

    Seine »Frau« erklärte plötzlich, nicht nach Ssestroretzk übersiedeln
zu wollen, da die Einrichtung der Stadtwohnung zu viel Zeit be-

anspruche. Krinitzkij selbst, nebst Sohn Ssergej, aber wird hier
wohnen.

Krinitzkij erzählte noch folgendes: Sein Pseudonym datiert von
seinem ersten Buche her (›Im Nebel‹). Er griff zu demselben – aus
Furcht vor der Kritik … Er wollte sich ganz der Philosophie widmen
und studierte den ganzen Spinoza (lateinisch). Einmal war er bei Nik.
Jak. Groth, der seinen Adepten seinen neuen Zeit-Begriff erklärte.
Niemand wagte ein Wort des Widerspruchs, nur Krinitzkij erklärte,
er, Groth, habe Kant nicht verstanden. Dafür rächte sich Groth
dadurch, daß er, nach einem Vortrag Krinitzkijs über Spencers Ethik,
vor allen erklärte, er, Krinitzkij, entbehre jeder einschlägigen wissenschaftlichen Bildung … Als Student auch besuchte Krinitzkij mit seinem Kommilitonen Leon. Nik. Nikonow Tolstoj (in dessen Moskauer
Wohnung Chamowniki). Beide wurden von einem eleganten Diener
in ein kleines, ganz primitiv ausgestattetes Gemach rechts vom Vorzimmer geführt. Tolstoj erschien und erklärte von vornherein, ohne
die Besucher zum Sitzen aufzufordern oder ihnen auch nur die Hand
gereicht zu haben, er habe keine Zeit zu mündlicher Aussprache:
alles, was man von ihm erfahren wolle, sei in seinen Schriften zu finden. Krinitzkij faßte sich ein Herz und gestand, sie zweifelten an der
Existenz Gottes und seien gekommen, sich Rats hierüber zu erholen.
Da setzte sich Tolstoj und schlug »mit der Grazie eines Aristokraten
und ehemaligen Militärs« ein Bein über das andre. Er lud die beiden
gleichfalls zum Sitzen ein und dozierte: Alles sei vergänglich und
schwinde spurlos und sei drum unnütz. Gestrebt nach dem Zeitlichen
haben die Babylonier und Assyrer und seien nun für immer dahin.
»Wenn mir ein Bazillus in den Mund fliegt, so ist es aus mit mir und
mit allem, was ich Irdisches erstrebt und geschaffen, – mit meiner
ganzen Belletristik, weil sie unnütz ist«. Darum müsse der Mensch
nach dem Ewigen streben, und dieses Ewige sei Gott … Diese Erklärung befriedigte die beiden nicht. Aber heimgekehrt beschrieben
sie ihre Visite protokollarisch. Dieses Dokument befinde sich wohl
noch jetzt bei Nikonow, den er, Krinitzkij, aus den Augen verloren,
der jedoch in Petersburg lebe … Zwölf Jahre lang war Krinitzkij nervös krank, fast wahnsinnig … Seltsam berührte es mich, daß er, der
Spinoza im Original gelesen, mich bat, ihm den von mir gebrauchten
Ausdruck jalousie de métier zu übersetzen.

DEN 5. NOVEMBER 1916

Das war gestern, seit 30 Jahren, mein traurigster Geburtstag! Ich hatte
die Absicht, ihn durch ein Frühstück zu Hause zu feiern und hierzu
etwa 20 Personen einzuladen, – doch mein Arzt verbot mir aufs
strengste nicht nur die mindeste Aufregung, sondern selbst das Gehen, da ich mich letzthin erkältet habe. (Geschwülste an den Füßen
infolge schlechter Herztätigkeit.)

So »feierte« ich denn diesen Tag im Hospital, zu welchem Zweck ich
mir 3 Flaschen Rotwein anschaffte. Gratulieren aber kamen nur (außer
Shicharew, Karzow und den Verwandten): die Lukaschewitsch, Bulatzel (der nebenan, im Hauptgebäude, an den Beinen krank darnieder
liegt), die Shurawskaja und Wengerow. Gratulationen schickten: die
Schiele, die Grinewskaja, I. A. Bunin, N. A. Morosow (mit Frau) und
W. W. Tschechow, Karpow und Umanow-Kaplunowskij. (Auch meine
Schüler, nebst Blumen.) – Und wo blieb die übrige Hundert, die an diesem Abend und in dieser Nacht bei mir gegessen und getrunken und
mich für meine Gastfreundschaft in Prosa und in Versen besungen? – –

Da meines Bleibens in diesem Krylowschen Gratis-Zimmer nicht
mehr lange ist, so hat sich – ohne daß ich ihn hierum auch nur mit
einem Wort gebeten – Kotljarewskij in der Akademie der Wissenschaften und im Literatur-Fonds für mich verwendet, so daß beide für
meinen weiteren hiesigen Aufenthalt zahlen werden (à 45 Rbl. = 90
Rbl. monatlich)… Ich habe immer nur gehört, daß Kotljarewskij viel
verspricht und wenig hält. Desto dankbarer bin ich ihm für diese
unerwartete Hilfeleistung!

DEN 9. DEZEMBER 1916

Diese Tage war ich sehr gefährlich krank. Da überredeten mich die
meinigen, ein neues (die Interessen meiner Tochter mehr wahrneh-
mendes) Testament aufzusetzen. Sehr rege und aufopferungsvoll am
Ganzen beteiligte sich Bulatzel […] Als Testamentvollstrecker wurden
Wengerow und Ismailow (was mein »Museum« betrifft) ausersehen
und sagten sofort freudigst zu. Letzterer kam gestern und heute (er
versicherte auf Ehre, mir zum 4. November einen langen Brief geschrieben zu haben, den ich indes nicht erhielt); heut kam Wengerow.
Beide erteilten die besten praktischen Ratschläge.

Register

Personenregister[1]

Abramowa, Maria [Marussja] Moritzewna, geb. Heinrich (1865-1892) – Schauspielerin; unterhielt 1889-1890 ein Privattheater in Moskau. Seit 1891 gemeinsames Leben mit D. N. Mamin-Ssibirjak 121 f., 124, 133, 398, 400

Achmatowa (eigtl. Gorenko), Anna Andrejewna (1889-1966) – Dichterin. 1910-1918 Ehefrau N. S. Gumiljows 17, 426, 438

Adam (eigtl. Lamber), Juliette (1836-1936) – franz. Schriftstellerin; Herausgeberin. Unterhielt einen Salon in Paris. Verheiratet in zweiter Ehe mit dem Journalisten und Politiker Edmond Adam (1816-1877) 186

Adlerberg, Nikolaj Alexandrowitsch, Graf (1844-1904) – Sohn des Grafen A. W. Adlerberg (Minister des Kaiserlichen Hofes und persönlicher Freund Alexanders II.). Lebte auf einem Gut unweit von Jasnaja Poljana. Befreundet mit L. N. Tolstoj 318

Afanassjew, Leonid Nikolajewitsch (1864-1920) – Lyriker. Stand K. M. Fofanow und seiner Familie nahe 328, 430

Aksakow, Iwan Ssergejewitsch (1823-1886) – Publizist, Journalist, Lyriker. Sohn S. T. Aksakows 25, 372

Aksakow, Konstantin Ssergejewitsch (1817-1860) – Publizist, Kritiker, Lyriker; Historiker. Sohn S. T. Aksakows 25

Aksakow, Ssergej Timofejewitsch (1791-1859) – Prosaschriftsteller, Essayist, Autor von Memoiren 402

Alberti (eigtl. Sittenfeld), Konrad (1862-1918) – Romancier, Dramatiker, Journalist, Redakteur. Kritiker der naturalistischen Bewegung in Berlin 208, 272

Albow, Michail Nilowitsch (1851-1911) – Erzähler, Romancier 20, 57, 89, 94 f., 115, 121, 125 f., 134 f., 139, 173, 251, 260 f., 264, 277, 292, 306, 309, 311, 336, 362, 364, 382, 403 f.

Alexander (eigtl. Alexander Jaroslawowitsch), genannt Newskij (1220-1263) – Nowgoroder Fürst, Feldherr, Politiker und Diplomat, bekannt durch seine Siege über die Schweden und Deutschen. Rußlands Nationalheld 322

Alexander II. (1818-1881) – russischer Zar (1855 bis 1881), Sohn Nikolaus I.

---

1 Ungeachtet der uns zur Verfügung stehenden Informationen enthält das Namensregister alle in Fiedlers Tagebuch erwähnten Personen aus den Bereichen Literatur und Kunst sowie meistenteils auch deren Angehörige. Übrige Personen, wie etwa Hausbesitzer, Wirte usw., wurden nur in seltenen Fällen aufgenommen; das gleiche gilt für auf historischen Vorbildern beruhende literarische Helden wie etwa Nero oder Boris Godunow. Die Lebensdaten (vor 1918) russischer Autoren richten sich nach dem alten Kalender. Varianten und Diminutivformen von russischen Eigennamen, die im Tagebuch vorkommen, werden in eckigen Klammern angeführt, andere übliche Schreibarten von Namen in runden Klammern.

schichte der St. Petersburger Univer-
sität. Seit 1890 Akademiemitglied 11
Bibikow, Victor Iwanowitsch (1863-
1892) – Prosaschriftsteller, Kritiker
45, 58, 76 f., 79, 83 f., 87, 90
Bienstock (Binschtok), Wladimir
Ljwowitsch (1868-1933) – Journalist,
Dramaturg, Übersetzer der russischen Schriftsteller (L. Tolstoj,
Tschechow, Gorkij u.a.) ins Französische. Seit Ende der 1890er Jahre
vorwiegend in Paris. Starb in Revel
Bierbaum, Otto Julius (1865-1910) –
Publizist, Romancier und Reiseschriftsteller; Herausgeber 111
Biese, *Alfred* Karl Julius Adolf (1856-
1930) – Literaturhistoriker 141
Bilibin, Iwan Jakowlewitsch (1876-
1942) – Maler, Graphiker, Bühnen-
bildner. Emigrierte 1920. Kehrte
1936 in die Sowjetunion zurück
395, 397
Bilibin, Victor Victorowitsch (1859-
1908) – Kurzgeschichtenautor,
Feuilletonist, Dramatiker. Verfaßte
vorwiegend humoristische Werke
236
Bismarck, *Otto* Eduard Leopold von,
Graf von Bismarck-Schönhausen
(seit 1865), Fürst (seit 1871), Herzog
von Lauenburg (seit 1890) (1815-
1898) 135, 155, 317, 437
Bjørnson, *Bjørnstjerne* Martinius
(1832-1910) – norwegischer Dramatiker, Romancier, Novellist. Nobelpreisträger für Literatur (1903) 434
Bleibtreu, Henriette, geb. Siegert –
Mutter von K. Bleibtreu 154
Bleibtreu, Karl (1859-1928) – Dramatiker, Erzähler, Kritiker, Übersetzer;
Redakteur. Vorkämpfer des Naturalismus in Deutschland 154, 164, 317
Block, Alexander Alexandrowitsch
(1880-1921) – Dichter 17, 349, 368,
396 f., 409, 436

Blücher, Gebhard Leberecht, Fürst
von Wahlstatt (seit 1814) (1742-1819)
– preußischer Generalfeldmarschall
162, 167
Blumenthal Oscar (1852-1917) –
Schriftsteller, Theaterkritiker, Satiriker, Publizist. 1888-1897 Gründer
und Leiter des Lessing-Theaters in
Berlin 233
Boborykin, Pjotr Dmitrijewitsch
(1836-1921) – Autor von Romanen,
Erzählungen, Theaterstücken, Arbeiten zur russischen und westeuro-
päischen Literatur. Lebte seit 1914
im Ausland. Starb in Lugano
(Schweiz) 76, 171, 179, 283, 285,
295, 367, 382
Boborykina, Ssofja Alexandrowna,
geb. Sborshewskaja (1845-1925) –
Übersetzerin, Prosaschriftstellerin.
Schauspieldebütantin am Alexan-
drinskij Theater. Ehefrau P. D.
Boborykins. Starb in Lugano 285
Boccaccio, Giovanni (1313-1375) 234
Bock, Georg Friedrich *Philipp* (1845-
1919?) – Schauspieler, Regisseur.
Seit 1870 Leiter des Deutschen kaiserlichen Theaters in St. Petersburg,
seit 1883 Chefregisseur und Direktor. Nach Schließung des Theaters
(1890) Übersiedelung nach Berlin,
Gründung einer Schauspieltruppe.
Anfang der 1890er Jahre unternahm
er jeden Frühling vor Ostern mit einer von ihm organisierten Truppe
eine Gastspielreise nach Petersburg,
um die besten Leistungen der deutschen Bühne in der russischen
Hauptstadt vorzuführen 130-132,
142, 171, 234
Bode, Dietrich (geb. 1934) – Mitarbeiter im Verlag »Philipp Reclam jun.«
(Stuttgart); Herausgeber 15
Bodenstedt, *Friedrich* Martin von (seit
1887) (1819-1892) – Dichter, Über-

setzer. War Deutschlehrer im Hause des Fürsten Michail Golitzin. Traf Lermontow 1841 in Moskau. Lebte 1843-1845 in Tiflis und unternahm von dort aus mehrere Reisen. Veröffentlichte 1851 die ›Lieder des Mirza Schaffy‹ – Nachdichtungen orientalischer Poesie, die er später als Originalverse auszugeben versuchte. Übertrug Puschkin, Lermontow u.a. ins Deutsche. Korrespondierte mit einigen russischen Schriftstellern (Turgenew, A. K. Tolstoj, Polonskij). Unternahm 1881 eine Vortragsreise in den USA 12, 14, 16, 26, 46 f., 59, 61, 69-71, 74, 78, 102-104, 108, 119, 128, 131, 161, 166, 174-176, 294, 298, 362

Bodenstedt, Mathilde, geb. Osterwald – Ehefrau F. v. Bodenstedts (seit 1850). Autorin einer Erzählung »für Mädchen von 8 bis 14 Jahren«, die unter dem Titel ›Maria und Elsbeth‹ in Kassel 1853 in Buchform erschien 166

Bogdanowitsch, Angel Iwanowitsch (1860-1907) – Literaturkritiker, Publizist; Revolutionär. Seit 1895 Redakteur der Zeitschrift ›Mir Boshij‹ 291

Bogdanowitsch, Tatjana Alexandrowna, geb. Krill (1872-1942) – Journalistin, Publizistin, Novellistin und Übersetzerin. Nach dem Tode der Mutter (1875) wurde sie bei ihrer Tante A. N. Annenskaja und deren Mann erzogen. War befreundet mit W. G. Korolenko. Seit 1898 Ehefrau A. I. Bogdanowitschs 416

Bogutscharskij W. (eigtl. Jakowlew, Wassilij Jakowlewitsch) (1860 oder 1861-1915) – Publizist, Historiker der russischen Befreiungsbewegung. 1884-1890 Verbannung nach Sibirien 470

Bokow, Pjotr Iwanowitsch (1835-1915) – Arzt; Revolutionär 464

Boltz, *August* Konstantin (1819-1907) – Linguist, Sprachlehrer (u.a. Russisch und Neugriechisch), Übersetzer, Autor einer Reihe von Sprachlehrbüchern 240

Bondarew, Timofej Michailowitsch (1820-1898) – bäuerlicher Sektierer; Autor des Traktats ›Fleiß und Müßiggang‹. Korrespondierte mit L. N. Tolstoj, der über ihn einen Beitrag für Ss. A. Wengerows Lexikon schrieb 198

Bondi, Wladimir Alexandrowitsch (1870-nach 1917) – Feuilletonist. Einer der Redakteure bei der Zeitung ›Birshewyje wedomosti‹; 1912-1914 Redakteur der Zeitschrift ›Ogonjok‹ 474

Bong, Richard (1853-1935) – seit 1891 Verlagsleiter in Berlin; Herausgeber der Zeitschrift ›Moderne Kunst‹ 95

Bontsch-Brujewitsch, Wladimir Dmitrijewitsch (1873-1955) – Historiker, Literat, Verleger, Memoirenschreiber. Erforscher des russischen Sektenwesens. Mitglied der Sozialdemokratischen Partei (seit 1895). 1896-1905 Emigrant. Gründer und erster Direktor (1933-1939) des Staatlichen Literaturmuseums in Moskau 36

Bormann, Alfred Nikolajewitsch (1864- ?) – Schiffbauingenieur. Stammte aus einer jüdisch-deutschen Familie in St. Petersburg 238

Bormann, Alma (Alvara-Alma) Nikolajewna (1867-1919) – Pädagogin; Übersetzerin. Lebte seit Mitte der 1890er Jahre zusammen mit W. A. Posse (Eheschließung 1910). Schwester A. N. Bormanns 106, 238

Bormann, Ariadna *siehe* Tyrkowa

Bormann, Edwin (1851-1912) – Schriftsteller, Humorist. Sprachwissenschaftler; Shakespeareforscher; Verleger 144, 150, 211

Borosdin, Alexander Kornilijewitsch (1863-1918) – Literaturhistoriker. Professor für russische Literaturgeschichte an der Universität St. Petersburg 329

Botticelli, Sandro (eigtl. Alessandro di Mariano Filipepi) (um 1445-1510) 428

Boy-Ed, *Ida* Cornelia Ernestine, geb. Ed (1852-1928) – Verfasserin von Werken über holsteinisches Dorfleben, von Frauenromanen und Biographien (Ch. v. Stein, G. de Staël). Lebte seit 1865 in Lübeck 317

Brahms, Johannes (1833-1897) 156

Brandes, *Georg* Morris Cohen (1842-1927) – dän. Kritiker, Publizist und Literaturhistoriker. Besuchte 1887 Rußland, hielt Vorträge in Moskau und St. Petersburg 21, 26, 136, 195, 248, 434

Brandt *siehe* Van Brandt

Braun, Leopold – Bildnis- und Genremaler. Auf der großen Berliner Kunstausstellung (1894) wurde sein Gemälde ›Aus dem Deutschen Reichstage. Im Winter 1892‹ gezeigt 156

Braun, Fjodor Alexandrowitsch (1862-1942) – Germanist. 1900-1920 Professor für westeuropäische Literatur an der St. Petersburger Universität. Seit 1923 Professor in Leipzig. Starb in München 190, 198

Brehm, *Alfred* Edmund (1829-1884) – Zoologe, Zoodirektor, Reiseschriftsteller. Autor des populären Werkes ›Tierleben‹ (6 Bde., 1863-1869) 213

Breschko-Breschkowskij, Nikolaj Nikolajewitsch (1874-1943) – Novellist, Romancier, Journalist. Nach 1910 im Filmwesen tätig. Sohn der als »Großmutter der russischen Revolution« bekannten E. K. Breschko-Breschkowskaja. Seit 1920 in der Emigration. Starb in Berlin 323, 337, 381, 402, 429

Brjussow, Valerij Jakowlewitsch (1873-1924) – Dichter, Prosaschriftsteller, Dramatiker, Übersetzer, Kritiker, Literaturhistoriker 17, 38, 246, 309, 328, 336, 399, 409, 426, 488-490

Brjussowa, Ioanna [Jeanne] Matwejewna, geb. Runt (1876-1965) – Übersetzerin. Seit 1897 Ehefrau V. Ja. Brjussows 489 f.

Brociner, Marco (1852-1942) – österr. Dramatiker und Novellist; Journalist 130

Brockhaus, Friedrich Arnold (1772-1823) – Verleger, Drucker, Buchhändler; Gründer des Verlages F. A. Brockhaus 21, 26, 82, 149, 153, 176 f., 196, 206, 210, 395, 411, 461

Brodskij, Issaak Israilewitsch (1883-1939) – Künstler 452

Bronstein, Jakow [Jascha] Adolfowitsch – Chemiker; stand literarischen und künstlerischen Kreisen in St. Petersburg nahe 477

Brümmer, Karl Wilhelm *Franz* (1836-1923) – Literaturhistoriker, Herausgeber von vielbändigen Literaturlexika 177

Bruni, Fjodor Antonowitsch (1799-1875) – Maler akademischer Richtung, Schöpfer des bekannten großen Gemäldes »Die eherne Schlange« (1825-1841) 84

Brussjanin, Wassilij Wassiljewitsch (1867-1919) – Prosaschriftsteller, Journalist. 1908 im Zuge des Verfahrens gegen die menschewistische ›Moskowskaja gaseta‹ (›Moskauer Zeitung‹, 1905-1906) zu zwei Jahren

hänger L. N. Tolstojs. Seit 1897 Leiter von Tolstojs Verlag »Posrednik« (»Vermittler«, St. Petersburg, 1884-1935) 337

Gordin, Wladimir Nikolajewitsch (1882 ? – nach 1926) – Prosaschriftsteller, Journalist 427

Gorkij, Maxim (eigtl. Peschkow, Alexej Maximowitsch) (1868-1936) 15, 17, 20, 25 f., 38, 258, 261 f., 264 f., 267, 279, 282, 291 f., 305, 307-309, 311 f., 314, 316, 320, 322-324, 326, 329-333, 335 f., 338 f., 341-346, 355, 362, 369, 377-382, 384, 386 f., 390-392, 394 f., 398 f., 412, 420 f., 429, 434, 436, 448, 453, 458, 460, 471, 476, 488

Gornfeld [Hornfeld], Arkadij Georgijewitsch (1867-1941) – Literaturforscher, Kritiker, Übersetzer, Mitarbeiter (seit 1904 Redaktionsmitglied) der Zeitschrift ›Russkoje bogatstwo‹. Stand N. K. Michailowskij nahe

Gorodetzkij, Ssergej Mitrofanowitsch (1884-1967) – Lyriker, Prosaautor, Übersetzer, Dramatiker 22, 445, 480

Gottschall, *Rudolf* Karl von (seit 1877) (1823-1909) – Dramatiker, Lyriker, Epiker, Novellist, Romancier, Dichtungstheoretiker; Herausgeber. Seit 1865 in Leipzig 211, 317

Götze, Augusta (1840-1908) – Dramatikerin; Sängerin, Schauspielerin, Gesanglehrerin. Verfaßte die Tragödie ›Demetrius‹ (1896) nach Schillers gleichnamigem Entwurf 397 f.

Goya y Lucientes, Francisco José de (1746-1828) 393, 417

Grabbe, Christian Dietrich (1801-1836) 207

Gradowskij, Grigorij Konstantinowitsch (1842-1915) – Publizist, Feuilletonist, Dramatiker. Gründer der

»Unterstützungskasse der Schriftsteller und Gelehrten« 227

Grawe, Olga Konstantinowna, geb. Istomina (Pseud. Sneshina) – Schriftstellerin 178

Grazie, Marie Eugenie delle (1864-1931) – österreichische Lyrikerin, Dramatikerin, Erzählerin (väterlicherseits aus altvenetianischer Familie) 65

Gribowskij, Wjatscheslaw Michailowitsch (1866-1924) – Prosaschriftsteller, Publizist, Lyriker; Jurist. Seit 1896 Privatdozent an der St. Petersburger Universität; 1912-1917 Professor. Starb in Riga 236, 247, 250, 255, 270, 293, 295, 314, 348 f., 352, 370, 480

Grien (eigtl. Grinewskij), Alexander Stepanowitsch (1880-1932) – Prosaschriftsteller, Lyriker 478

Grigorjew, Alexander Apollonowitsch (1852-1898) – Journalist. Sohn A. A. Grigorjews 138 f.

Grigorjew, Apollon [Apollo] Alexandrowitsch (1822-1864) – Literatur- und Theaterkritiker, Lyriker 63, 138 f.

Grigorowitsch, Dmitrij Wassiljewitsch (1822-1899) – Prosaschriftsteller 127, 138, 217, 225, 236, 266, 288, 290, 302

Grimm, Auguste (1833-1916) – Tochter Wilhelm Grimms 148

Grimm, Herman (1828-1901) – Kunst- und Literaturhistoriker, Dramatiker, Epiker. Sohn Wilhelm Grimms 148, 153

Grimm, *Jacob* Ludwig Carl (1785-1863) 148, 240

Grimm, *Wilhelm* Carl (1786-1859) 148 f.

Grinewskaja, Isabella Arkadjewna, geb. Freidberg (um 1855-1942) – Lyrikerin, Übersetzerin, Dramatikerin, Literaturkritikerin 255, 319, 323, 349, 358, 370, 425, 427, 429, 444, 454, 478, 480, 492

nalist, Kritiker. Seit 1881 intime Beziehungen zum Fürsten W. P. Mestscherskij. Nach 1891 in Deutschland und Frankreich 425

Kolzow [Kolzoff], Alexej Wassiljewitsch (1809-1842) – Dichter, Autodidakt 11, 14, 16, 46, 62, 66, 68 f., 71-74, 79, 85 f., 108, 122 f., 174-176, 185-187, 287, 296, 300 f.

Komissarshewskaja, Vera Fjodorowna (1864-1910) – Schauspielerin. Seit 1896 am Alexandra-Theater. Eröffnete 1904 ihr eigenes Theater in Petersburg 390

Kondratjew, Alexander Alexandrowitsch (1876-1967) – Lyriker, Prosaschriftsteller, Übersetzer, Kritiker. Nach 1917 in der Emigration. Starb in den USA 349, 370, 408, 480

Konfuzius (chin. K'ung Fu Tzu, eigtl. K'ung Ch'iu) (551-479 v. Chr.) 237

Koni, Anatolij Fjodorowitsch (1844-1927) – bekannter Jurist und Memoirenschreiber 280, 316

Könnecke, Gustav (1845-1920) – Archivar, Direktor des Staatsarchivs in Marburg. Verfasser von Bildbiographien Goethes und Schillers sowie vom ›Bilderatlas zur Geschichte der deutschen Nationalliteratur‹ (1. Aufl. 1885-1886) 129

Kononenko, Alexandra Antonowna – Stenotypistin, die 1896-1898 I. N. Potapenkos Werke auf der Schreibmaschine tippte 225

Konstantin Konstantinowitsch, Großfürst (Pseud. K. R., d.h. K[onstantin] R[omanow]) (1858-1915) – Lyriker, Übersetzer, Dramatiker. Seit 1889 Präsident der Akademie der Wissenschaften. Enkel von Nikolaus I. 160, 177, 240, 425

Koppel-Ellfeld, Franz (1838-1920) – Dramatiker, Erzähler; Redakteur. 1871-1877 unterrichtete er Kulturge-

schichte an der Technischen Hochschule in Dresden 317

Koppelmann (Kopelmann), Ssolomon Juljewitsch (1881-1944) – Mitbegründer und Chefredakteur des Verlages »Schipownik« 485

Koppelmann, V.Je. siehe Beklemischewa

Koretzkaja, Lydia Georgijewna – Ehefrau N. W. Koretzkijs 462

Koretzkij, Nikolaj Wladimirowitsch (1869-1938) – Lyriker, Dramatiker. Redakteur und Herausgeber der Zeitschrift ›Probushdenije‹ (›Das Erwachen‹, St. Petersburg, 1906-1918). Wegen »antisowjetischer Propaganda« angeklagt und erschossen 430, 462

Korin (eigtl. Korjochin), Wassilij Iwanowitsch – Lyriker 252

Korinfskij, Apollon [Apollo] Apollonowitsch (1868-1937) – Lyriker, Autor von historischen Balladen und gereimten Erzählungen aus dem Volksleben. 1896-1899 Redakteur bei der Zeitschrift ›Ssewer‹, 1895-1904 Mitarbeiter am ›Prawitelstwennyj westnik‹ 25, 37, 129, 138 f., 198, 225 f., 234, 236, 240, 242, 245, 250, 252, 255, 260, 306, 309, 312, 325, 339, 349, 404-406, 430, 468

Korngold, Ssawelij Arianowitsch (nach der Taufe – Adolf Fjodorowitsch) – Arzt. 1885 verhaftet in Charjkow, 1886-1889 Verbannung im Gouvernement Wjatka. Später im Ausland. Freund und Mitverfasser L. Andreas-Salomés (1894) 231, 256

Korolenko, Wladimir Galaktionowitsch (1853-1921) – Erzähler, Publizist 20, 46, 76, 133, 178, 183, 200, 219 f., 221, 224 f., 253, 257 f., 260, 267, 282, 312, 319 f., 329, 414, 416, 432, 463

Korsch, Fjodor Adamowitsch (1852-1923) – Dramatiker, Übersetzer,

Publizist, Theaterschaffender; Verleger 266

Kremljow, Anatolij Nikolajewitsch (1859-1919) – Dramatiker, Kritiker, Journalist 462

Kretzer, Max (1854-1941) – Erzähler, Dramatiker, Lyriker, bekannt vor allem durch seine sozialkritischen Werke (Roman ›Meister Timpe‹, 1888 u.a.) 154, 156 f.

Krinitzkij, Mark (eigtl. Ssamygin, Michail Wladimirowitsch) (1874-1952) – Belletrist, Dramatiker 485 f., 488-491

Kriwenko,SsergejNikolajewitsch(1847-1906) – Publizist; Volkstümler 315

Kriwitsch (eigtl. Annenskij), Valentin Innokentjewitsch (1880-1936) – Lyriker, Belletrist. Sohn I. F. Annenskijs und Autor von Erinnerungen über ihn 370, 454

Kruschewan, Pawel (Pawolakij) Alexandrowitsch (1860-1909) – Prosaschriftsteller, Publizist; Reaktionär und Antisemit. Herausgeber der rechtsextremen Zeitungen ›Snamja‹ (›Die Fahne‹, St. Petersburg, 1902-1905) und ›Bessarabetz‹ 236, 240

Krylow [Kryloff], Iwan Andrejewitsch (1769?-1844) – Fabeldichter, Journalist 11

Krylow, [Kriloff], Victor Alexandrowitsch (Pseud. Victor Alexandrow) (1838-1906) – Dramatiker, Übersetzer, Theaterschaffender 68, 130, 139, 225, 253 f., 286, 349, 351, 492

Kügelgen, Karl (Carlo) Konrad Emil (Karl Pawlowitsch) von (1876-1945) – Journalist. Mitarbeiter, später verantwortlicher Redakteur der ›St. Petersburger Zeitung‹. Ab 1918 Lehrer in Reval. Siedelte 1923 nach Berlin über. Seit 1929 Redakteur des ›Bukarester Tageblatts‹. Bruder P. Kügelgens 435

Kügelgen, Paul Siegwart (Pawel Pawlowitsch) von (1875-1952) – Schriftsteller. Chefredakteur und Herausgeber (seit 1905) der ›St. Petersburger Zeitung‹ 435

Kühlstedt siehe Wesselkowa-Kühlstaedt

Kukolnik, Nestor Wassiljewitsch (1809-1868) – Lyriker, Dramatiker, Novellist, Romancier, dessen Werk von den Zeitgenossen erheblich überschätzt wurde 78, 321

Kulakow, Pjotr Jefimowitsch (1867-?) – leitender Direktor der Verlagsgenossenschaft »Obstschestwennaja polsa« (»Allgemeiner Nutzen«, St. Petersburg, 1859-1917). Schwager S. Ja. Jelpatjewskijs (Ehegatte von L. Je. Jelpatjewskaja (1877-1967), in zweiter Ehe Wrangell) 344

Kulakowskij, Platon Andrejewitsch (1848-1913) – Slawist, Journalist. Professor an den Universitäten St. Petersburg und Warschau; 1902-1905 Redakteur der Zeitschrift ›Prawitelstwennyj westnik‹ 314

Kulbin, Nikolaj Iwanowitsch (1866-1917) – Künstler, Kunstkritiker, Theoretiker des russischen Futurismus; Arzt 477 f.

Kuprin, Alexander Iwanowitsch (1870-1938) – Erzähler, Novellist. Seit Ende 1919 in der Emigration. Kehrte im Mai 1937 in die Heimat zurück 20, 25, 307, 315, 321, 325, 331, 337 f., 342, 344, 355 f., 400 f., 426, 441, 457, 471, 477 f., 482

Kuprina, Jelisaweta [Lisa] Moritzewna, geb. Heinrich (1882-1942) – seit 1907 zweite Ehefrau A. I. Kuprins. Schwester M. M. Abramowas 477

Kuprina, Lydia Alexandrowna, in erster Ehe Leontjewa, in zweiter Jegorowa (1903-1924) – Tochter A. I. Kuprins aus erster Ehe 315

Kuprina, Maria [Mussja] Karlowna, in

in zweiter Ehe Chmysnikowa (1859-
1930) – Kinderbuchautorin, Pädagogin, Verfasserin von Lehrbü-
chern und Fibeln　371, 434, 492
Lukaschewitsch, Sinaida Konstantinowna, verh. Anissimowa (1882?-
1924) – Tochter von K. W. Lukaschewitsch　371, 434
Luther, Martin (1483-1546)　129, 317 f.
Lutugin, Leonid Iwanowitsch (1864-
1915) – Novellist; im Hauptberuf
Bergbauingenieur　476

Madach (Maʾdach), Imre (1823-1864) –
ungarischer Lyriker, Dramatiker.
Autor der ›Tragödie des Menschen‹
(1861), eines philosophischen Dramas in Versen, das in allegorischer
Form die Menschheitsgeschichte
darstellt　247
Maikow, Apollon [Apollo] Nikolajewitsch (1821-1897) – Dichter. War
Vorsitzender des »Komitees für die
ausländische Zensur«, erhielt 1888
von Alexander III. den Titel des
Geheimrats und galt vielen Zeitgenossen als überzeugter Monarchist
mit konservativen Ansichten　15,
20, 32, 59, 74, 79 f., 87, 225 f., 239 f.,
347, 449
Maikow, Leonid Nikolajewitsch (1839-
1900) – Literaturhistoriker, Bibliograph, Ethnograph. Seit 1893 Vizepräsident der Russischen Akademie
der Wissenschaften. Bruder A. N.
Maikows　88, 190, 202, 225
Maikowa, Anna Iwanowna, geb. Stem-
mer (1830-1911) – Ehefrau A. N.
Maikows (1852)　239
Makowskij, Ssergej Konstantinowitsch
(1877-1962) – Lyriker, Kritiker,
Memoirenschreiber; Redakteur der
Zeitschrift ›Apollon‹ (›Apollo‹, St.
Petersburg, 1909-1917). Sohn des
Malers K. Je. Makowskij (1839-

1915). Starb als Emigrant in Paris
449
Mamin, Narkiss Matwejewitsch (1827-
1878) – Geistlicher, Vater D. N.
Mamins　398
Mamina, Jelena Dmitrijewna [Aljo-
nuschka] (1892-1914) – Tochter D.
N. Mamin-Ssibirjaks und M. M.
Abramowas　121, 124, 199, 269,
393 f., 398-400
Mamin-Ssibirjak (eigtl. Mamin),
Dmitrij Narkissowitsch (1852-1912)
– Novellist, Romancier　20, 32, 38,
117, 121-124, 133, 135, 139, 178 f., 198-
201, 216, 228, 230, 232, 235-238, 242,
242, 246, 253, 257, 259 f., 267, 269 f.,
277, 279, 283, 307 f., 315, 324 f., 360,
380, 393 f., 398 f., 400, 444
Manassein, Michail Petrowitsch (1860-
1917) – Hautarzt. Redakteur und
Herausgeber medizinischer Zeitschriften　408
Manasseina, Natalja Iwanowna (1869-
1930) – Kinderbuchautorin. 1906-
1912 Mitherausgeberin (mit P. Ss.
Ssolowjowa) der Kinderzeitschrift
›Tropinka‹ (›Der Pfad‹, St. Petersburg, 1906-1912)　396, 408
Mancini, Maria, verh. Fürstin Colon-
na (um 1640-1715) – Jugendgeliebte
des französischen Königs Ludwig
XIV. Starb im Kloster zu Pisa　99
Mandelstam, Ossip Emiljewitsch
(1891-1938) – Dichter. Starb im
Straflager　426
Mansfeld, Dmitrij Awgustowitsch
(1851-1909) – Dramatiker, Über-
setzer, Journalist　12
Manuel, Eugène (1823-1907) – franz.
Dichter　80
Mann, Luis *Heinrich* (1871-1950)　26
Mann, Paul *Thomas* (1875-1955)　26
Manytsch, Pjotr Dmitrijewitsch (?-
1918) – Literat, Journalist. Freund
A. I. Kuprins　426, 477

Romanautor, Literaturkritiker, Publizist. Seit 1920 Emigrant. Starb in Paris 17, 20, 79 f., 85, 87, 89, 92, 94, 115-118, 125-127, 129 f., 137, 172 f., 177, 179 f., 189, 195 f., 198, 218 f., 221, 226, 229 f., 232, 239, 241 f., 244 f., 247-252, 259, 261, 267, 282, 284-287, 291, 295, 309, 314 f., 329, 369, 394, 396, 400-402, 449, 459 f., 474, 482

Mereshkowskij, Ssergej Iwanowitsch (1821-1908) – Beamter beim kaiserl. Hofe in St. Petersburg; Vater D. Ss. Mereshkowskijs 195

Mérode, Cléo de (1881-1966) – franz. Tänzerin; populär zu Beginn des Jahrhunderts 317

Mersljakow, Alexej Fjodorowitsch (1778-1830) – Lyriker, Übersetzer, Literaturkritiker 78

Mesching, Edgar (Edgar Iwanowitsch) (1875-nach 1932) – Literat, übersetzte russische Autoren ins Deutsche; Mitarbeiter russischer und deutscher (baltischer) Periodika. Nach 1917 im Baltikum (Reval, Riga) 27

Mestscherskij, Alexander Iwanowitsch, Fürst (?-1779) – Mitarbeiter der Zollkanzlei. Freund G. R. Dershawins, auf dessen Tod er eine bekannte Ode verfaßte 78

Mestscherskij, Wladimir Petrowitsch, Fürst (1839-1914) – Erzähler, Romanautor, Dramatiker; Publizist, Herausgeber und Redakteur der konservativen Zeitung ›Grashdanin‹ (›Der Staatsbürger‹, St. Petersburg, 1872-1914) 266, 291, 425

Mey, Lew Alexandrowitsch (1822-1862) – Lyriker, Übersetzer, Dramatiker 203

Meyer, Conrad Ferdinand (1825-1898) 26

Meyer, Joseph (1796-1856) – Verlagsbuchhändler und Publizist, bekannt vor allem durch ›Das Große Con-

versations-Lexicon für die gebildeten Stände‹ in 52 Bänden (1840-1855) 177

Meyer-Förster, Wilhelm (Pseud. Samar Gregorow) (1862-1934) – Erzähler, Dramatiker, Romancier 317

Meyerhold, Wssewolod Emiljewitsch (1874-1940) – Schauspieler, Regisseur und Theaterleiter. Erschossen in der Haft 397

Michailow, Nikolaj Nikolajewitsch (1884-1940) – Besitzer des Verlages ›Prometej‹ in St. Petersburg 417, 424 f., 428

Michailow-Scheller siehe Scheller

Michailowskij, Mark Nikolajewitsch (1877-1904) – Student der Biologie; Sohn N. K. Michailowskijs. Starb an Kehlkopftuberkulose 283

Michailowskij, Nikolaj Konstantinowitsch (1842-1904) – Soziologe, Publizist, Literaturkritiker. Vordenker der liberalen Volkstümler. Seit 1894 Leiter der Zeitschrift ›Russkoje bogatstwo‹ 11, 20, 23 f., 123 f., 169, 177-179, 196, 200, 219, 221, 223, 232, 239, 254, 259, 267, 283, 287, 304 f., 307 f., 316, 321, 326, 329, 375, 451, 463, 476

Michailowskij, Nikolaj Nikolajewitsch (1875-1923) – Schauspieler. Sohn N. K. Michailowskijs 123, 267

Michalowskij, Dmitrij Lawrentjewitsch (1828-1905) – Lyriker, Übersetzer 93, 225, 239, 242, 251, 253, 255, 280, 295

Michejew, Wassilij Michailowitsch (1859-1908) – Dramatiker, Lyriker, Novellist und Romanautor (aus Sibirien) 94, 233

Michelangelo Buonarroti (1475-1564) 472

Michelson (Michelsson), Moritz (Moritz Iljitsch) (1825-1908) – Übersetzer Kolzows, Krylows und anderer russischer Autoren ins Deutsche;

Werke ›Geschichte der Malerei im
19. Jahrhundert‹ (3 Bde, 1893-1894),
›Geschichte der Malerei‹ (5 Bde,
1899-1902) u.a. 260, 314
Muyshel, Victor Wassiljewitsch (1880-
1924) – Erzähler, Novellist 427,
478

Nabokow, Wladimir Dmitrijewitsch
(1870-1922) – Jurist, Publizist. Mitglied der Ersten Staatsduma, einer
der Führer der Partei der Konstitutionellen Demokraten. Ermordet in
Berlin, als er P. N. Miljukow mit
seinem Körper vor der Kugel eines
Attentäters schützte. Vater des be-
kanten Schriftstellers W. W. Nabokow (1899-1977) 449
Nadson, Ssemjon [Simon] Jakowlewitsch (1862-1887) – Dichter. Traf
sich mit F. v. Bodenstedt (im Oktober 1884 in Wiesbaden) 15, 20, 32,
45, 47, 52 f., 55, 57, 62, 86 f., 103,
195, 219, 226, 245, 351, 432, 451
Nagrodskaja, Jewdokia Apollonowna
(1866-1930) – Erzählerin, Romanautorin. Tochter der Belletristin
A. Ja. Golowatschowa-Panajewa
(1820?-1893), einer Freundin N. A.
Nekrassows. Nach 1917 in der Emigration. Starb in Paris
Naidjonow (eigtl. Alexejew), Ssergej
Alexandrowitsch (1868-1922) – Dramatiker 360
Napoleon I (1769-1821) – franz. Kaiser
(1804 bis 1814/1815) 195
Nasarjewa, geb. Mankoschewa, Kapi-
tolina Valerjanowna (1847-1900) –
Prosaschriftstellerin, Dramatikerin,
Publizistin 255
Natascha siehe Gruschko
Nekrassow, Nikolaj Alexejewitsch
(1821-1877) 15, 23, 25, 31, 46, 63,
69, 71, 78, 88, 139, 221, 223, 266,
295, 310, 372, 375, 449, 464, 466

Nekrassowa, Sinaida [Sina] Nikola-
jewna (eigtl. Viktorowa, Thekla
Anissimowna) (1851-1915) – seit 1870
Ehefrau N. A. Nekrassows 464
Nementschinskij, Alexander Franze-
witsch – Kaufmann, Besitzer eines
Restaurants in St. Petersburg 200
Nemirowitsch-Dantschenko, Wassilij
Iwanowitsch (1844-1936) – Erzähler,
Essayist, Publizist, Memoirenschreiber. Nach 1917 in der Emigration. Starb in Prag 20, 32, 36, 76,
117, 123, 235 f., 311, 314, 329, 347 f.,
398 f., 415, 446, 448, 453, 482 f.
Nemirowitsch-Dantschenko, Wladimir Iwanowitsch (1858-1943) – Regisseur, Theaterschaffender; Gründer und Leiter (zusammen mit
K. Ss. Stanislawskij) des Moskauer
Künstlerischen Theaters. Autor von
Erzählungen und Romanen; Dramatiker. Bruder Wass. I. Nemiro-
witsch-Dantschenkos 348, 398,
482
Neseljonow, Alexander Iljitsch (1845-
1896) – Literaturhistoriker. Seit
1877 Privatdozent, seit 1889 Professor an der St. Petersburger Universität 11
Nesterow, Wassilij Fjodorowitsch –
Heilpraktiker aus Kijew, bekannt
durch seine »indische« Kräuterthe-
rapie. Wurde für einen Wundertäter
gehalten 320
Neumann-Hofer, Otto Gilbert (1857-
1925) – Essayist, Kritiker, Feuille-
tonredakteur, Theaterleiter. 1893-
1897 Herausgeber des ›Magazin für
Literatur‹. 1897-1905 Direktor des
Lessing-Theaters in Berlin 97, 233
Neweshin, Pjotr Michailowitsch (1841-
1919) – Dramatiker, Erzähler, Romanautor. Besonders erfolgreich
mit dem Drama ›Zweite Jugend‹
(1887) 427, 442

tionär. Freund und Kampfgenosse
A. I. Herzens 451

Ohl, Andrej Andrejewitsch (1883-1958)
– Architekt. Baute die Datscha L.
N. Andrejews in Wammelsuu (1907-
1908). Ehemann R. N. Andrejewas,
der Schwester L. N. Andrejews
386

Oehlenschläger, Adam Gottlob (1779-
1850) – dän. Dichter und Dramatiker 92

Okulow, Nikolaj Nikolajewitsch
(Pseud. N. N. Tamarin u.a.) (1866-
?) – Dramatiker, Übersetzer 454

Okunew (eigtl. Okun), Jakow Markowitsch (1882-1932) – Prosaschriftsteller, Journalist 479

Olchin, Alexander Alexandrowitsch
(1839-1897) – revolutiönär-demo-
kratischer Dichter. 1879 verhaftet;
Verbannung bis 1895 178, 235

Olnem siehe Zechowskaja

Olssufjew, Adam Wassiljewitsch (1833-
1901) – Gutsbesitzer, Bekannter L.
N. Tolstojs. Während seines Auf-
enthaltes in St. Petersburg (Februar
1897) hielt sich Tolstoj in seiner
Wohnung auf 224

Olympow (eigtl. Fofanow), Konstan-
tin Konstantinowitsch (1889-1940)
– Dichter, Futurist. Zweiter Sohn
K. M. Fofanows 449 f.

Omar Chaijam (Omar-i Chajjāmi;
arab.: Zeltmacher) (ca.1048-1131) –
persischer Dichter; Mathematiker,
Astronom 110

Ortmann, Louise, geb. Huthmann –
Ehefrau R. Ortmanns (seit 1884)
273

Ortmann, Reinhold (1859-1929) – Ro-
mancier, Novellist, Dramatiker;
Dramaturg. Seit 1884 als freier
Schriftsteller in Berlin 272 f.

Orzeschko siehe Orzeszkowa

Orzeszkowa, Eliza (eigtl. Elzbieta),

geb. Pawłowska (1841-1910) – polnische Schriftstellerin 429

Oskar II., Friedrich (1829-1907) –
König von Schweden (1872-1907)
und Norwegen (1872-1905) 317

Osten siehe Jessen, L.

Ostrogorskaja siehe Ssimonowa

Ostrogorskij, Victor Petrowitsch (1840-
1902) – Pädagoge; Autor historisch-
literarischer Werke. 1892-1902 Redakteur der Zeitschrift ›Mir Boshij‹
47, 83, 115, 181, 194 f., 198, 232 f., 255

Ostroumow, Alexej Alexejewitsch
(1844-1908) – Arzt, Therapeut; Professor. A. P. Tschechow befand sich
in seiner Klinik in Moskau nach
einer schweren Lungenblutung
(März-April 1897) 227

Ostrowskij, Alexander Nikolajewitsch
(1823-1886) – Dramatiker, Autor so-
zialkritischer und historischer Stük-
ke. Lebte in Moskau 238, 360, 396

Overbeck, Jelisaweta von, Baronesse –
Musikerin; Tochter russischer Emigranten, wuchs in England auf. Seit
1898 Freundin von S. N. Hippius
245

Owssjaniko-Kulikowskij, Dmitrij Nikolajewitsch (1853-1920) – Literaturwissenschaftler, Linguist, Kultur-
historiker 444

Palkin siehe Ssolowjow, W. I.

Palmieri, Domenico (1829-1909) – ital.
Philosoph und Theologe 185

Paludan-Müller, Frederik (1809-1876)
– dän. Dichter 92

Pantelejew, Longin Fjodorowitsch
(1840-1919) – Publizist, Herausgeber, Autor von Erinnerungen. 1865
verbannt nach Sibirien; seit 1876
wieder in Petersburg 291

Pantenius, Heinrich Theodor (Genrich
Karlowitsch) (1865-1935) – Pädagoge und Arzt. Studierte in Moskau

autor. Nobelpreisträger für Literatur (1905). Sein bekanntestes Werk ist der Roman ›Quo vadis?‹ (1895-1896) 199, 315, 446

Sieroszewski, Wacław (1858-1945) – polnischer Schriftsteller, Ethnograph. Wegen seiner Teilnahme an der sozialistischen Bewegung 1880 nach Sibirien verschickt. 1927-1930 Vorsitzender des polnischen Schriftstellerverbandes. Seit 1933 Präsident der polnischen Literaturakademie 223

Sigma *siehe* Ssyromjatnikow

Silcher, Philipp *Friedrich* (1789-1860) – Komponist, Dirigent und Volksliedsammler 203

Simrock *Karl* Joseph (1802-1876) – Dichter und Literaturhistoriker 96

Sinaida Z. *siehe* Bykowa

Singer, Isidor (1857-1927) – österr. Verleger und Redakteur; gab die ›Allgemeine Österreichische Literaturzeitung‹ heraus. Universitätsprofessor für Volkswirtschaft 298

Sinowjewa-Annibal (eigtl. Sinowjewa), Lydia Dmitrijewna (1865 oder 1866-1907) – Dramatikerin, Prosaschriftstellerin. Zweite Ehefrau W. I. Iwanows 363, 428

Skabitschewskaja, Natalja Ignatjewna (1842-?) – Ehefrau A. M. Skabitschewskijs (seit 1870) 75

Skabitschewskij, Alexander Michailowitsch (1838-1910) – Literaturkritiker und -historiker 75, 255, 307

Skirgello, Boleslaw Boleslawowitsch (1859-nach 1914) – Maler 216

Skitaletz (eigtl. Petrow, Stepan Gawrilowitsch) (1869-1941) – Novellist, Romanautor, Essayist, Lyriker. Seine Freundschaft mit M. Gorkij (seit 1898) hatte entscheidenden Einfluß auf sein eigenes Werk. 1922-1934 in der Emigration (China). Kehrte

1934 in die UdSSR zurück 17, 331, 336, 339-345, 421, 423, 448

Skrjabin, Alexander Nikolajewitsch (1872-1915) – Komponist, Pianist 426

Slatowratskij, Nikolaj Nikolajewitsch (1845-1911) – Erzähler, Publizist, Memoirenautor; Volkstümler 123, 125, 201, 325, 339, 416

Slepzow, Alexander Alexandrowitsch (1835-1906) – Erzähler, Publizist. Verleger. In den 1860er Jahren Demokrat und Revolutionär 87, 139, 196

Slepzowa, Maria Nikolajewna, geb. Lawrowa (1861-1951) – Publizistin, Herausgeberin. Ehefrau A. A. Slepzows 196, 232

Slonimskij, Ludwig (Leonid) Sinowjewitsch (1850-1918) – Publizist 280

Slutschewskij, Konstantin Konstantinowitsch (1837-1904) – Lyriker, Prosaschriftsteller. 1891-1902 Redakteur des ›Prawitelstwennyj westnik‹ 20, 52, 83, 225, 241 f., 244-246, 248, 251-253, 255, 266, 270, 282, 286, 292 f., 295, 306, 309-312, 328, 454, 476

Slutschewskij, Konstantin Konstantinowitsch (Pseud. Leutnant K.) (1872-1905) – Lyriker, Erzähler. Sohn K. K. Slutschewskijs 293

Snessarjow, Nikolaj Wassiljewitsch (1864 - nach 1927) – Mitarbeiter (Redaktionssekretär) der Zeitung ›Nowoje wremja‹. 1904 Student, Bekannter A. W. Amfiteatrows. Nach 1917 in der Emigration 325

Sonnenthal, Adolf von (1834-1909) – österr. Schauspieler. Unternahm mehrere Gastspielreisen nach Rußland (zum letzten Mal 1906/1907). Trat u.a. in der Rolle Risler des Älteren auf [im Stück von A. Daudet und A. Belot (nach dem Roman

Viebig, Klara, verh. Cohn (1860-1952) – Romanautorin, Novellistin, Dramatikerin 317

Viedert, August (Awgust Fjodorowitsch) von (1823-1888) – Lektor für Deutsch an der St. Petersburger Universität; Übersetzer Kolzows, Gogols, Turgenews u. a.; Mitarbeiter russischer und deutscher Periodika. War persönlich bekannt mit namhaften russischen und deutschen Schriftstellern 11 f., 67, 146, 287, 300

Vierordt, Heinrich (1855-1945) – Lyriker 161

Voltaire (genannt seit 1718; eigtl. Arouet, François-Marie) (1694-1778) 310

Von-Wisin (Vonwisin) siehe Fonwisin, D. I.

Wachenhusen, Hans (1823-1898) – Reise- und Unterhaltungsschriftsteller. Unternahm bis Anfang der 1850er Jahre mehrere Reisen in den Norden (Skandinavien, Finnland, Lappland), darunter eine Reise durch Rußland. War Teilnehmer und Augenzeuge bei mehreren Kriegskampagnen und Kämpfen (1853 türkisch-russischer Krieg, 1859-1860 marrokanischer Krieg, 1864 deutsch-dänischer Krieg, 1870-1871 deutsch-französischer Krieg u.a.) 161 f.

Wagner, Nikolaj Petrowitsch (Pseud. Kot Murlyka [Kater Murr; russ.]) (1829-1907) – Belletrist und Zoologe, Autor populärwissenschaftlicher Essays 79 f., 83

Wagner, Wilhelm Richard (1813-1883) 183, 199

Wald, Alexander Wassiljewitsch – Oberlehrer in russischen Provinzialgymnasien; Literat. 1863-1864 einer der Gründer und verantwortlicher

Schriftleiter der deutschen ›Odessaer Zeitung‹ (1863-1914). Veröffentlichte 1860 in Odessa, 1866 in Warschau und 1880 in Riga Anthologien der von ihm ins Deutsche übersetzten russischen Dichter 68, 72

Wallenstein, Albrecht Eusebius Wenzel von, Herzog von Friedland (seit 1625) und Mecklenburg (seit 1629), Fürst von Sagan (seit 1628), genannt der Friedländer (1583-1634) – Feldherr im Dreißigjährigen Krieg 216

Warlamow, Konstantin Alexandrowitsch (1848-1915) – Schauspieler, Komiker 476

Warschawskij, Mark Ssamojlowitsch (Pseud. Mark Ssamojlow u.a.) (1853-1897) – Lyriker 366

Wassilewskij, Ippolit Fjodorowitsch (eigtl. Ippolit-Pjotr Ferdinandowitsch) (Pseud. Bukwa [russ.: Buchstabe]) (1849-nach 1918) – Feuilletonist, Publizist, Parodist 227, 236

Wassilewskij, Lew Markowitsch (eigtl. Jankel-Lejba-Mordkowitsch) (1876-1936) – Lyriker, Journalist, Belletrist, Literatur- und Theaterkritiker, Redakteur (›Retsche‹, ›Ssolnze Rossii‹ u.a.) 434

Watson, Maria Valentinowna, geb. De Roberti de Castro de la Cerda (1848-1932) – Lyrikerin, Übersetzerin; eng befreundet mit Ss. Ja. Nadson; Herausgeberin seiner Werke. Verfaßte literaturhistorische Schriften (über Manzoni, Carducci, Ada Negri u.a.) Korrespondierte mit spanischen Schriftstellern (P. Galdós, B. Ibañez u.a.) 177, 195 f., 223, 232, 291, 307, 320, 351, 449 f.

Weber, Anton (1833-1909) – Genre- und Bildnismaler. Porträtierte M. Ring (1879) 146

Weber, Johann Jakob (1803-1889) – Begründer einer großen Verlagsanstalt

Sachregister[1]

---

1   Das Sachregister enthält die Namen von Zeitungen, Zeitschriften, Almanachen, Verlagen, literarischen Vereinigungen und Theatern. Bezeichnungen von Institutionen und Einrichtungen, die keinen direkten Bezug zur Literatur haben (wie etwa Restaurants, Geschäfte, Friedhöfe, Gasthäuser u.s.w.) wurden nicht aufgenommen.

he Kreise, auch Chauvinisten und
Antisemiten. Traf auf scharfe Ab-
lehnung in liberalen Kreisen. 77,
139, 195, 216, 227, 247 f., 251, 363
›Nowosti‹ *siehe* ›Nowosti i Birshewaja
gaseta‹
›Nowosti i Birshewaja gaseta‹ (Nach-
richten und Börsenzeitung) – allge-
meine und politische Tageszeitung
(St. Petersburg, 1880-1906). Häufig
»Nowosti« genannt – unter diesem
Titel erschien die Zeitung in den
Jahren 1871-1880.   15, 75, 93, 117,
130, 135
›Nowyj mir‹ (Neue Welt) – illustrierter
Bote. Kam in zweiwöchentlichem
Abstand im Verlag M. O. Wolff her-
aus (St. Petersburg, 1898-1905) 268
›Nowyj mir‹ (Neue Welt) – literarische
und sozial-politische Monatsschrift
(Moskau, 1925 bis heute)   38
›Nowyi put‹ (Der neue Weg) – eine
von D. Mereshkowskij und S. Hip-
pius geleitete politische und litera-
rische Monatschrift mit religiös-
philosophischer Thematik (St.
Petersburg, 1903-1904) 314

›Ogonjok‹ (Das Flämmchen) – illustrierte literarische Wochenschrift
(St. Petersburg, 1899-1918, mit einer
Unterbrechung Ende 1907) 24,
27, 34, 474
›Oswoboshdenije‹ (Befreiung) – in
zweiwöchentlichem Abstand erscheinende Zeitschrift, um die sich
1904 der Bund »Befreiung« bildete,
der Kern der späteren Partei der
Konstitutionellen Demokraten. Erschien von 1902 bis 1905 in Paris,
von Juli bis Oktober 1902 in Stuttgart. 323
›Otetschestwennyje sapiski‹ (Vater-
ländische Annalen) – gelehrte und
literarische (seit 1859 zusätzlich po-

litische) Monatsschrift (St. Peters-
burg, 1839-1884). Eine der bekann-
testen russischen demokratischen
Zeitschriften des 19. Jahrhunderts.
Zu ihren Mitarbeitern zählten u.a.
W. G. Belinskij, N. A. Nekrassow,
D. I. Pissarew und N. K. Michai-
lowskij.   49, 135, 375

Die Palme – deutscher Verein in St.
Petersburg (mit mehreren Zweig-
vereinen), der sich Bildungszwecke,
wohltätige Bestrebungen u.ä. als
Ziel setzte, Unterhaltungsabende
veranstaltete und seit Herbst 1892
eine selbstangestellte Truppe hatte.
Das Deutsche Theater der »Palme«
war seinerzeit eines der bekanntesten im alten St. Petersburg. Bestand von 1883 bis 1917.   132
›Peterburgskaja gaseta‹ (Petersburger
Zeitung) – politische und literarische Zeitung (St. Petersburg, 1867-
1917) 86
›Petersburger Zeitung‹ *siehe* ›St. Petersburger Zeitung‹
Poetische Akademie *siehe* Gesellschaft
der Freunde des künstlerischen
Wortes
Polonskij-Verein (volle Bezeichnung:
Literarisch-Künstlerischer Verein
Ja. P. Polonskijs) – eine Vereinigung
von Literaturfreunden sowie Verwandten und Verehrern Ja. P. Polonskijs (St. Petersburg, 1899-1917)
12, 81, 459
›Prawitelstwennyj westnik‹ (Regie-
rungsbote) – offizielle Tageszeitung
(St. Petersburg, 1869-1917) 260,
306, 312
»Prometej« (Prometheus) – demokra-
tischer Verlag (St. Petersburg, 1907-
1916), der gesammelte Werke L. N.
Andrejews, literaturkritische Arbeiten Ss. A. Wengerows, D. N. Ow-

Ab 1907 Bestandteil der Zeitschrift ›Iswestija Wolffa‹ (Wolffs Nachrichten), ohne freilich an Bedeutung als eigenständiges Journal zu verlieren. 19 f.

›Wetschernije iswestija‹ (Abendnachrichten) – Tageszeitung (Moskau, 1912-1916). 1912-1913 erschien unter dem Titel ›Wetschernije iswestija gasety ›Kommerssant‹‹ (Abendnachrichten der Zeitung ›Handelsmann‹). 488

›Wssemirnaja illustrazija‹ (Universale Illustration) – wöchentliche Illustrierte, die meist Unterhaltungslektüre bot (St. Petersburg, 1869-1898) 226

›Zeitschrift für Slawistik‹ – zweimonatliche Zeitschrift, herausgegeben (bis 1991) vom Zentralinstitut für Literaturgeschichte und Sprachwissenschaft der Akademie der Wissenschaften der DDR (Berlin, 1955 bis heute) 16